The PRACTICE of RESEARCH in CRIMINOLOGY and CRIMINAL JUSTICE

형사사법 연구방법론

4th Edition

Ronet Bachman · Russell K. Schutt 공저

윤우석 · 류준혁 · 박현호 · 이완희 · 이창배 · 정진성 · 조윤오 공역

과학, 사회 그리고 범죄학 연구 | 범죄학 연구의 과정과 문제점
연구 윤리와 철학 | 개념화와 측정 | 표본추출 | 인과관계와 연구설계
실험설계 | 설문연구 | 질적 방법들과 분석 : 관찰, 참여, 그리고 청취
내용분석 : 역사적, 이차적, 내용분석과 범죄 지도화
평가와 정책분석 | 양적 데이터 분석 | 연구 결과의 보고

SAGE

도서출판 그린

The Pracetice of Research in Criminology and Criminal Justice

Ronet Bachman
Russell K. Schutt

서 문

사회과학의 한 분과인 형사사법학(Criminal Justice)은 범죄원인, 범죄예방, 범죄자 교정 등 범죄와 관련된 경찰, 검찰, 법원, 교정, 보호관찰 등 형사사법기관의 정책과 운영에 기초가 되는 이론적 근거와 연구결과를 창출하기 위한 학문이다. 특히 형사사법학은 규범학인 법학과는 달리 과학적 접근에 근거한 결과도출을 통해 형사사법체계(Criminal Justice System)에 유익한 정보를 제공하고 있다. 다만 형사사법학의 연구가 신뢰성과 타당성을 가지기 위해서는 과학적인 연구방법이 뒷받침되어야 한다. 범죄현상을 탐색하고 기술하여 원인요인을 파악하고 미래 예견되는 범죄현상을 이해하기 위해서는 매우 정교하고 신뢰할 만한 연구모델의 구축과 결과도출과정이 요구되는 것이다.

최근 국내 경찰행정학과들에서 범죄학/형사사법 연구방법론을 커리큘럼에 포함시켜 강의하고 있는 것은 올바른 방향으로 보인다. 실제 국내 경찰행정학과의 역사를 볼 때, 양적연구에 기초가 되는 연구방법론과 통계학이 대학 강단에서 강의되기 시작한 것은 오래되지 않았다. 주로 미국에서 수학한 범죄학/사회학 전공 학자들이 (양적)연구방법론의 중요성을 강조하면서 널리 퍼지게 되었다. 하지만 안타깝게도 아직까지도 국내에서 형사사법학/범죄학을 온전히 다루고 있는 연구방법론 교재는 찾기 어렵다. 현재 존제이 형사사법대학(John Jay College of Criminal Justice)에 재직 중인 Maxfield 교수의 저서 'Research Methods for Criminal Justice and Criminology 5th Edition'을 국내에서 처음으로 번역한 박정선 외 6인(2009)의 번역서가 유일하게 국내 경찰행정학과에서 사용되고 있는 연구방법론 교재이다. 실제 지금도 연구방법론 강의에 적합한 범죄학/형사사법학 관련 연구방법론 교재를 찾기 어려운 실정이다. 이에 경찰행정학 전공 학과들에서 연구방법론을 강의하고 있는 젊은 학자들이 연구방법론 교재의 다양성을 확보하자는 취지에서 형사사법학을 전공하는 미국 대학생들이 학부교재로 많이 사용하고 있는 Bachman과 Schutt의 저서 'The Practice of Research in Criminology and Criminal Justice 4th Edition'을 번역하기로 의기투합하였다. Bachman과 Schutt의 저서는 다양한 형사사법연구의 예시를 제공하고 있으며 학부생들이 이해하기 쉽게 연구방법론의 체계를 잡을 수 있도록 구성되어 있다. 번역진이 구성된 것은 2011년 가을쯤이었으나 여러 가지 일정들과 사정들로 인해 완성본이 2013년 여름이 되어서야 출간하게 되었다.

이 번역서는 원문의 내용과 의미를 최대한 충실하게 전달하고자 노력하였으나 몇몇 내용들에서 일부 영어문장이나 단어의 순조로운 의미전달을 위해 의역되기도 하였다. 전체적으로 개별 번역자들의 자율성을 최대한 발휘하도록 하였으나 중요 용어는 통일성을 갖추고자 노력하였다. 그럼에도 불구하고 번역자의 선호에 따라 문맥의 내용에서 사용된 영어표현이 다소 상이할 수 있다는 점을 밝힌다. 또한 원문의 내용을 한국말로 번역한 결과 본문 번역문의 분량이 방대하여 원문의 내용 중 필수적이지 않은 부록과 색인 부분을 번역에서 제외하기로 결정하였다. 번역에 참여한 역자들은 경찰행정학과에서 연구방법론을 강의하고 있는 젊은 연구자들로 국내 범죄학/형사사법학 연구방법론의 발전에 큰 기여를 하고 있는 학자들이다. 간략하게 연구진을 소개하자면, 1장과 2장은 순천향대학교 경찰행정학과 정진성 교수, 3장과 9장은 울산대학교 경찰행정학과 이창배 교수, 4장과 10장은 대구가톨릭대학교 경찰행정학과 류준혁 교수, 5장과 8장은 용인대학교 경찰행정학과 박현호 교수, 6장과 7장은 가천대학교 경찰안보학과 이완희 교수, 11장과 12장은 동국대학교 경찰행정학과 조윤오 교수, 그리고 13장과 전체 번역 감수는 계명대학교 경찰행정학과 윤우석 교수가 각각 번역을 맡아 최선의 노력을 다하였다.

끝으로 번역작업의 모든 과정을 꼼꼼하게 체크하고 물심양면으로 지원을 아끼지 않은 그린출판사 이영조 차장과 편집진에 감사를 드린다. 600페이지가 넘는 번역본을 아이들을 보면서도 밤늦은 시간까지 함께 읽어주며 교정을 도와 준 아내 주영숙 여사에게 감사를 보낸다. 무엇보다도 강의와 연구로 바쁜 와중에도 끝까지 번역작업을 마친 교수님들께 감사를 드린다. 마지막으로 오래지 않아 번역서가 아닌 국내 연구에 기초한 형사사법학 연구방법론이 편찬되어 경찰행정학을 전공하는 학부생과 대학원생들이 보다 손쉽게 연구방법론을 이해할 수 있는 기회가 오기를 손꼽아 기다린다.

2013년 성서 계명대학교 쉐턱관에서

윤우석 교수

차 례

제5장 표본추출

제6장 인과관계와 연구설계

제7장 실험설계

제11장 평가와 정책분석

제12장 양적 데이터 분석

제13장 연구 결과의 보고

CHAPTER

01 과학, 사회, 그리고 범죄학 연구

◉ 사회세계에 대한 추론
- 질문과 응답
- 추론에 있어서의 일상적 오류
  과잉일반화
  선택적 또는 부정확한 관찰
  비논리적 추론
  변화에 대한 저항

◉ 사회과학 접근방법
- 범죄학 연구의 동기
- 사회적 범죄학 연구의 실제
  기술 : 청년 폭력이 얼마나 만연해있는가?
  탐색 : 총기 폭력에 학교가 어떻게 대응하고 있는가?
  설명 : 어떤 요인들이 청년 일탈과 폭력에 연관되어 있는가?
  평가 : 학교의 폭력 예방 프로그램이 효과적인가?

◉ 사회연구의 강점과 한계

◉ 연구방법의 유형

◉ 양적, 질적 연구방법

◉ 결론

2007년 4월 16일 버지니아주의 블랙스버그에 위치한 버지니아공대 캠퍼스에서 조승희는 32명의 학생과 교직원들을 살해하고 30명 이상에게 부상을 입혔다. 조승희는 합법적으로 구매한 반자동 권총 두 자루와 탄약으로 가득 찬 조끼를 입은 채 무장하고 있었는데 경찰이 현장에 다가가자 자살해버렸다. 이 총기난사사건은 미국 역사상 가장 치명적인 사건으로 기록되고 있다. 그로부터 채 1년도 안된 2008년 2월 14일 스티븐 카즈미어책(Steven Kazmierczak)은 노던일리노이대학에서 해양학 수업이 진행 중이던 큰 강의실에 들어가 엽총 한 자루와 권총 세 자루를 발사했다. 아주 뛰어난 학생으로 알려진 그는 기타 케이스에 총기들을 숨겨 강의실에 잠입했는데, 이 사건으로 24명이 총에 맞았고 그 중 6명이 숨졌다. 숨진 6명 가운데 카즈미어책 본인도 포함되어 있었는데 그 역시 경찰이 현장에 도착하기 전 자살해버렸다. 고등학교에서 발생한 가장 치명적인 총기난사사건은 1999년 4월

20일 콜로라도주 교외에 위치한 콜럼바인 고등학교에서 발생했다. 이 사건에서 에릭 해리스(Eric Harris)와 딜런 클레볼드(Dylan Klebold)는 12명의 학생들과 교사 한명을 살해하고 자신들의 목숨도 끊어버렸다.

이들 다중살인범죄자 가운데 전형적인 테러리스트는 아무도 없었으며, 지난 20년간 발생한 다른 학교 총기사건과 마찬가지로 각 사건은 언론의 열광적인 관심을 불러일으켰다. "학교 폭력 위기"라든지 "학교 범죄 전염"과 같은 헤드라인이 전국 신문과 주간지를 장식했다. 하지만 통계적으로 보면 이러한 헤드라인들은 약간 뒤늦은 감이 있었는데, 그 이유는 당시 청소년의 살인범죄로 인한 체포율이 감소하고 있었기 때문이다. 게다가, 같은 기간 동안 덜 부유한 지역에서 발생한 수많은 총기사건들이 기삿거리가 되지 못했는데 실상은 미국의 빈곤지역 살인율이 부유지역에 비해 훨씬 높은 상황이었다. 여러분은 "이 사건들이 주목받은 이유는 다중살인사건이었기 때문이다"라고 주장할지 모른다. 그러면 우리는 "동일한 지역에서 한 명의 피해자만 발생한 사건이 언론의 관심을 다르게 받은 것은 어떻게 설명할 것인가?"하고 물을 것이다. 예컨대, 22살의 갱 단원인 오마 세비야(Omar Sevilla)는 마약알코올치료센터로 걸어 들어가다가 총에 맞아 숨졌는데, 당일 현장에서 몇 블록 떨어진 곳에서 독일인 관광객인 호스트 피에체(Horst Fietze) 역시 강도사건 도중 살해당했다. 세비야에 대한 살인사건은 언론의 관심을 거의 받지 못했지만, 피에체 살인사건은 전국적인 언론의 관심을 받았던 것이다(Alvarez and Bachman, 2008).

불행하게도, 대중매체는 우리가 문제와 해결책을 인식하는 방식에 지대한 영향을 미친다. 실제로 95%의 미국인들이 주로 텔레비전이나 신문과 같은 대중매체를 통해 범죄와 폭력에 대한 정보를 얻고 있다고 말한다(Surrette, 1998). 그렇다면 여러분은 젊은이들의 폭력에 대해 어떤 인식을 가지고 있으며 그 인식은 어떻게 생겨났는가? 청년 폭력의 원인이 무엇이라고 생각하는가? 다음과 같은 많은 요인들이 미국사회의 청년 폭력에 영향을 미친다고 비난받아 왔다: 총기 획득이 쉽다는 점, 방어 목적의 총기가 강의실에 없다는 점, 영화나 텔레비전에서 무기가 흔히 사용된다는 점, 미국사회의 도덕적 타락, 부적절한 육아법, 무관심한 교사, 학교와 학급의 크기, 인종적 편견, 십대들의 소외, 인터넷과 범세계 통신망, 반유대주의, 랩과 록음악 등등.

아마 여러분도 일반적인 폭력이나 청년 폭력에 영향을 미치는 요인들에 대해 나름대로 생각을 가지고 있을 것이다. 하지만 그러한 믿음이 항상 경험적 연구에 의해 지지받지는 않을 것이다. 실제로 정치인이나 대중매체가 주장하는 요인들조차 경험적 증거에 의해 지지받지 못하는 경우가 있다. 이 장을 통해 여러분은 사회과학 연구방법이 어떻게 대중매체 이상으로 "청년 폭력의 원인이 무엇인가?"와 같은 질문에 적절한 대답을 구할 수 있도록 돕는지 배우게 될 것이다. 이 장이 끝나갈 무렵에는 형사사법학과 범죄학에서 사용되는 과학적 연구

방법이 어떻게 범죄관련 분야의 연구문제들을 이해하고 해답을 구하는 데 도움을 주는지 이해할 수 있어야 한다.

사회세계에 대한 추론(REASONING ABOUT THE SOCIAL WORLD)

살인범죄를 저지른 한 청소년에 관한 이야기는 많은 질문들을 던져준다. 콜럼바인 고등학교 총기사건의 한 피의자에 관한 다음 질문들을 읽고 여러분의 대답을 적어보아라. 질문에 대해 너무 숙고하지 말고 응답에 대해서도 부담 갖지 말라. 이건 시험이 아니며 따라서 틀린 대답도 없다.

- 에릭 헤리스를 어떤 사람으로 묘사하겠는가?
- 에릭 헤리스가 왜 다른 학생들을 살해하려 했다고 생각하는가?
- 에릭 헤리스는 18세 미만의 다른 살인자들과 유사한 전형적인 특성을 가지고 있는가?
- 일반적으로 왜 사람들이 살인자가 된다고 생각하는가?
- 여러분은 청년 폭력에 대한 지식을 어떻게 습득하고 있는가?

이 질문들에 대한 몇 가지 가능한 대답들을 생각해보자. 에릭 헤리스에 대한 정보는 다소 일관적이지 못하다(Duggan, Shear, and Fisher, 1999). 그는 당시 18세로서 중산층의 자제였으며 그의 형은 콜로라도 대학에 다니고 있었다. 헤리스는 분명히 자신을 백인 우월주의자라고 생각했지만 또 한편으로는 반인종주의적 록 밴드의 음악을 좋아하기도 했다. 그의 웹페이지에는 독일 록 밴드인 KMFDM의 노래 "쓰레기" 몇 소절이 인용되어 있다: "나는 말하지 않는 것은 하지 않아. 하지 않는 것은 좋아하지도 않아. 좋아하지 않는 것은 쓰레기통에 버려버리지." 온라인상에서는 자신을 "어둠"이라 칭하기도 했다.

이제 헤리스가 왜 자신이 다니던 학교에서 총기난사사건을 일으켰는지 이해할 만한 충분한 정보를 가지게 되었는가?

콜럼바인 고등학교 총기사건이 발생하기 일 년 전 헤리스는 차량 탈취사건이라는 중범죄로 체포되었다. 소년법원은 그에게 보호관찰을 명하면서, 지역사회 봉사를 수행하고 형사사법 강의를 수강하도록 했으며 학교 상담 프로그램에 참여하도록 했다. 보호관찰관 가운데 한 명은 헤리스를 "매우 영리하고 성공적인 인생을 살 것으로 기대되는 젊은이"로 묘사하기도 했다.

자, 이제 에릭 헤리스에 대해 적절히 묘사할 수 있겠는가? 그가 왜 살인을 저질렀는지 설명할 수 있겠는가? 아니면 아직 헤리스와 그의 친구들, 가족에 대해 더 알아볼 것이 있다고 생각되는가? 학교생활이나 형사사법시스템을 겪는 과정에서의 경험들에 대해서도 알고 싶은가? 지금까지 우리는 겨우 한 사람의 경험에 대해 알아보려 노력했는데, 이 과정에서 적절한 대답을 찾기보다는 더 많은 질문이 생겨나고 있음을 알 수 있다.

질문과 응답(Questions and Answers)

연구질문이 한 사람이 아닌 여러 사람 또는 전반적인 사회과정을 대상으로 하면 가능한 응답의 숫자는 훨씬 많아지게 된다. 예를 들면 학교 폭력이 왜 발생하는가 하는 질문을 생각해보자. 12-15세의 아이를 둔 어머니들을 대상으로 한 설문조사에서 대다수의 어머니들은 학교폭력의 가장 중요한 원인을 부모들의 도덕교육 부재(87%), 부모들의 공격적 행위지지(78%), 갱이나 또래 압력(70%)이라 생각했다(Kandakai et al., 1999). 이와 같은 어머니들의 응답을 여러분이 방금 전 적어놓았던 대답과 비교해보라. 청소년 폭력의 원인에 대한 여러분의 생각이 어머니들이 가지고 있는 보다 일반적인 의견들 가운데 하나에라도 해당하는가?

우리는 어쩔 수 없이 타인의 행동과 태도에 대해 질문을 던지게 된다. 우리는 모두 사회세계를 이해하려 노력하지만 사회는 매우 복잡하고, 사회세계에 대한 우리의 입장을 이해하려 노력하지만 사적인 이익관계가 반드시 수반되게 된다. 실제로 여러분이 "사회과학자처럼 생각하기" 시작하면, 더 많은 질문들이 떠오를 것이다.

그런데 왜 하나의 질문에 많은 응답들이 가능한 것일까? 우리의 관점이 중요한 역할을 하는 것은 확실하다. 예컨대, 혹자는 살인 범죄자를 오히려 환경의 피해자로 간주하는 반면, 다른 사람은 타고난 악마로 보기도 한다. 또한 개인적인 인생 경험과 환경이 다르기 때문에 다양한 대답이 나오기도 한다. 예를 들어 칸다카이와 그의 동료들(1999)이 수행한 어머니들의 인식에 대한 연구결과를 보면 학교폭력의 원인과 해결책에 대한 의견이 매우 다양함을 알 수 있다(Exhibit 1.1 참조). 과거 연구에 의하면 시민들은 일반적으로 교외지역이나 시골지역 학교에 비해 도시지역 학교의 학교폭력이 더 심각한 것으로 생각하고 있지만, 이 연구에서는 도시지역 학교에 아이를 보내는 어머니들 가운데 14%만이 그렇게 생각하고 있었다.

EXHIBIT 1.1 학교폭력 요인들에 대한 어머니들의 인식

	중요한 요인이라 응답한 비율
아이들에게 옳고 그름에 대해 가르치지 않는 부모	87
공격적 행위를 지지하는 부모	78
갱이나 또래압력	70
가족 활동의 부재	67
어린이들에게 술이나 담배 판매	61
부모 교사 간 불충분한 소통	60
지역사회에서의 폭력 목격	53
랩 음악에서 나오는 폭력적 메시지	47
대중매체에서의 폭력 목격	44
복장규정의 부재	30

또한 아이러니하게도 더 많은 비율의 도시지역 어머니들(37%)이 교외지역 어머니들(17%)에 비해 아이들이 학교에서 싸움을 한 경험이 있다고 보고하였다. 다소 놀라운 것은 폭력에 대한 부모들의 지지를 학교폭력의 주요 원인 가운데 하나로 꼽고 있지만, 10명 중 4명의 어머니들이 특정 상황에서는 자신의 아이가 싸울 수도 있다고 믿고 있다는 사실이다.

추론에 있어서의 일상적 오류(Everyday Errors in Reasoning)

사람들이 연구질문에 상이한 응답을 내놓는 데는 또 다른 이유가 있다: 바로 논리적인 오류를 범하기가 너무 쉽기 때문인데, 이는 우리가 의식적으로 참여하고 있는 사회세계에 대한 분석을 할 때 특히 자주 발생한다. 이러한 논리적 오류를 일상적 오류라고 부를 수 있는데, 그 이유는 우리가 매일 듣고 있는 사회세계에 대한 비과학적이고 생각 없는 대화에서 자주 발생하기 때문이다.

일상적 오류에 대한 증거를 찾고 싶다면 여러분의 대화나 다른 사람들의 대화를 하루 동안 잘 들어보아라. 아마 하루 중 한 번쯤은 여러분이나 여러분과 얘기하고 있는 사람이 "나는 어떤 사람이 X 행위를 해서 Y 결과가 발생한 것을 알고 있어"와 같은 말을 할 것이다. 즉, 한 조각의 정보를 통해 여러분은 Y가 발생할 가능성에 대한 결론을 내리는 것이다. 우리가 범할 수 있는 일상적 오류에는 다음과 같은 네 가지 유형이 있을 수 있다: 과잉일반화, 선택적 또는 부정확한 관찰, 비논리적 추론, 변화에 대한 거부.

EXHIBIT 1.2 과잉일반화와 선택적 관찰의 차이

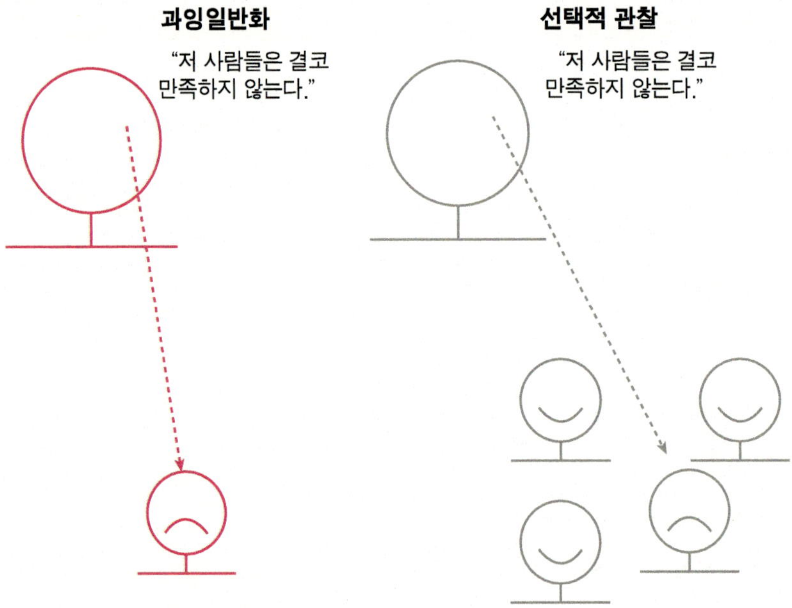

과잉일반화(Overgeneralizaion)

과잉일반화(overgeneralization)는 우리가 목격하거나 몇 가지 사례에 대해 사실이라고 알고 있는 것이 모든 사례에 똑같이 적용된다고 결론내릴 때 발생한다. 우리는 항상 우리가 직접 상호작용하는 과정 속에서 해당 사람들과 사회과정에 대해 결론을 내리지만, 우리의 경험이 제한적이라는 사실을 망각하곤 한다. 사회세계(자연세계도 마찬가지로)는 복잡한 곳이다. 우리는 제한된 특정 시대에 사회세계를 살아가고 있는 극히 일부의 사람들과 상호작용 하고 있을 뿐이다(또한 그러려고 하는 경향이 있다).

선택적 또는 부정확한 관찰(Selective or Inaccurate Observation)

선택적 관찰(selective observation)은 우리가 선호하거나 믿는 것과 일치하는 것들만 선택적으로 바라보는 것을 말한다. 우리가 특정 개인이나 조직을 비판하고자 할 때는 그들이 가진 모든 결점을 쉽게 목격할 수 있다. 예를 들어 폭력적인 아이들은 재활이 어렵고 성인이 되어서도 계속 폭력범죄를 저지를 것이라고 미리 확신하고 있다면, 많은 그러한 사례들을 쉽사리 찾아낼 수 있을 것이다. 하지만, 청소년기에는 폭력범죄를 저질렀으나 성인이 된 후 생산적이고 안정적인 시민이 된 사례들은 어떻게 설명할 것인가? 또는 아동기에 육체적, 성적으로 학대받은 아이들이 대리가족의 필요성을 충족시키기 위해 갱 조직에 합류하는 것은 어떻게 설명할 것인가? 우리의 편견을 확인시켜주는 일부 사례들만을 인정하게 되면, 선택적 관찰을 범하는 것이다. Exhibit 1.2는 선택적 관찰과 과잉일반화의 차이점을 보여주고 있다.

인지기능(뇌가 어떻게 작용하는지)에 대한 최근의 연구는 왜 우리의 감정이 우리의 인식을 미리 결정지어버리는 지에 대해 잘 설명해준다(Seidman, 1997). 외부 자극에 대한 감정적 반응은 이성적 반응에 비해 짧은 회로를 여행한다(Exhibit 1.3 참조). 그 결과, 몇몇 인지과학자들의 주장에 따르면, "우리의 기억을 상기시키는 것이 그 실체가 무엇인지보다 훨씬 더 중요할 수 있다"(Goleman, 1995:294-95). 즉, 우리의 감정은 우리가 목격한 것이 무엇인지를 생각하기 훨씬 이전에 우리에게 영향을 미칠 수 있는 것이다.

우리의 관찰은 또한 부정확할 수도 있다. 예를 들면 한 여성이 배고프다(hungry)라고 말하지만, 우리는 그녀가 헌팅당했다(hunted)라고 말하는 걸로 생각할 수 있다. 이때 우리는 부정확한 관찰(inaccurate observation)을 범한 것이다. 실제로는 일곱 명이 거리의 코너에 서있는데 다섯 명이라고 생각하면 이 또한 부정확한 관찰에 해당한다. 이러한 오류는 일상적인 대화나 주변에 대한 관찰에서 흔히 발생한다. 실제로 우리의 인식은 객관적 시각을 제공해주지 못하는데, 그 이유는 우리가 지각했다고 생각한 것들이 사실은 우리가 본(들은, 냄새 맡은, 느낀, 또는 맛본) 것이 아닐 수도 있기 때문이다. 우리의 감각이 온전히 기능할 때조차 우리의 마음은 우리가 지각한 것을 해석해야만 한다(Humphrey, 1992). Exhibit 1.4의 착시현상 그림은 두 얼굴 아니면 꽃병으로 보일 수 있는데, 이 그림을 통해 인식이란 해석을 수반한다는 사실을 깨달았을 것이다. 관찰자들이 동일한 상황을 다르게 인식하는 것은 그들이 해당 상황을 다르게 해석하기 때문인 것이다.

비논리적 추론(Illogical Reasoning)

성급하게 결론에 도달하거나 타당하지 않은 전제에 근거하여 주장을 할 때, 우리는 비논리적 추론(illogical reasoning)을 범하게 된다. 예를 들면 텔레비전이나 영화와 같은 대중매체에서 그려지는 폭력성이 실제 폭력을 부추긴다는 주장은 만약 대다수의 사람들이 그런 프로그램을 보고난 이후 폭력적으로 변하지 않는다면 합당한 주장이 되질 못한다. 하지만, 대중매체의 과도한 폭력성에 대한 묘사가 사람들에게 전혀 영향을 미치지 않는다고 주장하는 것도 논리적이지 못하다. 물론, 한 사람에게 온전한 논리가 다른 사람에겐 왜곡돼 보일 수도 있다; 이러한 문제는 "명쾌한 논리적 사고"를 하지 못해서라기보다는 서로 다른 전제(가정) 하에서 추론을 하기 때문인 경우가 많다.

EXHIBIT 1.3 빠른 감정적 반응에 대한 해부

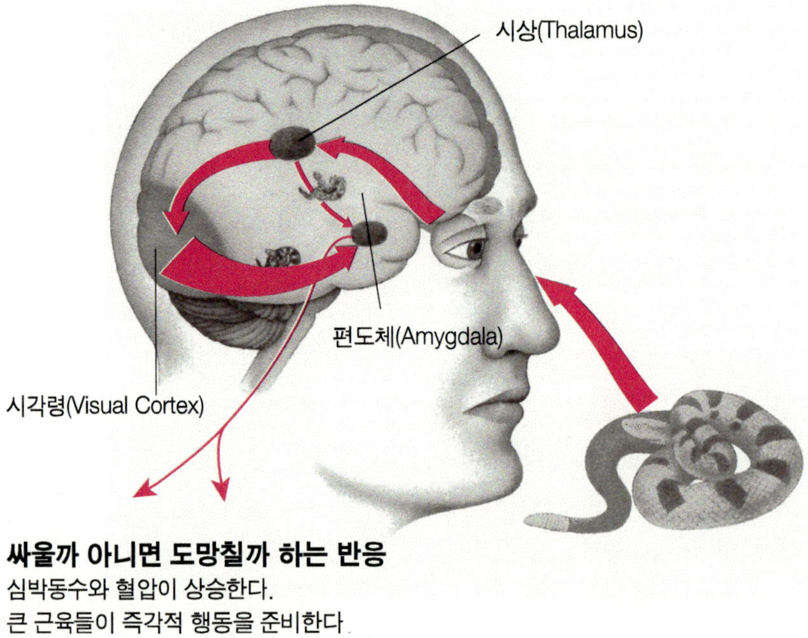

출처 : Goleman, D. Emotional Intelligence, p.19. Copyright 1995. 밴텀 더블데이 델 출판사의 밴텀 북스의 허가를 득하여 사용됨.

변화에 대한 저항(Resistance to Change)

변화에 대한 저항(resistance to change)은 새로운 정보에도 불구하고 우리의 생각을 바꾸지 않으려 하는 것을 말하는데 다음 몇 가지 이유에서 발생할 수 있다.

자아(자존심) 지키기. 회사나 학교, 기타 기관의 지도자들이 우리 조직원들은 행복해하고 있다든지, 수입이 증가하고 있다든지, 최상의 서비스를 제공하고 있다는 등의 주장을 하는데 대해 우리는 회의적으로 받아들이는 경향이 있다. 또한 관찰 가능한 사실보다는 우리 자신의 필요에 일치하는 진술을 하고 싶어 한다. 아울러 어떤 문제에 대해 자신의 입장을 분명히 밝히고 나면 그것이 틀렸음을 인정하기가 상당히 어려울 수도 있다.

전통에 대한 과도한 집착. 전통에 어느 정도 충실한 것은 다가올 미래를 조금은 예측할 수 있게 해주기 때문에 필요한 측면도 있다. 우리의 선조들이 걸었던 길을 자연스럽게 따라가면 사회생활이 더욱 풍요롭고 의미 있을 수도 있다. 하지만 전통에 대한 과도한 집착은 변

화하는 환경에 적응하는 것을 방해한다. "할아버지께 좋았다면 내게도 충분히 좋아"라는 믿음을 유지하기 위해 우리가 관찰한 것을 왜곡하거나 논리적 추론을 바꿔버리면 새로운 발견을 받아들이고 새로운 지식을 발전시키는 능력이 떨어지게 된다. 그 결과는 독일 함부르크 주민들이 1892년에 깨달은 것처럼 대단히 치명적일 수 있다(Freedman, 1991). 19세기 후반까지 사람들은 콜레라가 작고 생명이 없으며 공기 중에 떠다니는 독성 미립자(독기) 때문에 발생한다고 믿었다. 그러나 1850년 영국의 과학자 존 스노우(John Snow)는 콜레라는 오염된 물을 통해 퍼진다고 설명했다. 이후 1892년 콜레라가 함부르크를 덮쳤을 때 방역당국은 전통적인 방식을 택해 땅을 파고 동물 사체들을 묻어 독기가 퍼지지 않도록 조치했다. 하지만 그러한 노력에도 불구하고 수천 명이 목숨을 잃게 되었다. 반면, 뉴욕시는 스노우의 발견에 근거한 새로운 처방을 받아들여 식음수를 끓이고 하수를 소독했다. 그 결과, 뉴욕시의 사망률은 함부르크에서보다 10분의 1 수준으로 떨어졌다.

EXHIBIT 1.4 **착시현상**

무비판적인 권위에의 동조. 만약 우리가 권위 있는 사람들의 생각을 비판적으로 평가할 용기를 가지고 있지 않으면, 그들이 우리가 원치 않는 방식으로 권위를 사용할 때에도 별로 불만을 제기할 여지가 없을 것이다. 그리고 새로운 발견이 이루어졌을 때 그동안의 믿음에 의문을 제기하지 않으면, 사회 세계를 이해하는 우리의 능력은 한계에 부딪힐 것이다. 제3장에서 살펴보겠지만, 권위에 무조건적으로 복종하는 극단적인 예는 집단학살처럼 다른 사람들을 해하거나 죽일 수 있는 권위자에게까지 복종하는 것이다.

잠시 시간을 내서 여러분이 방금 전 기록한 청소년 폭력에 대한 믿음을 다시 한 번 살펴보아라. 현실은 훨씬 더 복잡한데 혹시 여러분은 매우 간단한 설명으로 끝내버렸는가? 폭력적인 사람들과 여러분이 유사한 특성을 가지고 있다거나 아니면 매우 다른 사람처럼 생각되는 여러분의 자아(생각)나 감정이 여러분이 가지고 있는 믿음에 영향을 미쳤는가? 대중매체나 허구적 이야기에서 그려지는 폭력을 보고 여러분의 믿음이 형성되었는가? 정치인, 교사, 부모와 같은 권위자들의 의견을 주의 깊게 살펴보았는가 아니면 무조건 받아들이거나 배척하였는가? 연구방법론 지식이 폭력과 연관된 요인들을 이해하는데 도움이 될 수 있겠는가? 지금쯤, 범죄·형사사법시스템과 관련된 이슈들을 연구하는 사회과학자들이 직면하고 있는 몇 가지 도전들에 대해 이해하였길 바란다.

지금까지 살펴 본 추론에 있어서의 네 가지 오류를 인식하고 회피하기 위해 여러분들이 직접 과학자가 되거나 어려운 연구기법을 사용할 필요는 없다. 단지 그러한 오류들이 무엇인지를 이해하고 오류를 범하지 않기 위해 의식적으로 노력하면 여러분의 추론능력을 향상시킬 수 있을 것이다. 그러한 과정 속에서, 부모(또는 성직자, 교사, 기타 조언자)의 충고나 훈계를 좀 더 주의 깊게 받아들이게 되고 결국 사람들을 획일화시키거나 성급하게 결론을 내리는 것을 방지할 수 있으며 또한 좀 더 큰 그림을 볼 수 있게 될 것이다. 이상의 오류들은 사회과학 연구방법론을 통해 범죄학자들이 피하고자 하는 것과 동일하다.

사회과학 접근방법(THE SOCIAL SCIENCE APPROACH)

사회세계에 관한 질문에 응답하기 위한 사회과학 접근방법은 일상적 추론과정에서의 오류를 대폭 줄이도록 설계되어 있다. 과학은 질문에 응답하기 위해 논리적이고 체계적인 방법론을 사용하는데, 방법론이 사용되는 방식은 다른 사람들이 해당 연구방법을 검토하고 평가할 수 있도록 이루어져야 한다. 사회연구의 영역에서도 과학적 방법론은 매우 흔하게 사용된다. 사회과학 접근방법은 질문을 던지고, 사회집단을 관찰하며, 사람 수를 세는 등의 일을 하는데, 이는 결국 우리가 일상적으로 하는 일과 크게 다르지 않다. 하지만 사회과학자들은 사회세계에 대해 그들이 이해한 것을 일반인보다 좀 더 체계적이고 구체적으로 발전시키고, 가다듬고, 적용하고, 보고한다.

- 사회과학 연구방법은 우리가 일반화하고자 하는 모집단을 대표하는 표본을 선택하기 위해 보다 체계적인 절차를 밟음으로써 과잉일반화의 가능성을 줄일 수 있다.

- 사회과학 연구방법은 연구대상이나 현상에 대한 측정을 보다 체계적으로 함으로써 선택적 또는 부정확한 관찰의 가능성을 줄일 수 있다.
- 사회과학 연구자들은 원인을 규명하기 위한 명백한 기준을 사용하고, 또한 그 기준이 특정 사례나 상황에서 제대로 충족되었는지를 결정하기 위한 또 다른 명백한 기준을 사용한다. 이를 통해 비논리적 추론을 줄일 수 있게 된다.
- 과학적 연구방법은 우리의 믿음이 오로지 다른 사람에 의해 검증되고 비판될 수 있는 증거에만 바탕을 두어야 함을 요구한다. 이를 통해 사회세계에 대한 우리의 대답이 자아(자존심) 지키기, 전통에 대한 과도한 헌신, 권위에 대한 무조건적 복종 등의 오류에 영향을 덜 받게 된다.

과학 자연과 자연적 과정을 탐구하기 위한 논리적이고 체계적이며 자료화된 일련의 방법론; 그러한 탐구를 통해 생산된 지식.

사회과학 과학적 방법론을 사용하여 개인, 사회, 사회적 과정을 탐구하는 학문 분야. 범죄나 형사사법과 연관된 탐구를 포함함. 그러한 탐구를 통해 생산된 지식.

범죄학 연구의 동기(Motives for Criminological Research)

사회과학자들도 여러분처럼 젊은이들이 저지르는 폭력사건에 대한 이야기를 읽으며 때로는 일상 속에서 실제 목격하기도 하면서 청년 폭력에 대해 이해하려고 나름 노력한다. 대부분의 학자들에겐 그게 끝이다. 하지만 몇몇 사회과학자들에겐 청년 폭력 문제가 연구의 초점이 되어왔다. 이와 같이 특정한 연구주제를 선택하게 되는 동기는 다음의 이유에서이다.

정책적 동기. 많은 사회봉사기관과 선출직 공무원들은 청년 폭력에 대해 더 잘 알고 싶어하고 좀 더 정확한 평가를 내리고 싶어 한다. 그래야만 청년 폭력을 근절시키기 위해 무엇이 필요한 지를 파악하고 그 필요를 충족시키기 위해 기관마다 적절히 책임을 분산시킬 수 있기 때문이다. 예를 들면 미 법무부나 질병통제예방센터와 같은 연방 기관들은 청년 폭력의 규모에 대해 알고 싶어 한다. 그리고 많은 주와 지역 공무원들은 사회연구를 이용하여 자신들의 사회봉사예산 규모를 결정한다. 젊은 범죄자들을 재활시키기 위한 프로그램들의 연구를 통해 어린 범죄자들이 무엇을 필요로 하는지 알게 된다. 이러한 정책 지침과 프로그램 관리에 대한 필요성은 수많은 연구 프로젝트를 발전시켜오고 있다.

학문적 동기. 그동안 많은 연구자들이 어린 범죄자들을 대상으로 연구를 진행해왔다. 연구자들은 부모나 동료들과의 관계가 청소년 행동에 어떻게 영향을 미치는 지에서부터 가난과 같은 사회적 환경이 어떠한 영향을 미치는 지에 이르기까지 매우 광범위한 질문들에 관심을 가져왔다. 예를 들면 사회과학자들은 사회해체가 개인의 행동에 미치는 영향에 오랫동안 관심을 보여 왔는데, 20세기 초 시카고대학의 연구자들은 주거이동과 이민이 도시지역의 범죄와 일탈 수준에 미치는 영향에 흥미를 가졌었다. 오늘날에도 많은 연구자들이 도심지역의 경제적 악화가 범죄와 폭력에 미치는 영향에 대해 유사한 질문을 던지며 탐구하고 있다. 한편, 어떤 연구자들은 신경 손상과 같은 개인 수준의 설명에 몰두해오기도 하며, 일부 사회정책을 연구하는 사람들은 규율이 엄한 소년원이나 충격요법이 가미된 징역형과 같은 교정프로그램이 청소년범죄자들의 재범을 감소시킬 수 있는지 연구해오고 있다.

개인적 동기. 청년 폭력에 대해 연구하는 많은 사람들은 연구를 통해 청년 폭력을 예방하거나 폭력으로 인한 피해를 감소시킬 수 있다고 생각한다. 실제로 몇몇 사회과학자들은 빅브라더스 빅 시스터스와 같은 기관에 몸담고 있으면서 위험에 노출되어 있는 젊은이들과 함께 자원봉사를 하고 난 후 그 경험에 비추어 연구의 화두를 개발하기 시작했다.

사회적 범죄학 연구의 실제(Social Criminological Research in Practice)

물론 미국에서 청년 폭력이 새롭게 등장한 현상은 아니다. 오히려 항상 사회과학연구의 인기 있는 주제 중 하나였다. 하지만 1980년대 후반 이후 시작된 청년 폭력의 급격한 증가는 유래 없는 현상이었다. 어떤 현상이 전염병이나 유행처럼 인식될 때마다 수많은 설명들이 시도되곤 한다. 하지만 불행히도 그 설명들 가운데 대부분은 경험적 연구가 아닌 대중매체나 문화에 의존하여 이루어진다. 대중매체들 사이를 떠돌아다니는 입증되지 않은 정보와 달리, 사회과학자들은 청년 폭력에 영향을 미치는 요인들에 대한 지식을 가다듬고 사회정책의 틀을 갖추도록 해주는 상당한 양의 연구결과물을 축적해왔다(Tonry and Moore, 1998). 그들의 연구는 사회과학적 연구가 목적으로 하는 네 가지 범주로 나눌 수 있다.

기술적 연구. 관심 있는 사회현상을 정의하고 기술하는 것, 즉 기술적 연구는 거의 모든 연구의 일부에 해당하지만, 청년 범죄와 폭력에 대한 연구들에 있어서는 **기술적 연구(descriptive research)**가 주요 초점으로 자리하고 있다. 이는 당해 분야에서 자주 언급되는 몇 가지 핵심 질문들을 살펴보면 알 수 있다: "얼마나 많은 사람들이 청년 폭력의 피해자가 되는가?" "얼마나 많은 젊은이들이 범죄를 저지르는가?" "청년 범죄자들이 가장 흔히 저지르

는 범죄는 무엇인가?" "얼마나 많은 젊은이들이 매년 범죄로 체포되거나 감금되는가?" 기술적 연구에서 주요 관심사는 측정(제4장 참조)과 표집(제5장 참조)에 있게 된다.

탐색적 연구. 탐색적 연구(exploratory research)는 사람들이 특정 환경에서 어떻게 살아가는가, 자신들의 행동에 어떤 의미를 부여하는가, 어떤 이슈들에 관심이 있는가 등의 질문에 해답을 구하고자 한다. 즉, 탐색적 연구의 목적은 "지금 여기에서 무슨 일이 벌어지고 있는가?" 하는 질문에 답을 내놓고, 일체의 예측이나 기대를 배제한 채 해당 사회현상을 탐구하는 것이다. 이러한 목적을 달성하기 위해 연구자들은 비교적 체계적이지 않은 대량의 정보를 획득할 수 있는 방법론을 사용한다. 예를 들면 1980년대 청년 갱단의 출현을 연구하던 학자들은 지금껏 경험해보지 못한 새로운 현상에 직면하고 있었다. 따라서 이러한 경우의 초창기 연구목적은 갱 단원이 되면 어떠한 생활을 하는가 또는 갱 단원들은 자신의 상황을 어떻게 생각하는가 등의 질문에 답하는 것이었다. 이와 같은 탐색적 연구는 흔히 질적 연구방법(제9장 참조)을 사용한다.

설명적 연구. 모든 과학의 주요 목적은 설명이라고 대부분 생각한다. 설명적 연구(explanatory research)는 사회현상의 원인과 결과를 규명하고, 한 현상이 다른 현상의 변화에 따라 어떻게 변화할 지를 예측하고자 한다. 연구자들이 설명을 주요 목적으로 하는 경우는 "사람들이 왜 범죄를 저지르는가?" 또는 "실업률이 청년 범죄의 빈도에 영향을 미치는가?"와 같은 질문에 답변을 구할 때이다. 원인과 결과를 규명하는 방법론은 제6장의 핵심 주제이다.

평가 연구. 평가 연구(evaluation research)는 사회 프로그램이나 다른 형태의 개입 프로그램이 얼마나 효과적인지를 결정하고자 한다. 이는 원인과 결과를 다루기 때문에 설명적 연구의 한 형태로 볼 수 있다. 하지만 평가 연구가 다른 설명적 연구와 차별되는 이유는 사회 정책이나 프로그램의 수행과정과 결과를 탐구하기 때문이다. 정책이나 프로그램 자체의 수행과정과 효과성을 평가하는 것은 다른 형태의 설명적 연구와 무관한 이슈이다. 1980년대 청년 폭력의 증가는 새로운 정부 프로그램들을 탄생시켰고, 그와 함께 해당 프로그램들의 효과를 평가할 평가 연구도 생겨나게 되었다. 이러한 평가연구는 실험설계를 다루는 제7장과 평가 연구를 다루는 제11장에서 평가 연구의 몇 가지 사례가 검토될 것이다.

이제 사회과학적 연구의 각 목적에 부합하는 연구사례를 하나씩 들어보겠다. 각기 다른 관심사에서 출발한 프로젝트들에 대해 어느 정도 감을 가질 수 있기를 바란다.

기술 : 청년 폭력이 얼마나 만연해있는가?(Description: How Prevalent Is Youth Violence?)

경찰 보고. 미국에서 발생하는 치명적 폭력에 대한 가장 오래된 자료는 미국연방수사국(FBI)의 보충살인보고서(Supplementary Homicide Reports: SHR)이다. 제임스 팍스(James Fox)와 매리언 자윗츠(Marianne Zawitz)는 형사사법통계국(Bureau of Justice Statistics: BJS)에 최근 2005년도 자료를 포함해서 오랜 기간 동안 보충 살인 보고서의 자료들을 분석·제공하고 있다(Fox and Zawitz, 2009). 자료에 따르면 24세 이하 젊은이들이 살인범죄 피해를 당할 가능성이 1980년대 중반 이후 1994년 무렵까지 급격히 증가했으며, 그 이후에는 점차 감소추세로 돌아섰다. 그러다가 2000년 이후에는 거의 동일한 수준을 유지했는데 최근 다시 조금씩 증가하는 것으로 보고되고 있다(Fox and Zawitz, 2009). 1980년대 중반 이후 1990년대 초반까지 급격히 증가했던 청년 폭력의 원인을 어디에서 찾을 수 있겠는가? 이 질문에 답하기 위해서는 설명적 연구가 필요할 것이다. 쿡과 라웁(Cook and Laub, 1998)은 당시 젊은이들의 폭력을 세심히 분석한 결과, 크랙 코카인(마약)의 출현과 그 시장을 둘러싼 분쟁 때문에 살인율이 증가하기 시작했다고 설명한다. 하지만 그들의 주장에 따르면 보다 핵심적 원인은 총기소지가 점차 쉬워졌기 때문이었다: "모든 살인율의 증가는 총기와 함께 했는바, 젊은이들이 치명적 폭력에 점차 많이 가담하게 된 것은 그들의 성품이 변했다 라기 보다는 총기에 쉽게 접근하고 사용할 수 있는 환경이 조성되었기 때문으로 보인다"(p. 60).

강도나 폭력 같은 덜 치명적인 폭력이 만연해 있는 정도를 측정하는 자료는 살인 자료에 비해 좀 더 복잡하다. 매년 얼마나 많은 청년들이 폭행을 저지르는지 어떻게 알 수 있을까? 경찰에 폭력 피해를 보고하는 사람들의 수가 실제 발생하는 폭력의 일부를 차지할 것이다. 미국연방수사국은 이들의 신고 자료를 표준범죄보고(Uniform Crime Report: UCR) 시스템에 기록하는데, 이 표준범죄보고는 점차 전국사건기반보고시스템(National Incident-Based Reporting System: NIBRS)으로 대체되고 있다. 이 두 자료 체계는 자발적으로 범죄자료를 보고하는 미국 전역의 주, 군, 시 경찰관서의 자료들을 취합하여 구축된 것이다. 폭력 피해가 만연해있는 정도를 측정함에 있어 이들 기관 자료를 사용할 경우 왜 문제가 발생하는지에 대해 추측할 수 있겠는가? 만약 폭력 피해가 경찰에 전혀 보고되지 않는다면, 기관 자료에는 폭력 피해가 없는 것으로 기록될 것이다. 이러한 암수범죄의 문제는 가까운 파트너 간 폭행이나 강간과 같은 범죄에서 특히 심각할 수 있다.

설문조사. 대신, 대부분의 사회과학자들은 폭력 피해의 정도를 가장 잘 측정하는 방법은 임의 표본 설문조사(random sample surveys)를 실시하는 것이라고 믿는다. 제8장에서 설문 기법에 대해 매우 자세히 살펴보겠지만, 임의 표본 설문조사란 대상 모집단에서 무작위

로 개인을 선발하는 과정과 선발된 사람들에게 피해 경험에 대해 묻는 과정을 포괄적으로 일컫는다. 매년 임의 표본 설문조사를 실시하고 있는 유일한 자료는 바로 미 법무부 소속 형사사법통계국의 지원 하에 이루어지고 있는 전국범죄피해자조사(National Crime Victimization Survey: NCVS)이다. 전국범죄피해자조사는 "누군가 당신을 총이나 칼과 같은 무기로 공격하거나 위협했습니까?; 돌이나 병을 던져서 공격하거나 위협했나요? 멱살을 잡거나, 때리거나, 목을 조르는 등의 방법으로 공격하거나 위협한 경우도 포함시키세요."와 같은 질문을 던진다. 조사결과 12-24세의 젊은 층이 모든 면에서 가장 높은 폭력 피해율을 보이고 있는데, 1990년대 초반 정점을 찍은 이후 점차 감소하고 있는 추세이다. 하지만 몇몇 지역에서는 해당 연령층의 살인율이 점차 증가하는 경향을 보이고 있다.

청년 폭력(마약, 흡연과 같은 다른 종류의 위험행동을 포함해서)의 정도를 측정하는 또 다른 대규모 설문조사 연구로서 청년위험행동조사(Youth Risk Behavior Survey: YRBS)가 있는데, 이는 미국에서 1990년 이후 2년마다 실시되고 있다. 이 조사연구의 대상은 9-12학년에 재학 중인 고등학생 16,000명으로서 전국을 대표하도록 선정된 표본이다. 청년 폭력의 정도를 파악하기 위해 학생들은 다음과 같은 질문들을 받는다: "지난 30일 동안 총, 칼, 곤봉과 같은 무기를 소지하고 다닌 게 며칠입니까?" "지난 12개월 동안 육체적 싸움을 한 적이 몇 번이나 있습니까?" "지난 12개월 동안 육체적 싸움으로 인해서 의사나 간호사를 봐야할 정도로 상처를 입은 적이 몇 번 있습니까?" "지난 30일 동안 총, 칼, 곤봉과 같은 무기를 학교 안에서 소지하고 다닌 게 며칠입니까?" "지난 12개월 동안 학교 안에서 육체적 싸움을 한 적이 몇 번 있습니까?" "지난 12개월 동안 학교 안에서 누군가 총, 칼, 곤봉 등으로 당신을 위협하거나 상해를 입힌 적이 몇 번 있습니까?"

물론, 폭력을 측정하는 또 다른 방식으로서 응답자들에게 자신의 범죄행위에 대해 물어볼 수도 있을 것이다. 몇몇 설문조사가 이런 식으로 이루어지는데 대표적인 예가 전국청년조사(National Youth Survey: NYS)와 로체스터청년발달연구(Rochester Youth Development Study: RYDS)이다. 로체스터청년발달연구는 1988년도 봄학기 동안 뉴욕의 로체스터 지역 공립학교에 재학 중이었던 7학년과 8학년 학생들 1,000명을 대상으로 한다. 이 프로젝트는 해당 학생들을 12회(제6장에서 이런 종류의 종단적 연구에 대해 논의할 것임) 인터뷰했는데 가장 최근의 인터뷰는 1997년 그들이 20대 초반이 되었을 때 실시되었다(Thornberry et al., 2008). 쉽게 예상할 수 있듯, 응답자들은 자신의 피해경험보다 가해경험 밝히기를 더 꺼려한다. 하지만, 이러한 조사연구들은 폭력 범죄나 다른 종류의 일탈과 관련되는 요인들을 밝혀내는 데 유용한 도구역할을 해왔다. 마지막으로 이 점은 꼭 지적해야 한다: 우리의 논의가 특별히 폭력에 국한되었지만 이 장에서 논의된 측정방법들은 장단점을 불문하고 모든 종류의 범죄를 측정하는데 적용되고 있다.

탐색 : 학교는 총기 폭력에 어떻게 대응하고 있는가? (Exploration: How Do Schools Respond to Gun Violence?)

일반적으로 탐색적 연구는 특정 현상이나 사람, 사건에 대해 자세한 정보를 획득하고 가능한 많은 것을 알아내기 위해 수행된다. 아스무센과 크레스웰(Asmussen and Creswell, 1995)은 학교 총격사건에 대한 반응에 관심을 가지고 있었다. 학교 총격사건은 흔하지 않고 경험적 연구가 거의 없어 아스무센과 크레스웰은 큰 공립대학에서 발생한 한 건의 총격사건에 대해 상세한 질적연구를 수행했다. 그 사건은 4학년 과학 강의시간에 발생했는데, 용의자인 남성 대학원생은 어느 월요일 아침 수업시간보다 일찍 강의실에 도착했다. 그는 0.3 인치 구경 실탄 30발이 장착 가능한 한국전쟁 시대에 사용된 낡은 반자동 소총으로 무장한 상태였고 주머니에 실탄 30발을 더 가지고 있었다. 전체 34명 학생 가운데 20명이 이미 강의실에 도착해서 대부분 조용히 학생신문을 읽고 있었다. 교수는 강의실로 향하던 중이었다. 용의자는 학생들을 향해 소총을 겨누고 강의실 전체를 훑은 다음 방아쇠를 당겼다. 하지만 총이 막혀 고장나버렸다. 개머리판을 책상에 쳐서 다시 발사해보려 시도했지만 역시 작동하지 않았다. 이때 대부분 학생들은 상황을 파악하고 바닥에 엎드려 책상을 눕힌 채 숨고 있었다. 약 20초 후에 한 학생이 책상을 용의자 쪽으로 밀치자 학생들은 강의실 밖 홀이나 건물 밖으로 뛰쳐나왔다. 용의자도 서둘러 강의실을 나와 주차된 자신의 차 쪽으로 뛰어갔는데 차에 타지는 않고 계속 뛰어 도망쳤다. 그러다가 한 시간이 채 지나지 않아 경찰에 붙잡혔다.

아스무센과 크레스웰(1995)은 모든 학생들이 강의실을 뛰쳐나와 안전한 곳으로 피신하지 않고 건물 밖에서 함께 서있었다는 사실을 알고 깜짝 놀랐다. 일부 학생들은 분명 놀래서 울고 있었지만, 많은 학생들이 그 사건에 대해 마치 아무런 위협도 되지 못했다는 듯 농담을 하고 있었다. 이러한 거부 반응은 정신건강 관련 문헌을 보면 잘 기록되어 있는데, 처음에는 거부 반응을 보이고 믿지 않지만, 이내 두려움과 공포감에 사로잡힌다고 한다. 아니나 다를까 아스무센과 크레스웰은 사건을 목격했던 학생들 외에 많은 사람들이 그 사건 때문에 정신적 외상을 받았음을 알아냈다. 사건 이후 수 주 동안 심리상담을 받은 사람들을 세 그룹으로 나눌 수 있었다. 첫 번째 그룹은 공격과 직접적으로 관련이 있었는데, 사건 당일 용의자를 목격했거나 용의자를 개인적으로 알고 있던 사람들이었다. 두 번째 그룹은 간접적으로 연관된 사람들로서 사건과 직접 관련은 없었지만 정신적으로 충격을 받은 사람들이었다. 이 그룹의 대부분은 학생들의 부모들이었다. 세 번째 그룹은 과거에 정신적 외상을 입은 사람들로서 이 사건 때문에 두려움이 다시 생겨난 사람들이었다.

결국 공격자의 장래가 형사사법기관의 손에 달려있었기 때문에 형사사법기관이 제공하는 정보가 관련자들이 느끼는 안전감에 중요한 영향을 미쳤다. 그래서 정신 건강 상담사와 학교경찰 책임자, 두 명의 지역 변호사들이 합동으로 두 번의 상황 설명회를 열었다.

대학 캠퍼스에서 목격된 또 다른 현상은 수업을 방해하거나 도에 지나친 행동을 하는 학생들에 대해 우려를 표하는 교수와 직원들이 늘어났다는 것이다. 이 문제를 해결하기 위해 학생사법처(Student Judiciary Office)는 강의실에서 그런 학생들을 잘 다룰 수 있는 다양한 방법을 조언했다. 또한 교직원들이 우려를 표할 때마다 사복 차림의 경찰관들을 보내 강의실이나 사무실 밖에 앉아 대기하도록 했다.

하지만 놀랍게도, 아스무센과 크레스웰(1995)은 대학 당국이 혹시 또 발생할 지도 모를 사건을 처리할 특별 부서를 만들지 않았음을 알게 되었다. 대학 당국이 취한 유일한 구조적 조치는 캠퍼스 전역에 긴급 전화를 설치했다는 것뿐이었다. 또한, 향후 발생할 수 있는 비극적 상황에 도움을 줄 수 있는 지역사회 유관기관들과의 협력을 위한 공식적 논의가 전혀 이루어지지 않았다. 결국, 아스무센과 크레스웰의 탐색적 연구는 캠퍼스 총격사건에 대응하는 것이 상당히 복잡한 일임을 잘 보여주고 있다.

설명 : 어떤 요인들이 청년 일탈과 폭력에 연관되어 있는가? (Explanation: What Factors Are Related to Youth Delinquency and Violence?)

청년 폭력과 연관된 요인에는 어떤 것들이 있을까? 사우스캐롤라이나 청년위험행동조사(YRBS)를 이용하여 맥도날드와 그의 동료들(MacDonald et al., 2005)은 일반긴장이론(Agnew, 1992)과 범죄에 관한 일반이론(Gottfredson and Hirschi, 1990)이 청년 폭력을 얼마나 잘 설명하고 있는지 검증해보았다. 일반긴장이론은 예컨대 기대와 열망간의 괴리(예, 좋은 직업을 갖고 싶지만 그럴 수 없는 것)와 같은 긴장상태가 부정적 감정을 경험할 가능성을 증가시키고, 이는 다시 반사회적이거나 폭력적 행위의 가능성을 증가시킨다고 주장한다. 부정적 감정에는 분노, 걱정, 불만족 등이 포함된다. 한편, 범죄에 관한 일반이론은 어린 시절 부모나 보호자와의 관계를 통해 형성되는 자기통제력이 모든 범죄의 원인이라고 주장한다. 이 이론에 따르면, 자기통제력이 약한 사람은 즉각적 만족을 추구하고, 충동적이고, 간단한 일을 선호하고, 위험스런 행동에 가담하고, 변덕스런 성격을 가질 가능성이 크다고 주장한다.

폭력적 행위를 측정하기 위해 청년위험행동조사는 응답자들에게 지난 30일 동안 흉기를 소지하고 다닌 횟수와 육체적 싸움에 가담한 횟수를 물어본다. 삶의 만족도를 측정하기 위해 맥도날드와 그의 동료들(2005)은 여섯 가지 질문을 이용해서 응답자들에게 일반적인 만족의 정도와 더불어 가정생활, 친구관계, 학교, 자신, 거주 지역, 그리고 전반적 삶에 대해 느끼는 “끔찍함” 또는 “기쁨”의 정도를 보고하도록 했다. 자기통제를 측정하기 위해 그들은 흡연과 성행위라는 지표변수를 이용했는데, 흡연과 성행위는 불법은 아니지만 "충동성과 단기적 쾌락을 잘 반영하기"(p. 1502). 때문에 위험스런 행동을 대표하는 행위로 측정되었다. 또한 폭력 행위를 예측할 때 그들은 나이, 인종, 성과 더불어 실업, 마약, 가족 구조, 종교 등과 같은 많은 다른 변수들을 통제했다.

맥도날드와 그의 동료들(2005)의 연구결과는 범죄에 관한 일반이론의 주장과 일치했는데, 자기통제력이 약하여 충동적인 행위를 더 많이 하는 고등학생들이 폭력 행위에 가담하는 횟수도 훨씬 많았다. 또한, 삶의 만족도가 높은 학생일수록 폭력 행위에 가담할 가능성이 낮다는 결과도 보여주었다.

평가 : 학교의 폭력 예방 프로그램이 효과적인가?
(Evaluation: Do Violence Prevention Programs in Schools Work?)

학교에서 폭력을 줄이고 보다 안전한 분위기를 조성하기 위해 전국적으로 수천 개의 학교가 몇 가지 형태의 폭력 예방 교육을 실시해오고 있다(Powell, Muir- McClain, and Halasyamani, 1995). 이 교육 프로그램들은 다양한 방식으로 다양한 주제에 대해 인지행동적이고 사회적인 기술을 연마하도록 훈련시키는데, 통상 갈등 해결이나 또래 중재 훈련으로 불린다. 많은 교육 프로그램들이 어린이와 청소년들에게 대인간의 문제해결 기술을 향상시키도록 설계되어 있는바, 이를 달성하기 위해 대인간의 문제를 찾아내고 비폭력적인 해결책을 제시하는 것과 같은 인지과정 훈련을 시킨다. 하지만, 이런 프로그램들이 폭력을 줄이는데 효과적이라는 증거는 제한되어 있다.

그로스맨과 그의 동료들(Grossman et al., 1997)은 "두 번째 단계: 폭력 예방 커리큘럼"이라는 초등학교에서 실시되는 프로그램의 효과성을 평가했다. 이 프로그램은 매주 한두 번 교육되는 35분짜리 강의 30개로 구성되어 있었다. 각 강의는 사회적 시나리오가 있는 사진 한 장으로 이루어졌는데, 그 사진을 바탕으로 토론과 역할놀이, 개념 행동 등이 이루어졌다. 강의는 다음과 같이 세 묶음으로 구성되었다:(1) 자신과 다른 사람의 감정을 알아내는 공감(감정이입) 훈련;(2) 효과적인 문제해결을 위한 전략과 행동기술(예, 사과 또는 또래압력 대처하기)을 제공하는 충동억제 훈련;(3) 긴장된 상황에서 잘 대처하기 위한 전략과 행동기술을 제공하는 분노 다스리기 훈련.

워싱턴 주의 킹 카운티에 있는 12개 초등학교들이 다음 세 가지 기준에 따라 짝 지워졌다: 학군, 무료 또는 할인된 점심을 제공받는 학생들의 비율, 소수민족 학생 비율. 짝 지워진 학교들은 무작위로 "두 번째 단계 프로그램"을 실시하는 학교(실험집단)와 폭력 예방 프로그램을 실시하지 않는 학교(통제집단)로 나뉘어졌다. 이러한 무작위분배(할당)는 두 집단

간 폭력 행위의 차이가 다른 요인들의 영향을 배제한 순수한 프로그램만의 효과라는 확신을 갖기 위해 꼭 필요한 조치였다. 폭력적이고 공격적인 행동은 다음 세 가지 방식으로 측정되었다:(1) 교사의 평가,(2) 부모의 평가,(3) 훈련된 관찰자들이 교실, 운동장, 식당에서 직접 관찰한 기록. 공격성에 대한 측정은 다음과 같이 3회에 걸쳐 실시되었다: 프로그램 개시 전(기준 시점), 프로그램 종료 후 2주, 프로그램 종료 후 6개월.

"두 번째 단계 프로그램"의 효과성을 평가하기 위해 연구자들은 각 시기별로 측정된 공격성 점수의 변화를 살펴보았다. 그로스맨과 그의 동료들(1997)은 다음과 같은 고무적인 결과를 발견했다: 프로그램에 참여한 실험집단 어린이들의 공격적인 행위가 통제집단 어린이들에 비해 상당히 많이 감소했다. 게다가, 실험집단 어린이들의 친사회적인 행동은 통제집단 어린이들에 비해 상당히 증가했다. 그로스맨과 그의 동료들은 "이 폭력 예방 커리큘럼은 초등학교 2, 3학년 학생들의 공격적 행위를 어느 정도 감소시키고, 중립적이거나 친사회적인 행동은 증가시키는 효과가 있는 것 같다"고 결론지었다"(p. 1608).

사회연구의 강점과 한계 (STRENGTHS AND LIMITATIONS OF SOCIAL RESEARCH)

이상 살펴본 사례연구들은 청년 폭력에 대한 수많은 연구들 가운데 네 편에 불과하지만, 범죄학연구가 다룰 수 있는 몇 가지 문제들, 그러한 문제들을 연구하는 사회과학자들이 사용할 수 있는 몇 가지 방법론들, 그리고 범죄학연구가 공공정책에 유용한 정보를 제공할 수 있는 방식들에 대해 보여주고 있다. 이제 위 네 편의 연구들이 어떻게 일상적 추론과정에서 범할 수 있는 오류를 줄일 수 있도록 설계되었는지 살펴보자.

- 각 연구는 모집단에 대한 정의를 명확히 하고 있으며 두 편의 연구는 모집단을 대표할 수 있는 광범위한 표본을 선택했는데, 이는 연구결과를 연구대상이 아닌 집단에까지 적용하는 과잉일반화의 오류를 범하지 않고 결론에 도달하는 능력을 향상시켰다.
- 응답자들에게 동일한 세트의 질문이 주어지는 설문조사는 선택적 또는 부정확한 관찰의 위험성을 감소시켰다.
- 연구의 각 과정을 세심하게 묘사하고, 연구결과를 명확히 제시하며, 인과적 결과의 기준을 엄격히 검증함으로써 비논리적 추론의 위험성을 감소시켰다.

- 학급을 실험집단(두 번째 단계 프로그램)과 통제집단으로 무작위하게 분배하여 프로그램의 효과성을 공정하게 평가하고자 한 실험설계는 변화에 대한 저항 오류를 감소시켰다.

그럼에도 불구하고 위 사회연구의 강점이 여러분이 과학적 연구를 수행할 때마다 또는 여러분의 의견이 가장 훌륭하게 이루어진 연구결과에 근거하기만 하면 아름답고, 진실 되고, 밝은 세상으로 들어가게 된다는 것을 의미하지는 않는다. 오히려 그렇게 말하는 건 다소 정직하지 못한 처사일 것이다. 그 이유는(모든 인간의 노력이 그러하듯) 연구란 항상 일정한 한계와 허점을 가지고 있고, 연구결과도 얼마든지 달리 해석될 수 있기 때문이다. 사회연구는 여러분이 더 많은 것을 보고, 덜 왜곡된 모습을 관찰하며, 자신의 의견이 무엇에 근거하고 있는 지를 다른 사람에게 더욱 분명히 설명할 수 있도록 해주지만, 결코 모든 논쟁을 해결해주지는 못한다. 사람들은 항상 각기 다른 의견을 가지고 있을 것이며, 심지어 그들 가운데 일부는 자신의 연구를 직접 수행해서 상이한 결론에 도달한 사회과학자들도 있을 것이다. "두 번째 단계 프로그램"과 유사한 다른 프로그램들도 학생들 사이의 공격성을 감소시킬까? 그런 프로그램들을 검증하기 위해 단지 소수의 연구만이 무작위실험설계를 이용했는데, 그 결과는 일관되지 않았다. 그로스맨과 그의 동료들(1997)처럼 몇몇 연구자들은 사회적 기술 훈련 프로그램을 받은 어린이들에게서 공격적 행위가 감소되었음을 밝혀냈지만, 다른 연구자들은 별 차이를 발견하지 못했던 것이다. 그런 프로그램들을 평가하는 과학적 연구가 더 많이 수행되기 전까지는 우리가 쏟아 부은 돈이 그만한 가치가 있었는지를 판단하기가 어려울 것이다.

하지만 사회과학자들이 증거에 대해 다른 의견을 가지고 있어서 논쟁이 심한 연구 분야에 있어서도 새롭고 더욱 정교한 연구를 지향하는 것은 가치 있는 일이다. 사회세계와 범죄학 관련 이슈들을 더욱 잘 이해하기 위해 가장 중요한 것은 한 특정 연구의 결과가 아니라 다양한 연구의 결과물들이 꾸준히 축적되는 것이다. 이전 연구의 약점이나 논란이 되는 결론부분에 초점을 두어 새로운 연구를 설계함으로써 사회과학자들은 사회세계에 대한 지식을 점차 확장시키고 일부 불일치하는 견해를 조정해주는 일련의 연구결과물을 생산해낼 수 있다.

형사사법과 범죄학 이슈들을 탐구하는 사회연구자들은 그들이 가지는 연구 기회, 방법론적 접근법, 정책적 선호가 상이하기 때문에 항상 어느 정도의 의견 불일치를 보일 것이다. 많은 이슈들이 범죄학 분야에서 뜨거운 논란이 되고 있는데, 예를 들면 최근 주목받고 있는 이슈로서 총기에 대한 접근가능성이 과연 전체적인 폭력범죄의 수준과 연관돼 있는지가 있다. 일부 연구는 총기를 구하기 쉬우면 쉬울수록 강도, 빈집털이, 폭행, 총기살인이 더 많이 발생한다고 하였다. 하지만 다른 연구에서는 자기방어를 위한 총기소지가 강도와 빈집털이

완료율을 감소시켜, 이론적으로 범죄로 인한 보상은 축소시키고 범죄자들이 느끼는 위험성은 증가시킨다고 주장하였다. 또 다른 견해에 의하면, 공격을 계획하고 있는 사람이 잠재적 피해자가 무장해있을지 모른다는 생각에 두려움을 느끼게 되면 더 화력이 센 무기를 구해서 공격할 것이라고 한다(Reiss and Roth, 1993). 이 논쟁을 해결하기 위해서는 다양한 방법론에 입각한 훨씬 더 많은 연구들이 수행되어야 한다.

여러분이 직접 연구 프로젝트를 수행하든, 다른 사람의 연구보고서를 읽든, 단순히 생각하고 행동만 하든, 연구방법론에 대해 아는 것은 많은 이점이 따라온다. 자신의 의견에 더 큰 확신을 가질 수 있으며, 다른 사람의 의견을 더 잘 평가할 수 있고, 여러분이 사회세계에 대해 가지고 있는 질문, 대답, 탐구 방법 등을 더욱 세련되게 만들 수 있다.

물론, 사회과학 연구방법이, 세심한 주의를 요하는 만큼, 범죄학자들의 모든 관심질문에 답을 해줄 수는 없다. 남이 우리에게 하기를 원하는 것처럼 우리도 남에게 해야 하는가? 이것은 오랫동안 제기돼온 매우 중요한 질문이지만, 이처럼 가치에 대해 묻고 있는 질문에 답변하기 위해서는 종교나 철학에 의존해야 한다. 용서의 결과라든지 대인간 분쟁의 원인에 대한 사회 연구가 우리의 가치관을 이해하고 가치를 실현하는데 도움이 될 수는 있지만, 아무리 훌륭한 연구라 할지라도 우리가 어떤 가치관에 따라 살아야 하는지에 대해 말해줄 수는 없다.

연구방법의 유형 (TYPES OF RESEARCH METHODS)

이 교재에서 보게 되겠지만, 범죄학 연구에서 사용되는 자료는 다양한 경로를 통해 획득되고 범죄학과 형사사법학에서 이용되는 연구방법은 매우 다양하다.

실험적 접근법(experimental approach)은 특히 프로그램이나 정책의 효과성을 평가할 때 주로 사용된다. 제6장에 나와 있듯, 진정한 실험은 다음 세 가지 요소를 충족시켜야 한다: 두 집단(처치나 개입을 받는 집단과 그렇지 않은 집단), 두 집단으로의 무작위분배, 그리고 처치나 정책이 시행되고 난 후 발생한 결과변수의 변화에 대한 평가. 이 세 가지 요소 가운데 하나가 부족한 설계를 의사실험설계라 하는데, 이 역시 우리 학문분야에서 종종 사용되고 있다. 제11장은 평가 연구에서만 사용되는 연구설계를 집중적으로 다룬다.

위에서 강조한 것처럼, 설문조사(surveys)나 질문지(questionnaires)를 통해 사람들에게 질문하는 것은 범죄학 연구자들이 널리 사용하는 또 다른 방법으로서 가장 다용도로 활용될 수 있는 방법일 것이다. 개인에 관한 대부분의 개념들은 어떻게 정의하느냐에 따라 하나 또는 그 이상의 질문을 통해 선택적으로 측정될 수 있다. 설문조사는 응답자들이 직접 작성할 수도 있고(예, 우편을 통해), 면접원이 읽어주는 방법도 있다(예, 전화 설문).

원칙적으로 설문 문항들은 개인의 특성이나 사건의 진실, 지식수준, 의견 등을 측정하기에 간단하고 효과적인 수단이 될 수 있지만, 실제로는 호도되거나 부적절한 응답을 초래할 수도 있다. 따라서 모든 질문은 기본 원칙에 충실하게 작성되었는지 세심하게 검토되어야 하고, 응답자들이 명확하게 이해할 수 있다는 확신이 들 때까지 검증과 수정을 거쳐야 한다(Fowler, 1995). 그런데 어떤 변수들은 질문을 통해서는 측정하기 부적절한 경우가 있다. 또한 우리가 묻고 싶어 하는 사건에 대한 기억이나 인식이 불완전할 수도 있다는 것을 알아야 한다. 문항을 작성하고 설문지를 개발하는 가이드라인이 제8장에 설명되어 있다.

어떤 경우에는 연구자가 관찰되고 있는 행위에 직접 참여하고 연구대상이 그 사실을 알도록 하고 싶은 경우도 있을 것이다. 이런 종류의 설계를 **참여관찰(participant observation)**이라고 하는데, 이를 위해서는 연구대상의 일상 활동 과정에서 연구자와의 관계를 끈끈하게 발전시켜 놓는 것이 중요하다. 또 어떤 경우에는 관심주제가 설문조사와 잘 맞지 않거나 좀 더 자세하고 깊이 있는 정보를 원하는 경우도 있을 것이다. 이런 경우 참여관찰이나 **집중면접(intensive interviewing)**을 적용하게 된다. 즉, 개인의 감정이나 경험, 인식 등에 관한 심도 있는 정보를 원할 때는 참여관찰이나 집중면접이 보다 적절한 기법이 된다. 제9장은 이러한 기법들과 또 다른 현장연구기법들이 어떻게 실험이나 설문조사에서는 놓치기 쉬운 사회세계의 여러 측면들을 밝혀내는지 보여준다.

이차자료분석(secondary data analysis)(Riedel, 2000)은 이미 존재하고 있는 자료를 재분석하는 것으로서 연구자들이 사용하는 또 다른 연구방법이다. 이차자료의 원천은 통상 두 가지로 볼 수 있다:(1) 지역이나 연방기관과 같은 공적기관 자료(예, 경찰에 보고되는 범죄율, 주 교정국이 제공하는 수감자 정보, 법원의 판결 자료),(2) 정부기관이 후원하거나 다른 연구자들이 수행한 설문조사 자료. 정부기관이 수집하고 있는 거의 모든 자료와 개별 연구자들이 수집한 상당한 양의 설문조사 자료가 미시간 대학에 있는 정치사회연구를 위한 대학간 컨소시엄(Inter-University Consortium for Political and Social Research: ICPSR)을 통해 일반에 공개되고 있다. 서신이나 신문기사, 재판기록 등 과거 자료들을 분석하는 연구는 일반적으로 **역사 사건 연구(historical events research)**라 불린다. 다른 간접 측정방식으로는 **내용분석(content analysis)**이 있는데, 연구자는 신문기사나 텔레비전 쇼, 라디오 토크쇼와 같은 대중매체 형식으로 표현되어 있는 연구주제에 대해 연구를 수행한다. 예컨대, 대학 캠퍼스의 음주문화에 대한 연구를 위해서는 학생신문 일부를 선택하여 얼마나 많은 지면이 술 광고로 채워져 있는지 살펴보면 될 것이다. 또한 대학 출판물들에서 알코올 남용 자제를 부탁하는 진술이 몇 회 이루어졌는지도 코드화하면 유용할 것이다. 이러한 내용분석기법은 법률적 의견, 역사적 자료, 소설, 노래, 기타 문화적 산물을 분석하는 데도 적용될 수 있다. 한편, 컴퓨터 기술의 발달로 범죄지도화(crime mapping)가 범죄와 다른 사회적 변수들 간의 관계를 연구하는 인기 있는 방법이 되었다. 마지막으로, 여러 방법론을 혼용하는 삼각측량(triangulation)도 최근 그 사용량이 증가하고 있다. 제10장에서는 이들 방법론에 대한 자세한 설명과 함께 그 중요성도 강조되고 있다.

양적, 질적 연구방법 (QUANTITATIVE AND QUALITATIVE METHODS)

일반적으로 연구방법은 사뭇 다른 영역의 양적 연구방법과 질적 연구방법으로 나뉠 수 있다. 이 장 앞부분에서 논의 됐던 사례연구들이 각기 다른 유형의 자료들을 사용한 걸 알았는가? 청년위험행동조사(YRBS)에서 수집된 자료는 설문에 대한 학생들의 응답을 정리해놓은 것이다. 이 자료는 숫자로 표현돼 있어서 양적 연구방법(quantitative methods)을 사용했다고 말한다. 맥도날드와 그의 동료들(2005)은 충동성과 삶의 만족도가 학생들의 폭력 행사에 얼마나 큰 영향을 미치는지 살펴보았다; 이를 위해 그들은 상관계수, 회귀계수와 같은 통계 방법을 이용했다. 따라서 이 역시 양적 연구방법에 해당한다. 반면, 아스무센과 크레스웰(1995)의 탐색적 연구는 미수에 그친 학교 총격사건을 경험한 사람들과의 상세한 면접 방법을 이용했다. 이 방법은 연구대상인 참여자들이 경험을 통해 가지게 된 사회현실에 대한 생각을 미리 정해진 범주가 아닌 자신들만의 언어로 표현하는 것을 포착하기 위해 설계되었다. 셈이나 숫자가 아닌 참여자들의 언어에 초점을 두기 때문에 이러한 연구는 질적 연구방법(qualitative methods)을 사용했다고 한다.

양적 연구방법 사회생활의 변화를 양을 달리하는 범주로 기록하는 설문조사나 실험과 같은 방법. 양적 자료란 숫자이거나 또는 정도에 따라 서열화 될 수 있는 속성을 말한다.

질적 연구방법 참여자가 경험한대로의 사회생활을 포착하기 위해 설계된 참여관찰이나 집중면접, 포커스 그룹과 같은 방법. 질적 자료란 대부분 문서나 언어로 표현된 말이거나 또는 직접 숫자적으로 해석하기 어려운 관찰된 내용을 말한다.

양적 연구방법과 질적 연구방법의 차이는 비단 수집된 자료의 유형과 같은 외형적 특성에서만 비롯되는 것이 아니다. 양적 연구방법은 주로 연구의 동기가 설명이거나 기술, 평가일 경우 사용된다. 반면, 질적 연구방법은 탐색을 목적으로 한 연구에서 주로 사용된다. 물론 기술이나 평가 목적의 연구에서도 질적 연구방법이 사용될 수 있다. 양적 연구와 질적 연구를 수행하는 연구자들이 추구하는 목표도 다를 수 있다. 일반적으로 양적 연구자들은 현실세계에서 실제 발생하고 있는 일들을 올바르게 반영하는 지식을 발전시키고자 하는 목표를 가지고 있다. 반면, 질적 연구자들은 사회 과정이나 환경에 대한 "진정한" 이해를 발전시키고자 하는데(Gubrium and Holstein, 1997), 진정한 이해란 특정한 환경에 있는 참여자들의 다양한 관점을 공정하게 반영하는 것을 말한다.

비록 중요하긴 하지만, 양적 연구방법과 질적 연구방법에 대한 차이에만 너무 방점을 두진 않겠다. 최근에는 두 연구방법을 혼용하여 더욱 풍성한 연구를 수행하는 사회과학자들도 있기 때문이다. 예를 들면 사회 환경에 대한 "질적 지식"이 양적 자료에서 드러나는 패턴을 이해하는데 필수적일 수도 있다(Campbell and Russo, 1999:141). 질적 자료가 양적 자료로 전환될 수 있는데, 예를 들면 우리가 문서에 있는 특정 단어나 구절의 빈도를 세거나 우리가 관찰한 상이한 행동들 사이에 경과된 시간을 측정하는 경우 양적 자료화될 수 있는 것이다. 반대로 주로 양적 자료를 수집하는 설문조사에서 응답자가 직접 의견을 개진하도록 하는 질문을 던질 수 있는데 그에 대한 응답이 질적, 원문 분석에 사용될 수도 있다. 양적 연구방법을 사용하는 연구자들이 그들의 자료에서 예상치 않은 패턴을 찾기 위해 어느 정도의 탐색적 연구를 수행할 수도 있다. 반대로 질적 연구자들은 문서나 관찰 자료를 이용하여 사회 현상에 대해 겉으로 드러난 설명을 검증해볼 수도 있을 것이다.

위에서 언급했듯 하나의 연구에서 복수의 방법론을 사용하는 것을 삼각측량이라 한다. 삼각측량이란 용어는 사회현실을 다양한 관점에서 바라봄으로써 보다 정확히 이해할 수 있다는 것을 의미한다. 각각의 방법론은 특정 연구에서 어느 정도 한계가 있겠지만, 하나 이상의 방법론을 복합적으로 사용하는 것은 모두에게 도움이 될 수 있다(Brewer and Hunter, 1989; Sechrest and Sidani, 1995).

삼각측량 하나의 연구문제를 연구하기 위해 여러 방법론을 사용하는 것. 동일한 변수를 둘 이상의 방식으로 측정하는 것을 의미하기도 한다.

다음 장들에서 계속 보겠지만, 양적 자료와 질적 자료의 구분이 항상 명확한 것은 아니다. 특정한 자료수집 방법을 검토하는 각 장에서 "혼합 방법"의 가능성에 대해 살펴볼 것이다.

결론 (CONCLUSION)

첫 장을 통해 여러분이 이 책의 나머지 부분에서 어떤 내용들이 다루어질지 대략 감을 잡았기를 기대한다. 우리의 목적은 사회과학자들이 범죄학과 형사사법학 관련 이슈들에 대해 무엇을 어떻게 알아왔는지를 기술함으로써 여러분에게 사회조사방법론을 소개하는 것이다. 물론 사회과학의 내용 그 자체가 방법론보다 더 흥미롭긴 하지만, 방법론도 고립된 기법으로서가 아니라 내용과 함께 교육된다면 더 흥미로울 수 있다. 그러한 맥락에서 이 장에서는 청년폭력과 일탈에 관한 연구에 초점을 두었는데, 계속되는 장에서는 다른 주제의 연구사례들을 소개할 것이다.

제2장에서는 사회연구를 학습하는데 필요한 기초를 계속 다지게 될 것이다. 이를 위해 범죄학자들이 연구하는 문제들의 유형, 이론의 역할, 연구과정상 주요 단계, 기타 사회연구에 사용될 수 있는 정보의 원천 등에 대해 살펴볼 것이다. 사회연구의 과학적 표준에 대해 숙고하는 것은 매우 중요하며 아울러 일반적으로 통용되고 있는 윤리적 가이드라인에 대해서도 살펴볼 것이다. 제2장에서는 가정폭력에 관한 연구들을 예로 들어가며 연구과정을 설명하고자 한다.

주요 용어

내용분석	범죄지도화	기술적 연구
평가 연구	실험적 접근	설명적 연구
탐색적 연구	역사 사건 연구	비논리적 추론
부정확한 관찰	집중면접	과잉일반화
참여관찰	질적 연구방법	양적 연구방법
설문지	변화에 대한 저항	과학
이차자료분석	선택적 관찰	사회과학
설문조사	삼각측량	

강조 사항

- 범죄학 연구가 가치에 관한 문제를 해결할 수는 없으며, 모든 사람에게 확신을 주고 항상 의문의 여지없이 존속될 수 있는 답변을 제시하기는 불가능하다. 모든 경험적 연구방법은 직접적인 경험이나 다른 사람의 진술에 근거해서 진행된다.
- 추론에 있어서의 네 가지 일상적 오류에는 과잉일반화, 선택적 또는 부정확한 관찰, 비논리적 추론, 변화에 대한 저항이 있다. 비논리적 추론은 사회세계의 복잡성, 사적 이익, 인간의 주관성 등에 기인한다. 변화에 대한 저항은 전통이나 권위에 대한 무조건적인 복종 또는 자신의 신념을 바꾸지 않으려는 이기적 저항에 기인할 수 있다.
- 사회과학은 개인과 사회, 사회과정을 탐구하기 위해 논리적이고 체계적이며 자료에 근거한 방법론을 사용하는 것이다. 아울러 과학적 탐구에 의해 생산된 지식을 검증하는 것도 사회과학에 해당한다.
- 범죄학 연구는 정책 지침과 프로그램 관리에 대한 필요성(정책적 동기), 학문적 관심(학문적 동기), 그리고 자선 욕구(개인적 동기)를 동기로 수행될 수 있다.
- 범죄학 연구는 기술적이거나, 탐색적, 설명적, 평가적일 수 있는데, 때로는 몇 가지 목적을 동시에 가지기도 한다.
- 양적 연구방법은 양적으로 변하는 범주에 따라 사회생활의 변화를 기록한다. 질적 연구방법은 연구자가 미리 정해놓은 범주가 아니라 참여자가 직접 경험한대로의 사회생활을 포착하도록 설계되어진다.
- 삼각측량은 하나의 연구질문을 탐구하기 위해 여러 연구방법을 사용하는 것을 말한다.

연습문제

1. 만약 비용문제가 전혀 없이 연구 프로젝트를 설계할 수 있다면, 어떤 범죄학 주제나 이슈에 대해 중점적으로 탐구하고 싶은가? 그 주제를 연구하는 동기는 무엇인가? 그 현상에 대해 여러분이 가지고 있는 믿음을 최소 네 가지 정도 나열해보아라. 그러한 믿음을 가지게 된 정보의 원천을 스스로 찾아보아라(예, 텔레비전, 신문, 부모의 영향).
2. 여러분이 선택한 주제나 이슈에 관해서 네 가지 연구질문을 만들어보라. 각 질문은 네 가지 연구유형의 하나에 해당되어야 한다(기술적, 탐색적, 설명적, 평가적). 가능한 자세히 기술하라.
3. 최근 발간된 주요 범죄학 학술지에 수록된 논문을 몇 편 골라 그 초록을 읽어보아라. 각 논문을 위해 어떤 유형의 연구가 수행되었는가?

4. 일간지 기사에 나온 사회과학연구에 관한 보도를 찾아보아라. 연구의 동기가 무엇인가? 연구설계에 대한 정보가 얼마나 나와 있는가? 주요 연구결과는 무엇이었는가? 연구결론에 대한 여러분의 판단을 향상시키기 위해 일간지 기사에서 연구에 대한 어떤 정보나 증거가 더 제공되었으면 하는가?

연구제안서 작성

이 수업과정을 통해 연구 제안서를 작성해보겠는가? 그렇다면, 다음과 같은 대안적 순서를 고려해야 한다.

1. 만약 비용문제가 전혀 없이 연구 프로젝트를 설계할 수 있다면, 어떤 주제에 대해 중점적으로 탐구하고 싶은가? 그 주제를 연구하는 동기는 무엇인가?
2. 여러분이 선택한 주제에 대해 탐구할 네 가지 질문을 만들어보라. 각 질문은 다른 연구동기를 반영해야 한다: 기술, 탐색, 설명, 평가. 가능한 자세히 기술하라.
3. 어떤 질문에 가장 흥미를 느끼는가? 그 질문에 답하기 위해 양적 연구방법을 사용할 것인가 아니면 질적 연구방법을사용할 것인가? 왜 그런가? 만약 비용문제가 전혀 없이 연구 프로젝트를 설계할 수 있다면, 어떤 범죄학 주제나 이슈에 대해 중점적으로 탐구하고 싶은가? 그 주제를 연구하는 동기는 무엇인가? 그 현상에 대해 여러분이 가지고 있는 믿음을 최소 네 가지 정도 나열해보아라. 그러한 믿음을 가지게 된 정보의 원천을 스스로 찾아보아라(예, 텔레비전, 신문, 부모의 영향).

학생 학습 사이트

이 교재의 웹 사이트는 http://www.sagepub.com/prccj4e에서 찾을 수 있다. 웹 기반 학생 학습 사이트에 가서 각 장에 대한 이해를 높여라. e-flashcards(학습용카드), 모의테스트, 기타 많은 자료들이 도움을 줄 것이다.

웹 연습

1. 여러분은 자신이 관심 있어 하는 한 가지 범죄학 주제나 이슈에 대해 간단한 발표를 준비해야 한다. 그렇다면 www.ojp. usdoj.gov/bjs/에 있는 형사사법통계국(BJS) 웹 사이트에 가서 관련 출판물들을 검색해보아라. 그리고 자료수집방법, 통계분석 기법, 기타 관련 정보를 담은 짧은 발표 윤곽을 5-10분 분량으로 작성해보아라.
2. www.fbi.gov에 있는 연방수사국 웹 사이트에 가서 연방수사국이 어떤 종류의 프로그램과 발제안을 후원하고 있는지 살펴보아라. 최소 세 개 이상의 프로그램이나 발제안을 골라 그들의 목적과 목표가 무엇인지 논의해보아라. 검토 결과 해당 프로그램이나 발제안이 효과적이라고 생각하는가? 주요 약점은 무엇인가? 해당 프로그램이나 발제안의 목표를 더욱 효과적으로 달성하기 위해 연방수사국이 어떤 변화를 가해야 하는지 제안하겠는가?
3. 주요 신문의 웹 사이트에 가서 폭력의 원인에 대해 말하고 있는 기사를 찾아보아라. 그 기사는 어떤 결론을 내리고 있으며, 기사의 저자는 자신의 주장을 뒷받침하기 위해 어떤 연구방법을 들어 설명하고 있는가?

연구윤리 학습

이 교재 전반에 걸쳐 우리는 범죄와 형사사법 연구에서 발생하고 있는 윤리적 도전에 대해 계속 논이할 것이다. 각 장의 말미에서 여러분은 해당 장의 초점과 관련된 윤리적 이슈들에 대해 몇 가지 질문을 받고 대답해야 할 것이다. 연구윤리에 관한 본격적인 논의는 제3장에서 이루어지지만, 지금 여기에서 여러분이 생각해봐야 할 몇가지 질문을 던져봄으로써 이 문제에 대한 논의를 시작하고자 한다.

1. 여러분은 아스무센과 크레스웰(1995)의 학교 총격사건에 관한 질적 연구에 대해 배웠다. 우리는 그들의 연구가 정책결정자들에게 그러한 비극 속에 담긴 사회 역동성에 대한 많은 정보를 제공해줬다고 생각한다. 하지만, 여러분이 한 고등학교에서 비슷한 연구를 수행하고 있는데 또 다른 학생이 여러 학생들을 죽이기 위해 총기를 학교에 가져오려 한다는 계획을 알게 된다면 어떻게 할 것인가? 실행에 옮기지는 않고 그럴 생각만 하고 있다면 어떻게 할 것인가? 아니면 그의 친구들에게 얼마나 "근사한" 일이 될까 하고 얘기만 하고 있다면 어떻게 할 것인가? 연구자들에게 몇 가지 가이드라인을 제시할 수 있겠는가? 만약 비용문제가 전혀 없이 연구 프로젝트를 설계할 수 있다면, 어떤 주제에 대해 중점적으로 탐구하고 싶은가? 그 주제를 연구하는 동기는 무엇인가?

2. 그로스맨과 그의 동료들(2005)은 두 번째 단계 프로그램이 학교에서의 폭력 행위를 감소시키고 친사회적 행동을 증가시켰다는 것을 발견했다. 여러분이 데이비드 그로스맨이라면 연구결과를 언론보도를 통해 알리고 학교들이 이 프로그램을 채택해야 한다고 주장하겠는가? 여러분이 한 학교의 교장이라면 이 연구결과를 듣고 난 후 다른 연구자가 그로스맨과 그의 동료들의 연구를 여러분 학교에 똑같이 반복해보도록 할 것인가? 즉, 이번에는 여러분 학교의 몇몇 학급을 무작위로(예컨대 동전 던지기 방식으로) 선택하여 두 번째 단계 프로그램을 받도록 하고 역시 무작위로 선택된 다른 몇몇 학급은 동일 기간 동안 해당 프로그램을 받지 않도록 하는 방식으로 연구를 수행토록 해볼 것인가?

SPSS 또는 엑셀연습

각 장 말미에 있는 SPSS 연습은 이 교재 웹 사이트에 있는 자료를 이용한다. 1992-2005년 사이 실시된 전국범죄피해조사에서 추출한 폭행사건의 표본인 NCVS.ASSAULT.POR에서 변수 V2089는 각 폭행사건이 차지하는 대도시통계지역의 지위(Metropolitan Statis tical Area status: MSA status), 즉 도시에서인지, 교외에서인지, 아니면 시골지역에서 발생한 사건인지를 보여준다.

1. 도시, 교외, 시골지역에서 발생한 폭행사건들의 비율을 표시하기 위해 그래프 기능을 이용해서 변수 V2089의 막대도표를 만들어보아라. 결측값들은 반드시 제거해야 한다. 폭행의 지리적 분포에 대해 어떤 결론을 내리겠는가?
2. 네 가지 연구질문을 적되, 각 질문은 사회연구의 각 유형(기술, 탐색, 설명, 평가)에 적합하게 작성되어야 한다. 주제는 대도시통계지역의 지위에 따른 폭행사건의 지역적 분포에 관한 것이어야 한다.
3. 폭행사건의 위치에 관한 연구를 수행하는 이유들(정책적, 학문적, 또는 개인적)에 대해 논의해보아라.
4. 피해자와 가해자와의 관계를 보여주는 변수를 찾아보아라. 이 변수에 대한 빈도분포를 검토한 다음(결측값들을 반드시 제거하라), 누구에 의해 공격받을 가능성이 가장 큰가를 찾아보아라.

CHAPTER

02 범죄학 연구의 과정과 문제점

◉ 범죄학 연구질문
- 범죄학 연구질문 찾기
- 범죄학 연구질문 수정
- 범죄학 연구질문 평가
  실행가능성
  사회적 중요성
  과학적 적절성

◉ 사회연구의 기초
- 정보 검색
- 과거연구 검토
  단일 논문 검토 : 공식적, 비공식적 가정폭력 억지요소
  통합 문헌 검토 : 언제 체포가 중요한가?

◉ 범죄학 이론의 역할

◉ 사회 연구의 전략
- 설명적 연구
  연역적 연구
  귀납적 연구
- 가정폭력과 연구의 순환과정
  1단계: 연역적 연구
  2단계: 연역적 연구
  3단계: 귀납적 연구
  4단계: 연역적 연구
- 탐색적 연구
  가정폭력 대응에 관한 질적 탐색
- 기술적 연구

◉ 사회연구의 목표
- 측정의 타당도
- 일반화 가능성
- 인과적 타당도
- 진정성

◉ 결론

2009년 팝스타 리한나(Rihanna)의 멍들고 피투성이인 얼굴이 텔레비전 화면을 뒤덮었을 때 배우자폭행의 현실이 다시금 대중의식의 전면으로 대두되었다. 2009년 6월, 알앤비 가수 크리스 브라운(Chris Brown)은 그녀를 폭행한 사실을 인정했다. 가정폭력으로도 불리는 배우자폭력(배우자나 연인 간의 폭력)은 미국 사회의 주요 문제로서, 매년 200-800만 건의 신고에 경찰이 출동하고 있다(Sherman, 1992). 게다가 피해조사 결과를

보면, 상당수의 배우자폭행이 경찰에 신고조차 되지 않고 있음을 알 수 있다(Bachman, 2000; Tjaden and Thoennes, 2000). 가정폭력은 자주 발생할 뿐만 아니라, 피해자가 받는 상처가 크고 또한 가정 붕괴를 초래한다는 점에서 매우 값비싼 대가를 치르게 하는 범죄이다. 그렇게 때문에 이 문제를 해결하기 위해 어떤 조치를 취해야 하는가는 매우 중요한 정책적 질문이 된다. 지난 30년 이상 형사사법당국은 피해자에 대한 보호와 가해자에 대한 처벌을 가장 적절히 조치하는 방식으로 배우자 폭력과 다른 종류의 가정폭행에 효과적으로 대응하고자 노력해왔다.

경찰재단과 미니애폴리스 경찰서가 후원한 역사적인 실험이 1981년 실시되었는데, 그 목적은 배우자를 폭행한 사람을 현장에서 체포하는 것이 재범을 방지할 수 있는지를 검증하는 것이었다. 경미한 가정폭력 사건들에 대한 경찰신고가 접수되면 출동 경찰관은 무작위로 사건을 배정하여 용의자를 현장에서 검거하거나 검거하지 않았다. 즉, 실험적 처치는 용의자에 대한 체포였고, 연구자들은 체포가 불체포보다 재범(동일 피해자에 대한 계속된 폭행)을 줄이는 데 효과적인지 알아보고자 했다. 연구결과, 체포가 억제효과를 보였는데, 이러한 결과는 광범위하게 발표되었다. 이러한 결과에 부분적으로 영향을 받아, 가정폭력 피의자에 대한 체포를 우선시하는 도시지역 경찰관서의 비율이 1984년 10%에서 1988년 90%로 증가했다(Sherman, 1992). 다른 도시 여섯 곳도 미니애폴리스 실험과 유사한 연구를 수행했는데(모두를 통틀어 "배우자 폭행 복제연구 프로그램[Spouse Assault Replication Program: SARP]"이라 불렸다), 그 결과가 원 연구와 같이 항상 분명하진 않았다(Buzawa and Buzawa, 1996; Hirschel, Hutchison, and Dean, 1992; Pate and Hamilton, 1992; Sherman, 1992; Sherman and Berk, 1984). 몇몇 도시에서는(그리고 일부 사람들에게는) 체포가 재범을 억제하는 듯 했다; 하지만 다른 몇몇 도시에서는 체포가 오히려 상황을 악화시켜 추가적인 폭행을 유발하는 듯 했다; 또 다른 몇몇 도시에서는 체포가 어떠한 분명한 효과를 보여주지 못했다. 그래서 미니애폴리스 실험을 본떠 이루어진 이들 복제연구들이 수행된 이후 사람들은 "체포가 가정폭력을 줄여주는지, 그리고 경찰은 어떻게 대응해야 하는지"에 대해 여전히 의아해했고 해답은 분명하지 않았다. 미니애폴리스 가정폭력 실험과 이후 실시된 복제연구들, 그리고 관련된 논쟁들은 사회연구 과정의 체계적인 검토에 관한 많은 예들을 보여준다. 이 장에서 우리는 이들 연구를 이용해 세 가지 주요 연구전략에 대해 설명하고자 한다: 연역적, 귀납적, 그리고 기술적 연구. 이들 세 가지 연구 모두에서 이론과 자료는 불가분하게 연결돼 있다. 이 장은 연구전략의 유형에 상관없이 모든 연구가 반드시 따라야 할 과학적, 윤리적 가이드라인을 설명하면서 마무리된다. 이를 위해 미니애폴리스 실험이 어떻게 과학적, 윤리적 가이드라인을 따랐는지 예로써 보인다. 이 장이 끝날 무렵, 여러분은 범죄학 연구질문을 만들고, 그 질문에 답하기 위한 전반적인 전략을 설계하며, 그 질문을 다루었던 과거 연구들을 비판할 준비가 되어 있어야 한다. 제1장은 범죄학 연구의 "왜" 부분을 소개한 것이고, 제2장은 "어떻게" 부분을 소개한 것으로 생각하면 된다.

범죄학 연구질문 (CRIMINOLOGICAL RESEARCH QUESTIONS)

범죄학자들은 무엇을 연구할지 어떻게 결정할까? 범죄학 연구질문(criminological research question)은 범죄 또는 범죄인의 특성에 대한 질문으로서 직접적이고, 검증가능하며, 경험적인 자료의 수집과 분석을 통해 답을 찾고자 하는 질문이다. 질문의 종류에는 거의 제한이 없다. 예를 들면 "폭력적인 아이들이 그렇지 않은 아이들보다 성인이 된 후 더 폭력을 행사할까?" "살인 피해자의 인종이 종신형이 아닌 사형선고가 내려질 가능성에 영향을 미치는가?" "왜 특정한 지역에서 범죄가 더 많이 발생할까? 그 곳에 살고 있는 사람들의 유형 때문일까 아니면 지역사회 자체의 특성 때문일까?" "지역사회 경찰활동이 범죄율을 감소시키는가?" "미국 정부의 마약과의 전쟁이 불법 마약 소비를 감소시키는데 조금이라도 일조했는가?" 이처럼 범죄학 분야에서 가능한 연구질문이 너무 많아서 어떤 것을 사회연구질문으로 보는가 하는 것보다 어떤 것을 사회연구질문으로 보지 않는가를 특정하는 것이 더 큰 숙제가 된다.

하지만 연구질문을 특정하는 것이 결코 쉽다는 말은 아니다. 사실, 좋은 연구질문을 만들어내는 것이 놀라울 정도로 어려울 수도 있다. 우리는 그 과정을 다음과 같이 세 단계로 구분할 수 있다: 하나 또는 그 이상의 연구질문 찾기, 연구질문들 수정하기, 그리고 연구질문들 평가하기.

범죄학 연구질문 찾기(Identifying Criminological Research Questions)

연구질문을 만들어내는 것은 과학적 또는 전문적인 일임과 동시에 종종 지극히 개인적인 과정이 되기도 한다. 밀스(Mills, 1959)가 말했듯, 연구질문은 여러분의 "개인적인 문제" 또는 개인적인 경험에서 나오기도 한다. 개인적인 문제 또는 경험은 십대 시절 여러분이 하지도 않은 일로 순찰차에 타게 되거나 체포된 경험으로부터 범죄는 무작위하게 분포되어 있지 않고 "좋은"(안전한) 지역과 "나쁜"(안전하지 못한) 지역이 있다고 생각하는 여러분의 인식에 이르기까지 매우 다양하다. 여러분은 아마 다음과 같은 질문을 하고 있을 수도 있다: "경찰이 사람들을 체포하는 것이 때로는 상황을 악화시키는가? 즉, 그들이 미래에 범죄를 저지를 가능성을 증가시키는가?" "범죄 피해가 다른 사람들에 대해 갖는 믿음을 변화시키는가?" "범죄에 가담하는 것이 나이, 사회계급, 성, 인종 등에 따라 상이한가?" 여러분이 직접 경험한 것을 토대로 다른 연구질문들을 생각해낼 수 있겠는가?

다른 사람들의 경험 또한 연구질문의 생산적인 원천이 된다. 배우자로부터 폭행당한 친척을 알고 있는 것, 폭력에 관한 텔레비전 특집 프로그램을 보는 것, 갱 단원의 자서전을 읽는 것 등도 연구질문을 자극할 수 있다. 친척의 경험이나 텔레비전 쇼, 책에 근거해서 연구질문을 대략 만들어볼 수 있겠는가?

다른 연구자들이 여러분이 탐구할 흥미로운 질문을 제시할 수도 있다. 대부분의 연구논문은 말미에 해결되지 않은 문제들에 대한 추가적인 연구의 필요성을 제시한다. 예를 들면 셔먼과 그의 동료들(Sherman et al., 1992)은 미니애폴리스 실험을 본떠 수행된 몇몇 연구에 대한 논문에서 "억제가 범죄자 상당수에게 효과적일 수 있지만 왜 그렇게 되는가 하는 기저에 깔린 원리는 여전히 불분명하다"라고 하면서 마무리했다(p. 706). 새로운 연구는 바로 그 원리에 대해서 초점을 두고 탐구할 수 있을 것이다: 직장을 가지고 있는 범죄자들에 대한 체포가 어떻게 재범을 방지할 수 있고, 또한 어떤 조건에서 재범을 방지할 수 있을까? 가정폭력으로 체포되면 도대체 무슨 이유 때문에 배우자에 대한 폭력을 자제하게 되는 것일까? 체포되고 유치장에 감금되어야 하는 두려움 때문일까? 직장에서 해고될 수도 있다는 두려움 때문일까? 지역주민들이 체포사실을 알게 되어 신망을 잃게 될까봐 두려운 것일까? 아니면 이 모든 이유들이 복합적으로 작용해서일까? 어떤 학술지든 미해결된 문제들을 지적하는 논평을 다루고 있을 것이다.

많은 범죄학자들에게 연구질문의 주요 원천이 되는 것은 바로 범죄학 이론이다. 곧 배우겠지만, 범죄학 이론은 범죄가 왜 발생하는지 또는 범죄가 왜 어떤 곳에서나 어떤 조건에서는 발생하는데 다른 장소나 조건에서는 발생하지 않는지에 대한 설명을 제시해준다. 따라서 이론은 연구 아이디어의 풍부한 원천이 된다. 어떤 연구자들은 한 가지 중심 질문에 대한 대답을 계속 가다듬기 위한 연구를 수행하며 자신의 경력 대부분을 보내기도 한다. 예를 들면 사람들은 나름대로의 비용편익분석을 통해 결정을 내리는 것처럼 보이기 때문에, 합리적 선택이론이 범죄를 포함한 다양한 사회 행위를 이해하는데 유용한 접근법이라고 생각할 수도 있다. 그러면 여러분은 과연 합리적 선택이론이 왜 어떤 사람들은 범죄를 저지르고 다른 사람들은 저지르지 않는지 또는 왜 어떤 사람들은 범죄를 그만두는데 다른 사람들은 계속 저지르는지에 대한 설명을 할 수 있는지 여부를 궁금해 할 수 있을 것이다.

마지막으로, 어떤 연구질문은 아주 실용적인 원천에서 출발한다. 즉, 다른 사람이 제기한 연구질문이지만 여러분에게 직무상 또는 재정상 도움이 될 것 같으면 연구를 수행하는 경우도 있다. 일부 범죄학자들은 제안서 요구(Request for Proposals: RFP, 때로는 신청서 요구[Request for Applications: RFA]라고도 쓰임)라는 형태로 연구비를 지원하는 조직이 제시하는 특정한 연구질문에 대한 연구를 수행한다. 또는 여러분이 살고 있는 도시의 국선 변호인들은 자신들의 변호가 민간 변호인들의 변호보다 더 성공적으로 의뢰인의 무죄를 이끌어내는지 궁금해 할 수도 있다. 이러한 경우 수행되는 연구도 실용적인 원천에서 출발한 것이 된다.

범죄학 연구질문 수정(Refining Criminological Research Questions)

지금쯤 깨달았겠지만, 문제는 흥미로운 범죄학 연구질문을 생각해내는데 있는 것이 아니라 우리가 다룰 수 있는 규모에 관한 질문에 초점을 맞추는데 있다. 우리는 종종 제한된 시간과 재원(또는 재정지원 하는 기관의 한계)으로 탐구할 수 있는 것보다 훨씬 많은 것에 관심을 가진다. 어떤 연구자들은 특정 질문에 대한 연구 프로젝트(연구비)를 따내는데 급급해서 여러 연구질문을 한꺼번에, 그것도 종종 무질서하게, 다루려고 하는 경우가 있다. 또한 우리 스스로가 중요하게 생각하는 사회세계에 대한 가정과 일치하지 않는 결과로 이어질지도 모를 연구질문에 집중하는 것도 위험스러울 수 있다. 게다가, 앞으로 투입해야 할 시간과 노력이 너무 방대해서 지레 아무것도 못해버리는 상황(이 교재의 저자들도 이런 경험을 해보았다)이 발생할 수도 있다.

이런 문제들을 피하는 가장 좋은 방법은 단계를 밟아 한 번에 조금씩 연구질문을 발전시켜나가는 것이다. 완벽한 연구질문이 갑자기 펜 끝에서 튀어나오리라고 기대하지 마라. 대신, 평소에 가능하다고 생각되는 연구질문들의 목록을 만들어 보아라. 적당한 시점에 이미 작성해 놓은 목록을 다시 살펴보면 한 번 이상 기록된 연구질문을 발견할 수 있을 것이다. 이런 식으로 여러분의 목록을 가장 흥미롭고 실행 가능한 후보군으로 압축하라. 여러분의 연구질문이 향상될 때까지 이 과정을 계속 반복하라. 여러분이 지금 수행하고 있는 연구 역시 여러분이 향후 대답해야 할 추가적인 연구질문을 만들어낸다는 것을 명심하라.

범죄학 연구질문 평가(Evaluating Criminological Research Questions)

범죄학 연구질문을 선택하는 세 번째 단계에서, 여러분은 훌륭한 사회연구질문이 되기 위한 기준을 토대로 여러분이 가지고 있는 최고의 연구질문을 평가한다: 주어진 시간과 재원을 고려한 실행가능성, 사회적 중요성, 과학적 적절성(King, Keohane, and Verba, 1994).

미니애폴리스 가정폭력 실험의 연구질문인 "경찰의 체포라는 공식적 제재가 가정폭력을 감소시키는가?"는 분명히 사회적 중요성과 과학적 적절성 기준을 충족시킨다. 하지만 경찰의 협력을 얻어내야 하기 때문에 학생 프로젝트로서는 실행가능한 질문이 되지 못할 것이다. 대신 여러분은 "사람들(학생들)은 체포가 가정폭력을 억제한다고 생각하는가?"라는 질문을 제기할 수 있을 것이다. 이런 질문은 캠퍼스 내 설문조사를 통해 연구할 수 있는 질문이다. 또는 여러분이 살고 있는 지역에 위치한 매 맞은 여성들의 쉼터에 찾아가 "가정폭력 피해를 당할 때 어떤 여성들은 경찰에 신고를 하는데 그 이유는 무엇이며 또 신고를 하지 않는 경우는 무엇 때문인가?"와 같은 질문을 연구할 수도 있을 것이다. 하지만 문헌을 검토해보면 이런 질문과 다른 몇몇 질문들은 그동안 충분히 연구되어 왔기 때문에 과학적으로 그다지 적절한 질문이 못 된다는 것을 알게 될 것이다.

실행가능성(Feasibility)

여러분은 주어진 재원을 가지고 주어진 시간 안에 연구를 마칠 수 있어야 한다. 만약 시간이 짧다면 장기간의 변화를 포함하는 질문은 실행 불가능할 것이다. 예컨대, "살인범죄자들에게 사형을 허락하는 법률이 최근 통과되었는데, 이 조치가 과연 향후 살인율을 감소시키겠는가?"와 같은 질문은 흥미롭고 중요한 질문이지만, 동시에 수년간의 자료수집과 연구를 필요로 하는 질문이기도 하다. 또 다른 문제는 여러분이 어떤 사람들 또는 어떤 집단에 접근 가능한가이다. 경험이 많은 연구자들은 연구를 위해 경찰이나 교정당국의 파일에 접근할 수 있는 권한을 부여받을 수 있지만, 경험이 적고 잘 알려지지 않은 연구자들이나 학생들은 접근하기가 어려울 것이다. 심지어 가장 경험이 많은 연구자들에게도 형사 배심원단의 숙고사항에 대해서는 완전한 접근이 허락되지 않는 경우가 많다. 화이트칼라 범죄에 관심이 있더라도 기업 이사회실에서 이루어지는 대화와 행동을 기록하는 것은 금기시될 수 있다.

그렇다면 함께 일할 다른 연구자나 연구기금과 같은 추가적인 재원을 확보할지 생각해보아야 한다. 혼자서 할 수 있는 데는 큰 한계가 있다는 걸 명심하라. 한편, 여러분의 관심 연구 분야에 적합한 자료들을 종업원, 소비자, 고객 등으로부터 수집하고 있는 조직에서 일할 수도 있을 것이다. 또는 여러분의 연구를 대형 연구 프로젝트에 편승시켜 진행하는 방법도 있다.

방대한 분량의 양적 자료를 다루는 능력도 가지고 있어야 한다. 컴퓨터와 그 사용능력도 필수요소이다. 여러분의 일정이나 다른 개인적인 사정 때문에 부딪히게 되는 한계에 대해서도 생각해봐야 한다.

미니애폴리스 가정폭력 실험은 노련한 연구자들로 구성된 팀이 영향력 있는 집단의 지지를 확보할 경우 사회연구질문이 얼마나 원대할 수 있는지를 잘 보여준다. 그 프로젝트는 수백만 달러의 비용, 많은 사회과학자들과 형사사법 관계자들의 협력, 그리고 미니애폴리스 경찰관 41명의 자발적 노력을 필요로 했다. 하지만 걱정하지 말라; 훨씬 적은 재원으로도 탐구할 수 있는 가치 있는 질문들이 많이 있다. 그러한 연구들의 사례를 다음 장들에서 읽게 될 것이다.

사회적 중요성(Social Importance)

범죄학 연구는 단순한 일이 아니며 따라서 여러분은 범죄학 분야에서 중요시되거나 공공정책을 위해 중요시되는 실질적인 분야에 초점을 두고 연구해야 한다. 또한 개인적으로도 어느 정도 동기부여가 되어 있어야 한다; 여러분에게 전혀 관심 없는 질문에 답을 구하는 것은 의미가 없다.

연구질문이 다른 사람들에게 중요한지도 생각해봐야 한다. 연구질문에 대한 대답이 사회를 변화시킬까? 미니애폴리스 가정폭력 실험이 좋은 예가 된다. 만약 그 연구가 특정 유형의 경찰 대응이 계속되는 피해를 감소시켰다고 보고한다면, 상당수의 폭행이 예방될 수 있을 것이다. 하지만 이미 범죄학과 형사사법학은 중요한 연구질문을 많이 다루고 있다. 사회과학자들이 다루고 있는 중요한 연구질문에는 다음과 같은 것들이 있다: "삼진아웃"제도의 효과, 가석방과 보호관찰에 있는 사람들에 대한 엄격한 감시가 덜 엄격한(그리고 덜 비용이 드는) 감시보다 더 성공적인지 여부, 사형제도가 범죄를 억제하는지 여부, 갱과 마약거래가 청년 폭력 증가에 일조했는지 여부, 미국에서의 범죄가 유럽에 비해 더 만연해있는지 여부, 총기 통제 법안이 폭력을 감소시키는지 여부. 기타 수많은 예가 있다. 많은 범죄학 질문들은 우리 사회에 매우 중요하고 골치 아픈 문제들을 대상으로 한다.

과학적 적절성(Scientific Relevance)

범죄학의 모든 연구질문은 실존하는 경험적 연구에서 근거되어야 한다. 근거되어야 한다는 말은 우리의 연구가 과거 다른 사람들이 동일한 주제에 대해 수행한 연구로부터 정보를 얻어 수행되어야 한다는 것을 의미한다. 학술논문에 자극받아 연구질문을 만들어내든 아니면 시행되고 있는 공공정책의 문제를 연구하고자 연구질문을 만들어내든, 그 질문에 대해 이미 밝혀진 부분을 찾아내기 위해 범죄학 문헌을 반드시 찾아봐야 한다.(부록 A는 인쇄물과 컴퓨터를 이용해서 과거연구에 관한 정보를 찾는 방법에 대해 설명한다.) 여러분의 연구주제가 이미 다른 사람에 의해 탐구되었다 해도, 그 주제에 대해 연구하는 것이 꼭 나쁜 것은 아니다. 어떤 범죄학 연구질문이든 온전히 해결된 것은 없기 때문이다. 여러분이 생각할 수 있는 거의 모든 연구질문과 관련된 과거연구가 몇 편이건 존재하기 마련이고, 또한 과거에 수행된 연구방식보다 더 나은 방법으로 연구를 수행할 수 있다는 데 확신을 가질 수 있다.

예를 들면 미니애폴리스 실험은 처벌이 범죄성에 미치는 영향에 대해 서로 상반된 견해를 보이는 많은 이론들에 근거해서 이루어졌다(Sherman and Berk, 1984). 억제이론은 체포가 불체포보다 더 심한 형벌이기 때문에 재범을 막을 수 있다고 예측했다. 반면, 낙인이론은 체포가 위반자에게 오명을 씌우기 때문에 재범 가능성을 높일 것이라고 주장했다. 연구자들은 미니애폴리스 실험과 관련된 과거의 실험연구 한 건을 발견했는데, 그 실험연구의 대상은 청소년이었다. 성인을 대상으로 한 비실험연구들은 가정폭력사건에서 체포가 재범에 미치는 영향에 대해 일관된 결과를 보여주지 못했다. 따라서 미니애폴리스 연구자들은 또 다른 연구가 필요하다는 합리적인 이유를 가지게 되었다. 또한 과거연구와 이론은 가장 효과적인 연구설계를 개발하는데 도움이 되었다.

사회연구의 기초(SOCIAL RESEARCH FOUNDATIONS)

우리가 관심을 가지고 있는 질문들에 대한 과거연구를 어떻게 찾을 수 있을까? 이전의 수업이나 개인적으로 읽었던 자료를 통해 어느 정도 알고 있을 수도 있지만 충분하진 않을 것이다. 새로운 연구질문에 대한 탐구를 시작하려 할 때 여러분은 시험을 준비하거나 그저 "가정폭력에 대해 알고 싶어서" 공부할 때와는 매우 다른 기준을 적용해야 한다. 여러분이 답하고 싶어 하는 주제와 동일한 연구질문에 대해 탐구한 과거연구들을 찾아보아야 한다. 이때 단순히 유사한 주제에 관한 연구들은 배제해야 한다. 여러분의 연구질문과 정확히 일치하는 주제에 관한 연구가 전혀 없다면, 비로소 아주 유사한 연구질문에 대해 탐구한 연구들을 찾아야 한다. 여러분이 수행하고자 하는 연구와 유사한 과거연구를 찾게 되면, 검색 범위를 확대해서 유사한 연구방법을 사용한 연구를 찾도록 한다. 여러분이 제안한 연구가 과거연구의 어떤 점을 보완하고 있으며, 이미 밝혀진 부분에 대해서는 어떻게 여러분 연구에 적용시켜 중복을 피하고 연구의 질을 향상시켰는지 설명할 수 있어야 한다.

문헌검토는 연구가 시작될 때 가장 중요하지만, 연구과정의 후반부에서도 중요할 수 있다. 여러분은 연구 프로젝트 전반에 걸쳐 새로운 이슈를 발견하게 되고 예상치 못했던 문제들에 직면하게 될 것이다; 그럴 때마다 여러분은 과거연구들을 찾아 다른 연구자들은 비슷한 문제에 대해 어떻게 대응했는지 배워야 한다. 처음엔 무시했던 가정폭력 관련 연구들도 나중에 여러분이 경찰과 여타 권력기관에 대한 사람들의 태도를 묻기 위해 어떤 질문들을 해야 하나 고민할 때 큰 도움이 될 수도 있다.

정보 검색(Finding Information)

연구문헌을 철저히 검색하고 비판적으로 검토하는 것은 모든 연구 프로젝트의 필수 기반이 된다. 다행히도 많은 정보가 데스크톱 컴퓨터를 떠날 필요 없이 온라인상에서 찾아볼 수 있고, 점차 많은 학술지 논문들을 여러분 컴퓨터로 직접 내려 받을 수 있다(물론 여러분이 접근할 수 있는 권한에 따라 달라짐). 하지만 많은 것들이 온라인상에 있다고 해서 관련된 *모든 것*을 찾아야 한다는 것은 아니다. 기억하라. 여러분의 목표는 과거연구의 결과를 찾는 것이고 이는 다른 사회과학자들에 의해 검토된 후 출판이 결정되는 학술지, 즉 "심사받는 학술지"를 중점적으로 검색해야 함을 의미한다. 신문이나 잡지 기사들은 설령 중요한 이슈들을 거론하거나 사회과학연구 결과를 요약하고 있어도 자격이 안 된다.

매년 인터넷은 출판된 연구문헌의 색인을 포함해서 유용한 자료들을 점점 더 많이 제공하고 있다. 특정한 평가척도, 진행 중인 연구의 보고자료, 전문 학회에서 발표된 자료, 관련된 주제에 관한 온라인상 토론자료 등을 찾을 수 있을 것이다. 온라인 검색엔진을 통해서도 직접 접속할 수 있는 학술 논문을 찾을 수 있는데, 약간의 비용이 들어갈 것이다. 대부분의 출판된 연구문헌은 여러분이 다니는 대학 도서관 홈페이지를 통해 온라인상에서 무료로 이용 가능할 것이다. 도서관이 온라인 학술지를 제공하는 회사에 비용을 지불하기 때문에 아무런 추가비용 없이 이용할 수 있는 것이다. 물론, 어떤 도서관도 모든 학술지에 대한 비용을 지불할 수는 없기 때문에, 도서관상호대출을 통해 논문을 주문하거나, 만약 도서관에 인쇄본이 있다면 직접 가서 읽으면 된다.

부록 A는 출판된 문헌과 온라인을 검색하는 일반적인 가이드라인과 세부적 지침을 제공하고 있다. 여러분 학교의 도서관에서 어떤 학술지들이 이용 가능한지를 먼저 확인해두면, 여러분이 관심 있는 주제에 관한 출판된 연구문헌을 효과적으로 검색할 수 있을 것이다.

과거연구 검토(Reviewing Research)

문헌검토는 추가적인 탐구가 필요한 연구질문들과 그런 질문들을 연구할 방법론에 대해 시사해줄 것이다. 셔먼과 버크(Sherman and Berk, 1984)는 문헌검토를 통해 가정폭력에서 체포 정책이 미치는 효과에 대한 경험적 연구가 거의 없다는 것을 알게 되었다. 과거연구들은 엄격한 연구설계를 사용하지 않았다. 따라서 엄격한 연구설계를 이용해서 새로운 연구를 수행하는 것은 잠재적으로 큰 가치가 있었다. 이후의 연구자들은 셔먼과 버크의 연구결과가 다른 도시에서도 똑같이 나올지 또는 그들의 연구방법이 향상될 수 있을지에 대해 질문을 던졌다. 셔먼과 버크의 연구결과가 똑같이 나오지 않자 연구자들은 그 이유를 찾기 위해 더 많은 연구를 진행했다. 이런 식으로 문헌검토는 아직 응답되지 않은 질문들과 모순되는 증거를 찾도록 해준다.

효과적인 과거연구 검토는 새로운 연구의 기초를 다지는데 필수적인 절차이다. 각 연구의 질을 세심히 평가해야 하고, 각 논문이 여러분의 연구계획에 암시하는 게 무엇인지 숙고해야 하며, 새로운 관점과 대안적인 주장을 담을 수 있도록 여러분의 연구질문에 대한 생각의 폭을 넓혀야 한다. 사회과학 커뮤니티의 일부가 되기 위해서는 문헌을 잘 검토하고 그를 통해 자신의 생각과 방법론을 넓히고 다듬어야 한다. 그래야만 한 이슈를 연구하는 개인에 머무르지 않고, 모든 학자들 집단이 건설하고 있는 끊임없이 성장하는 지식 군을 건설하는데 동참하게 될 수 있다.

때로는 누군가가 여러분의 연구질문에 관한 문헌을 검색해서 분석한 내용을 특별한 문헌검토 논문이나 책의 장 형태로 출판했을 수도 있다. 예를 들면 로즈마리 초크와 조엘 가너(Rosemary Chalk and Joel H. Garner, 2001)는 체포와 가정폭력에 관한 훌륭한 문헌연구를 평가의 새로운 방향(New Directions for Evaluation)이라는 학술지에 실었다. 여러분이 찾은 대부분의 논문은 연구의 초점에 관한 짧은 문헌검토를 포함하고 있을 것이다. 그러한 문헌검토도 큰 도움이 되겠지만, 결국 가장 좋은 방법은 여러분 스스로 문헌을 찾아보고, 여러분의 연구질문에 가장 적합한 논문이나 학술자료를 골라내며, 그렇게 선택한 문헌을 검토하는 것이다. 오직 여러분 자신만이 여러분의 연구질문에 적합한 문헌이 무엇이며 여러분이 직면하게 될 다음과 같은 연구 여건이 어떻게 될지를 결정할 수 있는 것이다 – 연구하고자 하는 환경, 연구 기간, 연구에 포함시키고자 하는 이슈들, 연구방법 등. 그리고 가장 최근의 연구에 관한 정보는 출판된 문헌검토를 통해 얻을 수 없다는 것을 명심해야 한다. 새로운 연구결과들이 지속적으로 학술지와 책, 정부기관이나 다른 조직의 연구보고서, 그리고 전 세계의 웹 사이트를 통해 나타나고 있는데, 이렇게 새롭게 발표되는 문헌에 대해서는 여러분 스스로 확인해봐야 할 것이다.

*매수자 위험부담 원칙(Caveat Emptor)*은 여러분이 구글이나 다른 검색엔진을 이용해 웹을 검색할 때 접하는 표어와 같다. 따라서 일반 웹 사이트를 찾지 말고, *Criminal Justice Abstracts, Sociological Abstracts, SocINDEX, PsycINFO*와 같은 데이터베이스를 이용하는 것이 출판된 학술지 문헌을 검색하는 데 훨씬 용이하다. 이들 데이터베이스는 보다 규격화된 형식을 따르고 어떤 문헌을 포함시킬지 세심한 절차에 따라 결정하기 때문이다. 이제 여러분이 찾은 문헌을 검토하는 절차에 대해 집중하기로 하자. 이 절차는 연구책자(연구 프로젝트에 대해 학술지 논문보다 많은 정보를 담고 있는 단행본 형태의 보고서)에 대한 검토를 하는 경우에도 적용될 수 있다.

문헌검토는 두 단계로 이루어진다. 첫 번째 단계에서는 각 논문을 개별적으로 평가한다. 이를 위해 부록 B에 있는 "연구논문에 대해 제기해야 할 질문들"과 같은 표준화된 형식을 따라야 한다. 하지만, 연구논문을 별개의 과정들이 합해진 결과물, 즉 개별 기법들의 편의에 의한 결합 정도로 보면 올바로 이해할 수가 없다는 것을 명심해야 한다. 모든 연구 프로젝트는 통합된 전체이기 때문에 연구설계의 각 구성요소가 서로에게 어떤 영향을 미치는지 주의 깊게 살펴야 한다 – 예컨대, 측정이 어떻게 결론의 인과적 타당도에 영향을 미쳤겠는지, 표집전략이 어떻게 측정의 질을 변화시켰겠는지.

문헌검토 과정의 두 번째 단계는 전체 연구논문들(기타 문헌 포함)이 여러분의 연구질문과 과정의 적절성을 담보하기 위해 시사하는 점을 평가하고, 중요한 시사점을 기록하는 것이다. 혹여 출판된 논문을 하나씩 개별적으로 평가한 문헌검토(첫 번째 단계에 머무르고 있는 검토)를 발견할 수도 있겠지만, 두 번째 단계인 통합된 검토를 시도해보면 문헌에 대한 이해와 연구 작업의 질이 매우 향상될 것이다.

이제 가정폭력에 관한 한 연구논문을 검토해가면서 부록 B에 있는 질문들에 대답하는 방법을 보여주겠다. 그런 다음 단일논문 검토가 어떻게 통합문헌 검토에서 사용될 수 있는지 보여주겠다. 아직 교재의 초반부라서 논문검토에 사용된 용어들에 익숙하지 않을 수도 있기 때문에, 수업 후반부에 부록 C에 있는 더 자세한 논문검토를 세심하게 읽어보길 바란다.

단일논문 검토 : 공식적, 비공식적 가정폭력 억지요소(A Single-Article Review: Formal and Informal Deterrents to Domestic Violence)

국가 경찰재단의 안토니 페이트와 에드윈 해밀턴(Antony Pate and Edwin Hamilton)은 미국 법무부가 미니애폴리스 가정폭력 실험을 복제연구하도록 지원한 연구들 가운데 하나를 설계했다. 여기에서는 그들의 복제연구 결과로서 미국사회학리뷰(American Sociological Review)에 실린 논문(Pate and Hamilton, 1992)을 살펴보겠다. 꺽쇠괄호 안에 있는 숫자들은 부록 B의 질문들을 가리킨다.

연구질문. 셔먼과 버크(1984)의 미니애폴리스 연구와 같이, 페이트와 해밀턴(1992)의 메트로-데이드 배우자폭행 실험(Metro-Dade spouse assalut experiment)은 체포가 가정폭력에 미치는 억제효과를 검증하고자 했는데, 한 가지 추가적인 관점은 비공식적 사회통제의 역할에 대한 것이었다[1]. 연구의 목표가 배우자폭행을 저지를 성향에 있어서의 변화를 설명하는 것이었기 때문에 설명적 연구의 목적을 가지고 있었다[2]. 연구의 이론적 틀은 기본적으로 억제이론에 근거했는데, 윌리엄스와 호킨스(Williams and Hawkins, 1986)가 제안한

명제 – 오명이나 귀중한 관계의 상실과 같은 비공식적 제재가 체포와 같은 공식적 제재의 효과를 강화시킨다 – 를 포함시켜 좀 더 광범위한 틀을 검증하고자 했다[3]. 페이트와 해밀턴(1992)의 문헌검토는 우선 적절하게 셔먼과 버크(1984)의 연구를 참고했고, 원 실험결과를 복제한 다른 연구들 그리고 비공식적 사회통제에 관한 연구들을 참고했다[4].

출판되지 않은 보고서에까지 검토가 이루어졌지만, 페이트와 해밀턴의 논문에는 윤리적 지침에 대한 명확한 논의가 없다[6]. 심각한 폭행에 대한 경찰 대응과정에서 실험적 개입이 이루어지기 때문에 중요한 윤리적 이슈들에 대한 검토가 분명 이루어졌어야 했다. 표준 형사사법절차에 따른다는 것은 용의자의 권리 뿐 아니라 피해자의 복지에도 주의를 기울여야 함을 의미한다. 이러한 윤리적 문제는 이 장 후반부에서 좀 더 자세히 다루기로 한다.

연구설계. 원 연구인 미니애폴리스 실험에 대한 후속연구로 개발된 메트로-데이드(Metro-Dade) 실험은 과학적 연구를 위한 가이드라인을 잘 보여준다. 용어를 특정하고 가정을 명확히 하기 위해 세심한 주의를 기울이면서 설계되었고, 원하는 결과가 나오길 바라기보다 다른 상이한 결과가 나올 가능성에 초점을 두었다. 연구의 주요 개념인 공식적, 비공식적 억제가 분명하게 정의되었고[7], 측정 또한 간단하고 직선적인 지표들 – 공식적 억제는 체포 또는 불체포로, 비공식적 억제는 혼인과 고용 상태로 – 로 이루어졌다. 하지만, 혼인과 고용 상태에 대한 구체적인 측정 과정이 잘 드러나지 않았고, 또한 그 지표들이 비공식적 사회통제라는 개념을 잘 측정했는지 여부를 검토하려는 시도가 이루어지지 않았다[9, 10].

이론적 틀과 과거 연구에 관련된 세 가지 연구가설이 제시되었다[8]. 연구설계는 개인의 행동에 초점을 맞추었고[11], 최초의 체포 이후 최대 6개월까지 폭행 재발 여부를 추적하는 등 종단적 자료를 수집하였다[14]. 실험 설계는 체포가 재범에 미치는 인과적 영향을 검증하기에 적절한 조치였다[15, 17]. 그 연구 프로젝트는 표본이 아니라 자격이 되는 모든 사례들을 포함시켰는데, 아쉽게도 자격 기준이 너무 많아 연구결과를 전체 모집단 사례에 일반화시키기 어려운 측면이 있었다[11]. 자격을 갖추었음에도 불구하고 할당된 처치를 받지 못한 92건의 사례들에 대해 간단히 설명하고 있지만, 정확한 이유에 대한 설명이 부족한상황이다[15].

연구결과와 결론. 페이트와 해밀턴(1992)의 메트로-데이드(Metro-Dade) 실험은, 다른 도시에서 수행된 미니애폴리스 가정폭력 실험에 대한 복제연구들이 일관된 결과를 보여주지 못했기 때문에, 사회적 맥락의 효과에 대한 관심에서 비롯되었다고 볼 수 있다[19]. 그들의 분석은 비공식적 사회통제과정이 매우 중요할 것이라는 기대를 강하게 지지해주었다: 가설

과 같이, 체포가 고용된 상태의 용의자에게는 억제효과를 보였지만 실업 상태의 용의자에게는 효과가 없었다(Exhibit 2.1). 하지만 혼인 상태는 그러한 결과를 보여주지 못했다[20]. 연구결과에 대한 논의에서도 혼인 상태의 효과가 없는 것이 무엇을 시사하는지에 대한 설명이 이루어지지 않고 있지만[21], 비공식적 제재를 추가적으로 검토했다는 점에서 이전의 연구들에 비해 중요한 발전이 이루어졌다고 볼 수 있다[22]. 추가적인 연구에 대한 필요성이 강조되고 있고, 연구결과의 사회정책적 중요성이 논의되고 있다: 페이트와 해밀턴은 체포가 뭔가 잃을 게(예, 직업) 있는 사람들에게만 억제효과를 보이는 것은 경찰정책이 수립될 때 반드시 고려되어야 할 결과라고 주장한다[23].

전체적으로, 페이트와 해밀턴(1992)의 연구는 비공식적 사회통제가 어떻게 체포와 같은 공식적 제재의 효과성에 영향을 미치는지를 이해하는데 중요한 공헌을 하고 있다. 비록 모든 배우자 폭행 사건들을 연구하다 보니 비공식적 사회통제를 정교하게 측정하지 못한 허점도 있었지만, 실험설계와 더불어 다른 실험연구들과의 관계 속에서 그들 연구의 결과를 제대로 해석해내는 연구자들의 능력은 이 연구를 매우 가치 있게 해준다. 또한, 이러한 연구가 왜 추가적인 연구와 계속되는 정책 토론을 촉진시키는지 이해하기 어렵지 않을 것이다.

EXHIBIT 2.1 고용과 체포상태에 따른 용의자의 재 폭행 비율

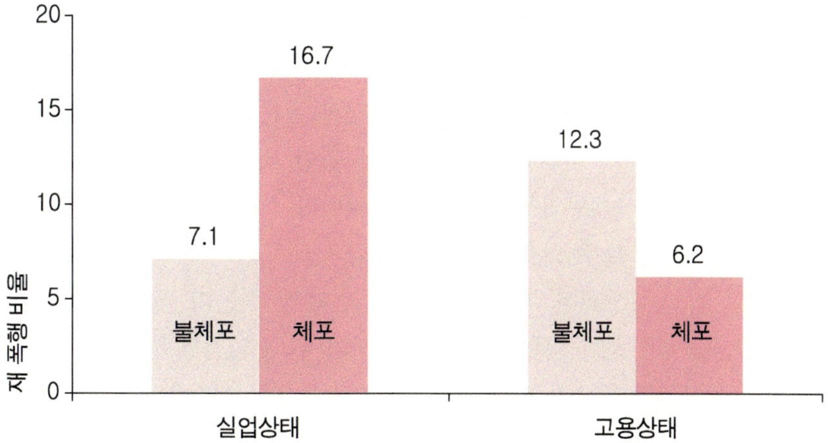

출처 : Pate and Hamilton, 1992, "Formal and Informal Deterrents to Domestic Violence" American Sociological Review, 57(October), pp 691-697. 허가 받아 다시 사용됨.

통합문헌 검토 : 언제 체포가 중요한가?(An Integrated Literature Review: When Does Arrest Matter?)

문헌검토에서 두 번째 단계의 목표는 개별 논문에 대한 검토결과를 통합하고 과거연구가 시사하는 바를 전체적으로 평가하는 것이다. 통합문헌 검토는 세 가지 목표를 달성해야 한다:(1) 과거연구를 요약하고,(2) 과거연구를 비판하며,(3) 적절한 결론을 제시해야 한다(Hart, 1998). 각 목표를 차례로 살펴보자.

1. *과거연구를 요약하라.* 과거연구 요약은 여러분이 다룰 특정 연구질문에 초점을 맞추어야 하지만, 좀 더 전반적인 배경 몇 가지는 제시할 필요가 있다. 영국범죄학(British Journal of Criminology)에 발표된 캐롤린 호일과 앤드류 샌더스(Carolyn Hoyle and Andrew Sanders, 2000:14)의 가정폭력 사건에서 체포를 의무화한 정책에 관한 연구 논문은 다음과 같이 "도발적인" 질문으로 시작한다: 남성이 여성 배우자나 전 배우자를 폭행하는 것을 범죄로 규정할 필요가 있는가? 그런 다음 상이한 이론들과 여러 경찰 정책 – "피해자 선택" 입장, "체포 친화적" 입장, "피해자 권리강화" 입장 – 을 지지하는 연구들을 검토한다. 마지막으로, 그들이 초점을 맞추고 있는 연구질문 – 피해자들은 자신의 사건에 형사사법당국이 개입하는 것을 어떻게 생각할까? – 의 틀을 형성하는 남성의 "통제하는 행위들"에 관한 연구를 검토한다(Hoyle and Sanders, 2000:15).

여러분이 요약한 문헌에 대해 다음과 같은 세 가지 질문을 던져라:

a. *까다롭게 골랐는가?* 여러분의 연구질문에 관한 과거연구가 상당수 존재한다면 가장 관련 있고 질 높은 연구들에 초점을 맞춰라. "단지 존재한다는 이유만으로" 많은 과거연구들을 모두 인용할 필요는 없다.
b. *최신 연구인가?* "오래된" 연구들 뿐 아니라 가장 최근의 연구도 포함시켜야 한다.
c. *직접 인용을 삼갔는가?* 문헌검토에 집중하기 위해 과거연구의 핵심을 여러분 자신의 언어로 표현할 필요가 있다. 직접 인용은 중요한 생각을 밝히기 위해 꼭 필요한 경우에만 하라(Pyrczak, 2005).

2. *과거연구를 비판하라.* 과거연구의 장점과 단점을 평가하라. 부록 B에 있는 질문들에 답하는 것 외에, 동료에 의해 심사받는 학술지에 실리고 명성 있는 기관(조직)으로부터 지원받아온 신망 있는 저자들이 작성한 논문들을 골라야 한다. 다음 질문들을 고려하면서 각 논문에 어느 정도의 비중을 부여할지 결정하라.

a. *출판되기 전에 어떤 심사과정을 거쳤는가?* 학술지에 실리는 논문들은 신중한 비판

과 수정을 포함하는 엄격한 심사과정을 거친다. 최고 수준의 "심사받는(refereed)" 학술지들은 제출된 논문 가운데 약 10% 정도만 받아들여 엄격성을 유지한다. 박사 논문은 논문 위원회에 의해 매우 긴 비판과 수정과정을 거치게 된다. 연구 기관이 직접 발표하는 보고서는 상대적으로 느슨한 심사과정을 거치지만, 일부 연구 기관은 엄격한 내부 심사과정을 유지한다. 전문 학회에서 발표된 논문은 거의 심사를 거치지 않은 경우가 많다. 말할 필요도 없이, 엄격한 심사과정을 거친 연구의 결과에 더 큰 신뢰성을 부여할 수 있을 것이다.

b. *저자의 명성이 어떠한가?* 해당 연구질문에 관한 다른 저작물을 발표해온 저자나 저자들 팀에 의한 논문은 시작부터 강한 신뢰성을 부여해야 한다.

c. *누가 그 연구에 비용을 대고 후원했는가?* 연방정부의 주요 연구비 조달 기관과 민간재단은 전문가 그룹이 꼼꼼히 평가하고 우수한 성적을 받은 연구제안서에만 연구비를 후원한다. 또한 연구의 진행상황을 면밀히 감독한다. 이런 과정이 훌륭한 보고서의 산출을 보장하진 않지만, 그래도 상당히 가치 있는 결과물을 기대해도 좋게 한다. 한편, 특정한 결과물을 선호하는 조직에 의해 후원된 연구는 특히 세밀하게 살펴봐야 한다(Locke, Silverman, and Spirduso, 1998).

3. *적절한 결론을 제시하라.* 여러분이 조사한 과거연구들이 시사하는 바를 독자들로 하여금 추측하게 하지 마라. 여러분이 직접 내린 결론을 제시해야 한다. 이때 다음과 같은 몇 가지 가이드라인에 따르라.

a. 과거연구에 대한 여러분 자신의 의견과 연구의 원 저자들이 내린 결론을 확실히 구분하라.

b. 여러분의 접근이 과거연구의 결과가 아니라 여러분이 사용하고 있는 이론적 틀에 근거하고 있는 경우를 분명히 밝혀라.

c. 모든 경험적 연구가 직면할 수밖에 없는 한계를 인정하라. 여러분도 피할 수 없는 과거연구의 문제점들을 강조하지 말라(Pyrczak, 2005).

d. 과거연구가 답하지 못한 질문들과 방법론상 문제점들을 들어 여러분의 연구가 수행될 필요가 있음을 설명하라(Fink, 2005).

미니애폴리스 가정폭력 실험의 밀워키 복제연구에 대한 논문을 보면 통합문헌 검토에 대한 결론을 어떻게 내리는지 잘 알 수 있다. 이 논문에서 패터노스터와 그의 동료들(Paternoster et al., 1997)은 폭력 용의자를 체포할 때 경찰이 공정한 절차를 밟는 것이 과연 재범률을 줄이는지 알아보고자 했다. 예컨대, 용의자들은 경찰이 자신의 이야기를 잘 들어줬다고 느끼는가? 그들이 공정하게 대우받았다고 생각하는가? 패터노스터와 그의 동료들은 과거연구에 중요한 공백이 있다고 결론 내렸다: "수백만 달러를 쏟아 부은 대략 일곱 건의 실험연구에도 불구하고 체포가 재범률에 어떤 영향을 미치는지에 대해 여전히 모호한 구석이 많다"(p. 164). 특히, 그들은 일곱 건의 실험이 체포 자체의 효과에 대해서만 초점을 두었지 "경찰의 처리절차 유형이 배우자 폭행의 재발을 억지할 수 있다"는 가능성에 대해서는 관심을 두지 않았다고 주장했다(p. 165).

그래서 패터노스터와 그의 동료들(1997)은 절차적 정의에 관한 문헌을 토대로 그들의 연구를 수행했다. 그리고 그들의 새로운 분석은 "징벌적 제재(체포)에 대하여 용의자가 느끼는 공정성 판단이 심각한 범죄행위(배우자 폭행)에 미치는 영향을 분석한 최초의 연구"가 될 것이라고 결론 내렸다(p. 172).

범죄학 이론의 역할 (THE ROLE OF CRIMINOLOGICAL THEORY)

범죄학 이론이 연구질문의 풍부한 원천이 될 수 있다는 것은 이미 지적했다. 이제 조금 더 주목해야 할 것은 이론이 연구에서 차지하는 보다 큰 역할이다. 범죄학 이론은 다음과 같이 많은 역할을 한다:

- 범죄학 이론은 우리가 다음과 같은 것들을 설명하거나 이해하는데 도움을 준다: 왜 어떤 사람들은 범죄를 저지르는지, 또는 왜 다른 사람들보다 더 많은 범죄를 저지르는지; 왜 어떤 사람들은 그만두는데 다른 사람들은 계속하는지; 좋은 가정, 엄한 처벌, 기타 요인들이 범죄에 어떤 영향을 미치는지.
- 범죄학 이론은 우리가 범죄 관련 현상에 대해 예측을 하는데 도움을 준다: "종신형 대신 사형제도를 채택할 경우 살인율에 미치는 효과가 무엇일까?" "만약 실업률이 대폭 증가한다면 재산범죄율에 미치는 효과가 무엇일까?"
- 범죄학 이론은 경험적 연구의 결과를 체계화하고 이해하는데 도움을 준다.
- 범죄학 이론은 연구의 방향설정에 도움을 준다.
- 범죄학 이론은 공공정책의 방향설정에 도움을 준다: "가정폭력을 줄이기 위해 무엇을 해야 하는가?"

범죄학자와 같은 사회과학자들은 각자의 학문분야에서 연구와 이론을 접목시켜, 무엇을 연구해야 하는지에 대한 더 나은 아이디어를 만들어내고, 다른 연구에 더 나은 시사점을 함축하는 결론을 발전시킬 수 있다. 따라서 이론을 만들고 평가하는 것은 범죄학과 같은 사회과학의 가장 중요한 목적 가운데 하나가 된다.

이론 경험적 현실에 관한 명제들이 논리적으로 연결되어 있는 집합체. 범죄학 이론의 대표적인 예로 사회학습이론, 일상활동이론, 낙인이론, 일반긴장이론, 사회해체이론 등이 있다.

수세기에 걸쳐 학자들은 범죄와 범죄인에 관한 이론들을 개발하는 것에 흥미를 가져왔다. 때로는 미숙하고 체계적이지 못한 공상적인 이야기와도 같지만, 어떤 경우에는 매우 설득력 있고 체계적이어서 우리에게 깊은 인상을 준다. 이론은 보통 이론적 구성개념(theoretical constructs)이라 불리는 것을 포함한다. 범죄학에서 이론적 구성개념은 범죄를 이해하고, 설명하고, 예측하고, "뭔가 조치를 취하기 위해" 꼭 살펴봐야 할 중요한 것을 말한다. 예를 들면 차별적 접촉이론에서 중요한 이론적 구성개념은 "법규 위반에 우호적이거나 또는 비우호적인 정의"라는 개념이다. 이론은 통상 하나 또는 그 이상의 구성개념을 다른 구성개념들과 연결시켜 관계진술이라는 것을 만들어낸다. 예를 들면 차별적 접촉이론은 우호적이거나 또는 비우호적인 정의라는 구성개념을 범죄에의 가담이라는 구성개념과 연결시켜 이렇게 주장한다: "법규위반에 대해 비우호적인 정의보다 우호적인 정의에 더 많이 노출되면 될수록 범죄행위를 저지를 가능성이 커진다." 이것이 두 구성개념을 연결하는 관계진술이다; 이 관계진술은 법규위반에 우호적인 정의에 노출이 증가하면 범죄의 위험도 증가한다고 말한다. 이것은 본질적으로 차별적 접촉이론이 품고 있는 가설과도 같다; 만약 이론이 사실이라면, 기대된 관계 역시 사실이어야 한다. 많은 범죄학 연구의 목적은 바로 그 이론적 관계진술, 즉 가설의 진실성 또는 경험적 타당성을 검증하는 것이다. 어떤 범죄학 이론들은 상당한 연구결과와 많은 사회과학자들의 생각을 반영하고 있다; 반면 어떤 이론들은 하나의 연구를 진행하는 과정에서 생겨나기도 한다. 한 시대에 폭넓게 받아들여지는 이론은 소수에 불과하다; 다른 이론들은 열띤 논쟁의 대상이 되고, 비판과 새로운 연구에 대응해서 변화하고 수정되는 과정을 거친다.

비록 어떤 연구에서는 특정 이론을 부분적으로만 다루고 또 어떤 경우에는 연구자가 아예 이론을 지각하지 못하는 경우도 있지만, 대부분의 범죄학 연구는 이론에 의해 안내된다. 연구 프로젝트를 수행하거나 연구보고서를 작성하는데 몰두하고 있는 경우, 연구자들이 큰 그림을 보지 못하는 경우가 흔히 발생한다. 또한 사회세계에 대한 보다 전반적인 이해의 틀 속에서 연구결과를 이해하기 보다는 특정한 연구결과를 축적하고 해석하는 데만 집중하기 쉬워진다. 더 나아가, 곧 보게 되겠지만, 이론이 연구를 안내하듯이, 연구결과도 이론의 발달에 영향을 미치게 된다. 따라서 이론과 연구는 함께 이해되어야 한다.

사회연구에 있어서 이론의 가치를 설명하기 위해 경찰의 가정폭력 대응에 관한 연구를 사용할 수 있다. 가정폭력과 같이 매우 구체적이고 실질적인 문제에 있어서도, 사람들이 어떻게 행동하고 그러한 행동에 어떤 조치가 취해져야 하는지를 이해하기 위해 사회 이론들이 반드시 필요하다. 경찰이 가정폭력 용의자와 대면했을 때 취할 수 있는 세 가지 선택가능성에 대해 생각해보라(Sherman and Berk, 1984). 동료 경찰관들은 강제로 분리시켜 일시적이지만 평화 상태를 확보해야 한다고 주장할 것이다; 경찰을 교육시키는 사람들은 기저에 깔린 분쟁을 해결하기 위해 중재를 해야 한다고 주장할 것이다; 여성주의자들은 피해자를 보호하기 위해 체포해야 한다고 주장할 것이다. 이 세 가지 주장 모두가 이론 자체는 아니지만, 각자 범죄와 법적 제재에 대해 상이한 관점을 제시하고 있다. 전통적인 경찰의 관점은 가정폭력을 가정 내의 문제로 봐서 공식적인 법적 제재의 대상이 되어서는 안 된다고 본다. 중재를 선호하는 입장은 가정폭력은 특별한 상담을 통해 해결될 수 있는 가정의 위기와 관련되어있다는 관점을 반영한다. 체포에 찬성하는 입장은 가정폭력을 낯선 사람들 간의 폭력과 같이 심각한 범죄로 간주하고 억제효과를 위해 체포를 선호한다.

이들 세 가지 관점은 가정폭력에 대한 문헌을 많이 읽거나 심지어 친구들과 이야기할 때도 쉽게 마주칠 수 있을 것이다. 결과적으로, 이들 관점은 가족 갈등, 경찰 조치, 형사사법 체계와 관련된 상이한 경험을 반영하는 것이다. 범죄와 적절한 대응에 대해 우리가 갖고 있는 신념은 우리가 사회세계에 대해 갖고 있는 수많은 다른 생각들과 연관되어 있다. 이런 상호관계를 이해하는 것이 이론에 기반을 둔 사회연구자 또는 이론적으로 밝은 사회연구의 소비자가 되는 첫 걸음이 된다.

하지만, 우리가 연구주제를 정하면서 직면하는 질문들에 대해 사회이론이 해답을 제공하진 않는다는 것을 기억하라. 대신, 사회이론은 우리가 어느 분야에 초점을 두어야 하고 어떤 명제를 검증해야 하는지 제시해준다. 즉, 이론은 검증 가능한 가설을 제시해주고 연구는 그 가설이 맞는지 확인한다. 사실, 이론의 가장 중요한 필수요건은 그것이 검증 가능해야 한다는 것인데, 다시 말해 과학철학자들이 말하는 반증 가능성을 지녀야 한다; 이론적 진술은 틀렸음이 증명될 수 있어야 한다. 만약 어떤 사상이 경험적으로 검증될 수 없다면, 그것은 이론이 아니라 철학에 가까운 것이 된다. 예를 들면 셔먼과 버크(1984)의 가정폭력 연구는 처벌이 범죄에 미치는 영향을 다룬 두 상반된 이론(억제이론과 낙인이론)으로부터 나온 가설을 검증한 것이었다.

억제이론은 인간은 조금이나마 합리적인 존재로서 자신의 행동과 관련된 비용과 효과에 반응한다고 가정한다. 범죄를 저지르는 것은 일정 혜택(효과)을 가져온다; 따라서 범죄를 억제하려면 상응하는 비용이 있어야 한다; 한 가지 비용으로 형사적 제재(체포, 유죄판결, 처벌)가 있다. 억제이론은 처벌이 범죄를 두 가지 방식으로 억지할 것이라고 기대한다. 일반억제는 사람들이 범죄를 저지른 다른 사람들의 처벌을 목격하고 "범죄는 이득될 것이 없구나."라고 생각할 때 발생한다. 다시 말해, 처벌되는 사람이 아직 범죄를 하지 않았지만 기회가 되면 하려고 생각 중인 사람들에게 본보기가 되는 것이다. 특별 억제는 처벌받은 사람이 또 다른 처벌을 피하기 위해 다시 범죄를 저지르지 않을 때 발생한다(Lempert and Sanders, 1986). 억제이론은 배우자 폭행범을 체포하는 것이 덜 엄격한 제재(단순히 경고나 상담을 받는 것)에 비해 재범 가능성을 줄일 것이라는 예측을 가능케 한다.

낙인이론은 공적 제재로 이어지는 1차 범죄와 공적 제재에 반응해서 발생하는 2차 범죄로 구분한다(Hagan, 1994). 비행에 대한 체포나 기타 공적 제재조치는 그 비행 행위자를 다른 사람들이 보기에 범죄자로 낙인찍는다. 일단 낙인이 찍히면 다른 사람들이 그를 범죄자로 취급하며, 그는 범죄자라는 딱지와 걸맞은 방식으로 행동하게 된다. 아이러니하게도, 처벌을 통해 없애고자 하는 바로 그 행위를 오히려 촉진시키게 되는 것이다(Tannenbaum, 1938). 이 이론은 배우자 폭행으로 체포된 사람이 처벌되지 않은 사람보다 재범할 가능성이 더 크다고 주장한다. 그 이유는 체포라는 공적 제재가 경고나 상담과 같은 제재보다 더 큰 오명을 씌우기 때문이다. 공식적 제재의 효과에 대한 이러한 예측은 억제이론의 예측과 정반대의 모습을 띤다.

공식적인 법적 처벌을 뒷받침하고 있는 논리를 이론화하는 것은 우리가 사회 과정에 대한 보다 일반적인 이론들과 연관성을 찾는데 도움이 된다. 억제이론은 실질적 계산을 통해 행위가 이루어진다고 가정하는 합리적 선택이론의 전제를 반영하고 있다: 즉, 사람들은 법을 어기는 행위가 비용보다 혜택이 클 경우 범법을 저지르게 된다. 만약 누군가 범죄를 합리적으로 선택한 것이라면, 처벌의 확실성이나 엄격성을 높이는 것이 비용-효과의 균형을 변화시켜 범죄를 저지르지 않게 할 것이다. 한편, 낙인이론은 사람들이 행위에 부여하는 상징적 의미에 초점을 두는 상징적 상호작용주의(symbolic interactionism)에 근거를 두고 있다(Hagan, 1994). 특정행위를 그 자체로 범죄라고 가정하지 않고(Scull, 1988), 상징적 상호작용주의자들은 범죄를 위반자에 대해 규칙과 제재를 적용시킨 결과로 본다(Becker, 1963). Exhibit 2.2는 어떻게 이런 일반 이론들이 배우자 폭행범을 체포할지 말지에 대한 질문과 관련되는지 보여주고 있다.

여러분에게 처벌의 효과를 설명하는 것으로서 억제이론이나 낙인이론이 설득력이 있는가? 이 이론들이 사회세계에 대해 여러분이 목격하는 것들과 일치하는가? 셔먼과 버크(1984)의 연구 이후 10년 이상 지나 패터노스터와 그의 동료들(1997)은 가정폭력에 대한 처벌을 다른 관점에서 연구하기로 결심했다. 그들은 절차적 정의이론이라 불리는 사회심리학적 이론에 관심을 가졌는데, 그 이론은 법규 준수를 의무감이나 도덕성의 결과로 설명한다(Tyler, 1990). 즉, 사람들은 의무감에서 법규를 준수하게 되는데, 그 의무감은 법률기관이 도덕적이고 합법적이라고 사료될 때 생겨나는 것이다. 이 관점에 의하면, 체포된 사람들이 처분 결과에 상관없이 공정하게 대우받으면 재범을 하지 않으리라고 보는데, 그 이유는 범죄가 공정하게 처리되면 체포된 사람들이 법률기관을 더 도덕적이고 합법적이라고 간주하기 때문이다. 이처럼 절차적 정의이론은 경찰과 법률기관의 결정 자체를 넘어 어떻게 경찰이 사건을 처리하고 어떻게 법률기관이 피의자를 다루는지에 대해 관심을 집중함으로써 우리의 처벌과정에 대한 시각을 확대시키고 있다. 그리하여 연구질문의 또 다른 더 큰 중요성을 부각시켜준다.

배우자 폭행에 있어 체포의 효과에 대한 확신이 조금 줄어들었는가? 체포가 학대자로 하여금 법적 제재를 피하게 만들기 때문에 학대가 줄어들까? 체포로 인해 오명이 씌워져 더욱 범죄인처럼 행동하게 만들기 때문에 학대가 늘어날까? 아니면 학대자가 법률기관에 의해 공정하게 처리되었다고 느끼기만 하면 체포로 인해 학대가 줄어들까? 이런 질문들을 던짐으로써 사회이론은 우리가 여러 가능성에 대해 생각해볼 수 있게 하고 더 나은 연구를 설계할 수 있도록 도와준다. 따라서 연구를 수행하기 전이나, 도중, 그 이후에도 계속 이론적으로 생각할 필요가 있다.

EXHIBIT 2.2 **두 사회이론과 배우자 폭행범 체포의 효과성에 대한 예측**

	합리적 선택이론	상징적 상호작용주의
이론적 가정	사람들의 행동은 그 행동의 비용과 효과를 계산한 후 결정된다.	사람들은 물체, 행동, 그리고 다른 사람들에 대해 상징적 의미를 부여한다.
범죄학적 요소	억제이론: 사람들은 법규위반의 혜택이 비용보다 크면 법규를 위반한다.	낙인이론: 사람들은 위반자를 범죄자라 낙인찍고, 이는 추가적인 범죄를 유발한다.
예측(체포가 가정폭력에 미치는 영향)	학대의 비용(즉, 체포)을 경험한 배우자는 다시 학대하지 않기로 결심한다.	"학대자"로 낙인찍힌 배우자는 더 자주 학대를 한다.

사회연구의 전략 (SOCIAL RESEARCH STRATEGIES)

범죄학 연구를 포함하여 모든 사회연구는 이론과 경험적 자료(우리가 실제 세계에서 찾은 증거)를 연결시키고자 하는 노력이다. Exhibit 2.3에서 보이듯이 이론과 자료는 서로를 강화시키는 관계에 있다. 특정 자료가 필요함을 시사하는 이론으로 시작하는 연구는 연역적 추론을 거치는데, 연역적 추론(deductive reasoning)이란 일반적인 생각(이론)으로부터 특수한 현실(자료)로 이동하는 것을 의미한다. 반대로 귀납적 추론(inductive reasoning)은 특수로부터 일반으로 이동하는 것을 의미한다.

연역적 추론과 귀납적 추론 모두 범죄학자들에게 반드시 필요하다. 미리 어떤 기대(가설)를 하고 우리의 생각이 틀릴 수도 있다(반증 가능하다)는 검증과정을 거치는 추론 과정, 즉 연역적 추론을 사용하지 않고는 어떤 생각도 공정하게 검증할 수 없다. 이런 종류의 검증과정을 견뎌내지 못한 이론은 매우 일시적인 이론으로 간주된다. 하지만, 아무리 훌륭한 이론이라 해도 모든 사회 상황이나 연구문제에 대해 유용한 예측을 할 수는 없다. 게다가, 우리가 수집한 자료에서 기대하지 않은 패턴(우연한 결과 또는 이례적인 결과라 불림)이 발견될 수도 있기 때문이다. 어느 경우든 귀납적 추론을 통해 기대하지 않은 결과를 최대한 이론적으로 이해하려 노력해야 한다. 그런 다음, 새로운 연구결과의 검증이 충분히 중요하다고 여겨지면, 연역적 추론으로 돌아가서 우리의 새로운 생각을 검증하기 위한 새로운 연구를 계획할 수 있다.

EXHIBIT 2.3 이론과 자료의 연결

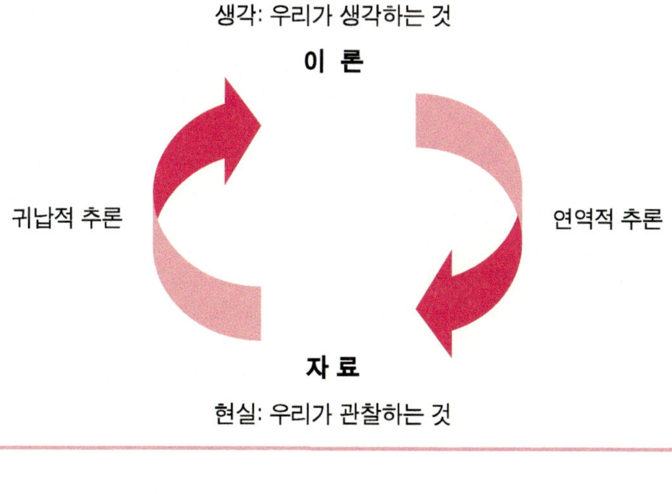

설명적 연구(Explanatory Research)

이론에서 자료로, 자료에서 이론으로 계속 이동하는 연구의 수행과정을 Exhibit 2.4에 그려진 대로 연구의 순환과정(research circle)으로 표현할 수 있다. 연구의 순환과정은 Exhibit 2.3에 있는 이론과 자료의 관계를 그대로 보여주고 있으며, 세 가지 주요 연구전략으로 이루어져 있음에 주목하라: 연역적 연구, 귀납적 연구, 기술적 연구.

연역적 연구(Deductive Research)

Exhibit 2.4에서 볼 수 있듯이 연역적 연구(deductive research)는 이론화로부터 시작되어 자료수집으로 그리고 다시 이론화의 순서로 진행된다. 핵심은 특정한 기대가 일반적인 전제로부터 도출된 다음 검증된다는 것이다.

이론은 먼저 가설로 이어진다는 것에 주목하라. 가설은 보다 일반적인 이론으로부터 추론되어 나온 특정한 암시를 의미한다. 연구자들이 실제 검증하는 것은 완전한 이론 자체가 아니라 가설인데, 그 이유는 이론은 통상 많은 가설들을 포함하기 때문이다. 이미 얘기한 것처럼, 가설은 둘 또는 그 이상의 이론적 구성개념이나 변수들 간의 관계에 대해 제안한다. 변수란 변할 수 있는 특성을 말한다. 반대로 상수는 변할 수 없는 특성을 말한다. 예를 들면 만약 우리가 남성 성인 교도소에서 연구를 수행한다면, 이론적 구성개념인 "범죄의 유형"은 변수가 되는데, 그 이유는 사람마다 상이한 범죄(무장강도, 강도 등)로 수감되어 있을 것이기 때문이다. 하지만, "성"이라는 이론적 구성개념은 모든 수감자가 남성일 것이기 때문에 상수가 된다; 성은 변하지 않는다 - 상수이다. 이 집단에서 나이는 변수인가 상수인가? "범죄자 지위"(위반자인지 비위반자인지 여부)는 변수인가 상수인가?

가설 경험적 현실에 대한 잠정적 진술로서 둘 또는 그 이상의 변수들 간 관계진술을 포함.

가설의 예 : 지역사회에서 주거이동 빈도가 크면 클수록 범죄율이 높다.

변수 변할 수 있는 특성(다른 가치나 속성을 지님).

항수 변하지 않고 단 하나의 가치만 가지는 특성.

연구에 있어서 변수는 매우 중요한데, 그 이유는 가설에서 한 변수의 변화가 다른 변수의 변화를 예측하거나, 영향을 미치거나, 또는 야기한다고 제안되기 때문이다. 제안되는 영향은 독립변수(independent variable)이고, 그 효과 또는 결과는 종속변수(dependent variable)

가 된다. 하나 또는 그 이상의 가설들을 만들고 연구절차를 특정한 다음, 연구자들은 가설을 검증할 자료를 수집한다.

EXHIBIT 2.4 연구의 순환과정

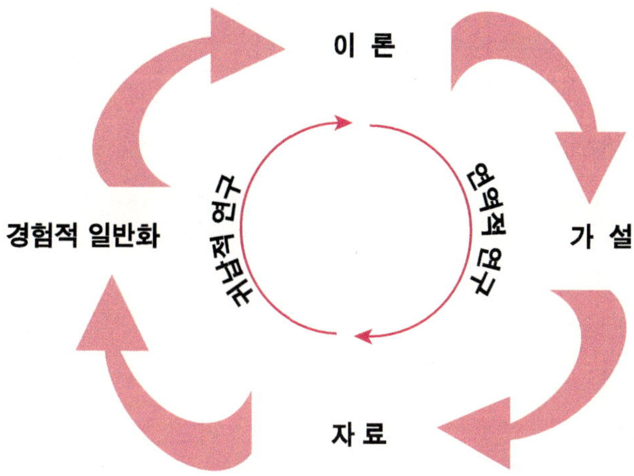

독립변수 다른 변수의 변화를 야기한다고 가설되는 변수

독립변수의 예 : 주거이동(지역사회에서 이사를 오가는 주민들)

종속변수 다른 변수의 영향 때문에 변한다고 가설되는 변수

종속변수의 예 : 지역사회에서 1,000명당 범죄율

가설은 몇 가지 다른 방식으로 표현될 수 있고, 독립변수와 종속변수를 찾아내는 것이 가끔 어려울 수도 있다. 의심스러우면, 그 가설을 만약-그러면(if-then) 진술로 바꿔 써보아라: "만약 독립변수가 증가하면(또는 감소하면), 그러면 종속변수는 증가한다(또는 감소한다)." Exhibit 2.5는 몇 가지 가설과 함께 독립변수, 종속변수, 그리고 만약-그러면 형태의 동일 진술을 보여준다.

Exhibit 2.5는 가설의 다른 특징을 보여 준다: 상관의 방향(direction of association). 한 변수가 증가함에 따라 다른 변수도 증가한다고 가설하면, 그 상관의 방향은 정적이 된다(가설 1과 4); 한 변수가 감소함에 따라 다른 변수도 감소한다면, 그 상관의 방향 역시 정적이 된다(가설 3). 즉, 정적 상관(positive relationship)에서는 독립변수와 종속변수가 동일한 방향으로 움직인다. 하지만, 한 변수가 감소함에 따라 다른 변수가 증가하면, 또는 그 반대의 경우도 마찬가지로, 그 상관의 방향은 부적이 된다(가설 2). 즉, **부적 상관(negative relationship)**에서는 독립변수와 종속변수가 반대 방향으로 움직인다. 한편, 가설 5는 특별한 경우로서 독립변수가 범주의 형태를 띤다. 즉, 독립변수가 증가하거나 감소한다고 표현될 수 없다. 이 경우, 상관의 방향은 적용되지 않고, 가설은 단순히 독립변수의 한 범주가 종속변수의 높은 값과 연결된다는 식으로 표현된다.

EXHIBIT 2.5 가설의 예

원가설	독립변수	종속변수	만약-그러면 가설
1. 지역사회에서 사회해체가 심할수록, 범죄율은 증가 한다.	사회해체	범죄율	만약 사회해체가 심하면, 범죄율도 높다.
2. 자기통제력이 강할수록, 일탈행동을 적게 저지른 다.	자기통제력	자기보고 일탈	만약 자기통제력이 강하면, 일탈행동의 수는 적다.
3. 지역사회에서 실업률이 감소할수록, 재산범죄율이 감소한다.	실업률	재산범죄율	만약 실업률이 낮으면, 재산범죄율도 낮다.
4. 열망과 기대간의 차이가 커질수록, 긴장의 정도가 증가한다.	열망과 기대간의 차이	긴장	만약 열망과 기대간의 차이가 크면, 긴장의 정도도 높다.
5. 경찰이 도보순찰을 하는 지역에서 범죄가 적다.	도보순찰	범죄	만약 지역사회에서 도보순찰이 이루어지면, 범죄 정도가 낮다.

연역적 연구의 동기는 설명과 평가 모두를 포함한다(제1장에서 설명된 대로). 셔먼과 버크(1984)의 원 연구는 평가 연구였는데, 그 이유는 사법기관의 어떤 대응이 배우자 폭행범의 재범을 막을 수 있는지를 설명하고자 했기 때문이다. 그들은 억제이론으로부터 체포가 가정폭력을 억제할 것이라는 기대를 연역적으로 추론해냈다. 그 다음 자료를 수집해 그 기대(가설)를 검증했다.

설명 연구와 평가 연구에서 모두 결과에 대한 기대 진술과 그 기대를 검증하기 위한 연구 설계는 검증과정에서 우리가 갖는 확신을 강하게 해준다. 연역적 연구를 하는 사람은 자기의 손을 미리 보여주고(즉, 자기의 기대를 미리 말하고), 그 기대를 공정하게 검증하기 위한 연구설계를 한다. 그런 다음 "칩은 떨어질 곳으로 떨어진다"고 말한다; 다시 말해, 연구자는 연구결과를 객관적 현실로서 있는 그대로 받아들인다.

귀납적 연구(Inductive Research)

연역적 연구와 반대로, 귀납적 연구(inductive research)는 연구 순환과정의 바닥에서 시작하여 위로 진행된다(Exhibit 2.4 참조). 귀납적 연구자는 특정 자료를 가지고 시작해서 그 자료에 해당하는 일반적인 설명(이론)을 발전시켜 나간다(귀납). 자료에서 나타나는 패턴은 하나 또는 그 이상의 경험적 일반화(empirical generalizations)로 요약되는데, 그 경험적 일반화는 가설과 비교될 수 있다. 만약 경험적 일반화가 가설의 내용과 일치하면, 그 가설이 추론되어 나온 이론은 지지를 받게 된다. 만약 경험적 일반화가 가설과 일치하지 않으면, 이론은 지지받지 못한다(Wallace, 1971).

귀납적 연구의 동기는 탐색이다. 제1장에서 여러분은 학교 총격사건에 대한 사람들의 반응을 연구한 탐색적 연구를 읽어보았다(Asmussen and Creswell, 1995). 엄격하게 귀납적인 연구에서, 연구자는 이론화(그런 결과가 왜 나왔는지를 설명하려는 시도)를 시작할 때 그가 발견한 것을 이미 알고 있다. 그 결과는 새로운 통찰이 될 수도 도발적인 질문이 될 수도 있다. 하지만 사실(자료)에 의해 형성된 설명의 타당성은 자료수집 전에 제시된 설명의 타당성에 비해 신빙성이 떨어진다. 모든 현상은 항상 어떤 방식으로든 설명될 수 있다. 따라서 귀납적 설명이 계속해서 연역적 연구에 의해 검증된다면 더욱 신뢰받을 수 있게 된다.

가정폭력과 연구의 순환과정(Domestic Violence and the Research Circle)

이 장에서 논의되고 있는 셔먼과 버크(1984)의 가정폭력 연구는 연구의 순환과정이 어떻게 이루어지는지 보여 주는 좋은 예이다. 배우자 학대의 재발을 막기 위한 방법을 결정하기 위해 그들은 이론과 자료를 반복적으로 연결시켜, 결국 가설과 경험적 일반화 모두를 만들어냈다.

1단계 : 연역적 연구(Phase 1: Deductive Research)

셔먼과 버크(1984) 연구의 1단계는 가설을 검증하기 위해 설계되었다. 억제이론에 의하면, 처벌은 재범, 또는 추가적인 범죄를 저지르는 경향을 감소시킬 것이다. 억제이론에 근거해서 셔먼과 버크는 배우자 학대자를 체포하는 것이 재범을 줄일 것이다는 가설을 연역적으로 추론해냈다. 이 가설에서 체포는 독립변수이고, 재범위험성의 변화는 종속변수가 된다

(재범위험성의 변화는 체포에 따라 결정된다고 가설된다).

물론, 다른 연구에서라면 체포가 종속변수가 되어 다른 독립변수와 관련될 수도 있을 것이다. 예를 들면 "지역사회에서 해고 비율이 높을수록, 체포의 빈도가 높아진다"는 가설에서는 체포의 빈도가 종속변수가 된다. 즉, 가설의 맥락 또는 변수들 간의 관계 속에서만이 독립변수와 종속변수를 구분해낼 수 있는 것이다.

셔먼과 버크(1984)는 실험설계를 통해 가설을 검증했는데, 그 실험에서 경찰은 배우자 학대 신고에 세 가지 방식으로 대응하였고, 그 가운데 하나가 위반자를 체포하는 것이었다. 연구자들의 자료(실험에 참여한 사람들에 대한 경찰 기록) 검토결과, 체포된 사람은 13%만이 재범을 저지른데 비해 체포 없이 배우자로부터 격리만 된 사람은 26%가 재범을 저질렀다. 자료에서 드러난 이 패턴, 즉 경험적 일반화는 연구자들이 억제이론으로부터 추론해 낸 가설과 일치했다. 그래서 억제이론은 실험을 통해 지지를 받게 되었다(Exhibit 2.6 참조).

연구를 설계할 때, 셔먼과 버크(1984)는 중요한 질문을 던졌다: 이론과 자료가 얼마나 타당하게 연결되었는가? 따라서 타당성의 세 가지 측면인 측정의 타당도, 일반화가능성, 인과적 타당도에 대한 검토가 중요한 문제였다.

측정과 관련된 주요 관심은 첫 번째 경찰의 개입 이후 배우자가 다시 폭행당했는지 여부를 결정하는 것이었다. 한 가지 측정방법은 이후 폭행에 대한 공식 기록을 검토하는 것이다. 하지만 대부분의 배우자 폭행은 경찰에 보고되지 않는 문제가 있다. 그래서 연구 보조원들로 하여금 6개월 추적기간 동안 2주마다 피해자에 대한 인터뷰를 실시하도록 했다. 비록 피해자들 가운데 절반 이하만이 모든 후속 인터뷰를 완료했지만, 그렇게 얻은 자기보고 측정자료는 공식자료의 타당도를 이해하는데 적지 않은 도움을 주었다. 일부 불일치하는 부분도 있었지만, 전반적으로 두 가지 측정방식은 유사한 결과를 보여주었다.

연구결과의 일반화가능성은 연구자들의 가장 큰 관심사였다. 미니애폴리스는 미국의 여느 도시와 다름없는 전형적인 도시로서, 미니애폴리스에서 효과적인 경찰정책이 매우 다른 정치역사와 형사사법기관, 인구 특성을 가진 다른 도시에서도 똑같이 효과적일 것이라고 추정할 수 없다. 그래서 셔먼과 버크(1984)는 독자들에게 다음과 같이 경고했다. "외적 타당도가 검증되려면 복제연구가 수행되어야 한다"(p. 269). 즉, 동일한 연구질문에 답하기 위해 동일한 연구방법을 사용한 연구가 반복되어야 한다고 주장했다.

마지막으로, 셔먼과 버크(1984)는 연구결과의 인과적 타당도가 주로 실험 설계에 기인한다고 주장한다. 330건의 가정폭력 사건은 경찰에 의해 세 가지 방식으로 처리되었다: 체포, 위반자로 하여금 8시간 동안 집을 떠나있으라는 명령, 경찰관의 구두 훈계. 어떤 조치를 취할지는 경찰관이 선택하는 게 아니었다(심한 부상이 발생했거나 체포해달라고 요구하는 경우와 같은 극단적인 경우를 제외하고). 대신, 무작위한 순서로(연구자들이 준비한 보고서 양식의 색깔에 따라) 경찰관에게 특정한 조치를 취하도록 요구하였다.

EXHIBIT 2.6 연구의 순환과정 : 미니애폴리스 가정폭력 실험

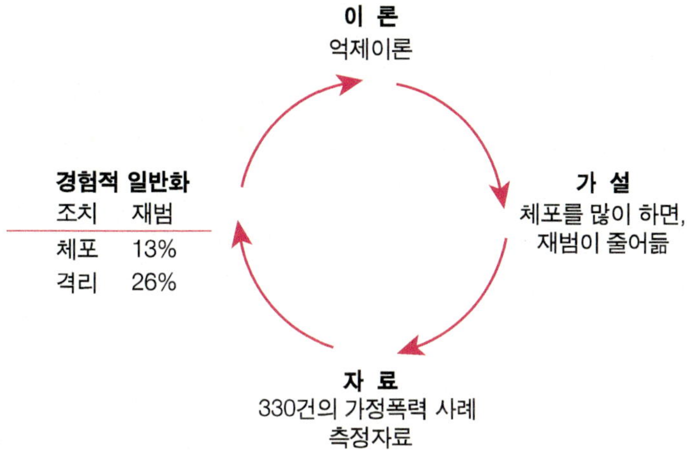

무작위분배를 통해 연구자들은 경찰관이 가장 험악한 배우자나 가장 불쾌해 보이는 배우자, 또는 밤늦게 처리하게 된 배우자 등을 임의로 체포하지 못하게 했다. 다시 말해, 무작위분배는 체포된 사람들이 다른 처분을 받은 사람들에 비해 체포되었다는 사실을 제외하고는 모든 면에서 다르지 않게 해주었다(비록 우연 때문에 모든 차이점이 완벽히 배제될 수는 없지만). 따라서 체포가 재범을 줄였다는 연구자들의 결론은 타당해 보인다.

2단계 : 연역적 연구(Phase 2: Deductive Research)

연구결과의 일반화가능성에 대한 의구심 때문에, 셔먼과 버크, 그리고 새로운 연구자들은 연구의 순환과정을 다시 여행하기 시작했는데, 이는 미국 사법연구소(National Institute of Justice: NIJ)가 6개 도시에서 추가로 실험을 복제(replications)(반복)하도록 한 연구비지원에 의해 이루어졌다. 이들 복제연구는 기본적으로 유사한 접근법을 사용했지만, 약간의 개선이 이루어졌다. 대부분의 도시에서 무작위분배가 좀 더 엄격하게 적용되어 경찰관이 할당된 조치를 임의대로 변경하지 못하도록 했다. 또한 원 피해자에 대한 재범뿐 아니라 다른 피해자에 대한 폭력에 대해서도 자료를 수집했다. 몇몇 복제연구들은 체포과정의 다른 측면들도 검토해봤는데, 예를 들어 전문적인 상담이 도움이 되는지, 체포 이후 유치장에서 보내는 시간의 길이가 조금이라도 영향을 미치는지 등에 대해 추가로 연구를 실시하였다.

다섯 개 도시의 연구결과가 보고될 즈음, 명백한 문제가 발생했다. 세 도시에서는 - 네브

래스카 주의 오마하, 노스캐롤라이나 주의 샬럿, 위스콘신 주의 밀워키 - 체포된 사람들의 가정폭력이 장기적으로 증가하는 현상을 보였다. 하지만 콜로라도 주의 콜로라도스프링스, 플로리다 주의 데이드카운티에서는 예측된 억제효과가 있는 것으로 드러났다(Sherman et al., 1992).

이제 연구자들은 원 연구질문에 답하기 위해 연구의 순환과정을 두 번 횡단했다(처음엔 미니애폴리스, 다음엔 여섯 개의 다른 도시들). 하지만 억제이론에 대한 보다 강한 확신보다는 오히려 의구심이 생기게 되었다. 이제 억제이론은 최소한 연구자들이 측정한 대로라면 경험적 현실을 설명하는데 적합하지 못한 것처럼 보였다. 그래서 연구자들은 불일치하는 결과를 설명하기 위해 몇몇 도시의 후속 자료를 다시 분석하기 시작했다. 즉, 연구의 순환과정을 다시 한 번 돌기 시작한 것이다(Berk et al., 1992; Pate and Hamilton, 1992; Sherman et al., 1992).

3단계 : 귀납적 연구(Phase 3: Inductive Research)

이 시점에서 연구자들의 접근법은 귀납적이 되었고, 다른 도시들에서 수집된 자료들의 상이한 패턴들을 이해하고자 노력했다. 귀납적 추론은 종종 연역적 연구에서 가설을 검증하기 위해 수집한 자료에서 기대하지 않은 패턴을 발견했을 때 이루어진다. 그러한 패턴을 **우연한 결과(serendipitous findings)** 또는 **이례적인 결과(anomalous findings)**라 부른다. 귀납적 연구를 수행하면서 시작하든 나중에 귀납적 요소를 추가하든, 귀납적 과정의 결과는 새로운 통찰이나 도발적인 질문이 될 수 있다. 하지만 사실(자료)에 의해 형성된 설명의 타당성은 자료수집 전에 제시된 설명의 타당성에 비해 신빙성이 떨어진다. 모든 현상은 항상 어떤 방식으로든 설명될 수 있다. 따라서 귀납적 설명이 계속해서 연역적 연구에 의해 검증된다면 더욱 신뢰받을 수 있게 된다.

표본의 차이나 체포정책의 실행에 있어서의 차이가 상이한 결과들을 설명해줄 수 있을까? 아니면 문제의 원인이 이론적 배경의 부적절성에 있는 것일까? 억제이론이 정말로 수집된 자료의 패턴을 설명하기에 가장 좋은 이론이었나? 셔먼과 그의 동료들(1992)은 이제 사회적 행위에 대한 또 다른 일반적인 설명인 통제이론(Toby, 1957)에 주목했다. 통제이론은 순응에 어떤 이익이 따르면(직장에서나 지역사회에서 사회적 연결망에 포함됨으로써 생기는 이익), 범죄를 저지를 가능성이 감소한다고 예측한다. 그것이 암시하는 바는 고용상태에 있거나 결혼을 한 사람들이 순응에 따른 이익을 가지고 있지 않은 사람들에 비해 체포의 위협을 더 크게 느껴 억제효과가 클 것이라는 것이다. 즉, 가정폭력으로 인한 체포가 직업이나 결혼 상태를 위태롭게 하기 때문에, 체포는 직업이 있거나 결혼을 한 사람들에게 더 큰 비용으로 작용하게 된다. 이러한 예측은 실제로 자료를 재분석한 결과 사실로 드러났다: 결혼을 하고 직업을 가진 사람들은 체포로 인해 재범이 억제되었고, 그렇지 않은 사람들은 체포된 후에도 재범을 범할 확률이 더 컸다. 이는 중요한 이론적 통찰을 보여준 사례로서, 공식적 제재가 더욱 효과를 보기 위해서는 비공식적 제재 또는 비용(예, 친구와 가족으로부터의 존중 상실)을 강화시키는 것이 좋다는 것을 시사했다.

이제 연구자들은 연구의 순환과정을 거의 세 번 횡단했는데, 이러한 과정은 나선형의 소용돌이 모양으로 묘사하는 게 더 나을 것이다(Exhibit 2.7 참조). 처음 두 번은 연구의 순환과정을 연역적으로, 즉 가설을 검증하는 방식으로 횡단했다: 이론에서 시작하여 가설을 추론해내고 검증하였다. 세 번째 연구는 귀납적, 탐색적 방식으로 연구의 순환과정을 횡단했다: 이미 수집한 자료에서 도출된 경험적 일반화로부터 시작하여 그 자료에서 드러난 기대하지 않은 결과를 설명하기 위해 새로운 이론을 적용했다. 이 시점에서 연구자들은 억제이론이 특정 조건 하에서는 올바른 예측을 하는데, 그 특정 조건을 통제이론이 제시할 수 있다고 믿게 되었다.

EXHIBIT 2.7 연구의 소용돌이 : 미니애폴리스 가정폭력 실험

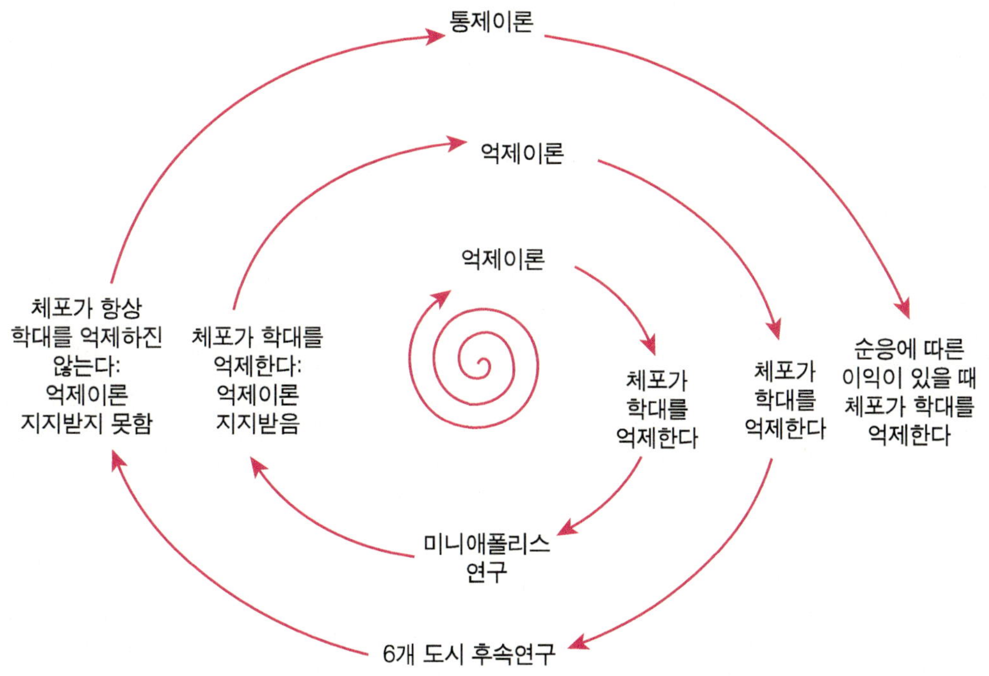

연구의 순환과정을 두 바퀴 반 돈 다음, 그림이 더욱 복잡해졌지만 개념적으로는 더 풍부해졌다. 연구자들은 어떻게 가정폭력을 억제할 수 있을지 더 잘 이해하게 되었다. 하지만 그

들이 제기한 최초의 질문(연구문제)은 아직 완전히 해결되지 않았다고 경고했다. 고용과 혼인상태만으로는 사회적 애착의 강점을 제대로 측정할 수 없다; 사람들의 소득과 법정에서 피해자의 사회적 위치 등도 사회적 애착과 관련 있다. 따라서 체포를 효과적이게 하는 것은 실제로 사회적 애착이 아닐 수도 있다. 진짜 억제는 비용-효과 분석이나("내가 소득이 높으면, 유치장은 내게 더 큰 비용으로 다가온다") 사법기관의 조치에 대한 인지("내가 혼인한 여성이라면, 판사가 내 고소를 더 진지하게 처리해줄 것이다")에서 비롯될 수도 있는 것이다. 결론적으로 더 많은 연구가 여전히 필요했다(Berk et al., 1992).

4단계 : 연역적 연구(Phase 4: Deductive Research)

1997년 패터노스터와 그의 동료들은 또 다른 이론인 절차적 정의이론의 가설을 검증하기 위해 밀워키 가정폭력 실험 자료를 다시 분석했다. 이 장 초반부에서 설명했듯, 절차적 정의이론은 사법기관에 의해 공정하게 처리되면 의무감으로 인해 법을 잘 준수할 것이라고 예측한다. 밀워키 표본에서는 체포가 오히려 범죄를 유발하는 것으로 드러났다: 즉, 체포된 사람이 경고만 받은 사람에 비해 배우자를 다시 학대할 가능성이 더 컸다. 패터노스터와 그의 동료들은 그 이유가 체포되었다는 사실 자체보다는 체포될 때 어떤 대우를 받았는지와 관련이 있을지도 모른다고 생각했다. 그들의 연구가설 가운데 하나가 추론과정을 상세히 보여 준다:

> 배우자 폭행으로 체포된 사람들 가운데 자신이 불공정하게 처리되었다고 생각하는 사람들은 공정하게 처리되었다고 생각하는 사람들에 비해 향후 배우자를 폭행할 가능성이 더 크다. 폭력에 영향을 미치는 다른 요인들과는 전혀 상관없이 말이다(p. 173).

이 연구를 수행하기 위해 패터노스터와 그의 동료들(1997)은 밀워키에서 수집된 자료를 다시 검토했는데, 그 결과는 이례적이었다. 하지만 이러한 재분석은 연역적 연구로 분류되는데, 그 이유는 가설이 자료가 아닌 이론으로부터 추론되어 나왔고 자료에 의해서 검증되었기 때문이다.

절차적 정의 가설은 지지받았다: 밀워키 실험에서 체포된 사람들 가운데 경찰에 의해 부당하게 대우받았다고 생각하는 경우에만 재범을 저지를 가능성이 컸다. 그것(공정성에 대한 인지)을 제외하면 체포된 사람과 체포되지 않은 사람의 재범률은 비슷했다. 이렇게 해서 우리가 가정폭력에 대한 경찰대응의 효과성을 이해하는데 또 다른 요소가 추가되었다.

우리가 가정폭력에 대한 효과적인 대응을 완벽히 이해하는 것은 확실히 불가능하지만, 지금까지의 연구는 이 사회문제에 대한 우리의 이해도를 엄청나게 향상시켜주었다. 비록 다른 연구로부터 상충하는 결과가 도출되어 때로는 우리의 이해를 더욱 어렵게 만들 수도 있겠지만, 향후 연구는 분명 더 나은 지식을 산출해낼 것이다. 과학은 연구결과가 축적되어 우리의 이해에 위대한 통찰력을 불어넣거나 때로는 급격한 수정을 거치게 하는 계속되는 탐험이다. 따라서 두말할 필요도 없이, 연구자라면 일거리가 떨어질 걱정은 안 해도 된다.

탐색적 연구(Exploratory Research)

연구자들이 무작위 실험의 결과에 대해 고심하고 있는 동안, 다른 연구자들은 피해자와 범죄자들을 상세히 인터뷰하고 그 인터뷰를 통해 알게 된 것을 설명하고자 하는 귀납적 연구를 수행했다. 질적 연구는 종종 탐색적이고 귀납적이어서 연구자들은 "지금 여기에서 무슨 일이 벌어지고 있는가?" "사람들은 이런 경험을 어떻게 생각하는가?" 또는 "왜 사람들은 그렇게 행동하는가?" 등과 같은 질문을 자주 던지곤 한다. 다시 말해, 연구자들은 가설을 검증하기보단 해당 사회 현상에 대해 이해하려고 노력한다.

가정폭력 대응에 대한 질적 탐색(A Qualitative Exploration of the Response to Domestic Violence)

베넷, 굿맨, 듀튼(Bennett, Goodman, and Dutton, 1999)은 경찰이 가정폭력 가해자를 체포할 때 발생하는 문제들 가운데 하나를 연구하기 위해 이 방법을 사용했다: 피해자들은 종종 기소를 안 하기로 결정한다. 베넷과 그의 동료들은 처음부터 질적 인터뷰를 통해 가설을 검증하려 하지 않았고(그들의 연구에는 가설을 검증하는 다른 부분이 있음), 귀납적으로 "피해자의 목소리를 논의에 추가하려 했고", "인터뷰를 통해 나오는 이야기들을" 보여주고자 했다(p. 762).

연구 보조원들은 법정에서 가정폭력 피해자들 49명을 인터뷰했다; 로렌 베넷도 같은 법정에서 피해자 옹호자로서 일을 했다. 연구자들은 질적 자료를 통해 피해자들이 기소를 꺼리는 네 가지 이유를 찾아낼 수 있었다: 어떤 사람들은 법정 절차에 대해 잘 몰랐고, 어떤 사람들은 지연되는 절차에 좌절했으며, 어떤 사람들은 보복이 두려웠고, 또 어떤 사람들은 가해자를 구치소에 보내고 싶어 하지 않았다.

질적 연구를 통해 귀납적으로 도출된 설명에서는 진정성을 느낄 수 있는데, 그 이유는 사람들이 "자신들의 언어로" 하고자 한 말을 들었으며 "그들이 보는 그대로의" 사회세계를 보고자 했기 때문이다. 베넷과 그의 동료들(1999)이 인터뷰한 한 피해자는 그녀가 "피고인 대신 복역을 하고 있는 것처럼" 느껴진다고 했다; 다른 피해자는 "아이들을 안전하게 지킬 수 있다면 가해자를 구치소에 보내고 싶지 않다"고 말하면서 그녀의 두려움을 표출했다(pp.

768-69). 질적 연구에서 도출된 설명은 양적 연구로부터 도출된 설명보다 더 풍부하고 세심하게 구성될 수 있지만, 제한된 영역에서 적은 수의 사례에 근거한다는 단점이 있다. 그래서 이 환경에서 연구된 사람들이 다른 사람들과 같다거나 또는 연구된 사람들로부터 보고 들은 것을 다른 연구자들이 우리가 이해한 것과 비슷한 설명을 할 수 있을 것이다와 같은 가정을 할 수가 없다. 또한 애초에 특정한 규칙에 따라 가설을 검증하려는 시도가 없기 때문에, 다른 연구자가 똑 같은 검증을 할 수가 없는 문제가 있다. 하지만, 질적 연구와 양적 연구의 결과를 모두 검토함으로써 우리는 하나의 방법만을 사용하는 연구에 비해 훨씬 더 상세하고 미묘한 현실을 그려낼 수 있다.

기술적 연구(Descriptive Research)

제1장에서 어떤 사회연구는 순전히 기술적임을 배웠다. 기술적 연구는 이론과 자료를 연결하는 과정을 밟지 않지만, 여전히 연구의 순환과정 일부에 해당된다 - 기술적 연구는 자료에서 시작해서 그 자료에 근거한 경험적 일반화를 만들어내는 단계까지만 진행된다(Exhibit 2.4 참조).

타당한 기술(묘사)은 그 자체로서 중요하며 모든 연구에서 꼭 필요한 부분이다. 정부나 공적·사적 조직을 위한 많은 중요한 연구들은 본질적으로 기술적이다: 유죄처분 받은 범죄인들이 얼마나 자주 재범을 저지르는가? 얼마나 많은 사람이 매년 배우자 폭행의 피해자가 되는가? 피해자들 가운데 몇 명이나 경찰에 신고하는가? 간단히 말해, 자료를 잘 기술하는 것은 과학적 연구과정의 주춧돌이고 사회세계를 이해하는 핵심요소가 된다. 또한 좋은 기술적 연구는 더 야심찬 연역적, 귀납적 연구를 촉진시킬 수 있다. 미니애폴리스 가정폭력 실험은 부분적으로 증가하는 기술적 연구들에 의해 자극을 받았는데, 그 기술적 연구들은 배우자폭력이 비록 가정 내에서 숨겨진 채로 있지만 매우 일상적으로 발생한다는 것을 지속적으로 보여주었다.

사회연구의 목표 (SOCIAL RESEARCH GOALS)

과학자는 경험적 현실(우리가 처음 만나는 현실)에 대한 이해를 보다 정확하게 발전시키고자 하는데, 그 수단은 연구를 수행하는 것이며 연구는 세상에 관한 타당한 지식을 생산해낸다. 하지만, 언제 지식이 타당하다고 말할 수 있겠는가? 일반적으로, 경험적 현실에 대한 우리의 진술이나 결론이 올바르면 타당도라는 목표에 도달한 것이 된다. 여러분이 창문을 바라보고 비가 오는 것을 목격할 때, 여러분의 눈과 귀가 믿을 수 있으면, 그것은 타당한 관찰이 된다. 하지만, 신문에서 대부분의 미국인들이 사형제도에 찬성한다는 기사를 읽는 경우, 이 결론은 아마 설문조사 결과에 근거한 것이기 때문에 타당하지 못한 진술일 수도 있다. 제8장에서 보겠지만, 사형제도에 대한 태도는 질문 자체의 자구에 따라 상당히 달라진다.

여러분 가운데 일부에게는 타당도라는 목표가 약간 억지스럽게 들릴 수도 있다. 우리가 우리 자신의 감각기관을 통해서만 지각할 수 있다면, 경험적 현상에 대한 우리의 이해가 올바르다고 어떻게 확신할 수 있을까? 걱정할 필요 없다. 그런 회의주의가 여러분으로 하여금 모든 지식은 일시적임을 기억하게 도와주고 새로운 발견에 대해서는 적당히 회의적일 수 있도록 해줄 것이다.

이 교재는 다른 무엇보다도 타당도에 관한 책으로서, 사회세계를 타당하게 해석하기 위해서 어떻게 연구를 수행해야 하는가를 다루고 있다. 앞으로 계속 타당도에 대한 얘기가 반복되어 나올 것이다. 그러니 지금 여러분의 뇌 속에 모든 연구의 핵심 목표는 타당도라는 것을 새겨 넣길 바란다. 범죄학과 형사사법학 관련된 이슈들을 탐구하는 사회과학자들이 수행하는 연구의 목표는 사람들이 좋아하거나 자신들의 기호에 맞는 결론을 도출해내는 것이 아니다. 그들의 목표는 바로 경험적 연구방법을 통해서 가장 타당한 대답을 결정하는 것이다.

우리는 타당도의 세 가지 측면에 대해 주의를 기울여야 한다: 측정의 타당도(measurement validity), 일반화가능성(generalizability), 그리고 인과적 타당도(causal validity)(내적 타당도(internal validity)라고도 알려짐). 각각의 타당도는 모두 필수적이다: 타당하지 않은 측정이나 타당하지 않은 일반화가능성, 타당하지 않은 인과적 추론에 근거한 결론은 역시 타당하지 못할 것이다. 우리는 아울러 진정성(authenticity)이라는 목표에도 관심을 가질 것인데, 진정성이란 우리가 연구하는 환경에 있는 참가자들의 관점을 공정하게 반영하고자 하는 관심을 말한다.

우리가 250명의 고등학교 3학년생들에게 설문조사를 하면서 두 가지 질문을 던진다고 가정해보자 : "과거 6개월 동안 불법마약을 사용한 친구가 있는가?"(또래 행위에 대한 측정)

그리고 "과거 6개월 동안 불법마약을 사용한 적이 있는가?"(개인적인 사용에 대한 측정). 그런 다음 불법마약을 사용한 친구가 있는 학생들의 불법마약 사용빈도와 불법마약을 사용한 친구가 없는 학생들의 불법마약 사용빈도를 비교해본다. 과거 6개월 동안 불법마약을 사용한 친구가 있는 학생들이 자신들도 마약을 사용할 가능성이 더 크다는 것을 발견하고 마약 사용은 부분적으로 또래의 영향에 기인한다고 결론 내린다.

그러나 우리의 질문이 학생들과 친구들의 실제 불법마약 사용빈도를 말해주었는가? 만약 그렇다면, 측정의 타당도가 달성된 것이다. 우리의 결과가 더 큰 청소년 집단에도 사실로 적용될 수 있는가? 만약 그렇다면, 우리의 결론은 일반화가능성을 충족시킨 것이다. 마약을 사용한 친구가 있는 경우 학생들의 마약사용 가능성이 증가하는가? 만약 그렇다면, 우리의 결론은 인과적으로 타당한 것이다.

측정의 타당도(Measurement Validity)

측정의 타당도 측정이 측정하고자 하는 것을 측정할 때 존재한다.

일반화가능성 결론이 우리가 특정하는 조건에 있는 인구, 집단, 환경, 또는 사건에도 사실로 적용될 경우 존재한다.

인과적 타당도(내적 타당도) A가 B로 이어진다거나 A가 B 결과를 초래한다는 결론이 맞는 경우 존재한다.

진정성 사회과정이나 사회환경에 대한 이해가 그 환경에 있는 참가자들의 다양한 관점을 공정하게 반영할 때 존재한다.

측정의 타당도는 연구결과의 타당도를 달성하는 데 첫 번째 관심대상인데, 그 이유는 우리가 측정하고자 하는 것을 측정하지 못하면, 우리가 무슨 얘길 하는지 알 수 없기 때문이다. 측정의 타당도는 제4장에서 중점적으로 다루어진다.

측정의 타당도와 관련된 문제는 여러 가지 이유에서 발생할 수 있다. 제1장에서 강조된 맥도날드와 그의 동료들(2005)의 연구에서 흡연과 성행위를 통해 충동성과 자기통제를 실제로 측정해냈는가? 요점은 측정이 타당하다고 단순하게 가정할 수만은 없다는 것이다.

일반화가능성(Generalizability)

연구의 일반화가능성은 연구결과가 우리가 연구하지 않은 사람, 장소, 사건들의 어느 정도 범위에까지 사실로 적용될 수 있는가의 문제이다. 맥도날드와 그의 동료들(2005)은 사우스캐롤라이나 청년위험행동조사에 참여한 학생 5,545명의 응답을 가지고 연구했다. 그런 다음 그들이 발견한 것을 미국의 모든 고등학교 학생들에게 일반화했다. 그렇게 하는 것이 맞는가? 그들의 일반화가 타당한가? 표집에 관한 제5장에서 이런 질문에 답할 수 있도록 도와주는 내용이 나올 것이다.

여러분은 또한 이 장에서 경찰의 가정폭력 대응에 관한 연구가 다른 도시에서 다른 결과를 보였다는 것을 알았다. 연구자들은 셔먼과 버크(1984)의 미니애폴리스 연구결과가 몇몇 다른 도시에서는 적용되지 않음을 발견했다: 즉, 최초의 결과는 일반화될 수 없었다. 여러분도 알다시피, 이것은 무엇 때문에 다른 도시에서 다른 패턴들이 발견되는지를 알아내기 위한 추가적인 연구를 유발시켰다.

만약 우리가 연구하는 사람이나 지역사회가 다른 모든 사람이나 지역사회와 유사하다면, 소수에 대한 관찰에 근거한 일반화도 타당할 것이다. 하지만 현실은 그렇지 않다. 제한된 표본이나 단지 한 지역사회, 또는 다른 사회적 맥락에 있는 표본에서 도출된 결과에 근거해서 일반화한다면 그것에 대해 충분히 의문을 제기할 수 있다.

표본 일반화가능성 모집단의 한 표본에 근거한 결론이 그 모집단에도 사실로 적용될 경우 존재한다.

모집단 간 일반화가능성(외적 타당도) 한 집단, 인구, 또는 환경에 관한 연구결과가 다른 그룹, 인구, 환경에도 사실로 적용될 경우 존재한다.

일반화가능성에는 두 가지 측면이 있다. **표본 일반화가능성(sample generalizability)**은 모집단의 한 표본으로부터 그 모집단 자체로 일반화시키는 능력을 말한다. 이것이 일반화가능성의 가장 일반적인 의미이다. **모집단 간 일반화가능성(cross-population generalizability)**은 한 집단, 인구, 또는 환경에 관한 연구결과로부터 다른 집단, 인구, 환경에 일반화시키는 능력을 말한다. 모집단 간 일반화가능성은 **외적 타당도(External Validity)**로 불릴 수도 있다.(일부 사회과학자들은 외적 타당도와 일반화가능성을 동일시하지만, 이 교재에서는 좀 더 엄격한 기준을 적용해서 모집단 간 일반화가능성에 국한하기로 한다.)

표본 일반화가능성은 설문조사연구에서 핵심 관심사이다. 예를 들면 정치 여론조사원은 투표자 표본을 연구한 다음 연구결과를 전체 투표자 집단에 일반화하고자 한다. 만약 정치

여론조사 결과가 전체 모집단이 아닌 상대적으로 매우 작은 실제 표본에만 적용된다면, 누구도 그 결과에 관심을 보이지 않을 것이다.

모집단 간 일반화가능성은 한 연구의 결과가 다수의 모집단들에게 적용되는 만큼 발생한다; 이 모집단들 모두에서 표집이 이루어지지 않았을 수도 있고, 또는 연구된 표본 내의 하위집단으로 대표될 수도 있을 것이다. 여러분은 이미 미니애폴리스에서 가정폭력으로 체포된 사람들이 다른 도시들에서 같은 범죄로 체포된 사람들과 똑 같은 대답을 하지 않았다는 것을 알고 있다. 그렇다면, 셔먼과 버크(1984)의 미니애폴리스 연구로부터 도출된 결론은 "외적으로 타당하지" 않은 것이었다.

일반화가능성은 연구설계에서 핵심 관심사가 된다. 우리가 원하는 전체 모집단을 연구할 재원을 가지고 있는 경우는 거의 없기 때문에, 적절한 사례를 선택해서 연구결과를 모집단에 일반화하도록 해야 한다. 그럼에도 불구하고, 우리의 연구결과가 모든 조건 하에서 유효하리라 확신하는 건 불가능하기 때문에, 실제로 연구하지 않은 집단이나 기간에 일반화하는데 항상 주의를 기울여야 한다.

인과적 타당도(Causal Validity)

내적 타당도로도 알려진 인과적 타당도는 A가 B를 유발한다는 주장의 진실성을 가리킨다. 제6장에서 이를 자세히 다룰 것이다.

대부분의 연구는 무엇이 무엇을 유발하는가를 결정하고자 하기 때문에, 사회과학자들은 인과적 타당도에 자주 주의를 기울여야 한다. 셔먼과 버크(1984)는 가정폭력 가해자에 대한 체포가 재범에 미치는 영향에 대해 알고 싶어 했다. 이 인과적 가설을 검증하기 위해 그들은 실험설계를 통해 일부는 체포되고 나머지는 체포되지 않도록 했다. 물론, 사회과학자들이 연구 프로젝트의 목적을 위해 경찰의 조치에 영향을 미치는 것은 매우 힘든 일이겠지만, 이러한 힘든 과정은 역으로 인과적으로 타당한 사회세계에 대한 이해를 만들어내는 것이 얼마나 어려울 수 있는가를 보여주기도 한다. 경찰이 상이한 정책들의 효과를 검증하기 위한 실험을 기꺼이 허락한 것은 체포가 배우자 폭행의 재범을 줄일 수 있을지 여부에 대해 몰랐기 때문이었다.

제6장과 제7장은 어떻게 연구설계의 몇 가지 요소가 우리가 인과적 명제를 평가하는데 도움이 될 수 있는지를 잘 보여줄 것이다. 하지만, 그 해결책들이 결코 쉽지도 완벽하지도 않다는 것도 알게 될 것이다: 따라서 우리는 항상 우리가 듣거나 읽는 인과적 진술에 대한 타당도를 비판적으로 숙고해야 한다.

진정성(Authenticity)

진정성은 사회세계의 주관적 차원에 관심을 집중하는 연구자들이 강조하는 목표이다. 사회과정이나 환경에 대한 진정한 이해란 특정 연구 환경에 참여한 사람들의 다양한 관점을 공정하게 보여주는 것이다(Gubrium and Holstein, 1997). 진정성은 질적 연구에만 적합한 것으로 제시되는 몇 가지 기준들 가운데 하나이다; 진정성은 사회세계를 연구하는 사람들이 가장 우선적으로 해야 할 일은 사회세계에 대한 연구자들만의 해석을 개발하는 것이 아니라 참가자들이 어떻게 사회세계를 보고 있는지를 연구하는 것이라는 신념을 반영하고 있다. 하지만 이 관점은 사회과학자들이 현실을 정확히 반영하는 타당한 결과를 제공해줄 수 있을 것이라는 기대보다는, 참가자들이 현실이라고 이해하는 것은 현실에 대한 사회적 구성일 뿐이라는 것을 이해해야 한다고 강조한다(Kvale, 2002).

결론 (CONCLUSION)

범죄학 연구자들은 많은 연구질문을 찾을 수 있겠지만, 모든 질문이 동일한 가치를 가지지는 않는다. 사회연구의 비용과 노력을 보장하는 질문들이 실행가능하며, 사회적으로 중요하고, 과학적으로 적절한 질문이 되어야 한다.

이 장에서 제시된 간단한 연구의 순환과정은 복잡한 사회연구과정을 단순한 것으로 착각하게 만든다. 이어지는 장들에서 연구과정의 특정 측면이 중점적으로 다뤄질 것이다. 제4장은 상호 연결된 과정인 개념화와 측정에 대해 알아보는데, 이는 명실상부한 연구에 있어 가장 중요한 부분이기도 하다. 측정의 타당도는 타당도의 다른 두 측면을 위한 토대가 됨을 명심하라. 제5장은 일반화가능성의 의미에 대해 알아보고, 일반화가능성을 달성하는데 필요한 표집 전략에 대해 살펴본다. 제6장은 타당도의 세 번째 측면인 인과적 타당도를 소개하고 그것을 달성하기 위한 여러 방법론을 설명하는바, 특히 실험설계에 중점을 두고 논의를 이어간다. 그 다음 네 장에서는 자료 수집을 위한 다양한 접근법들을 보여 준다: 설문조사, 질적 연구방법, 이차 자료 분석, 평가 연구. 이 접근법들은 우리가 타당도를 달성하는데 여러 가지 방식으로 도움을 준다.

각 주제를 접하게 되면서, 사회연구에서 가장 흔하게 발생하는 장애를 극복하기 위해 연구자들이 반드시 따라야 하는 기본 가이드라인을 잃어버려서는 안 된다. 거대한 사회과학 도구를 가지고 있다 해서 반드시 특정한 연구문제를 탐구하기 위해 어떤 도구를 어떻게 사용할지에 대해 올바른 결정을 내리리라는 보장은 없다. 더 중요한 것은 연구질문에 대한 우리의 대답이 결코 완벽하거나 확실할 수는 없다는 것이다. 따라서 연구 프로젝트를 마칠 때, 우리는 어떻게 연구가 더 확대 진행될 수 있는지를 적시해야 하고, 결론에 대해 얼마나 확신을 가지고 있는지를 스스로 평가해야 한다. 가정폭력 억제에 대한 지식을 점차 다듬어나가는데 있어 연구의 어려움에 대한 이해, 증거에 대한 조심스런 평가, 그리고 여러 연구팀들이 대답하지 못한 질문들을 찾아내는 것이 필요했다는 것을 기억하라.

연구제안서와 완료된 연구보고서를 평가할 때는 윤리적 문제도 고려되어야 한다. 제3장에서 자세히 보겠지만, 사회연구에서 윤리적 이슈는 연구자들이 직면하는 다른 문제들에 비해 결코 단순하지 않다. 윤리적 숙고 없이 사람에 대한 연구에 뛰어드는 것은 변명의 여지가 없는 행위이다.

이제 여러분은 모든 과학자들이, 특히 범죄학자들이 직면하게 되는 문제들에 대해 미리 경고를 받았다. 그렇기 때문에 오히려 그 문제들에 대해 미리 대비할 수 있으리라 기대한다. 이어지는 장들을 읽으면서 연구문헌을 비판할 때나 여러분 자신의 연구 프로젝트를 설계할 때 이 장으로 돌아와 종종 관련 내용을 곱씹어보길 바란다. 양심적이고, 사려 깊고, 책임감 있는 자세는 모든 사회 과학자에게 요구되는 의무이다. 실행 가능한 연구문제를 만들어내고, 미리 올바른 질문을 던져보며, 연구 가이드라인에 충실하고자 노력하고, 가장 흔한 문제들을 잘 해결해나가면, 여러분도 그 의무를 잘 완수해나갈 수 있을 것이다.

주요 용어

이례적인 결과	진정성	인과적 타당도(내적 타당도)
항수	범죄학적 연구질문	모집단 간 일반화가능성 (외적 타당도)
연역적 추론	연역적 연구	경험적 일반화
종속 변수	상관의 방향	가설
외적 타당도 (모집단 간 일반화가능성)	일반화가능성	귀납적 추론
귀납적 연구	독립변수	측정의 타당도
부적 상관	내적 타당도(인과적 타당도)	복제연구
연구의 순환과정	정적 상관	우연한 결과
이론적 구성개념	표본 일반화가능성	변수
	이론	

강조 사항

- 연구질문은 수행가능하고(주어진 시간과 재원 안에서), 사회적으로 중요하며, 과학적으로 적절해야 한다.
- 범죄학 연구의 주요 목적은 범죄학 이론을 구축하는 것이다. 범죄학 프로젝트를 시작하기 전에 관련된 이론들을 검토하고, 연구결과가 가지는 이론적 함의를 끌어내야 한다.
- 대부분 범죄학 연구에서 추론의 유형은 주로 연역과 귀납으로 구분될 수 있다. 연역적 추론에 근거한 연구는 일반적인 생각으로부터 출발하여, 그 생각에서 특정한 기대를 추론해 내고, 그런 다음 경험적 자료를 가지고 그 생각을 검증한다. 귀납적 추론에 근거한 연구는 특정한 자료로부터 출발하여, 그 자료에서 드러나는 패턴을 설명하기 위한 일반적인 생각 또는 이론을 만들어나간다.
- 사실(자료수집) 이후 기대하지 않은 연구결과를 설명하는 것이 가능하지만, 그런 설명은 연구의 목적을 위해 수집된 자료를 가지고 검증한 설명에 비해 신뢰도가 떨어진다.
- 과학적 과정은 이론으로부터 가설, 자료, 경험적 일반화가 서로 연결되어 있는 순환과정으로 표현될 수 있다. 연구는 그 순환과정의 다른 지점에서 시작하거나 다른 부분을 횡단할 수도 있다. 연역적 연구는 이론이라는 지점에서 시작하지만, 귀납적 연구는 자료에서 시작해서 이론으로 끝난다. 기술적 연구는 자료에서 시작하여 경험적 일반화로 끝을 맺는다.
- 복제연구는 다른 상황에서의 일반화가능성을 확립하기 위해 꼭 필요한 연구이다. 특정한 질문에서 비롯되어 지속되는 탐구는 연구의 순환과정을 여러 번 횡단하는 일련의 연구들을 포함해야 한다.
- 모든 사회과학자들처럼 범죄학자들은 자신의 생각이 잘못되었음을 검증할 수 있도록 연구를 설계해야 하고, 다른 사람이 비판할 수 있도록 방법론을 공개해야 하며, 오류의 가능성을 인식해야 한다.
- 타당한 지식은 과학적 연구의 주요 관심사다. 타당도의 세 요소는 측정의 타당도, 일반화가능성(표본으로부터 해당 모집단으로의 일반화가능성과 표본으로부터 다른 모집단으로의 일반화가능성 포함), 인과적(내적) 타당도이다. 진정성의 목표는 우리가 연구하는 환경에 참여한 사람들의 관점을 공정하게 반영하는 것이다.

연습문제

1. 여러분이 관심 있는 범죄학적 주제나 이슈와 관련된 연구문제를 말해보아라. 그 주제에 대해 여러분이 할 수 있는 만큼 많은 질문을 적어보아라.

   a. 여러분의 관심과 기회, 다른 사람들의 연구를 고려해볼 때, 여러분의 연구질문 가운데 어떤 것이 실행가능하지 않거나 흥미롭지 않은가?

   b. 실행가능하고 또한 수업을 통해 과거연구나 이론화의 초점이 되고 있다는 걸 알게 된 연구질문 하나만 골라보아라. 그 질문을 한 문장으로 적어라. 다시 그 질문을 좀 더 정교하게 발전시켜 한 단락으로 적어보아라. 그것이 왜 좋은 연구질문이 되는지에 대한 이유를 최소 세 가지 들어보아라.

2. 여러분이 관심 있어 하는 주제에 관한 학술문헌을 찾아보아라. 찾는데 필요하면 부록 A 를 참조하라.

   a. 여러분의 연구질문과 관련된 최근 논문에 대한 인용을 최소 10개 기록하라.

   b. 최소 세 편의 논문을 찾아보아라. 각 논문을 간단히 기술하고 여러분의 연구질문과의 관련성을 평가하라. 그 논문들은 연구질문에 관한 여러분의 생각에 어떤 추가할 점이나 변화가 필요하다고 제안하는가?

   c. 그 논문들의 연구결과가 대체로 일치하는가 아니면 불일치하는가? 불일치하는 결과에 대해서는 어떻게 설명하겠는가?

   d. 그 논문들의 저자는 초록에서 얼마나 잘 연구내용을 요약하고 있는가? 만약 여러분이 초록에만 의지했다면 어떤 중요한 사항을 놓쳤겠는가?

3. 연습문제 2에서 참고한 논문들 가운데 하나를 이용해서, 인용된 논문이나 웹 사이트 가운데 하나를 찾아내고 훑어보아라. 인용된 자료를 원 논문이나 웹 사이트에 있는 내용과 비교해보아라. 인용된 자료에서 논의되는 내용이 정확한가?

4. 연습문제 3에서 참고한 그 논문을 이용해서 그 프로젝트가 연구의 순환과정 상 어느 단계에 있는지 밝혀라. 그 연구가 네 단계 모두를 다루고 있는가? 그 연구의 토대가 되는 이론과 가설을 찾아내라. 그 연구를 위해 어떤 자료가 수집되었거나 이용되었는가? 연구결과(경험적 일반화)는 무엇인가?

연구제안서 작성

이제 제안서 작성을 시작할 때이다. 다음 연습은 매우 중요한 첫 번째 단계이다.

1. 연구문제를 기술하라. 연구문제를 아직 정하지 못했거나 여러분의 연구문제가 실행가능한지를 평가하고 싶으면, 몇 가지 제안이 계속 진행하는데 도움이 될 것이다.

   a. 사람이나 사회관계와 관련된 몇 가지 분야에서 여러분을 골똘히 생각하게 만든 질문들을 대충 적어보아라. 교과서나 연구논문을 읽으면서 또는 뉴스 이야기를 들으면서 떠오른 질문일 수도 있다. 주저하지 말고 많은 질문들을 적어라. 지루한 질문 말고 여러분이 진짜 흥미 있어 하는 질문을 찾아보아라.

   b. 이제 여러분의 관심, 기회, 그리고 다른 사람들의 연구를 살펴보아라. 여러분의 연구질문 가운데 어떤 것이 실행불가능하거나 또는 더 이상 흥미롭지 않은가? 어떤 연구질문이 추가로 떠오르는가? 여전히 흥미롭고, 실행가능하며, 과거연구나 이론화의 초점이 되었던 질문을 골라라.

   c. 여러분의 연구질문을 한 문장으로 적고, 다시 그 질문을 좀 더 정교하게 발전시켜 한 단락으로 적어보아라. 그것이 왜 좋은 연구질문이 되는지에 대한 이유를 최소 세 가지 들어보아라. 그런 다음 여러분의 제안서를 급우들과 교수님께 보여드리고 논의와 피드백을 거쳐라.

2. 여러분이 찾아낸 연구질문에 관한 문헌(그리고 웹 사이트)을 찾아라. 찾는데 필요하면 부록 A를 참조하라.

   a. 여러분의 연구질문과 관련성이 큰 논문에 대한 인용을 최소 10개(Criminal Justice Abstracts, Sociological Abstracts, 또는 PsycINFO와 같은 데이터베이스의 초록 참조), 관련성이 큰 연구를 제공해주는 웹 사이트를 최소 5개 기록하라; 그런 다음 연구논문 5편과 웹 사이트 3개를 살펴보아라. 논문의 참고문헌과 웹 사이트의 링크를 조사해서 최소한 하나 이상의 관련 논문과 웹 사이트를 추가로 찾아라. 여러분이 참고한 각 논문과 웹 사이트에 대해 간단히 기술하고 여러분의 연구질문과의 관련성을 평가하라. 그 논문들과 웹 사이트들은 연구질문에 관한 여러분의 생각에 어떤 추가할 점이나 변화가 필요하다고 제안하는가?

3. 여러분의 연구질문과 관련된 가설을 최소한 2개 이상 제시하라. 여러분이 읽은 문헌에 근거해서 가설의 정당성을 설명하라.

4. 연구에 참여하는 사람을 보호하기 위한 기준들 가운데 여러분이 제안한 분야에서 연구자들을 가장 곤란하게 만들 것 같은 기준은 무엇인가? 여러분의 대답을 설명하고 인간을 보호하기 위한 적절한 절차를 제안해보아라.

학생 학습 사이트

이 교재의 웹 사이트는 http://www.sagepub.com/prccj4e 에서 찾을 수 있다. 웹 기반 학생 학습 사이트에 가서 각 장에 대한 이해를 높여라. e-flashcards(학습용카드), 모의 테스트, 기타 많은 자료들이 도움을 줄 것이다.

웹 연습

1. 여러분은 가정폭력과 법에 대한 보고서를 작성하는 과제를 부여받았다. 먼저 여러분은 그 문제에 대한 전미변호사협회의 입장이 무엇인지 알고 싶어 한다. 그렇다면 www.abanet.org/domviol에 있는 전미변호사협회 가정폭력위원회 웹 사이트에 가보아라.
2. 전미변호사협회는 가정폭력을 어떻게 정의하고 있는가? 누가 가정폭력의 피해자가 된다고 설명하고 있는가? "기본 경고 사인(basic warning signs)"이란 것이 무엇인가? 한두 페이지 정도의 보고서로 답하라.
3. www.ojp.usdoj.gov/bjs/에 형사사법통계국 웹 사이트에 가서 "출판물(Public ations)"을 클릭하라. 가정폭력과 관련된 주제의 출판물 목록을 훑어보아라. 배우자 간 폭력에 관한 모든 출판물의 제목을 기록하라. 가장 최근의 출판물을 골라라. 형사사법통계국은 "사적인 상대(intimate partners)"를 어떻게 정의하고 있는가? 배우자 폭력의 특징에는 어떤 것들이 있는가? 보고서에 드러나 있는 최근의 경향은 무엇인가?

연구윤리 학습

1. 미국 사회학회가 채택한 윤리적 가이드라인에 대해 살펴보아라(1999:63). 셔먼과 버크(1984)의 가정폭력 대응정책에 관한 연구가 그 가이드라인을 잘 준수했다고 생각하는가? 만약 각 가이드라인에 대해 명확한 "예" 또는 "아니오"의 대답을 하기 어렵다면, 무슨 문제가 여러분의 평가를 어렵게 한다고 생각하는가?
2. 연구결과를 어떻게 사용할지에 대한 관심은 윤리적 연구자들의 특징 가운데 하나이다. 하지만 그 관심을 어떻게 표현할지 결정하는 게 쉬운 일은 아니다. 이 장에서 여러분은 셔먼과 버크(1984)가 그들의 미니애폴리스 연구결과를 바탕으로 경찰에게 가정폭력 사건을 처리할 때 체포 위주의 정책을 펴도록 제안한 후 발생한 논쟁에 대해 배웠다. 여러분은 셔먼과 버크가

가정폭력을 최소화하기 위해 자신들의 연구결과를 바탕으로 경찰에 정책변화를 제안한 결정에 동의하는가? 몇몇 복제연구는 미니애폴리스 연구결과를 확인시켜주지 못했다. 그러한 복제연구 결과가 셔먼과 버크의 결정에 대한 여러분의 평가에 영향을 미치는가? 체포영장의 효과성을 입증한 오마하 연구결과를 공표하지 않은 것이 충분히 예방할 수 있었던 가정폭력 몇 건을 발생하게 했다는 래리 셔먼의 주장에 대해서는 어떻게 생각하는가? 연구결과를 발표하는 것은 어느 정도 선에서 이루어져야 하고 또 연구의 어느 시점에서 이루어져야 하는지에 대해 연구자들이 따라야 할 정책을 한 단락으로 제안해보아라.

SPSS 또는 엑셀연습

일탈에 대한 태도에 관해 고등학교 청소년들을 대상으로 실시한 설문조사자료인 YOUTH .POR에 있는 변수들을 훑어보아라.

1. 변수들을 이용해서(응답자의 성은 제외) 고등학교 청소년들 사이에서 발생하는 일탈의 수준(DELINQ1)에 대한 가설 두 개를 적어보아라.
2. 일탈의 수준과 관련되어 있다고 여러분이 가설한 변수들 가운데 적어도 한 변수의 막대도표를 만들어라.
3. 성과 일탈의 관계에 관한 가설을 만들어라. 그리고 일탈의 분포를 성별로 비교해보아라. 모든 남학생(SEX = 1)을 선택해서 일탈의 평균을 구하라. 그런 다음 모든 여학생(SEX = 2)을 선택해서 일탈의 평균을 구하라. 남학생들과 여학생들의 일탈 수준에 대해 어떤 결론을 내리겠는가?
4. 어떤 다른 변수들이 성과 일탈의 관계에 영향을 미칠 수 있다고 생각하는가? 어떤 연구자들은 여학생이 남학생에 비해 부모의 감독을 더 엄격하게 받는다고 믿는다. 부모의 감독 정도를 측정하는 변수를 찾아라. 부모의 감독이 남학생과 여학생 간에 차이 나는가? 이제 부모의 감독이 성과 일탈의 관계에 영향을 미친다는 설명이 가능하다고 생각하는가?

CHAPTER 03 연구 윤리와 철학

가상의 실험연구로 시작해 보자(아니면 이 예시에 대한 당신의 개인적인 친밀도에 따라 추억여행이라고 해도 좋다). 어느 여름날에 당신은 미국 캘리포니아에서 커피를 마시며 신문을 보다가 스탠포드 대학교에서 한 연구를 위해 대학생을 모집하고 있는 조그마한 광고를 보게 되었다. 기다리기 지루한 시간제 아르바이트에 싫증이 나고, 신입생으로 지난 해 동안 친숙해진 대학생활이 그리워 그 대학 캠퍼스를 방문해서 지원서를 제출하였다.

교도소의 생활에 대한 심리학 연구를 위해 남자 대학생을 모집함. 8월 14일부터 1-2주간 하루 일당으로 $80을 지불함. 자세한 사항이나 지원서를 원하는 사람은 스탠포드 대학교 조던 홀에 248번 방으로 오시오(Zimbardo et al., 1973:38).

그 대학에 도착했을 때, 그 연구에 대해 상세히 기록되어 있는 정보지를 받는다(Zimbardo, 1971).

교도소 생활 연구 : 전체적 내용

목적 : 심리학과 사회학의 상관성과 관련한 문제들을 연구하기 위해 스탠포드의 팔로 알토(Palo Alto) 부근 어딘가에 가상의 교도소가 설치될 것이다.

유급의 자원참가자들이 선정되어 연구의 기간 동안 수형자와 간수의 역할로 무작위로 배치될 것이다. 그 기간은 수형자의 형기나 간수들의 작업 효과성 등의 여러 가지 요인에 따라서 결정될 수 있지만 개개인에 따라 5일에서 2주까지 소요될 수 있다.

급여는 교도소의 운영과 관련한 작업이나 다양한 활동을 수행하는 조건으로 하루 80 달러를 지불한다.

각각의 참가자들은 연구 기간 내내 참여할 것을 동의하는 계약을 책임연구자와 맺어야 한다. 분명히 밝혀 둘 것은, 모든 수형자는 구금된 이후에 일정한 절차를 통하지 않으면 교도소를 절대 이탈할 수 없다. 또한, 간수들은 그들의 8시간 근무 교대를 정확하고 일정하게 보고해야 한다. 왜냐하면, 간수들에 의한 감시는 낮, 저녁, 새벽으로 나누어 하루 24시간 지속되어야 하고, 그 3교대 근무는 순환되며, 각각의 근무조는 일정한 시간대에 근무하기 때문이다. 이 계약을 어길 시에는 이미 계획된 일정에 소급하여 급여의 일부분을 지급받지 못 한다.

수형자를 위한 음식과 숙소는 최소 수준의 영양과 건강, 위생 요건에 준하여 제공될 것이다. 교도소장과 여러 명의 간수들은 교도소와 인접한 곳에서 기거할 것이며, 음식과 숙박이 제공될 것이다. 참가자들 중에서 원한다면 의료시설과 정신질환에 관련한 시설을 이용할 수 있다.

모든 참가자들은 자신들의 행동이 관찰되고, 질문을 받고, 심리학적 시험을 참여하는데 대해 동의할 것이다. 참가자들이 출연에 대해 동의하고, 그 내용들이 과학적인 정보들을 포함하고 있다는 가정 하에, 연구의 일부는 비디오로 녹화될 것이다.

[이 정보지는 연구와 관련한 두 가지의 문제점에 대해 간략하게 요약하고, 몇 가지의 세부사항에 대해 기술하고 있다.]

이 연구에의 참여를 고려해 주어서 감사합니다. 연구에 참가하여 여러분이 경험한 것을 우리와 공유할 수 있기를 바랍니다.

필립 짐바르도(Phiip G. Zimbardo, Ph.D.)
스탠포드 대학교 사회심리학과 교수

연구에 흥미를 느낀 당신은 계속 진행하였다. 자신의 가족 배경, 육체적/정신적 건강기록, 이전의 범죄경력 등에 대한 긴 설문지에 대해 응답하고, 한 연구자의 면접질문에 대해 답변하고, 마지막으로 동의서에 서명한다. 며칠 후, 20명의 다른 젊은이들과 함께 그 실험연구에 참여할 수 있도록 선정되었다는 통보를 받는다. 그리고 스탠포드 대학교의 캠퍼스를 다시 방문하여 일련의 심리학적 테스트를 끝내고 난 뒤, 누군가가 연구를 위해서 그 다음날 데리러 올 것이라고 전해 듣는다.

다음날 아침, 집 앞에서 경찰 순찰차가 사이렌을 울리며 멈추는 것을 목격한다. 한 경찰관이 당신을 폭행죄로 체포하면서 헌법에 명시되어 있는 권리들을 알려준 뒤, 신체를 수색하고 수갑을 채운 다음 경찰서로 데리고 간다. 지문을 채취하고 구치소에서 잠시 머무른 뒤, 눈이 가려진 채 '스탠포드 자치주 교도소'로 이송된다. 도착하자마자 간수들은 당신을 발가벗기고 신체외부를 수색하고, 소독한 다음, 죄수복(연번이 인쇄되어 있는 기다랗고 느슨한 원피스 형태), 침구류, 비누, 수건 등을 제공한다. 당신은 주위 사람들 중에 안면이 있는 이가 하나도 없지만, 분명한 것은 다른 수형자나 간수들이 대학교에 다닐만한 나이들이고, 당신처럼 중산층의 백인들(한명의 아시아인을 제외하고)이라는 것을 알 수 있다.

교도소장이 당신을 환영하며 다음과 같이 말한다:

> 여러분이 짐작하다시피 저는 교도소장입니다. 여러분 모두는 한 가지 혹은 여러 가지 이유로 바깥세상에서 제대로 역할을 할 수 없는 또는 이 나라의 국민으로서의 책임의식이 결여된 사람들입니다. 이 교도소와 간수들은 여러분이 이 나라 국민으로서 각자의 의무가 무엇인지를 배울 수 있게 도울 것입니다 … 만약 여러분이 모든 규칙을 따르고, 더 이상 잘못을 저지르지 않으며, 과거의 잘못을 뉘우치고 적절한 인내의 자세를 보여준다면, 여러분과 저는 잘 지낼 수 있을 것입니다(Zimbardo et al., 1973:38).

여러 가지 행동에 대한 제약 중에서 규칙이 명확히 제시하고 있는 것은 수형자들은 휴식시간, 식사시간, 취침시간에 침묵해야하고, 항상 서로를 호칭할 때 부여된 일련번호를 사용해야 한다. 또한, 간수들을 호칭할 때는 "교도관님"이라고 불러야 하며, 이러한 규칙들을 어길 때는 처벌받을 수 있다(Zimbardo et al., 1973).

당신은 자신이 어느 건물의 지하에 있다는 것을 알 수 있다. 복도를 따라 세 개의 간이침대가 놓인 조그마한 방(6피트 × 9피트)으로 안내되었으며 검은색의 철봉으로 만들어진 문으로 잠겨 다른 두 명의 수형자들과 남게 된다(Exhibit 3.1). 복도 건너편에는 규칙위반자들을 위한 조그마한 독방(2피트 × 2피트 × 7피트)이 준비되어 있다. 정복을 입은 간수들이 은색 선글라스 너머로 수형자들을 항상 감시하고 있다는 것을 발견하고, 그 안에서는 사생활이 없다는 것을 알아차린다. 잠든 후에 간수들은 호각을 불어 당신과 다른 수형자들을 깨우고는 인원점검을 명령한다.

EXHIBIT 3.1 방에 갇혀 있는 수형자

출처 : 루시퍼 효과(Lucifer Effect, by Philip Zimbardo)

다음날 아침, 수형자들은 복도에서 줄을 맞추어 서서 17가지의 교도소 규칙을 모두 암기할 때까지 반복해야 한다. "오늘은 정말 좋은 날입니다, 교도관님."이라고 구호를 외쳐야 한다. 대열에서 이탈한 두 명의 수형자들은 독방에 감금되었다. 얼마의 시간이 흐른 뒤, 1번방의 수형자들은 이에 대해 저항하기로 결심한다. 그들은 방 출입문을 봉쇄하고 다른 수형자들이 이 저항에 동참하기를 호소한다. 이에 대한 형벌로 간수들은 각 방에서 침대를 회수하고, 몇 명의 수형자들에게 소화기를 분사한다.

간수들은 수형자들을 통제할 때 권위적인 태도를 취할수록 성공적으로 통제할 수 있다는 것을 알아간다. 이에 반해 수형자들은 시간이 지날수록 명령에 고분고분하고 수동적으로 변해간다. 벌칙은 규칙위반에 대해 어김없이 주어지고, 때로는 아무 이유 없이 주어지기도 한다.

주어진 벌칙은 팔굽혀펴기, 옷 벗기기, 다리에 사슬 채우기, 한밤중에 반복적으로 기상하기 등을 포함한다. 당신이라면 그 저항에 동참하겠는가? 이렇게 권위적인 간수들이 당신의 자유를 박탈한다면 어떻게 반응할 것인가?

스탠포드 교도소 실험 시작 후 5일까지 다섯 명의 수형자들이 극도의 스트레스를 이유로 실험에서 하차해야 했다(Zimbardo, 2008). 실험 여섯 째날, 짐바르도는 실험을 중단하였다. 한 수형자는 곧바로 얘기하였다.

> 우리를 모욕하도록 강요했던 그 방법들은 실제로 우리들이 스스로 환멸 하도록 만들었다. 그 이유로 우리 모두는 실험 마지막까지 간수에게 고분고분하게 복종하였다 (Haney et al., 1973:88).

한 간수는 후에 그의 경험을 회고하였다.

> 나 자신에 대해서 나도 놀랐다. 나는 그들이 서로의 이름을 부르며 맨손으로 변기를 청소하도록 명령하였다. 나는 그들이 가축이라고 실제로 생각하고 있었고, "그들이 이상한 짓을 하지 못 하도록 항상 감시해야 한다"고 계속 생각하였다(Zimbardo et al., 1973:174).

Exhibit 3.2는 수형자들과 간수들이 어떤 식으로 다르게 행동하였는지 보여주고 있다. 이 결과에 대하여 가장 놀라운 것은 수형자들과 간수들 모두 실험이 시작되기 전에 그들이 육체적으로나 정신적으로 건강하다는 것을 확인하기 위한 테스트를 거쳤다는 것이다. 간수와 수형자의 역할은 동전을 던져 나온 결과에 의해 무작위로 결정되었기 때문에 두 집단은 실험이 시작될 때는 매우 비슷했다. 수형자들의 정신적인 상태가 갈수록 악화되고, 간수들이 이전과 다른 행동들을 보이게 된 것은 그들에게 주어진 상황적 요인에 기인한 것으로 보인다. 차별되는 역할을 더욱 분명하게 했던 규칙과 물리적 상황들로 인해 그들에게 주어진 간수나 수형자의 역할이 그들의 행동을 변화시킨 것이다.

당신은 이 실험의 결과가 놀랍다고 생각하는가? 간수가 자신이 예상하지 못 했던 폭력적인 행위들을 보고했기 때문에? 혹은 수형자들이 간수들에게 극도로 복종하는 양상을 보이거나 일부가 느낀 현저한 정신적 스트레스 때문일까?(당신이 실제로 그 실험에 참여하였다면 어떻게 반응했을지는 여러분의 상상에 맞기겠다.)

물론 이 작은 실험을 당신에게 소개하는 목적이 교도소 내에서의 행동에 대한 예측에 초점을 둔 것은 아니다; 그 보다 우리는 당신이 연구의 대상으로 포함된 사람들의 관점에서 연구를 바라볼 수 있도록 기회를 줌으로써 연구윤리의 주제를 소개하고자 한다. 우리는 이 연구가 사회과학자들이 연구윤리에 대해 고려하고, 또한 범죄학자들이 교도소 내의 행위들을 이해하는 방법에 대해 지대한 영향을 주었기에, 이 장에서 필립 짐바도의 스텐포드 감옥 실험(Philip Zimbardo's Stanford Prison Experiment)을 종종 참조할 것이다. 또한 형사사법과 관련한 주요 논점들과 관련이 있고, 연구 윤리에 대한 논쟁을 더욱 가열시킨 스탠리 밀그램(1963)의 권위에의 복종 실험(Stanley Milgram's(1963) experiments on obedience to authority)을 참조할 것이다.

EXHIBIT 3.2 간수와 수형자의 행위에 대한 도표

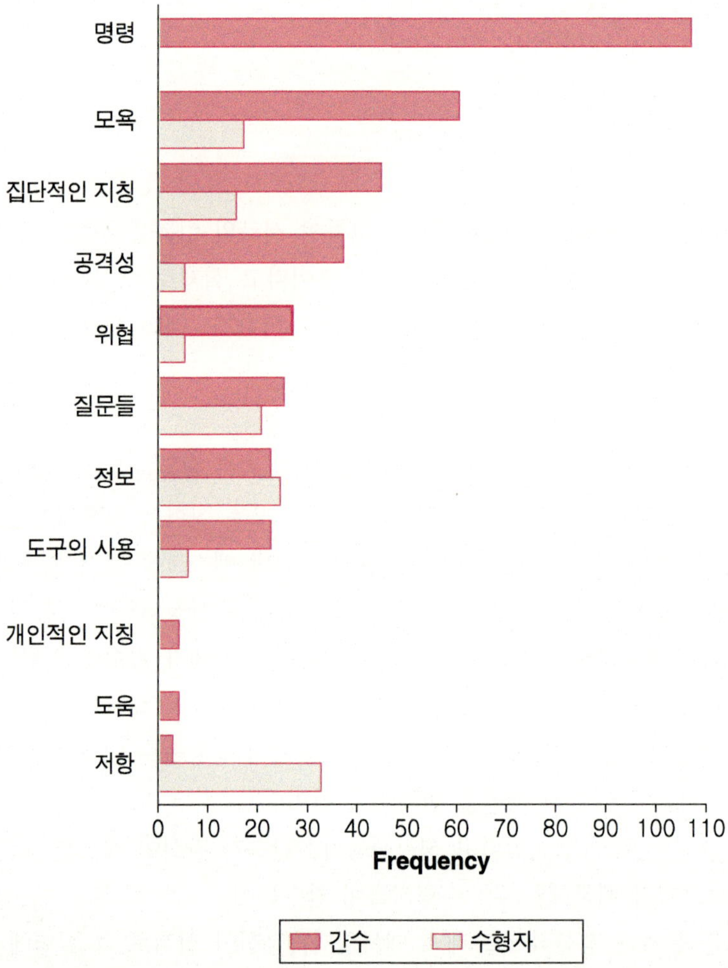

출처 : 루시퍼 효과(Lucifer Effect, by Philip Zimbardo)

모든 형사사법 분야의 연구자들은 자신의 학문 분야를 윤리적으로 어떻게 연구할 것인가에 대해 고민할 필요가 있다. 우리가 사회과학자로서 다른 사람들과 교류할 때마다, 상대방이 우리의 행동에 대한 반응에 영향을 줄 수 있는 합리적인 관심과 감성적 요건들에 최고의 주안점을 두어야 할 것이다. 윤리적인 연구 훈련은 우리 연구 절차가 우리 자신의 행복만큼 상대방의 행복을 존중해야 한다는 것을 깨닫는 것부터 시작한다.

역사적 배경

연구에 있어서 참여자 보호를 위한 정형화된 절차는 몇몇의 유명했던 권한남용의 예로부터 시작되었다. 그 중의 하나는 1946년 나치 의사들과 다른 이들이 과학이라는 미명 하에 실행했던 끔찍한 의학 실험들이 뉴렘버그 전범 재판(Nuremberg War Crime Trials)에서 밝혀진 것이었다. 1970년대에는 미국 보건국(U.S. Public Health Service)으로부터 자금지원을 받은 연구자들이 1930년대에 매독의 자연적인 진행과정을 연구하기 위한 자료를 모으기 위해 그 병을 앓고 있는 399명의 아프리카계 저임금의 미국 남성들을 추적한 사실을 알고 충격에 휩싸였다(Exhibit 3.3). 그 연구의 참가자 중 많은 수가 자신이 병을 앓고 있다는 것조차 모르고 있었고, 1950년대에 이미 치료약인 페니실린이 개발되었음에도 불구하고 1972년까지 치료를 받지 못했다.

EXHIBIT 3.3 터스키기(Tuskegee) 매독 실험

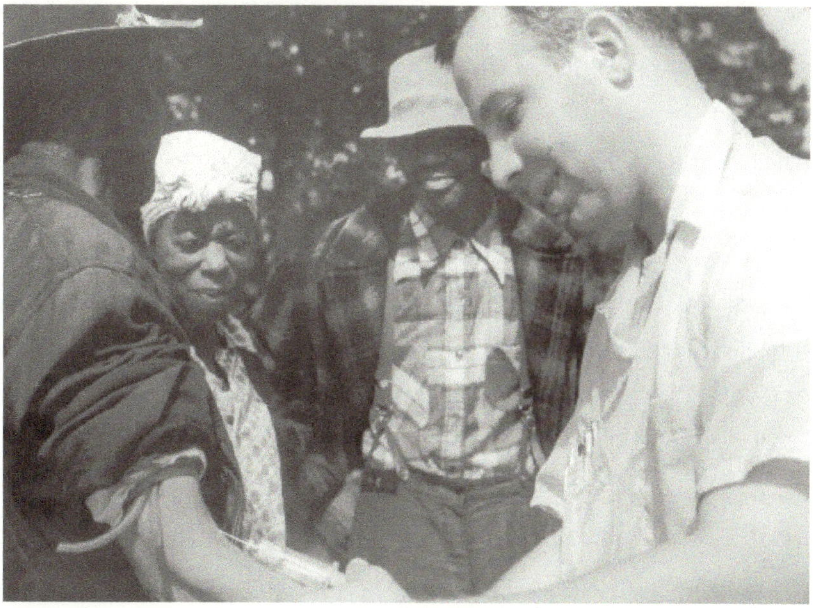

출처 : 터스키기 매독 연구 행정 기록. 미국 질병 통제 및 방지센터의 기록. 국가적 자료-남동부(아틀란타).

이와 유사한 끔찍한 인권침해 때문에, 미국 내에서는 생의학과 행동연구의 대상이 되는 사람들을 보호하기 위한 국가적 위원회(National Commission for the Protection of Human

Subjects of Biomedical and Behavioral Research)가 구성되었다. 1979년에 발표한 이 위원회의 "**벨몬트 보고서(Belmont Report)**"(미국 건강, 교육, 복지국(Department of Health, Education, and Welfare)에서는 인간실험대상을 보호하기 위한 세 가지 기본적인 원칙을 정립하였다(Exhibit 3.4):

- **개인에 대한 존중**: 개인을 자율성인 존재로 대하고, 자율성 침해로부터 보호할 것.
- **혜택**: 가능한 침해를 최소화하고 이익을 최대화할 것;
- **정의**: 수혜와 연구에 있어서의 위험성을 공정하게 분배할 것.

미국 보건국(Department of Health and Human Services)과 식품 마약 행정국(Food and Drug Administration)은 이러한 원칙들을 세부적인 규칙으로 발전시켰고, 이것들은 1991년에 **인간실험대상자의 보호를 위한 연방정책(Federal Policy for the Protection of Human Subjects)**에 반영되었다. 이 정책은 그 이후의 사회과학연구 절차에 영향을 주었고, 당신이 자신의 연구를 설계할 때 이 점들을 반드시 고려해야 할 것이다. 미국 형사사법 과학학회(Academy of Criminal Justice Sciences), 대학 연구윤리 위원회, 여타 조직의 윤리위원회와 같은 전문적인 기관들 또한 그들의 회원들, 직원, 학생에 의해 인간실험대상자들의 처우에 대한 기준을 수립하였고, 그 기준들은 연방정책을 준수하도록 설계되었다. 이 절에서는 이러한 규칙들을 소개한다.

연방 규칙에 의하면 인간을 대상으로 하는 생의학이나 행동연구를 위해 연방재정지원을 받고자 하는 모든 기관은 연구제안서를 검토할 **연구윤리위원회(Institutional Review Boards, IRB)**를 기관 내에 설치해야 한다고 명시하였다. 대학교나 여타 기관의 연구윤리위원회는 연방 규칙에서 규정한 윤리적 기준들을 적용하지만, 사안에 따라서 그 기준이 각 연구윤리위원회에 의해 확대되거나 특정지어질 수 있다(Sieber, 1992). 윤리적 논점들에 대한 충분한 검토를 위해서 연방 규칙은 연구윤리위원회의 위원들을 다양한 배경을 가진 이들로 구성할 것을 규정하였다. **미국 국립보건국 내 연구위험 보호과(Office for Protection From Research Risks in the National Institutes of Health)**는 식품 마약 행정국의 소관인 마약 관련 연구를 제외한 모든 연구에 대해 연구윤리위원회들을 감독한다.

미국의 대표적인 전문 사회과학분야 연구조직인 형사사법 과학 학회(Academy of Criminal Justice Sciences)와 미국 범죄학회(American Society of Criminology)는 범죄학자들의 연구를 위해 연방규칙보다 더욱 구체적인 윤리 지침을 도입하였다. 미국 형사사법 과학 학회의 윤리 강령 또한 조직 구성원들의 윤리적 행위와 관련한 불만사항들을 조사하고 해결하는 데 필요한 절차를 정립하였다. 이 윤리 강령(2000)은 학회 웹 사이트에서 확인할 수 있다(www.acjs.org). 미국 범죄학회(ASC)는 미국 사회학회(American Sociological Association)의 웹 사이트에 요약되어 있는 사회학회 윤리 강령을 따르고 있다.

EXHIBIT 3.4 벨몬크 보고서 원칙들

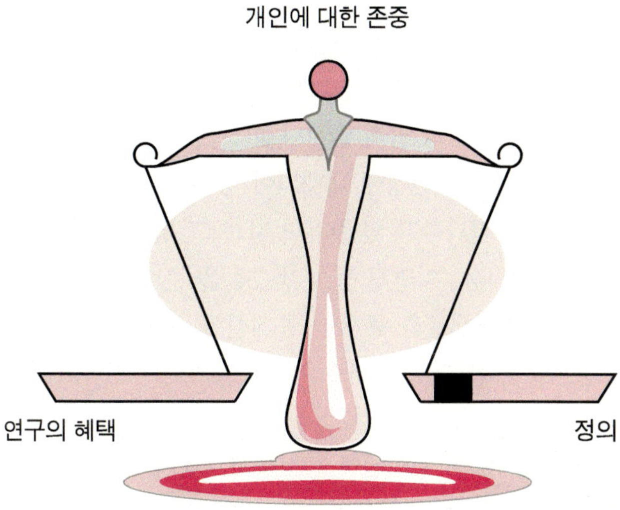

윤리에 대한 원칙들 (ETHICAL PRINCIPLES)

타당한 결과의 달성(Achieving Valid Results)

타당한 결과를 얻고자 하는 노력은 윤리적 연구 활동의 중요한 시작점이라고 할 수 있다. 간단히 말해서, 우리가 이미 존재하는 편견을 재확인하거나 개인적인 흥미에 따라 다른 이들이 행동하기를 바란다면, 사람들에게 질문에 응답하고, 행동을 관찰하고, 실험연구 절차에 참여해 달라고 요청할 필요가 없다. 우리의 연구조사를 동기화하고 정당화하며 사람들이 우리의 연구에 참여하도록 영향을 줄 수 있는 근거는 인간행동에 대한 객관적인 지식의 추구–타당성 목표–이다. 지식은 인류의 발전을 위한 초석이며, 우리가 사회과학자로서 사람들이 보다 밝은 미래를 꿈꿀 수 있도록 도와주고자 하는 기대를 위한 출발점이다. 인간행동에 대해 배우고자 하는 과정에 있어 개인적인 선입견을 배재하고 연구 과제를 객관적으로 접근할 때, 지식의 발전에 기여하고자 하는 우리의 노력을 정직하게 표현할 수 있을 것이다.

감옥 실험에 대한 짐바도의 논문의 세부사항과 그가 최근 출판한 책(2008)은 감옥과 같은 환경이 어떻게 혹은 왜 인간행동에 영향을 주는가에 대하여 타당한 결과를 얻고자 한 그의 노력을 여실히 보여준 것이었다. 짐바도(2009)의 말에 의하면,

> 사회심리학 연구들은 인간의 본성이 그동안 상상했던 것보다 더 순응적이고 또한 우리가 의식하는 것보다 환경의 압력에 보다 더 반응한다는 것을 발견하였다 … 그 당시에 사회과학 연구는 최악의 환경에 내재되어 있는 압력에 굴하지 않은 선한 사람들의 직접적인 대치 상황을 간과하고 있었다 … 나는 그 당시에 필요한 것은 한 쪽 편에 강압적인 규칙, 권력의 차등, 익명성 등의 변수들을 준비하고, 다른 한편에는 가장 능력있고, 똑똑한 젊은 대학생들을 준비한 통제실험 상황을 만드는 것이라고 생각했다. 내가 선한 사람들과 악한 환경이 서로 부딪혔을 때 어느 쪽이 우세한지 알고 싶었다.

짐바도와 그의 동료들(1973)은 그의 실험을 고안함으로써 참가자들이 그 상황을 현실처럼 받아들이고, 실험기간 내내 중요한 변수들과 행동의 관찰을 주의 깊게 측정할 수 있었다. 설문지와 측정 기준, 실험 중간과 완료 후의 참가자 인터뷰, 비디오 녹화와 오디오 녹음, 간수들의 교대 기록지 등 이 모든 것이 연구자의 의도대로 실험이 진행될 수 있도록 도와주었다.

짐바도의 실험(Haney et al.,1973)의 타당성에 대한 관심은 실험을 위한 물리적 환경과 실험의 조직적인 진행을 통해 분명히 알 수 있다. 그 감옥은 건물 지하에 밖을 볼 수 있는 창문이 하나도 없도록 설계됨으로써 참가자들이 자신이 어디에 있는지 알 수 없도록 하였다. 또한 그들이 감옥의 복도 건너편에 위치한 화장실을 이용할 때에도 간수가 그들의 머리에 종이봉투를 덮어씌움으로써 그들이 고립되었다는 인식은 더욱 강화되었다. 제공된 음식은 평범한 것이었지만, 그리 좋은 편은 아니었다. 이것은 참가자들에게 매우 색다른 경험이었다: 대학의 기숙사와는 전혀 다른 상황이었다.

그러나 모든 사회과학자들이 짐바도의 접근이 타당한 결과를 도출하였다고 동의하는 것은 아니다. 영국의 심리학자인 스티브 레이셔와 알렉산더 해슬램(Stephen Reicher and S. Alexander Haslam, 2006)은 간수들의 행동이 일관적이지 않았고, 실험이 시작할 때 간수들 자신의 내면에서 비롯된 것이 아닌 짐바도가 제시한 지침에 따른 것이었고 주장하였다. 예를 들면 또 다른 실험에서는 간수들이 수형자들을 존중하도록 훈련되었을 때, 그들의 행위에서 과격함은 감소하였다(Lovibond, Mithiran, and Adams, 1979).

이러한 비판에 대해 짐바도는 이후 다수의 실험들이 그의 실험을 반복적으로 수행하여 그

의 결론을 뒷받침하는 결과를 보여주었다는 것을 지적하였고, 수형자들을 고문했던 아부 그라입의 간수들의 행동과 같이 실제의 교도소에서의 학대 유형들을 증거로 제시하였다.

당신은 가상의 수형자들과 간수들의 행위를 모형 감옥에서 효과적으로 연구될 수 있다는 짐바도의 가정에 동의하는가? 그에 대한 비판들이 가치 있는 것이라고 생각하는가? 짐바도의 실험의 윤리성에 대한 여러분의 평가가 이러한 질문들에 대한 답변에 의해 영향을 받을 것인가? 의미 있는 사회화 과정에 있어 타당하고 중요한 정보를 얻고자 연구를 한다는 확신이 있다면 우리의 윤리적 판단은 달라져야 하는가?

당신을 대신해 이러한 질문에 대답할 수는 없다. 하지만 우리가 인간실험 참가자들에 대한 처우와 관련한 윤리적 기준을 논함에 있어 이러한 질문들이 부적절하다고 판단하기 전에, 짐바도와 그에 대한 비판들 모두 실험결과의 타당성(또는 부당성)과 함께 그들의 윤리적 논쟁을 더욱 강조하고 있다는 사실을 생각해야 한다. 연구결과가 범죄와 형벌의 실체에 대해 아무것도 알려줄 수 없다면 인간실험 참가자들에 대한 어떠한 위험이나 시간과 자원 등의 비용을 정당화하기는 매우 힘들 것이다.

정직과 개방성(Honesty and Openness)

타당성과 관련한 과학적인 관심을 논의함에 있어 과학자들은 자신들의 연구결과를 발표할 때 연구방법을 개방적으로 공개하고 정직해야 한다. 반면에 정치적 혹은 개인적인 압력 때문에 특정한 결과 또는 가장 인기 있는 결과를 보여주기 위한 연구는 정직하고 개방적인 방향으로 수행되기 어렵다. 연구자의 결론의 타당성과 연구 절차의 윤리성을 측정하기 위해서 연구가 수행된 과정에 대해 정확히 알아야 한다. 다시 말해, 연구 논문이나 여타 보고서는 연구 도구, 웹 사이트, 혹은 연구에 대해 보다 많은 정보를 습득할 주소 등에 대한 부록을 첨부하는 등의 노력을 통해 연구방법에 대한 보다 자세한 설명을 제시해야 한다.

필립 짐바도의 연구 보고서는 그의 연구방법에 대해 전반적으로 정직하고 개방적으로 서술한 것으로 보인다. 짐바도의 최초의 논문(Haney et al., 1973)은 감옥의 물리적 외형, 참여자들에 대한 지침, 사용되었던 유니폼, 입감 절차, 특정한 자료 수집 및 측정 방법 등의 연구 절차에 대한 매우 자세한 설명을 포함하고 있다. 여러 가지 문서양식과 사진 등에 대한 상세한 정보는 짐바도의 웹 사이트(www.prisonexperiment.org)와 그의 최근 저서인 Zimbardo(2007)를 통해 확인할 수 있다.

출판이라는 작업 자체는 개방성과 정직성을 유지하는데 매우 중요한 요소라고 할 수 있다. 독자들이 연구절차에 대해 검토하고 질문함으로써 연구자와 솔직한 대화를 나눌 수 있도록 한다. 짐바도가 그의 실험의 여러 방면에 대한 비판에 다소 동의하지 않을 지라도, 불

특정 다수에게 노출되어 있는 출판물을 통해서 공공연한 토론을 하고자 하는 서로의 노력은 연구절차에 대한 보다 종합적인 설명과 연구윤리에 대한 보다 사려 깊은 논의로 결실을 맺었다(Savin, 1973; Zimbardo, 1973). 40여년이 지난 후에도, 이 논의는 연구윤리에 대한 논쟁의 불씨를 제공하고 있다(Reicher and Haslam, 2006; Zimbardo, 2007).

연구절차와 결과에 대한 개방성과 정직성은 연구설계에 있어 항상 함께하는 것들이다. 개방성은 연구자가 다른 연구자의 결과로부터 배우고자 한다면 더욱더 필요한 것이다. 이러한 개방성에 대한 필요에도 불구하고, 어떤 연구자들은 다른 연구자들이 자신들의 연구절차나 연구결과를 토대로 새로운 연구를 진행할 수 있도록 허용하는 부분에 소극적이다. 예를 들어 에이즈 바이러스의 발견에 대한 공을 어떻게 분배할 것인가에 대한 미국의 로버트 갈로 박사(Dr. Robert Gallo)와 프랑스의 뤽 몽타니에 박사(Dr. Luc Montagnier)의 오랜 법정 공방에 대해 들어본 적이 있을 것이다. 이러한 공공연한 논쟁이 흔한 것은 아니지만 – 당시의 레이건 대통령과 시라크 총리가 조약을 선포함으로써 해결된 과정 또한 더욱 드문 일이지만(Altman, 1987) – 대부분의 발견에 대한 관심은 공통적인 것이었다. 다른 사람들과 마찬가지로 과학자들 또한 첫 번째가 되기를 희망한다. 갈로와 몽타니에가 발견의 연대기 작성에 대해 동의한 것과 같은 문제에 대한 최선의 해결책은 연구에 대해 정직함의 기준을 강화하고 개방성을 장려하는 것이다.

연구 참여자의 보호(Protecting Research Participants)

인간실험참여자에 대한 미국 형사사법과학 학회의 윤리강령의 기준은 연방 규칙과 함께 대부분의 전문 사회과학연구 조직들에 의해 강조된 윤리성에 대한 지침을 포함하고 있다:

- 연구는 참여자들이 개인적 침해의 최소한의 위험수준 이상으로 노출되어서는 안 된다.(#16)
- 연구자들은 자신들의 연구의 목적을 최대한 공개해야 한다.(#13)
- 연구에 대한 참여는 자발적이어야 하며, 참여자들은 자신의 연구에 대한 사전 동의서에 서명해야 한다.(#16)
- 참여자가 자발적으로 분명하게 포기의사를 밝히지 않는 한, 개개인에 대한 비밀은 반드시 지켜져야 한다.(#14, #18, #19)

필립 짐바도(2008)는 그의 스탠포드 감옥 실험이 이 원칙들 중에서 처음의 두 가지 원칙을 위반했기 때문에 비윤리적이라고 판단했다: 참가자들이 상당한 수준의 분노 때문에 고통을 받았고, 실험이 과도한 스트레스와 감정적 혼란을 초래하여 시작 전에 건강했던 다섯 명의 수형자가 예상보다 일찍 실험을 마쳐야 했기 때문이다(pp. 233-34). 또한 연구자들은 체포과정과 경찰서에서의 입건 절차에 대해 참가자들에게 미리 설명하지 않았고, 참가자들의 부모들이 방문했을 때, 그 상황이 어느 정도로 나쁜 상황이었는지 알려주지 않았기 때문이다. 그럼에도 불구하고, 짐바도는 실험 참가자들에게 어떠한 장기간의 침해가 발생하지 않았고, 실험으로 인해 다소의 장기적인 사회적 이익이 발생했다고 주장하였다(Zimbardo et al., 1973; Zimbardo, 2008). 구체적으로, 참가자들의 경험에 대해 서로 얘기하고, 실험을 뒷받침하는 논리에 대해 설명하는 등 참가자들에게 정보를 제공하고, 사후 면접을 시행함으로써 참가자들이 지속적인 침해 없이 자신들의 경험으로부터 빨리 회복할 수 있도록 도와주었다. 또한 그 경험들이 실험참가자 중 다수와 짐바도가 교도소의 환경을 조사하고 개선하는 데 노력할 수 있는 계기를 마련하였다. 결과적으로 이 실험에 대한 인기로 인해 교도소 관리의 문제점에 대한 사회적 관심을 유도하는 데 성공하였다.

당신은 짐바도가 자신의 연구가 비윤리적이었다는 결론에 동의하는가? 당신은 애초에 실험이 시작되지 말았어야한다고 생각하는가? 혹은 현재 미국의 실험참가자 보호에 대한 기준이 짐바도의 연구를 허용하지 않을 것이라는 사실에 만족하는가?

짐바도와 달리, 스탠리 밀그램(1963)은 권위에의 복종에 대한 그의 실험이 윤리적이었다고 주장하였고, 이에 대한 논쟁은 지속되어 왔다. 권위에의 복종에 대한 그의 실험은 우리가 여기에서 강조하고자 하는 대부분의 논점에 관련이 있다.

밀그램은 예일 대학교의 구성원 중에서 그의 실험 참가들을 모집하였다. 밀그램의 연구는 1930-40년대 독일의 나치 체제에서 공포에 대한 인간의 무의식적 행위와 집단학살에 일반인들이 참여를 유도하는 데 성공한 사실에 영감을 얻었다. 밀그램은 실험을 통해서 어떠한 상황에서 일반인들이 다른 사람들에게 고통을 주도록 하는 권위에 복종하는지 밝히고자 하였다. 그는 복종을 조작화 함에 있어 참가자들이 학생들이 기억력 테스트에 실패할 경우 전기 충격을 주도록 요구하였다. 참가자들("교사들")은 학생들이 옳지 않은 응답을 제시할 때 전기 충격을 주고, 잘못된 답변이 하나씩 증가할 때마다 충격의 수준을 한 단계씩 올리도록 지시를 받았다. 참가자들은 시간이 지날수록 충격의 강도를 높이도록 주문받았고, 경계선 너머의 "학생들"이 고통을 호소함에도 불구하고 계속 진행하였다(Exhibit 3.5). 참가자들은 갈수록 신경이 예민해졌고, 일부는 전기충격이 치명적인 수준까지 이르자 참여를 거부하였다. 하지만 많은 수의 참가자들은 그 상황에서의 권위에 동의하였고, 충격을 계속 증가시켰다. 짐바도와 같이, 밀그램도 실험완료 후에 참가자들에게 상세히 설명하였고 또한 그들의 건강상태를 확인하였다. 그 결과 아무도 장기간의 침해를 경험하지 않은 것으로 보였다.

EXHIBIT 3.5 밀그램 실험의 도표

우리가 미국 형사사법과학 학회의 윤리강령이 어떻게 밀그램의 실험에 적용될 수 있는지 논의할 때 당신은 "윤리적 연구행위는 무엇인가?" 라는 질문에 대해 간단히 대답할 수 없음을 깨달을 것이다. 그 논점들은 매우 복잡하고, 관련 원칙들 또한 다양한 이해에 따라서 매우 자의적이다. 하지만 우리는 당신이 이 장을 끝냈을 때, 연구윤리에 대한 주요한 논점들을 인식하고, 사회과학 연구의 윤리적 행위와 관련해 사려 깊고 정당화될 수 있는 판단을 할 수 있을 것이라고 믿는다.

연구 참여자에 대한 위해의 회피(Avoid Harming Research Participants)

비록 이 기준이 다소 직설적인 것으로 보이지만, 특정한 사례에서 적절하게 해석하고 또한 모든 사회과학자들이 동의할 수 있는 방식으로 규정되기는 매우 힘들다. 그것은 실험대상자들이 심리적으로나 육체적으로 전혀 침해받지 않아야 한다는 의미인가? 혹은 그들이 연구기간동안이나 연구 참여 이후에 불안감이나 스트레스를 전혀 느끼지 않아야 한다는 의미인가? 현실적인 여부와 관계없이 어떠한 침해의 가능성도 연구를 중단시켜야 하는가?

밀그램의 실험과 관련한 이 모든 질문에 응답하기 전에, 실험 중 일부분의 대화기록을 살펴보면 참가자들이 어떤 경험을 했는지 이해할 수 있을 것이다(Milgram, 1965):

150 볼트 전달됨. 제가 실험을 계속 진행하길 원합니까?

165 볼트 전달됨. 저 사람이 비명을 지르고 있습니다. 앞으로 충격이 많이 남아 있습니다. 그의 심장에 이상이 생길 수 있습니다. 계속 실험을 진행할까요?

180 볼트 전달됨. 저 사람은 더 이상 버틸 수 없어요! 저는 그를 죽일 수 없어요! 비명 소리가 들려요? 비명을 지르고 있어요. 그는 더 이상 버틸 수 없어요… 만약 저분에게 사고라도 생기면 누가 책임을 집니까? [실험연구자가 책임을 지기로 함.] 좋아요.

195 볼트 전달됨. 그가 비명을 지르는 것 보세요. 들려요? 도대체 알 수 없군요. [실험연구자가 말하기를 "이 실험에서는 당신이 계속 진행하게 되어 있습니다."] 저도 그건 알고 있어요. 하지만-한 숨 쉬며- 저 사람은 왜 저 안에 있는지 몰라요. 벌써 195볼트까지 올라갔어요.

210 볼트 전달됨.
225 볼트 전달됨.
240 볼트 전달됨.(p. 67)

이러한 실험 상황은 "극도의 긴장"을 초래하였다(Milgram, 1963):

> 참가자들은 땀을 흘리고, 몸을 떨고, 말을 더듬고, 입술을 깨물고, 신음소리를 내며 손톱으로 살점을 파는 등의 행동을 보였다 … 세 명의 참가자들은 극도의 통제할 수 없는 발작을 보이기도 했다. 그 중 한 명은 … 발작이 극도의 경련을 동반하여 그의 실험참가를 중지해야 했다.(p. 375)

반투명 거울 너머의 한 관찰자는 이렇게 보고하였다(Milgram, 1963): "나는 성숙하고 침착한 회사원 한명이 실험실로 미소와 확신에 찬 표정으로 들어가는 것을 보았다. 20분 이내에 그는 말을 더듬고, 몸에서 경련을 일으키며, 급속히 실신할 지경까지 이르렀다"(p. 377).

심리학자인 다이애나 바움린드(Diana Baumrind, 1964)는 밀그램의 방법에 반박하였고, 참가자가 경험한 감정적 혼란은 "자신의 이미지와 미래에 권위에 대한 신뢰 여부에 영향을 줄 수 있기 때문에 다소 해로운 것이다"(p. 422). 밀그램(1964)은 이에 대해 재빨리 반박하였다,

> 실험이 진행되는 과정에서 실험대상자에게 유해한 영향을 준다는 어떠한 징후도 발견되지 않았다; 그리고 참가자들 스스로가 실험에 강력하고 동의하고 있었기 때문에, 내가 내린 결정은 실험을 계속 진행하는 것이었다.(p. 849)

밀그램(1964)이 참가자들을 실험 완료 후 추적 검사에서 설문했을 때, 그들 중 83.7%는 그들이 실험에 참가하는 동안 "기분이 좋았거나 매우 좋았다"고 응답하였고, 15.1%는 좋지도 나쁘지도 않았다고 대답하였으며, 단 1.3%만이 실험에 참가했던 것이 "유감이었거나 매우 유감 이었다"고 응답하였다(p. 849). 일 년이 지난 후 한 심리치료사에 의해 실행된 면접에서도 그 어떠한 "외상적인 반응"의 증거도 없었다(p. 197). 따라서 밀그램(1974)은 "내 실험이 허용되는 주요한 도덕적 정당성은 참여한 사람들이 허용할 수 있다고 판단한 사실에 근거 한다"고 주장하였다(p. 21).

밀그램(1964)은 또한 "실험이 완료된 후에 참가자들이 건강한 상태에서 실험실을 떠날 수 있도록" 사후 절차를 마련함으로써 대상자들에 대한 침해를 최소한으로 줄이려고 노력하였다(p. 374). 그리고 참가자와 피해자간에 호의적인 조정시간을 마련하여 실험의 결과로 인해 발생할 수 있는 긴장을 줄이고자 하였다.

사안에 따라서 절차에 대한 설명과 논의에 더욱 시간을 할애하였고, 모든 대상자가 실험 후에 종합적인 보고서를 받아 볼 수 있도록 약속하였다(Milgram, 1964:849).

그 후 한 연구논문에서 바움린드(1985)는 실험에 참가했던 대상자들이 스스로 침해가 없다고 응답한 점을 부정하였고, 참가자의 16%는 실험에 참가해서 기분이 좋았다는 진술에 대해 확답하지 않았다고 밝혔다(p. 168). 바움린드(1985)는 연구에서 대부분의 학생들이 참가자를 기만하는 과정에 참여하면서 결과적으로 권위에 대한 신뢰가 감소한 것으로 밝혀졌다고 주장하며 이는 실험의 직접적인 침해라고 주장하였다.

많은 사회과학자들, 윤리학자들은 밀그램의 실험 절차가 대상자들에게 해를 주지 않았고, 그 결과 발견한 지식을 위해 정당화될 수 있다고 결론지었지만, 다른 사람들은 바움린드의 비판에 동의하였다(Miller, 1986). 이 시점에서 당신의 의견은 어떤가? 밀그램이 실험자에게 사후 설명을 전달함으로써 의혹을 불식시켰는가? 밀그램이 그랬듯이 참가자들이 실험절차에 대해 만족한 점 때문에 절차를 용인할 수 있는가?

대상자에 대한 잠정적인 해악 때문에 당신은 그러한 실험을 금지할 것인가? 짐바도나 밀그램의 실험으로 인해 사회적 환경이 인간의 행동에 미칠 수 있는 영향에 대한 중요한 통찰을 발견하고 또한 그것이 감옥의 환경을 개선하고, 또 다른 집단학살의 발생가능성을 줄일 수 있다면 당신의 결정이 달라질 것인가(Reynolds, 1979)? 이러한 이익들이 발생 가능한 위험보다 중요하다고 믿는가?

사전 동의를 구함(Obtain Informed Consent)

사전 동의를 위한 요건은 생각하는 것보다 훨씬 정의하기 어렵다. 정보가 제공되기 위해서는, 동의를 자발적으로 할 수 있고, 연구에 대해서 충분히 알고 있고, 또한 자신들이 들은 것을 이해할 수 있는 사람들로부터 동의를 받아야 한다(Reynolds, 1979). 연구에 대해 충실히 준비한 연구자라도 모든 문제점들을 미리 예견할 수 없고, 잠재적인 참여자들에게 이 모든 점에 대해 미리 알려 주는 것이 불가능하다(Baumrind, 1974). 밀그램(1974)은 연구 참여자들이 그러한 심한 충격에도 불구하고 연구에 참여하고자 하는 의지를 보이는 것에 놀랐다고 밝혔다. 짐바도의 감옥실험연구에서는 모든 참여자들이 사전 동의서에 서명했지만, 잠재적인 위험에 대해 충분한 설명을 듣지 못했다. 연구자들 자신조차도 참여자들이 그렇게 심각한 수준의 스트레스를 겪고, 실험 시작 며칠 만에 부작용으로 인해 참여를 중단할 것이라고 예상치 못했다. 그러나 더 심각한 위해는 그러한 파괴적인 복종이나 여타 인간의 문제성 있는 행동들에 대한 연구를 하지 않기 때문에 올 수 있다는 점에 대해 당신은 어떻게 생각하는가(Miller, 1986:138)?

사전 동의를 구함으로 인해 연구자들은 또 다른 도전에 직면하게 된다. 연구자의 행위와 신체를 통한 언어를 통해 동의가 자발적이라는 것을 설득하는 자신들의 언어에 도움을 주어야 할 것이다. 동의서의 언어는 참가자들이 이해할 수 있도록 분명하고 간결해야 하지만, 동시에 연구 중에 어떠한 상황이 생길 것인가에 대해 충분히 길고 자세히 설명해야 한다. Exhibit 3.6과 Exhibit 3.7은 두 가지의 상반된 접근방법을 보여주고 있다.

EXHIBIT 3.6 사전 동의서 A

사전동의서

갈래길 : 사회복귀 코호트의 재발, 재범, 그리고 중지의 장기적인 유형들(National Institute of Justice, 2008-IJ-CX-0017)

목적: 당신은 델라웨어대학교(University of Delaware)의 알코올과 약물연구센터에서 시행하고 있는 연구과제에 참여하도록 요청받은 300여 명 중에 한 명이다. 당신은 1990년대 델라웨어 교도소 출소자에 대한 연구의 일원으로서 우리는 그 후 당신의 삶에 어떠한 변화가 있었는지 알고 싶다. 이 연구의 전반적인 목적은 일정 기간 동안 어떠한 요인들이 범죄행동들과 마약사용에 있어 변화를 유도하는지에 대해 이해하고자 하는 것이다.

절차: 당신이 이 연구에 참여할 것을 동의하면, 약 60분에서 90분 정도 소요될 설문지에 답을 해야 한다. 또한 미래에 사후 연구를 위해 연락할 수 있도록 여러분의 연락처도 알려 주어야 한다. 당신의 직업, 가족력, 범죄 연관성, 건강력, 마약사용 등에 대해서 물을 것이며, 이러한 요소들이 어떻게 변화하는지에 대해서도 질문할 것이다. 우리는 제공한 정보들, 당신이 과거에 제공했던 정보들 혹은 대중에게 공개된 정보들을 사용할 것이다. 당신의 행위와 관련해 특정 인물의 이름이나, 장소, 날짜 등에 대해서는 묻지 않을 것이다. 면접과정은 녹화될 것이지만, 당신의 이름이 녹화테이프에 기록되지는 않을 것이다. 그 테이프들은 컴퓨터 문서파일로 기록될 때까지 자물쇠가 채워진 공간에 보관될 것이다. 테이프의 기록이 끝나고, 정확성이 확인되면 모든 테이프들은 파기될 것이다. 익명의 기록 자료들은 무기한 보관될 것이며, 음성자료들은 보관되지 않을 것이다.

위험여부: 이 연구에 참여함으로 인해 몇 가지 유의할 사항들이 있다. 당신의 마약 사용, 범죄 경력과 다른 경험들에 대해 우리가 질문할 때 스트레스나 불편함을 느낄 수 있다. 그런 상황이 생기면, 그런 질문들에 대해 답하지 않을 수 있다. 감정적인 스트레스가 발생하면, 상담이나 마약남용 치료와 지원 등의 서비스를 받을 수 있도록 우리 직원들이 도와 줄 것이다.
참여의 비밀성에 대해 당신이 우려할 수 있지만, 실제로 비밀성이 깨질 확률은 매우 작다. 당신의 개인적인 정보가 면접을 녹음한 오디오 테이프에 기록되지 않을 것이다. 또한 면접 도중 다른 사람의 이름이나 특정 장소를 언급하지 않기를 바라며, 혹시 그러한 경우가 발생하면, 기록과정에서 그 정보들은 삭제될 것이다. 모든 연구에 관련한 자료들은 잠금장치가 설치된 서류함에 보관될 것이다. 이 연구팀에서 오직 세 명만이 이 자료들에 대해 접근할 수 있을 것이다.

혜택: 당신이 이 중요한 연구과제에 참여하는 기회를 가짐으로써, 개인이 마약 사용과 범죄 행위로부터 회복하는 것을 돕거나 방해하는 요인들에 대해 보다 잘 이해하는 데 도움을 줄 것이다.

보상: 우리는 면접에 할애하는 당신의 시간과 교통비를 보상하기 위해 $100을 지급할 것이다.

비밀성: 당신의 기록에 대해 비밀성이 보장될 것이다. 기록들은 잠금장치로 보호될 것이며, 당신의 서면동의 없이는 누구에게도 공개되지 않을 것이다. 당신의 이름은 자료파일

이나 연구기록에 공개되지 않을 것이다.

사생활보호에 대한 허가를 미국 사법부(U.S. Department of Justice)에 의해 승인받았다. 이 자료들은 연구외의 목적으로 연방, 주, 혹은 지역 민사, 형사, 행정, 법적 절차에서 법원의 압수명령으로부터 보호받는다.

이 연구의 참여에 대해서 당신이나 당신의 가족 일원이 자발적으로 공개한 경우에는 사생활보호에 대한 허가가 보호할 수 없다는 것을 이해해야 한다. 당신이 누군가에게 연구에 대한 정보를 얻을 수 있도록 서면동의를 제출한 경우, 우리는 그 허가를 사용하여 정보를 보호할 수 없을 것이다.

당신이 자신이나 다른 누군가를 위험한 상황에 처하도록 한다면, 연구팀원들은 사생활보호에 대한 허가에도 불구하고 정보를 관계당국에 제출할 것이다. 연방법과 주법은 이러한 상황을 보고하도록 규정하고 있다.

이 연구가 국립사법부(National Institute of Justice)로부터 연구비지원을 받기 때문에 연구소의 직원은 당신에 대한 기록의 복사본을 검토할 수 있지만, 그 정보들의 비밀성을 보호해야만 한다.

연구 참여를 중단할 권리: 이 연구에 대한 참여는 자발적인 결정이므로 언제든 당신이 원하면 연구 참여를 중단할 수 있다. 연구자들과 보조원들은 필요하면 당신을 연구로부터 제외시킬 수 있다.

당신은 연구에 대하여 어떠한 질문도 할 수 있고 그에 대한 답변을 들을 것이다. 이 연구에 대해 궁금한 것이 있으면, 로넷 바크만 또는 다니엘 오코넬에게 연락할 수 있으며 전화번호는(302)831-6107번이다. 연구 참여자로서의 권리에 대해 궁금한 것이 있다면 델라웨어대학교의 연구윤리위원회의 위원장에게(302)831-2136번으로 연락할 수 있다.

면접에 대한 동의

나는 이 서식의 내용을 읽고(혹은 듣고) 이해하였으며, 이 연구과제의 심층인터뷰에 참여할 것을 동의한다.

연구 참여자 서명: ____________________ 날짜: ____________

면접자/증인 서명: ____________________ 날짜: ____________

사후 연락에 대한 동의

나는 이 서식의 내용을 읽고(혹은 듣고) 이해하였으며, 이 연구과제의 일부분으로 사후에 다시 연락받을 것에 대해 동의한다.

연구 참여자 서명: ________________ 날짜: ____________
면접자/증인 서명: ________________ 날짜: ____________

Ronet Bachman, Ph.D.
연구책임자
델라웨어대학교
전화: 302-831-6107

EXHIBIT 3.7 사전동의서 B

동 의

감옥생활연구
Zimbardo 박사
1971년 8월

____

(참여자 이름과 날짜)

본인 ______________는 이 서류에 서명함으로써 스탠포드대학교의 심리학과에서 수행하는 감옥생활연구 과제에 자발적으로 참여할 것을 동의한다.

연구과제의 본질은 나에게 충분히 설명되었고, 그것들은 유급의 자원참가자들이 연구기간동안 죄수나 간수의 역할로 무작위로 설정될 것이라는 사실을 포함한다. 나는 실험에 참가함으로써 나의 사생활이 침해될 수 있고, 실험 기간 내내 참가해야 한다는 것을 이해한다. 그리고 나는 의료진에 의해 인정된 경우 건강상의 이유로, 혹은 연구 책임자인 짐바도 박사가 인정한 다른 이유에 의해 실험완료 전에 참가를 중단할 수 있고, 이 연구의 직원들이나 다른 참가자들의 명령을 따라야 한다는 것을 이해한다.

나는 연구에 대한 모든 정보를 전달받았고, 연구의 본질과 내가 해야 할 일에 대해 충분히 이해하고 있기에 이 연구에 참여한다. 나는 연구의 참여로 인해 발생할 수 있는 어떠한 소송책임으로부터 연구책임자와, 직원들, 스탠포드대학교와 그 직원들, 그리고 연방정부와 그 직원들을 보호한다.

지원자 서명 :______________________
증 인 서 명 :______________________
미성년자일 경우, 동의서 제공자 :______________________
증 인 서 명 :______________________
지원자와의 관계 :______________________

밀그램(1963)의 연구에서 볼 수 있듯이, 실험연구의 연구자들은 실험의 성격상 연구 시작 전에 모든 정보를 참가자들에게 공개하지 않고, 실험 종료 후에 자세한 설명을 제공하곤했다. 사후 설명 시에 연구자는 실험 중에 어떤 일이 왜 발생했는지 알려 주고, 참여자들로부터의 질문에 응답한다. 잘 설계되어진 설명절차는 연구 참여자들이 실험으로부터 배울 수 있는 기회를 제공하고, 왜 그렇게 진행되었는가에 대한 이해를 도울 것이다(Sieber, 1992). 그러나 이러한 사후 설명절차가 때에 따라서는 실험 전의 자세한 사전 동의절차를 대체하는 것으로 보일 수 있지만, 자세한 설명을 들은 참가자가 실험의 본질에 대해서 다른 참가자들에게 얘기할 경우, 실험결과를 왜곡시킬 수 있다(Adair, Dushenko, and Lindsay, 1985). 불행히도, 사후설명절차가 지연되었을 경우, 참가자가 실험내용의 본질을 모르기 때문에 발생할 수 있는 위해를 줄일 수 있는 확률은 줄어든다.

당신이 대학 연구윤리위원회에 소속되어 있다면, 이 연구가 수행될 수 있도록 허가하겠는가? 교수에 의해 연구에 참여하도록 권유받은 학생들이 충분한 사전 동의를 받았다고 생각되는가? 연구의 실제 목적이나 실험의 본질이 공개되지 않았다면 사전 동의가 의미 있는 것이라고 할 수 있는가?

사전 동의를 구하는 절차와 그 실제가능성의 여부는 잠정적인 참가자가 사전 동의를 실제로 제시할 수 있는가를 고려하여 결정해야 한다. 어린이들은 법적으로 연구에 참여할 수 있는 동의를 제시할 수 없다. 그 대신 아이들에게 대부분의 경우 연구 참여에 대한 찬성의사를 제시 혹은 보류할 수 있는 기회가 주어져야 하며, 이는 통상적으로 연구절차의 설명에 대한 구술응답일 것이다. 더불어 아이의 법적 보호자가 연구 참여에 대해 서면으로 사전 동의를 제시해야 한다(Sieber, 1992). 또한 강요에 민감할 수 있는 수형자, 임산부, 정신장애인, 교육적으로나 경제적으로 소외받은 사람들처럼 특별한 보호를 요구하는 집단들이 있다. 당신은 사전 동의를 제시할 수 있는지 의심스러운 수형자를 상대로 한 연구를 승인하겠는가? 그들을 위해서 어떠한 특별한 보호가 필요하다고 생각되는가?

매우 제한적인 상황 이외에 연구 수행 중에 기망하지 않을 것 (Avoid Deception in Research, Except in Limited Circumstances)

기망은 연구대상자들이 연구에 참여하지 않았다면 주어진 상황에 어떻게 반응했을지 알아보기 위해 연구대상자들에게 연구절차를 사실과 다르게 설명할 때 발생한다. 기망은 많은 사회심리학 실험연구에 있어 매우 중요한 부분이고, 그 이유는 실험환경에서 실생활의 스트레스와 고민들을 그대로 재현하는 것이 힘들기 때문이다. 그 목적은 실험 대상자들이 "거짓을 진실로 받아들이도록 하거나 혹은 잘못된 생각을 가지도록 유도하는 것이다"(Korn, 1997:4). 예를 들면 밀그램(1963)의 실험에서 참여자들이 실제로 "학생"에게 전기충격을 주는 것은 용납되지 않기 때문에 어느 정도의 기망은 그 과정에서 필요했지만, 자신들이 옳지 않다고 생각하는 일을 억지로 시키는 것은 납득할 수 없을 것이다. 밀그램(1963)은 기망이 절대적으로 필요했다고 주장했다. 만약 많은 사회심리학 실험들의 참여자가 실험이 진행되는 동안 실제로 자신들에게 발생하는 것을 인식하고 있다면 그 실험의 결과들은 쓸모없게 될 것이다. 여기서 중요한 질문은 이것이 진정 기망을 사용하는 데 충분한 정당성을 제공하느냐 하는 것이다.

게리 마샬과 필립 짐바도(1979)는 감정의 생리학적 근거를 밝혀내기 위해 학생 자원자들에게 아드레날린을 주입하여 참가자들의 심장박동수가 증가하고 땀을 흘리도록 한 뒤, 우스꽝스러운 행동을 하도록 설정된 다른 학생과 한 방에 머물도록 하였다. 하지만 참가 학생들은 자신들에게 주입된 것이 비타민 첨가제로 이것이 시력에 영향을 주는지 밝히기 위한 것이라고 알고 있었다(Korn, 1997). 필라빈(1972)은 지하철에서 타인을 도우려는 의지를 연구하기 위해 가짜의 심장발작을 설정하였다. 당신의 대학의 연구윤리위원회의 일원이라면 이러한 연구에서의 기망을 허용하는데 찬성하겠는가? 당신은 짐바도와 비교되는 밀그램의 **사후설명과정(debriefing)**에 다르게 반응하겠는가?

위해의 가능성이 있다 하더라도 어떠한 과학적, 교육적, 혹은 실용적 가치가 기망을 정당화할 수 있는가? 참가자를 기망하지 않는 실험이 똑같이 효과적이라고 누가 결정할 수 있는가(Miller, 1986:103)? 다이애나 바움린드(1985)는 개인적인 자기성찰만으로도 밀그램의 가설을 검증하기에 충분했고, 연구에 있어서 의도적인 기망은 자기결정, 상대방 보호, 사람들 간의 신뢰 유지 등의 윤리원칙을 위반하는 것으로 어떠한 경우라도 정당화될 수 없다고 주장하였다. 어느 정도의 위험, 불편함, 불쾌감이 참여의도에 영향을 줄 수 있다고 보이는가? 기망에 의한 오해를 바로잡기 위한 사후 설명은 어떠한 경우에 충분하다고 할 수 있는가?

당신은 그러한 애매모호한 상황에서 합리적이고 윤리적인 연구를 위한 결정을 하기 위해 다양한 분야를 대표하는 연구윤리위원회가 얼마나 중요한지 알겠는가? Exhibit 3.8은 미국의 건강인적자원부(U.S. Department of Health and Human Services)에서 연구자들이 계획을 수립함에 있어 어떠한 유형의 검토를 필요로 하는지 판단하기 위해 도움을 얻을 수 있는 다소 복잡한 도표의 일부를 보여주고 있다. 기망이 필요한 모든 연구는 인간참여자를 위한 정식 검토를 거쳐야 한다.

사생활과 비밀성을 유지(Maintain Privacy and Confidentiality)

개인의 사생활과 비밀성 보장은 연구 참여자를 보호하기 위한 또 다른 중요한 윤리적 기준의 하나이며, 그 기준을 지키고자 하는 연구자의 노력은 사전 동의서에 명시되어야 한다(Sieber, 1992). 기록보관 시에 시건장치를 한다거나 개인의 식별을 위해 기호를 사용하는 것 등의 개인의 사생활을 보호하고자 하는 노력은 권한 없는 이의 정보접근의 위험성을 최소화하기 위해 반드시 고려되어야 한다. 하지만, 비밀성 보장에 대한 설명은 현실적이야 한다: 법률상 연구기록에 대한 압수영장이 허용되고, 또한 아동학대에 대한 보고를 의무화할 수 있다; 어떤 연구자는 건강 또는 생명을 위협하는 상황이 발생하여 참여자에게 이를 알려야 할 경우 정보를 공개해야 할 수도 있다. 또한, 비밀성의 기준은 공공장소에서의 관찰이나 공공기록에는 적용되지 않는다.

이러한 몇몇 제한점들에 대한 두 가지의 예외가 인정된다: 미국 사법부(National Institute of Justice)는 사생활보호에 대한 자격증(Privacy Certificate)을 교부할 수 있고, 미국 건강부(National Institute of Health)는 비밀성에 대한 자격증(Certificate of Confidentiality)을 교부할 수 있다. 이러한 증서들은 법률에 의해서 비밀정보들을 공개해야 하는 상황으로부터 연구자들을 보호한다. 고위험군의 집단이나 범죄, 약물남용, 성행위, 유전적 정보 등에 관련한 행동들에 관심 있는 연구자들은 그러한 증서를 요청할 수 있다. 그러한 경우에도 아동학대나 방임에 대한 의심이 있을 때는 보고해야 할 의무가 있고, 관할에 따라서는 연구자들이 노인학대와 같은 범죄도 반드시 보고하도록 규정하고 있다(Arwood and Panicker, 2007).

미국 상원에서 1996년에 통과한 건강보험휴대와 책임에 대한 법률(Health Insurance Portability and Accountability Act)은 의료와 관련한 자료의 보호에 대해 보다 엄격한 규정들을 신설하였다. 그 법률은 미국 건강인적자원부(U.S. Department of Health and Human Services)에 의해 2000년부터 시행되었고(2002년 개정), 그 중 일부인 최종 사생활보호에 대한 규칙(Final Privacy Rule)은 "개인의 과거, 현재, 미래의 육체적, 정신적 건강 혹은 상태에 관련한" 모든 구두, 문서, 그리고 전자정보에 적용된다. 그 규칙은 연구자들이 의료시설로부터 개인의 건강에 대한 정보의 사용 또는 공개를 원할 경우 적법한 권한을 가지고 있어야 한다고 요구하고 있다. 그러한 권한의 예외는 매우 특수한 상황일 경우에만 인정된다(Cava, Cushman, and Goodman, 2007).

EXHIBIT 3.8 미국 건강인적자원부의 인간참여자 관련 결정 도표: 실험, 설문, 면접, 공공장소에서의 행동관찰을 위한 것임

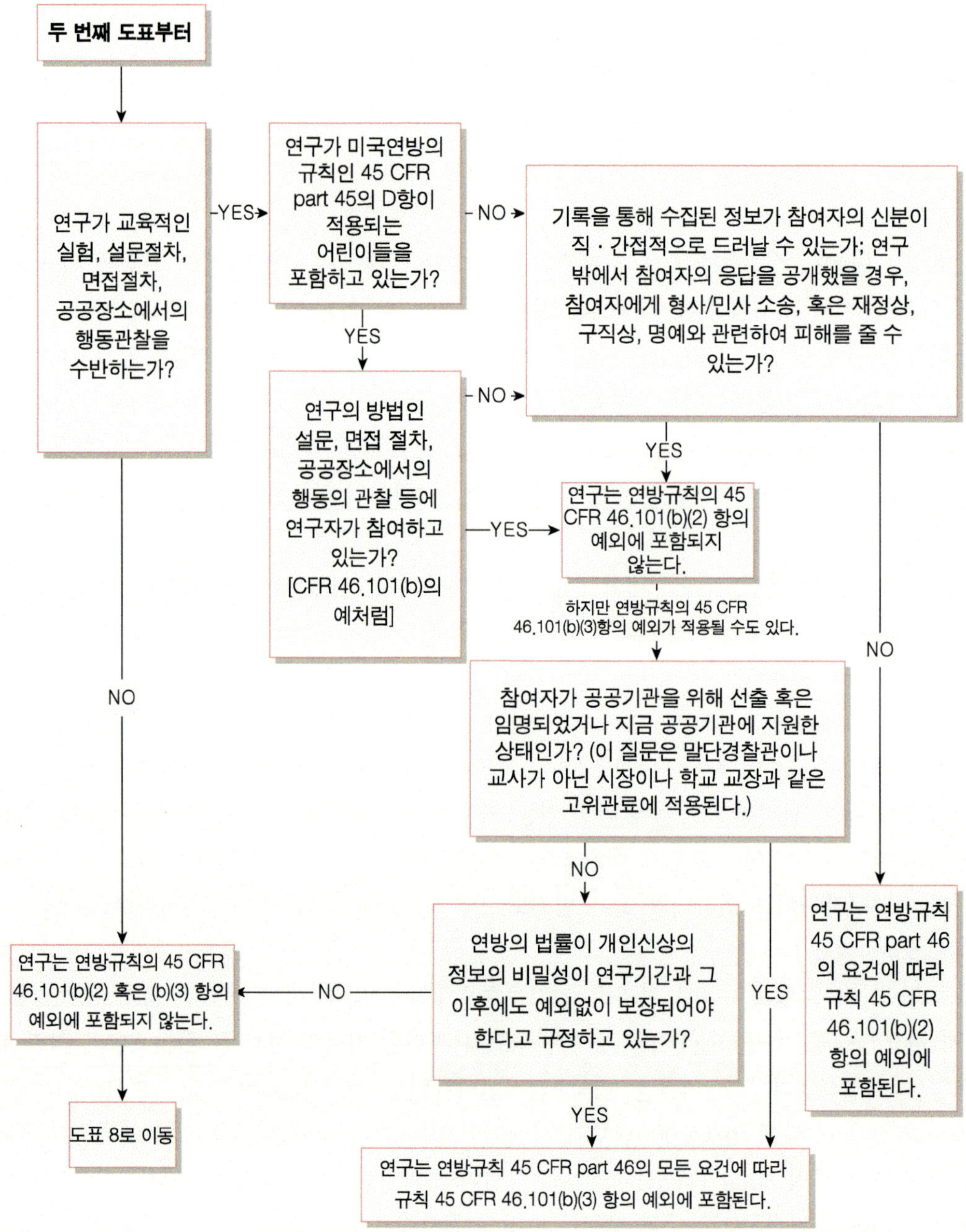

연구의 사용(The Uses of Research)

과학자들은 자신들의 연구가 어떠한 곳에 사용될 것인가에 대해서도 고려해야 한다. 많은 과학자들이 개인적인 가치는 연구에서 배제되어야 한다고 믿고 있지만, 어떤 이들은 과학자들이 연구가 사용되어지는 방향에 대해 고려하는 것이 정당하고, 때로는 필요하다고 생각한다.

필립 짐바도는 그가 인간의 행동에 대한 상황적 영향의 현상에 대해 정확하게 고려하고 있었다고 분명하게 밝히고 있는데 그 이유는 연구가 사람들의 복지에 대한 제안점을 내포하고 있었기 때문이다. 앞에서 보았듯이, 짐바도의의 첫 번째 연구논문은 수형자들의 처우에 있어서의 불합리한 부분을 강조하였다(Haney et al., 1973). 짐바도(2007)는 또한 그의 저서에서 아부 그라입에서의 잔혹행위를 강조하는 데 그의 결과물을 제시하였다. 또한 교도소 정책의 개혁을 주장하였다.

밀그램(1974)이 각고의 노력을 기울여 강조하였던 매우 실용적인 제안점도 무시할 수 없다. 그의 연구는 권위에 대한 복종의 범위에 초점을 맞추었고, 맹목적인 복종(예를 들어 집단에서 한 구성원만이 반대의견을 제시하도록 하고, 그 구성원과 권위자와의 직접적인 접촉을 못 하게 한 뒤, 구성원과 피해자의 접촉을 증가시키는 것)을 최소화하기 위한 여러 가지 요인들을 발견하였다.

로렌스 셔먼과 리처드 버크(1984)의 가정폭력에 대한 경찰의 대응에 관련한 평가연구는 과학의 유용성에 대해 흥미 있는 일화를 제시한다. 제2장에서 배웠듯이, 이 현장실험의 결과들은 체포되었던 이들이 나중에 상대자에게 폭력적인 행위를 가할 확률이 더 작다고 보고하였다. 셔먼(1993)은 미니애폴리스 실험의 결과를 근거로 경찰기관에서 의무적으로 가해자를 체포할 것을 지시하는 정책을 만들어서는 안 된다고 경고했지만, 그 결과가 대중 매체를 통해 발표되자 많은 경찰관서에서 정책을 수정하게 되었다(Binder and Meeker, 1993; Lempert, 1989). 비록 지금은 우리가 그 실험이 다시 반복되었던 다른 도시들에서 체포의 억제력에 대한 기존의 결과가 의문시되었다는 것을 알지만, 셔먼(1992)은 후에 그러한 의무적인 체포 정책들이 다수의 배우자 학대사례를 방지하였다고 주장하였다. 조앤 밀러(JoAnn Miller, 2003)는 플로리다 Dade County에서의 의무적인 체포 실험 후에 피해자들의 경험과 그들의 안전에 대한 인식의 자료를 분석한 결과, 피해자들이 가해자가 체포된 적이 있을 경우(혹은 경찰주도의 상담프로그램에 배정되었을 때) 피해자들이 폭력행위를 적게 보고하는 것을 발견하였다(Exhibit 3.9). 이 연구의 결과가 유력한 매체에 의해 공표되어 경찰정책을 개선하도록 해야 하는가? 그렇다면, 다른 지역에서의 연구결과는 어떻게 할 것인가? 이 질문들에 대한 답은 결코 쉽지 않을 것이다.

특정 기관을 대신하여 연구를 수행하는 사회과학자들은 그 기관이 최종보고서와 대중성을 결정할 경우 더 많은 어려움에 직면할 것이다. 기관의 수뇌부에서 특정한 연구결과에 대해 호의적이지 않을 경우, 연구자가 결과를 적절하고 완전하게 보고하고자 하는 의지는 계약상의 의무와 충돌할 수 있다. 연구자들은 종종 그러한 딜레마를 미연에 예견할 수 있고 연구계약을 협상할 때 이를 해결한다. 혹은 특정한 연구 기회를 사양하는 경우도 있다. 그러나 그러한 문제들은 대부분 결과보고서의 초안이 마련되었을 때 발견되고, 직장을 구하거나 개인적인 관계를 유지해야만 하는 연구자들은 이러한 문제를 무시하기도 한다. 이러한 가능성을 전적으로 배제할 수는 없으며, 그렇게 때문에 연구보고서에 연구자금의 출처를 분명히 밝히고 다른 이들의 연구보고서에서 연구비의 출처를 잘 살펴보는 것이 중요하다.

몇몇 연구대상자들로부터 그들에게 도움이 되는 치료를 보류할 수 있는 여지 또한 윤리적으로 고려해야 할 부분들 중에 하나이다. 셔먼과 버크(1984)의 실험에서 참여자들의 실험조건이 무작위로 결정되었고, 가정폭력의 피해자들 중에서 가해자가 체포되지 않아서 위해를 당할 수 있는 가능성이 존재했던 것이 사실이다. 하지만 연구설계에 대한 정당성이 꽤 설득력이 있었다: 연구자들도 실험 이전에는 가정폭력 신고에 대해 경찰의 어떠한 대응이 미래의 사건들을 예방할 수 있는지 알지 못했다(Sherman, 1992). 그 실험은 체포의 영향에 대해 분명한 근거를 제시하였고, 그로 인한 이익이 초래할 위험보다 중요하다고 생각하게 하였다.

EXHIBIT 3.9 **경찰의 개입 후 피해자의 폭행에 대한 보고**

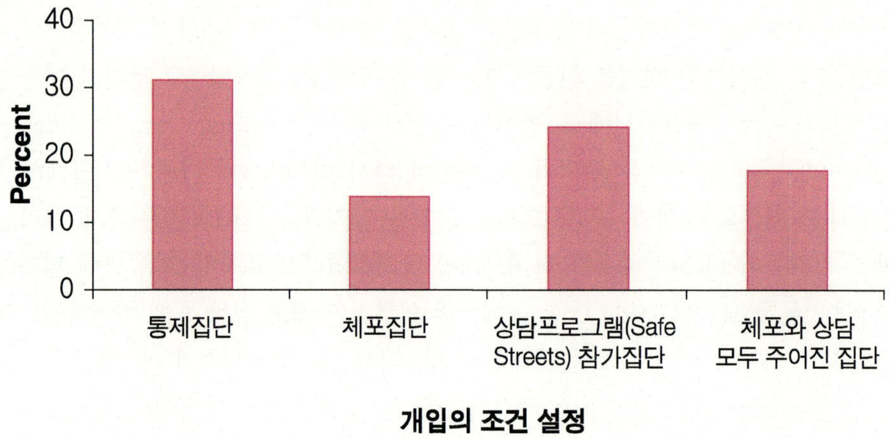

출처 : Adapted from Miller, 2003:704.

사회과학 연구의 철학들 (SOCIAL RESEARCH PHILOSOPHIES)

어떠한 요소들이 연구계획의 결정에 영향을 주는가? 연구수행의 동기는 매우 중요하다: 설명 혹은 평가의 동기는 일반적으로 연구자가 양적인 연구방법을 사용하도록 유도하고, 새로운 분야에 대한 개척의 동기는 질적 연구방법이 적당한 경우가 많다. 물론 현상에 대한 묘사의 동기는 묘사와 관련한 연구계획을 수반한다.

실증주의와 후기 실증주의(Positivism and Postpositivism)

실체와 연구자의 적절한 역할에 대한 연구자의 철학적 견해는 그의 방법론적 기호에 영향을 줄 것이다. 실증적 철학을 가지고 있는 연구자들은 관찰자의 인식과 별개로 존재하는 객관적인 실체가 존재한다고 믿는다; 과학의 목표는 이 실체를 보다 잘 이해하는 것이다.

> 자연이 "실제로" 무엇이든 간에, 우리는 시간과 장소가 다를지라도 바라보는 관찰자의 시선과 일치하는 방향으로 보일 것이라고 가정한다. 또한 관찰자가 다를지라도 시간과 장소가 동일할 때는 그 상황과 유사하게 보일 것이라고 가정한다(Wallace, 1983:461).

이러한 철학적 생각은 전통적으로 과학과 연관이 있고(Weber, 1949), 그 이유는 인간행동의 보편적인 법칙들이 있을 것이라는 예측과 과학자들은 실체를 정확히 바라보기 위해 객관적이고 편협하지 않을 것이라는 믿음 때문이다.

후기 실증주의(postpositivism)는 실증주의와 밀접한 관련이 있는 실체에 대한 철학이다. 후기 실증주의자들은 외부의 객관적인 실체가 있다고 믿고 있지만, 이 실체가 매우 복잡하다는 점과 그것을 연구하는 과학자들의 한계에, 특히 사회과학자들에게는 자신들과 같은 사회적인 인간을 연구하는데 연관되는 편견에 대해 민감하게 반응한다(Guba and Loncoln, 1994). 그 결과로 그들은 과학자들이 자신들의 연구방법이 실체를 객관적으로 볼 수 있다고 확신하지 않는다; 과학의 목적은 실체의 본질을 연구하는 과학자들 간에 상호주관적인 동의(intersubjective agreement)를 얻어내는 것 일 뿐이다(Wallas, 1983). 예를 들어 후기 실증주의자들은 연구자들의 가정이 억제이론을 선호하는 자신들을 편견에 빠지도록 할 수 있다고 염려한다. 따라서 그들은 많은 수의 연구자들이 긍정적인 근거들을 제시하기 전까지는 억제이론에 근거한 예측을 뒷받침하는 결과들에 대해 다소 회의적인 자세를 취할 것이다. 후기 실증주의자들은 개인으로서의 사회과학자보다 사회과학자들의 공동체가 실체에 대한 보다 편협하지 않은 자세를 유지할 수 있다고 확신한다(Campbell and Russo, 1999).

실증주의 연구 지침(Positivist Research Guidelines)

사회에 대한 정확하고 타당한 이해를 하기 위해서 실증주의나 후기 실증주의의 전통을 따르는 연구자는 어떻게 연구를 수행할 것인가에 대한 몇몇 기본적인 지침에 따라야 한다:

1. *특정한 결과에 개인적으로 너무 치중하지 않고 어떠한 생각의 실증적인 실체에 대해 시험하라.* 이 지침에 따르면, 연구자는 어떠한 현상이 발생하는 것에 대해 무감각적으로 반응하거나 자신들이 원하는 것을 찾는 것이 아니라 시험에 대한 진지한 몰입을 요구한다(Kincaid, 1996).
2. *조사를 체계적으로 계획하고 실행에 옮겨라.* 사회과학 연구자들은 자신들이 어떻게 시험할 지 미리 생각하고 그에 따라 실행하지 않으면, 그들의 생각을 신중하게 시험하는 작업이 쉽지 않다.
3. *모든 절차를 문서화하고 그것들을 공개해라.* 사회과학 연구자들은 자신들의 결론이 도출된 연구방법을 공개하여 다른 연구자들이 그 결론의 가능성을 평가할 수 있도록 해야 한다. 그러한 공개는 과학의 중요한 일부분이다. 지극히 개인적인 관심에 의한 결론을 방지할 수 있는 것은 다른 이의 연구에 대응하는 연구자들의 공동체이다.
4. *가정들을 구체화하라.* 어떠한 조사도 그 자체로 완전할 수 없다; 연구자가 어떠한 방법을 사용하더라도 그 연구는 어느 정도의 배경이 되는 가정들에 근거하고 있다. 예를 들어 체포가 억제효과가 있는지 결정하는 연구는 잠정적인 범법자가 합리적으로 사고를 하고 범행을 하기 전에 가능한 비용들과 이익들을 계산할 것이라고 가정하고 있다. 정의하자면 연구가설들은 아직 시험되지 않았기 때문에 우리는 그것들이 올바른 것인지 확실하게 알지 못한다. 가정들에 대해 생각하고 공개함으로써 연구자들은 그 연구의 결론의 타당성을 평가하고자하는 이들에게 중요한 정보를 제공하는 것이다.
5. *사용되는 단어들의 의미를 구체화하라.* 단어들은 종종 중복된 혹은 부정확한 의미들을 가지고 있다. “재범”, “자기조절”, “빈곤”, “인구과밀” 등은 받아들이는 사람에 따라 다양한 의미를 가질 수 있다. 과학적인 연구에서 모든 단어들은 분명하게 정

의되고 또한 일관적으로 사용되어야 한다.

6. *현재의 지식에 대해 회의적인 시각을 유지하라.* 비록 사회적 혹은 자연적 세계의 해석에 대한 자신감은 반복된 조사가 유사한 결과를 도출함에 따라 증가할 수 있지만, 어떠한 연구의 결과도 비판적으로 검토되어야 한다. 현재의 지식에 대한 일반적 회의주의는 연구자들이 현재의 연구결과의 타당성을 높이고, 지식을 선구화하는데 도움을 준다.
7. *연구를 재검토하고 사회이론을 구축하라.* 어떠한 연구도 그 자체로 결정적일 수 없다. 우리는 연구가 관련되어 있는 일반적인 지식의 총체를 떠나서 그 단일 연구의 결과를 정확하게 이해할 수 없고, 그 연구가 반복적으로 검토되지 않는 한 이러한 결과에 대해 많은 신뢰를 줄 수 없다. 이론들은 다양한 조사에 의해 축적된 지식들을 총체적인 것으로 조직하고 미래의 연구를 위한 지침이 된다.
8. *일반성과 유형들을 구하라.* 실증주의와 후기 실증주의 과학자들은 자연의 세계가 관계들을 뒷받침하는 어떠한 규칙을 가지고 있고 고유한 사건들과 개인들이 최소한 어느 정도의 일반적 원리에 의해 설명될 수 있다고 가정한다(Grinnell, 1992).

사회과학자들에 의한 진정한 조사가 항상 이론에 대해 혹은 모든 단어들의 특정한 정의에 대해 충분한 관심을 가지고 있는 것은 아니다. 하지만 이로 인해 사회과학연구자들은 그러한 지침들을 연구하고 그들이 동의하지 않는 부분을 준수하지 않았을 때 발생할 결과에 대해 고려하게 된다.

실증주의 연구의 한 가지 목표 : 지식의 선도
(A Positivist Research Goal: Advancing Knowledge)

전통적으로 과학적 실증주의 접근의 목적은 과학적 지식의 선도이다. 이 목적은 연구 결과가 학술잡지에 출판되거나 학술대회에서 발표될 때 성취된다.

실증주의 접근은 가치에 대한 고려는 과학의 영역 밖에 있다고 판단한다: "경험과학은 누군가에게 그가 무엇을 해야 한다고 말하기 보다는 무엇을 할 수 있다고 말할 수 있고, 상황에 따라서 무엇을 하기를 원하는지를 말할 수 없다"(Weber, 1949:54). 그 의미는 사회가 어떻게 조직되어있는가 혹은 우리가 어떤 삶을 살고 있는가에 대한 타당한 지식을 발전시키는 것이 사회가 어떻게 조직되어야 하는가 혹은 우리가 어떤 삶을 살아야 하는가에 대한 답을 주는 것이 아니라는 것이다. 경험적 사실의 결정은 이러한 사실들이 만족스러운가 혹은 불만족스러운가의 평가와 구분되어야 한다는 것이다(Weber, 1949).

이것은 가치에 대한 고려를 무시하라는 것이 아니다. 왜냐하면, 그러한 과정이 조사할 연구문제를 설정하는 데 중요한 기초가 되기 때문이다. 또한 많은 과학자들이 정부 관리들이나 민간의 조직들이 한 연구가 끝난 후 그 연구의 결과에 근거하여 행동하는 것이 적합하다고 생각한다. 그러나 연구과제 수행 중에는 가치에 대한 고려는 금해야 한다.

실증주의 어떠한 실체에 대한 우리의 지식이 비록 불완전할지라도 그 실체는 그것에 대한 우리의 인식과 별개로 존재한다는 믿음으로서 많은 과학자들이 공유함

상호주관적 동의 다양한 관찰자들의 자연이나 사회에서 발생하는 일들에 대한 동의

후기 실증주의 어떠한 경험적 실체에 대한 우리의 이해가 실체의 복잡함, 편견들, 그리고 연구자들과 관련한 여러 가지 제약 때문에 제한될 수밖에 없다는 믿음

해석주의와 구성주의(Interpretivism and Constructivism)

질적인 연구는 종종 다양한 해석주의 철학의 영향을 받는다. 해석주의(interpretivist) 사회과학자들은 사회적인 실체는 사회적으로 구성되고, 사회과학자들의 목표는 어떠한 실체가 우리의 인식과 별개로 어떻게 작용하는가를 결정하는 것이 아니라 인간이 그 실체에 대해 어떠한 의미를 부여하는가를 이해하는 것이라고 믿는다. 이 철학은 과학적 방법으로 인해 우리가 이해하고자 하는 객관적이고 확고한 실체가 있다는 실증주의적 믿음을 부정한다(Lynch and Bogen, 1997). 그 대신에 해석주의자들은 과학자들이 자신들의 기호, 편견, 타인과의 상호작용 등에 근거하여 실체의 이미지를 만들었다고 믿는다.

여기 근본적인 논거가 있다: 우리가 수집하는 모든 경험적 자료들은 우리의 감각을 통해 우리에게 다가오고, 또한 우리의 생각을 통해 해석되어야 한다. 이는 우리가 실체를 올바르게 이해하였다고 확신할 수 없고, 우리의 이해가 다른 이들의 이해보다 훨씬 타당하다고 판단할 수 없다는 것을 의미한다. 이러한 우려는 사회과학의 여러 분야에서 발견되었고, 몇몇의 연구방법들이 새로이 만들어 지는데 기여하였다. 이러한 관점에서 타당도의 목적은 잘못되었다: "진실이란 특정한 시기에 공감대를 형성하는 가장 정보가 많고 가장 복잡한 작품에 대한 것이다"(Schwandt, 1994:128).

> 공통적으로 적용되는 사회적 법칙들을 찾는 것은 사람들이 무엇을 알고 그들이 자신들의 삶을 어떻게 이해하는가를 배우는 것과는 동떨어질 수 있다. 해석주의 사회과학자들은 사회적으로 만들어진 의미들을 조사한다... 측정될 수 있는 실체는 하나만 있

는 것이 아니다; 물체와 사건들은 다양한 사람들에 의해 다르게 인식되고, 그러한 인식들이 사회과학이 중점을 두어야할 그 실체(들)인 것이다.(Rubin and Rubin, 1995:35)

구성주의적 패러다임(constructivist paradigm)은 다양한 이해당사자들이 주어진 사회적 환경에서 어떻게 자신들의 믿음을 형성하는지에 대한 연구의 중요성을 강조함으로써 해석주의 철학을 확장시킨다(Guba and Lincoln, 1989). 그것은 연구의 상황에서 연구자들과 여러 참여자들의 다양한 목표에 관심을 보이고, 연구에 중점을 이해하기 위한 참여자들 간에 합의를 유도하고자 노력한다. 구성주의 연구보고서는 사회 프로그램과 다른 논점에 대한 다양한 관점을 강조하고, 참여자들 사이에 어떻게 합의가 도출되었는지 설명한다.

해석주의 모든 실체는 사회에 의해 만들어졌고 사회과학자들의 목표는 사람들이 그 실체에 어떤 의미들을 부여했는지 이해하는 것이라는 믿음. 막스 웨버는 해석주의 연구의 목표를 이해(*verstehen* 또는 "understanding")라고 하였다.

구성주의 패러다임 주어진 사회적 환경에서 다양한 이해당사자들이 어떻게 자신들의 믿음을 만들어 가는가를 강조하는 관점.

구성주의적 연구는 연구자가 주어진 사회적 환경에서 다양한 이해집단들을 발견하면서 평가를 시작하는, 상호교류적인 연구과정을 사용한다. 연구자는 각각의 집단이 무엇을 생각하는지 알아내고, 점차로 검토해야할 문제에 대한 공통의 관점을 발전시키려고 노력한다(Guba and Lincoln, 1989).

이러한 단계는 Exhibit 3.10의 순환적 과정으로 도표화된다. 이 과정에서 해석적 순환(hermeneutic circle)이라고 불린다.

> 다양한 개인들의 구성 – 다양한 관점들을 파헤치기 위해 의도적으로 설정된 – 이 도출되고, 도전받고, 그리고 새로운 정보와 함께 어느 정도의 공감대가 형성될 때까지 새롭고 보다 복잡한 방식의 해석에 계속 노출된다(비록 공감대의 중점이 하나이상이 될 지라도).(Guba and Lincoln, 1989:180-81)

연구자는 첫 번째 응답자에게 질문하는 주제에 대한 응답자의 생각과 느낌, 즉 자신만의 개념에 대해서 알기 위해 개방형 면접을 실시한다. 그리고 연구자는 그 응답자에게 같은 주제에 대해 다른 생각을 가지고 있는 응답자를 추천해 달라고 부탁한다. 두 번째 응답자도 같은 방식으로 면접에 응하지만, 첫 번째 응답자의 답변에 대해서도 의견을 제시하도록 부탁한다. 이 과정은 모든 주요 관점들이 하나도 빠지지 않고 포함될 때까지 계속되고, 같은 집단의 응답자들을 상대로 반복적으로 행해질 수도 있다.

> 최종 결과물은 **사례연구 보고서(case report)**이다.
>
> 사례연구보고서는 우리가 경험주의 조사에서 흔히 보았던 기술적인 보고서와는 다소 차이가 있다. 그것은 현상들에 대한 진실된 혹은 진정한 상태에 대한 설명이 아니다 … 그것은 관련된 응답자들이 동조할 때 이외에는 판단, 결론, 추천 등과 같은 결과를 목표로 하지 않는다.
> 사례연구 보고서는 독자들이 응답자들에 의해 인식된 현상뿐만 아니라, 그렇게 믿게 된 동기, 느낌, 이유 등 전반적인 그림을 이해하는 데 도움을 준다. 사례연구 보고서는 장문의 설명으로 묘사될 수 있는데, 그것은 모든 중요한 개념들을 분명하게 표현할 뿐 아니라 독자들이 그것을 직접 경험하는 것처럼 느낄 수 있게 해 준다(Guba and Lincoln, 1989:180-81).

해석주의/구성주의 연구 지침(Interpretivist/Constructivist Research Guidelines)

해석주의 철학의 영향을 받은 연구자들은 경험주의 연구자들이 고수하고자 하는 연구지침들을 부정한다. 사실 "구성주의"라고 명칭할 수 있는 구체적인 접근법들이 다양하게 존재하고, 각각은 중요시하는 지침들을 가지고 있다. 구성주의 관점에서 연구하는 이들을 위해, Guba와 Lincoln(1989:42)은 연구자를 위한 네 가지 단계를 제시하였고, 각각은 한 연구에서 여러 번 반복적으로 적용될 수 있다:

1. 중요관련자들을 발견하고 그들의 요구, 염려, 그리고 중요논점을 파악하라.
2. 한 집단의 관련자들이 제시한 요구, 염려, 중요논점을 다른 집단의 관련자들에게 제시하고 그들의 반응을 조사하라.
3. 여러 관련자 집단들 간에 의견충돌이 있을 경우 그 요구, 염려, 중요논점에 대해 정보를 더 수집하라.
4. 수집된 정보에 대하여 관련자 집단들과 협상하고 의견이 불일치하는 논점에 대해서 동의를 이끌어 내기 위해 노력하라.

EXHIBIT 3.9 해석적 순환

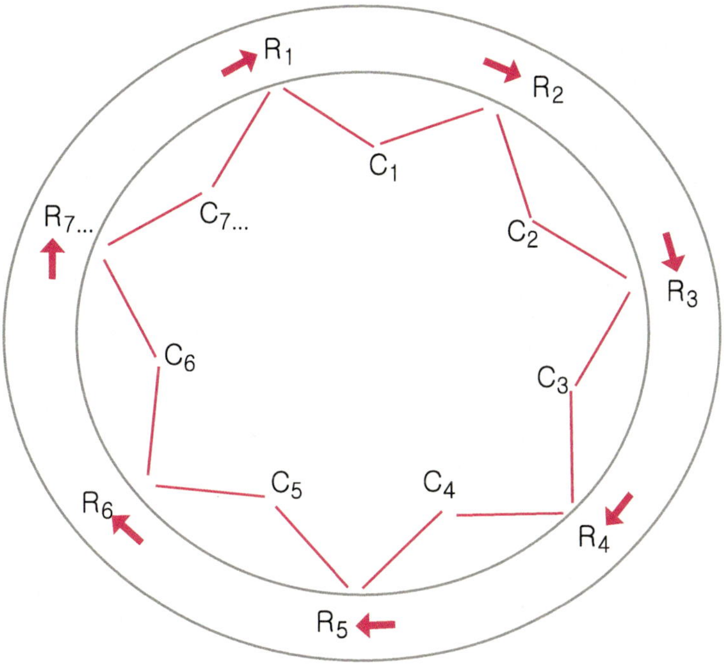

단서 : R=응답자
C=구성

출처 : Guba and Lincoln, 1989:152.

해석주의 연구의 한 가지 목표 : 변화의 창조
(An Interpretivist Research Goal: Creating Change)

해석주의나 구성주의 철학을 가지고 있는 몇몇의 사회과학자들은 전통적으로 경험주의자들이 구분한 사실과 가치의 차이점을 부정한다(Sjoberg and Nett, 1968). 벨라와 그의 동료들(Bellah et al., 1985)은 "공공철학으로서의 사회과학" 모델을 제시하였다. 이 모델에서 사회과학자들은 보다 공평한 사회를 달성하는데 주안점을 두었다:

> 사회과학은 사람의 본성, 사회의 본성, 그리고 사람과 사회의 관계에 대한 기본적인 가정들을 만든다. 그것은 또한 좋은 사람과 좋은 사회에 대한 가정들도 만들고, 이러한 관념들이 우리 실제 사회에서 얼마나 내재되어 있는지도 고려한다.

> 공공철학으로서의 사회과학은 사회과학들과 인간성 사이의 단단한 장벽을 허물고 사회 속에서 스스로 이해하고 스스로 해석할 수 있는 형식을 구성한다 … 과거와 현재를 조사하고, 사실과 가치들을 충분히 관찰함으로써 사회과학은 분명하게 보이지 않은 부분에 대해서도 연결고리를 찾아낼 수 있고 또한 어려운 질문들을 만들어 내기도 한다.(p. 301)

화이트(Whyte, 1991)는 **참여연구(participatory action research)**라 불리는 보다 역동적인 접근법을 제시하였다. 이름에서 알 수 있듯이, 이 접근법은 사회과학자들이 학문적인 테두리에서 벗어나 가치들을 연구과정에 접목할 것을 주장한다(p. 285). 참여연구에서 연구자는 자신이 관찰하고자하는 대상과 함께 역동적인 참여자로서 연구를 진행한다. 그 집단의 구성원들과 연구자는 타당한 결론을 도출하고, 특유의 관점을 찾아내고, 변화를 갈구하는데 동의한다고 가정하지만, 화이트(1991)는 이러한 목표들이 연구자가 대상자들에게 보다 적극적으로 협조하였을 때 달성가능하다고 믿었다.

복합적인 철학(An Integrated Philosophy)

우리는 실증주의와 후기 실증주의가 해석주의와 구성주의에 반대되는 연구철학을 대표하는 것으로 생각하기 쉽다. 그렇다면, 우리는 자신의 기호에 가장 유사한 것으로 보이는 한 가지 철학만을 선택하고 그 이외의 것들은 비과학적이고, 무정하고, 혹은 비현실적이라고 비난해야 할 것이다. 하지만, 여러 가지 철학들 간의 차이들을 통합하는 연구 철학을 선택해야 할 이유들은 많다(Smith, 1991).

사회는 사람들이 어떻게 생각하고 행동하는지를 결정하는 인간행동의 산물이다. "지식의 사회학"은 사람들이 사회를 건설함에 따라 자신들을 만들어가는 과정을 연구한다(Berger and Luckmann, 1966). 개인들은 사회화의 과정을 통해서 사회 규칙을 내면화하므로 그들의 믿음과 행동들은 전적으로 자신들이 만들었다기 보다는 자신들이 속해있는 사회의 규칙을 반영하는 것이다. 따라서 해석주의 연구자들이 경고하듯이, 우리는 자신의 연구가 어떻게 진행되고 결과가 우리의 사회적 배경에 따라 어떻게 해석되는가를 주의 깊게 살펴보아야 한다.

우리가 정형화된 연구절차의 내면을 들여다보면, 사람들의 느낌과 그들이 느낌에 부여한 의미들을 연구에 고려하는 것이 중요함을 알 수 있다. 예를 들어 라빈과 메이나드(Lavin and Maynard, 2001)는 다양한 설문연구센터들이 전화면접 시행 중에 응답자로 인해 발생한 웃음유발 상황에 어떻게 대처하는가에 대해 조사하였다. 연구센터들의 고민은 다음과 같

다: 응답자들이 설문 중에 웃는 것은 대부분 설문자와 친근해 지고자 하는 의도이므로, 유머상황에 대한 회피는 설문자가 상대방과 공감하지 않는 사람으로 보이도록 할 수 있다는 것이다. 그러나 설문자가 유머상황에 동참할 경우, 그가 통제할 수 없는 선입견의 여지를 객관적이어야 할 면접과정에 허용하게 되는 단점이 있다.

> 설문자가 면접과정에서 유머상황을 효과적으로 관리할 때, 그들은 정형화된 절차를 준수함과 동시에 응답자들과의 공감대를 형성하여 그들이 면접에 계속 참여하고 응답을 유도하는 딜레마를 극복할 수 있다.(p. 473)

결과적으로 정형화된 것처럼 보이는 면접들이 실제로는 설문자가 기록한 답변에서는 찾을 수 없는 요인에 따라서 다양한 형태를 가질 수 있다. 이러한 해석주의적 과정에 대한 인식은 실증주의 전통에서 실행되는 설문연구를 향상시킬 수 있다. 연구자들은 자료수집과정에서 인간행동의 주관적인 면을 배제하거나 완전하게 삭제할 수 없다. 이러한 점들이 왜 실증주의와 해석주의 철학들 사이에 논쟁이 계속되고 있는지, 그리고 왜 두 철학 모두의 견해를 수용할 때 연구들이 개선될 수 있는지를 설명한다. Stephen P. Turner(1980)의 주장하기를, "흔히 서로 상반되거나 무관한 것으로 여겨지는 해석주의와 통계적 사회학들을 실증적으로 고려하면 그것들을 딱 들어맞게 조합할 수 있다"(p. 99).

그리고 사회과학에서 중요하게 생각하는 사실과 가치에 대한 실증적 구분은 어떠한가? 이 경우에도 실증주의자들의 가치중립적인 가정들과 이러한 견해에 대한 구성주의적 비판, 두 견해 모두 전적으로 옳을 수 없다는 근거들이 있다. 예를 들면 Savelsberg, King, and Cleveland(2002)는 발간된 형사사법분야의 연구들의 중요논점과 결과에 영향을 미치는 요인들을 조사하였다. 그들이 발견한 것은 형사사법 분야의 연구는 정부로부터 재정지원을 받았을 때 주 정부가 권장하는 주제와 이론들 보다 많이 집중되어 있었다는 것이다. 이는 학문에 대한 정치적 영향을 반영한다. 하지만 정부의 재정지원은 형사사법분야 연구자들이 조사한 연구과정에 대한 결론에 어떠한 영향을 주지는 않았다. 이는 과학적인 절차가 연구과정을 정치적 압력으로부터 분리시킬 수 있다는 점을 시사한다.

당신은 어떤 철학적 접근이 합리적이라고 생각하는가? 당신은 과학적 방법들이 우리가 사회를 자신들이 생각하는 방향이 아닌, 있는 그대로 이해하는 데 도움을 줄 것이라고 주장하는 실증주의자들과 후기 실증주의자들에게 동의하는가? 의미에 대한 해석주의적인 관점을 좋은 생각이라고 여기는가? 이 질문들에 대한 답변과 상관없이, 여러분은 사회에 대한 타당한 이해를 발전시키는 일은 사회과학자들에게 결코 쉬운 작업이 아니라는 것에 동의할 것이다.

결론 (CONCLUSIONS)

윤리적 논점들이 연구자들과 연구대상자들에게 문제가 될 여지는 연구설계의 종류에 따라 매우 다양하다. 특히 설문연구는 몇몇의 윤리적 문제들을 불러일으킬 수 있다. 미시간의 사회연구설문센터(Michigan's Institute for Social Research Survey Center)에서 미국 전국을 대표하는 성인 표본 집단에게 설문한 결과 설문에 참여한 사람들의 68%가 또 다른 연구에 참여할 의사가 다소 혹은 많이 있다고 응답하였다: 응답자들이 더 많은 횟수동안 설문에 참여할수록 그러한 설문에 또 참여할 의사가 더 많은 것으로 나타났다. 그들이 설문과정에서 비윤리적인 대우를 받았다면 응답자들은 다르게 생각했을 것이다(Reynolds, 1979). 하지만 사회과학의 몇몇 실험연구들은 사람들을 불편하고 때로는 수치스러운 상황에 처하게 하였고 이로 인해서 윤리에 대한 수년간의 논쟁과 시끄러운 불만들을 초래하였다(Reynolds, 1979; Sjoberg, 1967).

연구과제에 있어 윤리적 논점에 대한 평가는 연구계획의 일정부분과 특정한 윤리적 지침 사이의 불일치보다는 연구대상자에게 주어질 위해와 이익에 대한 전반적인 가능성을 구체적으로 측정하여 이루어져야 한다. 예를 들어 대상자에게 위해의 소지가 없는 경우에 실험연구에서 실제로 발생하는 사항에 대해 전부 공개하는 것은 불필요하다. 그럼에도 불구하고, 연구자들은 예견가능한 모든 위험상황들을 발견하고 이러한 것에 대응하여 연구로 인해 발생할 수 있는 이익을 고려하여 조율해야 한다. 그들은 다양한 관점을 가진 여러 사람들과 협의하여 구체적인 위험-이익 계산을 해야 하고 연구대상자들에 대한 위험을 최소화하고 이익을 최대화하기 위해 노력해야 한다(Sieber, 1992).

결과적으로 윤리적 절차에 대한 결정은 연구자 자신이 전적으로 하는 것은 아니다. 대학의 연구윤리위원회는 대학 내에서 인간 대상자들을 보호하기 위한 기준들을 제시하고 학생들을 포함한 모든 연구자들이 위원회의 검토를 위해 연구제안서를 제출하도록 규정하고 있다. 따라서 여러분은 ACJS나 여타 전문적인 기관들의 인간연구대상에 대한 지침을 검토하고, 연구윤리에 대한 대학의 절차들에 대해 자문을 구한 뒤 이에 따라 진행할 것을 제안한다.

주요 용어

- 벨몬트 보고서
- 혜택
- 사례연구보고서
- 비밀성에 대한 자격증
- 윤리강령
- 구성주의 관점
- 사후설명과정
- 인간실험대상자의 보호를 위한 연방정책
- 해석적 순환
- 연구윤리위원회
- 해석주의
- 상호주관적 동의
- 정의
- 뉴렘버그 전범재판
- 미국 국립보건국 내 연구위험 보호과
- 참여연구
- 필립 짐바도의 스탠포드 감옥실험
- 실증주의
- 후기실증주의
- 사생활보호에 대한 자격증
- 인간에 대한 존중
- 스탠리 밀그램의 권위에의 복종 실험
- *이해(Verstehen)*

강조 사항

- 필립 짐바도의 감옥연구와 스탠리 밀그램의 복종 실험은 사회과학 연구에서 연구대상에 대한 기망이 어느 정도까지 허용되는지와 대상자에 대한 위해가 어떻게 평가되어야 하는가에 대한 논쟁을 불러일으켰다.
- 독일 나치 과학자들과 터스키기 매독실험의 연구자들을 포함한 연구자들의 인간의 권리 침해는 인간을 대상으로 하는 연구에 대해 연방윤리기준을 마련하는 계기가 되었다.
- 국립위원회에 의해 발표된 1979년의 벨몬트 보고서는 인간 대상자를 보호하기 위한 세 가지 기본적인 윤리기준을 마련하였다: 인간에 대한 존중, 혜택, 정의.
- 미국 보건국은 1991년 인간실험대상자의 보호를 위한 연방정책을 도입하였다. 이 정책에 따르면 인간을 대상으로 하는 생의학 혹은 인간행동 연구를 수행하는 모든 기관들은 연방의 재정지원을 원하는 경우 기관 내에 감독기능을 행사할 수 있는 연구윤리위원회를 설치해야 한다.
- 인간실험대상자의 보호를 위한 ACJS의 기준은 실험대상자에 대한 위해를 피하고, 연구동의서에 서명을 받고, 특별한 경우를 제외하고 기망을 해서는 안 되며, 개인의 사생활을 보호하고 비밀성을 유지할 것을 규정하고 있다.
- 과학적 연구는 타당성에 대해 엄격한 기준을 유지하고, 정직하고 개방적인 형식으로 수행되고 보고되어야 한다.
- 실험완료 이후에 대상자에 대한 사후설명과정은 실험 중에 사용된 기망으로 인한 위해를 줄이는 데 효과적이다.

- 실증주의는 인간의 관찰한 것을 바탕으로 형성된 개인의 인식과 별개하여 존재하는 실체가 존재한다는 생각이다.
- 상호주관적 동의는 자연세계 혹은 사회에서 발생하는 현상에 대해 각기 다른 관찰자들 사이의 동의를 말한다.
- 후기실증주의는 경험적 실체가 존재하지만 현상 자체의 복잡함이나 연구자들의 선입견 혹은 다른 한계로 인해서 그 현상에 대한 우리의 이해는 제한적일 수밖에 없다는 생각이다.
- 해석주의는 실체는 사회에 의해 이루어진 것이고, 사회과학의 목적은 사람들이 그 실체에 부여한 의미들을 이해하기 위한 것이라고 믿는다.
- 구성주의적 관점은 다양한 중요관련자들이 주어진 상황에서 자신들의 생각을 형성해가는 과정을 탐구하고 대표하는 것이 중요하다고 여긴다. 구성주의자들은 연구하고 있는 논점에 대한 견해를 공유하기 위해 연구대상자들과 서로 교류한다.

연습문제

1. 범죄학자들이 짐바도의 감옥실험의 재연구를 반복하도록 허용되어야 하는가? 혹은 밀그램의 복종실험은 어떠한가? 당신은 그러한 연구가 현재 ACJS의 윤리기준에 부합한다고 주장할 수 있는가? 할 수 없다면, 당신은 이러한 연구가 허용되도록 ACJS의 윤리기준을 수정해야 한다고 생각하는가?
2. 당신은 현재 ACJS의 윤리강령을 어떻게 평가하는가? 너무 엄격하거나 느슨한가, 아니면 적당하다고 여기는가? 그 집행 규정들이 적당한가? 어떠한 규정들이 더욱 강화되어야 하는가?
3. 왜 비윤리적인 연구가 발생하는가? 과학에 있어 태생적으로 어쩔 수 없다고 생각하는가? 혹은 인간의 본성 때문인가? 어떠한 요인들이 윤리적인 연구를 촉진하는가?
4. 사후설명과정이 연구대상자에 대한 기망의 문제를 해결하는가? 연구시작 전후에 연구자들은 어느 정도까지의 실험에 대한 정보를 공개해야 하는가?
5. 셔먼과 버크(1984)와 같은 연구자들이 자신들의 연구결과를 보고할 때 준수해야 할 사항에 대해 당신은 어떠한 정책들을 제안하는가? 사회과학자들은 자신들의 연구에 대한 유명잡지의 잘못된 정보를 바로잡기 위해 힘써야 하는가, 아니면 학술논문에 보고된 내용들에 보다 중점을 두어야 하는가? 연구자들은 자신들의 연구결과와 관련한 정책들에 영향을 주기 위해서 경찰이 사건보고를 하듯이 대중들에게 정보를 전달해야 하는가?
6. 당신이 속한 대학의 연구윤리위원회의 기준과 운영에 대해 조사하라. 위원회의 구성원 중 한 명과 그 위원회로부터 허가를 받은 연구자 한 명에 대해서 설문하라. 위원회의 통상적인 회

의가 제출된 연구의 윤리적 논점을 잘 검토하고 있는가? 연구자들은 자신들의 제안서가 공정하게 평가받고 있다고 느끼는가? 왜 그런가?

7. 이 교재의 온라인 학습사이트(www.sage pub.com/prccj4e/learning.htm)를 방문하여 학술논문을 통한 학습(Learning From Journal Article)을 선택하라. 인간 대상자와 관련한 연구에 대한 논문을 읽어라. 그 연구는 어떤 윤리적 논점들을 포함하고 있고, 그 점들을 어떻게 해결하였는가? 대상자들이 적절한 방법에 의해 보호되었는가?
8. 강의 중에 실증주의와 해석주의에 대한 논쟁을 재개하라. 반드시 그 연구철학들의 지침들과 관련 목표들을 검토하라. 당신은 통합적인 철학이 적당하다고 판단할 수 있다.
9. 당신의 연구철학의 개요를 작성하라. 당신은 이 장에서 읽은 부분에 대한 생각을 바탕으로 개요를 작성해도 좋다. 하지만, 어떠한 관점이 당신에게 보다 합리적으로 다가오는지 진지하게 생각해야 한다.

연구제안서 작성

이제 당신이 계획하는 연구에 있어 가능한 윤리적 논점들과 연구를 이끌어갈 연구철학에 대해 생각해야 할 시간이다. 다음에 제시된 연습들은 연구에 있어 매우 중요한 결정들과 관련한 것이다.

1. 당신의 연구계획에 있어 인간 대상자의 보호를 위해 연구윤리위원회가 고려할 사항들을 나열하라. 각각의 사항에 대해 1점부터 5점까지 점수를 부여하되, 1점은 아주 미약한 윤리적 논점을 의미하고, 5점은 해결이 힘들 정도의 심각한 윤리적 문제이다.
2. 연구윤리위원회에 제출할 한 페이지 분량의 검토제안서를 작성하되 그 내용에

   서 당신이 계획하고 있는 연구가 ASA의 연구기준에 부합하도록 할 방법들을 설명하라
3. 당신의 연구에 참여할 사람들에게 적용할 사전 동의서의 초안을 작성하라. 초안의 여백을 사용하여 사전 동의서에 포함되어야 할 각각의 기준이 충족된 부분들을 표시하라.

학생 학습 사이트

교재의 웹사이트는 http://www.sagepub.com/prccj4e에서 발견할 수 있다. 이 장의 내용에 대한 여러분의 이해를 돕기 위해 온라인 학습사이트를 방문하여 자가 테스트나 카드게임(e-flashcards) 등을 사용할 수 있다.

웹 연습

1. The Collaborative Institutional Traini ng Initiative(CITI)는 인간 대상자의 보호에 대한 논점을 위하여 폭넓은 온라인 기반의 훈련 수업을 제공하고 있다. CITI의 일반공개 사이트(https://www.c itiprogram.org/rcrpage.asp?affiliation=100)를 방문하여 사회과학과 행동과학에 대한 수업을 이수하라. 배운 내용을 짧게 요약한 글을 작성해 보라.
2. 필립 짐바도는 스탠포드 감옥실험에 대해 방대한 분량의 문서를 웹사이트를 통해 공개하였다(www.prisonexperiment. org). 그 중 몇 개의 문서들을 읽고 짧은 보고서를 작성하라.
3. ACJS의 윤리강령(www.acjs.org) 전체를 읽고 각각의 연구기준의 의미에 대해 논의하라.
4. 과학철학에 대해 논의한 흥미로운 웹사이트들이 많다. 실증주의와 해석주의에 대한 요약본(www.misq.org/archivist/v ol/no28/issue1/EdCommentsV28N1.pdf)을 읽고, 이러한 철학적 대안들에 대한 여러분의 이해에 도움이 되었는지 서술하라.

SPSS 또는 엑셀연습

1. HOMICIDE.POR에 접속하여 살인사건의 세 가지 판결(무죄, 살인 유죄, 다른 중범죄 유죄)에 대한 변수인 MURCON의 파이도표를 구하라. 이 변수의 파이도표를 분석하여 당신은 이 살인사건의 표본 집단에 대해 어떤 결론을 내렸는가?
2. 동일한 데이터를 사용하여 살인 피고의 과거 체포경력에 대한 변수(PRIARR)의 막대 도표를 구하라. 이 살인사건 피고의 표본 집단의 범죄경력에 대해 당신은 어떤 결론을 도출하였는가?
3. OUTH.POR에 접속하여 응답자의 부모들이 응답자들이 집에 있지 않을 때 어디에 있는지에 대해 얼마나 자주 알고 있는지(1=전혀 모른다, 2=가끔 안다, 3=주로 안다, 4=항상 안다) 묻는 변수인 V63의 빈도분산을 구하라. 결과물에 막대도표를 포함시켜도 좋다. 이 청소년들의 표본 집단에서 부모들이 자식들의 거취를 얼마나 알고 있는가에 대해 당신의 결론은 무엇인가?

CHAPTER

04 개념화와 측정

약물남용은 사회 문제의 매우 큰 부분을 차지하고 있으며 많은 형태의 범죄들과도 연관성이 있다. 예를 들어 미국 주 그리고 연방 교도소에 구금된 폭력 범죄자들의 절반이상이 그들이 범죄를 저지를 때 알코올의 영향을 받았다고 한다(Bureau of Justice Statistics, 1998). 알코올은 모든 치명적인 교통사고의 절반이상에 연관되어 있으며, 매년 음주운전으로 인해 백만 건 이상이 체포되기도 한다. 대학의 학장들 역시 알코올 남용을 최고의 학내 문제로 간주하고 있으며(Wechsler et al., 1994), 또한 알코올은 대학 내 성폭력의 3분의 2정도와 관련되어 있다(National Institute on Alcohol and Alcoholism [NIAAA], 1995). 알코올과 약물 남용 예방과 치료를 위한 연간 예산은 모두 합해 4억 달러 이상이다(Gruenewald et al., 1997).

당신의 목표가 범죄자의 범죄와 연관된 요인들을 조사하든, 범죄자들에게 유용한 서비스들을 전달하든, 또는 범죄에 대한 효과적인 사회적 정책들을 고안하든지간에, 어떤 측면에서든 당신은 약물남용에 대한 연구 논문들을 읽을 필요가 있을 것이다. 당신이 관련된 연구들을 검토하거나 연구에 대한 설계를 시작할 때 마다, 당신은 두 가지 질문들에 대답할 필요성을 가질 것이다: "이 연구에서 약물남용의 의미는 무엇인가?"(개념화에 관한 것) 그리고 "어떻게 약물남용을 측정할 것인가?"(측정에 관한 것). 양쪽 질문들 모두 약물남용 연구의 타당도를 평가하기 위해 반드시 이해될 필요가 있다. 당신은 어떻게 개념들이 정의되고 측정되었는지를 알 때 까지 연구의 결과들을 이해하지 못할지도 모른다. 심지어 당신은 약물남용의 개념들을 정의하고, 정의된 개념들의 타당한 측정을 구성할 때 까지 연구 프로젝트를 시작할 준비가 되지 않을 수 있다. 측정 타당도는 성공적인 연구를 위해 필수적인 것이다; 사실, 타당한 측정 없이, 다른 두 가지 측면의 타당도를 얻으려는 시도는 무의미 하다: 인과적 타당성(제6장)과 일반화(제5장).

이 장에서, 우리는 약물남용과 관련된 개념의 예를 이용하여, 개념화에 대한 주제를 서술할 것이다. 우리는 지역사회 경찰활동 그리고 청소년 폭력집단과 같은 용어들에 대한 개념화 과정의 예를 제시하고자 한다. 그런 다음 우리는 측정문제를 다룰 것이다. 먼저 가능한 데이터, 질문들, 관측들, 그리고 비관여 측정들의 조작화를 이용하여 약물남용의 측정이 어떻게 구성되어왔는지를 검토할 것이다. 이러한 과정을 거쳐 우리는 이러한 측정들의 타당도와 신뢰도가 어떻게 평가되는지를 설명할 것이다. 이 장의 끝에 가서, 당신은 연구 프로젝트의 타당도가 의존하고 있는 세 가지 부분 중 가장 처음 부분인 측정에 대해 잘 이해할 것이다.

개념들 (CONCEPTS)

2009년 6월 뉴욕 타임스에서는 대학에 다니지 않은 젊은 성인들의 폭음은 지난 27년 동안 크게 줄어든 반면에 대학을 다닌 같은 나이대의 코호트 집단의 폭음은 그렇지 않다는 것을 보고하고 있다. 약물사용과 건강에 대한 국가 설문조사에 근거한 이러한 사실은 대학생활의 어떠한 요인들이 폭음행위를 증가시킨다는 것을 의미하는 것처럼 보인다. 대학 캠퍼스에서는 폭음을 줄이기 위해 많은 프로그램들이 실행되었다. 예를 들어 또 다른 뉴욕 타임스의 기사에서, 존슨(Johnson, 1997)은 5개의 미국 대학들이 학생 사교클럽들에서 알코올을 금지하는 시범 프로그램에 참여했었다는 것을 보고하였다. 또한 기사에는 약물이 없는 공간은 곧 미국 대학 교내에서 일반적인 표준이 되었다고 주장하였다. 그러나 이러한 개념들이 진짜 의미하는 것은 무엇인가? 이러한 개념들(알코올, 대학교, 대학교내, 그리고 시범프로그램)은 실제로 광범위하게 이해되고 공통적으로 사용되어왔다. 그러나 이러한 표현들을 들었을 때 그 개념들을 동일하게 인식하지는 않는다. 예를 들어 전문대학은 대학에 포함된다고 할 수 있는가? 대학교정의 개념은 실질적으로 대학교 밖에 있는 대학교 자산인 학생의 사교클럽에 까지 확대될 수 있는가? 약물이 없는 공간은 알코올뿐만 아니라 담배 역시 금지된다는 것을 의미하는가?

개념 일련의 비슷한 관측들, 느낌들, 생각들을 요약하는 정신적 이미지

약물 없는 공간과 같은 개념들은 연구에서 사용되기 전에 개념에 대한 명백한 정의가 필요하다. 왜냐하면, 모든 독자들이 개념에 대한 동일한 정의를 공유하고 있다고 확신할 수 없기 때문이다. 특히 다소 모호하고 익숙하지 않은 개념을 정의할 경우에는 더욱 중요하다. 빈곤, 사회 통제 또는 긴장과 같은 개념을 언급할 때, 그것을 다른 사람들이 정확하게 알고 있는지 확신할 수 없다. 그런 개념의 의미를 명확하게 하는 것은 개념에 익숙하지 않은 사람들에게만 이익이 되는 것은 아니다; 심지어는 전문가들조차 개념의 의미에 대해서 동의하지 않는다. 그러나 우리는 이러한 개념을 사용하는 것을 피할 필요는 없다; 다만 개념을 사용할 때 의미하고자 하는 것이 무엇인지를 명확하게 구체화 해야만 한다. 그리고 다른 사람들도 우리가 사용한 개념을 같은 의미로 생각할 것이라고 예상해야만 한다.

개념화의 실제 사용(Conceptualization in Practice)

만약 적절한 개념화 작업을 해야 한다면, 몇 가지 정의 그 이상에 대해 생각해야만 한다. 개념의 하위 개념들 또는 측면들을 구분할 필요가 있다. 연구를 인도하는 이론적 체계 속에서 어떻게 개념들의 정의가 잘 맞아 떨어지는지, 어떤 가정들이 이러한 체계를 강조하고 있는지에 대해 반드시 물어볼 필요가 있다.

개념화 용어에 의해 우리가 의미하는 것을 명확하게 하는 과정. 연역적인 연구에서, 개념화는 추상적인 이론의 부분들이 구체적인 변수들은 포함하는 검증 가능한 가설로 바꾸어지는 것에 도움을 준다. 귀납적인 연구에서, 개념화는 관련된 관측들을 이해하기 위해 사용되어지는 과정에서 가장 중요한 부분이다.

청소년 폭력집단 정의(Defining Youth Gangs)

*청소년 폭력집단*이라는 용어를 들었을 때 마음속에서 명확한 이미지가 떠오르는가? 비록 이 용어가 매우 흔하지만, 청소년 폭력집단의 개념을 명확하게 정의하려는 사회과학자들의 시도는 아직 성공적이지 못하였다: "폭력집단을 연구하는 학자들이나 경찰관들 역시 청소년 폭력집단에 대해 공통적인 정의를 가지고 있지 않다...그리고 다양한 국가적 노력도....합의에 도달하는데 실패하였다"(Howell, 2003:75). 표 4.1은 청소년 폭력집단의 많은 대안적 정의들 중에 몇몇을 열거하였다.

무엇이 이러한 개념을 정립하는데 어렵게 하는가? 하웰(Howell, 2003:27-28)은 4가지 이유 때문에 청소년 폭력집단을 정의하는 것에 어려움이 있다고 주장하였다.

1. 청소년 폭력집단은 특별하게 응집력을 가지고 있지 않다.
2. 폭력집단의 개인들은 그들의 관심을 시간이 지남에 따라 바꾸게 된다.
3. 많은 청소년 폭력 집단은 다양한 구성원들을 가지고 있고, 불명확한 규정 때문에 온갖 잡동사니와 같은 특징을 가지고 있다.
4. 청소년 폭력집단에 대해서는 많은 부정확한 그러나 대중적인 근거 없는 믿음이 있다.

게다가 청소년 폭력집단은 단지 한 종류의 사회집단이기 때문에 다른 종류의 사회집단들, 예를 들어 아이들 집단, 청소년 하위문화 집단, 비행청소년 집단, 그리고 성인 범죄 조직등과 같은 집단 등이 있으며, 이들 집단과 구분하는 방법을 통해 청소년 폭력집단을 정의하는 것이 중요하다. 다양한 측면을 가지고 있는 넓은 개념으로서 사회집단을 생각할 수 있으며, 이들 중에 하나가 청소년 폭력집단이다. 같은 방식으로, 약물남용을 세 가지 측면을 가진 개념들로 생각 할 수 있다: 알코올 남용, 마약 남용, 그리고 다수 물질의 남용. 정의하는 개념이 무엇이든지 간에 개념이 단일 측면이나 복수의 측면을 가지고 있는가에 대해 고려할 필요가 있다. 만약에 복수의 측면을 가지고 있다면, 개념화에 대한 당신의 작업은 더 넓은 개념의 우산 아래 포함되는 하위개념을 구체화할 때까지 끝난 것이 아니다.

약물남용의 정의(Defining Youth Gangs)

어떠한 형태의 관찰 또는 이미지가 약물남용이라는 개념과 연관되어야만 하는가? 조리 있게 말하지 못하고 술병을 가지고 벽에 기대어 있는 사람? 파티에서 술에 취한 대학교 학생? 알코올 중독자들의 모임에서 한 병의 맥주를 마시는 사람? 골목에서 한잔의 와인을 마시는 10살짜리 소년? 프랑스의 저녁식사 자리에서 한잔의 와인을 마시는 10살짜리 소년? 이러한 모든 이미지들이 특별한 연구 목적에서 물질 남용으로서 정의되어져야만 하는 공통적인 모습인가? 그들 중에 몇몇이 적용될 수 있는가? 문화적 차이점들을 고려해야만 하는가? 사회적 상황은 어떤가? 알코올의 물질적 용인은 어떻게 생각할 것인가? 개인적 기준점은?

현재 많은 연구자들은 미국 정신의학회(American Psychiatric Association)의 정신 장애의 진단과 통계적 편람(Diagnostic and Statistical Manual of Mental Disorder, DSM-IV)에 포함되어 있는 약물남용의 정의를 사용하고 있다. 뮤저와 그의 동료들(Mueser et al., 1990)이 언급한 것처럼, "어느 정도의 약물의 반복적인 사용은 적절한 사회적, 직업적 그리고 스스로 자신의 건강을 관리하는 기능을 방해한다"(p. 33). 반대로, 약물에 대한 의존도는 "어떤 사람이 동일한 정신의학적 결과를 획득하기 위해 더 많은 복용량이 필요한 것과 같이 약물에 대한 내성이 상대적으로 발달되어 있다. 그리고 약물을 중단한 후에 약물에 대한 갈망과 금단증상을 경험하는 것으로 정의할 수 있다." 이러한 정의들은 사회적 기대감 또는 문화적 규범이라기보다는 행위적 생물학적 기준에 의존한다.

약물남용에 대한 정신 장애의 진단과 통계적 편람(DSM-IV)의 정의가 정확하다 또는 부정확하다고 판단할 수 없다. 각각의 연구자들은 그들이 관찰하는 것에 적합하도록 개념화할 권리가 있기 때문이다. 그러나 약물남용에 관한 정신장애의 진단과 통계적 편람(DSM-IV)의 정의가 부분적으로 유용하고, 이러한 정의가 광범위하게 사용되어 왔다는 점에서 그들의 개념화가 매우 좋았다고 할 수는 있다. 만약 우리가 정신 장애의 진단과 통계적 편람(DSM-IV)에서 개념화 한 것과 같은 방식으로 약물남용을 개념화 한다면, 많은 다른 사람들 역시 우리의 개념을 공유할 것이고 우리가 무엇을 말하는가를 이해할 것이다. 약물남용의 이러한 정의는 두 가지 다른 매력적인 측면들을 가지고 있다. 명확하고 정확한 언어를 통한 개념화는 해석적 측면에서 차이점을 줄이고, 이해력을 극대화 시킬 수 있으며, 약물남용의 더욱 구체적인 개념들과 명확하게 구분될 수 있다.

한 가지 주의할 점은 순서이다. 어떤 개념에 관한 정의도 정의에서 사용한 용어의 공통된 이해에 의존한다. 그래서 만약 적절한 사회적 기능, 자기 건강을 관리하는 기능, 그리고 반복적인 사용과 같은 용어의 공통된 이해를 가지고 있지 않다면, 약물남용을 정의하는 과정을 끝내기 전에 이러한 용어들을 반드시 정의해야만 한다.

EXHIBIT 4.1 청소년 폭력집단의 대안적 정의들

- 청소년 폭력집단이라는 용어는 주류사회의 주변부의 구성원으로, 느슨하게 조직되어 있으며, 명백한 사회적 목적이 없는 집단을 의미하는 경향이 있다.(Ball and Curry, 1995:227)
- 청소년 폭력집단은 사이집단(어린이와 성인사이)으로 초기에는 즉흥적으로 형성되고, 후에 갈등을 통하여 통합되어진다.(Trasher, 1927:18).
- 청소년 폭력집단은 청소년 중에 눈에 띄는 청소년 집단으로 a) 지역사회에서 다른 사람들에 의해서 뚜렷한 집합으로서 일반적으로 인식되고, b) 그들 스스로 예외 없이 일반적으로 집단의 이름을 가진 명백한 집단으로 인정하고, c) 지역사회의 주민들과 경찰로부터 일관적으로 부정적인 대응을 불러일으키는 수많은 비행에 연루되어온 집단이다.(Klein, 1971:13)
- 청소년 폭력집단은 인식가능한 지도력을 가지고 상호적인 이익에 의해 스스로 결합한 또래집단이며, 비합법적인 활동을 포함하여 구체적인 목적을 성취하기 위해 개인으로서 또는 집합적으로 행동하고, 특별한 영역, 시설, 또는 사업을 통제하고 있는 내부적 조직이다.(Miller, 1992:21)
- 청소년 폭력집단은 어떤 영속성을 나타내는 같은 나이 또래의 집단으로 범죄행위에 관여하고, 회원으로서 어떤 상징적인 표현을 가지고 있다.(Decker and Van Winkle, 1996:31)
- 청소년 폭력집단은 때때로는 조직적으로 그리고 폭력적으로 활동한다고 스스로 인식한 청소년 집단이다.(Kennedy, Piehl, and Braga, 1996:158)
- 거리 범죄 청소년 집단은 셋 또는 그 이상의 사람으로 구성된 어떤 조직 또는 연합으로, 공식적 또는 비공식적이든지, 범죄행위를 저지르는 것을 가장 최고의 활동으로 여기는 집단이다(Street Terrorism Enforcement and Prevention Act, 1988, California Penal Code Sec. 186.22[f]).

출처 : Based On Howell, 2003: 76

지역사회 경찰활동 정의(Defining Community Policing)

경찰은 범죄가 일어난 후에 대응하기 보다는 범죄를 예방하여야 한다고 대부분의 사람들은 믿고 있다. 그러나 초기 연구들은 실질적으로 경찰 순찰이 없는 경찰관할 구역과 경찰의 순찰이 매우 강한 경찰관할 구역 사이에서 범죄율에 대해서는 별 다른 차이점이 없었다는 것을 보여주고 있다(Bayley, 1994). 1980년대에 경찰은 기본적인 순찰의 한계점을 인식하기 시작하였으며, 더욱 효과적인 범죄예방 전략들을 찾기 시작하였다. 데이비드 베일리(David Bayley, 1994)는 새로운 범죄 예방 전략 형성을 돕는 3가지 관점을 서술하였다:(1) 경찰은 지역사회의 도움 없이는 범죄를 예방할 수 없다.(2) 경찰은 범죄에 대응하는 것 이상의 활동을 해야 한다.(3) 지역에서의 간단한 순찰활동은 너무 수동적이다. 대부분의 사람들은 이러한 관점들에서 나타나는 범죄예방 노력들을 지역사회 경찰활동으로 분류한다. 불행하게도, 실무가들과 연구자들 사이에서 정확하게 무엇이 지역사회 경찰활동인가에 대해서는 여전히 많은 의견차가 있다. 베일리가 서술한 것은,

> 나는 지역사회 경찰활동으로 도보순찰, 사소한 무질서에 대한 공격적인 법집행, 쇼핑상점의 전자감시, 교통단속의 증가, 그리고 대중적 신뢰를 불어넣을 수 있는 다양한 경찰활동으로 서술되어 온 것을 보았다.... 어떤 경찰 서장은 경찰과 대중과의 어떤 접촉이 지역사회 경찰이라고 생각하였다.(P. 104)

기본적인 순찰의 공통적인 실행으로부터 새로운 지역사회에 대한 접근방식으로, 경찰 실무가 발전되어 온 것을 광범위하게 조사한 후에, Bayley(1994)는 4가지 요인들이 공통적인 부분이라 생각하였다: 상담, 적응, 가동화, 그리고 문제 해결. 그는 이러한 요인들의 각각을 다음과 같이 개념화 하였다.

> *상담* : 지역사회와 경찰활동의 우선순위와 전략들에 대해 대화하기 위한 새로운 기제를 형성하는 것.
>
> *적응* : 범죄와 무질서는 장소에 따라 발생 상황이 다르기 때문에, 적응은 지역 경찰 지휘관들이 경찰자원을 더욱 유연하게 사용할 수 있도록 하는 지휘체계의 재구성을 포함한다.
>
> *가동화* : 범죄예방을 위해 경찰자신들의 노력에만 의존하는 것이 아니라, 가동화는 대중의 활동적인 도움을 얻기 위한 프로그램을 경찰이 개발하는 것을 포함한다.
>
> *문제해결* : 범죄가 일어난 후에 단지 대응하는 것이 아니라, 문제해결은 경찰 서비스가 필요하게 만드는 상태에 대해 연구하고, 이러한 상태를 고칠 수 있는 계획을 작성하고, 치유적인 행동들을 실행하고 평가하는 활동들을 포함한다.

지역사회 경찰활동은 많은 다른 측면들을 가지고 있다. 어느 정도 경찰서가 이러한 다양한 측면들을 도입해 왔다는 점에서 광범위한 변동성이 있으며, 최소한 미국에서 지역사회

경찰활동의 미래는 불명확하다. 그러나 일본, 싱가포르를 포함한 다른 산업화된 국가에서 지역사회경찰활동은 단단하게 자리 잡고 있다(Bayley, 1994).

빈곤의 정의(Defining Poverty)

어떻게 개념을 정의하는가에 대한 결정들은 연구자들을 안내하는 이론적 구조를 반영한다. 예를 들어 빈곤이라는 개념은 어느 정도 논쟁적이다. 왜냐하면 빈곤이 무엇인가에 대한 다양한 의견들이 빈곤이 얼마나 퍼져있는지의 측정과 빈곤에 대해 무엇을 해야 하는가를 결정하게 되기 때문이다.

빈곤율에 대해 신문에서 보게 되는 대부분의 통계수치들은 1965년 사회 보장국의 몰리 오산스키(Mollie Orshansky)가 형식화한 이래로, 연방정부와 많은 연구자들에 의해 도입된 빈곤의 개념을 반영하고 있다(Putnam, 1977). 오산스키는 빈곤을 2개월 동안 필요한 식품을 구입하기 위해 필요한 통화의 양에 의존하여 이를 절대적인 기준으로 삼아 빈곤을 정의하였다. 이러한 생각은 사람들이 만약 그들이 필요한 음식 그리고 다른 필수적인 상품들을 구입하기 힘들다면 그들은 매우 가난한 사람들이라는 것이다. 이러한 빈곤 기준은 가족의 수와 구성(아이와 성인의 수)으로 조정되며, 식품을 위해 필요한 최소한의 통화는 3에 의해 곱해진다. 왜냐하면 1955년 설문은 가난한 가정들은 그들의 소득의 약 3분의 1을 식품의 소비에 쓰기 때문이다(Orshansky, 1977).

몇몇 사회 과학자들은 절대적인 기준에 동의하지 않으며, 대신 상대적인 빈곤 기준 이나 소득불균형을 도입해야한다고 주장한다(Blau and Blau, 1982). 이러한 상대적인 개념 뒤의 생각은 빈곤은 어떤 사회 또는 특별한 시대에서 정상이라고 여겨지는 조건들 속에서 정의 내려져야만 한다는 것이다.

그러나 몇몇 사회 과학자들은 아직 다른 빈곤의 개념을 선호한다. 주관적인 접근으로 보았을 때, 빈곤은 사람들이 살아가기 위해 필요한 최소한의 소득이 어느 정도인지에 대한 사람들의 생각으로 정의할 수 있다. 물론, 많은 사람들은 이러한 접근이 사람들이 살아가기 위해 필요한 것을 측정하기에는 외부 다양한 기준에 너무 많은 영향을 받는다고 주장한다(Ruggles, 1990).

어떤 접근이 빈곤을 정의하는데 더욱 합리적인 접근방식이라고 생각하는가: 절대적 기준인가, 상대적 기준인가, 또는 주관적 기준인가? 빈곤의 개념에 대한 이해는 이러한 대안적 정의들에 대한 이론적 영향을 고려할 때 더욱 선명해 질 수 있다.

긴장의 정의(Defining Strain)

몇몇 개념들은 복수의 측면을 가지고 있기 때문에, 몇 가지 관계된 개념들을 함께 더 큰 개념적 우산 속으로 가져 올 수 있다. 그러한 개념은 머튼(Merton, 1938)에 의해 처음 정의되고, 후에 클로워드와 올린(Cloward and Ohlin, 1960)에 의해 정의된 것이 긴장이라는 개념이다. 가장 간단한 형태의 개념 속에서, 긴장 이론은 비행과 다른 형태의 범죄성향 또는 일탈이 좌절된 욕구의 결과라고 주장한다; 이러한 좌절은 사회적으로 유도된 열망들 또는 목표들과 이러한 목표들을 성취하도록 사회적으로 용인된 방법들 사이의 관계에 대한 차이에서 오는 결과 때문이라고 일반적으로 여겨진다. 긴장이론에 따르면, 비행은 사회적으로 유도된 필요와 목표들(예, 지위, 부, 힘, 사회적 수락)을 성취하는 것에 대한 실질적 또는 예상되어지는 실패에 대한 대응이다. 13세에서 19세까지의 미국 국가 청소년 설문조사(National Youth Survey)로 부터의 표본에서 인지된 긴장과 비행과의 관계를 결정하기 위해, 엘리엇, 하위징아, 아게톤(Elliott, Huizinga, and Ageton, 1985)은 긴장을 가정과 학교환경 모두로부터 목표 예상 불일치로서 개념화 하였다. 예를 들어 만약 좋은 학생이 되는 것이 어떤 학생에게는 중요하다, 그러나 이 학생은 선생님이 자신을 좋은 학생으로 생각한다고 인식하지 못한다면 개인적 수준에서 긴장이 증가할 것이다.

머튼의 초기 개념화에 의존하여, 메스너와 로젠펠드(Messner and Rosenfeld, 1994)는 아노미라 불리는 거시적 수준의 긴장을 이용하였다. 가장 일반적인 형태에서, 아노미는 행위의 규범적 규제를 약화시키는 것으로 정의되었다. 아노미 이론은 약화된 규범적인 규제는 문화적 목표를 달성하기 위한 합법적인 수단들(예, 대학 교육의 기회, 높은 지위의 직업)에 비해 지나치게 문화적 목표(예를 들어 부, 명성)를 강조한 결과 때문이거나, 높은 가치를 두는 목표들을 획득하기 위한 기회의 분포에서의 차이(어떤 사회적 집단은 다른 집단들에 비해 이러한 목표를 달성할 같을 기회를 가지지 못할 수도 있다) 때문이라 주장한다. 메스너와 로젠펠드에 따르면, 미국사회에는 아노미를 촉진하는, 결과적으로 범죄를 양산하는 4개의 문화적 가치가 존재한다. 그러므로 미국사회에서 범죄는 일반적이라고 할 수 있다; 성취, 개인주의, 보편주의, 그리고 물질주의. 아노미를 완전하게 정의하기 위해서, 메스너와 로젠펠드는 이러한 개념들을 정의해야만 했다. 예를 들어 물질주의의 가치가 무엇을 의미하는가를 서술하기 위해, 그들은 다음과 같이 서술하였다.

> 미국인들의 문화에서, 성공은 금전적인 보상의 축적과 같은 방식을 의미한다. 또한, 돈은 미국 문화에서 특별한 우선권으로 간주되어 왔다. 여기에서 강조하는 것은 미국이 유일한 물질주의 국가라는 것은 아니다. 왜냐하면, 물질적 행복에 대한 강한 관심은 모든 사회에서 발견되어 질 수 있기 때문이다. 하지만, 미국의 문화의 독특한 측면

은 성공의 측정으로서 돈의 역할은 절대적이라는 것이다. 금전적인 성공은 본질적으로 한도가 없다. 항상 더 많은 돈을 가지는 원칙의 수립이 가능하다. 따라서 미국인의 꿈은 최종 종착지를 제시하지 않는다. 미국인의 꿈은 결코 끝나지 않는 성취를 요구한다. 돈을 축적하고자 하는 압력은 결코 끝나지 않으며, 필요한 모든 방법을 동원해서라도 그들의 금전적인 목표를 추구하도록 사람들을 꾀어내고 있다.(P. 71)

개념들과 변수들(Concepts and Variables)

이론 속에서 개념들을 정의한 후에 개념에 적합한 변수들을 인식할 수 있으며, 개념을 측정하기 위한 과정을 개발할 수 있다. 이것은 중요한 과정이다. 도널드 블랙(Donald Black, 1984)이 사람들이 일탈행위를 정의하고 그 행위에 대응하는 모든 과정으로서 정의한 사회통제의 개념을 생각해 보자. 어떤 변수들이 이러한 사회 통제의 개념화를 대표할 수 있는가? 지역사회에서 체포된 사람들의 비율? 범죄에 대한 재판의 평균 형량? 공공장소에서의 음주에 대응하는 행인들의 종류? 이러한 것들의 어떤 결합?

비록 사회 통제와 같은 개념이 무엇을 의미하는가를 명확하게 하기 위해서 매우 조심스럽게 과정을 진행해야 하지만, 몇몇 개념들은 연구에서 구체적인 변수들에 의해 잘 표현될 수 있기 때문에 그렇게 조심스럽게 정의 내려질 필요는 없다. 폭음을 강하지만 일정하지 않은 음주로 정의할 수 있으며, 사람들에게 어떤 기간 동안 연속적으로 얼마나 많은 술을 마셨는지를 질문함으로서, 변수들로서의 폭음을 측정할 수 있다(Wechsler et al., 1994). 이러한 방식은 매우 직설적이라고 할 수 있다.

연구에서 모든 개념들이 변수들에 의해 표현되지는 않는다는 것에 대해서는 인식할 필요가 있다. 예를 들어 만약 *음주허용*이라는 표현을 대학교 사교클럽에서 음주에 대한 규칙의 부재로 정의한다면, 다양한 대학에서 다른 남학생 사교클럽에 매우 다양한 현상을 떠올릴 것이다. 그러나 만약 음주를 금지하는 사교클럽만을 대상으로 사회적 생활을 연구한다면, 음주의 허용은 변수가 아닐 것이다. 모든 사교클럽에 대한 연구에서 같은 수준의 음주허용 수준을 가질 것이고, 결과적으로 음주에 대한 허용은 일정할 뿐 변화하지 않을 것이다. 물론 음주의 허용이라는 개념 역시 대학교 사교클럽에서 사회적 생활을 이해하는데 중요하다고 할 수 있다.

측정 조작(MEASUREMENT OPERATIONS)

추상적으로 개념들을 정의하고, 측정하고자 하는 구체적인 변수들을 인식한 후에 측정 과정을 개발할 필요가 있다. 목표는 측정하고자 하는 개념을 실질적으로 측정하는 과정을 고안하는 것이다. 다시 말해, 측정 타당성을 획득하는 것이다.

> *조작* : 측정하고자 하는 개념을 실질적으로 측정하고 변수의 가치를 확인하는 과정
> *조작화* : 각각의 사례를 위한 변수의 가치를 나타내는 조작을 구체화하는 과정.

표 4.2는 세 가지 연구들에서 조작화(operationalization) 과정을 표현한다. 첫 번째 연구자들은 자신의 개념(폭음)을 정의하였고, 그 개념을 표현하기 위해 한 가지 변수(강하고 일정하지 않은 음주의 빈도)를 사용하였다. 이러한 변수는 단 하나의 질문에 대한 응답 또는 지표를 가지고 측정되어 진다: 지난 2주안에 얼마나 자주 알코올을 포함하는 음료 5개 또는 그 이상을 연속적으로 소비하였는가? 두 번째 연구자는 두 가지 측면(주관적 빈곤 그리고 절대적 빈곤)으로서 빈곤을 정의하였다. 주관적 빈곤은 다음 질문에 대한 응답으로 측정되어졌다: "당신은 가난하다고 생각하십니까?" 객관적 빈곤은 가족의 소득을 빈곤의 시작점과 비교하여 측정되어졌다. 세 번째 연구자는 사회적 계층이라는 개념을 세 가지 측정 변수들을 가지고 측정되어졌다: 소득, 교육, 그리고 직업적 위신. 그런 후에 이러한 세 가지 변수들의 가치는 한 개의 지표(indicator)로 합쳐졌다.

좋은 개념화 그리고 조작화는 연구 과정의 후반부에서의 혼란을 막을 수 있다. 예를 들어 연구자들은 자립을 돕는 단체에 가입한 약물 남용자들은 병원을 통한 약물 남용 치료를 받은 사람들에 비해 음주를 하지 않는다는 것을 발견할 지도 모른다. 그러나 대안적 치료의 무엇이 성공적인 금주와 연관이 되는가? 동료집단의 지원 수준? 알코올 중독의 원인에 대한 믿음? 치료에서의 금전적인 투자? 만약 연구자가 자신의 데이터를 모으기 전에, 약물 남용 치료 개념의 그러한 측면들을 고려했었다면, 그녀는 금주 비율에서 차이점이 어떤 것과 연관성이 있는지 이해할 수 있었을 것이다. 그러나 그녀는 이러한 변수들을 측정하지 않았기 때문에, 약물 남용 치료에 대한 이해에 도움이 되지 않을 것이다.

사회학자들은 그들의 개념들을 조작화하기 위해서 많은 선택들을 가지고 있다. 측정들은 사람들에게 질문하고, 사법부의 의견을 읽고, 사회적 상호작용을 관찰하고, 책에서 단어들을 부호화 하고, 인구조사 통계국의 데이터를 검사하고, 쓰레기 용기를 검사하거나, 소변 그리고 혈액 샘플을 채집하는 것 등과 같은 다양한 활동에 의존할 수 있다. 출판된 데이터를

사용하거나, 질문을 하거나, 행동을 관찰하거나, 사람들의 행동과 태도를 측정하는 비관여 측정 방법을 이용하는 조작에 집중하고자 한다.

EXHIBIT 4.2 개념들, 변수들, 그리고 지표들

개념	변수	빈도
폭음	강한 비일관적 음주의 빈도	지난 2주안에 얼마나 자주 알코올을 포함하는 음료 5개 또는 이상을 연속적으로 소비하였는가?
빈곤	주관적 빈곤 절대적 빈곤	당신이 가난하다고 생각하십니까? 사회 보장국의 빈곤 시작점 보다 낮은 소득
사회적계층	소득 직업적 위신	소득 + 교육 + 직업적 위신

접근 가능한 데이터 사용(Using Available Data)

비영리 활동 집단, 대학의 연구자들, 그리고 몇몇 사적인 사업체로부터 데이터의 수집이 가능한 것처럼 정부 보고서는 풍부하고 쉽게 접근이 가능한 형사정책 데이터의 근원이다. 예를 들어 경찰과 건강 통계수치는 약물 남용에 관한 지역 수준의 몇 가지 지표들을 제공한다(Gruenewald et al., 1997). 마약의 소지와 판매로 인한 체포, 음주운전으로 인한 체포, 주류법 위반(청소년에게 음주 판매) 등에 관한 통계는 매년 획득될 수 있으며, 가끔 매 분기별로 지역 경찰이나 주 범죄 정보 센터로부터 획득이 가능하다.

이와 같은 지표들은 어떻게 그들이 구성되었는지 조심스럽게 살펴보지 않으면 시간적 또는 지역적으로 비교되어 질 수 없다. 알코올에 취했음을 증명하기 위해 법적으로 필요한 혈액에서의 알코올 수치의 수준은 지역마다 다르다. 심지어는 음주와 운전에 대한 모든 부분이 동일하다고 할지라도 약물남용의 비율에서 차이점을 나타낼 수 있다. 경찰 법집행 방식 역시 경찰 관할지역에 따라 시간에 따라 변화할 수 있다(Gruenewald et al., 1997). 또한 접근 가능한 데이터가 정확한지 가정할 수 없다. 노숙자에 대한 공식적 통계는 부정확하기로 악명이 높다. 왜냐하면, 거리에서 노숙자 위치를 파악하는데 어려움이 있고, 정부 공무원들은 조사요원에 의한 어림짐작에 의존하는 경향이 있기 때문이다(Rossi, 1989). 심지어는 사망의 원인과 같은 겉보기에 매우 간단한 측정조차도 놀라울 정도의 오류를 포함하고 있다.

예를 들어 사망 증명서의 30-40%가 사망의 원인을 부정확하게 파악하고 있다(Altman, 1998).

미국 인구통계국과 같은 중앙 정부 공무원을 통해 제시된 정부 데이터는 질적으로 매우 우수하지만, 지방정부 수준의 조사에 의해 수집된 공식적 데이터를 사용하는 데에는 조심할 필요가 있다. 예를 들어 미연방조사국(FBI)에서 발간하는 미 표준 범죄 보고서(UCR)는 지역 단위에서 규칙적인 훈련과 명백한 지침들을 가진 표준 분류 기준을 제시하고 있다. 그러나 데이터는 여전히 많은 범죄에서 불일치를 보여주고 있다. 관할 지역사이에서 나타나는 불일치의 많은 요인들 중에서 몇몇을 고려해 보자: 강간 사건의 분류에서의 변화 또는 차이는 무엇이 성행위라고 간주되어지는가에 대한 개념의 차이에서 기인할 수 있다; 강도 범죄의 정의에서 무엇이 필요이상의 힘 또는 강제력이라고 생각될 수 있는가에 대한 생각이 다른 결정에 기인할 수 있으며; 신체적 부상이 일어나지 않았지만 협박이 이루어진 범죄행위는 가중폭행 또는 단순 폭행으로 분류될 수 있다(Mosher, Miethe, and Phillips, 2002:66). 새로운 미 국가 사건중심보고시스템(NIBRS)는 미 표준 범죄보고서의 몇 가지 문제를 바르게 고쳤다. 그러나 미 국가 사건중심보고시스템은 훨씬 많은 훈련과 서류를 요구하고 있고, 아직 널리 사용되고 있지 않다(Mosher et al., 2002). 게다가 제1장에서 배운 것처럼, 이러한 시스템 모두는 범죄로 집계되기 위해서 피해자가 경찰에게 신고를 해야 한다는 것에 의존하고 있다는 것이다.

몇몇 연구에서는, 지표가 가진 문제점이 더욱 정확한 지표를 선택하는 것에 의해 가능한 줄어들 수 있다고 설명한다. 예를 들어 그들이 치명적이든지 아니든 간에, 한 대의 차량이 연루된 야간 차량 교통사고의 수는 한 대의 차량이 연루된 치명적 차량교통사고보다 음주운전의 빈도에 대한 더욱 구체적인 지표가 될 수 있다(Gruenewald et al., 1997). 다른 수준의 집합에 집중하는 것은 데이터의 질적인 측면을 향상시킬 수 도 있다. 왜냐하면, 데이터 수집의 과정들은 도시, 카운티, 주 사이에서 차이를 만들지도 모르기 때문이다(Gruenewald et al., 1997:40-41). 법적 기준들, 경찰 법집행 차이들과 같은 것들은 지역사이의 비교를 통해 측정 과정에서 고려한다면 더욱 더 신뢰성을 가질 것이다.

질문 구성(Constructing Questions)

사람들에게 질문하는 것은 아마도 사회적 변수를 측정하기 위한 가장 일반적이고 다양한 목적을 가진 작업이라고 할 것이다. 인간 개개인을 위한 대부분의 개념들은 한 가지 또는 그 이상의 질문이 선택사항이 되는 측정방식에 의해 정의될 수 있다. 이 부분에서, 단일 질문을 쓰기 위한 몇 가지 선택사항을 소개하고자 한다; 왜 단일 질문들이 몇 가지 개념들에서 적절하지 않은가를 제8장에서 설명할 것이고, 개념 측정을 위해 다양한 질문에 의존하는 방법을 조사할 것이다.

단일 질문으로 변수를 측정하는 방식은 매우 광범위하게 사용되고 있다. 단일 질문에 대한 응답에 기초하는 일반 대중의 여론조사는 텔레비전이나 신문에서 흔히 볼 수 있는 광경이다: "당신은 미국의 어떤 정책에 찬성합니까? 또는 반대합니까?" "만약 당신이 오늘 투표를 한다면, 어떤 후보자에게 투표를 할 것입니까?" 형사정책 설문조사 역시 많은 변수들을 측정하기 위해 단일 질문에 의존하기도 한다: "전체적으로 당신은 당신의 지역사회에서 경찰에 대해 얼마나 만족하십니까?" "현재 당신의 안전수준을 어떻게 평가할 것입니까?"

단일 질문들은 명백한 응답 선택을 가질 수도 있고 가지지 않게도 설계될 수 있다. 다음에 나타날 질문들은 폐쇄형 질문들이다. 왜냐하면 응답자들은 선택할 응답을 명백하게 제시받기 때문이다. 사우스 일리노이 대학의 핵심 연구소에 의해 조사된 알코올과 마약에 대한 설문조사 내용이다.

> 당신이 익숙한 다른 대학교 캠퍼스와 비교하였을 때, 이 캠퍼스에서의 알코올의 소비는......
>
> 다른 대학 캠퍼스 보다 소비가 많다
> 다른 대학 캠퍼스 보다 소비가 적다
> 다른 대학 캠퍼스와 거의 동일하다.

응답자들의 선택은 모든 응답이 한 가지만을 선택하도록 하기 위해서 서로 독립적으로 배제되고 완전한 목록을 가지고 있다. 완전한 선택 목록을 만들기 위해서, 연구자들은 모호성의 부분을 가진 최소한 한 가지 선택을 제공할 필요가 있다. 예를 들어 대학교 학생들에게 학교에서의 재적 상태를 묻는 질문을 할 경우 응답 선택에서 1학년, 2학년, 3학년, 4학년, 그리고 대학원만을 묻지 않아야 한다. 대부분의 대학 캠퍼스에서는 특수한 분류에 속하는 학생들이 있다. 그래서 당신은 질문지에 그 밖에(구체적으로 명시하시오)와 같은 응답을 포함시킬 필요가 있다. 만약 응답자는 질문에 응답할 때 그들의 응답에 합당한 답을 찾지 못한다면, 질문에 응답을 하지 않거나, 자신의 생각과 다른 전혀 다른 응답을 할 수 있다는 것이다.

많은 사람을 대상으로 하는 대부분의 설문조사는 주로 폐쇄형 질문을 포함한다. 결과적으로 컴퓨터를 가지고 쉽게 진행할 수 있고 통계적으로 분석이 가능하다. 폐쇄형 질문에서 응답자들은 연구자들이 진정으로 답하기를 원하는 질문에 응답하는 것이다. 질문 선택에서 모호함을 줄인다면 응답자들은 더욱 쉽게 응답을 할 것이다. 그러나 폐쇄형 선택 설문지는 만약 선택이 질문에 대한 가능한 응답의 범위에 정확하게 일치하지 않을 경우에 사람들이 생각하는 것이 무엇인가가 모호하게 될 수 있다; 많은 연구들은 몇몇 응답자들이 어떤 종류의 대답을 하기 위해 자신에게 적용되지 않는 응답을 선택하고 있다는 것을 보여주고 있다(Peterson, 2000). 제8장에서 질문에 사용되는 용어와 응답 선택들에 대해 상세하게 설명할 것이다.

개방형 질문(open-ended questions)은 설문응답에서 이전에 사용되지 않았던 질문으로서 명백한 응답 선택이 없는 질문이다. 응답의 범위가 적절하게 예측하기 어려운 경우에 응답자들이 응답을 쓰도록 만들어 졌다. 개방형 질문지는 복잡한 개념들을 포함하는 응답들의 의미에 대한 혼란을 줄일 수 있다. 다음 질문은 이전의 폐쇄형 질문의 개방형 질문 형태이다.

> 당신은 다른 학교 캠퍼스에 비해 이 학교 캠퍼스에 알코올 소비가 어떻다고 생각하십니까?

관찰하기(Making Observations)

관찰은 개인이나, 사건, 장소의 특징을 측정하기 위해 사용될 수 있다. 관찰은 연구에서 측정의 중요한 형태가 되거나 질문지를 통해 얻어질 수 있는 측정을 보충하는 역할을 하기도 한다. 라이스(Reiss, 1971)는 조직적 사회 관찰이라는 현상관찰을 위한 조심스러운 방법을 개발하였다. 일반시민과 경찰과의 상호작용에 관한 연구에서, 라이스의 조직적 사회 관찰 연구 방법은 경찰 순찰차를 함께 타는 것, 경찰과 시민의 상호교류를 관찰하는 것, 그리고 이들의 특징적인 측면을 기록하는 것 등이 포함된다.

샘슨과 라우덴부시는 조직적 사회 관찰 기술을 지역사회 무질서 그리고 범죄에 대한 연구를 통해 개선하였다. 연구팀은 시카고 지역 사회 표본에서 시간당 5마일의 속도로 모든 거리를 차량으로 운전하였다(Raudenbush and Sampson, 1999). 두 개의 비디오카메라는 차량의 양쪽의 모든 사람들과 그들의 행동을 기록하였으며, 훈련된 관찰자는 각각의 거리와 블록 마다 일지를 완성하였다. 23,816 관찰자의 일지는 건물의 상태와 토지의 사용에 대한 정보를 포함하였으며, 비디오녹화기는 15,141 블록에서 거리, 건물, 사업형태, 사회적 상호작용을 수치화 하였다. 직접적 관찰은 필요한 관찰이 가능하다면, 자연적 상태에서 행위를 측정하는 선택적 방법이 될 수 있다.

비관여 측정의 수집(Collecting Unobtrusive Measures)

비관여 측정(unobtrusive measures)은 개인이나 집단의 직접적인 인식 또는 참여 없이 그들에 대한 데이터를 수집하는 것을 가능하게 해준다. 웹과 그의 동료들(Webb et al., [1966] 2000)의 고전적인 책에서, 4가지 형태의 비관여 측정을 인식하였다: 물질적인 추적 근거, 기록보관소(가능한 데이터), 간단한 관찰, 그리고 인공적인 환경설정을 통한 관찰(응답자의 응답을 끌어내기 위해 숨겨진 기계를 사용하거나 조작하는 것). 첫 번째 두 개의 형태에 대해 조금 더 상세하게 설명해 보자: 물리적인 추적 근거와 기록보관소.

과거행위에 대한 물리적인 추적은 관심 있는 행위가 직접적으로 관측되기 어려운 경우에(아마 행위가 감추어 졌거나 과거에 일어났기 때문에), 그리고 가능한 데이터의 형태로 기록되어 오지 않았을 경우에 가장 유용한 비관여 측정 방식 중 하나이다. 학교 기숙사에서 그리고 학생 사교 클럽에서 널리 퍼져있는 알코올의 사용을 측정하기 위해, 쓰레기통 주변의 빈 술병의 수를 셀 수도 있다. 그러나 비교 목적에 유용한 추적 측정을 진행하기 위해서는 조심스러운 접근이 필요하다. 예를 들어 각기 다른 기숙사 밖의 쓰레기통의 빈 술병의 수를 비교하는 것은 잘못된 것일 수 있다. 최소한, 당신은 기숙사에 사는 학생들의 수, 마지막 쓰레기 수거 시간, 그리고 기숙사에 외부인의 접근 가능성 또한 고려할 필요가 있다.

비관여 측정은 잡지기사 또는 신문, 텔레비전, 라디오 토크쇼, 법적 의견, 역사적 기록, 개인 서신, 이메일과 같은 다양한 형태로부터 만들어 질수 있다. 교내에서의 음주에 대한 분위기를 조사하는 것은 학생 신문에서 알코올 관련 광고에 배당되는 지면의 크기를 측정할 수도 있다. 교내의 신문에서 약물남용을 억제하는 기사의 수를 수치화 하는 것 역시 가능하다. 이러한 방식을 통해, 약물남용과 범죄를 보고하는 기사의 빈도를 측정할 수 있으며, 텔레비전이나 쇼 프로그램에서 표현된 음주의 허용 수준, 지역에서의 마약 사용에 대한 언론 논평에 할당된 지면의 크기를 조사할 수도 있다.

측정조작의 결합(Combining Measurement Operations)

가능한 데이터의 사용, 질문하기, 관찰하기, 그리고 비관여 측정 지표의 사용 등은 측정도구와 관련되어 있다. 각각의 다른 측정 방식을 통해 보조될 수도 있으며, 다른 방식을 포함할 수도 있다. 설문조사에 대한 사람들의 응답으로부터, 미국 인구조사통계국은 미국에서 사람, 회사, 그리고 지역단위에서 가능한 데이터를 포함하는 광범위한 조사를 거친 인구조사통계조사 보고서를 개발하였다. 연구자들은 그들이 관찰하였던 사회적 상호교류를 이해하기 위해 참여자들에게 질문을 통해 더 많은 정보를 획득할 수도 있다. 또한 비관여 측정 지표들은 설문지 응답의 진실성을 평가하기 위해 사용되어 질 수도 있다.

질문은 교회에 참석하는가, 투표를 하는가와 같은 사회적으로 바람직한 행동들과, 알코올이나 약물의 남용과 같은 사회적으로 불법적이고, 낙인이 있는 행동들을 측정하기에는 적절하지 않은 접근방식이라고 할 수 있다. 같은 변수에 대한 두 가지 이상의 다른 측정방식을 사용하는 다원적 측량방식(triangulation)은 측정을 매우 강하게 만들 수 있다(Brewer and Hunter, 1989). 같은 변수의 다른 측정방식으로도 비슷한 결과를 얻었다면, 특히 설문응답 그리고 현장 관찰과 같은 다른 방법들에 의존하였을 때, 각각의 측정의 타당성에 대해서 더욱 확신을 가질 수 있을 것이다. 만약 다른 측정의 결과가 서로 다르다면, 이러한 측정들의 하나 또는 그 이상이 용인할 수 있는 것 이상의 측정 오류에 영향을 받았다고 볼 수 있다. 측정들 사이의 결과 차이는 실질적으로 다른 개념들을 조작화하였다는 것을 의미할 수 도 있다. 다른 결과에 대한 이러한 해석의 흥미로운 예는 범죄 연구에서 볼 수 있다. 공식적인 범죄 통계는 경찰에게 보고되고 경찰에 의해 기록된 범죄만을 의미한다. 설문 조사의 경우에는 자기 보고식 범죄 측정으로 범죄 피해자에 의해서 보고되고, 많은 성가신 일들이 마치 범죄인 것처럼 보고되기도 한다(Levine, 1976). 다원적 측정법은 제10장에서 설명하기로 한다.

측정들의 평가 (EVALUATION OF MEASURES)

측정 오류에 대한 문제는 매우 중요하다. 조작이 우리의 개념을 실질적으로 그렇게 의미하도록 개발되었는가? 측정이 타당한가? 만약 우리의 측정 선택들을 꼼꼼하게 따져보고, 우리의 질문들과 관찰 과정들을 조심스럽게 구성하고, 가능한 데이터로부터 지표를 조심스럽게 선택한다면, 우리는 바른 길을 가고 있음에 틀림이 없다. 그러나 경험적으로 측정 타당성을 평가할 때까지는 측정에 대해서 많은 신뢰를 가질 수는 없다.

측정의 타당도(Measurement Validity)

연구 결과의 타당성을 확립하기 위해 측정의 타당도를 가장 먼저 고려해야 한다. 왜냐하면 측정하려고 생각했던 것을 측정하지 않는다면, 의미하려고 하였던 것이 무엇인지 알지 못하기 때문이다.

측정 타당도 : 측정하고 의도하였던 것을 어느 정도 측정하였는가를 가리키는 것.

측정 타당도의 예로서, 다음의 질문을 고려해 보라; "미국에서 어느 정도의 청소년 폭력과 청소년 비행이 만연해 있는가?; 얼마나 많은 청소년들이 비행에 연루되고 있는가?" 대체로 청소년 비행 데이터는 두 가지 근원을 가지고 있다: 공식적 통계와 비공식적 통계. 공식적 통계는 소년 범죄자의 집합적 기록과 형사정책 시스템의 구성원에 의한 과정에 기본을 두고 있다. 청소년 비행의 공식적 통계의 한 가지 중요한 원천은 미연방조사국에 의해 만들어 지는 미국 표준범죄보고서(UCR)이다. 비공식적 데이터는 피해자 설문조사나 자기 보고식 연구과 같은 형사정책 시스템 외부의 사람들에 의해 생성된 데이터이다. 청소년 비행의 측정을 위한 공식적 통계의 타당성은 범죄학자들 사이에서 많은 논쟁을 가져왔다. 비록 몇몇 연구자들이 심각한 청소년 비행의 측정에서 공식적 보고서의 타당성을 가지고 있다고 믿고 있지만, 다른 연구자들은 비행에 관한 것이라기보다는 경찰의 행위를 반영할 뿐이라고 주장한다. 이러한 범죄학자들은 경찰은 어떤 집단 그리고 어떤 형태의 범죄에 강하게 대응하는 경향을 가지고 있다고 생각한다.

불행하게도 공식적 보고서는 실질적인 청소년 비행의 수를 과소평가한다. 왜냐하면, 많은 청소년 비행이 결코 경찰의 관심을 끌지 못하기 때문이다(Mosher et al., 2002). 가끔 청소년 비행이 저질러졌지만, 인식되지 못하거나, 인식되지만 경찰에 보고되지 않는다. 미국 표준범죄보고서는 가끔 범죄자의 행위와 같이 경찰의 정책 그리고 정치적 환경을 반영한다. 미국에서 1980년대 불붙은 마약과의 전쟁을 생각해 보라. 이 시기동안, 마약의 사용은 급속한 속도로 확산된다는 환상이 증가함에 따라, 마약 범죄로 인한 체포 비율이 치솟았다. 그러나 이 시기동안 자신의 마약 사용에 대한 행위를 직접적으로 조사한 자기 보고식 설문 조사에서는 실질적으로 대부분의 마약의 사용이 줄어들고 있다는 것을 발견하였다(Regoli and Hewitt, 1994). 당신의 의견에 따르면, 마약사용에 대한 측정에서 미국 표준범죄보고서와 자기 보고식 설문조사 중에 어떤 것이 더욱 타당성이 있다고 생각하는가? 이러한 질문에 답하기 전에 우선 청소년 비행의 예를 가지고 계속적으로 진행하기고 하자.

청소년 비행의 연구에서 공식적 통계자료의 한계점에도 불구하고, 이 데이터는 수십 년 동안 청소년 비행의 분포에 대한 타당한 측정으로 많은 범죄학자들에 의해 사용되어 왔다. 보통 비행과 다른 폭력범죄의 경우, 소수인종 그리고 불리한 환경의 청소년들에 의해 저질러진다고 생각되어 질 수 있다. 쇼트와 나이(Short and Nye, 1957-1958)는 다양한 장소에서 청소년을 포함하는 광범위한 자기 보고식 연구의 결과를 보고하였다. 그들의 연구에서 쇼트와 나이는 소년비행은 청소년 인구사이에 광범위하게 퍼져 있으며, 높은 소득의 가정

출신의 청소년들 역시 낮은 소득 수준의 가정의 청소년들과 마찬가지로 비행을 저지른다는 것을 발견하였다. 미국 국가 청소년 설문조사로부터의 자기 보고식 데이터를 사용하는 현재의 연구는 실질적인 청소년 비행의 양은 미국 표준범죄보고서에 보고되어 진 것보다는 훨씬 많다는 것을 보고하고 있다. 소수 인종의 비중이 지나치게 많은 공식적 데이터와는 달리, 자기 보고식 연구조사에서는 백인 청소년도 소수 인종의 소년비행의 수와 거의 동일하게 비행을 저지른다고 보고하고 있다. 그러나 백인 청소년들은 소수 인종의 청소년 보다 체포율이 낮다(Elliott and Ageton, 1980). 이것은 측정 타당성의 한 가지 예로서 측정을 설계할 때 매우 조심스럽게 진행해야 한다는 것을 보여 주고 있다. 다음으로는 측정이 얼마나 잘 실행되었는가를 평가할 것이다.

측정하려고 의도하였던 것을 어느 정도 측정하였는가는 다음의 네 가지 기본적인 접근 중에서 한 개 또는 그 이상을 통해 평가할 수 있다: 표면적 타당도, 내용 타당도, 기준 타당도, 구성 타당도. 타당도에 대한 어떤 접근이든지 간에 어떠한 측정도 모든 시간과 장소에서 적합하지는 않다. 예를 들어 약물 남용의 자기 보고식 측정의 타당도는 응답자가 인터뷰의 시간에 약에 취해 있었나에 따라서, 측정이 최근 또는 평생의 남용을 의미하는가에 따라서, 그리고 응답자가 주거, 치료, 또는 다른 원하는 결과를 받기 위한 기회에 영향을 미치도록 응답을 하는가에 따라서 달라질 수 있다(Babor, Stephens, and Marlett, 1977). 게다가, 심각한 정신병을 앓고 있는 사람은 일반적으로 정확하지 않은 응답을 하는 경향이 있다(Corse, Hirschinger, and Zanis, 1995). 이러한 종류의 가능성들은 측정의 타당도를 평가할 때 항상 고려되어야만 한다.

표면적 타당도(Face Validity)

연구자들은 표면적으로 개념이 의도하고자 한 것을 적절하게 측정하였는가를 판단하기 위해 개념에 대한 조사로부터 얻어질 수 있는 신뢰에 대한 표현으로 표면적 타당도를 적용할 수 있다. 예를 들어 사람들의 좋아하는 색깔을 측정해 놓고서 그들의 알코올 소비 패턴에 대해 많은 것을 얘기할 수는 없을 것이다. 사람들의 알코올 패턴을 측정하기 위해서는 지난 주 얼마나 많은 알코올을 소비하였는가를 세어보는 것으로 측정하는 것이 더 높은 표면적 타당도를 가질 것이다.

비록 모든 측정이 이러한 방식으로 검증되어야 함에도 불구하고 표면적 타당도, 그 자체만으로는 측정 타당도의 설득력 있는 증거를 제공하지는 못한다. 지난주에 얼마나 많은 맥주와 와인을 마셨는가와 같은 질문은 음주의 빈도에 측정으로 표면적으로는 타당한 것처럼 보이지만, 많은 음주를 하는 사람은 그들이 마시는 양을 축소해서 보고하는 경향이 있다. 그래서 많은 음주를 하는 사람들을 포함하는 연구에서는 적절하지 못한 측정이 될 수 있다.

내용 타당도(Content Validity)

내용 타당도(content validity)는 측정이 광범위한 개념적 의미를 포함하고 있는가를 확고히 한다는 것을 의미한다. 의미의 범위를 결정하기 위해, 연구자들은 전문가들의 의견을 요청할 수도 있고, 개념의 다른 측면을 확인할 수 있는 연구를 검토할 수도 있다.

광범위의 의미를 포함하는 측정의 예는 미시간 알코올 중독 검사(MAST)이다. 미시간 알코올 중독 검사는 다음의 하위 측정으로 대표되는 24개의 질문들을 포함한다: 자기 스스로 또는 다른 사람에 의해 알코올 문제가 인식되었다; 법적, 사회적, 그리고 직업적 문제; 알코올 문제로 도움을 청하다; 배우자 그리고 가족의 어려움; 간 기능에서의 문제점(Skinner and Sheu, 1982). 약물 남용의 직접적인 결과에 익숙한 많은 전문가들은 이러한 측면들이 광범위한 범위의 가능성들을 포착하고 있다는 것에 동의하고 있다. 결과적으로 미시간 알코올 중독 검사는 내용 타당성의 관점에서 타당하다고 믿어 질 수 있다.

기준 타당도(Criterion Validity)

사람들이 알코올 음료를 마실 때, 알코올은 그들의 혈액 속으로 스며들고, 점차적으로 그들의 간에서 물질대사를 통해 다른 물질로 분해된다(NIAAA, 1997). 어떤 시점에서 그들의 혈액 속에 남아 있는 알코올과 다른 물질로 분해되지 않은 알코올은 생각과 행동 모두에 손상을 입힌다(NIAAA, 1994). 더 많은 알코올이 섭취될수록 인지적 행위적 결과는 배가된다. 이러한 생물학적 과정들은 혈액, 소변, 그리고 호흡에 알코올 집중의 직접적인 측정으로 확인되어 질 수 있다. 반대로 음주행위에 대한 질문들은 직접적인 생화학적 검증의 간접적인 측정의 시도로 볼 수 있다.

기준 타당도(criterion validity)는 한 가지 측정에 의해 획득된 측정결과가 같은 현상에 대한 이미 타당한 측정 또는 더욱 직접적인 측정으로 얻어진 것과 정확하게 비교 될 수 있을 때 확립된다. 혈중알코올 농도 검사나 소변 검사를 통한 측정은 같은 기간 안에 이루어진다면, 음주에 대한 자기 보고식 측정의 기준타당성으로 역할을 할 수 있다. 친구나 친척에 의한 약물 사용의 관찰 역시 같은 측면에서 자기 보고식 약물 남용 측정을 타당하게 만드는 기준으로 사용될 수 있다.

약물 남용 측정의 기준 타당도 연구는 일관적이지 않은 결과들을 보여 왔다. 약물 사용의 자기보고식 연구는 몇 개의 도시에서 보건 연구를 위해 자발적으로 참여한 약물 사용자의 약 85%의 소변 검사의 결과와 일치하는 결과를 보였다(Weatheyby et at., 1994). 반대로 100명의 남성 알코올 중독자들의 알코올 행위 치료 후에 음주행위에 대한 자기 보고식 연구는 알코올 중독자들의 친구들이 친척들에 의해 관찰되어진 음주행위보다는 훨씬 적은 음주

행위를 보고하고 있다(Watson et al., 1984). 그러한 연구 결과의 불일치는 연구 환경과 연구 모집단에 대한 적절한 측정에서의 차이점 때문이라고 볼 수 있다. 이것은 한 연구에서 타당할 수 있는 측정이 다른 연구 환경이나 다른 모집단을 가질 경우에 또한 타당하다는 것을 확실할 수 없다는 점을 강조하고 있다.

기준 타당도를 높이려는 시도는 가치 있는 노력으로 볼 수 있다. 왜냐하면 기준 타당도는 측정결과에 대한 신뢰성을 크게 증가시킬 수 있기 때문이다. 어떤 변수도 가끔은 느낌, 믿음 또는 다른 주관적인 상태에 대한 기준을 합리적으로 고려하지 못할지도 모른다. 합리적인 기준이 존재한다고 하더라도 연구자들은 그 기준에 접근하지 못할 수도 있다.

구성 타당도(Construct Validity)

측정 타당도의 측정이 이론에서 구체화 된 다양한 다른 측정과 연관되어 있다는 것을 보여줌으로서 확립될 수 있다. 구성 타당도로 알려진 이러한 접근은 타당성 확인 목적을 위한 어떠한 명확한 기준이 없을 때 사회학 연구에서 일반적으로 사용되어지는 것으로 알려져 있다. 예를 들어 중독 심각성 지수(ASI)의 타당성 확인을 위한 연구에서 맥릴런과 그의 동료들(McLellan et al., 1985)은 ASI 점수와 그들이 과거 연구에서 약물 남용과 관련되어야만 한다고 생각했던 많은 지표들과 비교하였다: 의학적 문제, 취업 문제, 법적 문제, 가족문제, 그리고 정신적 문제 등. 그들은 타당성 확인의 기준을 사용할 수 없었다. 왜냐 하면, 그들은 실험실 연구 점수 또는 관찰자 보고서 같은 약물 남용을 측정하는 직접적인 측정을 가지고 있지 않았기 때문이다. 그러나 연구 주제에 대한 그들의 광범위한 연구는 이러한 종류의 문제점들이 모두 약물 남용과 관계되어 있다는 확신을 가지도록 만들었으며, 결과적으로 그들의 측정들이 구성 타당도의 관점에서 타당한 것으로 생각되었다. 실질적으로 많은 연구자들은 높은 ASI 점수를 가진 개인들의 경우 이러한 영역에서 모두 더 많은 문제점을 가지고 있었으며, 이것은 우리에게 측정으로서 ASI 타당도에 더욱 더 확신을 주었다.

구성 타당도와 다소 다른 접근법으로 **판별 타당도(discriminant validity)**가 있다. 이러한 접근은, 측정에 대한 타당도 점수가 같은 변수의 다른 측정에 대한 점수들과 비교 되고, 관련되지만 다른 개념을 측정한 변수들과도 비교가 된다. 만약 타당도가 입증될 필요가 있는 측정이 비교 측정과 더 강하게 연관되어 있고, 다른 개념을 측정한 것과는 약하게 연관되어 있다면, 판별타당도가 획득되어졌다고 할 수 있다. 맥릴런과 그의 동료들(1985)은 ASI가 이러한 검증 역시 통과하였다는 것을 발견하였다. 알코올과 약물 문제의 ASI 측정은 법적문제, 가족문제, 의학적 문제 등을 측정하기 위한 것보다 알코올과 약물 문제를 다르게 측정한 것과 더 강한 연관성을 가지고 있었다.

기준 타당도와 구성 타당도의 사이에서의 차이는 항상 명확하지는 않다. 특별한 지표가 측정되어지는 개념을 위한 진정한 기준이 될 수 있는가에 대해서는 의견이 달라질 수 있다. 예를 들어 만약 판매직에 지원한 사람들을 위한 판매 능력 측정을 위한 질문의 측정 타당도가 필요하다고 할 때, 단지 소수만이 실질적인 판매 수행 능력을 기준으로서 사용하는 것에 반대할 것이다. 그렇지만 만약 어떤 사람이 자신의 친구로부터 받는 사회적 지지의 양에 대한 질문의 측정 타당도를 원한다고 가정한다면, 그들이 받은 사회적 지지에 대해 질문하여야 하는가? 친구들이 제공하는 지지의 양에 대한 친구들의 보고서가 기준으로 역할을 할 수 있는가? 친구들이 보내는 사회적 지지의 양에 대한 언어적 설명은 적절하다고 할 수 있는가? 무엇이 사람들이 받는 사회적 지지에 대한 관찰이 될 수 있을 것인가? 여기에는 진정한 기준이 없다. 단지 구성 타당도의 전략 속에서 사용되는 개념들과 연관성이 있을 뿐이다. 심지어 약물남용에 대한 생화학적 측정도 약물남용에 대한 자기보고식 측정을 타당하게 하는 기준으로 사용하는 것은 의문이다. 소변검사 결과는 어떤 물질 섭취에 의해 변화 할 수 있고, 혈액 검사는 특별한 시기의 기간을 넘을 경우 약물의 존재에 대한 혈액검사의 민감성이 변화한다.

구성 타당성과 기준 타당성이 가지는 공통점은 관련되었다고 예상되어지는 다른 측정을 통한 결과들과 측정된 결과들과 비교를 하는 것이다. 연구자들은 비교 측정이 구성과 관련되기 보다는 기준과 관련되었다는 것에는 동의한다. 그러나 비교측정의 질적인 측면에 대해 심각하게 생각하는 것은 중요하며, 비교가 같은 현상의 다른 측정을 실질적으로 의미하는가에 대해서도 생각해 볼 필요가 있다. 예를 들어 알코올 사용의 새로운 자기 보고식 측정의 결과가 이전에 알코올 사용에 대한 자기 보고식 측정에 사용된 결과와 연관성을 찾는 것은 측정 타당성의 약한 지표일 뿐이다.

신뢰도(Reliability)

신뢰도란 측정되어지는 현상 또는 대상이 변화하지 않을 때 측정 과정이 일관적인 결과를 도출하는 것을 의미한다(또는 측정되어지는 현상에서 실질적인 변화와 직접적인 연관을 가지도록 측정되어진 결과 역시 변화한다는 것). 만약 측정이 신뢰도가 있다면, 신뢰도가 없는 경우 보다 무작위 오차 또는 우연한 변화 등에 의해 영향을 덜 받게 된다는 것이다. 신뢰도는 측정 타당도를 위한 전제조건이다; 만약 우리가 사용하는 측정이 비일관적 결과를 제시한다면, 우리는 현상에 대해 진정으로 측정하는 것이 아니다.

신뢰도 : 다른 상황에서 주어진 현상에 대한 일관적인 결과나 관측을 도출할 때 측정을 신뢰적이라고 한다. 신뢰도는 측정 타당도의 전제조건이다.

측정의 신뢰도를 측정하기 위한 네 가지 방법들이 있다: 검사-재검사 신뢰도, 내적 합치도, 대체 형식의 신뢰도, 관찰자간 신뢰도.

검사-재검사 신뢰도(Test-Retest Reliability)

연구자들이 시간의 간격에 의해 분리되는 두 지점 사이에서 변화하지 않는 현상을 측정할 때, 두 지점에서 결과가 동일하지 않지만, 두 개의 측정이 도출하는 가치의 비교 정도가 측정의 검사-재검사 신뢰도(test-retest reliability)이다. 만약 수학적 능력을 검증하고자 한다면 그리고 두 달 후에 시험을 다시 치룰 것이라면, 두 번의 시험에서 비슷한 결과를 얻을 때 두 달 동안 수학적 능력에 아무런 변화가 없는 것으로 추정할 수 있고, 수학 검증이 신뢰성 있게 이루어 졌다고 할 수 있다. 물론, 만약 검사와 재검사 사이의 측정될 변수에 변화를 줄 만한 어떤 사건이 있었다면, 검사와 재검사 사이에 결과에서의 차이점은 이러한 변화를 반영해야만 한다.

대상 자체에 의해 평가되기보다 관찰자에 의해 평가되고 대상은 시간당 두 시점 이상에서 평가될 수 있을 때, 검사-재검사 신뢰도는 관찰자간 신뢰도(intraobserver reliability)라 불리기도 한다. 어떻게 검사 재검사 신뢰도가 평가될 수 있는가에 대한 한 가지 예는 소벨과 그의 동료들(Sobell et al., 1988)의 과거 음주 행위(일생의 과거 음주 설문 사용)와 삶의 변화(최근 삶의 변화 설문 사용)에 대한 연구에서 잘 나타나 있다. 이 연구에서 평가 대상은 중독 치료 프로그램에 참여한 69명의 환자들이었다. 그들은 상담 전에 음주를 하지 않았다(호흡 측정을 통해 결정됨). 2주 또는 3주 간격으로 다른 상담사에 의해 두 개의 설문이 실시되었다. 두 번 모두 대상에게 상담 8년 전을 회상하도록 요구되어졌다. 대상의 92%가 두 번의 상담에서 같은 삶의 경험을 보고하였으며, 최소한 81%의 대상이 두 번의 상담에서 일관성이 있는 것으로 분류가 되었다. 비일관적인 응답에 대해 질문하였을 때, 대상들은 앞서 상담에서 정확하게 일어났던 일을 기억하지 못하였거나, 질문을 잘못 이해하였거나, 사건의 중요성을 다르게 평가하였던 것으로 보고하였다. 과거 음주에 관한 설문은 그들이 더욱 구체적이게 될 때 신뢰성이 낮게 된다. 왜냐하면 질문들은 대상들이 정확하게 기억할 수 있는 능력을 넘어서기 때문이다.

문항간 신뢰도(내적 일관성)(Interitem Reliability(Internal Consistency))

연구자들이 한 개의 개념을 측정하기 위해 다수의 항목을 사용하였을 때, 그들은 문항간 내적 합치도에 대해 생각해볼 필요가 있다. 예를 들어 당신이 폭력에 대한 태도를 측정하는 질문들이 신뢰성 있게 측정하는가에 대한 확신을 가지기 원한다면, 질문들에 대한 응답들은 서로 높은 관련성을 나타내야만 한다(Exhibit 4.3). 개별적 항목 사이에 관련성이 강하면 강하고, 더 많은 항목이 포함될수록, 지수의 신뢰성을 더 높아지게 된다.

EXHIBIT 4.3 폭력 방어 가치 지수 측정을 위해 사용되는 질문들

만약 어떤 아이가 실수로 다른 사람의 차를 손상시켰고, 그 차의 주인이 아이를 때렸을 경우 아이를 때린 사람을 아이의 아버지가 주먹으로 치는 것을 당신은 허용하겠는가?

_________ 아니오(0)
_________ 잘 모르겠음 또는 확실치 않다(1)
_________ 예(2)

만약 어떤 사람이 여성을 폭행하고 있고, 그것을 본 다른 남성이 여성을 폭행하고 있는 사람을 주먹으로 치는 것을 당신은 허용하겠습니까?

_________ 아니오(0)
_________ 잘 모르겠음 또는 확실치 않다(1)
_________ 예(2)

만약 자신의 집을 침입하려고 하는 사람을 주먹으로 치려고 하는 남성을 당신을 허용하겠습니까?

_________ 아니오(0)
_________ 잘 모르겠음 또는 확실치 않다(1)
_________ 예(2)

출처 : Cao, Adams, Jensen, 1997.

대안형 신뢰도(Alternate-Forms Reliability)

연구자들은 대상이 응답한 설문조사의 결과와 다르지만 비슷한 다른 설문조사의 결과를 서로 비교할 때, 이를 대안형 신뢰도(alternate-forms reliability) 검증이라고 한다(Litwin, 1995). 연구자들은 설문지의 선택응답의 순서를 역순서로 만들거나 용어를 미세하게 바꿀 수 있다. 그런 다음, 다시 연구 대상자를 상대로 설문을 실행한다. 만약 두 개의 설문의 결과가 너무 많이 차이나지 않는다면, 대안형 신뢰도는 확립되었다고 볼 수 있다.

관련된 신뢰도 검증에는 반분 신뢰도(split-halves reliability) 접근이 있다. 설문 표본을 동전 던지기 또는 다른 무작위분배 방법을 사용해서 두 개로 분리한다. 이렇게 분리된 두 개의 표본을 대상으로 설문조사를 실시한다. 만약 두 개의 표본에서의 응답이 거의 같다면, 측정의 신뢰도는 인정받았다고 볼 수 있다.

관찰자간 신뢰도(Interobserver Reliability)

연구자들이 같은 사람, 장소, 사건들을 평가하는 한 명 이상의 관찰자를 가질 때, 관찰자간 신뢰도(interobserver reliability)는 그들의 목표가 될 수 있다. 관찰자들이 같은 대상을 평가하기 위해 같은 도구를 가지고 있다면 그 평가는 매우 비슷해야 한다. 만약 평가 결과가 비슷하다면, 관찰자들에 의한 것이라기보다는 결과가 평가되는 현상을 반영하는 것이라는데 더욱 확신을 가질 수 있다.

신뢰도와 타당도를 증가시키는 방법들 (Ways to Improve Reliability and Validity)

측정의 타당도를 인정받길 원한다면 항상 측정의 신뢰도를 평가해야 한다. Exhibit 4.4에서 나타난 것처럼, 신뢰도 있는 측정이 타당한 측정의 필수적인 것은 아니라는 것을 명심하라. 이러한 차이는 약물 남용의 자기 보고 측정에서 흔히 나타나는 실수라고 할 수 있다. 대부분의 응답자는 물질 남용의 자기 보고 지표에서 복수의 질문들을 일관적인 방식으로 답했다. 결과적으로 지표는 신뢰도를 가진다. 그러나 많은 응답자들은 그들이 많은 음주를 함에도 불구하고 음주를 인정하지 않으며, 질문에 대한 응답은 일관적이다. 그러나 일관적으로 왜곡되고 있다. 자기 보고식 설문에 기반을 둔 지표는 신뢰도가 있다 그러나 타당도가 있지는 않다. 그러한 지표는 유용하지 않으며 향상되거나 폐기되어야 한다. 불행하게도 많은 측정들이 단지 신뢰도 검증만을 기준으로 가치 있다고 판단된다.

어떤 연구에서나 측정의 신뢰도와 타당도는 획득된 정보의 질적인 측면을 평가하기 위해 검증되어야만 한다. 그러나 만약 측정이 신뢰도 있고 타당하지 않다고 판단된다면, 더 이상 연구를 질적인 측면에서 항상 시킬 방법이 없다. 따라서 연구의 초기에서부터 신뢰성 있고 타당한 측정 방식을 선택하는 것이 그 무엇보다도 중요하다. 관찰자 또는 상담자를 사용하는 연구에서, 조심스러운 훈련은 일관적인 접근을 획득하는데 필수적이다. 그러나 대부분의 경우에서, 최고의 전략은 이전의 다른 연구에 사용되었고, 이미 타당도와 신뢰도의 검증된 측정을 사용하는 것이 최상이라고 볼 수 있다. 그러나 이전에 시도된 그리고 적절한 측정들의 선택이 연구자 자신들의 연구에서 측정의 타당성과 신뢰성을 검증하는 책임으로부터 연구자들의 책임을 완전하게 해제하지는 않는다.

개인들에 대한 측정의 신뢰도와 타당도를 평가하는 과정은 **심리측정(psychometrics)**이라고 불린다. 당신이 학교에서 치루는 시험에서부터 당신이 마무리한 일에 대한 개인적 평가의 범위에 이르기 까지 개인적 측정은 다수의 연구들이 그들의 신뢰도와 타당도를 증명한 후에 심리측정의 조건에서 타당하다고 간주되어 질 수 있다. 조직, 지역사회, 또는 다른 집합적 단위에 대한 측정 신뢰도와 타당도를 평가하는 과정은 라우덴부시와 샘슨(1999)에 의해 만들어진 새로운 용어 **환경측정(ecometrics)**라 불린다. 예를 들어 라우덴부시와 샘슨의 시카고 지역사회에 대한 관측적인 측정에 대한 평가는 같은 지역사회의 다른 다수의 관측자들의 평가의 일관성에 관한 검증을 포함하고 있다.

다수의 측정이 사용되었다면, 이미 실행된 연구에서 측정의 타당도와 신뢰도를 향상시키는 것이 가능하다. 예를 들어 정신적인 문제를 가지고 있는 노숙자를 위한 주택에 관한 연구에서, 연구 대상의 감독자와 다른 사람들로부터의 보고와 몇 가지 다른 직접적인 질문을 가지고 약물남용을 평가하였다(Goldfinger et al., 1996). 관찰적 보고들이 가끔 자기 보고와 일치하지 않는다는 것과 다른 종류의 자기 보고는 항상 일치하지 않는다는 것이 발견됐다. 결과적으로 신뢰도가 낮다는 것이 발견됐다. 약물 남용에 대한 더욱 신뢰도 있는 측정은 일생의 약물남용문제에 대한 최초의 보고서들이었다. 이러한 측정은 연구가 실행되는 동안 계속적으로 약물을 남용한 사람들 모두를 매우 정확하게 확인하였다. 우리는 약물 남용 문제의 위험에 노출되어 있는 사람들을 확인하는 타당한 방법은 일생의 측정이라는 결론을 내렸다.

EXHIBIT 4.4 신뢰도와 타당도의 차이 : 음주 행위

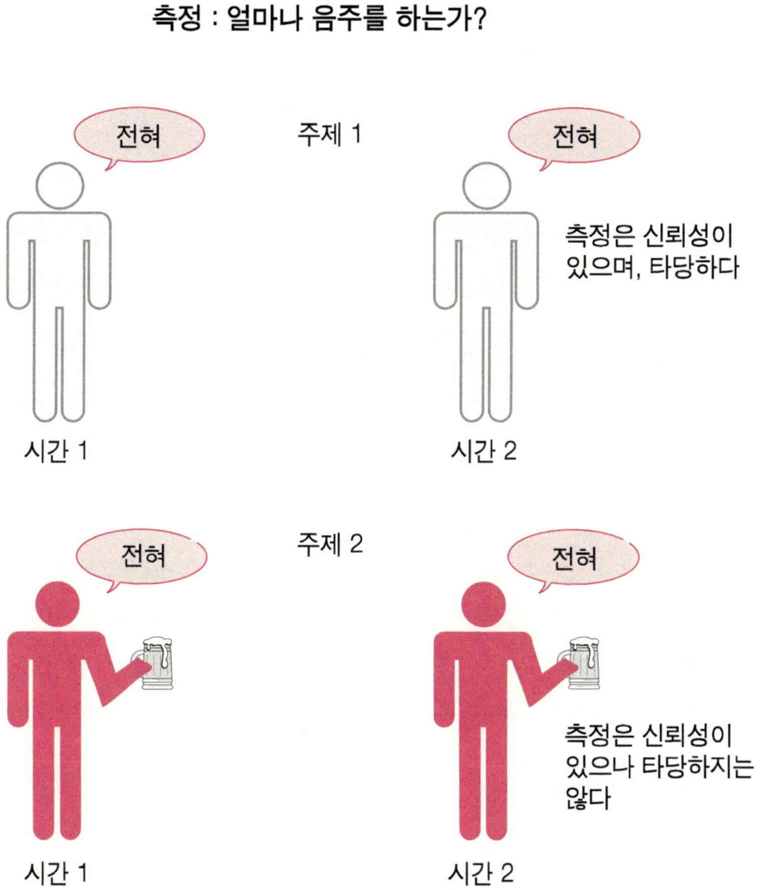

측정의 수준 (LEVELS OF MEASURES)

변수 측정의 수준을 알고 있을 때, 어떻게 사례가 변수에 따라 변화하는지 더 잘 이해할 수 있으며, 결과적으로 측정해 왔던 것을 더욱 완전하게 이해할 수 있다. 또한 측정의 수준은 변수를 가지고 사용될 수 있는 통계의 형태에 대한 중요한 함축을 가지고 있다. 네 가지의 측정 수준이 있다: 명목, 서열, 등간, 그리고 비율이다. Exhibit 4.5는 이러한 네 가지 수준들 사이에서의 차이점들을 보여주고 있다.

측정 수준 : 측정 수준이란 변수들의 가치들 사이의 관계를 표현하도록 사용되어 질 수 있는 수학적 방법의 복잡성이다. 명목 수준의 측정은 어떠한 수학적 해석을 하지 않는다; 양적 수준의 측정(서열, 등간, 그리고 비율)은 수학적인 복잡성이 점차적으로 증가한다.

명목수준의 측정(Nominal Level of Measurement)

명목수준의 측정(nominal level of measurement)(또는 범주적 또는 질적 수준)은 어떠한 수학적 해석을 가지지 않는 변수들을 인식한다; 명목 수준의 측정은 양에 따라서가 아니라 종류나 질에 따라서 변화한다. 사실, 명목 변수의 가치는 속성으로서의 가치를 의미한다. 성별은 한 가지 예라고 볼 수 있다. 성별이라는 변수는 두 가지 속성들(또는 범주들): 남성 그리고 여성. 우리는 1의 가치를 가지는 것을 남성, 2의 가치를 가지는 것을 여성으로 표시할 수 있다. 그러나 이러한 숫자는 그들이 다르다는 것 이외에는 남성과 여성 사이에 차이점에 대해서는 아무것도 의미하지 않는다. 여성은 남성 보다 한 단계 높은 성별이 아니다. 인종, 직업, 종교, 소속, 지역 등은 모두 명목 수준에서 측정된다. 어떤 사람이 스페인 사람 또는 포르투갈 사람이다. 그러나 이는 인종적 차이를 나타낼 뿐, 한 인종이 다른 인종보다 대표성이 높다고 할 수는 없다.

비록 범주형 변수의 속성들이 수학적인 의미를 가지고 있지는 않지만, 범주형 변수의 속성은 조금 더 신중하게 각각의 사례에 할당되어야 한다. 사례들에서 측정하기 위해 또는 분류하기 위해 사용하는 속성은 상호 배타적이어야 하고 하나도 빠짐없이 모두 포함하도록 망라적(포괄적)이어야 한다;

- 만약 모든 사례들이 단지 하나의 속성만을 가지고 있다면, 변수의 속성들 또는 가치들은 **상호 배타적인 속성(mutually exclusive attributes)**이다.
- 모든 사례들이 범주들 중에 하나로 분류될 수 있다면, 변수의 속성들과 가치들은 **망라적인 속성(exhaustive attributes)**이다.

변수의 속성이 상호 배타적이고 망라적일 때, 모든 사례들은 단지 하나의 속성에 일치한다. 많은 수의 속성을 가지는 변수가 연구되어 질 때 망라적인 속성들이 가지는 도전들을 상상해 보라.

EXHIBIT 4.4 측정의 수준

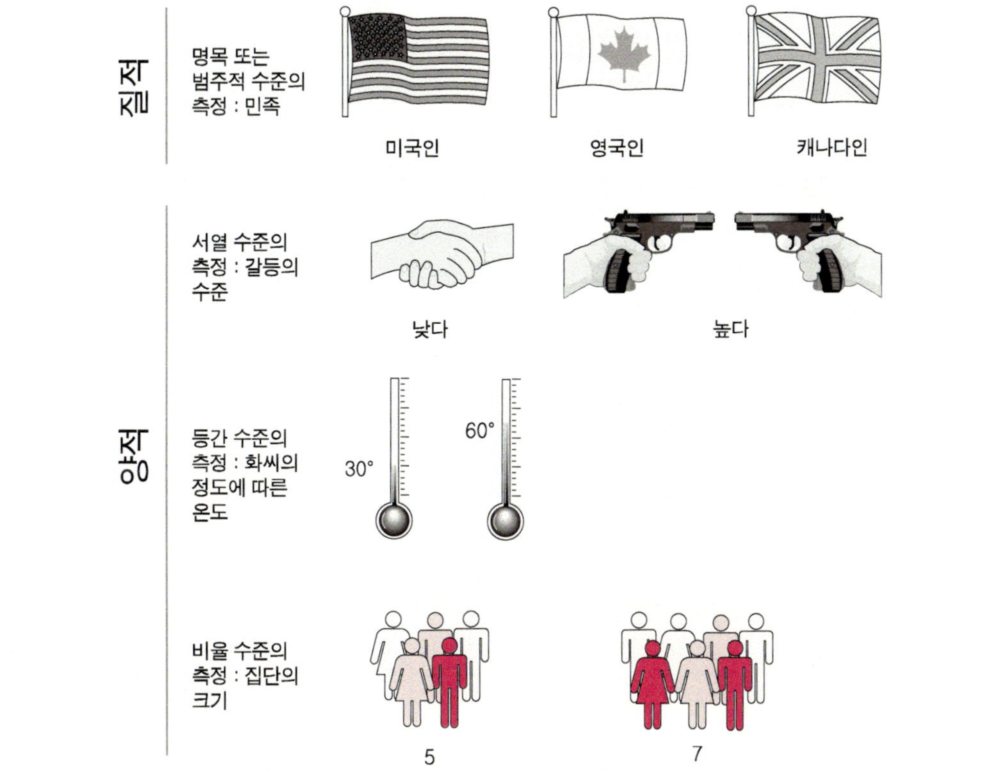

서열수준의 측정(Ordinal Level of Measurement)

세 가지 양적 수준의 첫 번째는 서열 수준의 측정(ordinal level of measurement)이다. 이 수준에서는 사례들에 할당된 숫자들은 단지 사례들의 순서를 명확하게 함으로써 단순한 구분보다는 보다 크다 보다 작다와 같은 판단을 가능하게 해준다: 절대적인 수학적 구분은 범주사이에서 만들어 질 수 없다. 핵심 알코올 그리고 마약 설문조사(Core Institute, 1994)는 서열적인 구분을 가능하게 만드는 일련의 응답을 가지고 약물 남용을 측정하였다(Exhibit 4.6 참조). 비록 이러한 범주들이 처음에는 수학적으로 명백한 것처럼 보이지만, 한 범주를 표시한 응답자는 다른 응답자들 보다 더 많이 또는 더 적게 소비한다는 것만을 당신은 결정할 수 있다.

서열 수준으로 측정된 변수들의 특징은 Exhibit 4.5에서 두 집단사이에 갈등의 수준사이를 대조함으로서 잘 보여주고 있다. 두 사람이 악수를 하고 있는 그림에 의해 표현되는 첫 번째 집단은 낮은 수준의 갈등을 나타내고 있다. 두 사람이 서로 총을 겨누고 있는 그림으로 표현되는 두 번째 집단은 높은 수준의 갈등을 가지고 있다. 갈등을 측정하기 위해 낮은 갈등의 집단에게 1을 총을 겨누고 있는 높은 갈등 집단에 2를 배정함으로서 순서대로 집단에게 숫자를 배정하였다. 결과적으로 숫자들은 사례의 순서 또는 상대적인 위치를 가리킨다. 비록 낮은 수준의 갈등이 숫자 1로 표현되었지만, 2로 표현된 높은 수준의 갈등 보다 수학적으로 1이 작은 것은 아니다. 이러한 숫자들은 어떠한 수학적 특징을 가지고 있지 않다; 그들은 단지 갈등의 측정에서 상대적인 서열만을 표현하기 위해 사용되었을 뿐이다.

명목 변수들처럼, 서열 수준으로 측정된 다른 가치들은 상호 배타적이지만 서로를 망라하여야 한다. 서열 수준의 변수들은 관측된 가치의 범위를 모두 포함해야 하고 각각의 사례는 단지 한 개의 가치에 할당되는 것을 허락해야만 한다.

EXHIBIT 4.4 서열 측정들의 예: 핵심 알코올 그리고 마약 설문조사

작년 동안, 얼마나 자주 사용했는가... (각각의 열에서 한 개만 표시하시오)	사용하지 않음	일년에 한번	일년에 6번	한달에 한번	한달에 두번	일주일에 한번	일주일에 3번	일주일에 5번	매일
a. 담배(Smoke, Chew, Snuff)									
b. 알코올(맥주, 와인, 위스키)									
c. 마리화나(Pot, Hash, Hash oil)									
d. 코카인(Crack, Rock, Freebase)									
e. 암페타민(Diet pills, Speed)									
f. 진정제(Downers, ludes)									
g. 환각제(LSD, PCP)									
h. 아편(Herion, Smack, Horse)									
I. 흡입제(glue, solvents, gas)									
j. 합성마약(ecstasy, MDMA)									
k. 스테로이드									
l. 다른 불법적인 마약									

출처 : core institute, 1994. "Core alcohol and Drug survey: Long form." Garbondale. IL: FIPSE Core Analysis Grantee Group, Core Institute, Student Health Programs, Southern Illinois University.

등간수준의 측정(Interval Level of Measurement)

등간수준의 측정(interval level of measurement)에서 변수의 가치를 가리키는 숫자들은 고정된 측정 단위를 가지고 있지만, 절대적이거나 고정된 영점을 가지고 있지는 않다. 이러한 측정 수준은 Exhibit 4.5에서 두 개의 화씨온도 사이의 차이점에서 잘 나타난다. 비록 60도가 30도 보다 더 뜨겁지만, 이 사례에서 60도는 30도보다 2배 뜨거운 것은 아니다. 왜냐하면 열은 화씨의 단위로 0도에서 시작하지 않기 때문이다.

등간수준의 측정은 고정된 측정 단위를 가지지만, 절대적인 영점이 없는 단위에 의해 만들어 진다. 결과적으로 숫자들은 덧셈과 뺄셈에 가능하다, 그러나 비율은 의미가 없다. 다시 말하면, 가치들은 상호 배타적이지만 서로를 망라하여야 한다.

사회과학자들은 가끔 서열 수준에서 측정된 일련의 변수들에 대한 응답들의 결합으로 만들어진 지표들을 등간 수준의 측정으로 간주하기도 한다. 이런 종류의 지표는 약물 남용에 대한 친구의 반대에 대한 핵심 연구소(1994)의 질문들에 대한 응답을 가지고 만들어 졌다(Exhibit 4.7 참조). 설문은 주제에 대해 13개로 구성되고 각각의 질문은 모두 세 가지의 응답 선택을 가지고 있다. 만약 반대 하지 않는다면 1, 반대한다는 2, 절대적으로 반대한다는 3으로 할당하였다. 반대 지표의 합은 범위가 12에서 36이다. 평균은 측정의 고정된 단위로서 취급될 수 있다. 그래서 20이라는 점수는 마치 16보다 4단위가 많은 것처럼 다루어질 수 있다.

비율 수준의 측정(Ratio Level of Measurement)

비율 수준의 측정(ratio level of measurement)에서 변수의 가치를 가리키는 숫자들은 고정된 측정 단위들과 절대적 영점(변수가 가리키는 것이 무엇이든지 절대적으로 어떤 양이 존재하지 않는다는 것을 의미함) 비율 단위에서 10은 8보다 2점이 높고 5보다 2배 크다는 것을 의미한다. 비율 숫자들은 덧셈과 뺄셈이 가능하고 절대적인 영점에서 시작하기 때문에 곱해질 수도 있고 나누어 질수 도 있다. 예를 들어 사람들의 연령은 0세에서 120세 또는 그 이상의 범위의 가치로 표현될 수 있다. 30세의 사람은 15세의 사람보다 15세가 많고 (30-15=15), 2배 더 나이가 많다고 할 수 있다. 물론 숫자들은 상호 배타적이고(하나도 빠뜨리는 것 없이) 완전해서 모든 사례들은 유일하게 한 개의 가치로 할당될 수 있다.

Exhibit 4.5는 비율 수준에서 측정된 변수의 예를 표현하고 있다. 첫 번째 집단에서 사람의 수는 5이고 두 번째 집단에서 사람의 수는 7이다. 두 집단의 크기의 비율은 1.4이고 이는 집단의 크기 사이에서 관계를 반영하는 숫자이다. 0의 크기를 가질 경우에는 어떤 집단이 존재하지 않는다는 것을 의미한다; 수치화의 구조가 절대적인 영점에서 시작한다는 것이 중요하다. 유죄판결을 받은 범죄자가 교도소에 수감되는 판결 일수는 비율수준의 측정을 표현한다. 왜냐하면, 교도소 수감 판결 일수는 절대적인 0점에서 시작한다. 약물중독 치료 후에 약물을 다시 사용하지 않는 일수 역시 비율척도로 표현된다.

EXHIBIT 4.4 서열 변수는 등간 수준의 특징을 가지기 위해 더해 질 수 있다: 핵심 알코올 그리고 마약 설문

당신이 다음의 행위를 할 때 당신의 친구가 어떻게 할 것 같습니까?	반대하지 않는다	반대한다	강하게 반대한다
a. 한두 번 마리화나를 시도한다			
b. 가끔 마리화나를 피운다			
c. 정기적으로 마리화나를 피운다			
d. 한두 번 코카인을 시도한다			
e. 정기적으로 코카인을 사용한다			
f. LSD를 한두 번 시도한다.			
g. LSD를 정기적으로 사용한다.			
h. 암페타민을 한두 번 시도한다.			
I. 암페타민을 정기적으로 사용한다.			
j. 거의 매일 알코올음료 한 개 또는 두 개를 마신다.			
k. 거의 매일 네 개 또는 다섯 개의 알코올음료를 마신다			
l. 한자리에서 다섯 개 이상의 알코올음료를 마신다.			
m. 바디빌딩 또는 운동 능력을 향상시키기 위해 스테로이드를 사용한다.			

출처 : core institute, 1994. "Core alcohol and Drug survey: Long form." Garbondale, IL: FIPSE Core Analysis Grantee Group, Core Institute, Student Health Programs, Southern Illinois University.

EXHIBIT 4.4 측정수준의 특징들

적절한 측정수준 비교서술의 예	적절한 수학적 작업	명목	서열	등간	비율
A는 B와 같다(같지 않다)	=(·)	√	√	√	√
A는 B보다 크다(작다)	>(<)		√	√	√
A는 B보다 3이 크다(작다)	+(−.)			√	√
A는 B의 2배이다(반이다)					√

이분화된 경우(The Case of Dichotomies)

오로지 두 개의 가치를 가지는 이분화된 변수들은 측정수준의 관점에서는 특별한 사례라고 볼 수 있다. 단지 두 개의 범주를 가지는 변수들은 명목적으로 측정된다고 간주될 수도 있고, 속성이 있는 것 또는 없는 것을 가리키는 것으로 이분화를 생각할 수 있다. 예를 들어 작년에 불법적인 약물을 사용해 본적이 없는 사람들과 작년에 불법적인 약물을 최소한 한 번 사용해 보았던 사람들 사이에 관심을 가질 수 도 있다. 우리는 작년에 한 번도 약물을 사용해 본적이 없다고 대답한 사람에게는 0으로 부호화하고, 이 외의 경우에는 모든 1로 부호화함으로서 변수를 만들 수 있다. 이러한 방식으로 볼 때는, 두 개의 가치에 타고난 순서가 있다: 불법적인 약물을 소비하지 않은 속성을 가지는 집단은 0으로 부호화하고, 그렇지 않은 집단은 1로 부호화하였다.

측정수준 사이의 비교(Comparison of Levels of Measurement)

Exhibit 4.8은 측정수준에서의 차이와 적절한 수학적 작업이 만들어 질 수 있는 비교 형태들을 요약한 것이다. 네 가지 수준의 측정 모두 다른 사례들에 다른 가치를 부여하는 것이 가능하도록 만들어 준다. 세 가지 양적 측정 모두는 사례들을 순서대로 나열하는 것을 가능하게 만들어 준다.

반드시 기억해야만 하는 중요한 것은 연구자들은 변수들을 조작화하는 과정에서 측정의 수준들을 결정해야 한다는 것이다. 측정의 수준은 변수 자체에서 기인하는 것이 아니다. 많은 변수들은 다양한 절차에 의해 다른 수준으로 측정될 수 있다. 예를 들어 핵심 알코올 그리고 마약 설문 조사(Core Institute, 1994)는 학생들에게 폭음에 관한 질문을 하였다. "지난 2주를 뒤돌아보았을 때, 얼마나 자주 한 자리에서 5병 이상의 알코올 섭취를 하였는가?

당신은 응답을 비율 수준 측정으로 분류할 수도 있다. 그러나 당신은 응답자에게 주어진 고정된 응답 선택을 먼저 검토해 보아야 한다. 이것은 **폐쇄형 질문(closed-ended question)**이며, 학생들은 없다, 한번, 2번, 3-5번, 6-9번, 10번 이상 중에 그들의 응답을 선택하도록 요구되어졌다. 이러한 범주의 사용은 서열 수준의 측정을 만들어 준다. 한두 번 경험의 거리는 명확하게 결정되어 질 수 없다. 6-9번을 선택한 학생들의 경우에 3-5번을 선택한 학생들보다 한 번 더 폭음을 했을 수도, 4번 더 폭음을 했을 수도 있다. 이러한 응답 범주를 가지고, 당신은 학생이 폭음을 한 횟수를 수학적으로 구분할 수 없고, 단지 폭음 행위의 상대적 수만을 구분할 수 있다.

더 많은 정보가 가능할수록, 사례들을 비교할 수 있는 더 많은 방법을 가질 것이다. 당신은 질적인 변수들 보다 양적인 변수를 가질 때 더 많은 통계학적 분석의 가능성들을 가질 것이다. 가능하다면 가장 높은 수준의 측정으로 변수들을 측정하는 것이, 측정되어지는 개념의 의미를 왜곡하지 않는다면 가장 좋은 방법이다. 예를 들어 범주형으로 보다는 연수로서 연령을 측정하는 것이다. 당신은 청소년들과 젊은 성인들을 비교하기 위해 응답들을 범주형으로 다시 재배열할 수 있다. 그러나 질문이 서열형 응답형태를 사용하여 질문되어졌을 때, 실질적인 연령을 얻기는 힘들다.

그러나 가장 높은 수준의 측정을 배제해야만 하는 몇 가지 상황이 있다는 것을 기억하라. 예를 들어 심지어 익명의 설문지를 사용하더라도, 많은 사람들은 그들의 정확한 소득을 보고하는 것을 꺼려한다. 그래서 범주 안에서 자신의 소득을 보고하도록 질문하는 것이 더 많은 응답을 유도할 것이다. 응답자들의 소득을 달러로 질문하는 것 보다, 결과적으로 더욱 타당한 데이터를 가질 것이다.

결론 (CONCLUSION)

측정 타당도가 사회 과학 연구에서 필수요건이라는 것은 반드시 기억할 필요가 있다. 핵심 개념들을 조작화하기 위한 조심스러운 개념화 또는 성실한 노력 없이 데이터를 모으는 것은 부질없는 짓이다.

타당한 측정을 획득하는 어려움들은 조작화 되는 개념 그리고 연구의 환경에 따라 변화한다. 이 장에서 보여주는 약물 남용의 타당한 측정을 달성하기 어려움에 대한 몇 가지 예들은 당신이 측정하기를 바라는 개념들이 사회적으로 낙인이 찍히거나 불법적인 경우에 조금 더 민감하고 조심할 필요성이 있음을 의미한다.

계획을 미리 세우는 것도 당신의 연구에서 타당한 측정을 획득하는 핵심일 될 수 있다; 조심스러운 평가는 다른 사람들의 연구에서 측정의 타당성이 올바른 결정이었는가를 결정하는데 가장 중요한 요소이다. 통계학적 검증들이 데이터가 수집된 후에 주어진 측정이 타당한지를 결정하는 것에 도움을 줄 수 있다. 그러나 측정이 타당하지 않다는 것이 사실이라면, 상황을 고치기 위해 할 수 있는 것은 별로 없어 보인다. 당신이 연구 보고서를 읽을 때, 어떻게 핵심 개념들이 조작화 되었는가를 말할 수 없다면, 당신의 결과를 믿지 말아야 한다. 그리고 연구자들이 핵심 측정의 타당성과 신뢰성을 확인하기 위해 사용한 검증의 결과를 보여주지 않았다면, 여전히 연구의 결과는 회의적이라고 할 수 있다.

주요 용어

대안형 신뢰성	폐쇄형 질문	개념
개념화	구성 타당도	내용 타당도
기준 타당도	이분화	판별 타당도
에코메트릭스(환경측정법)	망라적 속성들	표면 타당도
지표	문항간 신뢰도(내적 합치도)	검사자간 신뢰도
등간 수준의 측정	관찰자내 신뢰도	측정수준
측정 타당도	상호 배타적인 속성들	명목수준의 측정
개방형 질문	조작	조작화
서열 수준의 측정	심리측정법	비율 수준의 측정
신뢰도	반분신뢰도	조직적 사회 관찰
검사 재검사 신뢰도	다원적 측정방식	비관여 측정

강조 사항

- 개념화는 연구에서 중요한 역할을 한다. 연역적인 연구에서 개념화는 특별한 변수의 조작화를 안내하고, 귀납적인 연구에서는 관련된 측정을 이해하도록 하는 노력을 안내한다.
- 개념들은 관측, 자기 보고서, 가능한 통계수치 또는 기록, 책 그리고 기록된 문서, 치료적 지표들, 버려진 물질 또는 이들의 결합 등에서 도출된 하나 또는 그 이상의 지표들 또는 측정들에 의한 연구에서 조작화된다.
- 측정의 타당도는 항상 검증되어야 한다. 이를 위한 네 가지 기본적 접근들이 있다: 표면 타당

도, 내용 타당도, 기준 타당도, 구성 타당도. 기준 타당도는 측정 타당도의 가장 강한 증거를 제시한다. 그러나 가끔 사회 과학 측정의 타당화에 사용되는 어떤 절대적 기준이 없기도 하다.

- 비록 신뢰도 있는 측정들이 타당도에 반드시 필연적인 것은 아니다. 하지만, 측정 신뢰도는 측정 타당도를 위한 전제조건이다. 신뢰도는 문항 간 내적 합치도에 의한 검사 재검사 과정을 통하여 평가될 수 있으며, 관찰자들 사이의 일관성의 조건에서 또는 대안형 검사와 응답을 비교하는 것으로 평가될 수도 있다.
- 측정 수준은 변수에 대해 획득되어 질 수 있는 정보의 형태 그리고 변수의 변화를 서술하기 위해 사용될 수 있는 통계의 형태를 가리킨다. 네 개의 측정 수준은 그들이 허용하는 수학적 조작의 복잡함에 의해 나열될 수 있다: 명목(가장 복잡하지 않다), 서열, 등간, 비율(가장 복잡함). 변수의 측정 수준은 어떻게 변수가 조작화 되는가에 의해 결정된다. 이분화는 측정의 특수한 사례이다.

연습문제

1. 범죄학 연구에서 중요한 개념은 항상 명확하게 정의되는가? 그들은 일관적으로 정의되는가? 폭력 범죄, 가정폭력을 강조한 여섯 개의 글들을 찾아보거나, 당신의 지도교수가 제시하는 몇 가지 다른 개념에 집중해 보자. 각각의 글에서 개념들이 명확하게 정의되었는가? 정의들은 비슷한 개념들인가? 짧은 보고서 안에 당신이 발견한 것을 써 보자.
2. 당신이 가능한 통계학적 데이터를 가지고 응답을 시도할 수 있는 몇 가지 연구질문은 무엇인가? 도서관을 방문하고 정부 문서 수집에 대한 소개를 요청해 보라. 미국연방수사국의 표준범죄보고서 또는 형사정책 통계 원본에 관한 책을 조사해 보라. 최소한 10가지 질문을 가지고 데이터를 조사해 보라.
3. 측정의 타당도를 평가하는 계획을 수립하라. 당신의 지도교수는 연구에서 사용되는 실질적인 질문의 사본을 당신에게 줄 것이다. 한 가지 질문을 선택하고 당신이 측정하고자하는 개념을 정의하라. 그런 후에 관심 있는 질문과 관련되어야만 한다고 생각하는 질문지에서 다른 측정을 포함하는 구성 타당성 전략을 개발하라.

연구제안서 작성

현 시점에서 당신은 개념화와 조작화 과정을 시작할 수 있다. 우선 당신의 주된 연구 방법은 설문조사를 실시하는 것이라는 것을 가정하자.

1. 당신의 연구에서 측정된 최소 10개의 변수들을 나열하시오. 결코 2개 이상이 인종 또는 연령

처럼 사회경제적 지표가 되어서는 안 된다. 포함된 각각의 변수들은 적절한 독립변수와 종속변수 또는 이들은 서로 연관성이 있다는 이론이니 과거 연구의 조건에서 정당화 되어야 한다.

2. 각각의 변수를 위한 개념적 정의를 쓰시오. 이러한 정의는 당신이 읽었던 또는 당신이 찾은 연구 논문에서 보았든 무엇이든지간에 현재 존재하는 논문으로부터 시작되어야 한다. 그리고 당신의 정의에 대한 피드백을 두 명의 동료들로부터 요청하라.
3. 각각의 변수를 위한 측정 조작을 개발하라. 몇몇 측정들은 단일 질문이어야 하고 과거 연구에서 사용되어진 지수이어야만 한다(Sociological Abstracts 또는 PsycINFO에서 논문과 웹사이트를 검색해 보시오). 몇 개의 질문을 만들고 당신 스스로 한 개의 지수를 만들어 보라. 이러한 질문에 대한 응답과 질문의 명확함에 대한 피드백을 요청하라.
4. 네 가지의 측정을 위한 타당성과 신뢰성의 검사를 제시하라.

학생 학습 사이트

The Practice of research in Criminology and Criminal Justice, 4판을 위한 웹 사이트 http://www.sagepub.com/prccj4e를 이용하라. 당신의 이해를 높이기 위해 Web-Based Student Study Site를 방문하여 E-Flash Card, Self test 연습 등을 이용하여라

웹 연습

1. 알코올 소비와 범죄에 관한 정보를 웹을 이용하여 찾아라. 당신이 찾은 것에 대해서 짧은 보고서를 써 보시오. 당신이 찾은 다양한 정보에서 측정되어지고 개념화 된 알코올 소비는 무엇인가?
2. 어떻게 성폭행을 정의할 것인가? 간단한 정의를 써보시오. 이러한 개념화를 기준으로 어떤 상황이 성폭행을 구성하는가? 성폭행 연구를 위한 타당한 측정 방식을 서술하시오. 성폭행 피해자 지지자 웹 사이트 www.rapevictimadvocates.org를 방문하라. Myths and Facts에 가라. 당신이 이전에 몰랐던 성폭행에 대한 몇몇 사실에 대해 생각해봐라. 또는 당신이 믿는 신화에 대해 생각해봐라. 당신의 새로운 생각을 기준으로 성폭행의 개념을 다시 써보라. 어떤 부가적인 상황들이 당신의 새로운 개념화에 기반을 둔 성폭행을 구성하는가?

연구윤리 학습

1. 시카고 지역사회에서 무질서를 측정하기 위해, Sampson과 Raudenbush(1999)는 어두운 창문을 가진 차량 속에 비디오카메라를 가지고 거리의 모습을 기록하였다. 이러한 측정 절차가 윤리적이라고 당신은 판단하고 있는가? 3장에서 각각의 기준에 대해 언급하라. 이러한 관측 절차의 형태를 사람들에게 고지함으로써 동의를 얻어야 한다는 기준에서 어떻게 해석되어야 하는가?
2. 몇몇 국토 안보부 정책과 웹 검색 기록의 부주의한 노출 모두는 행동과 태도의 관측되지 않은 측정의 사용에 대한 새로운 문제점을 낳고 있다. 만약 모든 확인된 정보가 없어진 경우에, 범죄학자들은 경찰에 의해 교통 위반으로 정지된 사람들에 대한 연구를 할 수 있다고 생각하는가? 어떤 종류의 책들이 다양한 지역사회에서 도서관에서 대출되었는가?

SPSS 또는 엑셀연습

Homicide.POR에서 33개의 미국 county의 표본으로부터 살인 피의자 표본을 구하라.

1. Inmate, Numvict, 그리고 Pritime 변수를 위한 빈도 분포를 획득하라. 어떤 수준의 측정에 각각의 변수가 사용되었나?
2. 이러한 빈도 분포를 기준으로 받은 형량의 기간, 피해자의 수, 피해자와 범죄자의 관계에 대해서 어떤 결론을 내릴 수 있는가?
3. State. Por 데이터에 접근하라. 이 데이터의 연구 단위를 말하라. 데이터 속에서 변수를 보아라. 어떤 변수들이 양적으로 설명될 수 있으며, 질적으로 설명될 수 있는가?

CHAPTER 05 표본추출

- **표본추출 계획**
  - 표본의 구성요소와 모집단의 결정
  - 일반화 가능성의 평가
  - 모집단의 다양성 평가
  - 인구조사의 고려
- **표본추출 방법**
  - 확률 표본추출 방법
    - 단순 무작위 표본추출법
    - 체계적 무작위 표본추출법
    - 층화 무작위 표본추출법
    - 다단계 군집 표본추출법
  - 비확률표본추출방법
    - 가용표본추출법
    - 할당표본추출법
    - 판단표본추출법
    - 스노우볼 표본추출법
    - 표본품질에 대한 교훈
- **표집 분포**
  - 표본오차의 측정
- **분석단위와 인과적 추론의 오류**
  - 개인과 집단의 분석단위
  - 생태학적 오류 및 환원주의
- **결론**

이 글을 작성하는 동안, Sonia Sotomayor 판사는 오바마 임기 중 첫 번째인 상원의 비준 청문회를 하고 있었다. 대부분의 범죄학 분야에 있는 사람들은 대법원이 정책 및 소송 절차에 얼마나 큰 영향을 주는지 인지하고 있지만, 그 밖의 많은 미국인들은 인지하지 못한다. 이러한 경향을 측정하기 위해서 CNN은 독자들에게 다음과 같은 질문에 대한 온라인 설문조사를 실시하였다. 질문은 "미국 대법원의 판결이 당신의 삶에 영향을 주는가?"였다. 2009년 7월 14일 오전 2시 3분 현재까지, 총 응답자 140,509명 중 74%가 "그렇다"라고 대답하였고 26%는 "그렇지 않다"라고 응답하였다. 과연 이 조사 결과가 모든 미국 국민들을 대변할 수 있다고 보는가? 혹은 이 결과가 CNN 홈페이지에 접속한 모든 사람들을 대변한다고 보는가? 응답자 수가 많음에도 불구하고 이러한 결과를 더 큰 모집단에 일반화시킬 수는 없을 것이다. 만일 이러한 조사의 일반화 가능성에 대한 신뢰가 없다면 결과의 유효성을 의심해 봐야 한다. 물론 현실에서는 이러한 사실이 소중한 시간을 투자하여 여론조사에 응답을 해준 사람들이나 다른 많은 사람들에게 얼마만큼 알려져 있는지 알 수 있는 방법은 없다.

이 장에서는 먼저 연구조사에서 표본조사를 사용하는 근본적인 이유를 설명하고, 표집의 두 가지 방법에 대해 고려해 보고자 한다. 그런 다음 기존에 작성된 다양한 범죄학 분야 연구 논문을 예시로 사용하여 여러 표본추출 방법과 언제 어떠한 방법을 사용해야 하는지에 대하여 설명할 것이다. 또 표본분포에 대한 개념에 대해 간략하게 소개하고 통계 일반화의 신뢰도 측정에 얼마나 도움이 되는지에 대해 설명할 것이다. 이 장이 끝나면, 연구조사의 일반화 가능성을 평가하는데 어떠한 질문을 던져야 하는지와 표본추출 전략을 설계하는데 어떠한 선택을 해야 하는지에 대하여 알게 될 것이다.

표본추출 계획 (SAMPLE PLANNING)

제4장까지는 일반화 가능성에 대한 문제점들과 부딪쳤을 것이다. 예를 들어 맥도날드와 그의 동료들(2005)은 청소년의 공격성과 폭력성에 대한 표본 연구를 미국의 모든 고등학생들에게 일반화시켰고, 파웰과 그의 동료들(Powell et al., 1995)은 워싱턴 킹카운티의 한 초등학교에서 진행한 폭력예방프로그램의 평가 및 분석을 모든 초등학교에 일반화시켰다. 로렌스 셔먼과 리처드 버크(1984) 그리고 다른 연구자들(Berk et al., 1992; Dunford, Huizinga, and Elliott, 1990; Garner, Fagan, and Maxwell, 1995; Hirschel, Hutchison, and Dean, 1992; Pate and Hamilton, 1992; Sherman et al., 1992)은 미니애폴리스의 가정폭력에 대한 원 연구결과의 일반화 가능성을 판단하고자 노력하였다. 다른 연구자들과 마찬가지로 표본추출 설계를 하거나 다른 사람의 연구결과에 대한 일반화 가능성을 평가하고자 할 때, 연구자들이 어떠한 이유로 그리고 왜 표본을 이용한 연구를 하였는지 이해할 필요가 있다. 표본추출은 사회적 연구에서 일반적으로 사용되고 있지만 때로는 사용되지 않을 때도 있다.

표본의 구성요소와 모집단의 결정 (Define Sample Components and the Population)

예를 들어 어느 한 도시의 성인 노숙자에 대한 여론조사를 설계한다고 가정해 보자. 그 도시의 각각의 인원들과 중요한 요소들이 많음에도 불구하고 그 도시의 모든 성인 인구(population)에 대한 조사를 진행할 시간과 자원이 부족하다. 매해 노숙자에 대한 인구조사를 하고 있는 보스턴 역시 모든 노숙자 인원에 대한 실제 조사를 실시할 자원이 부족하다. 그렇기 때문에 그 방법을 대신하여 그 인원들의 일부분인 표본(sample)을 추출하여 연구를 진행하였다. 이렇게 결정된 표본의 각각의 인원들을 표본요소 혹은 표본단위라고 칭한다.

많은 연구에서 우리는 관심 모집단 내의 구성인원 중에서 직접적으로 표본을 추출해 낸다. 교직원이 제공하는 출석부에 근거하여 우리는 한 학교 전체 학생들 중 표본을 추출하여 설문조사를 진행할 수 있을 것이다. 모집단의 표본요소가 선택되어진 목록(위에서 언급한 출석부)을 우리는 표본 프레임(sampling frame)이라고 부른다. 이렇게 선택되어지고 인터뷰를 하게 되는 학생들을 표본요소라고 부른다.

어떤 연구에서는 접근하기에 용이한 표본들이 우리가 원하는 정보를 가지고 있는 표본요소가 아닌 경우도 있지만 필요한 표본요소를 포함하고는 있다. 예를 들자면, 우리가 원하는 표본이 어느 한 지역의 모든 성인 인구임에도 불구하고 가용한 정보는 그 지역의 모든 인원의 목록이 아니고 대신에 그 지역에 살고 있는 가족의 목록인 경우도 있다. 이러한 상황에서는 임의로 몇몇의 가족을 선정하여 그 안에서 성인 인구만을 가려낼 수 있을 것이다. 이런 경우 가족을 계수 단위(enumeration units)라고 칭하고, 가족 내의 성인 인구를 요소라고 할 수 있을 것이다(Levy and Lemeshow, 1999).

때로는 우리가 수집한 개인이나 전체에 대한 정보들이 연구에 직접 사용되는 표본요소가 아닌 경우도 있다. 예를 들면 연구자는 교육 방식에 대한 정보를 얻기 위해 몇몇 학교들을 표본으로 선정하여 교육 방식에 대해 설문조사를 하고 그 선정된 학교 내에서 몇몇의 선생님들을 표본으로 선정하여 인터뷰를 실시 할 수 있을 것이다. 이 경우, 선정된 학교들과 선생님들 모두 표집단위(sampling units)로 볼 수 있는데, 이는 학교와 선생님 모두 표집되어 사용되어진 상황이기 때문이다(Levy and Lemeshow, 1999). 하지만 우선적으로 학교들이 먼저 선정되었기 때문에 이를 1차 표집단위라고 부른다(이 경우 선택된 학교들은 이 연구의 표본요소가 되기도 한다). 차선으로 선정된 선생님들은 2차 표집단위라고 부른다(하지만 선생님들은 학교 전체에 대한 정보를 얻기 위해 선정된 표본이므로 표본요소로 구분하지는 않는다).(또 다른 예로, Exhibit 5.1 참조)

표본의 구성요소를 선택하고 평가할 때에는 그 선택된 표본이 정확히 어떤 모집단을 대표할 수 있는지를 아는 것이 중요하다. "미국의 성인"에 대한 설문조사를 실시할 경우, 일반적인 모집단은 미국에서 거주하는 모든 21살 이상의 성인으로 해석될 수 있을 것이다. 하지만 표본 선정 과정에서 모집단의 범위가 좁혀졌을 수 있다는 점에 유의해야 할 것이다. 예를 들면 어쩌면 미국에서 거주하는 사람들 중에서 영어를 모국어로 사용하는 사람들만을 조사했을 수도 있기 때문이다. 연구에서의 모집단이란 연구에 직접적으로 필요한 표본요소와 표본들의 조합이지 우리가 실제로 알고 싶고 연구하였으면 하는 큰 의미의 집합체를 일컫는 것은 아니다.

EXHIBIT 5.1 2단계 연구에서의 표본 구성요소

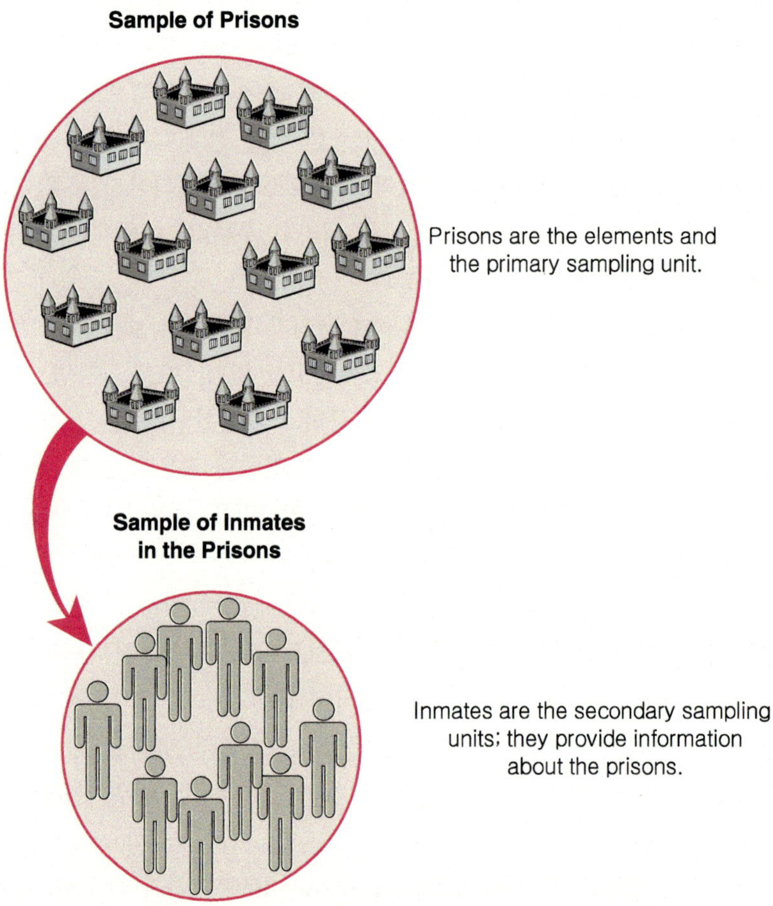

노숙자 인구와 같은 모집단은 지리적인 범위나 조직적인 단체 등과 같이 간단한 기준으로 구별되어지지 않는다. 가령 연구자가 노숙자에 의한 피해 상황에 대해서 알고자 한다고 가정해 보자. 이런 경우, 노숙자라는 모집단의 명확한 정의를 내리기는 쉽지 않지만 그럴 필요는 있다고 본다. 모든 연구는 그 연구를 접하는 사람들이 어떠한 모집단이 연구 되었는지 쉽게 알 수 있도록 하는 것 또한 중요하다. 그러나 노숙자들에 대한 기존의 연구에서는 "명확한 정의를 제시하지 않았으며, 연구자들이 인터뷰한 사람들이 정말로 노숙자인지 확인하는 과정인 스크리닝 질문도 하지 않았으며, 전 세계의 노숙자들을 대상으로 하려는 노력조차 하지 않았었다"(Burt, 1996:15). 예를 들면 몇몇의 연구에서는 단 한 곳의 노숙자 보호시설의 노숙자 수에 의존하기도 했다. 그 결과 "비교 될 수 없는 연구들의 집합"이라는 결론만 도출 되었다(Burt, 1996:15). 그러나 도시 지역에서의 노숙자에 대한 다른 여러 연구에서는 모집단에 대한 정의를 명확히 함으로써 연구에 필요한 질문과 결론을 충분히 도출해 낼 수 있었는데 그 정의는 다음과 같았다; 본인 소유의 집이 없거나 현재 본인이 영구적으로 거주하는 곳이 없는 경우와 일정기간동안 머무를 수 있는 타인의 집이 없는 사람들을 노숙자로 정의한다(Burt, 1996).

하지만 이러한 정의에도 몇 가지 명확하지 않는 점이 있다; 일정기간동안 머무른다는 것의 정의나, 영구적이라 함은 어느 정도의 기간을 말하는 것인지 명확하지 않다. Sosin, Colson, Grossman의 미국 시카고의 노숙자에 대한 연구에서 위와 같은 불분명한 정의를 명확하게 해주는 정의를 내린 적이 있다.

> 친구나 친척과 적어도 하루 이상 살거나 14일 이하로 사는, 월세를 내지 않으며, 본인이 14일 이상 살지 미정인 사람; 현재 보호시설에서 하룻밤을 보내거나 또는 거쳐 가는 사람; 현재 정상적인 보호시설과 같이 지낼 곳이 없거나 길, 건물입구, 버려진 건물, 자동차 안, 지하철 혹은 버스정류장, 복도 등에서 밤을 보내는 사람; 치료시설에서 지내며 그 곳에서 90일 이하를 지냈으며, 시설을 나갔을 때 갈 곳이 없다고 주장하는 사람을 우리는 노숙자라고 정의한다.(P. 22)

위와 같은 모집단에 대한 정의는 본 연구의 연구자들이 노숙자를 어떠한 개념으로 바라보고 있는지를 명확하게 보여주고 다른 지역 또는 시대의 연구자들에게 모집단을 설정하는데 어떤 방법으로 접근해야 하는지를 잘 보여준다고 볼 수 있다. 표본이 추출되어진 모집단에 대한 정의가 완전하고 명확할수록 그 표본에 의한 연구가 더욱 더 정확하게 모집단에 일반화될 수 있을 것이다.

일반화 가능성의 평가(Evaluate Generalizability)

표본을 추출할 모집단을 명확하게 정한 후에는 추출해 낸 표본의 일반화 범위를 고려해봐야 한다. 가령 고등학교 학생들의 교내 폭력에 대한 두려움에 대하여 연구를 하고자 한다고 생각해 보자. 이 연구를 실행하기 위해서는 지역에 있는 고등학교를 방문하여 학생들에게 교내에서 느끼는 폭력에 대한 두려움에 관한 설문조사를 하면 간단할 것이다. 하지만 만약에 이 학교가 알라스카 시골 마을이나 지방에 위치해 있는 학교라면 어떨까? 이런 표본이 과연 뉴욕시나 캘리포니아와 같은 도시에 있는 학생들의 생각을 반영할 수 있을까? 당연히 그렇지 않다. 표본을 이용하여 도출된 결론임에도 불구하고 때때로 연구자들은 마치 이 연구의 결과가 모든 고등학교의 학생들을 대표하는 결과라고 가정하듯이 "몇 퍼센트의 학생이 두려움을 느낀다"라던가 "신입생들이 고학년 학생들보다 두려움을 더 느낀다"와 같이 결론을 내곤 한다. 많은 사회학 및 범죄학 연구자들(그리고 다른 모든 사람들)은 표본에 국한된 결론뿐만 아니라 그들이 관심을 가지고 있는 모든 것들에 대해 결론을 도출해 내길 희망한다. 일반화 과정은 연구자들의 결과물(그리고 의견들)을 더욱 더 중요하게 보이도록 한다. 만약 모든 고등학교 학생들이 모두 같은 성향과 성격을 가지고 있다면, 어느 특정 고등학교에서 얻은 결론을 다른 모든 학교 학생들에 일반화시키는 것도 가능할 것이지만 현실은 그렇지 않다.

제2장에서 언급했듯이, 일반화 가능성에는 두 가지 측면이 있다. **표본 일반화 가능성(sample generalizability)**이란 추출된 표본을 그 표본을 포함하고 있는 모집단에 일반화시키는 것을 말한다. 이것이 가장 일반적인 일반화가능성의 방법이다. **모집단 간 일반화 가능성(cross-population generalizability)**이란 어느 한 그룹 혹은 모집단에서 도출된 결론을 또 다른 그룹이나 모집단에 일반화시키는 방법을 일컫는다(Exhibit 5.2 참조). 이 교재에서 우리는 **외적 타당성(External Validity)**이란 개념을 사용하는데 이는 모집단 간 일반화가능성 방법에만 적용하도록 한다.

폭력의 피해 정도 혹은 두려움을 느끼는 정도를 알아보기 위한 연구를 실시할 경우 표본의 일반화 가능성이 가장 중요한 고려 사항일 것이다. Gallup and Roper와 같은 여론 조사 업체에서 사용하는 연구 방법은 표본 일반화 가능성이 좋은 예라고 볼 수 있다. 다음 대선결과에 대하여 여론조사를 하고자 한다고 가정해 보자. 이것을 알아보기 위해서 여론조사 업체에서는 적당한 수의 투표자들을 대상으로 조사를 한 후에 이를 전체 모집단에 일반화시켜 적용 할 것이다. 만약 결과가 큰 모집단에 일반화된 것이 아닌 실제로 조사되어진 작은 표본에 의한 결과로만 발표된다면 사람들은 이 정치적 여론조사에 대하여 신뢰하지 않을 것이다.

모집단 간 일반화 가능성은 연구의 결과가 다양한 모집단에 걸쳐서 적용될 경우 사용되어진다; 하지만 이 모집단은 전체가 다 연구되어지지 않고 표본에 의하여 조사된 후 일반화 된 경우가 많을 것이다. 예를 들어 알라스카 지방 학교의 연구 결과를 바탕으로 모든 고등학교 학생들의 폭력에 대한 두려움에 대한 연구결과를 발표할 경우 모집단 간 일반화 가능성에 관한 의문이 던져질 수도 있을 것이다.

일반화 가능성은 연구설계에 중요한 고려 사항이다. 우리가 관심 있어 하는 연구에 대해 전체 모집단을 대상으로 조사를 하기 위한 자원이 부족한 것이 사실이기 때문에 그 모집단에 일반화시킬 수 있는 작은 단위의 사례를 선정하여 연구를 진행하여야 한다. 모든 조건에 우리가 선정한 전제가 들어맞을 거라는 확신을 하기 힘들기 때문에 실제로 조사하지 않은 표본에 대하여 모집단에 일반화시킬 경우 항상 조심해야 한다.

EXHIBIT 5.2 표본과 모집단 간 일반화 가능성

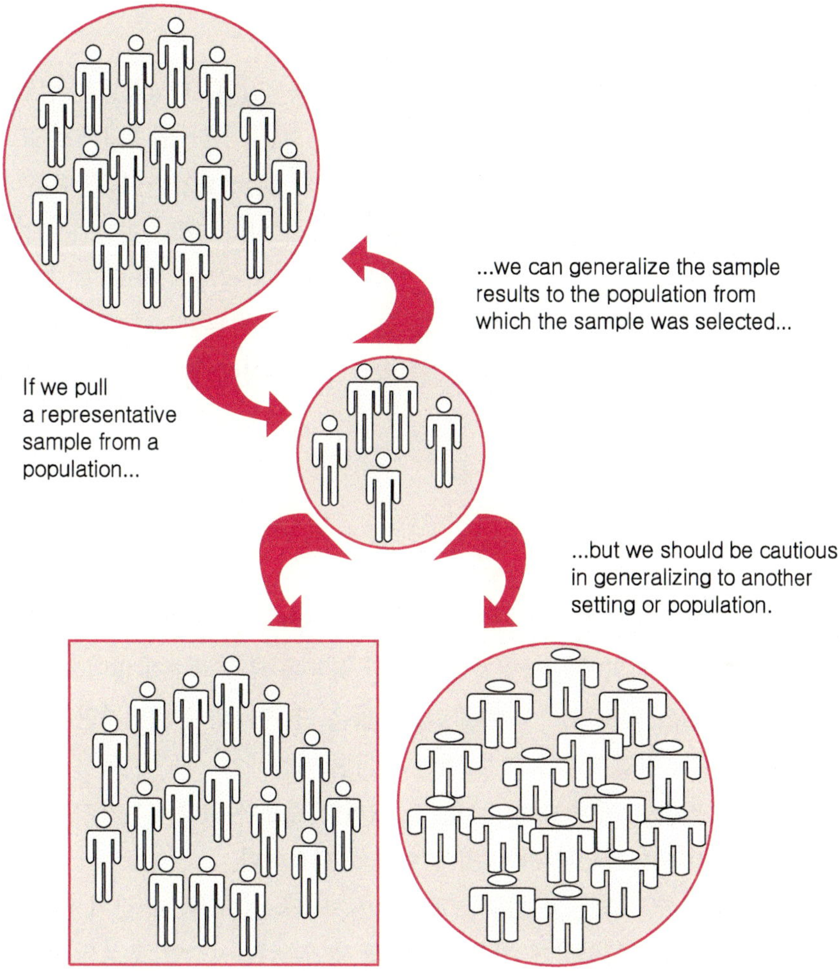

이 장에서는 주로 표본의 일반화 가능성의 문제점에 대해 다룬다; 표본에 의한 연구 결과가 과연 그 표본이 포함된 모집단에 일반화될 수 있는가? 이 질문이 표집을 할 때 가장 기초적인 것이고, 이에 대한 답변을 위한 방안들을 사회적 연구 방법이 제공해 준다.

표본의 일반화 가능성은 표본의 질에 의존하게 되는데, 이는 표본오차(sampling error)의 양으로 결정된다. 표본오차는 보편적으로 모집단의 성격과 그 모집단에서 선정된 표본의 성격의 차이로써 정의 될 수 있다. 표본오차가 클수록 표본의 대표성은 줄어들고 그 결과물은 일반화되기 힘들다고 볼 수 있다. 표본의 우수성을 판단하기 위해서 연구설계를 할 때 다음과 같은 질문은 던져보자:

- 사례들이 어떤 모집단에서 선정되었는가?

- 사례를 선정하기 위해서 어떤 방법을 사용하였는가?
- 연구된 사례들이 결과적으로 그 모집단을 대표한다고 볼 수 있는가?

현실에서 연구자들은 그들의 이론을 실제로 연구 조사한 범위보다 더 넓은 범위의 그룹이나 모집단에 적용시키려고 한다. **표적 인구(target population)**란 연구되어진 표본보다 범위가 넓고, 연구자가 실제로 연구 결과를 일반화시키고자 하는 모집단이다. 연구 결과를 표적 인구에 일반화시키기 위해서는 어느 정도 이론적이어야 한다. 연구 결과가 다른 집단, 지리적 범위, 문화 혹은 시대에 적용되어 질 수 있다는 것을 명심해야 한다. 모집단간의 일반화가 다양한 연구에 의한 방법 외에는 경험적으로 증명되기 힘들기 때문에, 이 장에서는 이와 관련된 논의는 하지 않기로 한다. 모집단 간 일반화 가능성에 관한 논의는 경험적 연구를 다룰 제7장에서 다시 다루도록 한다.

모집단의 다양성 평가(Assess Population Diversity)

모집단의 모든 구성요소가 같다면 표집을 할 필요가 없다. 물리학자들은 기본적인 물리적 프로세스에 대해 연구하기 위해 원자입자를 대표할 표본을 추출해내지 않아도 된다. 원자입자들은 모두 같은 성질을 갖고 있으므로 물리학자들은 단 하나의 원자입자만을 연구하면 될 것이다. 비슷한 경우로, 생물학자들 역시 어떤 주어진 화학제가 식물에 독성 영향을 주는지 확인하고자 할 때 특별한 식물에 대하여 표본을 채취할 필요가 없다. "한가지의 식물을 보았다면 전부 다 본 것이나 다름없다"라는 것이 이들의 생각이다.

사람의 경우는 어떨까? 모든 동물들이 그렇듯이 사람들은 모두 다 같지 않다. 그럼에도 불구하고 모든 사람들에게 동일하게 작용하는 육체적 혹은 정신적인 프로세스에 대하여 연구를 할 때에는 일반화 된 결과를 얻기 위해 표집을 할 필요가 없다. 심리학자들이나 사회적 심리학자들은 때때로 모든 개개인에 동일하게 작용한다고 생각되는 프로세스에 대하여 연구할 때에 대학생들을 대상으로 실험을 한다. 그들은 대부분의 사람들이 실험에 적용된 상황에 접하게 되면 실험 대상인 대학생들과 같은 반응을 보인다고 믿는다. 소규모의 커뮤니티에서의 그룹 프로세스에 대한 상황을 연구하는 현장 조사원들 역시 같은 가정을 한다.

이와 같은 가정에는 중대한 문제점이 있다. 연구되어진 프로세스가 모든 사람들에게 똑같이 적용된다는 것을 알기는 어렵다. 사실 실험에 임한 사람들이나 그 실험적 상황에 따라 실험의 결과는 다르게 나올 수 있다. 저명한 사회적 연구 실험 중 하나인 1965년에 실시한 밀그램(Milgram)의 권위자에 대한 복종에 관련된 실험 연구에서 이를 잘 보여준다. 밀그램 실험은 뉴헤이븐과 코넥티컷의 남성 지원자들을 대상으로 어떠한 주어진 상황에서 권위자의 지시에 따라, 그것이 사람을 다치게 할 수도 있다는 것을 알면서도, 다른 이에게 전기 충격을 주는 실험이었다. 대부분의 상황에서 지원자들은 권위자의 지시대로 따랐다. 이 결과 밀그램은 사람들은 권위 있는 사람의 말에 복종을 한다는 결론을 도출해낼 수 있었다.

하지만 과연 이 결과가 모든 남성들, 미국의 모든 남성들 혹은 뉴헤이븐에 살고 있는 남성들에게 일반화 될 수 있을까? 또 다른 밀그램의 실험들에서도 비슷한 결과가 나왔다. 그러나 다른 연구에서 몇몇 그룹의 사람들은 상황에 따라 복종을 하지 않는다는 점을 발견 할 수 있었다. 전기충격을 거부했던 사람이 있는 방에 다른 새로운 상황을 제시해 보아도 그는 권위자의 말을 거역할 것이다.

이와 같이 상황들이 정확하게 통제되어 있지 않은 실험에서의 결과가 현실에서의 권위자의 행동에 따른 사람들의 반응에 대하여 무엇을 보여준다고 생각하는가? 실제 현실에서의 사람들은 보다 덜 복종할 것이다. 다른 사람들은 권위자의 명령에 대하여 거부하는 모습을 보일 것이고 또는 자신의 행동의 결과가 어떻게 나올 것인지에 대해서 걱정할 것이다. 또 다른 경우로는 관념적인 이데올로기나 대중들의 행동에 휩쓸려 더욱 더 명령에 잘 따르는 사람들이 생길 수도 있다. 밀그램의 실험은 사람들의 일반적인 행동에 대하여 통찰할 수 있도록 하지만, 이는 주어진 특정한 상황에서 특정한 소규모의 그룹을 대상으로 한 실험이기 때문에 더 큰 모집단에 일반화시키는 것은 어렵다고 본다.

어떠한 참가자들의 관찰을 통한 실험의 결과를 일반화시키는 것에는 위험이 따른다. 왜냐하면 이와 같은 연구실험에 사용된 표본 집단은 어떤 특정한 모집단을 대표하지 못하는 경우가 많기 때문이다. 어떤 특별한 클럽이나 학교 기숙사의 사회적 발달의 역사 혹은 폭력성 강한 영화가 사람들에게 미치는 영향과 같은 연구를 실시할 때에 연구자들은 일반화 가능성에 대한 고려를 배제하는 경우가 많다. 하지만 이와 같은 연구를 실시할 경우 그 결과를 일반화하는 것에 대하여 항상 주의를 기울여야 한다.

중요한 점은 사회과학자들이 그들의 연구결과를 일반화시키는 것에 대한 문제점을 피할 수 없다는 것이다. 어떠한 실험이나 현장조사에서 작은 표본이 연구되었다면 그 연구는 다른 상황에서 재실험 되거나, 그 추출된 표본이 모집단을 대표할 수 있는 대표성 있는 표본(representative sample)으로써 실험이 실행되어야 한다(Exhibit 5.3 참조).

우리가 살고 있는 사회와 그 구성원들의 경우 모두 동일한 것들로 여겨지기에는 너무 다양하다. 사회심리학적 연구실험이나 작은 규모의 현장실험들은 사회과학적으로 많은 결과물을 배출해냈지만, 이와 같은 결론들을 일반화 가능성에 대한 고찰에 적용하기 위해서는 또 다른 상황이나 세팅에서 반복 실험되어야 한다. 우리가 실험실에서 실행한 연구나 현장 연구를 통해서 기본적인 사회적 프로세스를 알아냈더라도, 다른 연구나 표본들을 확장 연구하여 도출된 연구의 결론을 재확인할 필요가 있다.

EXHIBIT 5.3 **대표성 있는 표본과 그렇지 않은 표본**

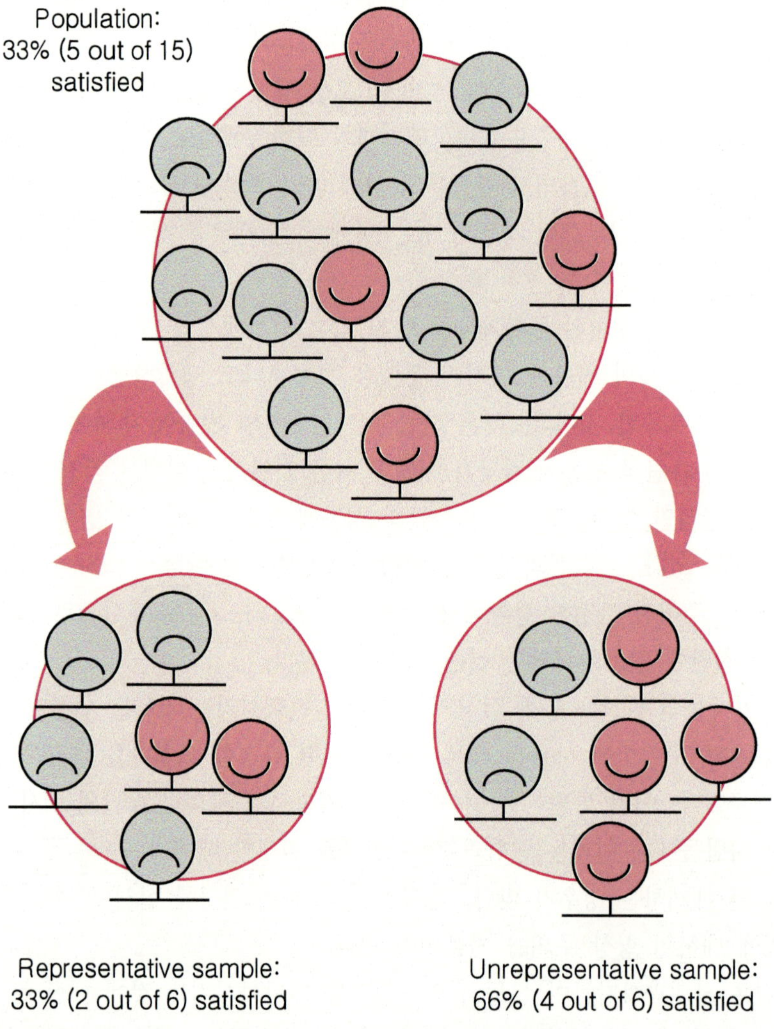

인구조사의 고려(Consider a Census)

어떤 상황에서는 표본을 추출하기 보다는 관심 있는 전체 모집단을 연구하는 **인구조사(census)**를 실시함으로써 일반화 가능성의 논쟁을 피할 수도 있을 것이다. 미연방 정부는 미 통계국과 함께 이와 같은 인구조사를 10년에 한 번씩 하려고 노력하고 있다. 인구조사는 작은 회사의 직원 수 혹은 대학교의 학생 수, 미국 내 모든 주의 인구비교, 어떤 특정 지역의 특정한 종류의 회사의 구성원 수 조사와 같은 연구를 포함한다. 하지만 미 통계국을 제외한 위에서 제시된 모든 예들에 사용된 모집단은 상대적으로 작은 규모의 인구이다.

사회과학자들은 투자해야 할 시간과 비용이 많이 들기 때문에 큰 모집단의 모든 구성원들에 대한 데이터를 구하려고 하지 않는다. 몇몇 사회과학자들은 미 통계국에서 제공하는 정보를 이용하여 연구를 실시하는데, 이와 같은 정보들은 정부가 수집하고 국민들의 세금으로 얻어지는 정보들이라고 볼 수 있다. 2000년 인구조사에서 인구조사 용지를 작성하지 않은 34%의 세대를 찾기 위해 통계국은 50만 명의 임시직원들을 고용하여 투입시켰다.

비록 설문조사를 하고자 하는 관심 분야의 모집단이 인구 20,000명인 작은 마을의 인구수이거나 인구 10,000명인 대학교의 학생 수 일지라도 연구자들은 이에 대하여 표본 추출을 해야 한다. 약 1,000명의 인원에 대하여 설문조사를 하려고 한다면 대부분의 연구들은 그것에 집행된 예산을 훌쩍 넘기고 말 것이다. 사실 미 통계국조차도 인구조사에 사용되는 설문조사 질문들을 모든 인원들이 답하게 할 능력을 가지고 있지 않다. 그렇기 때문에 그들은 표본을 이용하여 인구 통계를 구한다. 모든 세대는 짧은 유형의 인구조사 설문지(2000년에는 7문항이 있었다)를 작성하고 6개 가구 마다 1가구는 조금 긴 유형의 설문지(추가 53문항)를 작성한다(Rosenbaum, 2000).

또 다른 사실은 많은 사람들에게 이 설문지를 작성하게 하는 것이 어렵다는 점이다. 연구방법에 모든 국민은 인구조사 설문지를 작성하도록 명시되어 있음에도 불구하고 미 통계국(1999) 조차도 설문 작성률을 높이기 위해서 여러 차례 노력을 해야만 했다. 인구조사 설문작성 홍보에 이미 약 167,000,000 달러를 투입했음에도 불구하고(Forero, 2000), 통계국은 설문작성을 하지 않은 가구에 대해 6차례 정도 설문 제출을 재촉하는 계획을 세우기도 했다(미 통계국, 2000a). 그리고 미 통계국은 더욱 더 집중적으로, 이런 노력에도 불구하고 설문작성을 하지 않는 사람들의 특성 및 성격에 대하여 연구하고자 하였다(미 통계국, 2000b). 설문조사에서 비교적 적은 무응답률일지라도 충분히 결과를 다르게 나오게 할 수 있기 때문에 설문에 대한 무응답률을 낮추는 것은 중요하다고 본다. 2000년 미국통계가 진보될수록 소수민족(혹은 집단)(Kershaw, 2000), 가난한 도시(Zielbauer, 2000), 고급 저택에 살고 있는 부유한 사람들(Langford, 2000), 심지어는 대학생들(Abel, 2000)에까지도 모집단을 대표하지 못한다는 염려를 불러일으키고 있다. 평균적인 설문조사들은 법적이나 재정적인 지원이 충분치 못하므로 이어지는 절차에 충분한 자원이 제공될 수 있도록 표본의 수를 제한하는 것이 중요하다.

표본추출 방법 (SAMPLING METHODS)

모두가 알다시피, 표본의 가장 중요한 점은 과연 그 표본이 추출되어진 모집단을 충분히 대표할 수 있는가 일 것이다. 표본을 판별하는 가장 중요한 점은 그 표본이 확률표집방법 혹은 비확률표집방법을 기반으로 하는지를 구별하는 것이다. 모집단의 어느 임의의 성분이 표본으로써 선택되어진다는 것을 우리가 미리 알 수 있는 것을 **확률표집방법(probability sampling methods)**이라 한다. 그리고 이를 알지 못하는 것을 **비확률표집방법(nonprobability sampling methods)**이라고 부른다.

확률표집방법에는 무작위 선정방법이 사용된다. 원칙적으로 이것은 동전을 던져서 앞뒤의 결과로 승부를 가리는 것과 비슷한 원리이다. 동전던지기에서 앞면과 뒷면이 나올 확률은 동등하기 때문에 두 사람 모두 이길 확률은 같다. 그 확률, 즉 **선택의 확률(probability of selection)**은 1/2 혹은 0.5이다.

두 사람 중 한명을 선택해야 할 경우 동전던지기가 공평한 방법인데, 이는 모두에게 동등한 확률이 주어진다는 점에서 한쪽으로 편중되지 않는다고 볼 수 있다. 동전던지기를 통해 이기거나 질 수 있지만 그 결과가 어느 한쪽으로 편중되지 않고 공평한 확률로써 일어난 결과라는 것을 알 수 있다(상대방이 양면이 똑같은 동전을 사용하지 않는 이상). 같은 이유로, 주사위를 사용하는 것이 여섯 개 중 하나의 결과를 선택하는 공평한 방법일 것이다(선택의 확률은 1/6 혹은 0.17이다). 포커 게임에서 카드를 잘 섞은 후에 선수들에게 카드를 나누어 주는 방법 또한 공평한 방법일 것이다(선수들이 풀하우스 또는 플러쉬와 같은 조합을 이룰 확률은 모두 같을 것이다.). 비슷한 원리로, 로또 복권의 경우 당첨번호를 선택하기 위해서 무작위 선정방식을 사용한다. 그렇기 때문에, 비록 동전던지기에서 이기는 확률보다 현저히 낮겠지만 복권에 당첨될 확률도 도출해 낼 수 있다. 이와 같이, 확률표집방법의 기본적인 방식은 무작위 선택 방법이다. 모집단으로부터 표본이 무작위로 선정된 경우 각각의 성분들이 표본으로써 선택되어지는 데에는 독립적이고 확실한 확률을 갖고 있다.

확률의 개념에는 모든 상황이 무작위로 선정된다는 것과 우연의 경우로 표집 된다는 점에서 혼란을 야기하는 경향이 있다. 첫 번째 드는 생각은 선택을 확률에 맡기는 것은 표집 방법을 통제하지 않는다는 느낌을 받게 한다는 것이다. 이에 대하여, 확률은 상황의 선택에서만 사용되어지고 다른 것에는 적용되지 않는다는 것을 확실하게 보여주기 위해서 연구자는 상황 이외의 것에는 확률을 적용시키지 않고 연구를 조직적으로 진행하여야 한다. 연구가 전적으로 무작위 선정 방식으로 진행된다면 연구자는 조심스럽게 지정된 절차를 따라야 할 것이다. 이 장을 읽으면서 염두에 두어야 할 것은 연구자가 무작위 선택방법을 표집에 사용하였다고 해서 표본 자체도 무작위로 선정되었다고 가정해서는 안 된다. 완벽하지 않은 모집단의 목록에서의 표본 선정과 불충분한 응답률 확보(설문 참여 인원 중 45%만이 동의했다고 가정한다)와 같은 문제점에 대하여 볼 필요가 있다.

모집단에서 선택되어진 어떤 요소가 포함된 목록을 표집 프레임이라고 부른다고 앞부분에서 설명하였다. 만약 이 목록이 불완전하다면 모든 인원이 모집단의 목록에 포함된 것이 아니기 때문에 이 목록에서 무작위로 선정된 표본은 그 모집단의 무작위 표본이라고 볼 수는 없을 것이다. 그렇기 때문에 표집 프레임이 적당한지를 항상 고려해야 한다. 대학생 인원과 같이 간단한 모집단에 관한 연구의 경우라도 교무직원이 제공한 목록은 요청된 시기보다 조금 오래된 자료일 가능성이 있다. 예를 들면 어떤 학생이 자퇴를 했지만 이 목록에는 공식적으로 적용되어 있지 않은 경우가 있을 것이다. 이와 같은 상황에서의 작은 오차는 무시해도 좋다고 판단할지 모르겠지만 이러한 작은 오차는 규모가 큰 모집단일 경우 결과에 큰 영향을 미칠 수 있다. 한 도시, 주 혹은 나라의 표집 프레임은 그 인구의 변동이 지속적으로 이루어지기 때문에 항상 불완전하다고 볼 수 있다. 표집 프레임에서 불가피하게 나타나는 누락조차도 표본과 그 모집단의 또 다른 그룹과의 편중을 보일 수 있다.

매우 포괄적인 표집 프레임조차도 만일 많은 구성원들이 연락이 되지 않고 참여를 거부할 경우 어느 정도의 체계적인 편중(systematic bias)은 감수해야 할 것이다. 설문조사에 응답하지 않는 사람들은 시간을 투자하여 설문에 응답한 사람들과 생각이 다를 수 있으므로 무응답(Nonresponse)은 설문에서 중요한 위험요소 중에 하나이다. 만약에 설문의 무응답률이 현저하게 높을 경우(30% 이상) 무작위 선정 표본으로부터 얻어진 결론을 모집단에 일반화시키는 것은 무의미하다고 볼 수 있다.

확률 표본추출 방법(Probability Sampling Methods)

확률 표집 방법이란 선택의 확률이 분명하고 그 확률이 0이 아닌 경우를 말한다. 이와 같은 방법은 무작위로 구성을 선정하므로 체계적인 편중이 나타나지 않는다. 그리고 오직 확률만으로 어떤 성분들이 표본을 구성하는지를 결정한다. 그러므로 이와 같은 무작위 표본 방식으로도 불리는 확률 표집 방법은 도출된 결과를 규모가 큰 모집단에 일반화시키는 경우에 비확률 표집 방법보다 더욱 더 바람직하다고 볼 수 있다.

무작위 표본에는 체계적인 편중이 나타나지 않음에도 불구하고, 이는 확률에 의존을 하기 때문에 표본 오차가 발생하기 마련이다. 동전을 20번, 30번 이상을 던진다고 하더라도 동전의 앞면이 나올 확률은 0.5가 될 것이다. 하지만 동전을 두 번 던져서 두 번 다 앞면이 나올 확률도 충분히 일어날 수 있다. 동전의 양면의 선택에 대한 무작위 표집은 공평하지만 이는 어떠한 결과를 대표할 만한 자료가 되지는 못한다. 남성 50명과 여성 50명으로 구성된 모집단에서 무작위로 10명의 표본을 선택한다고 가정해 보자. 우연한 경우로 이렇게 선택된 10명이 여성 7명, 남성 3명이 될 수도 있을 것이다. 무작위로 선정된 표본이 높은 무응답률이나 잘못 컨트롤된 경우가 아니라고 가정했을 때, 운 좋게도 우리는 수학적으로 표본 오차를 계산해 낼 수 있다.

일반적으로 표본의 크기와 모집단의 동질성이 오차의 정도에 영향을 미치며 표본이 대표하는 모집단의 정도는 오차의 정도에 영향을 미치지 않는다. 덧붙여 설명하자면:

표본의 크기가 크면 클수록 모집단 표본의 대표성에 대한 신뢰도가 높아진다. 우리가 만약 어느 한 도시의 인구 중에서 5명을 임의로 뽑아서 표본으로 삼는다면 이는 나이, 성, 인종, 성격 등의 차원에서 모집단을 대표하기 어려울 것이다. 하지만 우리가 100명을 임의로 뽑는다고 하면 이를 대표 표본으로 볼 수 있는 확률이 더욱 더 높아질 것이며, 1,000명이면 더욱 더 정확한 결과를 도출해 낼 수 있을 것이다.

모집단의 구성이 동질하면 할수록 어떠한 규모의 표본일지라도 그 대표성의 신뢰도는 높아진다. 가정의 평균 수입을 구하고자 두 개의 주거단지에서 각각 50명의 표본을 선정한다고 가정해 보자. 한 단지는 가정의 수입 수준이 $12,000에서 $85,000로 그 수준의 범위가 넓다. 다른 단지의 수입 수준은 $41,000에서 $64,000로 그 범위가 상대적으로 좁은 범위에 밀집되어 있다. 후자의 경우처럼 그 구성 성분들이 동질성을 띄는 표본에서의 평균 수입이 그렇지 않은 표본에서의 평균보다 더 대표성을 보일 가능성이 높다. 낮은 편차를 보인다면 동질성을 지닌 모집단을 대표하기 위해서 적은 양의 사례만이 필요할 것이다.

표본이 보유하고 있는 모집단의 비율은 그 비율이 현저히 크지 않은 이상 표본의 대표성에 영향을 미치지는 않는다. 2% 이하의 표본 비율에는 거의 모두 비슷한 신뢰도가 있다고 간주해도 무관하다(Sudman, 1976). 사실 표집 비율이 충분히 높지 않은 이상 표본의 대표성이 증가할 가능성은 낮다. 다른 사항들이 다 똑같다는 가정 하에 100만개의 모집단에서 1,000개를 선택하는 것이 10,000개의 모집단에서 100개를 선택하는 것보다 훨씬 낫다. 여기에서 알 수 있듯이 대표성은 표본이 대표하는 모집단에 대한 표본의 비율보다는 그 표본 자체의 크기에 의해 좌우된다고 볼 수 있다.

대통령 선거 결과를 예측하는 여론조사는 무작위 표집의 가치와 그에 따르는 극복하지 못할 문제점 두 가지 모두를 잘 보여주는 예이다. 대부분의 대통령 선거에서 여론 조사원들은 전화 인터뷰와 무작위 표집을 통해 정확한 결과 예측을 할 수 있었다. Exhibit 5.4는 최근 열두 번의 선거에서 표본에 의한 예측이 실제 결과와 얼마나 근접했는지를 보여준다. 1980

년 선거에서만 예외적으로 큰 차이를 보였는데 이는 제3의 유권자에 의해서 예측 불가능한 결과가 나왔다. 그렇지 않은 경우에서의 작은 차이점은 무작위 오류로 간주해도 무관하다고 본다.

갤럽 여론조사는 주목할 만한 선거였던 2000년 선거에서 상당히 정확한 결과 예측을 하였다. 갤럽은 조지 부쉬가 48%로 당선된다고 최종 결과 예측을 하였다(알 고어는 46%의 득표율, 랄프 네이더는 4%라고 예측하였다). 비록 알 고어의 일반인 투표율이 더 높게 나와서 선거 결과가 예상보다 더 아쉬웠지만, 갤럽은 많은 사람들이 알 고어를 지지하고 있다는 최신 트렌드를 미리 예측하였다(Newport, 2000). 2008년 선거에서 갤럽은 오바마 대통령의 당선을 55%로 예측하였는데 이는 실제 결과인 53%와 2%의 차이만을 보였다.

이처럼 정확한 표집 결과에도 불구하고 선거 투표에서는 예측하는데 있어서 몇몇의 중대한 오류를 범하는 경향이 있다. 이와 같은 오류의 원인을 보았을 때 의도하지 않은 체계적인 편중이 표집의 결과에 영향을 미칠 수 있다는 것을 알 수 있다. 1936년 Literary Digest 여론조사는 알프래드 랜던이 루스벨트 대통령을 엄청난 차이로 이길 거라 예측하였으나 실제로는 루스벨트 대통령이 63%의 일반인 득표율을 차지하였다. 이 여론조사의 문제는 무엇이었을까? Digest사는 전화번호부, 자동차 등록 명부, 투표자 명부 등을 토대로 1,000만 장의 투표용지를 우편을 통해 보냈다. 하지만 대공황 시기였던 1936년에는 중산층 사람들만이 전화와 자동차를 소유하고 있었으며 그들은 공화당을 지지할 가능성이 높았다. 더욱이 오류가 나타날 가능성이 높은 약 24%의 응답률인 2,376,523장의 투표용지만 받을 수 있었다. 하지만 이 여론조사는 무작위 표본에 의한 것이 아니었기에 체계적인 편중이 나타나는 것이 놀랍지는 않았다. 그러나 갤럽은 무작위로 선정한 3,000명만으로 정확한 결과를 예측할 수 있었다(Bainbridge, 1989).

1948년 이후 처음으로 1980년의 선거에서만 여론조사원들이 선거 일주일 전에 실시한 결과 예측이 빗나갔었다. 카터가 레이건을 45% 대 42%로 앞선 상황으로 갤럽은 결과를 접전으로 예상하였다. 하지만 결과는 레이건 51%, 카터 42%였다. 여기에서는 무엇이 문제였을까? 오랜 시간 심사숙고하여 투표한 투표인들과 첫 시도에 인터뷰를 하지 못한 선거인들을 다시 연락하지 못한 점 등이 이런 잘못된 결과를 나오게 만들었다(Dolnick, 1984; Loth, 1992). 이 경우는 표본이 연락이 닿지 않은 사람들과 심사숙고하여 결정을 늦게 내린 사람들에 대응하여 체계적으로 편중되었다고 볼 수 있다. 표본 중에 결정을 늦게 내린 사람들의 존재는 일반적인 모집단의 사람들의 의향을 명확히 보여주는 것이기 때문에 표본 편중으로 보기는 어렵지만 이는 투표 선호도 조사를 어렵게 만드는 역할을 했다.

무작위 선정 표본은 모집단의 특정 그룹을 불균형적으로 포함시키거나 제외시키지 않기 때문에 제대로 실행되어 선정된 무작위 표본은 체계적 편중을 피할 수 있다. 무작위 표집의 오류는 고려할 사항이지만 그 오류를 최소화시키기 위한 다양한 방식의 무작위 선정 방법이 존재한다. 무작위 표본을 선정하기 위한 가장 기본적인 4가지 방식으로는 단순 무작위 표집, 체계적 무작위 표집, 층화 무작위 표집, 군집 표집이 있다.

EXHIBIT 5.4 **투표결과 : 예측 vs 실제**

Winner(Year)	Polls(%)	Result(%)
Kennedy(1960)	51	50
Johnson(1964)	64	61
Nixon(1968)b	43	43
Nixon(1972)	62	62
Carter(1976)	48	50
Reagan(1980)b	47	51
Reagan(1984)	59	59
Bush(1988)	56	54
Clinton(1992)b	49	43
Clinton(1996)b	52	50
Bush, G.W.(2000)b	48	50
Bush, G.W.(2004)b	49	51
Obama(2008)b	55	53

출처 : Copyright. 2008 Gallup, Inc. All rights reserved. In addition, the date of the survey, margin of error, and sample size shall be reported.
a. Final Gallup Poll prior to the election.
b. There was also a third-party candidate.

단순 무작위 표본추출법(Simple Random Sampling)

단순 무작위 표출법(simple random sampling)은 숫자나 케이스를 다룰 때 엄격히 확률에 의존하는 절차를 요구한다. 동전을 던지거나 주사위를 굴리는 것은 엄격하게 확률에 의존하는 방식이지만 이는 표본을 선정하는데 있어서는 좋은 방법이라 할 수는 없다. 인터넷 상에서 쉽게 구할 수 있는 **난수표(random number table)**는 이러한 절차를 상당 부분 간단하게 만들어 준다. 연구자가 표집 프레임 내의 모든 구성요소들에 숫자를 붙이고 체계적인 프로세스를 이용하여 난수표에 있는 숫자와 대응하는 구성요소를 선택한다(이 장의 마지막에 있는 연습문제 2에 그 과정을 단계적으로 설명해 준다). 혹은 다른 방법으로 연구자는 무작위 추첨 방식으로 이를 선택할 수도 있다. 작은 카드에 각각의 케이스 번호를 입력하고 그

카드를 잘 섞은 뒤에 그 안에서 표본을 선정하는 방식이다.

크기가 큰 표본을 돌려야 하는 경우에는 이와 같은 절차들은 번거로운 일이 될 것이다. 하지만 운이 좋게도 컴퓨터 프로그램을 이용하면 어떠한 크기의 무작위 표본이라도 손쉽게 작업 할 수 있다. 연구자는 표본화될 모든 요소들(표집 프레임)에 숫자를 부여한 후 원하는 범위 내에서 숫자가 무작위로 선택되도록 컴퓨터 프로그램을 작동시킨다. 이렇게 숫자로써 선택 된 요소들이 표본이 되는 것이다.

전화 여론조사를 실시하는 업체에서는 자동 임의번호걸기(random digit dialing) 프로그램을 이용하여 무작위 표본을 표집한다. 이 기계는 여론조사를 실시하는 장소의 국번 내에서 자동으로 임의로 전화번호를 설정하여 전화걸기를 시도한다. 이와 같은 임의전화걸기 시스템은 표집 프레임이 존재하지 않을 경우에 유용하게 사용된다. 전화걸기 시도 후 연구자들은 현재 사용되지 않는 번호 혹은 회사 번호 등을 다음 무작위로 선정된 번호로 다시 실시한다.

단순 무작위 표집에서 선택되어질 확률은 각각의 요소들에 공평하게 적용된다. 17,000개의 모집단에서 500개의 표본을 선택한다면 각각의 요소가 선택되어질 확률은 500/17,000 혹은 0.03이 될 것이다. 각각의 요소들은 동전던지기(1/2) 혹은 주사위 굴리기(1/6)와 같이 모두 공평하고 독립적인 뽑힐 확률을 가지고 있다. 그러므로 단순무작위표집은 표집 방식 중 공평 확률에 속한다.

단순 무작위 표집에는 복원표본추출(replacement sampling)이 사용되거나 그렇지 않을 수도 있다. 복원표본추출에서는 각각의 요소들이 선택되어진 후에 다시 그 표집 프레임으로 복원되어 다시 선택되어질 수 있다. 복원표본추출을 사용하지 않는 경우에는 한번 선택되어진 요소들은 다음 선택에서 제외된다. 모집단의 크기가 크고 표본의 모집단에 대한 비율이 매우 낮을 경우 선택된 요소들의 복원은 큰 영향을 미치지 않을 것이다.

챠넨과 소네스(Tjaden and Thoennes, 2000)는 미국 내에서의 폭력 피해 정도에 대한 전화 여론조사를 실시하기 위해서 단순무작위표집 방식을 사용하였다. 그들은 미대륙과 컬럼비아 특별구 내의 18세 이상인 성인 가족 구성원에 임의전화걸기 시스템을 이용하여 여론조사를 실시하였는데 선택된 인원들 중 여성은 72%, 남성은 69%만이 설문조사에 응해 주었다. 최종적으로 선택된 표본에는 8,000명의 남성과 8,000명의 여성이 포함됐다. 미사법정책연구소(NIJ)에 제출한 최종 보고서에 챠넨과 소네스는 그들이 실시한 남녀에 대한 국가폭력 조사(NVAMW)에 사용된 인구의 특성과 1995년 발표한 미국 통계청의 인구조사에 사용된 인구의 특성과의 비슷한 점을 보여주었다. 위의 두 가지 표본은 상당 부분 비슷한 점이 많았다. 예를 들면 챠넨과 소네스가 사용한 표본의 48%가 30~49세 사이의 사람들이었으며 미 통계국이 사용한 표본은 43%가 그 나이 사이의 사람들이 속해 있었고; 챠넨과 소네스가 사용한 표본의 8%가 히스패닉이었고 미 통계국은 9%였다. 그리고 챠넨과 소네스의 65%가 신혼부부들 이었으며 미 통계국은 61%였다.

위와 같은 표본이 무엇을 보여준다고 생각하는가? 앞서 제시한 질문들을 통해 표본의 우수성을 판단해 보자.

- 어떤 모집단에서 표본이 선택되었는가? 명확한 모집단이 정의되어 있다 ; 주거지가 있는 전화를 소유하고 있는 미국 내에 살고 있는 성인 남녀.
- 모집단에서 표본을 선택하기 위해서 어떤 방법을 사용하였는가? 무작위 선정 방식을 사용하였으며 체계적인 편중은 없다.
- 연구에 사용된 표본들이 그 모집단을 대표할 수 있는가? 표집에 어떤 편중도 없었으며 많은 수의 표본들이 사용되었으므로 이 연구의 결과는 모집단을 대표한다고 볼 수 있다. 하지만 한 가지 염두 해 두어야 할 것은 여론조사에 선정된 인원들 중 평균 30%는 연락이 되지 않았거나 응답을 거부한 상태였다. 이 무응답률이 표본에 약간의 편중되어 작용되었다고 볼 수도 있을 것이다.

또 한 가지 고려해야 할 사항은 모집단 간 일반화 가능성일 것이다. 위의 표본으로써 알아낸 결과가 그 표본이 포함된 모집단 외의 또 다른 모집단에도 적용이 될 것인가? 선택된 표본이 미국 전체 내의 인구 중에서 표집이 된 것이기 때문에 국가 전체에 아울러서 일반화되어야 할 것이다. 하지만 지역에 따라 서로 다른 문화, 규범, 사회적 정책 등이 폭력 피해율에 영향을 미칠 수 있기 때문에 챠넨과 소네스(2000)는 영리하게도 이와 같은 일반화는 적용하지 않았다.

체계적 무작위 표본추출법(Systematic Random Sampling)

체계적 무작위 표출법(systematic random sampling)은 다른 종류의 단순 무작위 표집이며 약간의 시간을 절약할 수 있는 방식이다. 체계적으로 무작위 표집을 할 경우 먼저 목록에서 무작위로 첫 번째 요소가 선정이 되고, 그 이후의 요소들은 체계적으로 차례차례 선택이 된다. 이 방식은 모집단의 표본요소들이 순차적으로 배열되어 있을 경우 사용하기에 좋은 방식이다. 특히 요소들이 글로써 나타나 있지 않은(표집 프레임이 없는 경우) 캐비닛 안 폴더에 저장 되어 있는 경우에 유용하게 사용된다.

체계적 무작위 표집에는 다음과 같은 3가지 단계를 요한다:

1. 모집단 내의 총 케이스 수가 표본에 필요한 총 케이스 수로 나누어져야 한다. 이렇게 나누어진 부분은 표본과 다른 표본과의 표집 구간(sampling interval)을 만들어 낸다. 만일 1,000개 중 50개의 케이스들이 선택되어져야 한다면 표집 구간은

20(1,000/50=20)이 되며 매 20번째의 케이스가 선택되어진다는 것을 의미한다.

2. 1에서 20 사이의 숫자(표집 구간)가 무작위로 선택된다. 이렇게 선택된 숫자가 첫 번째 표본을 의미하며 목록에서 첫 번째 표본이 된다.
3. 첫 번째 케이스가 선택된 후, 매 n번째 케이스가 표본에서 선택되는데 이때 n은 표집 구간을 의미한다. 표집 구간이 정수로 표시가 안 된다면, 표본으로 충분한 개수의 케이스가 선택되도록 표집 구간은 체계적으로 바뀔 것이다. 예를 들어 표집 구간이 30.5로 표시 된다면, 표집 구간은 30 혹은 31로 대체된다.

대부분의 표집 상황에서 체계적 무작위 표집은 본래 단순 무작위 표집인 결과를 산출하게 된다. 예외적인 상황은 표본단위들의 연속이 주기성의 영향을 받는 경우인데; 이는 주기적인 형태로 그 규칙이 변형되어지는 경우를 말한다. 그러므로 표본단위가 선택되는 목록은 정확히 무작위로 선정될 필요가 있다. 예를 들어 유죄 판결을 받은 중죄에 대해서 범죄 유형, 나이 등 각각의 다른 모집단의 특성으로 정리된 목록을 구할 수는 없을 것이다. 만약에 이러한 목록이 어떤 특정한 방식으로 정리된다면 이는 표집 프로세스에 편중을 갖게 할 것이고 결론적으로 모집단을 대표할 만한 결과를 얻지 못 할 것이다.

층화 무작위 표본추출법(Stratified Random Sampling)

대부분의 확률적 표집 방식은 무작위 표집 방식을 사용하지만, 표집을 더욱 더 효율적이고 쉽게 하기 위해서 표집 절차에 몇 가지 단계를 더 포함시키는 경우가 있다. 표본이 모집단에 대한 대표성을 잃지 않고 좀 더 쉬운 방식으로 얻어진다면 이는 다른 표본에 비해서 효율성이 더 높을 것이다. 적은 양의 시간, 금액, 정보가 요구된다면 표본 표집이 좀 더 쉬워질 것이다.

층화 무작위 표출법(stratified random sampling)은 표집 과정을 효율적으로 하기 위해서 표집을 실시하기 전에 미리 전체 모집단에 대한 정보를 수집하여 사용한다. 먼저 모집단의 모든 요소들(표집 프레임 내의)은 표집 계층을 이루는 어떤 특징에 대한 가치에 의해 식별된다. 그 다음 요소들은 이 계층 내에서 무작위로 선택된다. 예를 들어 인종은 한 모집단의 요소들을 구별 짓는 기준이 될 수 있을 것이다. 계층으로써 채택 된 각각의 인종 카테고리 내에 개개인의 요소들은 무작위로 표집이 된다.

그렇다면 왜 이와 같은 방식이 단순무작위표집 방식 보다 더 효과적일까? 민족적으로 다양한 사람들로 구성된 단지에서 500명의 표본을 표집한다고 상상해 보자. 그 단지의 구성원들은 15% 아프리칸 미국인, 10% 히스패닉, 5% 아시아인, 그리고 70% 코카서스 인으로 구성되어 있다. 이 상황에서 단순 무작위 표집을 실시한다면 각 그룹의 인원수가 불균형적으로 나타날 수 있을 것이다. 하지만 인종과 민족성으로 계층화시킨다면 각각의 계층에서 무작위로 구성원들을 선택할 수 있다: 75명의 아프리칸 미국인(표본의 15%), 50명의 히스패닉(10%), 25명의 아시아인(5%), 그리고 350명의 코카서스인(70%). **비례적 층화 표출법(proportionate stratified sampling)**을 이용하면 표본의 민족적 분포에 생기는 오류를 없앨 수 있을 것이다. 각각의 계층은 그 표본이 추출된 모집단 내에서 비례적인 크기로 나타날 것이다(Exhibit 5.5 참조).

비(非)비례적 층화 표출법(disproportionate stratified sampling) 방식에서는 표본에 포함되어 있는 각각의 계층의 비율이 모집단과 의도적으로 상이하게 한 것이다. 위의 예시와 같이 민족성에 의한 계층화된 표본에서 각각의 인종 혹은 민족 그룹에 같은 수의 표본 들을 선택 할 수 있다: 125명의 아프리칸 미국인(표본의 25%), 125명의 히스패닉(25%), 125명의 아시아인(25%), 그리고 125명의 코카서스인(25%). 이와 같은 형식의 표본에는 각각의 케이스가 선택될 확률은 명확하지만 계층 간의 비율은 균등하지 않다. 모집단에서의 비율을 알고 있기 때문에 우리는 얻어진 표본 통계를 실제 비율에 맞추어 수정할 수 있다. 예를 들어 민족적으로 나뉜 그룹들을 결합시켜서 총 인구의 평균 수입을 구하고자 한다면 표본의 각각의 케이스들에 가중치를 부여하여 구해야 할 것이다. 여기서 가중치란 그 표본이 속해있는 계층을 바탕으로 각각의 케이스의 값에 곱하는 수를 말 한다. 예를 들면 이것을 구하기 위하여 표본에 있는 아프리칸 미국인들의 총 수입에 0.6(75/125)을 곱하고, 히스패닉 사람들의 총수입에 0.4(50/125)를 곱하는 식으로 하는 것이다. 이 상황에서의 조작은 과다표집된 계층에 의한 영향을 줄여주고 과소표집된 계층에 의한 영향을 증가시켜 본래 기본적인 확률적 표집을 사용했을 때 나올 법한 결과를 얻게 도와준다.

그렇다면 애초에 왜 대표성을 띄지 못하는 표본을 표집한 것일까? 가장 일반적인 이유는 작은 계층에 속해 있는 케이스들이 충분히 표본에 포함될 수 있도록 하기 위해서이다. 그래야지만 계층 서로 간의 개별적 통계적 계산과 비교가 이루어질 수 있다(예를 들면 아프리칸 미국인과 코카서스인 간의). 기억해 두어야 할 것은 표본의 우수성을 결정하는 하나의 요인은 표본의 크기이다. 표본 내의 하위그룹에도 같은 이치가 적용된다. 만일 연구 프로젝트에서 가장 중요한 사항이 서로 다른 인종과 민족을 가진 사람들의 수입 정도를 설명, 비교하는 것이라면, 그 결과가 대표성을 갖게 하기 위해서 각각의 그룹의 평균 수입을 충분한 개수의 케이스에 적용시켜야 한다. 만일 특별한 소수민족 그룹의 몇몇 사람들이 모집단에 포함되어 있다면, 그것들은 과다표집이 되어야 할 것이다. 이와 같은 비 비례적 표집 방식은 계층 간에 데이터 수집 비용이 현저하게 다르거나 계층의 다양성이 서로 다를 경우 더욱 더 유용한 표집 방식이 될 것이다.

EXHIBIT 5.5 층화 무작위 표집

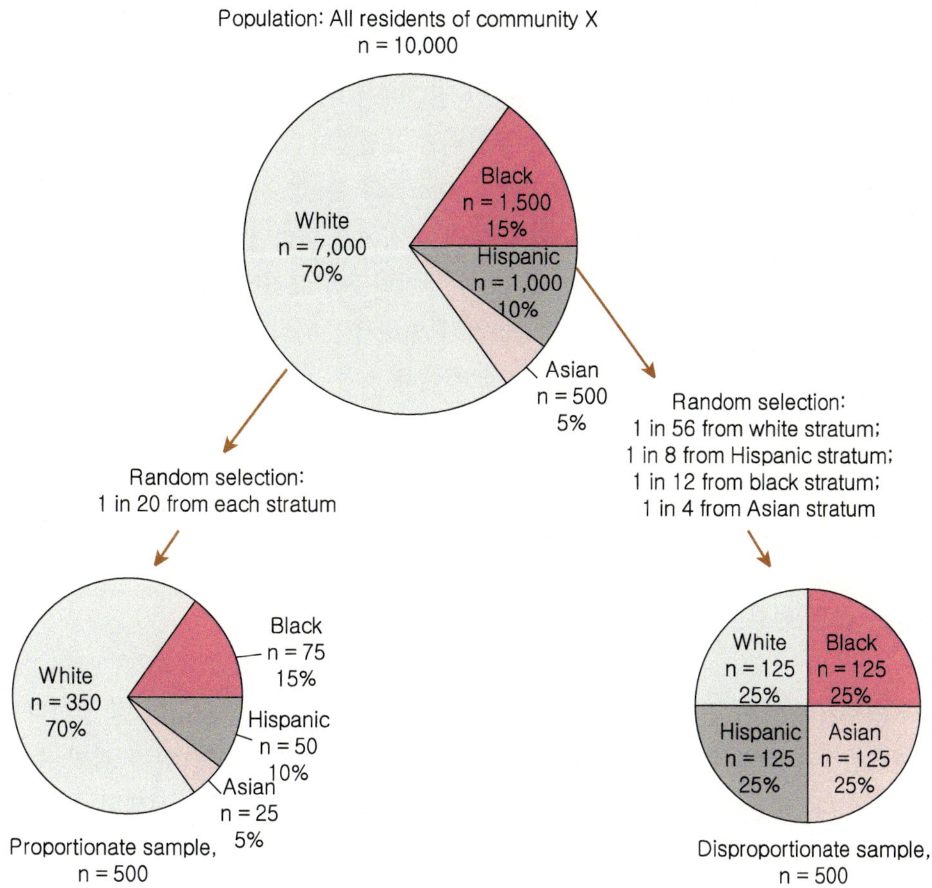

다단계 군집 표본추출법(Multistage Cluster Sampling)

층화 표집 방식이 표집하기 전에 평소보다 많은 정보를 요구함에도 불구하고 다단계 군집 표출법(multistage cluster sampling)은 적은 양의 사전 정보를 요구한다. 군집 표집 방식은 규모가 큰 모집단의 케이스들이 넓은 지리적 지역에 널리 퍼져있거나 수많은 종류의 단체에 아울러서 퍼져있을 때와 같이 표집 프레임이 존재하지 않을 때 유용하게 사용된다. 사실 우리가 미국 전체의 인구에서 표본을 표집한다고 봤을 때 이와 같은 목록은 구할 수 없을 것이다. 그러나 전화번호부에는 여러 지역에 전화를 가지고 있는 사람들의 목록이 있을 것이고, 투표권자들의 목록도 있을 수 있고, 운전면허증을 소지하고 있는 사람들의 목록 등은 구할 수 있을 것이다. 그러나 이와 같은 목록들은 완전하다고 볼 수가 없는데; 그 이유는 몇몇 사람들은 전화를 가지고 있지 않거나 자신의 번호를 알리지 않을 수도 있고, 몇몇의 사람들은 투표 신고를 하지 않았을 수도 있기 때문이다. 이와 같이 불완전한 목록을 사용한다면 표본에 있어서 편중이 나타날 수 있다.

이와 같은 상황에서 표집 과정이 조금 복잡해진다. 우리는 주로 몇 가지 단계를 거쳐서 원하는 표본을 얻게 되는데, 먼저 사용 가능한 집단에서 무작위 표본을 발췌해 내고 이렇게 선정된 집단 내에서 각각의 표본단위들을 무작위로 표집한다. 그렇다면 여기서 집단(군집)이라 함은 무엇인가? **군집(cluster)**은 모집단의 요소들의 총 합으로써, 자연적으로 발생하는 것을 말하는데 이때 각각의 요소들은 단 하나의 군집에만 나타난다. 학생들을 표집하기 위해서는 학교가 군집의 역할을 할 것이고, 도시 주거인들을 표집하기 위해서는 블록이 군집의 역할을 할 것이고, 일반적인 인구를 표집하기 위해서는 자치주가, 그리고 종업원들을 표집하기 위해서는 사업지가 군집의 역할을 할 것이다.

군집 표본을 추출하기 위해서는 적어도 두 가지 절차가 필요하다. 먼저 연구자는 무작위로 군집들을 뽑아낸다. 모집단에서 각 군집의 개별 표본단위의 명단을 뽑는 것보다 군집의 목록을 뽑아내는 것이 더 쉬울 것이다. 그 다음 선택된 각각의 군집 내의 요소들을 무작위 표본 추출한다. 총 군집들의 낮은 비율만이 포함되어 있기 때문에 이 단계에서 표집 프레임을 구하는 것은 훨씬 쉬울 것이다.

도시 거주자에 대한 군집 표집을 할 경우, 블록이 첫 번째 단계의 군집이 될 것이다. 연구보조자가 선택된 각각의 블록을 직접 걸어 다니면서 사람이 거주하고 있는 집의 주소지를 기록할 수 있다. 또는 학생들의 군집 표집을 하기 위해서 연구 보조자는 선택된 각각의 학교 교무처에 연락을 하여 학생 명부를 얻을 수 있을 것이다. 군집 표집은 때때로 여러 단계의 절차를 요한다(Exhibit 5.6 참조).

EXHIBIT 5.6 **다단계 군집 표집**

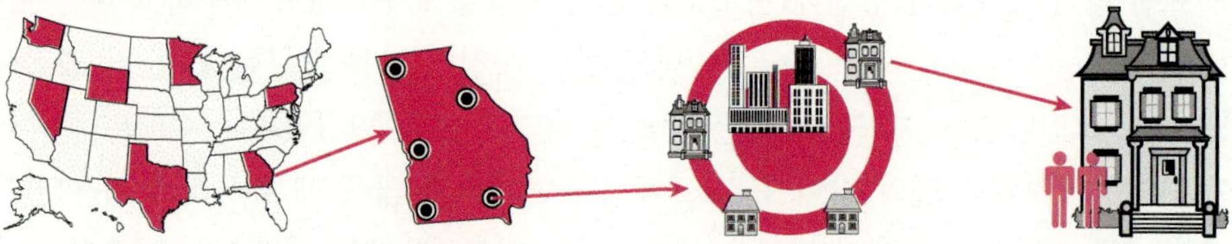

Stage 1: Randomly select states

Stage 2: Randomly select cities, towns, and counties within those states

Stage 3: Randomly select schools within those cities and towns

Stage 4: Randomly select students within each school

몇 개의 군집과 그 군집 안에서 몇 개의 표본들이 선택되어야 할까? 일반적인 규칙으로 연구자가 최대한 많은 수의 군집과 최대한 적은 수의 군집 내 표본단위들을 선정할 경우 실제 모집단에 가장 가까운 결과를 얻을 수 있다. 하지만 이와 같은 방법은 표집에 비용이 많이 든다. 군집을 많이 선택할수록 조사를 위한 여행 경비가 더 들 것이다. 또 한 가지 고려해야 할 사항은 군집 내의 요소들이 동질성을 보일수록 각각의 군집에서 필요한 표본을 최소화 할 수 있다는 것이다. 이것은 당연한 이치라는 것을 직관적으로 알 수 있는데 그 이유는 각각의 요소들이 동질성을 보이면 어떤 요소가 선택되던지 결국 같은 결과를 보일 것이기 때문이다. 군집 표집 방식이 연구자들 사이에서 많이 사용되는 방법이긴 하지만 한 가지 단점이 있는데, 단순무작위표집 방식보다 표본오차가 많다는 점이다. 그리고 일반적인 사항으로 군집의 수가 줄어들수록 표본오차는 증가한다.

많은 전문 연구조사에서는 다단계 군집 표집 방식이나 군집과 층화 확률적 표집이 결합된 형태의 조사 방식을 주로 사용한다. 예를 들면 미 국가 범죄피해조사(NCVS)가 다단계 군집 표집 방식을 사용하는 좋은 예일 것이다. NCVS에서는 첫 번째 단계에 선택된 군집이 1차 표집 유닛(PSUs)이 되고, 이는 규모가 큰 도시 지역과 지방 지역의 표본을 대표한다고 볼 수 있다. 이와 같은 1차 표집 유닛으로부터 미 통계청의 통계조사 자료에 의거하여 작성된 목록에서 PSU 내의 지리적 지역을 선택하는 또 다른 단계의 표집 과정을 요한다. 마지막으로 선택된 지리적 지역 안에서 주거 단지의 확률 표본이 선택된다. 이렇게 선택된 아파트 단지 또는 주소지가 다단계 표집의 마지막 단계가 된다. 이와 같이 선정 된 주소지에 거주하는 12세 이상의 미국인들은 NCVS 조사의 표본이 될 조건을 충족한다. 대략 50,500 가구가 매년 NCVS의 자료 표본으로 지정되고 위에서 설명한 과정을 거쳐서 선정된다.

그렇다면 표본 평가 질의를 통해서 어떻게 NCVS 표본을 평가할 수 있을까?

- *어떤 모집단에서 표본이 선택되었는가?* 각각의 군집에 모집단이 명확히 정의되어 있다.
- *모집단에서 표본을 선택하기 위해서 어떤 방법을 사용하였는가?* 무작위 선정 방식이 사용되었다.
- *연구에 사용된 표본들이 그 모집단을 대표할 수 있는가?* 편중되지 않은 선정 방식을 사용하였기 때문에 표본의 대표성은 충분히 신뢰할 만하다고 생각된다.

비확률표본추출방법(Non-probability Samping Methods)

확률표집방법과 달리 비확률표집방법을 이용하여 표본을 수집하게 되면 모집단의 요소들은 표본으로 선택될 확률이 명확하지 않다. 그러므로 그 요소들이 선택될 확률이 명확하지 않기 때문에 선택된 표본이 실제로 그 모집단을 대표할 수 있는지는 확실하지 않게 된다. 결과를 모집단에 일반화시키지도 못하는데 왜 이와 같은 표집 방법을 사용하는지 의문이 들 것이다. 이러한 표집 기법을 사용하는 이유는 모집단의 명단이 없거나, 규모가 그리 크지 않은 모집단을 대상으로 연구를 하고자 할 때, 혹은 예비적인 연구를 할 경우 등과 같은 다양한 목적에 유용하게 쓰이기 때문이다. 가령 가게절도에 대한 연구를 하고 그 절도범들의 이성에 대해서 알아본다고 가정해 보자. 이러한 케이스에서는 무작위로 표본을 추출할 만한 절도범들의 명단이 없기 때문에 모집단을 정의하기는 어렵다. 물론 절도 전과자에 대한 명단은 구할 수 있겠지만 이것 또한 실제로 붙잡힌 절도범들만 포함되기 때문에 유효하지 않다.

범죄학 연구에 자주 사용되는 네 가지 비확률표집방법이 있다: 가용표집, 할당표집, 목적표집, 눈덩이표집.

가용표본추출법(Availability Sampling)

가용표본추출법(availability sampling)의 정의는 단어 그대로 해석될 수 있다: 요소들은 현재 가용하거나 찾기 쉽기 때문에 선택되어진다. 따라서 이 방법은 우연한 혹은 편의적 표집이라고도 불린다. 뉴스 리포터들은 기사 내용에 일반인들의 생각을 끼워 넣고 주어진 주제에 대한 일반인들의 관심도를 알리기 위해서 가용표집의 한 종류인 길거리 인터뷰를 실시한다. 가용표집은 대학 교수들과 연구원들에 의해 늘 사용되어 왔다. 당신은 수업 시간에 설문지를 작성해 본 적이 있는가? 있다면 당신은 가용표집의 일원으로써 선택되었던 것이다.

가용표집은 일반화되기 힘들지만 연구에는 적합한 방법이라고 볼 수 있다. 예를 들면 현장 연구원이 지배적인 성격이나 새로운 세팅을 찾고자 할 때, 혹은 설문조사 연구원이 설문지의 예비 테스트를 실시할 경우 사용된다. 가용표집을 위한 요소 선택에는 다양한 방식이 있다: 길거리 한쪽 모퉁이에 서서 지나가는 사람한테 말 걸기, 인사과에서 봉급을 받으러 온 사람들에게 질문하기, 그리고 수업이나 회의 중인 그룹의 사람들에게 설문지 배포하기 등이 있다. 가용표집 방식은 어떤 특정한 단체의 사람들에 대한 자세한 정보를 얻고자 하는 현장조사에서 자주 사용된다. 예를 들면 브르주아, 레띠에흐, 케사다(Bourgois, Lettiere, Quesada, 1997)는 노숙자들의 마약 중독에 대해 이해하기 위해서 샌프란시스코의 한 공원에 살고 있는 마약 중독자들 모임에 직접 들어갔었다. 이렇게 알게 된 중독자들은 후에 가용표집의 표본이 되었다.

연구조사에 사용 된 가용표집의 또 다른 전형적인 예는 캘리포니아 범죄자들의 옥살이 후 직업에 관한 연구를 한 존 어윈(John Irwin)의 저서 *The Felon*(1970)에서 찾을 수 있다. 이 연구를 진행하기 위해서 어윈은 캘리포니아 교정재활국에서 제공한 중죄인 명부에서 단순무작위방식이나 체계적 무작위 표집 방식을 사용하지 않았다. 어윈은 샌프란시스코 지역에서 일을 하고 살고 있었기 때문에, 그 대신에 샌프란시스코 교도소에서 가석방된 범죄자들과 오클랜드 지역의 가석방된 사람들 중 이 연구를 위해 자원한 범죄자들을 대상으로 연구를 진행하였다.

이와 같은 표본들이 사용되었을 경우 그 표본이 대표성이 없다는 것을 인정하는 내용을 논문의 연구 방법 섹션에 분명하게 밝힐 필요가 있다. 예를 들어 성희롱과 관련된 요인들에 대한 조사를 실시한 Bachman, Paternoster, Ward(1992)의 연구에서는 대학의 남학생들이 표본으로 사용되었다:

> 이 연구에 참여한 응답자는 94명의 뉴잉글랜드 주립 대학에서 사회과학입문 수업을 신청한 남자 학부생들로 구성되었다. 연구에 참여한 학생들에게는 학점에 추가 점수를 부여하였고 수업 외 시간에는 데이터 수집 기구를 관리하게 하였다.(P. 412)

이 가용표집은 두 가지 이유로 부분적으로 정당화되었다: 이 연구는 실험적인 연구이고, 여자 학생들이 남자 동기들에 의해 성희롱을 당할 위험성이 높게 나타났기 때문이다. 하지만 이 연구에 사용 된 한 개 대학의 남학생들이 일반적인 남자들이나 일반적인 대학의 남학생들을 대표할 수 있다고 가정하는 것은 어렵다고 본다.

이와 같은 표집방식의 표본 평가 질의에 대한 답들이 확률적 표집에서 얻은 결과와 어떻게 다르다고 생각되는가? 이 경우에는 모집단에 대한 명확한 정의가 내려지지 않으며, 응답자를 채택하는데 체계적인 기술이 사용되지 않았다. 따라서 이 표본들은 표적인구 즉 모집단을 대표한다고 볼 수 없을 것이며; 문제는 그것에 대한 확신이 없다는 것이다.

가용표집은 때때로 더욱 더 엄격한 형태의 연구로 가장되는 경우가 있다. 인기 있는 잡지와 인터넷 사이트에서는 주기적으로 설문지를 통해서 독자들에게 여론조사를 실시한다. 그리고 그 다음 기사로 "청소년에 대한 사형제도에 대해 어떻게 생각하는가?"와 같은 제목 아래 독자들이 참여한 여론조사의 결과가 실릴 것이다. 잡지의 발행 부수가 많다면 이와 같은 방식으로 규모가 큰 표본을 얻을 수 있을 것이다. 하지만 문제점은 독자들 중 낮은 비율의 사람들만이 이 설문지에 대해 응답을 해주고, 이 사람들은 설문에 참여 할 시간이 없거나 관심이 없는 사람들과 다른 부류의 사람들일 것이다. 그러므로 이와 같은 설문조사는 가용표집에 의존한다. 추후에 나올 기사의 내용이 흥미로울 수 있지만, 그 결과가 독자 전체의 생각이라고 가정하기는 어렵다. 워싱턴 포스트의 집필자인 리처드 모린(Richard Morin, 1999)은 그의 독자들에게 간청하기를, "하나만 약속해 주세요: 제가 없는 사이에 인터넷 여론조사를 심각하게 생각하지 말아주세요. 몇 수년 간 당신의 Wiz가 터무니없는 인터넷 상의 허위 여론조사에 대해 비난해 왔습니다. 하지만 많은 사람들이 신경을 쓰지 않았습니다"(p. B5). 모린은 이어서 ABC 방송의 Good Morning America라는 프로그램이 ABC.com 사이트에서 실시한 인터넷 설문조사의 결과를 토대로 이야기 거리를 만들어 낸 점에 대해 책망하였다. 이 설문조사에 의거하여 Good Morning America와 보스턴 헤럴드지의 다른 기자들은 인터넷 사용자들 중 거의 6%는 인터넷에 중독되어 있다는 내용의 이야기를 보도하였다. 이 조사에서 표본이 무작위로 선정되지 않았을 뿐더러 전자 설문조사는 접근이 용이하여 설문에 대해 여러 번 응답할 수 있다는 점에서 내용이 정확하지 않다. 6%라는 결과 역시 모든 인터넷 사용자를 대변한다고 보기 힘들다. 그들의 비과학적인 근거로 인해 ABC.com을 포함한 여론조사를 실시하는 많은 인터넷 사이트들은 "이것은 과학적인 조사가 아니고 재미를 위한 것입니다."라는 문구를 삽입하였다. CNN 여론조사 역시 "이 조사는 과학적인 설문조사가 아닙니다."라는 문구를 챕터 앞에 삽입하였다.

할당표본추출법(Quota Sampling)

할당표본추출법(quota Sampling)은 가용표집이 모집단의 동질성을 배재하고 현재 가용한 요소들을 표본으로 삼는 가장 명백한 단점을 보안하기 위한 방법이다. 할당표집의 가장 눈에 띄는 특징은 표본이 특별한 특징을 나타내도록 할당량을 설정하는 것이다.

할당표집은 층화 확률 표집 방식과 비슷하지만 표본의 선정에 있어서 층화 확률 표집 방식에 비해 엄격하거나 정교함은 낮다. 할당표집은 단순하게 연구자가 원하는 방식으로 모집단을 몇 개의 그룹으로 나누면 된다. 층화표집 방식과 유사하게 이렇게 나뉜 비율이 모집단에서 확인된 실제 비율과 같은 경우도 있다. 그리고 다른 경우에는 미리 정해진 의도적으로 과다표집하고자 하는 비율의 사람들을 대표하는 경우도 있다.

소매치기나 지갑을 훔치는 것과 같은 사람에 대한 절도죄에 대해 연구를 하고자 한다고 가정해 보자. 이와 같은 범죄에 노인들이 비확률적으로 피해를 입고 있기 때문에, 젊은 피해자들과 비교하기 위해서는 충분한 노인 피해자들의 수를 확보할 필요가 있다. 이와 같은 연구에서는 50%의 표본이 65세 이상의 노인으로 구성되어지고 나머지 50%는 65세 아래의 사람들로 구성되어지길 바란다. 이런 비율이 정해지면 할당(Quotas)을 정한다. 그 이후에는 각각의 할당이 채워질 때까지 모집단의 요소들을 수집한다. 우리가 정한 예시에서는 50%의 표본이 65세 이상이 될 때까지, 그리고 50%가 65세 아래가 될 때까지 요소들을 채운다. 할당을 추가하여 채운다는 점에서 할당표집은 조금 복잡할 수 있다. 예를 들면 나이 말고도 그 나이 대의 그룹 내에서 또 다시 특정한 비율로 아프리칸 미국인 남녀, 히스패닉인 남녀, 그리고 코카서스인 남녀 등으로 나눌 수 있는 할당을 추가시킬 수 있다.

EXHIBIT 5.7 할당 표집

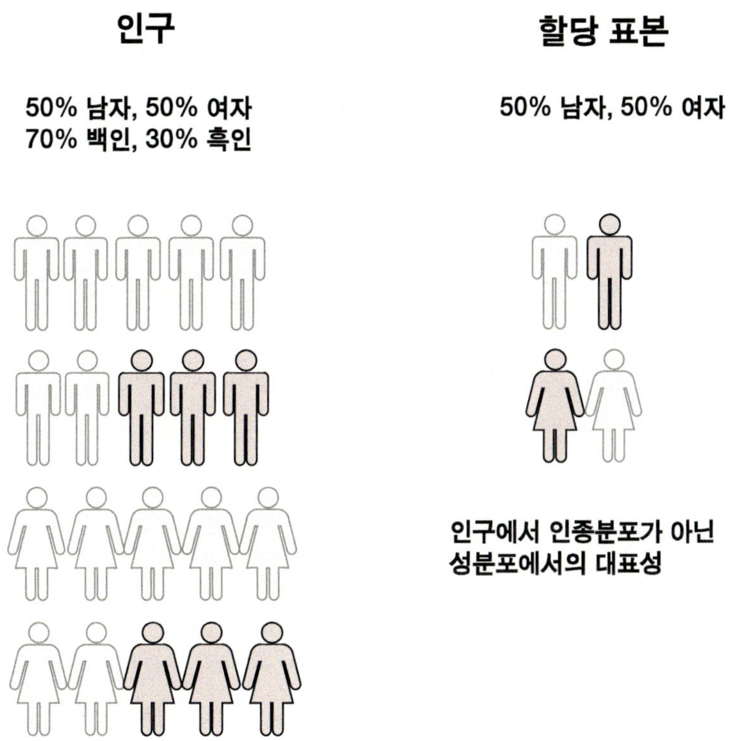

EXHIBIT 5.8 대표성 없는 할당표본 vs 대표성 있는 층화표본

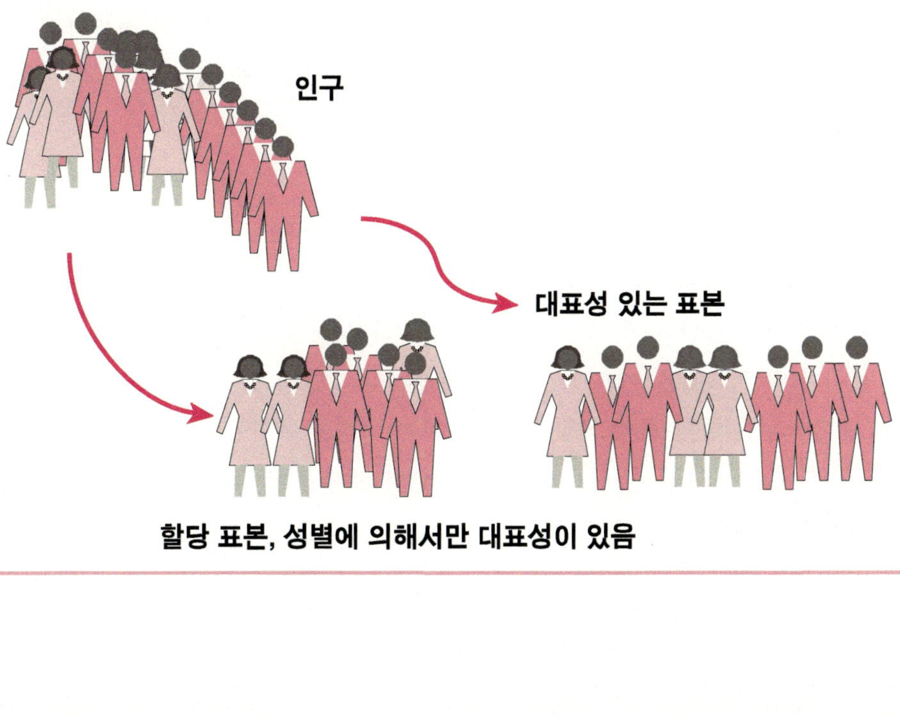

다른 상황에서는 모집단 내에서 성별과 같이 특징에 대한 배분 또한 가능하다. 예를 들어 어느 도시의 실업률의 분포를 알고 있다고 가정해 보자: 취업인 60%, 일을 하지 않는 사람 35%, 실업자 5%, 당신이 선택한 500명의 표본이 이와 같은 분포에 들어맞게 하기 위해서는 300명(500명의 60%)이 취업인이어야 하며, 175명이 일을 하지 않으며(은퇴자), 그리고 25명이 실업자(구직활동을 하고 있는 실업자들)여야 한다. 이와 같은 할당률 목록을 확보한 후에 직접 각각의 카테고리에 적합한 사람들을 찾아 나서면 된다.

하지만 문제점은 할당표집이 각각의 할당이 주어진 특정한 특징들을 대표한다고 알고 있음에도 불구하고 그 표본이 다른 특징들에도 일반화되는지는 알 수 없다는 것이다. Exhibit 5.7에는 할당이 성별로만 나뉘어져 있다. 이러한 상황으로 미루어 볼 때 표본이 인종이 아닌 성별의 개념으로만 모집단을 대표한다고 볼 수 있을 것이다. 인터뷰를 나선 이들은 사람들이므로; 집 앞마당에 개를 키우는 집은 피했었을 수도 있고, 겉모습이 아름답거나 설문에 쉽게 응대해 줄 것 같은 사람만을 골라서 인터뷰했을 수도 있다. 현실적으로 연구자들은 연구에 관련된 특징들 중 낮은 비율만을 할당할 수 있으므로, 가용표집보다 유용하다고 볼 수만은 없을 것이다(할당 내에서 요소들을 조심스럽고 신중하게 선택하는 것은 도움이 될지 모르지만).

이 마지막 부분이 할당표집의 또 하나의 한계를 보여준다: 적절한 할당을 설정하기 위해서는 전체 모집단의 특징들을 알 필요가 있다. 대부분의 경우에서 연구자들은 본인들의 관심사와 관련된 모집단의 특징 정도는 이미 알고 있을 것이다; 그리고 다른 경우에서는 전체 모집단에 대한 어떠한 정보도 갖고 있지 않다. Exhibit 5.8에서는 할당표집과 층화 무작위표집의 차이점을 요약해서 설명하고 있다. 가장 중요한 차이점은 할당표집은 무작위 표집 방식이 아니라는 것이다. 할당표집 방식의 범위가 단순한 것에서 엄격한 것까지 있지만, 모든 할당표집 방식은 무작위 선택에 의존하지 않는다는 점에서 비확률적 표집으로 간주한다.

판단표본추출법(Purposive or Judgment Sampling)

목적표집(purposive sampling)에서는 각각의 표본 요소들은 목적에 의해서 수집되는데, 이는 그 요소들의 특별한 위치 때문이다. 이러한 표집 방식은 표본이 무작위표집으로 실행되지 않고 연구자의 판단에 의해서 결정되어지기 때문에 **판단표집(judgment sampling)**이라고도 불린다. 목적표집은 어떤 특정한 단체(길거리 갱단의 멤버들)나 모집단의 부분요소(가석방 된 청소년들)들의 전체 모집단을 연구하는 과정을 포함한다. 혹은 목적표집은 연구주제에 특별히 관심이 많고 지식이 풍부한 개인을 목표로 하는 설문조사 자료 제공자로써의 역할을 하기도 한다.

루빈과 루빈(Rubin and Rubin, 1995)은 목적표집 방식을 설계함에 있어서 자료제공자를 선정하기 위한 3가지 지침을 제안하였다. 자료 제공자들은

- 연구되어지고 있는 주제에 대해서 문화적인 지역적 특성, 상황, 경험 등에 대해 박식해야 하며;
- 이야기를 나눌 의사가 있어야 하며;
- 여러 의견들을 대표할 만한 사람이어야 한다.

추가적으로, 루빈과 루빈(1995)은 두 가지 테스트를 통과하기 전까지 지속적으로 피실험자를 물색해야 한다고 주장하였다.

- *완전성.* "당신이 듣는 내용들은 컨셉, 주제, 절차 등의 개념에 대한 전체적인 감을 제공한다"(p. 72).
- *포화.* "뒤이어 실행하는 인터뷰에서 조금 새로운 사실을 배운다는 자신감을 얻는다" (p. 73).

이와 같은 지침을 잘 따른다면, 목적표집은 연구되어지는 이슈와 주제를 충분히 대표할 수 있도록 도와줄 것이다.

물론 목적표집은 큰 모집단을 상징하는 표본을 제공하지는 않지만 어떤 단체, 주거단지, 혹은 특별한 그룹에 대한 케이스 연구를 하는데 반드시 필요할 것이다. 예를 들면 Weisburd와 그의 동료들(Weisburd et al., 1991)의 저서인 Crimes of the Middle Class에서는 일곱 개의 미연방 재판구 내에서 발생한 화이트칼라층의 범죄자들에 대한 표본을 조사하였다. 이들 재판구들은 모든 연방지구들 중에서 무작위로 채택된 것이 아니라 연구자들의 계획 하에 선택되어진 것인데, 이는 선택된 일곱 개의 재판구가 연구자들이 보기에 충분한 양의 지리적 다양성을 보인다고 판단했기 때문이다. 그리고 또 다른 이유는 이 지역에서 충분히 많은 화이트칼라 범죄 사건이 발생한다고 알려졌기 때문이다. 이와 같은 비확률표집 방식에서 기대하지 말아야 할 것이 일반화 가능성이라는 것은 이제 다들 알 것이다; Weisburd와 그의 동료들의 연구에서 도출된 결과가 다른 지역의 화이트칼라 범죄에도 적용될지는 미지수이다.

스노우볼 표본추출법(Snowball Sampling)

눈덩이 표집에서는 모집단에서 한 명을 선정하여 이야기를 나눈 뒤 그 사람에게 모집단

내의 다른 사람을 지목하게 한 후 그 사람과 이야기를 하고 다시 그 사람이 다른 사람을 선택하게 하는 방식이다. 그러므로 표본의 크기가 눈덩이처럼 커질 것이다. 이와 같은 방식은 마약 거래자들, 매춘부들, 범죄자들, 폭력배 두목들, 그리고 부적절한 단체의 멤버들과 같이 서로서로는 알 수 있지만 연구자가 직접 만나기 힘들거나 알지 못하는 사람들에 대한 연구를 할 경우에 유용하게 사용된다.

데커와 반 윙클(Decker and Van Winkle, 1996)의 미주리 주 세인트루이스의 청소년 갱단에 대한 연구에서 눈덩이 표집 방식을 사용하였다. 확실하게 말하면 눈덩이 표집의 라이트와 데커(Wright and Decker, 1994)의 주거침입 절도에 관한 프로젝트에서 먼저 사용되었다. 이 표본의 젊은 멤버들은 길거리 범죄자들과 연이 있는 한 민족학 연구가와 함께 사람 추천 절차를 시작하였다. 최초의 피실험자가 다른 갱단의 멤버를 다음 실험 대상자로 지목해 주었다.

이 방식의 한 가지 문제점은 최초의 피실험자가 모집단의 다른 인물들을 배제시키며 전체 표본의 형태를 결정하는 역할을 한다는 것이다. 데커와 반 윙클(1996)은 몇몇의 갱단의 멤버들과 인터뷰하기를 원했기 때문에, 많은 수의 갱단들과의 접촉을 하기 위해서 이 눈덩이 표집을 여러 번 다시 새로 시작해야만 했다. 여기에서 한 가지 문제점은 실험 대상이 된 갱단의 멤버들이 실제로 갱단의 멤버라는 것을 인정을 하는 것과 자신이 멤버가 아님에도 불구하고 갱단 소속으로 속이는 경우가 발생한다는 것이었다. 데커와 반 윙클(1996)은 최종적으로 99명의 표본이 완성되기까지 500명이 넘는 사람들과 접촉을 했었다.

St. Jean(2007) 역시 시카고 지역의 범죄자들을 인터뷰하기 위해서 눈덩이표집 방식을 사용하였다. 시카고 지역에서 수년 간 관찰을 한 결과(제9장 참조), St. Jean은 범죄자들이 마약 거래나 강도짓을 하는 데에 어떤 논리를 적용시키는지에 대해서 알고 싶어졌다. 그는 그의 표집 방식을 다음과 같이 설명했다:

> 주로 나를 수 개월간 지켜 본 후 나를 순수하게 그들의 지역에 대해 연구를 하고자 하는 사람으로 믿어준 범죄자들의 친지들, 고객들, 친구들 그리고 안면이 있는 사람들의 소개로 직접 범죄자들을 만날 수 있었다. 예를 들면 첫 번째로 인터뷰한 세 명의 마약 거래상들은 그들의 친한 친구들의 소개로 만나게 되었다. 각각의 인터뷰가 끝날 때 쯤 다른 사람들의 추천을 요청하였고, 최초의 세 명의 인터뷰를 통해서 11명의 추가 인터뷰를 할 수 있었다(St. Jean, 2007:26).

더 체계적인 형태의 눈덩이표집은 편중이 일어날 가능성을 줄여줄 수 있다. 가장 정교한 형태의 눈덩이표집인 응답자 주도 표집은 응답자들이 동료들을 모집하는 원동력을 높이기 위해서 사례금 차원의 금액적인 인센티브를 제공한다(Heckathorn, 1997). 한 명의 응답자가 받을 수 있는 인센티브가 높을수록 표본의 다양성은 증가할 것이다. 어느 정도의 인센티브는 특정한 하위 그룹을 표본으로 포함시키도록 이끌 수 있다. 이와 같이 새로운 응답자들이 동료들을 모집하는 방식을 수차례 반복한다면 다양한 조합의 특징을 대표할 수 있는 표본을 얻게 된다. Exhibit 5.9는 연속적인 동료 모집으로 인해 늘어나는 표본의 수를 잘 보여준다(Heckathorn, 1997). 대부분의 비확률적모집 방식과 마찬가지로, 가장 체계적인 형태의 눈덩이표집 방식을 사용하게 되더라도 모집단을 대표하는 표본에 대한 신뢰도는 낮다고 볼 수 있다.

표본 품질에 대한 교훈(Lessons About Sample Quality)

표집에 대한 몇 가지의 교훈은 이미 이 장에 나와 있는 표본의 평가 부분에 함축되어 있다:

- 표본이 어떤 모집단을 대표하는지를 모를 경우에는 그 우수성을 평가하기 힘들다. 연구자들이 어떤 모집단에서 표집을 할 것인가가 명확하지 않아서 모집단의 정의가 모호하다면, 우리는 이 표본은 우수성이 낮다고 결론지을 수 있다.
- 표본이 모집단에서 어떤 방식으로 선정되었는지 명확하지 않다면 그 표본의 우수성을 판단하기 어렵다. 선정 방식이 명확하다면 그 요소들이 체계적인 방식으로 선정되었는지 아니면 확률적인 방식으로 선정되었는지를 알아야 한다. 대부분의 상황에서 우연에 의한 표집 기법(길거리 무작위 설문조사와 같은)은 일반화 가능성을 약화시킨다.
- 표본의 우수성은 그 표집 기법 뿐 아니라 실제로 표집 된 표본들의 상태에 따라 판단할 수 있다. 표본들이 최상의 방식으로 선정되었다고 하더라도 그 표본들 중 높은 비율의 사람들이 응답을 하지 않았거나 참여를 하지 않았다면 그 표본의 우수성은 떨어질 것이다.
- 우수한 표본을 얻은 연구자들조차 연구결과가 모집단에서 직접 표집한 표본들보다 큰 그룹이나 조금 다른 것들에도 적용이 되는지에 대해서 논의를 한다. 예를 들면 한 대학의 학생들로부터 얻은 연구결과가 일반적으로 다 적용이 되는지는 알 수 없다. 물론 그 연구결과가 일반적으로도 적용이 될 수도 있지만 문제는 우리는 그것을 알지 못한다는 것이다.

EXHIBIT 5.9 Respondent-Driven Sampling-A Version of Snowball Sampling

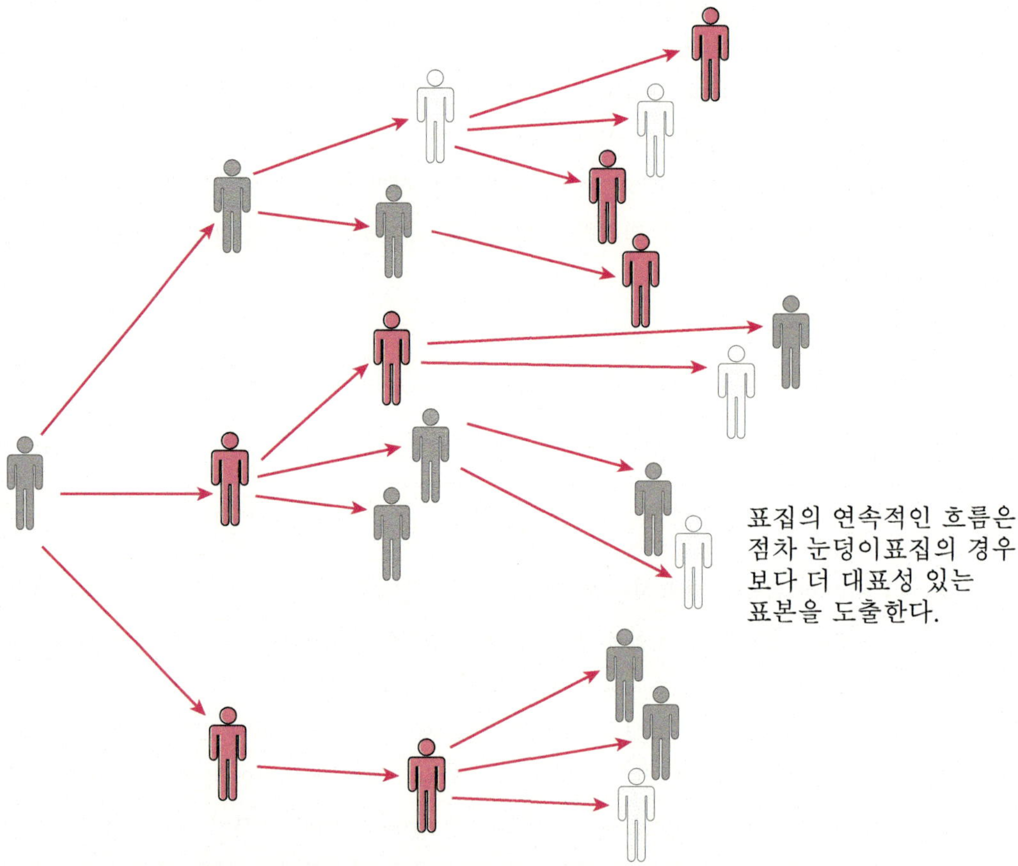

표집 분포 (SAMPLING DISTRIBUTIONS)

잘 구성된 확률 표집은 그 표본이 선택된 모집단을 잘 대표한다고 볼 수 있다. 하지만 앞서 봤듯이 무작위 표집 방식은 확률에 의존한다는 점에서 표본오차가 발생한다. 이 문제점을 해결하기 위해서 연구자들은 모집단에서 선택될 수 있는 무한 수의 표본들의 가설적인 통계적 분포인 표집분포의 특성을 고려한다. 어떤 하나의 무작위 표본은 이론상 모집단에서 선택될 수 있는 수많은 표본들 중 하나라고 생각할 수 있다. 만약 우리가 빌 게이츠의 재산과 욥의 인내를 가지고 있다면, 무한대의 표본을 추출할 수 있을 것이고, 각각의 표본에 같은 형태의 통계(예를 들면 삼진아웃제도에 대해 찬성하는 사람의 비율)를 구할 수 있을 것이며, 그러고 나면 우리는 표집을 확보하게 된다. 표집을 이해하는 것은 연구자들이 어떻게 표본오차를 구하는지를 이해하는 가장 기초적인 방법 일 것이다.

그렇다면 표집분포는 어떻게 생겼을까? 표집은 다른 표본들의 계산된 통계량에 의존하기 때문에 통계량을 찾는 것이 가장 중요하다. 이제 산술 평균에 집중해 보자. 산술평균의 계산법은 제12장에서 다루겠지만 이미 익숙한 사람들도 있을 것이다: 이는 변수의 분포들의 산술평균을 이야기하는 것인데 간단하게 말해서 모든 요소들의 값을 더한 뒤 총합을 요소의 개수로 나눈 값을 말한다. 무작위 표본으로 500 가구를 선정하였는데 이들의 평균 수입이 $36,239라고 가정해 보자. $36,239가 하나의 표본의 통계량이 되는 것이다. 그렇다면 연속적으로 또 다른 무작위 표본을 표집하여 그 각각의 표본 통계량의 평균을 구한다고 생각해 보자. 그리고 이렇게 구해진 평균값들을 그래프로 나타낸다고 가정해 보자. 이렇게 생긴 그래프가 평균값의 표집분포가 되는 것이다.

Exhibit 5.10은 위에서 설명한 내용을 잘 보여준다. 여기서 우리는 큰 모집단에서 무한대의 표본을 추출하지 않고 1996년 실시한 종합사회조사(General Social Survey: GSS) 표본을 모집단으로 사용하였다. 먼저 1996년 사회조사 표본에서 각각 30개씩의 요소들을 포함하는 50개의 다른 무작위 표본을 뽑았다.(각 표본의 요소들의 개수를 나타내는 일반적인 표기법은 n=30이다.) 그 후 각각의 무작위 표집에서 각각의 가구의 대략적인 수입 평균을 구했다(대략적이라고 한 이유는 GSS는 실제 수입을 달러로 표시하지 않기 때문이다). 그리고 각각 50개의 표본에서 계산된 평균값을 그래프로 표시하였다. Exhibit 5.10의 세로변은 몇 개의 표본이 얼마만큼의 수입을 기록했는지를 나타낸다. 모집단(총 표본)의 평균값은 $38,249이며 이 그래프에서 볼 수 있듯이 표집분포가 이 값에 군집되어있는 것을 볼 수 있다. 하지만 한 가지 확인해야 할 것은 비록 선택된 표본의 평균값이 전체 모집단의 평균에 가깝게 나타나지만 몇 가지 값들은 상당히 멀다는 것이다. 만약 이렇게 여러 개의 값을 구하지 않고 단 하나의 표본으로 평균값을 구했다면 이 그래프 상에서 최소 $25,000에서 최고 $47,000 값 중 어느 곳에 나타나게 될 지는 아무도 모른다. 그러나 확률적인 이론을 바탕으로, 우리가 표본을 무작위표집 방식으로 선정했다면 그 하나의 평균값도 전체 모집단의 평균값에 가깝게 나타났을 것이다.

EXHIBIT 5.10 부분 표본분포 : 평균 가족 수입

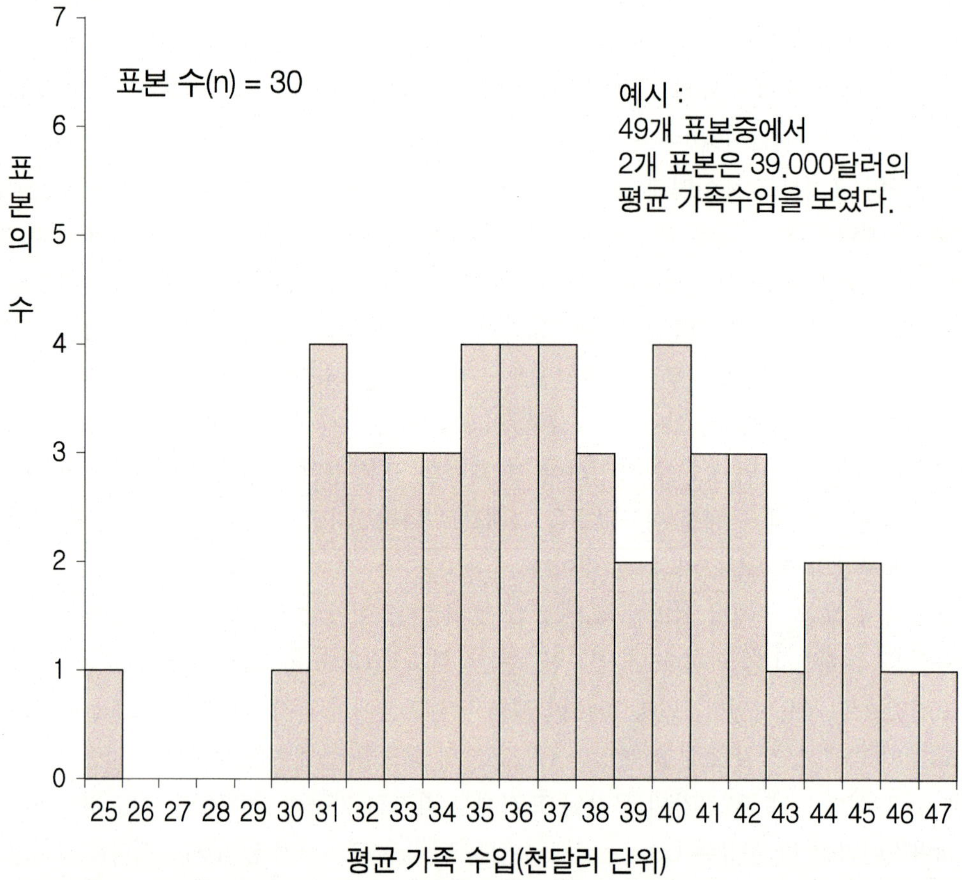

표본오차의 측정(Estimating Sampling Error)

현실에서는 시간과 비용이 너무 많이 들기 때문에 실제 연구에서는 표집분포를 구하지 않는다. 대신에 연구자들은 최대한 우수한 표본을 표집하려고 노력할 뿐이다.(이제 왜 모집단을 대표할 수 있는 표본이 필요한지를 알 것이다.) 표집분포는 주로 가설적이거나 이론적인 분포의 상태로 남는다. 하지만 우리는 연구에 사용된 무작위표집의 표본오차를 구하기 위해 표집분포의 특성을 이용할 수 있다. 표본오차를 구하는 데 사용되는 방식을 추론적 통계라고 부른다.

평균을 포함한 대부분의 통계의 표집분포는 정규분포(normal distribution)의 형태를 띤다. 정규분포의 그래프는 종 모양으로써 가운데 부분이 위로 솟아 있고 모집단의 평균 주변

에 모여 있으며 양 사이드의 평균이 가늘어지는 형태를 보인다. 한 가지 확인해 둘 것은 정규분포는 좌우 대칭이라는 점이다: 모집단의 평균인 중앙 부분을 중심으로 반으로 접게 되면 정확히 일치해야 한다. 이 모양은 무작위표집오차(random sampling error)로부터 생겨난다. 통계량의 값은 확률적인 이유로 표본과 표본 간에 다양하게 나타나므로 높은 값과 낮은 값 모두 나올 수 있는 확률이 동등하다. 정규분포가 나타나는 좋은 예는 이 교재를 읽고 있는 당신의 수업에서 받을 학점들의 분포일 것이다. 대부분의 학생들이 C를 받을 것이고, 그 다음으로 B와 D가 많을 것이고, A와 F를 받는 학생의 수가 가장 적을 것이다.

Exhibit 5.10의 부분 표본분포는 30개의 요소들로 이루어진 50가지의 표본만을 포함하고 있기 때문에 정확한 형태의 정규분포 그래프를 보이지는 않는다. Exhibit 5.11에서는, 단 50개의 표본이 아닌 수천 개의 표본을 이용했을 때 구한 가족 평균수입의 표집 분포가 얼마나 정규분포에 가까운 형태를 나타내는지를 잘 보여준다.

앞서 설명했듯이 연구의 목적은 표본으로 얻은 결론을 그 모집단에 일반화시키는 것이다. 통계적 개념으로써 표본통계량(sample statistic)은 우리가 구하고자 하는 모집단 특성값을 말한다. 표집 분포의 특성은 이 통계적 추론을 촉진시킨다. 표집분포에서는, 표본 데이터로부터 구해진 가장 흔한 표본 통계량 값(평균값과 같은)은 전체 모집단으로 구해진 통계값인 모집단 특성값(population parameter)과 일치한다. 다시 말하면, 정규분포의 가장 정점에 있는 값은 전체 모집단에 대한 대표값으로서의 신뢰도가 높다고 볼 수 있다.

EXHIBIT 5.11 정규 분표 : 평균 가족 수입

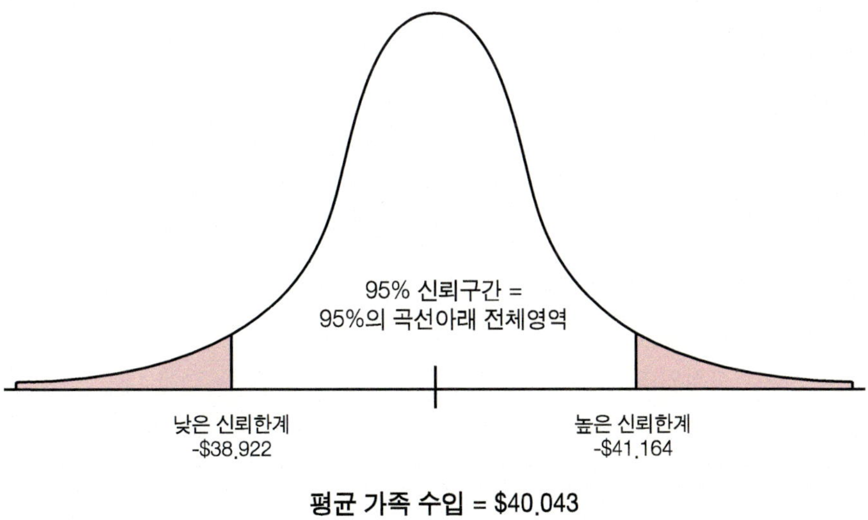

정규분포에서는 예측 가능한 비율의 요소들 역시 그래프의 곡선 아래 일정한 범위 내에 포함된다. 추론적 통계는 이와 같은 특징을 이용하여 실제 모집단의 값이 통계량 주위의 범위에 얼마나 정확히 들어맞는지 구할 수 있게 해준다. 예를 들면 통계학자는 30개의 가족 표본을 토대로 전체 모집단의 평균수입이 $23,012에서 $38,120 사이 일거라는 것에 신뢰도를 96%라고 할 수 있을 것이다. 그렇게 되면 $23,012에서 $38,120 사이의 구간이 평균값의 **신뢰구간(confidence interval)**이 될 것이다. 이 구간의 최상값($38,120)과 최하값($23,012)은 **신뢰한계(confidence limits)**가 된다. Exhibit 5.11에서 이와 같은 신뢰한계를 보여주고, 이는 그 구간이 곡선 내의 95%의 면적을 차지하고 있는데 이론적으로 이때 95%의 표본 통계값이 그 범위 내에 들어간다고 볼 수 있다.

모든 정규분포가 이와 비슷한 특징을 가지고 있지만, 평균값 주변에 얼마나 많이 군집 되어 있는가에서 조금씩 다른 모습을 보인다. 규모가 큰 무작위 표본들에 의한 연구일수록 표본분포가 밀집된 형태를 보인다. 다르게 이야기하면, 큰 표본일수록 밀집된 표본분포를 보이기 때문에 규모가 큰 무작위표집에 의한 결과는 더욱 더 신뢰를 가질 수 있다는 것이다. 직관적으로 이해가 됐을 것이다. 뉴욕시의 주민들의 가족 평균 수입을 구하고자 하여 30개의 가구로 이루어진 표본을 이용한다면, 이 표본으로 구한 평균수입은 표본의 수가 3,000개일 때 보다 신뢰도가 훨씬 떨어질 것이다.

표본의 크기의 중요성에 대해서 설명해 주겠다. Exhibit 5.12에 나와 있는 가족 평균수입에 대한 두 가지 표본분포를 비교해 보자. 두 가지 경우 모두 50개의 표본에 대한 결과이다. 하지만 첫 번째 연구에서는 각각의 표본은 100개의 가구로 이루어졌고, 또 다른 연구에서는 각각의 표본이 5개의 가구로 이루어졌다. 명확하게 볼 수 있듯이, 큰 표본(n=100)으로 구한 결과의 표본분포가 작은 표본(n=5)으로 구한 결과 보다 훨씬 더 모집단의 평균값에 밀집되어 있는 것을 볼 수 있다. 총 1,368 케이스를 포함하는 전체 GSS 표본의 가족 평균수입의 95% 신뢰구간은 $29,421에서 $31,711이었고 $2,300의 차이만을 보였다. 하지만 100가지 케이스를 포함하는 하나의 GSS 부분표본의 가족 평균수입의 95% 신뢰구간은 $25,733에서 $35,399로써 그 범위가 훨씬 넓었다. 그리고 5가지 케이스만이 포함된 표본의 95% 신뢰구간의 범위는 $14,104에서 $47,028로 가장 넓었다. 이와 같이 넓은 신뢰구간이 나타난다면 표본의 결과를 신뢰하기 힘들 것이다. 작은 표본에서 얻게 되는 통계값의 신뢰도가 낮기 때문에 그 결과는 모집단에 대해 유용한 정보를 많이 제공하지 못한다.

대부분의 사회과학적인 연구에서 연구자들은 95~99%의 신뢰구간에 의존한다. 사실 신문의 여론조사 의견이나 뉴스방송에서 듣는 이야기들은 대부분이 충분한 신뢰구간이 주어진 상태의 내용들이다. 예들 들면, 신문의 기사에서 지난 6개월 동안 30%의 고등학교 학생들이 마리화나와 같은 마약을 사용해왔다라고 썼다면 기자는 그 내용에 "+-4%"라는 문구를 삽입한다. 이것이 신뢰구간을 의미한다. 이와 같은 신뢰 한계가 전통적인 추론적 통계 고유의 보수적 성향이라고 볼 수 있다. 연구자들은 그 결과가 95%이상의 신뢰도를 갖고 있지 않는 이상 추론적인 결론(예를 들면 '이 결론은 이러이러할 것이다'라는 추론)을 지을 수는 없다.

아직 신뢰구간을 어떤 방식으로 산출해 내는지는 설명을 하지 않았지만, 지금까지 해온 이론적인 표집 분포와 추론통계에 대한 내용이 독자들에게 약간의 혼동을 줄 수도 있을 것 같다. 우리는 우리가 세운 목표를 달성했기를 바라고, 연구자들이 어떤 방식으로 모집단의 무작위표집을 통해 추론을 하는지에 대한 감이 왔기를 바란다.

EXHIBIT 5.12 **표본분포에 표본크기가 미치는 영향**

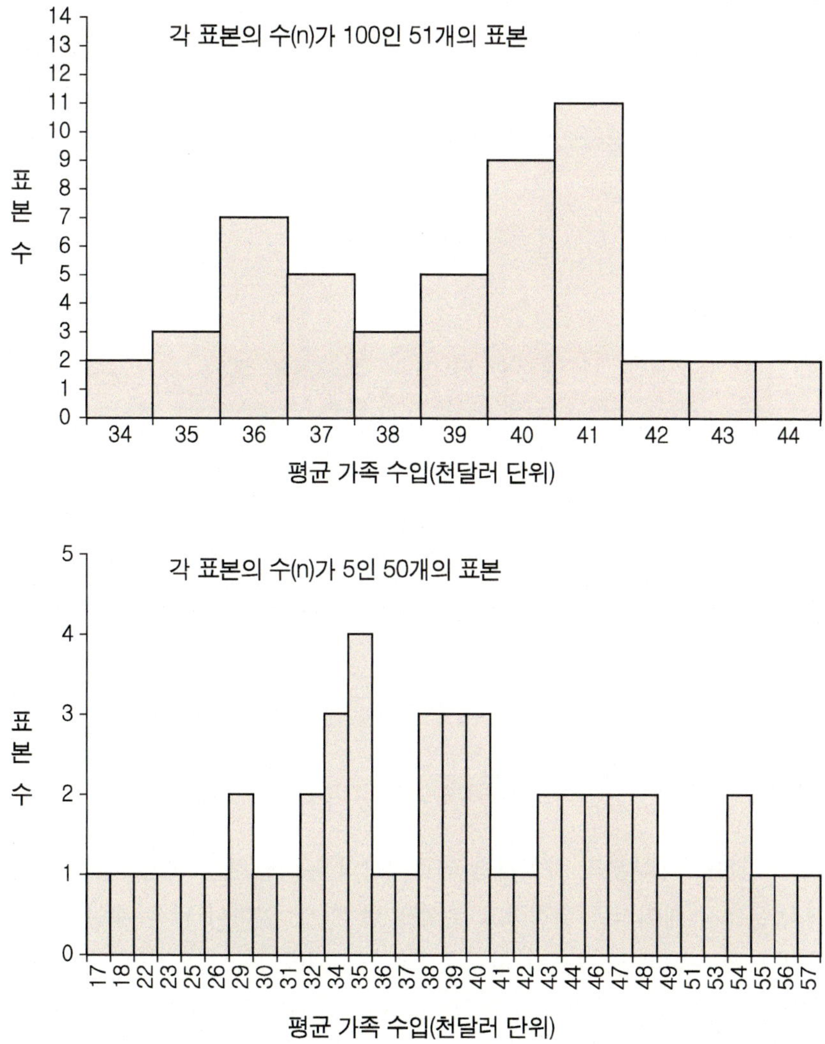

이제 규모가 큰 표본으로부터 얻은 통계값의 신뢰도가 더 높다는 것을 안 시점에서, 왜 연구자들은 이와 같은 사실을 알면서도 항상 규모가 큰 무작위표집을 사용하지 않는지에 대해 궁금증이 생겼을 것이다. 가장 근본적인 이유는 바로 "돈" 문제일 것이다. 연구자들은 대부분 그들이 관심 있는 모집단에서 규모가 큰 표본을 표집할 수 있는 돈이 부족하다. 그렇기 때문에 연구설계 단계에서 연구자들은 그들의 연구 목적을 달성하기 위해서 얼마나 큰 규모의 표본을 표집할 것인가를 미리 정하게 된다. 이는 주로 주어진 변수들의 관계를 알아보는데 필요한 표본 크기를 판단하는 수학적인 방식인 통계적 힘의 분석(Kraemer and Thiemann, 1987)이라는 방법을 통해 정해진다. 또한 연구자들은 최근에 연구를 실시한 사회과학자들로부터 표본 크기에 대한 기본적인 지침을 배우게 된다. 간단한 설명만이 요구되는 국가 인구에 대한 전문적인 연구에서는 일반적으로 1,000에서 3,000명 규모의 표본을 사용한다. 작은 지역 또는 지방의 인구에 대한 연구에서는 규모가 큰 표본을 표집할 만한 예산이 부족하므로 일반적으로 몇 백 명으로 이루어진 표본을 이용하게 된다. 그렇기 때문에 규모가 큰 국가 연구보다 지역적으로 실시하는 작은 연구에서 표본오차가 더 크게 나타난다(Sudman, 1976).

분석단위와 인과적 추론의 오류(Units of Analysis and Errors In Causal Reasoning)

범죄학 연구에서는 개인, 단체, 도시, 교도소, 나라 등과 같이 수많은 종류의 단위들로부터 표본을 얻는다. 모집단에 표본들을 일반화시킬 경우에 연구에서 어떤 단위가 사용되는가를 항상 염두에 두어야 하는데, 이를 분석의 단위(units of analysis)라고 일컫는다. 이러한 분석단위들은 개인, 단체, 마을, 혹은 나라와 같이 그 연구 주제가 초점을 맞추고 있는 사회적 삶의 척도가 된다.

개인과 집단의 분석단위(Individual and Group Units of Analysis)

범죄학을 포함하는 대부분의 사회과학 연구에서의 분석단위는 개인이 된다. 연구자는 개인들에게서 설문조사 데이터를 수집하고 분석을 한 후에, 얼마나 많은 개인들이 사회적으로 격리되었다고 느끼는지 혹은 그들이 사회적으로 격리되어있다고 느끼는 감정들이 상습적인 비행과 어떠한 관련이 있는지에 대한 보고서를 작성할 수 있을 것이다. 데이터가 개인으로부터 수집이 되고 그에 대한 분석단위 역시 개인이 된다.

다른 경우에는, 분석단위가 개인이 아닌 가족, 학교, 교도소, 마을, 주, 혹은 나라와 같은 그룹이 될 수도 있다. 예를 들어 연구자들은 운전자에게 술을 판 사람들이 그 술을 마시고 사고를 낸 운전자들에 대해 책임을 지는 법에 대한 연구를 하기 위해 음주운전 사고 건수에 대한 마을이나 경찰의 데이터를 수집할 수 있다. 그 다음 연구자들은 음주운전 사고의 빈도수(마을의 인구를 고려하여)와 술 제공자의 책임 관계법과의 연관관계에 대해 분석을 할 수 있을 것이다. 여기에서는 데이터가 마을을 중심으로 정보를 제공하고 있기 때문에 분석단위가 마을이 된다.

몇몇의 연구에서는 분석단위가 단체임에도 불구하고 개인들로부터 데이터를 수집하는 경우도 있다. 예를 들어 샘슨, 라우덴부시, 그리고 얼스(Sampson, Raudenbush, and Earls, 1997)는 시카고 지역공동체의 폭력범죄의 영향에 대해 연구하였다. 여기서 그들은 집합적 효율성을 주거단지 내의 범죄율에 영향을 미치는 변수로써 가정하였다. 이 변수는 다른 주민들로부터 신뢰를 받고 있으며 이웃 주민들을 도와 줄 수 있는 단지 주민들의 특징들이었다. 그들은 이 변수를 개인적인 설문조사를 통해 측정하였다. 주민들이 느낀 이웃주민들의 유용성과 신뢰성에 대한 개별적 응답 데이터는 각각의 단지의 집합적 효율성에 대한 점수를 매기기 위해 평균값으로 구해졌다. 이웃들 간의 폭력범죄율 비교에 사용되는 변수를 설명하기 위해 이 주거 단지의 집합적 효율성 데이터가 사용되었다. 데이터는 개인에 대한 정보였고 개인으로부터 수집이 되었지만 단지에 대한 연구를 하기 위해서 개별 데이터들을 종합하였다. 그렇기 때문에 이 연구에서의 분석단위는 단체(근린)가 된다.

샘슨과 그의 동료들(1997)과 같은 연구에서는, 관측의 단위로부터 분석단위의 개념을 구분할 수 있다. 데이터는 **관측의 단위(units of observation)**인 개인으로부터 수집이 되고, 그 데이터들이 종합되어 그룹단위로써 분석이 되는 것이다. 몇몇의 연구에서는 관측의 단위와 분석단위가 같은 경우도 있다. 중요한 점은 언제 같아지는지를 아는 것이다. 실업률이 높으면 범죄율도 증가한다는 결론은 직업이 없는 사람들이 범죄를 일으키기 쉽다는 것과, 높은 실업률을 가진 커뮤니티일수록 범죄율이 높다는 것, 혹은 이 두 가지 모두를 함축하고 있을 수 있다. 수집 된 데이터나 다른 사람의 연구 결론을 해석할 경우 데이터의 어떤 관계가 참조되었는지를 명확하게 알 필요가 있다.

통계값을 제대로 해석하기 위해서는 분석단위를 알아야 한다. 집합체에 대한 측정이 개별 수준의 데이터 보다 그룹 수준의 데이터에서 더 정확하게 나타나는 경향이 있는데, 이는 개별 수준에서 발생하는 측정오차가 그룹 수준에서는 무시될 수도 있기 때문이다(Bridges and Weis, 1989).

생태학적 오류와 환원주의(The Ecological Fallacy and Reductionism)

연구자들은 연구결과가 그들의 연구의 분석단위를 반영하는지를 확인할 필요가 있다. 개별단위에 대한 결론은 개별적인 프로세스를 따라야 하며, 그룹단위의 결론이면 그룹차원에서 수집한 데이터를 이용해야 한다. 대부분의 경우에서 이와 같은 이론을 무시하게 되면 결론의 유효성에 의문이 생기게 된다.

그룹차원의 데이터에서 개별단위 프로세스의 결론을 도출해내는 연구자가 있다면 그는 **생태학적 오류(ecological fallacy)**를 범하고 있는 것이다(Exhibit 5.13 참조). 연구의 결론이 틀리거나 맞을 수도 있겠지만, 알아둬야 할 점은 그룹차원의 데이터는 개별단위의 프로세스를 뒷받침하지 못한다는 것이다. 예를 들어 한 연구에서 연구자가 교도소 직원들의 기록을 수집하여 분석한 후, 대학 교육을 받지 않은 수감자들의 비율이 높을수록 교도소 내의 교도관들의 잔혹성에 대해 불만이 많다는 결론을 내렸다. 하지만 연구자가 대학 교육을 받지 않은 개개인의 수감자들이 동료 수감자들에게 폭력을 일삼을 가능성이 높다는 결론을 내린다면 이는 생태학적 오류를 범하고 있는 것이다. 여기에서 결론은 개별차원의 프로세스(교육과 개인의 범죄 경향과의 관계)이지만, 데이터는 그룹(교도소)에 의해 수집된 것이다. 사실 이보다는 대학 교육을 받은 교도관들이 잔혹한 행위를 범할 가능성이 높다는 결론이 더 정확할 것이다. 만약에 많은 교도관들이 대학 교육을 받지 않았더라면, 아마도 대학 교육을 받은 교도관들은 의심을 받지 않았을 것이다.

하지만 그룹차원의 데이터를 통해 개별적인 프로세스의 결론을 내는 것이 항상 틀리지는 않다는 것을 명심해야 할 것이다. 단지 그 데이터가 개별차원의 프로세스에 대한 정보를 제공하지 못한다는 것뿐이다. 평균수입이 높은 주거단지가 범죄율이 낮다는 결론을 내렸다고 가정해 보자. 이 주거단지의 단 한 가지 특별한 점은 그 단지에는 범죄를 저지를 가능성이 낮은 고수익자들이 더 많다는 점이다. 데이터를 그룹차원에서 수집하고 분석 또한 그룹차원에서 했음에도 불구하고, 그것들은 개별차원에서의 인과적 프로세스를 반영 한다(Sampson and Lauritsen, 1994).

그룹차원의 프로세스에 대해 추론을 하기 위해 개별적 데이터가 사용되어지면, 생태학적 오류와 대칭적인 **환원적 오류(reductionist fallacy)** 혹은 **환원주의(reductionism)**의 문제점이 발생한다(Exhibit 5.13 참조). 예를 들어 윌리엄 윌슨(1987)은 개별적 차원의 데이터에서부터 인종이 폭력성에 인과적 영향이 있다는 잘못된 결론을 내릴 수 있다고 지적하였다. 그러나 커뮤니티 차원의 데이터로부터 1980년에 40%에 육박하는 가난한 아프리카 미국인들이 가장 가난한 지역에 거주한 반면에 코카서스인은 7%만이 가난한 지역에 살았다는 사실을 알게 되었다. 이 지역의 개개인의 인종과 다른 특징 때문이 아니라 많은 아프리카 미국인들이 이 지역에 모여 살았기 때문에 이와 같이 높은 범죄율이 나타났다고 볼 수 있다. 이 경우에는 폭력성을 설명하기 위해 커뮤니티 차원의 데이터가 요구된다.

인과적 추리에서 오류가 나타날 수 있다는 사실이 여러분이 집합적 데이터를 통한 연구를 실행하는 것을 방해하게 해서는 안 된다; 혹은 집합적 데이터를 통해 개별적인 결론에 대한 추론을 하는 연구자들에 대해 지나치게 비판적이게 만들어서도 안 된다. 넓게 생각한다면 많은 연구 주제들은 다양한 방식과 다양한 단계의 증명을 통해 결론이 내려질 수 있는 연관성의 문제로 도달할 수 있게 된다. 샘슨과 그의 동료들(1987)의 도시 폭력에 관한 연구에서 이와 같은 것을 볼 수 있다. 그들의 연구 분석은 도시의 집합적인 데이터만을 포함하고 있고, 그들의 연구 목적을 다른 연구자들이 범한 총체적 차원에서의 분석을 하지 않은 오류에 대응하는 것이라고 설명했다. 더욱이 샘슨과 그의 동료들은 커뮤니티 내의 가족 분열과 실업률이 실업자들이나 부모 없이 자란 사람들의 행동뿐만 아니라, 커뮤니티의 사회적 프로세스에까지 영향을 미친다고 주장하였다. 하지만 그들은 실업과 가난을 경험해 본 사람들이 남성의 결혼에 대한 성향을 감소시키고, 부모 없이 자란 경험이 있는 사람들은 청소년 범죄를 범할 가능성이 높다고 주장하였다. 이와 같은 개인의 행실에 관한 연구 결론은 샘슨과 그의 동료들이 총체적, 도시차원의 데이터에서 찾은 형태와 일치하므로, 생태학적 오류를 범하고 있지 않다고 볼 수 있다.

EXHIBIT 5.13 인과적 결론에서의 오류

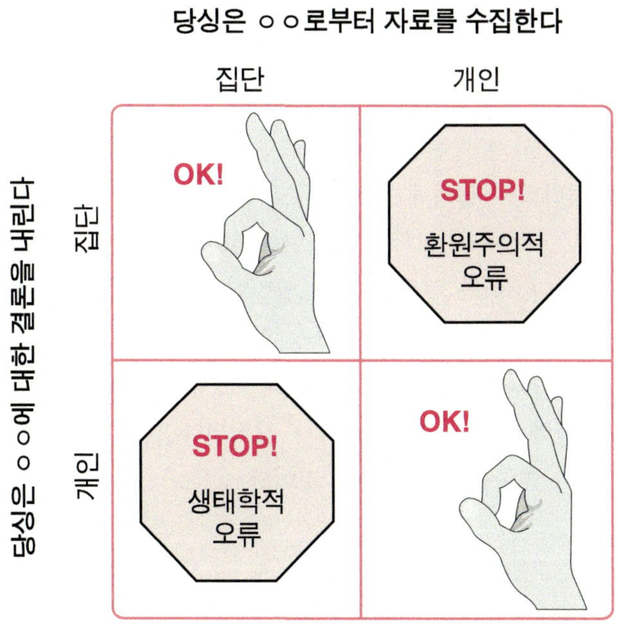

해결 방법은 연구에서 사용된 분석단위와 관측단위가 무엇인지를 인지하고, 이것들을 연구자의 결론의 신뢰성에 대한 평가를 내릴 때 고려해야 한다. 진정한 목적은 실제로 연구되어진 것과 다른 분석이 나온 것에 대하여 거부하는 것이 아니다. 대신에, 목적은 결론의 인과적 효율성을 평가할 때 발생할 법한 생태학적 오류나 환원적 오류를 고찰하는데 있다.

결론 (CONCLUSION)

범죄학적인 연구에 있어서 표집은 중요한 기초이며 토대이다. 확률적 표집 방식은 연구자들이 높은 신뢰의 정도로 모집단에서 표본을 추출해 내는데 확률과 우연이라는 법칙을 사용하게 해준다. 수백만 명의 개인으로 이루어진 국가 인구의 성격과 특징을 신뢰할 만하게 측정하기 위해서는 1,000개 또는 1,500개의 표본들만 있으면 가능하다.

하지만 연구자들은 대표성이 있는 표본을 쉽게 얻지 못한다. 잘 설계된 표본은 조심스러운 계획, 모집단에 대한 사전 지식, 그리고 선택 과정이 한쪽으로 편중되지 않도록 체계적인 선택 과정이 요구된다. 표본 데이터가 수집 된 후 일지라도, 연구 결과로부터 모집단에 일반화시킬 수 있는 연구자의 능력은 확신할 수 없다. 연구자가 할 수 있는 최상의 행동은 표본 통계값에 적용시킬 수 있는 신뢰의 정도를 추가적으로 측정하는 것이다.

무작위 혹은 확률적 표집 방식의 대체 기법은 상대적으로 비용이 적게 들지만 대부분의 경우 사용되기 꺼려지는 경향이 있다. 연구자가 관심 있어 하는 모집단을 대표할 만한 케이스를 선택하는 과정이 없다면, 그 연구의 결과는 조심스럽게 수정되어야 한다. 대표성이 없는 표본들은 연구자들이 사회적 현상의 어떤 측면이 중요한지를 이해하게 해주지만, 이와 같은 개인적 해석의 일반화 가능성에 대한 의문은 항상 남게 될 것이다.

사회과학자들은 주로 자신들이 알아낸 모집단에서의 연구 결과를 또 다른 좀 더 큰 모집단에 일반화시키려고 한다. 이와 같은 형태의 일반화의 유효성은 부득이하게 불확실 할 수 있는데, 그 이유는 어떤 특정한 모집단의 대표성 있는 표본에서 얻은 연구 결과가 항상 다른 모집단에도 적용된다고 보장 할 수 없기 때문이다. 그럼에도 불구하고, 지역차원의 연구나 대표성이 부족한 모집단에서 얻은 연구 결과가 집적된다면 이는 더 넓은 차원의 모집단에 중요한 정보를 제공하는 역할을 할 수 있을 것이다.

주요 용어

가용 표집	센서스, 인구조사	군집
신뢰 구간	신뢰 한계	모집단 간 일반화가능성
비 비례적 층화표집	생태학적 오류	계산 단위
외적 타당성	추론적 통계	다단계 군집 표집
비확률적 표집 방식	무응답	정규 분포
주기성	모집단	모집단 수치
선택의 확률	확률적 표집 방식	비례적 층화 표집
목적 표집	할당 표집	임의 전화 걸기
난수표	무작위 표집 오차	무작위 선택
환원주의	복원표본추출	대표성 있는 표본
표본	표본 일반화가능성	표본 통계
표본 오차	표본 프레임	표본 구간
표본 단위	단순 무작위 표집	눈덩이 표집
층화 무작위 표집	체계적 무작위 표집	체계적 표집 오차
표적 인구(모집단)	분석 단위	관측 단위

강조 사항

- 표집 이론은 표본이 추출 된 모집단에서 도출 된 결론의 일반화 가능성에 초점을 맞춘다. 또한 결론이 또 다른 모집단에도 일반화 되는지도 고려해 본다.
- 표집은 다음의 두 가지 경우를 제외하고 항상 필요하다:(1) 그런 경우는 없지만,0 표본화 될 요소들이 모두 동일 한 경우, 그리고(2) 완전한 모집단의 인구조사를 수행 할 능력이 있는 경우.
- 무응답은 표본의 가치를 저하 시킨다: 표본의 가치를 판단하는 것은 원하는 표본이 아니라 실제로 확보된 표본이다.
- 확률적 표집 방식은 요소들의 선택 과정에서 체계적인 편중이 생기지 않도록 무작위 표집 방식에 의존한다. 확률적 표본에는 요소들이 선택될 확률이 독립적이고, 공평하고, 명확하며, 그리고 선택의 기법은 신중히 컨트롤 된다.
- 대부분의 확률적 표집 방식에는 표집 프레임(모집단 요소들의 목록)이 요구 된다. 표집 프레임의 적당성은 표본의 가치를 판단하는 중요한 척도가 된다.

• 단순 무작위 표집과 체계적인 무작위 표집 방식은 대부분의 상황에서 동일한 확률적 표집 방식으로 사용 된다. 하지만 체계적인 무작위 표집 방식은 주기적이고 규칙적인 체계로 이루어진 요소들의 목록에는 적합하지 않다.

• 층화 무작위 표집 방식은 표집을 더욱 더 효과적으로 하기 위해서 모집단에 대한 사전 정보를 이용 한다. 층화 표집은 비례적이거나 비 비례적인 경우가 있다. 비 비례적 층화 표집 방식은 연구 주제가 모집단의 작은 비율을 차지하는 계층에 초점을 맞추고 있을 경우에 유용하게 사용 된다.

• 군집 표집은 단순 무작위 표집보다 덜 효율적이지만 표집 프레임이 존재하지 않을 경우에 유용하게 사용 된다. 또한 규모가 큰 모집단이 넓은 지역이나 많은 단체에 퍼져 있을 때 유용하게 사용 된다.

• 비확률적 표집 방식은 무작위 표집이 불가능하거나 연구주제가 큰 모집단을 고려하지 않을 경우, 그리고 예비 실험적인 연구가 불가피할 때 유용하게 사용 된다. 하지만 비확률적 표본의 대표성은 결정하기 어렵다.

• 확률적 표집에 근거한 모집단의 특징의 측정에서 발생하는 오차의 범위는 표본의 크기가 커질수록 줄어든다. 표본오차 역시 표본이 추출 된 모집단이 균질성을 보이면 줄어들게 된다. 모집단에서 추출 된 표본의 비율이 상대적으로 클 경우를 제외하고, 표본오차는 그 비율의 영향을 받지 않는다. 표본 통계값에 영향을 주는 표본오차의 범위는 표본의 특징과 표집 분포의 특성에 대한 정보로부터 측정이 가능하다. 이와 같은 추론적 통계를 통해가능하다. 이와 같은 추론적 통계를 통해서 우리가 얻은 연구 결과에 대한 신뢰범위를 측정 할 수 있다.

• 인과관계의 효력이 없는 일반화는 그룹차원에서 측정 된 변수들의 관계가 개별차원에 적용 된 경우(생태학적 오류)나 그 반대의 경우(환원주의)에 발생 한다. 그럼에도 불구하고 많은 연구 주제들은 다단계의 관계를 요구하는 경우가 있으며, 다른 분석단위를 연구함으로써 그 결과가 얻어지는 경우도 있다.

연습문제

1. 범죄, 마약, 음주의 유행에 관련된 신문 기사를 하나 이상 보자. 이 기사는 선택 된 표본에서 어떠한 정보를 제공하는가? 표본이 대표성이 있는지를 판단하기 위해서 어떤 추가적인 정보가 필요하다고 생각하는가?

2. 인터넷(www.rand.org/pubs/monograph_re p orts/MR1418/)상에서 구할 수 있는 난수표를 이용하여 무작위 표본을 선택해 보자. 선택 한 표본으로 통계값을 산출해 내고 전체 모집단에 대해 일치하는 숫자와 비교해 보자:

a. 먼저, 최근의 FBI Uniform Crime Report에서 도시 또는 주 단위의 범죄 통계값을 선택해 보자.

b. 그 다음, 모집단 내의 모든 숫자화 된 요소들로부터 표집 프레임을 만들어 보자. 주 단위 범죄 통계와 같이 완전한 리스트를 사용할 경우 표집 프레임은 그 리스트와 동일 할 것이다. 그 요소들에 숫자를 매겨라. 여러분이 선택 한 모집단이 도시들로 구성되어 있다면 그 표집 프레임은 일정한 기준에 맞는 도시들 일 것이고; 어떤 도시가 어떤 기준에 맞는지를 판단하기 위해서 미 통계청과 같은 다른 자료도 참고해야 할 것이다. 그 도시들을 골라낸 후1부터 시작하여 숫자를 매긴다.

c. 인터넷에서 구한 난수표에서 숫자를 고를 방식을 임의대로 정한다. 1부터 9까지의 요소들 중에서 선택 할 경우 한자리 수만 선택을 하고, 100가지 요소 이하를 선택 할 경우 2자리 수를 사용 한다.

d. 난수표에서 시작점을 선택 한다. 시작점을 아무런 편중 없이 선택하는 것이 중요하므로 눈을 감은 상태에서 임의로 선택하는 것도 좋은 방법이다.

e. 표본에 필요한 숫자만큼 무작위 선택이 될 때까지 시작점에서 미리 정한 선택 방식에 따라 움직이며 숫자들을 기록 한다. 주를 선택하는 경우에는 10개가 적당할 것이다. 너무 크거나 작은 숫자는 무시하고 넘어간다. 중복되는 숫자는 지운다.

f. 여러분이 선택 한 범죄 통계값의 표본의 평균(산술적인 평균)값을 구한다. 표본의 모든 요소들을 더한 후 그 요소들의 수로 나누는 방식으로 평균을 구한다.

g. 다시 표집 프레임으로 가서 같은 방식으로 그 리스트에 있는 요소들의 평균을 구한다. 모집단의 표본의 평균과 얼마나 가까운가?

3. 몇 개의 모집단으로부터 얻어진 표본을 사용한 범죄학 분야의 연구를 싣고 있는 학술지 논문 3가지를 고른다. 각각의 연구에서 사용 된 표본의 유형을 확인하고 그 표본의 선택 과정의 잘 된 점과 잘못 된 점을 찾아보자. 연구자들은 무응답에 의한 문제점들이 있었나? 표본을 고려해 보았을 때, 모집단의 일반화가능성의 유효성이 얼마나 신뢰가 된다고 생각하는가? 표본을 평가하기 위해 다른 추가적인 정보가 필요한가? 다른 방식의 표집 기법이 더 나았을 거라 생각하는가? 연구 결과가 어떤 다른 모집단에 일반화 되었는가? 이 일반화가 정당하다고 보는가? 왜 그렇다고 생각하는가?

4. 일반적이지 않은 취미(스카이다이빙과 같은)를 가진 사람들로부터 눈덩이표집을 추출해 보자. 친구들과 친지들에게 첫 번째 만날 사람을 추천 받고, 전화를 걸거나 만난 후 다른 아는 사람들의 신상을 묻는다. 이런 방식으로 10명을 확보한다. 이 과정에서 경험한 문제점을 인지하고 더 큰 표본을 추출해야 할 때 어떤 방식으로 진행하면 좋을지 고려해 보자.

5. 모든 미국에 사는 국민들은 10년에 한번 씩하는 인구조사에 참여해야 하지만 몇몇 사람들은 참여를 하지 않는다. 몇몇 사회과학자들은 포함시키기 힘든 사람들의 응답률을 높이기 위한

방법으로 더 많은 자료들을 규모가 큰 대표성 있는 표본에 포함시키기를 주장하였다. 미국 통계청이 이 방식을 확률적인 표집 기법으로 전환해야 한다고 생각하는가? 왜 그렇다고 생각하는가?

6. 비확률적 표집과 비교했을 때 확률적 표집의 장단점이 뭐라고 생각하는가? 이 장에서 다뤄진 비확률적 표집으로 진행 된 연구들 중에 확률적 표집으로 진행 됐어야 하는 게 있다고 생각하는가? 무작위 선택을 시도하려고 했을 때 발생하는 어려움은 무엇이라고 생각하는가? 비확률적 표집 방식으로 얻어진 결과에 신뢰범위는 어떤 식으로 측정할 수 있는가?
7. Student Study Site에서 설문조사 연구설계를 이용한 논문을 하나 선택하여라. 표집 절차를 설명해 보아라. 어떤 방식이었는가? 왜 저자는 이와 같은 기법을 사용 하였는가?

연구제안서 작성

표집의 가능성들을 고려해 보자.

1. 여러분의 대학 캠퍼스 내의 학생들을 대상으로 설문조사를 한다고 가정하고 그에 걸맞는 표집 설계를 제안한다. 모집단을 정하고, 표집 프레임을 결정한 뒤, 요소들과 기타 단계에서의 단위들을 지정한다. 표본에 포함될 사람들을 선택하는 절차를 명확히 밝힌다.
2. 도시, 주, 국가 전체와 같이 넓은 범위의 모집단에 대한 설문조사를 진행하기 위한 다른 표집 설계도 제안한다.

웹 연습

1. 웹 상에서 표집에 대해 무엇을 배울 수 있는가? "표집"과 "모집단"에 대한 조사를 진행하고 몇 개의 사이트들을 선택 한다. 표집에 대해 알게 된 새로운 사실들을 나열해 보아라.
2. INFOMINE 학술 인터넷 자료 모음 웹 사이트(http://infomine.ucr.edu/)를 들어가 보아라. 5가지의 범죄와 피해에 관한 자료를 찾아 보아라. 찾은 자료를 간략히 설명하고 어떤 사이트에서 그 내용을 찾을 수 있는지 목록을 작성해 보아라. 이와 같은 자료들은 정보를 수집하는 방식에서 어떻게 다른가? 이것들은 표집 정보를 제공하는가? 어떤 통계 자료를 보여주는가? 이 통계값을 얻기 위해 사용된 표집 방법을 공개 했는가? 어떠한 표집 방법이 사용 되었는가? 대표성과 일반화 가능성의 개념으로 이 표집 방법을 평가해 보아라. 이 데이터의 대표성과 일반화 가능성을 높이기 위해서 표집 방법을 어떤 방식으로 발전 시키겠는가? 표집 방법이 언급되어 있지 않다면 이 통계자료를 얻기 위해서 어떤 방법이 가장 적합할지 제안해 보아라.

3. Bureau of Justice에서 수집한 자료들을 확인해 보아라: www.ojp.usdoj.gov/bjs/. 데이터 자료를 선택한 후 자료 수집에 사용 된 표집 절차를 설명해 보아라.

연구윤리 학습

1. 확률적 표집 조사의 참여를 유도하기 위한 어느 정도의 압력이면 과도한 압력일까? 미 정부가 모든 국민들에게 10년에 한번 씩 하는 인구조사 설문조사에 참여를 하도록 법적으로 의무화 하는 것은 정당하다고 보는가? 업체들은 일적인 문제에 대한 설문조사를 직원들에게 시킬 권한이 있는가? 학생들이 선생님 평가에 대한 설문조사에 참여를 해야만 하는가? 학부모들은 자녀들이 학교폭력과 건강에 대한 설문조사에 참여하는 것에 동의해야 하는가? 설문조사에 참여한 노숙자들에게 인센티브를 주는 것은 정당한가? 인센티브를 제공하는 것이 강제적일 수 있는가? 여러분의 의견을 설명하시오.
2. 지적 능력이 떨어지는 사람들에 대한 연구를 실시 할 경우 특별한 보호 수단을 국가적 규범으로 제공해야 한다. 수감자들이나 어린이들에 대한 연구를 할 때에도 특별한 보호 수단이 제공 되어야 한다. 이와 같이 보호수단이 필요하다고 보는가? 왜 그렇다고 생각하는가?
앞에서 언급한 그룹의 사람들은 연구에 참여하는데 본인들의 의사가 반영 된다고 보는가? 이와 같은 상황에서 연구 참여를 자원하도록 하기 위한 수단으로 어떤 방법이 있을까? 이와 같은 수단은 표집 계획과 결과에 어떠한 영향을 미친다고 보는가?
3. 샤넨과 소네스(2000)는 폭력의 피해에 대해 연구하기 위해 임의전화걸기 기법을 이용하여 성인들을 표집 하였다. 응답자가 최근에 폭력의 피해를 입었다는 사실을 알게 되었을 때 연구자는 이에 대해 어떠한 조치를 취할 도덕적 의무가 있다고 보는가? 제2장에서 제시한 도덕적 지침들 중 이와 같은 상황에 적용 될 만한 것이 있는가? 선생님들과 의사들은 아동폭력 사건을 암시하는 케이스들을 보고하도록 법적으로 명시 되어 있다. 연구자들 또한 이러한 의무가 있을까? 이와 같은 상황이 응답자의 익명성을 보장하는 임의전화걸기를 사용한 넓은 범위의 설문조사에 어떠한 영향을 미치는가?

SPSS 또는 엑셀연습

1992년부터 2005년까지 실시한 미 국가 범죄피해조사의 폭력 피해 자료에 대한 무작위 표본을 포함하고 있는 NCVS9205.ASSAULT라는 데이터 세트를 사용하면, 그 변수 V2089는 각각의 폭력 사건의 위치(도시, 외곽, 시골)를 알려준다.

1. 이 변수에 대한 빈도분포를 작성하고, 각 카테고리의 유효한 비율도 기록하여라.

2. 대략 5%의 무작위 표본을 선택한다. 강도사건 위치에 대한 두 번째 빈도분포를 작성하고, 각 카테고리의 유효한 비율을 기록하여라.
3. 전체 1%의 케이스를 포함하는 무작위 표본을 선택한다. 세 번째 빈도분포를 작성하고, 각 카테고리의 유효한 비율을 기록하여라.
4. 작성 한 세 가지 빈도분포를 비교 하여라. 표본의 크기가 결과에 어떤 영향을 미쳤는가? 표본의 크기가 강도 사건이 어느 장소에서 더 많이 발생하는지에 대한 신뢰도와 유효성에 영향을 미치는가?
5. 폭력으로 다치거나 업무시간에 방해를 받은 피해자들에 대해 잃어버린 일수를 설명해 보아라(V4487). 이 분석에 "잘 모른다"와 "나머지"라는 응답은 결과에서 누락된 것으로 재입력해야 할 것이다 – 이미 누락된 것으로 판단 된 999값과 더불어서 997(잘 모른다)와 998(나머지)의 값을 포함 시킨다. 이 변수에 대해 빈도분포도와 도수 분포도를 모두 작성 한다. 폭력의 피해가 미국의 업무 누락 시간에 끼치는 영향에 대해 어떻게 설명 할 것인가?

CHAPTER

06 인과관계와 연구설계

인과관계를 찾아내는 것, 즉 어떠한 현상이 왜 일어났는지를 알아내는 것이 대부분의 사회과학 연구의 목적이다. 불행히도, 특정 사회현상들에 대하여 정확한 원인을 설명하는 것은 쉽지 않다. 1990년대 이후, 미연방수사국(Federal Bureau of Investigation, FBI)이 분석한 National Crime Victimization Survey(NCVS)와 Supplementary Homicide Reports의 조사에 따르면 폭력범죄피해율의 감소가 대략 2001년 까지 꾸준히 지속된 것으로 나타났다(Bureau of Justice Statistics, 2009a). 그러나 살인율의 감소는 인종, 민족, 나이, 또는 지리학적 특성에 따라 다르게 나타났다(Ousey and, 2004). 몇몇 도시에서는 오히려 범죄율의 증가추세가 시작되기도 하였다. 예를 들어 캘리포니아 주의 새크라멘토, 뉴욕 주의 시러큐스, 매사추세츠 주의 보스턴, 펜실베이니아 주의 필라델피아 등의 도시가 이러한 증가 추세가 나타난 도시였다(Stone, 2006). 전반적인 소도시나 중도시의 범죄율도 2004년에서 2005년 사이에 증가한 것으로 나타났다(Bureau of Justice Statistics, 2009a).

이러한 도시 간의 범죄율 차이를 설명하기 위한 다양한 시도들이 있었다. 몇몇 도시에서 관찰된 최근의 범죄 증가 추이는 9/11 테러에 대한 분노와 경기침체에 따른 것일까(Kershaw, 2002:A10)? 1980년대부터 1990년대 초반까지인 범죄 급증시대의 강력범죄 수감자들의 출소에 기인한 것일까(Liptak, 2004)? 범죄학자 James Alan Fox가 제시하였듯이 단순히 "범죄감소 시기"가 끝나서 일까(Lichtblau, 2000:A2)? 그렇다면 왜 뉴욕 같은 도시에서는 범죄 감소 추세가 지속되고 있는 것일까(Dewan, 2004a)? Compstat 같은 도시컴퓨터 프로그램이 범죄 다발 지역을 구별할 수 있기 때문일까(Dewan, 2004b; Kaplan, 2002)? 혹은, 경찰관의 신뢰도를 상승시킨 뉴욕시의 "안전한 거리, 안전한 도시" 프로그램에서 그 이유를 찾아야 할까(Rashbaum, 2002)? 총상으로 인한 치사율을 감소시킨 응급실의 개선된 환경은 어떠한가(Harris et al., 2002)? 뉴욕 거리 위의 크랙 코카인(crack cocaine) 사용율의 감소는 어떠한가(Dewan, 2004b)? 이렇듯 어떠한 현상들이 폭력의 증가 또는 감소와 인과적으로 연결되어 있는지를 알아내기 위해서는 신중한 연구설계 과정이 필요하다.

이 장에서는 법칙정립적과 사례기술적의 두 가지 관점으로 인과관계의 의미를 토론하고, 인과적으로 타당한 추론을 할 수 있는 기준들에 대하여 살펴보겠다. 특히 이 장에서는 연구설계에 있어서 인과관계를 설명할 수 있는 중요한 특징들인 실험과 비실험의 사용과 횡단연구와 종단연구의 차이점에 주안점을 두었다. 이 장의 마지막에서는 인과관계의 다양한 의미를 이해할 수 있고, 타당한 인과적인 추론이 가능한 질문을 할 수 있을 것이다.

인과론적 설명 (CASUAL EXPLANATION)

원인은 개인이나 집단, 독립체(가족, 기관, 도시 등)가 갖는 어떠한 특성, 태도 및 행동과 사건들에 대한 설명이다. 대부분의 사회과학자들은 우리에게 익숙한 가설 검정(제2장 참조)에 나타나는 인과론적인 설명을 알아내고자 한다. 즉, 독립변인은 원인이라 가정되고, 종속변인이 잠재적인 결과라고 여겨지는 것이다. 예를 들어 샘슨과 라우덴부시(2001)는 도심 이웃 주민의 사회적 혼란(독립변인)이 범죄(종속변인)에 이르게 하는지 조사해 보았다(당연히, 이웃주민의 혼란은 범죄에 적어도 직접적인 영향을 미치지는 않았다). 이러한 종류의 인과론적 설명을 *법칙정립적*이라 한다.

또 다른 종류의 원인은 일부 질적 연구의 주안점이며(제9장 참조) 우리가 일상생활에서 말하는 원인을 말한다. 이런 종류의 인과론적 설명은 사례기술적이라 하며, 각 사건이나 개인의 행동들이 서로 연관된 과거 사건들의 연속으로 설명된다. 예를 들면 하나의 특정한 범죄를 설명하기 위하여 그 범법자를 폭력적으로 만든 원인을 결혼실패에 따른 스트레스와 연결 지어 설명하는 것이다.

법칙정립적 인과관계 설명(Nomothetic Causal Explanation)

법칙정립적 인과관계 설명(nomothetic causal explanation)이란 다른 모든 조건들이 동일하였을 때(ceteris paribus) 한 특정한 독립변인의 변화가 뒤따른 종속변인의 변화를 만들어 낸다는 것이다. 이 관점은, 연구자가 인과관계를 설명하기 위하여 종속변인의 값이 독립변인의 변화가 있고 없음에 따라 달라지는 것이라 결론을 내리는 것이다. 예를 들면 아동기에 학대를 당한 사람이 동일한 사람임에도 불구하고 아동기에 학대를 받지 않았을 경우에 비하여 폭력범죄를 저지를 가능성이 높다고 주장하는 것이다. 혹은 폭력적인 영상매체에 노출된 사람이, 동일한 사람이지만 폭력적 영상매체에 노출되지 않았을 경우에 비하여 폭력범죄를 저지를 확률이 높다고 주장하는 것과 같은 것이다. 이러한 독립변인 변화의 부재에 따른 경우를 설명할 때 이를 반사실적(counterfactual)이라고 부른다(Exhibit 6.1 참조).

물론 이 관점의 근본적인 문제점은 이미 사건이 발생한 후에는 우리가 결코 독립변인이 변화하지 않았을 경우, 같은 시간, 같은 사람(혹은 집단, 도시 등)에게 어떠한 일이 일어났는지 알 수 없다는 것이다. 실제 생활에서는 결코 과거로 돌아갈 수 없는 법이다(King, Keohane, and Verba, 1994).

우리는 사람들의 행동의 공격성을 폭력 영상물에 노출된 전과 후를 비교하여 관찰할 수 있다. 그러나 이러한 비교는 시간의 경과와 관련되어 있다. 즉, 하나의 사건의 전과 후의 사람과 상황은 완전히 동일할 수가 없기 때문이다.

그러나 희망을 포기할 필요는 없다. 우리는 다른 조건들이 동일하여 비교가 될 수 있도록 조건들을 통제하여 연구를 설계 할 수 있다. 동시에 같은 사람을 정확히 동일한 상황 속에서 독립변인의 변화를 비교할 수 없다 하여도, 독립변인의 변화에 따른 종속변인의 효과를 조사할 수 는 있다. 물론 다른 조건들을 모두 완벽히 동일하게 조절할 수 는 없지만, 비교성의 바람직한 기준을 이해하면서 연구의 설계를 발전시키고, 더욱 타당한 인과결과를 유추해 낼 수 있는 것이다.

EXHIBIT 6.1 연계 : 잡음강도에 대한 실험에서의 두 집단

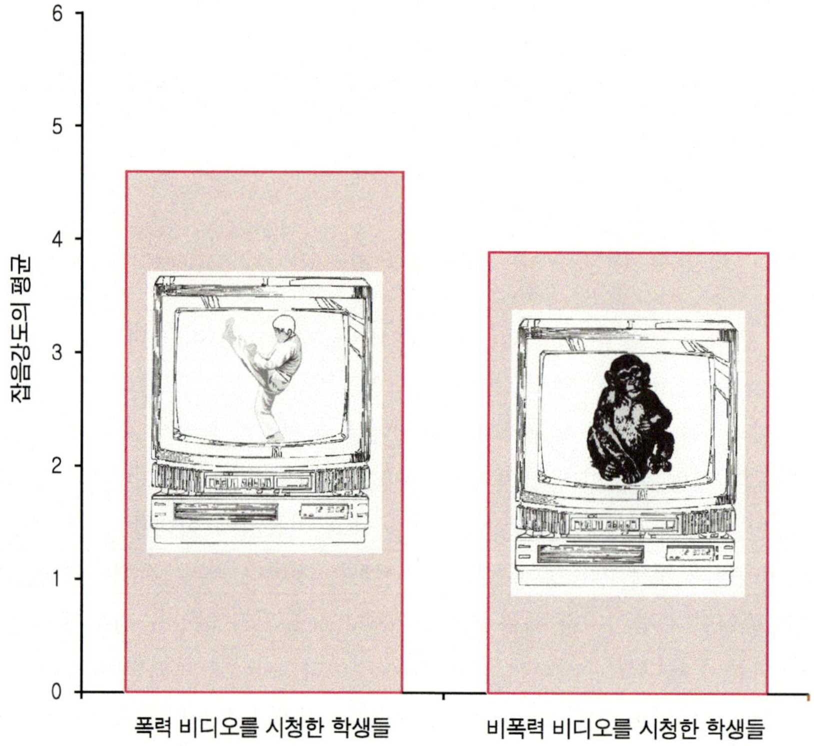

출처 : Adapted from Bushman, 1995.

양적연구의 연구자들은 실험 혹은 비실험적 연구 방법을 통하여 법칙정립적인 인과관계를 검증하려 한다. 그러나 실험과 비실험적인 연구설계로 원인을 알아내고자 할 시에는 그 방법에 약간의 차이가 있다. 비실험적인 연구설계로 타당한 법칙정립적 인과관계의 기준을 충족하기에는 어려운 부분이 많이 있다. 이 장의 나머지 부분에서는 이러한 인과관계의 기준을 검토하고, 실험 및 비실험적 연구설계가 이 기준들에 어떻게 성립하는지 논의하고자 한다.

인과관계(법칙정립학적) 하나의 독립변인, 즉 하나의 현상이 변화할 때, 평균적으로 또 다른 현상의 변화, 종속변인의 변화를 낳는다.

법칙정립학적 인과관계의 예 : 가정폭력으로 체포가 되었던 사람들은, 동일한 상황에서 기소되었지만 체포는 되지 않았던 사람들에 비하여 재범률이 더 낮을 것이다.

사례기술적 인과관계 설명(Idiographic Causal Explanation)

원인이란 용어의 또 다른 의미는 바로 우리가 일상생활에서 자주 사용하는 의미이다. 이런 경우의 원인을 사례기술적 인과관계 설명(idiographic causal explanation)이라고 한다. 구체적이고, 독립적인 사건, 생각, 행동들의 연속이 특정 사건이나 특정 인물에게 개별적인 결과로 이어지는 관계를 말하는 것이다(Hage & Meeker, 1988). 사례기술적 설명은 개별주의적 설명 혹은 실증주의적 설명이라고도 한다.

인과관계(사례기술적) 일련의 분명한 사건, 생각, 행동들이 특정한 사건이나 독립적 결과를 낳는다.

사례기술적 인관관계의 예 : 한 사람이 그의 부모에 의하여 무시 당해왔다. 그는 다른 사람들은 믿지 못하고, 대인관계가 원만하지 못하게 되었고, 학교에서 문제를 일으켰으며, 결국 헤로인에 중독되게 되었다.

사례기술적 인과관계 설명은 처음의 상태가 명시되고, 그 후의 다른 시점에 일어나는 일련의 사건들의 연속을 그 결과와 연결 짓는다. 이런 서술적 이야기가 사례기술적 설명에서 매우 중요한 요소이다. 그렇기 때문에 이는 서술적 추론으로 분류된다(Richardson, 1995). 사례기술적 설명은 특정한 시간에 특정한 장소에 있는 특정 인물에 초점을 둔다(Abbott, 1992). 또한, 사례기술적 설명은 매우 전형적으로 서로 관련된 커다란 상황의 한 부분으로써 그 결과를 이해하는 맥락(context)과 관련되어 있다. 그렇기 때문에 사례기술적 설명은 전체론적이라고도 할 수도 있다.

사례기술적 설명은 무엇이 특정 사건을 일으켰나 혹은 무엇이 특정 상황을 변화시켰는가에 중점을 두는 결정론적이기도 하다. 법칙정립적과 마찬가지로 사례기술적 설명도 만약 다른 상황이었다면 어떠한 일이 발생하였을지를 묻는 반사실적서술과 관련되어 있다. 그러나 사례기술적 설명은 법칙정립적 설명과는 달리 개연론의 개념, 즉 평균적 효과는 적용 시키지 않는다. 한 가지 사건을 결정짓는 원인은 경우에 따라 각기 그 결과가 다르게 나타난다는 것이다.

앤더슨(Anderson, 1990)의 도심 빈민가 지역에 대한 현지조사에서는 어떻게 마약중독이 주거불안정과 범죄를 일으켜 가정 붕괴에 이르게 하는지를 설명하였다.

> "중독자가 약물이 바닥이 나면, 그는 그가 생각해 낼 수 있는 가장 가까운 사람에게 갈 것이다… 그 가족들은 잠시 동안은 그 중독자를 참아줄 수 있다. 만약 돈을 줄 수

있다면 줄 것이다… 결국 그 사람이 약물에 중독되었다는 것을 느끼게 될 것이고… 그 것은 사실로 확인이 될 것이다. 그러면 그 가족들은 그 중독자를 부양해 줄 금전적, 정서적 힘을 잃을 것이다. 가까운 친척들은 그에 대한 신뢰를 잃을 것이고 그 사람을 믿을 수 없고 유약한 존재라고 생각하기 시작할 것이다. 결국 그 중독자는 집 안의 가구같이 값어치 있는 물건들을 팔기 시작하며 다양한 행동들로 망가질 것이고, 친척들과 친구들은 그를 마치 존재하지 않는 사람처럼 무시하기 시작할 것이다…하나의 삐뚤어진 행동은 또 다른 행동으로 이어진다(pp. 86-87)."

앤더슨(1990)과 같은 사례기술적 설명은 그 시간적 순서와 인과적 구조에 큰 관심을 받았다. 그렇지만, 이러한 하나의 특정한 인과적 이야기가 또 다른 경우에도 반드시 일어난다고 확신하기는 어렵다(Abbott, 1992). 낮은 자존감이 마약거래상의 설득에 잘 넘어가게 할까 아니면 마약에 자주 노출되는 것이 자존감을 낮추는 것일까? 신중한 인과관계의 분석이 또 다른 대안설명을 가능하게 하는 것이다.

연구설계와 인과관계 설명을 위한 기준 (RESEARCH DESIGNS AND CRITERIA FOR CAUSAL EXPLANATIONS)

영화 *바스켓볼 다이어리(The Basketball Diaries)*는 60년대 맨해튼에 살고 있는 고등학교 농구선수 짐 케롤(레오나르도 디카프리오)의 성장기를 다루고 있다. 짐은 항상 농구를 해왔고, 일기를 쓰는 소년이었다. 짐이 16살이 되던 해에 처음으로 헤로인을 시작하였고, 고등학교 농구스타에서 헤로인 중독자로 전락하게 된다. 이 영화는 마약중독, 노숙, 폭력범죄, 결국 매춘부에까지 이르게 되는 짐의 몰락하는 삶을 연대기 순으로 그리고 있다. 이 영화의 한 장면에서는 디카프리오가 꿈속에서 그의 선생님과 학교 친구들을 총으로 쏴 죽이는 장면을 포함하고 있었다. 1997년 12월 1일, 켄터키 주 웨스트 파두카에 위치한 히쓰(Heath) 고등학교를 다니는 14세 마이클 카넬은 총기를 난사해 3명의 여학생을 사망하게하고 5명의 부상자를 낳았다. 1999년, 세 명의 희생자의 부모들은 바스켓볼 다이어리의 배포자와 매스컴을 대상으로 소송을 제기하였다. 그 부모들은 그 영화의 폭력적인 장면들이 카넬을 광란케 만들었기 때문에 영화 배포자 및 미디어가 그 책임을 져야 한다고 주장했다. 이 소송에 대하여 어떻게 생각하는가? 이러한 인과관계를 설명하는 타당한 결론을 내리기 위하여 어떠한 증거들이 필요한가? 이 글을 읽고 난 후 "이것 봐, 폭력 영상물이 사람들을 폭력적으로 만드는 거라고!"라고 말하는 친구를 상상해 보라. 물론 제1장을 읽고 난 후의 당신은, 이러한 결론으로 곧바로 다다르지는 않을 것이다. "지나치게 일반화하지말자"라는 말을 떠올릴 것이다. 당신의 친구가 "그렇지만 그런 식의 일들이 일어났던 걸 기억한다"고 주장 한다면, 당신은 친구가 선택적인 관찰을 하고 있다고 의심할 것이다. 범죄학 입문자로서 이제는 인과관계의 타당성에 확신을 갖기 위해서 전보다 더 높은 기준을 가져야 한다는 것을 알고 있을 것이다.

연구가 어떻게 설계되었는지에 따라 인과적 결론도출에 영향을 미친다. 이 장에서는 연구설계에 있어서 법칙정립학적 인과관계를 잘 도출하기위해 필요한 중요 특성들에 대하여 논하도록 하겠다.

인과적 관계가 있는지를 판단하기 위해서는 다섯 가지 기준이 반드시 필요하다. 만약 연구설계에 있어서 이 중 한두 가지 기준이 미달 된다면 그 인과관계를 성립하는데 많은 의문점이 남을 수밖에 없다. 일반적으로 이 다섯 가지 기준들 중 실증적 연계, 적절한 시간순서, 비허위성 이 세 가지 기준이 법칙정립적 인과관계에서 가장 중요하고, 또 반드시 충족되어야 하는 기준들이다. 많은 사람들이 인과관계를 구체화하는 나머지 두 기준인 인과적 메커니즘과 결과가 일어나는 맥락의 구체화가 인과관계를 정립시키기에 필요한 필수조건은 아니라고 생각하지만, 이 두 기준 역시 인과적 설명을 더욱 강화시킬 수 있다.

인과관계 정립을 위한 필수조건

1. 실증적 연계
2. 적절한 시간순서
3. 비허위성

인과관계 구체화를 위한 중요조건

1. 메커니즘
2. 맥락

사례연구 : 미디어 폭력과 폭력적 행동

인과관계의 정립을 위한 다섯 가지 기준들을 상세히 알아보기 위하여 브레드 부시맨(Brad Bushman, 1995)의 미디어 폭력과 공격성에 대한 실험을 예로 들어보자. 부시맨의 연구는 '폭력적인 비디오영상물을 본 사람이 비폭력적영상물을 본 사람에 비하여 더욱 공격적으로 행동하는가'라는 특정 연구문제에 초점을 맞추고 있었다.

심리학과 대학생들이 15분 길이의 비디오 영상물을 영상실 에서 한 번에 한 학생씩 시청하였다. 학생의 반은 폭력적인 부분을 시청하였고, 나머지 반은 비폭력적인 영상물을 시청하였다. 영상물을 본 후, 학생들은 다른 방에 있는 다른 학생과 반응속도게임을 한다고 듣는다. 불빛이 들어오면 컴퓨터마우스를 상대방 학생보다 빨리 클릭하면 승리하는 게임이었다. 컴퓨터 화면에는 상대방이 자신보다 늦었을 경우 상대방이 듣게 될 라디오 소음의 크기를 설정할 수 있게 되어 있었다. 참가자 역시 상대방보다 반응이 늦었을 경우, 상대방이 지정한 크기의 강도로 같은 종류의 소음을 듣게끔 설정되어 있었다.

각 학생들은 각 25번씩의 게임기회가 주어졌고, 상대방은 누구인지 알 수 없도록 되어 있었다. 학생들의 공격성은 총 25번의 게임동안 상대방에게 들려질 라디오 소음의 강도로 측정되었다. 소음강도를 크게 설정할수록, 상대방에 대하여 더 강한 공격성을 드러낸다고 가정되었다. 우리가 다룰 첫 번째 질문은 폭력적인 영상물을 시청한 학생들이 비폭력적 영상물을 시청한 학생들에 비하여 더욱 공격적인 행동을 했느냐이다.

연계(Association)

브레드 부시맨(1995) 실험의 결과는 Exhibit 6.1에 나와 있다. 상대방이 듣게 되게끔 설정된 평균 소음강도는 폭력적인 영상물을 시청한 학생들이 비폭력적 영상물을 시청한 학생들 보다 더 높은 것으로 나왔다. 그러나 부시맨이 이 실험의 결과를 통해 폭력적인 영상물이 실험 참가자의 공격성을 증가시켰다고 결론을 내리는 것이 합리적인 것일까? 이 결론이 당신의 친구가 영화 바스켓볼 다이어리를 보고 난 후에 보인 반응보다 더 타당한 인과관계를 가졌다고 할 수 있는 것일까? 아마도 그럴 것이다.

다른 이유가 없다면, 우리는 부시맨(1995)의 결론을 더 신뢰할 수 있다. 이 실험은 영화 바스켓볼 다이어리 사건에서 보인 것처럼, 폭력적 영상물을 시청한 학생 한 명의 공격적 행동을 관찰한 것이 아니었다. 대신에, 부시맨은 다수의 학생들을 관찰하였다. 다수의 학생들 중 일부는 폭력적 영상물을 보았고, 일부는 그렇지 않았다. 그렇기 때문에 그의 결론은 독립변인(폭력적 영상물 시청)과 종속변인(공격적 행동의 가능성)의 **연계(association)**에서 근거한 것이라 할 수 있다.

시간순서(Time Order)

연계는 인과관계를 정립할 수 있는 필수기준이지만, 충분기준은 아니다. 폭력범죄를 저지른 대다수의 사람들이 영화 *바스켓볼 다이어리*를 봤고, 폭력범죄를 저지르지 않은 사람들의 대다수는 영화 바스켓볼 다이어리를 보지 않았다는 사실을 설문을 통해 알아냈다고 가정해보자. 당신은 영화시청과 폭력범죄 사이에 연계가 있을 거라 믿을 것이다. 그러나 그 영화가 폭력범죄를 저지른 후에 개봉되었다는 사실을 알아냈다고 가정해보자. 설문 당시 폭력범죄를 저질렀다고 응답한 사람들이 실제로는 그 영화를 보기 이전에 범죄를 저지른 것이다. 그렇다면, 영화를 봤다는 사실이 범죄에 이르게 했다고 결론을 내릴 수 없는 것이다. 아마 범죄자들이 폭력범죄를 저지른 사실 때문에 폭력영화에 관심을 갖게 되어 그 영화를 시청 했을지도 모르는 것이다.

이러한 사실은 인과관계에 있어서 시간순서(time order)라는 또 다른 중요 기준을 다시 한 번 상기시킨다. 인과관계를 설명하기 위해서는 반드시 독립변인의 변화가 종속변인의 변화 이전에 일어났다는 사실을 확인할 수 있어야 한다. 부시맨의 실험에서는 독립변화의 변화를 통제했기 때문에 이 기준을 만족시킨다고 할 수 있다. 모든 참가자가 공격성의 강도를 측정하기 이 전에 비디오 영상물을(폭력성 유무의 변화) 시청했기 때문이다.

비허위성(Nonspuriousness)

연구자가 두 변인들 사이에 연계성이 있음을 확인하고, 독립변인의 변화가 종속변인의 변화보다 먼저 일어났음이 확인 될지라도 그 두 변인관계가 인과관계라고 속단할 수는 없다. “상관관계가 인과관계를 설명하는 것은 아니다”라는 오래된 격언을 들어본 적이 있는가? 이는 우리에게 하여금 두 변인들의 연계성이 인과가 아닌 다른 무언가에 의하여 일어날 수도 있다는 것을 상기시켜준다. 예를 들어 우리가 아동들의 신발 사이즈와 그들의 지적 수준을 측정한다고 가정해보자. 우리는 정(+)의 연계성을 찾을 수 있을 것이다. 그러나 이는 이러한 연계는 나이가 듦에 따라 발과 지적능력이 함께 성장하기 때문일 뿐이지, 신발 크기가 지적능력을 성장시켰다거나 혹은 지적능력이 신발사이즈를 증가시켰던 것은 아니다.

독립변인의 변화가 종속변인의 변화를 야기하였다고 결론짓기 전에, 우리는 반드시 이 관계가 허위적이지 않음을 확신할 수 있어야 한다. 비허위성(nonspuriousness)이란 두 변인간의 관계가 제 삼의 변인에 기인한 것이 아닌 관계를 말한다. 독립변인이 아닌 제 삼의 변인, 즉 가외변인(extraneous variable)이 종속변인의 변화를 야기했을 때 우리는 독립변인과 종속변인 사이에 허위적 관계(spurious relationship)가 존재한다고 말한다. 오직 독립변인이 변화했을 경우에만 그에 따른 종속변인의 변화를 관찰 할 수 있도록 연구를 설계해야 하는 것이다. 만약 그렇지 않다면, 종속변인에 영향을 줄 수 있는 다른 변인들의 영향력을 통제할 수 있는 통계적인 방법을 반드시 사용해야 한다(이 통계적 방법에 대해서는 이 장에서 다루지는 않겠다).

EXHIBIT 6.2 허위적 관계

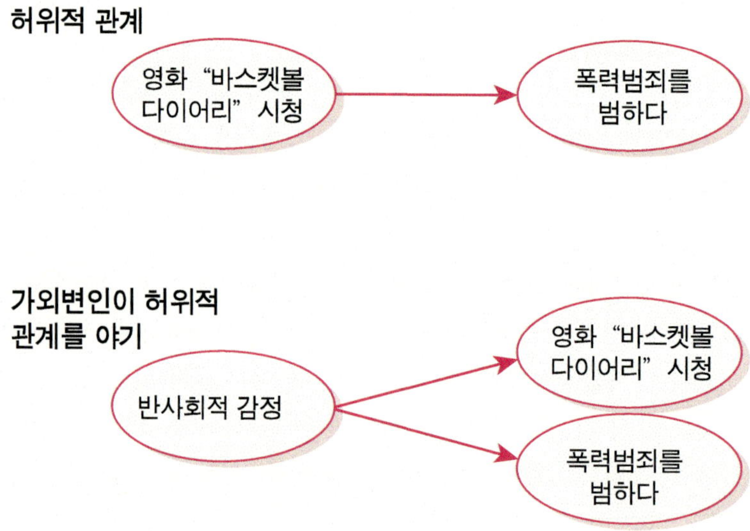

현실에서는 누군가가 영화 바스켓볼 다이어리를 본 후 무차별 총기난사를 했다는 사실이 그가 이미 사회에 대한 분노가 가득 차 있었다는 사실과 관련지어질 수 있다. 이러한 사실이 그가 폭력적인 영화를 찾게끔 만들었을 수 있다(Exhibit 6.2 참조). 그래서 단지 폭력적인 영화를 봤다는 사실이 그가 범죄를 실행하게끔 만들었다고 말 할 수는 없는 것이다. 우리는 인과관계를 주장하기 전에 반드시 연계, 시간순서, 그리고 비허위성 이 세 가지 조건이 모두 충족되었는지를 확인하여야 한다.

그렇다면 부시맨(1995)이 주장하는 인과관계가 타당한 근거를 가지고 있는가? 그의 실험에서 비허위성을 판단하기 위해서는 한 가지 특성에 대하여 더 알아야 한다. 그는 학생들이 폭력적 혹은 비폭력적 영상물을 시청하는 것에 있어 학생들을 무작위로 선별하였다. 즉, 동전을 던지는 것과 마찬가지인 방법이다. 그가 무작위 추출을 사용하였기 때문에, 실험에 참가한 학생들이 원래부터 가지고 있던 고유의 성격이나 태도들이 실제로 어떤 종류의 영상물을 보았는지에 영향을 받지 않았던 것이다. 그렇기 때문에 학생들 고유의 성격이나 태도가 영상물 시청 후에 나타난 각 집단 간 서로 다른 반응을 설명 할 수 없는 것이다. 실제로 참가자들에게 주어진 기회를 고려한다면, 부시맨은 296명의 다수의 참가자를 사용했기 때문에, 폭력적인 영상물을 본 그룹과 비폭력적 영상물을 본 두 그룹이 처음부터 차이가 있었을 가능성은 매우 낮다. 그러므로 이 실험은 비허위성이라는 기준을 충족시킨다. 폭력적 영상물의 시청은 공격적인 행동을 야기한다는 부시맨의 결론은 실제로 타당한 근거를 가지고 있는 것이다.

인과적(내적) 타당도는 연계, 시간순서, 비허위성의 세 기준을 충족시켜야 성립될 수 있는 것이다. 그러나 일부 학자들은 메커니즘과 맥락이라는 추가적인 두 요소도 반드시 충족되어야 한다고 주장한다.

메커니즘(Mechanism)

두 변인 간에 인과관계가 있다는 결론에 대한 확신은 메커니즘(mechanism) 즉, 관련성을 확인 할 수 있는 수단이 있을 때 더욱 힘을 실을 수 있다(Cook and Campbell, 1979; Marini and Singer, 1988). 많은 사회과학자들과 다른 분야의 과학자들은 인과적 메커니즘을 찾을 수 없다면 인과적인 설명이 적절하지 않다고 주장한다. 어떠한 과정 혹은 메커니즘이 실제로 독립변인과 종속변인과의 관계를 설명할 수 있는 것일까?

부시맨(1995)의 실험에서는 인과적 메커니즘을 실증적으로 확인 할 수 없었다. 그러나 부시맨은 폭력적인 영상물 시청의 결과로서 가능한 인과적 메커니즘을 제시하였다. 여기서 인과적 메커니즘에 대한 설명을 하기 전에 그의 연구의 한 부분에 대하여 추가적으로 알아야 한다. 그는 단순히 폭력적 영상물 시청이 공격적인 행동을 낳는지에 관심이 있었던 것이 아니었다. 사실 그의 주요 가설은 연구가 진행되기 전, 즉 원래부터 공격적인 성향을 가진 사람들이 공격적이지 않은 사람들에 비하여 폭력적인 영상물에 더 많은 영향을 받을 것이라는 사실이다. 그리고 실제로 공격성이 있는 사람들은 폭력적 영상물 시청 후에 더욱 공격적으로 변했고, 공격성이 없는 사람들은 폭력적 영상물 시청 후에도 더욱 공격적으로 변하지는 않았다.

이 실험 후 부시맨(1995)은 왜 공격적인 사람들이 폭력영상물 시청 후 더욱 공격적으로 변하였는지를 설명할 수 있는 인과적 메커니즘을 제시하였다.(p. 959)

> 공격적 성향이 높은 사람들은 공격적 성향이 낮은 사람들에 비하여 폭력 영상물에 더 영향을 많이 받는다. 그 이유는 공격적인 사람들이 상대적으로 폭력적 신호에 의하여 활성화 될 수 있는 더 광범위한 공격망을 가지고 있기 때문이다. 습관적으로 텔레비전 폭력물에 노출되는 것도 부분적인 이유가 될 수 있다.

이 설명은 특정 실험에서 얻어진 실증적 증거보다는 추측에 의하여 이루어졌다. 그럼에도 불구하고, 독립변인과 종속변인의 변화를 연결하는 합리적인 인과적 메커니즘을 제시하였기 때문에, 부시맨(1995)은 그의 결론의 인과적 타당성을 강화시킬 수 있었다.

종종 연구를 하나 또는 그 이상의 인과적 메커니즘을 테스트하기 위해 설계하면서 추측 이상의 결과를 만들어 낼 수 있다. 아마도 어떤 연구자들은 폭력영상물이 공격적인 행동에 영향을 주는지를 하나의 인과적 관계로 인지하면서 부시맨(1995)이 주장하였던 개인의 공격망의 크기를 직접적으로 측정할 수 있는 연구를 설계할 수도 있을 것이다.

맥락(Context)

사회과학에서 단 하나의 독립변인이 종속변인에 영향을 미치거나 또는 하나의 독립변인이 종속변인을 야기한다고 주장하기는 사실상 불가능하다. 다시 말하자면, 어떠한 원인도 하나의 상황이 발생하는 맥락에서 벗어나 설명될 수는 없는 것이다. 하나의 원인은 어떠한 결과가 일어나기 위해 필요한 여러 가지 연관된 요인들 중 하나일 뿐인 것이다(Hage & meeker, 1988; Papineau, 1978). 변인들 간의 관계가 지리학적 특징 혹은 다른 사회적 상황에 따라 변화할 때, 연구자들은 **맥락 효과 (contextual effect)**가 있다고 말한다. 하나의 인과관계가 발생하였을 때 그 맥락을 인지하는 것은 그 관계를 이해하는 데에 도움을 준다.

몇몇 연구자들은 폭력적인 영상물과 공격적인 행동의 인과관계를 설명할 때에 다른 관련된 요소들을 찾아내지 못한다면 그 인과관계를 완전히 이해하지 못한다고 주장한다. 앞서 다루었듯이 부시맨(1995)은 연구의 시작부터 적어도 하나의 다른 조건을 제시하였다: 폭력영상물은 이미 공격적인 성향을 가진 사람들의 공격성을 증가시킬 것이다.

하나의 인과관계가 발생할 때에 맥락을 인지하는 것은 타당한 인과적 결론을 내리기 위한 기준은 아니다. 몇몇 맥락적 요소들은 특정 연구결과의 원인으로 설명되지 않을 수도 있을 것이다. 연구자들이 갖는 질문은 "얼마나 많은 맥락들을 조사해야 하는가?" 인 것이다. 폭력적 영상물에 의한 아동의 공격성에 관한 한 연구에서 밴두러, 로스, 로스(Bandura, Ross, and Ross, 1963)는 몇 가지 맥락적 요소들을 조사하였다. 그들은 연구 결과가 아동들의 성별과 폭력 주체의 성별에 따라 변화하는 것을 발견하였다. 예를 들면 아동들은 같은 행동일지라도 여성보다 남성의 폭력을 관찰 한 후에 더욱 폭력적으로 반응하였다. 그러나 밴두러와 그의 동료들은 아동의 가정 혹은 아동들이 즐기는 스포츠 등 폭력영상물에 대한 반응에 영향을 미칠 수 있는 많은 다른 요소들을 연구의 맥락으로 포함시키지 않았다. 이들은 몇 가지의 맥락에만 초점을 맞추어 그들의 결론을 강화시켰던 것이다.

하나의 인과관계를 설명하기 위해 맥락을 설명하는 것은 그 결과를 이해하는데 도움을 주지만, 이 과정이 결코 완벽할 수는 없다. 우리는 '언제나 이 밖의 다른 어떠한 요소들이 중요할 수 있을까'라고 물을 수 있다. 연구가 진행되었던 국가는 어디인가? 연구 참가자의 연령대는 어떻게 되는가? 우리는 이전의 과거 연구들의 결과나 관련된 이론들의 제언을 고찰하면서 하나의 인과관계를 설명하는 데에 있어 어떠한 맥락들이 중요한 요인이 될 수 있는지 결정 할 수 있다. 이러한 맥락적 요소들이 고려될 때에 인과적 결론의 신뢰도는 더욱 강화될 것이다.

요약 하자면, 두 변인간의 인과적 관계를 추론하기 전에 실증적 연계, 적절한 시간순서, 비허위성 이 세 가지 필수 기준들을 고려해야 한다. 이 세 가지 기준들이 충족되어 진후에는 인과적 메커니즘과 맥락 이 두 요소를 중요한 기준으로 고려해야 한다.

연구설계와 인과관계 (RESEARCH DESIGNS AND CAUSALITY)

연구가 어떻게 설계되었냐는 인과적 결론을 도출하는 데에 영향을 미친다. 만약 당신의 8살짜리 조카가 폭력적 비디오 게임을 한 후 4살짜리 동생을 때리는 장면을 목격한 후, 폭력적 비디오 게임은 폭력적 행동을 야기한다고 결론을 내리는 것은 타당한 증거에 근거를 두고 있는 것이 아니다. 이 장에서는 연구를 설계할 때 법칙정립학적 인과관계가 얼마나 잘 도출되었는지를 평가하기 위해 필요한 특징들에 대하여 알아보겠다.

진실험(True Experiments)

진실험에서 시간순서는 연구자에 의하여 결정된다. 실험은 처치 혹은 연구자에 의하여 조작되어질 수 있는 변인들에 의하여 발생하는 결과를 설명하는 인과적 가설을 검정하기에 가장 효과적인 연구설계이다. 실험은 인과관계의 타당도를 성립시키는데 필요한 세 가지 기준을 충족하기 때문에 인과관계 가설 검정을 하기에 매우 효과적이다. 우리가 바로 전에 다루었던 부시맨(1995)의 실험이 바로 진실험이었다.

진실험(true experiments)은 최소한 세 가지 조건을 반드시 갖추어야 한다.

1. 두 비교 그룹이 있어야 한다. 한 그룹은 실험조건(예, 처치 혹은 조정)이 가해지는 실험집단이고, 또 다른 그룹은 처치 혹은 조정이 가해지지 않는 통제집단이다.
2. 두 비교 그룹에게 무작위분배가 주어져야 한다.
3. 두 비교 그룹의 종속변인의 측정은 실험조건이 가해진 후에 측정되어야 한다.

이러한 특징들은 다른 어떠한 연구들보다 훨씬 타당도가 높은 인과적 결론을 도출하는 것을 가능하게 한다. 실험 결과의 타당도는 인과적 메커니즘과 실험의 맥락을 통제하면서 훨씬 높아진다. 실험설계에 대해서는 제7장에서 보다 자세히 다루도록 하겠다. 이 장에서는 진실험 설계가 인과관계를 성립하기 위해서 필요한 기준들을 어떻게 충족시키는 지에 대하여 집중적으로 알아보겠다.

인과관계와 진실험 설계(Causality and True Experiment Designs)

인과적 관계 성립에 필요한 세 기준을 만족시키기 위한 전제조건은 실험 참가자들이 실험집단과 통제집단으로 나눠진 후에 노출되는 상황을 잘 관리하는 것이다. 만약 이후의 상황들이 다르다면, 실험집단과 통제집단의 차이가 의도했던 바에 의하여 일어난 결과가 아닐 수도 있다. 종속변인의 변화가 있다하여도 이 효과가 독립변인에 의한 것이라고 명확히 확인할 수 없는 것이다. 이러한 의도하지 않은 차이는 연구자가 상황을 거의 완벽하게 통제할 수 있거나 주변 조건들이 두 집단에게 거의 동일하게 통제 할 수 있는 실험실 실험에서는 거의 문제가 되지 않는다. 그러나 이러한 상황 통제는 셔먼과 버크(1984)의 데이트 폭력 체포방지효과 연구와 같이 실제 상황에서 이루어지는 현장실험에서는 큰 걱정거리가 될 수 있다.

이제 세부적으로 진실험에 있어서 인과관계를 설립하기 위하여 필요한 기준들을 어떻게 충족시키는지 알아보도록 하자.

가설에 설립된 독립변인과 종속변인간의 연계관계. 앞서 논의했듯이, 실험은 참가자들을 실험집단과 통제집단을 무작위분배함에 따라 연계관계를 뒷받침하는 명백한 증거들을 제시할 수 있다.

변인에게 가해지는 결과의 시간순서. 분명히, 실험에서는 독립변인(실험에서의 처치)이 측정보다 선행되어야 한다. 예를 들어 셔먼과 버크(1984)의 연구에서는 데이트 폭력으로 인한 체포가 재범보다 선행되었고, 부시맨(1995)의 실험에서는 폭력적 영상물 시청이 공격성 측정보다 선행 되었다. 사전검사를 포함하는 실험에서는 사후측정 값과 사전측정 값을 비교하면서 시간순서를 충족 할 수 있다. 참가자들을 실험집단과 통제집단으로 무작위분배하는 실험에서의 시간순서는 사후 측정값만을 비교하면서 충족 할 수 있다.

변인 간의 비허위성 관계. 비허위성은 증명하기가 어렵다. 어떤 이는 비실험적 설계에서는 비허위성을 밝히기가 불가능하다고 말하기도 한다. 진실험에서 실험 참가자를 실험집단과 통제집단으로 무작위분배하는 것은 인과적 가설을 검정하기에 매우 효과적인 설계이다.

무작위분배는 실험 데이터와 비실험 데이터 모두에 있어서 발생할 수 있는 비허위성 관계, 즉 잘못된 결론에 이르게 하는 외부 요소로 인해 발생하는 효과를 통제하여 준다. 무작위분배가 성공적으로 진행된다면, 인과적 결론의 신뢰도를 훨씬 높일 수 있다.

인과적 결과를 만들어내는 메커니즘. 진실험 자체만으로는 인과적 메커니즘을 찾아낼 수 없다. 그렇기 때문에 독립변인이 어떻게 종속변인에 영향을 주었는지 밝히는 데에는 애매한 부분이 있다.

변화가 일어나는 맥락. 조건의 통제는 비실험 설계에서 보다 실험 설계에서 훨씬 수월하다. 그러나 현장실험에서는 조건통제가 어렵다. 다음 장에서는 실험 상황에서 통제의 부족이 어떻게 내적 타당성(internal validity)을 위협하는지에 대하여 알아보겠다.

현장실험 : 취직에서 수감경험의 영향력

실험이 언제나 실험실 안에서 이루어질 필요는 없다. 사실 많은 실험들이 실제 상황에서 이루어지고 있다. 실제상황에 실험적 조건과 방법이 주어진다면 이를 현장실험(field experiment)이라고 한다. 제2장에서 다루었던 체포가 미래의 데이트 폭력에 미치는 영향을 알아보았던 모든 연구가 현장 실험이었다. 최근의 혁신적인 현장실험의 예로는 페이저(Pager, 2007)의 수감경험이 취업 가능성에 미치는 영향을 알아 본 연구이다. 최근 30년간 미국의 감옥 수감 인구가 급격히 증가하고 있기 때문에, 이 연구 주제는 매우 중요하다고 할 수 있다. 오늘날에는 전례에 없었던 이백만명이라는 사람들이 교화시설에 들어가 있고, 약 오백만 명의 사람들이 여러 종류의 범죄감독프로그램의 감시 하에 놓여있는 상태로, 총 칠백만 명 이상의 사람들이 교정 인구를 이루고 있다. 물론 대다수의 수감자들은 결국에는 사회로 돌아간다. 실제로, 미국에서는 65만 명의 수감자가 매년 사회로 복귀된다(Bureau of Justice Statistics, 2009b). 몇몇 주에서 실시되고 있는 특정 분야에 전과자의 취업을 금지하는 법령 외에도 전과자들은 사회로 복귀하여 직업을 찾는 데에 여러 가지 다른 장애물과 직면한다. 그렇다면 우리는 어떻게 공식적 전과기록이 취업의 가능성에 미치는 효과를 확인할 수 있을까? 설문조사를 통해서 고용주들에게 전과자고용에 대한 태도를 묻는 조사를 할 수도 있겠지만, 이는 전과기록과 취업간의 인과적 관계를 구분하여 알아보는 데에는 큰 도움을 주지 않을 것이다. 사회에 복귀한 전과자들에게 그들의 경험담을 묻는 인터뷰를 할 수도 있을 것이다. 그러나 이 방법 역시 몇몇의 개인적인 경험담을 들을 수 있을 뿐이다. 전과기록이 취업에 미치는 영향을 알아보는 가장 좋은 방법은 바로 현장 실험일 것이다.

페이저(2007)는 교도소 수감 경험이 추후 취업에 부정적인 영향을 미치는지에 관심을 두었다. Pager는 취업에 지원한 사람들 중에 전과기록이 있는 사람과 없는 사람을 비교하는 현장 실험을 설계하였다. 두 명의 남성 팀을 비교하였는데, 한 팀은 두 명의 흑인으로 구성되어 있었고, 나머지 한 팀은 두 명의 백인으로 구성되어 있었다. 이 실험 대상자들은 밀워키, 위스콘신에 거주하는 실제 대학생 이였고, 페이저는 이들을 "피험자(testers)"라 불렀다. 피험자들의 나이, 외형, 자기소개 형식은 비슷했고, 이력서의 교육수준(고등학교 졸업)이나 경력사항도 비슷한 수준으로 작성되었다. 그러나 각 그룹의 단 한명의 피험자에게만 범죄기록을 입력하고, 나머지 피험자에게는 범죄기록을 기록하지 않았다. 기록된 죄목은 마약 중범죄 전과였고, 복역기간은 18개월 이었다. 그룹 멤버들 간의 관찰되지 않은 차이점들을 통제하기 위하여 범죄 기록은 매주 번갈아 가며 할당 되었다(첫 번째 사람이 첫 주에 전과기록을 가진 구직자 역할을 하였고, 나머지 사람이 그 다음 주에 전과기록을 가진 구직자 역할을 하였다). 동일 인종의 피험자들(범죄기록이 있는 한 사람과 없는 한 사람)이 하루 간격으로 같은 직종에 지원하였다. 흑인 팀은 총 200개의 직업에 지원하였고, 백인 팀은 총 150개의 직업에 지원하였다.

이 연구의 결과는 총 지원한 구직 숫자에서 구인회사로부터 걸려온 전화나 즉각적으로 주어진 일자리의 비율로 측정되었다. 피험자들은 면접 시 주어질 질문에 대한 답변과 이력서에 적혀있는 이력에 익숙해질 수 있도록 집중 훈련을 받았다. 이처럼 각 인종 그룹 내 두 피험자들의 유일한 차이점은 한 명은 전과 기록이 있고 다른 한 명은 전과 기록이 없다는 것이었다. 두 조건이 무작위분배로 주어졌고 다른 나머지 특성들은 동일하였기 때문에 두 인물 간에 관찰된 차이점, 즉 회사에서 걸려온 연락의 비율은 다른 어떤 요인들과는 관계없이 오직 범죄기록에만 관련이 있다고 가정되었다.

페이저(2007)의 현장실험의 결과는 극명했다. 범죄기록을 가진 피험자는 범죄기록이 없는 피험자에 비하여 회사로부터 연락을 받은 비율이 절반이나 삼분의 일 이하였고, 이러한 차이점은 흑인 그룹에서 더욱 극명하게 나타났다. 페이저는 "변화되거나 선별적인 효과가 없는 단순한 범죄시스템은 미래의 구직활동을 매우 제한시킨다. 범죄 기록은 실제로 구직활동에 있어 거대한 장애물인 것으로 나타났다."(p. 145)라고 결론지었다. 이렇듯 현장 실험에서의 무작위분배를 통한 결과는 내적(인과적) 타당도가 높다. 이 결과로부터 얻을 수 사실은 매년 수만 명의 범죄기록을 가진 사람들이 사회로 재 진입할 때 실제로 어려움을 겪고 있다는 것이다.

비실험 설계(Nonexperimental Designs)

비실험 설계는 횡단연구일 수도 있고, 또한 종단연구일수도 있다. 횡단연구설계(cross-sectional research design)에서는 모든 데이터들이 한 시점에 한 번에 수집된다. 그렇기 때문에 횡단연구 결과의 시간순서를 확인하는 일이(어떤 사건이 먼저 일어났는가 등) 인과적 분석과정에서 매우 중요함과 동시에 대처하기 어려운 문제가 될 수도 있다. 종단연구설계(longitudinal research design)에서는 데이터가 두 번 혹은 그 이상의 시점에서 수집된다. 그렇기 때문에 시간순서의 확인이 비교적 명확하다. 실험설계 역시 대상자가 두 번 혹은 그 이상의 시점에서 관찰되기 때문에 종단연구설계의 일종이다.

횡단연구설계(Cross-Sectional Designs)

이 교재에서 지금까지 다뤄왔던 대부분의 연구들이 횡단연구였다. 설문조사나 인터뷰들이 진행되는 데에 있어 어느 정도의 시간이 소요되는 것이 사실이지만 응답자의 행동, 태도, 성격 등을 한 번에 측정하였다면 이는 횡단연구라 간주된다. 횡단연구라는 이름은 모집단의 한 단면적이 한 시점에 한 번에 측정되었다는 속사(snap shot)의 개념에서 유래되었다.

제4장에서 논의했듯이, 샘슨과 라우덴부시(1999)는 시카고에서 눈에 보이는 사회적/물리적 혼란이 범죄율에 미치는 영향을 알아보기 위해 매우 야심찬 횡단연구를 설계하였다. 이 연구의 이론적 틀은 이웃 주민들의 비공식적 사회적 통제에 중점을 두고 있었다. 구체적으로 통념적 원칙에 따른 이웃들의 지속적인 노력이 무질서한 사회활동을 규제할 수 있는 지에 대한 연구였다. 샘슨과 라우덴부시는 비공식적 사회적 통제가 이웃 주민들에 따라 다를 것이라고 믿었고, 단지 눈에 보이는 사회 무질서의 흔적들보다는 비공식적 사회적 통제가 범죄율의 변화에 큰 영향을 미칠 것이라고 가설을 세웠다. 이 가설은 "무질서 자체가 범죄를 야기한다"라고 믿는 "깨진 유리창(broken window)" 법칙과 대조 되는 것이었다. 연구 결과, 눈에 보이는 사회 무질서와 범죄 모두 다 낮은 비공식적 사회적 통제(이 연구에서 비공식 사회적 통제는 "집합효율성(collective efficacy)"의 지표로 측정되었다: 공공장소에서 필요한 사회적 통제에 대하여 지역 커뮤니티가 동의하는 정도)의 결과인 것으로 나타나 연구 가설이 채택되었다. 사회 무질서가 범죄를 야기한 것이 아니었던 것이다(Exhibit 6.3 참조).

이러한 주목할 만한 결과에도 불구하고(Exhibit 6.4 참조), 샘슨과 라우덴부시(1999)의 횡단연구설계는 비공식적 사회적 통제가 변화한 후에 범죄율이 변화했다는 직접적인 관계를 정립할 수 없다. 아마도 높은 범죄율이 주는 공포 때문에 주민들에게 하여금 이웃들의 무질서를 통제하려는 노력을 막았을 수도 있는 것이다. 횡단 연구만으로는 이러한 가능성을 배제하기는 어려운 것이다.

횡단연구 데이터를 이용하여 시간순서에 대한 결론을 도출할 때에 타당성을 더욱 강화시키는 네 가지 특수한 상황이 있다. 이러한 특수한 상황에서는 데이터가 시간순서에 따라 정리될 수 있어 종단연구로 고려될 수 있기 때문이다(Campbell, 1992)

EXHIBIT 6.3 비공식적 사회적 통제의 효과

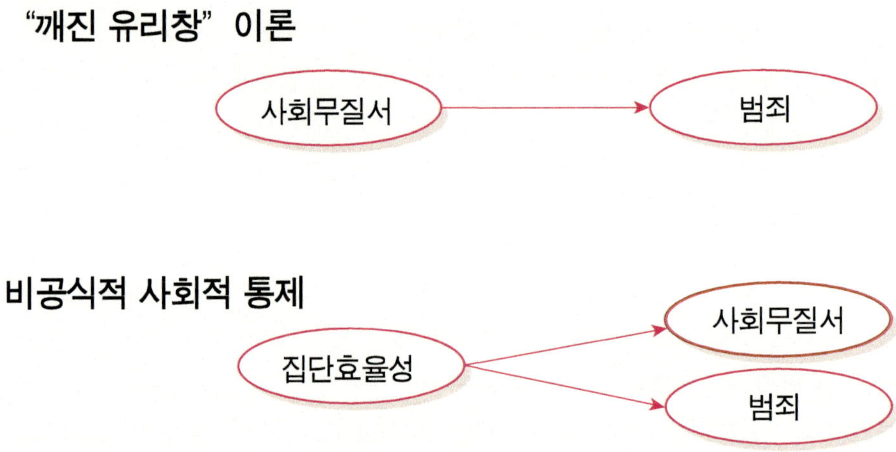

출처 : Based on Sampson and Raudenbush, 1999:635.

EXHIBIT 6.4 개인적인 폭력범죄에 대한 사회무질서와 집단효율성의 효과

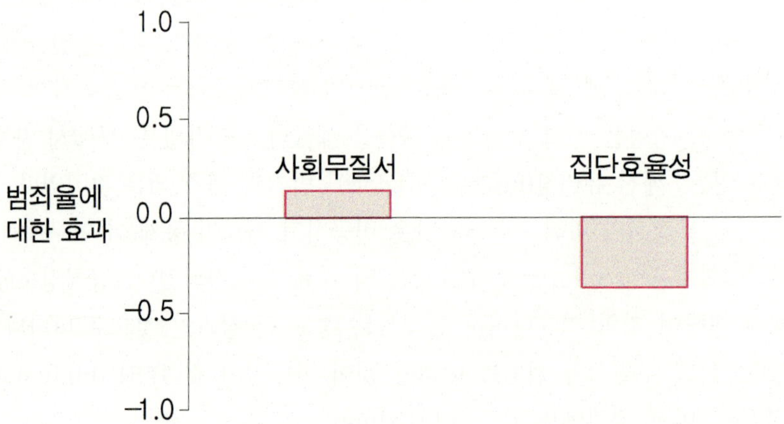

출처 : Adapted from Sampson and Raudenbush, 1999.

종속변인의 변화 이전에 독립변인의 변화 시점이 정해져 있을 경우. 태어날 때 정해지는 이른바 인구학적 변인(성별, 인종, 나이)들이 이 경우에 속한다. 변인의 값이 정해진 시점을

알거나 종속변인의 값이 그 시점 후에 정해졌을 때와 동일한 교육수준이나 결혼 상태와 같은 변인도 이 경우에 속한다. 예를 들어 감옥에서의 교육 기회가 재범률에 영향을 미친다는 가설을 세웠다고 가정해보자. 우리는 더 많은 교육 및 직업훈련 기회를 접한 수감자가 출소 후에 재범률이 낮을 것이라고 믿고 있다. 만약 우리가 수감자가 감옥을 나오기 전에 교육과 직업훈련을 받았다는 것을 알고 있다면, 출소 후의 재범률과 교육기회를 동시에 측정한다 하여도 시간순서 항목을 충족시킬 수 있다. 그러나 수감자가 출소 후에 교육시설을 이용하였다면, 시간순서 항목은 충족 되어질 수 없는 것이다.

조사 대상자가 그들의 생각과 일어났던 일에 대하여 신뢰할만한 기록을 제공한다고 믿는 경우. 기억력에 대한 신뢰도는 조사대상자가 기억해야 하는 사건들 혹은 조사 시점에서 사건이 얼마나 오래전에 일어났느냐와 같은 여러 가지 요인들에 따라서 결정된다.

사전에 기록된 정보를 이용한 측정일 경우. 정부, 정부기관, 단체의 기록들은 사후의 시간순서를 충족시키는 훌륭한 자료이다. 그러나 자료보관이 허술하거나 자료 수집 정책이 변화하면 잘못된 결론에 이르게 될 수 있다는 점을 반드시 기억해야 한다. 이러한 기록보관식 자료의 또 다른 단점은 우리가 중요하다고 생각하는 변인의 일부만을 측정했다는 것이다. 이는 우리가 방금 전에 다루었던 Lo et al(2008)의 연구의 체포 기록에서 찾아 볼 수 있다. 예를 들면 이 연구는 오하이오 주 이외의 체포 기록은 포함하고 있지 않다. 그렇기 때문에 이 연구는 연구결과에 영향을 미칠 수 있는 다른 중요한 사건들을 놓쳤을 수도 있는 것이다.

처치 이전의 종속변인 값이 모든 상황에 비슷한 경우. 예를 들어 분노관리 프로그램(anger management program:독립변인)이 데이트 폭력으로 체포된 수감자의 갈등 해결 능력을 향상시킬 것이라는 가설을 세웠다고 가정해보자. 만약 우리가 체포된 수감자들이 프로그램에 참가하기 전에는 아무도 대화만으로 갈등을 해결 할 수 없었다는 사실을 알고 있다면 프로그램 이후의 갈등해결 능력의 변화가 프로그램 이전의 일이 아니라는 것을 확신 할 수 있다. 이 방법이 전통적으로 실험에서 시간순서를 확립하는 방법이다: 처치가 주어지기 이전에 두개 혹은 그 이상의 동등한 그룹을 미리 형성시키는 것이다.

인력 달력(lifecalendars)을 이용한 사례연구 : 범법자들은 각기 다른 종류의 범죄에 특화되어 있는가?

Lo, Kim, Cheng(2008)은 과거 데이터를 사용한 연구의 흥미 있는 사례를 제시하였다. 이 들은 특정 종류의 범죄를 반복하게 만드는 범법자들의 특성에 대하여 조사하였다. 특히, 한 사람의 인생에서 초기에 저지른 범죄 종류가 추후에 저지르게 될 범죄의 예측 변수가 되는지에 주안점을 두었다. 다시 말해, 범법자 개개인에 따라 서로 다른 종류의 범죄에 특화되어 있는지를 알고자 한 것이었다. 노, 김, 정(Lo, Kim, and Cheng, 2008)은 젊은 전과자 샘플을 모으기 위해 오하이오 주 구치소에 수감되어 있는 수감자들의 만 18세부터 연구시점까지(주로 25세 전후)의 공식 범죄기록을 모았다. 그리고 연구자들은 수감자들에게 Arrestee Drug Abuse Monitoring(ADAM) 인터뷰 스케줄에 맞춰 **인생 달력(life calendars)** 을 사용하여 마약과 알코올의 사용을 매 달 같은 시기에 맞춰 새롭게 계획할 것을 요구하였다. 인생달력은 생일, 체포일자, 공휴일, 기념일 등 달력 안에 중요한 날짜들이 기입되어 있어 사용자가 과거의 사건들을 기억하는 것을 돕는 도구이다. 수감자들은 **앵커(anchors)**라 불리는 중요 날짜들이 표시되어 있는 이 달력을 받았고, 특정 기간 동안에 관심을 끌었던 변인(예 마약, 괴롭힘) 들에 대하여 기억하도록 지시 받았다. 일반적으로 인생 달력은 질문 응답 시에 달력이 주어지지 않았을 경우에 비하여 과거 사건들을 회상할 수 있는 기억력을 향상시키는 것으로 나타났다(Belli, Stafford, and Alwin, 2009).

노의 연구는 범죄자 특화에 대한 다소 복잡한 결과를 낳았다. 대부분의 범죄자가 당시 수감된 죄목 이전에 이미 다양한 종류의 전과를 가지고 있었기 때문이다. 그러나 마약사범이나 기물파손범에 비하여 폭력범들이 폭력이라는 죄목으로 체포되기 이전에도 동일한 폭력전과를 가졌던 사실을 보이며 범죄자 특화의 경향을 보였다.

과거의 감정이나 행동을 기억해내는 것은 지금 현재에 어떠한 감정을 가졌는지에 따라 영향을 받기 때문에 과거의 데이터를 사용하여 과거의 정신 상태 혹은 행동의 변화를 측정하는 것이 부적절 할 수 있다는 것을 기억하여야 한다. 예를 들어 알코올 중독자 부모들의 회고를 통한 자료들은 아동기에 있었던 문제들을 매우 간과하는 경향이 있다(Vailant, 1995). 사람들은 과거 사건들의 빈도나 시점을 하나부터 열까지 정확하게 기억하지 못한다. 그러나 한 사람의 출신 학교나 가족 구성원같이 변하지 않는 과거의 경험들은 회고적인 자료로서 신뢰할 만한 자료가 될 수도 있다(Campbell, 1992).

종단연구설계(Longitudinal Designs)

종단연구설계에서는 자료가 둘 혹은 그 이상의 시점에서 수집되기 때문에 시간순서를 갖는다. 독립변인과 종속변인의 값을 다른 시간대에 측정하기 때문에 연구자는 독립변인의 변화가 종속변인의 변화 이전에 일어났는지를 확인 할 수 있다.

몇몇의 종단연구설계에서는 같은 샘플(혹은 패널)이 반복적으로 사용된다. 다른 연구설계에서는 샘플 구성원이 교체되거나 혹은 완전히 다른 샘플을 사용한다. 일반적 모집단을 대상으로 종단적 설문이 실행될 때에는, 해당 표본이 추출된 모집단이 광범위하게 정의 될 수 있다. 또는 여러 번에 걸쳐 특정 연령 집단이 표본으로 사용 될 때에는 모집단이 세부적으로 정의 될 수도 있다. 재측정의 빈도도 사전과 사후 한 번씩만 측정하는 연구부터 여러 해에 걸쳐 매달 측정하는 다양한 척도를 사용하는 연구까지 다양하다.

자료를 한 번에 수집하는 것보다 두 번 혹은 그 이상에 걸쳐 수집하는 것은 확실히 더 어려운 일이다. 연구자들은 재측정을 하기 위해서 1년 이상 연구의 완성을 연기하는 것이 불가능하거나 혹은 연기하고 싶어 하지 않는다. 그러나 커뮤니티를 위한 정책이 폭력범죄율을 감소시키는가, 교도소 내 교육활동이 재범률에 어떠한 영향을 미치는가, 데이트 폭력으로 기소된 수감자에게 학대자 치료 프로그램이 얼마나 효율적인가, 젊은 부모들을 위한 양육 프로그램이 아동의 비행 가능성을 감소시키는가와 같은 많은 연구 주제들이 이보다 훨씬 더 긴 연구 기간을 필요로 하는 것이 사실이다. 많은 중요 연구주제들에게 완벽하게 충분한 종단연구 자료는 없다고 할 수 있다. 그럼에도 불구하고 종단연구의 가치는 매우 크기 때문에 적절한 연구주제가 생긴다면 종단연구를 설계하기 위해 노력해야한다. 다음의 세 가지 설계 예시가 종단연구설계의 이해를 도울 것이다(Exhibit 6.5 참조).

반복 회단 설계(Repeated Cross-Sectional Designs)

추이(경향)연구(trend study)라고도 알려진 반복 회단 설계(repeated cross-sectional designs)를 사용하는 연구들은 선거 기간에 사용되는 정치적인 영역으로 인식되어왔다. 특히 우리는 대통령 선거기간, 매주 혹은 심지어 매일 매일 각 대선 후보자의 지지율 발표에 익숙해지기 마련이다. 여론의 방향을 알아보기 위한 비슷한 방식의 조사가 다른 사회 문제들에도 사용되기도 한다. 예를 들면 1991년에는 미국인의 41%가 총기소지 금지를 지지한 데에 비하여 1993년에 실시된 조사에서는 52%의 미국인이 총기소지 금지를 지지한 기록이 그 예이다. 여론 조사원인 루이스 해리스(Louis Harris)에 따르면 이러한 증가는 대중의 태도의 급격한 변화를 나타내는 것이다(Barringer, 1993). 또 다른 연구가는 "이러한 결과는(총기관련 사건에 관련한) 대중들의 경험에서 비롯된 것이다."라고 주장하였다(Barringer, 1993:A14).

반복 회단 설계(추이연구) : 같은 모집단에게서 두 번 혹은 그 이상의 시점에서 다른 샘플들로부터 자료를 모으는 연구로 종단연구의 한 종류.

반복 회단 설문조사는 아래와 같이 실행된다.

1. 시점 1에 모집단으로부터 표본이 추출되고 그 표본에서 자료가 수집된다.
2. 시간이 흐르면 몇몇 사람들이 모집단에서 제외되고 새로운 사람들이 들어온다.
3. 시점 2에 동일한 모집단으로부터 또 다른 표본이 표집 된다.

이러한 특징들 때문에 시간이 경과함에 따라 모집단이 변화하였는지를 측정할 경우 반복 회단 설문 조사가 적절한 연구설계이다. 지난 20년간 미국인들의 인종적 관용이 변화하였는가? 1950년대에 비하여 오늘 날 감옥에서의 마약치료 프로그램의 사용이 더욱 활발해 졌는가? 이러한 질문들은 모집단 내의 개인들의 변화가 아닌 모집단 전체의 변화에 관련한 질문들이다. 우리는 이러한 변화들이 미국 시민 개인들이 더욱 관용적으로 변했거나 혹은 미국 내 사람들을 인종적으로 다양하게 만든 이주 및 이민의 변화에 따른 것인지에 관심이 있는 것이 아니라, 그 사회 전체의 인종적 관용이 증가하였는지를 알고 싶은 것이다. 또한 마약치료 프로그램의 증가가 수감자들의 요구나 개별적인 교도소의 프로그램 사용도에 기인한 것인가를 묻는 것이 아니라 전반적인 교도소의 마약치료 프로그램이 십년 혹은 이십년 전에 비하여 그 사용도가 더욱 증가하였는가를 묻는 것이다. 만약 모집단 내 개인들의 변화를 알고자 하다면 우리는 반드시 패널조사를 이용하여야 한다.

고정된 표본패널 설계(Fixed-Sample Panel Designs)

패널 설계는 개인, 그룹, 혹은 우리가 연구하는 모든 대상의 변화에 대한 조사할 수 있게 해준다. 다음은 **패널 연구(panel studies)**라고 알려진 **고정된 표본패널 설계(fixed-sample panel designs)**의 실행 과정이다

1. 시점 1에 표본(패널)이 모집단으로 부터 추출되고 그 표본에서 자료가 수집된다.
2. 시간이 흐르면 몇몇 패널 멤버들이 재측정에 참가 할 수 없게 되고 모집단은 변한다.

EXHIBIT 6.5 종단연구의 세 가지 유형

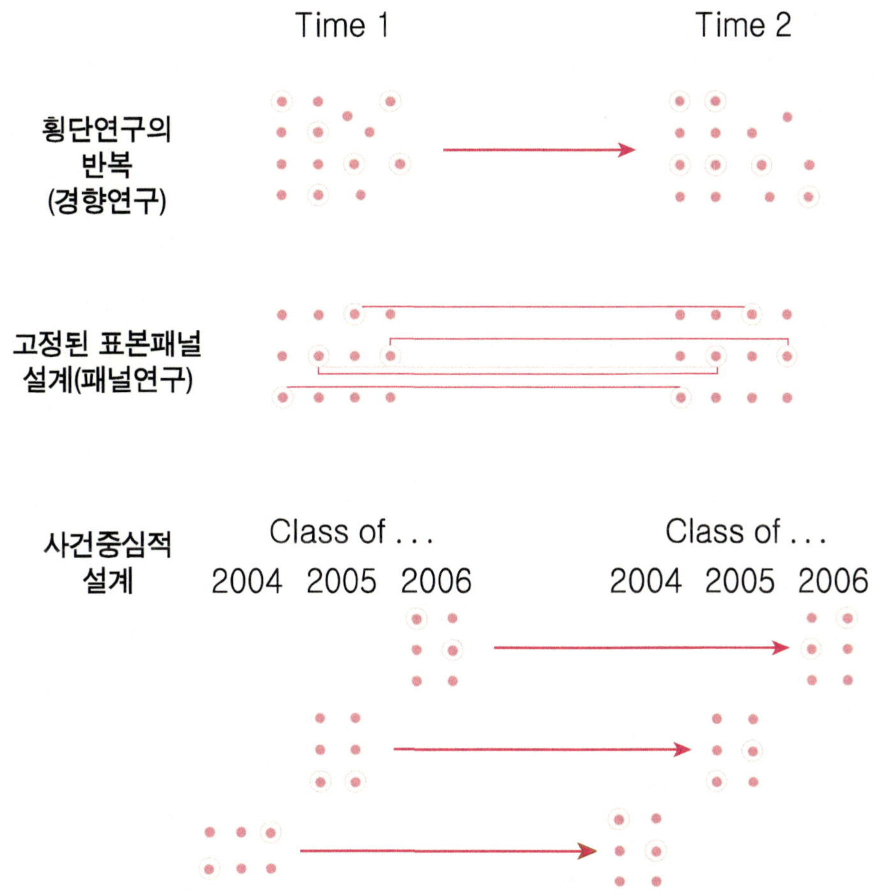

3. 시점 2에 시점 1에 참가하였던 개인들 중 추적 할 수 없는 개인들을 제외한 나머지 동일 인물들로부터 자료가 다시 수집된다.

패널 설계는 동일한 인물을 추적하기 때문에 인과관계의 가설을 검정하는데 있어 반복회단 설계보다 더욱 효과적이다.

고정된 표본패널 설계(패널연구) : 자료가 두 번 혹은 그 이상의 시점에서 동일한 개인들(패널)로부터 수집되는 연구로 종단연구의 한 종류. 어떤 종류의 패널 연구에서는 추적할 수 없는 개인이 새로운 개인으로 대체되기도 한다.

사례연구 : 인생에 걸친 범죄행위

샘슨과 라웁(Sampson and Laub, 1990)은 청소년기의 비행이 성인범죄에 미치는 영향을 조사하기 위하여 고정된 표본패널 설계를 사용하였다. 이들은 보스턴에서 조사대상자들의 나이가 10세에서 17세 사이였던 시점과 이들이 성인이 된 이후의 시점에서 관련 자료를 수집하였다. 조사 자료들은 조사대상자들 자체와 범죄 기록 등 다양한 자료들을 사용하였다. 샘슨과 라웁(1990)은 지속적인 비행으로 교정학교(correction school: 한국의 소년원)를 다닌 경험이 있는 청소년들이 그렇지 않은 학생들에 비하여 성인기에 범죄를 저지를 확률이 더욱 높다는 것을 알아냈다. 교정학교를 다니지 않았던 청소년들이 25세에서 32세사이의 성인기에 범죄로 체포된 확률이 14%인 데에 반하여 교정학교를 다녔던 청소년의 경우 그 확률이 61%였다. 이 연구에서 청소년 비행은 의심할 여지없이 성인 범죄 이전에 발생하였다. 만약 연구자들이 성인범의 과거를 연구하기 위하여 횡단연구설계를 사용하였다면 기억 손실, 기억 회고 과정, 혹은 기록 유실에 의하여 그 결과가 왜곡 되었을 수 도 있었을 것이다.

만약 지금 왜 모든 종단연구가 패널연구처럼 설계되지 않을까하고 궁금해 한다면 패널 설계의 장점을 잘 이해하였다는 뜻이다. 그러나 종단연구설계 자체가 인과관계를 정립하는 것은 아니라는 것을 기억해야 한다. 독립변인과 종속변인의 변화 모두가 다른 변인에 기인한 것일 수도 있는 것이다. Exhibit 6.6은 한 예로 11학년의 비행과 12학년의 성적(종속변인)사이에 연계가 있다는 가설을 보여주고 있다. 시간순서는 명백하다. 그러나 두 변인 모두가 7학년의 성적의 결과이다. 종속변인의 변화(성적)는 11학년의 비행 이전의 일에 영향을 받은 것이기 때문에 단순히 보이는 11학년의 비행이 12학년의 성적에 미치는 효과는 허위인 것이다.

패널 연구 역시 성공적으로 완수하기가 어려운 연구이며, 두 가지 주요 어려움 때문에 시도조차 자주 되고 있지 않다.

비용과 소모. 장기간 동안 개개인을 추적하기란 매우 어렵고 또한 비용도 많이 든다. 게다가 피할 수 없이 재조사를 받을 수 있는 패널 멤버들의 비율은 감소한다. 패널 연구는 잦은 소모를 통해 총 멤버 중 사분의 일 이상을 잃으며(Miller, 1991), 연구 도중에 소모된 사람들은 패널 연구에 남아 있는 사람들과 그 특성이 같지 않을 수도 있다. 결과적으로 연구대상자의 소모비율이 높은 경우는 재조사를 받는 표본이 더 이상 원래의 모집단을 대표하지 않음을 의미 할 수도 있고, 변화를 측정하기에는 확고한 근거를 제공하지 않을 수도 있는 것이다. 재조사에 참가하지 못한 연구대상자들이 장기간 동안 측정되었다면 가장 많이 혹은 가장 적게 변화되었을 수도 있는 것이다. 예를 들면 약물치료 예방 연구에 참가하였던 연구대상자 중 재 조사에 참여하지 않은 5%에서 66%사이의 참가자들은 전형적으로 담배나 마리

화나 중독자 들인 경우가 있었다(Snow, Tebes, and Arthur, 1992).

연구의 재조사에 참가한 사람들과 중간에 그만 둔 사람들의 차이를 비교하는 것은 유익한 정보를 제공한다. 만약 이 패널 구성원 내 두 그룹이 차이가 크게 다르지 않다면, 연구 중간에 소모된 패널 구성원들의 특징이 연구결과의 변화에 영향을 미쳤을 확률은 크지 않을 것이다. 나아가, 관리자들이 패널 멤버 추적에 충분히 익숙해진다면, 연구대상자의 소모는 상당히 줄어들 것이다. 샘슨과 라웁(1990)은 최초의 표본에서 단지 12명의 청소년만을 소모하였다(사망한 청소년을 제외하면 8명).

EXHIBIT 6.6 패널연구에서의 인과관계

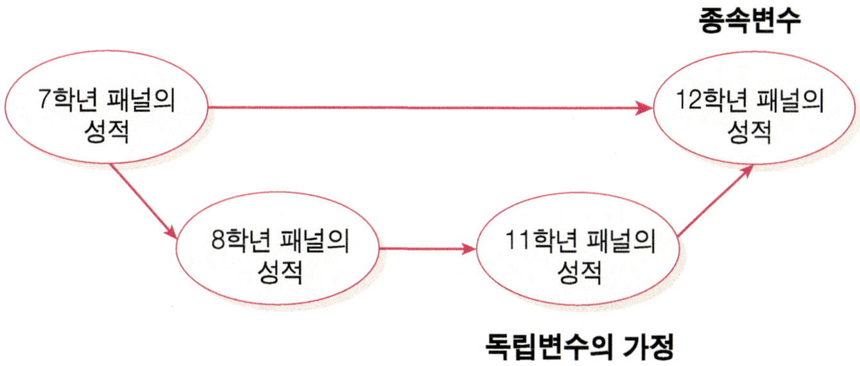

비록 11학년 패널의 성적과 12학년 패널의 성적이 비행과 연관성이 있다하여도 시간순서가 명확하고, 인과관계는 추정할 수 없다. 실제로, 7학년의 패널에 성적도 제 역할을 하고 있다.

개체피로. 패널 멤버들은 반복적인 인터뷰에 지쳐서 연구에 참가하는 것을 그만 두거나 혹은 기본 설문지의 질문에 익숙해져 당시의 감정이나 행동에 대하여 생각하기 보다는 그저 똑같은 대답을 반복 할 수도 있다(Campbell, 1992). 이러한 현상을 개체피로(subject fatigue)라고 부른다. 운이 좋아 연구자가 조사대상자들과 긍정적인 관계를 유지한다면, 조사대상자들이 이러한 방식으로 피로를 느끼지 않는 것으로 보인다.

사회 과학자들은 패널 연구가 매우 유용하기 때문에 개체피로를 극복하고 개개인의 추적을 유지하기 위한 효과적인 기술들을 개발해왔다. 그러나 연구대상자들이 적절한 패널을 유지하기 위하여 사용하는 이러한 기술들을 허락하지 않을 때에는 주로 단일 횡단설계와 비용차이가 크게 나지 않는 반복회단설계가 사용된다. 설명력에 있어서의 효과는 추가비용을 지불하기에 충분하다.

사건중심적 설계(Event-Based Designs)

종종 코호트 연구(cohort study)라고도 불리는 사건중심적 설계(event-based design)에서는(한 번 혹은 그 이상) 재측정 되는 표본이 동일한(비슷한 사건을 경험한 사람들이나 출발점이 비슷한 사람들인) 코호트 집단에서 표집된다. 코호트 집단의 예는 다음과 같다

- *출생 코호트* : 출생 시기가 비슷한 사람들(1940년대 생, 1950년대 생, 1960년대 생 등)
- *계급 코호트* : 같은 장소에서 일한 기간이 5년, 10년, 그 이상 등으로 구성되는 집단
- *학교 코호트* : 1학년생, 2학년생, 3학년생, 4학년생

사건 중심적 설계 : 두 번 혹은 그 이상의 시점에서 한 코호트 안의 개인으로부터 자료가 수집되는 연구로 종단연구의 한 종류.

코호트나 출발점이 비슷한 사람의 예 : 1997년의 대학생, 1980년대에 고등학교를 졸업한 사람들, 1990년에서 2000년 사이에 연방교도소에서 일하기 시작한 사람들, 1940년대 혹은 1950년대에 태어난 사람들("베이비붐" 세대).

사건 중심적 설계는 반복 회단 설계 혹은 패널연구의 한 종류가 될 수도 있다. 사건 중심적 반복횡단 설계는 두 번 혹은 그 이상의 시점에서 같은 코호트에서 다른 표본들이 추출되는 것을 말한다. 사건 중심적 패널연구는 같은 코호트에서 추출된 동일한 개인들이 두 번 혹은 그 이상의 시점에서 연구되는 것을 말한다.

비실험설계에서의 인과관계(Causality in Nonexperimental Designs)

앞서 배웠던 연구설계들이 인과관계를 성립하기 위해 필요한 필수기준들을 얼마나 잘 만족시키는 것일까? 이러한 설계들에서 독립변인과 종속변인의 실증적 연계를 정립하기는 상대적으로 쉽지만, 다른 기준들을 평가하기는 더욱 어렵다.

먼저 성별과 범죄에 관련된 요소들을 조사한 한 연구를 통해 시간순서와 비허위성의 중요성을 살펴보자. 피해자 자료와 경찰 공식기록 모두에서 모든 종류의 범죄자의 대다수는 남성이다. 왜일까? 갓프레드슨과 허쉬(Gottfredson and Hirchi, 1990)의 일반범죄이론은 남성이 범죄에 더 많이 가담하는 이유가 남성들의 자아통제력이 여성보다 낮기 때문이라고 말한다. 또한 갓프레드슨과 허쉬는 부모의 영향에 따른 아동의 사회화가 자아통제력 개발의 주된 요소라고 주장하였다. 그러나 블랙웰과 피케로(2005)는 일반범죄이론을 비판했던 밀러, 뷰락(Miller and Burack, 1993)과 권력통제이론(Power-contr ol theory: Hagan, Gills, and Simpson, 1985)에 근거하여 가정 내 부부사이에서의 권력관계(예: 가부장적) 역시 아동들의 사회화 경험에 영향을 미치고, 궁극적으로 그들의 자아통제력에도 영향을 미친다고 가설을 세웠다. 간단히 요약하자면, 블랙웰과 피케로(2005)는 성인표본을 이용하여 아동기의 자아통제력의 형성과정에 관련된 요소들을 조사한 것이었다. 이들은 성인표본을 사용하여 낮은 자아통제력이 범죄를 저지를 수 있는 성향에 영향을 미치는지 조사해 보았다. 즉, 이 연구자들은 자아통제력이 범죄에 미치는 영향뿐만 아니라 자아통제력의 기원을 찾으려 하였고, 가부장적인 가정과 모계 중심적 가정 내에서의 소년과 소녀의 자아통제력이 어떻게 다른지를 조사하였던 것이다. 블랙웰과 피케로는 실제로 1994년에 오클라호마의 오클라호마 시티에서 무작위로 추출한 350명의 성인 표본을 사용하여 부모 사이의 권력관계가 남성과 여성 모두의 자아통제력 개발에 영향을 미친다는 것을 알아냈다. 그러나 자아통제력이 반드시 범죄성향의 차이를 예측 할 수 있는 것은 아니라는 것도 밝혀졌다. 자아통제력이 낮은 남성과 여성은 자아통제력이 높은 사람에 비하여 자신이 범죄행동에 연루될 가능성이 높다고 대답하였다.

이 결과를 부모 때문에 생긴 부족한 사회성이 낮은 자아통제력을 만들었고 낮은 자아통제력을 통해 범죄에 이르게 한다고 말할 수 있을까? 사실 여기에는 당신이 한 번에 알아차리기를 바라는 많은 가정들이 있다. 첫 째로, 이 연구는 성인 조사대상자들이 기억하는 자신의 아동기에 근거한 연구이다. 또한 이 연구는 자아통제력의 정도가 부모의 사회화의 결과물이자 개인의 범죄성향 이전의 사건이라고 가정하고 있다(시간순서). 이 경우에는 그 가정이 맞을지도 모른다.

범죄를 저지를 수 있는 성향이 강한 사람들이 적절한 사회화를 갖지 못했고, 이것이 낮은 자아통제력을 만들었는지도 모른다. 그러나 청소년기의 범법행위가 가족과의 관계를 소원하게 만들어 자신과 비슷한 또래의 비행청소년과 더욱 친밀하게 만들었기 때문에 자아통제력이 낮을 수도 있다. 이 경우에는 비행행동과 친구교제가 성인기의 범죄성향과 낮은 자아통제력에 영향을 미치는 제 3의 변인이 될 수 있는 것이다(허위적 관계). 이와 같은 횡단연구의 문제점은 정확한 시간순서를 확인할 수 없고 다른 중요 요소들이 미치는 영향을 모두 통제할 수 없다는 것이다. 블랙웰과 피케로(2005)는 "앞으로의 연구들은 부모의 사회화에 따른 변화와 성별에 따른 자아통제력을 조사할 때에 종단연구를 사용하려 노력해야 한다"라며 이러한 문제점을 잘 지적하였다(p. 15).

EXHIBIT 6.7 허위관계를 줄이기 위한 통계적 통제의 방법

모든 재소자
n = 350

	부트캠프 참여 n = 16 0	부트캠프 비참여 n = 190
재범	75	105
비재범	85	85

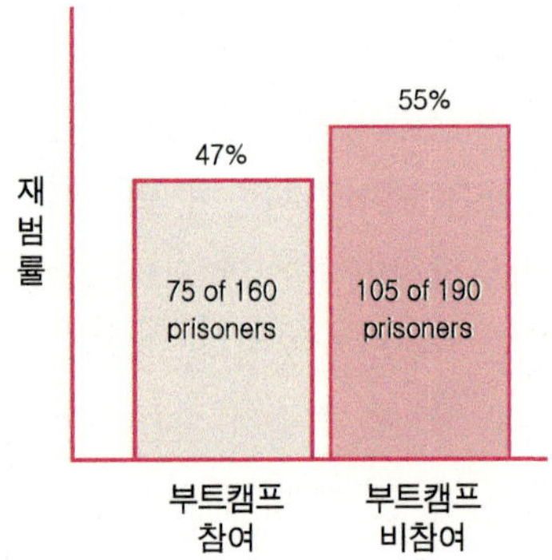

	여성 재소자 n = 150		남성 재소자 n = 200	
	부트캠프 참여 n = 100	부트캠프 비참여 n = 50	부트캠프 참여 n = 50	부트캠프 비참여 n = 150
재범	40	20	30	90
비재범	60	30	20	60

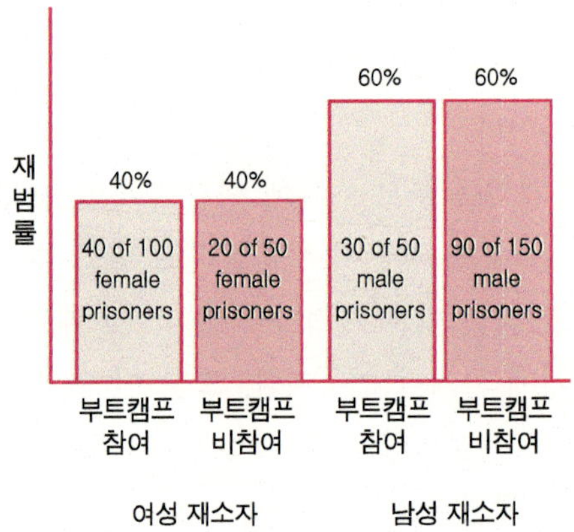

블랙웰과 피케로(2005)는 비허위성을 피하기 위해서 **통계적 통제(statistical control)**를 사용하였다. Exhibit 6.7은 감옥 내의 극기 훈련(boot camp: 매우 엄격하고, 규율적인 재활 훈련 프로그램)참석과 출감 후 재범 가능성의 관계를 비교한 가상의 연구를 통해 통계적 통제의 중요 개념들을 보여주고 있다. Exhibit 6.7을 보면 모든 수감자를 대상으로 한 자료에서는 극기 훈련에 참석했던 수감자가 출소 후에 범죄를 다시 저지를 확률이 더 낮다는 것을 알 수 있다. 그러나 자료가 더 세부적인 사항을 보여 줄수록 여성 수감자들이 남자 수감자들에 비하여 극기 훈련에 더 많이 참가하였고, 그렇기 때문에 성별이 재범률에 중요한 영향을 미쳤을 수도 있는 것이다. 여기서 연구자들은 두 가지의 통계적 통제 기법을 통해 비허위성의 위험을 감소시켰다. 이들은 극기 훈련 참석과 출소후의 범죄율을 남성과 여성으로 나누어 조사하였다. 그 결과, 이들은 극기 훈련이 재범률에 영향을 미치지 않았다고 결론을 내렸다. 이 결과는 극기 훈련 참석여부에 관계없이 단순히 여성이 극기 훈련에 참가하는 경향이 더 많이 있고, 여성의 재범률이 낮았기 때문에 나온 결과이다.

EXHIBIT 6.8 허위관계를 줄이기 위한 통계적 통제의 방법

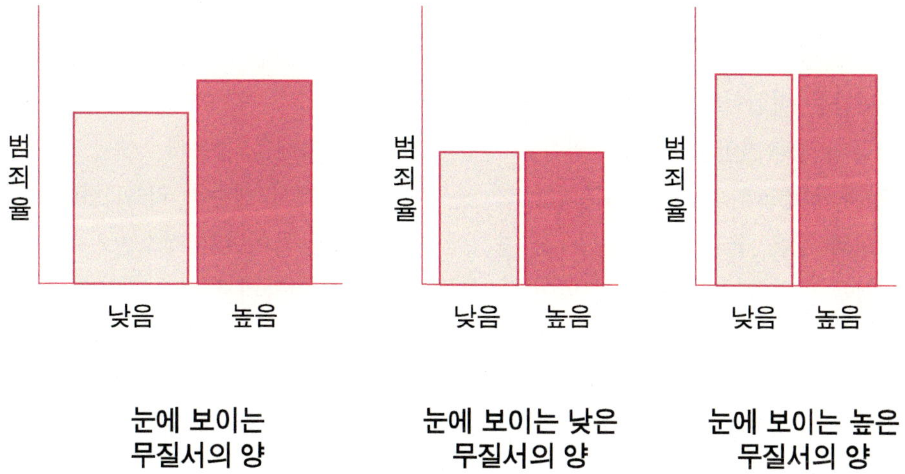

출처 : Based on Sampson and Raudenbush, 1999.

비슷한 예로, 샘슨과 라우덴부시(1999)의 연구는 눈에 보이는 사회혼란이 범죄에 미치는 영향(깨진 유리창 법칙)이 사실은 비공식적 사회통제의 결과에 따라 만들어지는 허위적 관계인지를 조사하기 위하여 연구를 설계하였다(Exhibit 6.3 참조). Exhibit 6.8은 이를 검정하기 위하여 통계적 통제가 어떻게 사용되었는지를 보여주고 있다. 이웃 주민 모두를 대상으로 한 자료에서는 사회혼란을 더 많이 목격한 주민이 그렇지 않은 주민에 비하여 더 높은 범죄율을 보였다. 그러나 눈에 보이는 사회혼란과 이웃주민 범죄율간의 관계를 비공식적 사회통제가 높은 그룹과 낮은 그룹으로 나누어 비교해 보면 - 즉, 사회적 통제를 통계적으로 통제하였을 경우 - 범죄율은 눈에 보이는 사회적 혼란에 따라 변화하지 않는 다는 것을 볼 수 있다. 그러므로 우리는 "깨진 유리창 법칙"이 실제로는 사회적 통제의 정도에 기인한 허위적 관계라고 결론을 내야 하는 것이다. 비공식적 사회통제가 낮은 지역에서는 눈에 보이는 사회적 물리적 혼란의 정도가 심하고, 또한 높은 범죄율로 이어진다는 것이다. 눈에 보이는 사회혼란 그 자체가 범죄율을 변화시키지는 않았다.

통계적 통제 : 비실험적 연구에서 사용되는 기법으로 비허위성의 위험성을 감소시키기 위해서 사용된다. 한 변인이 일정하여 둘 혹은 그 이상의 변인간의 관계가 통제변인의 변화에 따른 영향에 관계없이 측정될 수 있다.

통계적 통제의 예 : 샘슨(1987)은 가정불화율과 폭력범죄의 관계가 실업률(통제 변인)

이 유사한 수준의 도시에서 존재한다는 것을 발견했다. 그렇기 때문에 실업률은 가정불화와 폭력범죄사이의 연계에 어떠한 영향도 미칠 수 없다.

비실험 설계에서 인과관계의 신뢰도는 인과적 메커니즘에 의하여 증가될 수도 있다. 이러한 메커니즘은 비실험설계에서의 **매개변인(intervening variables)**이라 하고 독립변인의 변화가 어떻게 종속변인의 변화에 영향을 주는지에 대한 이해를 돕는다. 예를 들면 글루크(Glueck)와 글루크의 자료를 재분석한 한 혁신적인 연구에서 샘슨과 라웁(1993)은 빈곤과 잦은 이사와 같은 구조적 단점을 가진 가정에서 자란 아동들이 비행청소년이 될 가능성이 높다는 것을 발견하였다. 왜 이런 일이 일어나는 것일까? 이들의 분석에 따르면, 이러한 구조적 문제점은 가정 내 낮은 비공식적 사회통제(빈번하지 못한 접촉, 어머니의 감독 부족, 가혹하고 변덕스런 훈육)에 이르게 하는 것으로 나타났다. 이러한 낮은 비공식적 사회통제는 청소년 비행의 가능성을 높인다(Exhibit 6.9 참조). 비공식적 사회통제는 사회구조적 문제와 청소년 비행사의의 관계를 매개하였다.

물론, 하나(혹은 둘이나 셋)의 매개 변인이 인과적 메커니즘의 정립을 결정짓는 것은 아니다. 사회 구조적인 문제점이 왜 가정의 사회통제를 낮게 만드는지 혹은 어떻게 가정의 사회 통제력이 청소년 비행에 영향을 미치는지를 궁금해 할 수 있다. 그렇다면 당신은 그 예로 사회통제와 청소년의 비행을 연결 짓는 메커니즘을 알아내기 위한 연구를 실행할 수 있다(아마도 그 청소년은 관심을 받지 못한다고 느껴서 사회적 기대를 지켜야 하는 것에 대해 크게 신경 쓰지 않았을 수도 있다). 이러한 과정은 계속 반복 될 수 있다. 여기서 중요한 점은 독립변인이 종속변인에 영향을 미치는 메커니즘을 찾아내는 것이 실제로 그 관계에 인과적 연결성이 존재한다는 결론의 신뢰성을 증가시킨다는 것이다.

허위적 관계를 야기하는 변인과 인과적 관계를 매개하는 변인, 이 두 개의 제 삼의 변인 모두가 처음의 가설에 등장하지 않는다 하여도, 인과적 관계에서 변인의 역할을 생각할 때 이 둘을 혼동해서는 안 된다. 매개변인은 독립변인(청소년 비행)과 종속변인(실제 범죄)사이의 관계를 설명하는 데 도움을 주는 변인이다.

비실험적 연구는 인과적 결과가 일어나는 맥락을 탐구하는데 매우 효과적일 수 있다. 주로 여러 가지 상황에서 각기 다른 사람들에게 설문조사를 실행하는 것이 다양한 실험을 실행하는 것보다 훨씬 쉽다. 비허위성의 확립이 어렵다고 해도 인과적 관계를 조사하기 위하여 사용되는 비실험적 자료 자체를 없애지는 못한다. 실제로 인과적 가설의 다양한 의미를 검정하기 위한 비실험적 자료가 충분히 모집되면, 그 결과는 굉장히 설득력이 있다(Reedman, 1991).

EXHIBIT 6.9 비실험설계에서의 매개변수: 구조적 약점과 청소년 비행

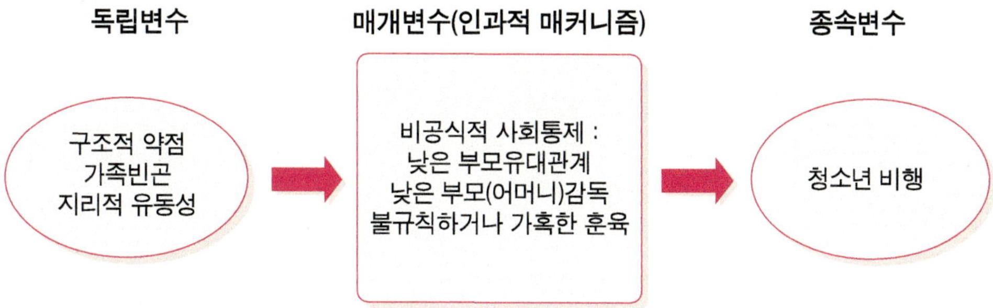

출처 : Based on Sampson and Laub, 1993.

실험적 설계가 사람들을 서로 다른 조건에 무작위 순으로 할당하는 것은 실용성과 윤리적인 면에서 문제를 발생시키고, 이는 중요한 가설검정을 불가능하게 한다. 그렇기 때문에 인과적 가설검정에 비실험적 설계는 자주 사용될 것이다. 다만 개별적인 비실험적 설계에 근거하여 인과적 관계를 검정할 때에는 가능한 모든 허위성의 요소들뿐 아니라 다른 문제들을 신중히 고려해야 하는 것을 잊지 말아야 한다.

결론 (CONCLUSION)

이 장에서 우리는 두 가지 의미의 인과관계(법칙정립적과 사례 기술적)에 대하여 배웠다. 또한, 특정 연구설계에서 인과적으로 타당한 결과를 내렸는지 평가할 수 있는 다섯 가지 기준들에 대해서 배웠다. 우리는 허위성의 문제를 다루기 위해 진실험설계, 횡당연구, 종단연구, 그리고 통계적 통제와 같은 연구 특성들에 따라서 이러한 기준들을 만족시킬 수 있는 방법을 배웠다. 또한 우리는 왜 실험설계와 비실험설계의 차이점이 인과관계에서의 법칙정립적 기준들을 어떻게, 얼마나 잘 만족 시킬 수 있는지에 대하여 알아보았다.

우리는 어떤 특정연구의 결과가 끊임없이 변화하는 사회현실에 대한 실증적 지식 전체의 한 부분이란 사실을 알아야한다. 그렇기 때문에 우리가 이해하는 인과관계는 부분적인 것이다. 연구자들은 항상 관련된 변인들의 통제를 빠뜨리지는 않았는지, 그 실험이 다른 상황에서 실행되었을 경우 결과가 달라지지는 않을지, 역사적인 중요 사건들을 간과하지 않았는지 궁금해 한다. 연구자들은 용어정의를 일관되게 사용하고 타당한 연구결과를 내리는 데에 명백한 기준을 유지하며 다른 연구자들에게 같은 결과가 나오기를 기대하면서 사회정책이나

사회이해에 대한 지식의 증가를 돕는 것이다.

우리가 사회과학 연구의 결과를 볼 때에는 연구결과의 타당도를 비판적으로 평가 할 수 있어야 한다. 만약 사회과학 연구에 일환이 될 계획이라면 타당한 결과에 이를 수 있는 접근법을 계획할 수 있어야 한다. 또한, 타당도의 세 가지 영역(측정 타당도, 일반화, 인과적(내적) 타당도)의 이해를 갖추었다면 사회과학자들이 사용하는 자료수집방법을 다룰 준비가 된 것이다.

주요 용어

앵커	Arrestee drug abusee monitoring(ADAM)	
연계	사례기술적 인과관계	법칙정립학적 인과관계
나머지 조건이 모두 동일함	코호트	맥락
맥락효과	반사실적	횡단연구설계
사건중심적 설계	가외변인	현장 실험
고정된 표본패널 설계	사례기술적 인과관계 설명	매개변수
인생 달력	종단연구설계	메커니즘
법칙정립학적 인과관계 설명	비허위성	무작위분배
반복회단설계	허위적 관계	통계적 통제
개체 피로	시간순서	추이(경향)연구
진실험		

강조 사항

- 인과관계는 법칙정립학적 혹은 사례 기술적 인과관계로 정의 될 수 있다. 법칙정립학적 인과관계 설명은 평균값의 결과를 다룬다. 반면에 사례기술적 인과관계는 특정한 결과에 이르게 하는 사건들의 연속을 다룬다.
- 법칙정립학적 인과관계 설명의 개념은 비교에 근거하고 있다. 종속변인의 값은 독립변인이 변화한 후에 측정 된다. 이러한 값은 독립변인이 변화하지 않았을 경우의 종속변인의 값과 비교된다(반사실적). 법칙정립학적 인과적 결론의 타당도는 두 비교그룹이 얼마나 동일한 조건에 놓여있냐에 달려 있다.

- 일반적으로 법칙정립학적 관점에서는 인과관계를 정립하기 위하여 필요한 세 가지 기준(변인 간의 연계, 적절한 시간순서, 연계의 비허위성)을 가지고 있다: 또한, 인과적 관계가 존재한다는 결론은 변인 간의 인과적 메커니즘과 맥락을 보충할 때에 더욱 강화된다.
- 두 변인간의 연계 자체만으로는 인과적 관계를 충분히 증명할 수 없다. "상관관계는 인과관계를 증명하지 못한다."라는 말이 이를 잘 설명하고 있다.
- 실험에서는 가외변인으로 인한 허위적 관계가 생기는 결과의 위험성을 낮추기 위하여 비교그룹을 가능한 한 가장 유사하게 만들 수 있는 무작위분배를 사용한다.
- 비실험 설계에서는 비허위성을 낮추기 위하여 통계적 통제를 사용한다. 통계적 통제란 통제변인을 통제하여 독립변인과 종속변인의 연계가 통제변인의 영향 없이 비교 되는 것을 말한다.
- 윤리적과 실용적인 측면은 종종 실험설계의 사용을 제한한다.
- 사례기술적 인과관계 설명은 연구되기가 어렵다. 그 이유는 특정 사건의 시작점과 종료점 및 사건들의 일련의 과정에서 어떤 사건이 원인이었는지를 구별 해내기가 힘들기 때문이다.
- 종단연구설계는 결과의 시간순서를 정립하기에 횡단연구보다 바람직하다. 종단연구는 동일한 인물이 반복적으로 측정되었는지, 모집단이 어떻게 정의되었는지, 재측정이 얼마나 자주 행해졌는지에 따라 그 종류가 달라진다. 고정된 패널표본 설계는 시간순서를 검정하기에 가장 효율적인 설계이지만, 비용, 소모, 개체 피로 때문에 성공적으로 수행되기가 어렵다.

연습문제

1. 신문에서 몇 개의 기사들을 읽은 후, 모든 인과적 추론을 받아 적어라. 이러한 추론들은 지역정책이 폭력범죄의 감소율을 가져온다거나 중동 시장 때문에 주식시장이 위축된다거나 혹은 살인이 왜 일어나는지에 대한 설명 등이 있을 것이다. 기사를 잘 읽고 이러한 인과적 주장을 뒷받침하는 증거들을 찾아라. 이러한 설명들이 법칙정립학적인가, 사례기술적인가? 아니면 이둘의 조합인가? 인과관계 정립을 위한 법칙정립학적 기준들 중 어떤 부분을 충족시키는가? 사례기술적인 설명은 얼마나 충분한가? 보고된 결과들 중 어떠한 중요 요소들이 빠져있는가?
2. 전문 논문을 선택하여 그 논문이 발견한 변인들 간의 인과관계를 찾아보아라. 인과관계 정립을 위한 모든 기준들을 충족 시켰는가? 인과관계에서 발생 할 수 있는 허위성의 위험을 낮추기 위하여 조사대상자를 실험 그룹과 비교집단에 무작위로 분배한 연구를 찾아보아라. 그 연구는 얼마나 설득력이 있는가? 변인간의 관계 혹은 상관관계에 근거하여 인과관계를 주장하는 연구를 찾아보아라. 어떠한 변인들이 통계적으로 통제되었는가? 연구에서 통제되지는 않았지만 연구결과에 영향을 줄 수 있었던 다른 변인들은 무엇인가? 그 연구는 얼마나 설득력이 있는가?

3. 어떤 종단연구를 사용한 논문들을 찾기 위해서 Criminal Justice Abstracts 또는 사회 문헌 연구 인덱스를 사용한다. 당신은 원하는 논문을 찾기 위해서, longit udinal, panel, trend, 또는 over time 이라는 단어들을 사용할 것이다. 연구자가 어떻게 연구설계를 했는지? 연구자는 패널 누락을 최소화하기 위해서 어떤 패널설계를 사용하였는지? 연구자가 회고하는 질문(retrospective questions)들을 사용하였는지? 측정에 대한 타당성을 어떻게 정의를 내렸는지?

4. 학생연구 웹사이트로 가서 http://www. sagepub.com/prccj4e, 인과관계에 주목한 두 개의 연구논문을 선택한다. 각각의 논문에서 사용된 인과관계를 설명한다. 각 각의 논문들의 접근방식이 어떻게 다른가? 당신이 보기에 어떤 논문이 더 적합하다고 보는가?

5. 연구자들은 가끔씩 시간의 흐름에 따라 사람들이 어떻게 변화하는 지를 알아내기 위하여 각기 다른 연령대의 사람들을 대상으로 횡단연구를 실시한다. 이는 마치 60대의 행복지수가 20대의 행복지수보다 높을 경우, 사람들은 나이가 듦에 따라 더 행복해 진다라고 결론을 내리는 것과 같은 맥락인 것이다. 그러나 60대의 사람들은 그들이 20대였을 경우에도 동일한 행복지수를 가졌을 지도 모른다. 역으로, 현재의 20대의 사람들은 그들이 60대가 되었을 경우에도 지금과 동일하게 비교적 덜 행복하다고 느낄 수도 있는 것이다(이를 코호트 효과라 부른다). 그렇다면 우리는 왜 패널 연구(동일한 사람들을 각기 다른 연령대에 반복적으로 측정하는 연구)를 통해서만 확실한 결론을 얻을 수 있는 것일까? 당신의 경험에 비추어 볼 때, 세대 간의 차이가 가장 극명한 사회적 태도나 행동에는 무엇이 있는가? 사람들이 나이가 듦에 따라 변화한 것에는 무엇이 있으며 각 세대가 겪어 온 경험이 다르기 때문에(예를 들면 베이비부머 시대의 사람들) 생겨난 차이에는 무엇이 있을까? 그렇게 생각하는 이유는 무엇인가?

연구제안서 작성

1. 당신이 기대하는 인과관계를 포함하는 적어도 하나의 가설을 세우시오.
2. 허위결과를 도출해 낼 수 있는 가능성을 피하기 위해서 리서치 설계를 통제할 수 있는 핵심변수를 설정해라. 관련성 있는 문헌연구와 사회이론을 찾아 사용할 변수들을 확인한다.
3. 당신이 설계한 연구에 종단 요소를 추가하고, 왜 종단연구설계를 사용하려 하는지 설명을 하시오.
4. 법칙적립적 인과관계의 기준을 검토하고 만족하기 위해서 각각을 토론하시오.

학생 학습 사이트

The Practice of Research in Criminology and Criminal Justice, Fourth Edition의 웹사이트 주소는 http://www.sage.com/prccj4e이다. 각 장의 더 나은 이해를 위해 웹사이트에 접속하여 Web-based Student Study Site에 있는 자가 테스트, e-flashcard 등을 활용하시오.

웹 연습

1. Disaster Center 웹 사이트(www.disast ercenter.com/crime/)에 접속하여 전국의 범죄율을 확인한 후 각 주 리포트를 활용하여 두 개의 주에서의 최근 범죄율을 비교하시오. 비교를 통해 최근에 어떤 범죄들이 유행하고 있는지 설명하시오. 그리고 각 주마다 나타나는 범죄의 차이점에 대한 인과관계를 설명하시오. 그 설명을 확인하기 위해 어떤 연구 디자인을 제안 하겠는가를 설명하시오.
2. Crime Stopper USA 웹사이트(www.cr imestopusa.com/)에 접속하여 "우리에 관하여(About Us)", "Crime Stoppers가 무엇입니까?(What is Crime Stoppers?)", 그리고 "어떻게 CSUSA가 범죄를 예방합니까?(How is CSUSA "fighting crime"?)섹션을 확인하시오. CSUSA의 범죄의 원인에 대한 접근법은 무엇을 가정하는가? CSUSA의 범죄 예방을 위한 접근법이 유효한 인과관계에 기본을 둔 것이라 생각하는가? 설명하시오.
3. 최근 범죄경향은 어떠한가? 미국연방수사국(FBI)의 웹사이트(www.fbi.gov)의 보고서 및 출판물 섹션에 있는 통일 범죄 총계 보고서(Uniform Crime Reports)를 검토 후 짧게 서술하시오. PDF파일로 된 보고서들을 보기 위해 Adobe Acrobat Reader가 필요할 것이다. 사용법은 해당 웹사이트를 참조하시오.

연구윤리 학습

1. 부시맨은 1995년에 폭력적인 영상물을 보는 것이 학생들의 공격성향 정도에 어떠한 영향을 미치는지 실험을 하였다. 실험에 참여한 학생들의 공격성을 증가시킬 가능성이 있는 환경에 노출시키는 이 실험이 윤리적이라고 생각하는가? 이런 실험을 승인하지 않을 만한 어떤 상황이 있는가? 또한 이 실험에서 제외시켜야 할 대상이 있는가? 실험 시 명시되어야 할 제한 점들이 있는가? 원하는 실험 결과를 위해 필요사항을 실험 시 적용할 것인가?

2. Lo, Kim과 Cheng은 2088년에 카운티 교도소에 있는 수감자들을 대상으로 설문조사를 실시하였다. 미연방 정부의 규칙상 수감자들을 대상으로 하는 연구 진행 시 특별한 안전 대책을 강구할 것을 요구하고 있다. 이런 특별한 안전대책이 필요하다고 생각하는가? 왜 필요한가? 혹은 왜 필요하지 않은가? 실험(Experiments), 설문조사(Surveys), 관찰적 연구(Observational Studies) 중 어떤 방법을 수감자들을 대상으로 하는 연구에 적용할 것인가? 수감자들이 자발적인 동의로 연구에 참여하는 것이 가능하다고 생각하는가? 어떤 절차들이 수감자들의 진정한 자발적 참여에 도움을 줄 것이라 생각하는가?
3. 이 장에서 1999년 샘슨과 라우덴부시가 시카고 내에 있는 인근 이웃을 운전하여 돌며 사회적 무질서의 정도를 촬영한 연구에 대하여 배웠다. 이 과정에서 관찰자들이 범죄를 목격했다면 어떠한 반응을 보여야 할 것인가? 만약 범죄가 막 일어날 것이라고 의심된다면? 만약 길모퉁이에서 마약 중개상이 어떤 운전자와 접촉 중이라면? 만약 매춘부가 성 매수자와 성 매매를 위해 접촉 중이라면? 만약 어떤 것이라도 있다면, 그 지역을 연구 중인 연구자가 지역 주민에게 알려야 할 윤리적인 의무에는 어떤 것들이 있을까?

SPSS 또는 엑셀연습

비실험설계 데이터인 GSS2004mini 데이터를 사용하여 인과적 가설(causal hypotheses)을 어떻게 평가하는지를 배워본다.

1. 종속변수인 CAPPUN과 독립변수로 측정된 질문 GSS2004를 사용하여 네 개의 가설을 설정하시오. 독립변수는 10 이상의 값을 갖지 않는다(변수 리스트를 확인하시오).
   a. 각각의 독립변수의 빈도분포를 검사하시오. 만약에 선택된 변수가 적절치 않으면 다른 변수로 바꿔 사용하시오
   b. 교차분석표를 생성하여 CAPPUN과 다른 독립변수와의 관계를 설명하시오. "Column Percents"를 선택하여 CAPPUN이 열(Row) 변수 놓이도록 주의 하시오.
   c. 독립변수들과 사형과의 관계를 설명하고 얼마나 많은 영향을 미치는지 설명하시오. 가설을 설정한 것과 같은 관계를 나타내는지 계산을 하시오.
   d. 다른 제3의 변수에 의해서 나타날 수 있는 허위적(spurious) 관계가 있는지 확인 하시오. 가외변인으로 나타날 수 있는 것은? 변수 리스트를 확인하고 이런 역할을 할 수 있는 변수들을 찾으시오. 만약 가능성 있는 가외변인으로 생각하지 않거나, 가설을 설정한대로 관련성 있는 변인을 찾아내지 못한다면 성별(Sex/Gender)을 컨트롤 하고 CAPPUN과 WRKSTAT2를 테스트 해보시오.

2. 종사상신분은 사형과 연관성은 허위적(spurious) 관계로 나타날 것이며 이것은 성별의 영향을 받았을 것이다. 성별을 컨트롤하는 3방향표(Three – way table)표를 만드시오. 성별에 영향에 의한 직업과 사형사이에 연관성이 있습니까? 성별에 의한 허위적 관계로 CAPPUN과 WRKSTAT2 사이에 연관성이 있다고 판단할 수 있습니까?

3. 사형과 선택한 변인들 사이에 연관성이 사회적 변인에 따라 다양하게 나타납니까? Marian Borg(1998)에 의하면 그렇다고 한다. 그렇다면 흑인(RACPUSH2)과 CAPPUN을 테스트 하시오. 3개의 변수테이블을 만드시오. 지역에 따라 CAP PUN과 RACPUSH2의 관계가 다양하게 나타나나요? 이 결과를 어떻게 해석하시겠습니까?

4. 그렇다면 점성술이 사형에 어떤 영향을 미칠까? “Column Percents”를 선택하여 ZODIAC을 독립변수로 종속변수는 COAPPUN로 교차표를 만들고 결과를 설명하시오.

CHAPTER

07 실험설계

- **진실험설계**
  - 실험 그리고 비교집단
  - 사전검사 그리고 비교집단
  - 무작위분배
- **사례연구 : 교도소 분류와 재소자의 행동**
- **사례연구 : 보석심리과정에서 변호인의 영향**
- **의사실험**
  - 비등가 통제 집단설계
- **사례연구 : 약물법정 프로그램의 효율**
  - 전후설계
- **사례연구 : 청소년 형사정책 법률의 영향**
  - 사후통제집단설계
- **사례연구 : 체포가 비행을 증가시키나?**
- **실험의 타당성**
  - 인과(내적)타당성
    - 선택편향
    - 내적 변화
    - 외부사건 효과
    - 오염
    - 처치 착오
  - 일반화 가능성
    - 표본 일반화 가능성
    - 팩토리얼 조사
    - 외적 타당도
  - 검사와 처치의 상호작용
- **실험연구 내 윤리적 문제**
  - 기망
  - 혜택 배분의 선택
- **결론**

앞서 제6장에서 논의하였듯이 현재 구금률은 증가하는 추세다. 2008년 6월 30일 통계자료에 의하면 2,310,984명의 수용자가 연방정부, 주정부 또는 지역 교도소에 수감되어 있다. 이것은 2007년과 비교해 약 1% 증가한 것이다. 대부분의 교정시설은 재소자들을 범죄의 정도 또는 전과유무 등 객관적인 기준에 따라서 서로 다른 안전수위(예, 최소보안, 최고보안)의 교정시설로 배정을 하기 시작 하였다. 하지만 이것은 교도소 인구가 늘어나는데 한 몫을 하였다. 사실 안전수위에 맞는 교정시설로 배정되는 기준은 제소자의 수감경력이 큰 영향을 줄 것이다. 예를 들어 어떤 재소자가 최고보안 교도소(maximum security prison)에 배정되었다면 정신건강 서비스, 마약치료 그리고 직업교육 프로그램을 함께 받게 될 것이다(Brenna and Austin, 1997). 하지만 이런 분류들이 재소자가 수감될 당시의 행동과 연관성이 있을까? 최고보안 교도소에 배정된 재소자는 최소보안 교도소에 배정된 재소자들과 비교했을 때 더 나쁜 행동을 보였기 때문일까? 이런 문제에 어떻게 대답을 하겠는가? 만약 이것을 알아보려 당신이 각각의 교도소마다 나쁜 행동을 보이는 비율을 서로 비교한다면, 수감시기에 따라 서로 다르게 나타나는 재소자들의 행동 때문에 해답을 쉽게 찾지 못할 것이다. 이렇게 서로 다른 점을 관찰했다면 아마도 "수감 전"의 어떤 다른 점 때문이지 교정시설의 보안정도에 따라 다르게 나타나는 것은 아닐 것이다.

제6장에서 실험연구는 입법적 인과적 가설을 검정하기 위한 가장 강력한 설계라고 언급하였다. 제7장에서는 실험연구의 방법에 대해서 좀 더 자세하게 다룰 것이다. 서로 다른 연구설계 디자인(진실험설계와 의사실험설계를 포함)을 구분하는 방법을 배우고, 인과적으로 타당한 결과를 도출해내기 위해서 특정한 다자인의 유용성을 평가하고, 일반화의 문제점을 확인하며, 실험설계 디자인의 윤리적인 문제를 고려하는 것에 대하여 배울 것이다. 또한 교도소 보안정도와 재소자들의 위법행위와의 관계에 대하여 논의 해 본다.

진실험설계(True Experiments)

제6장에서 논의했듯이 **진실험설계(true experiments)**는 적어도 세 가지 조건을 갖춰야 한다.

1. 두 개의 비교집단으로 구성되어야 한다. 한 집단은 실험조건을 적용 받게 되며(예, 처치 또는 조정) 그리고 또 다른 집단은 어떠한 실험조건도 적용 받지 않는다.
2. 두 개(또는 이상)의 집단은 무작위 배분을 통해 배정되어야 한다.
3. 실험조건을 받은 이후 두 집단 간의 종속변인의 변화를 측정해야 한다.

실험 그리고 비교집단(Experimental and Comparison Groups)

진실험설계는 적어도 하나의 실험집단(어떤 조작을 받는 실험대상자)과 통제 또는 비교집단(실험집단과 비교가 되는 실험대상자)으로 구성되어야 한다. 통제집단은 하나 또는 그이상의 독립변인에 의해 효과가 시험되는 실험집단과 서로 구분되어야 한다. 다시 말해 실험집단은 연구자가 관심 있는 처치 또는 조건을 받지만 비교집단은 어떠한 처치나 조건을 받지 않는다는 차이점이 있다.

실험집단 : 실험집단의 대상자는 조건이나 실험 조작을 받는다.

통제 또는 비교집단 : 실험집단이 받는 조건과는 다르게 어떠한 조작이나 조건에 노출되지 않으며, 아무런 조작을 받지 않는다.

만약 연구의 목적이 여러 종류의 조작(treatment)(독립변인) 또는 여러 가지 복합된 다른 조작을 테스트하는 것이라면 한 실험에서 하나 이상의 실험집단을 포함할 수 있다. 또한 조작집단의 결과를 한 개 이상의 비교집단과 비교할 때 한 실험에서 한 개 이상의 비교집단을 포함할 수 있다.

사전검사 그리고 사후검사 측정(Pretest and Posttest Measures)

모든 진실험설계는 사후검사(posttest)를 포함하는데, 이것은 실험집단이 조작을 받은 이후 양쪽집단의 결과를 측정하는 것이다. 사실, 모든 가설검증 연구에서는 사후검사를 포함하고 있다. 독립변인이 어떤 효과를 받은 이후에 종속변인을 측정한다. 또한 진실험설계는 사전검사(pretest)를 포함할 수 있는데, 이것은 종속변인에 실험적 조작이 들어가기 전에 측정을 하게 된다. 사전검사는 사후검사와 같지만, 실험조작 전에 시행된다는 점에서 다르다. 엄격히 말하자면, 모든 실험이 사전검사를 필요로 하지 않는다. 만약 연구자가 무작위분배(random assignment)를 사용하면 집단 간의 종속변수의 초기 값과 다른 모든 변인들의 값이 비슷하게 나타나기 때문에 사전검사 없이 연구결과를 신뢰할 수 있다. 여기서 실험집단과 비교집단의 서로 다른 결과 값은 오직 조작 또는 실험 조건 때문에 나타나는 것으로 보기 때문이다.

하지만 사전검사 결과를 측정한다면 많은 유리한 점이 있다. 실험집단과 비교집단간의 변화를 직접적으로 측정할 수 있다. 그리고 연구자의 무작위분배의 성공여부를 입증할 수 있다. 게다가 조사대상자의 종속변인의 초기 값을 확인함으로써 사전검사는 조작에 대한 효과여부를 좀 더 완벽하게 볼 수 있게 만들어 준다(Mohr, 1992).

또한 실험에서 여러 개의 사후검사와 사전검사를 포함 할 수 있다. 여러 차례 사후검사를 하는 이유는 조작의 영향이 언제 나타나는지 또는 얼마나 오랫동안 지속되는지를 확인할 수 있기 때문이다. 특히 이것은 조작이 오랫동안 지속될 때 중요한 역할을 한다(Rossi and

Freeman, 1989).

무작위분배(Random Assignment)

무작위분배는 때때로 무작위추출이라고 표현하기도 하며, 진실험설계에서 무작위분배를 통해 비교집단을 만드는 것은 조작의 효과를 확인하는 강력한 도구이다. 만약 실험대상자가 무작위분배를 통해 실험집단이나 비교집단으로 배정이 되었고 두 집단 사이에 서로 다른 점이 나타났다면, 실험집단은 오직 조작 또는 중재에 의한 효과라고 짐작 할 수 있을 것이다. 그래서 비교집단을 무작위로 분배하는 것은 서로 대조되는 역사실관계를 추정하는 아주 좋은 측정방법이며, 집단 간 서로 다른 점은 실험집단이 조작이나 중재에 노출되었기 때문에 다르게 나타나는 것이다(Mohr, 1992: Rossi and Freeman, 1989). 만약 비교집단이 조작을 받지 않은(또는 다른 조작을 받은)이유 때문에 실험집단과 다른 점이 나타난다면, 연구자는 조작에 대한 고유의 영향을 판단하지 못할 것이다.

실험집단과 비교집단으로 무작위 배정된 조사자에게는 체계적인 편향성이 나타나지 않을 것이라고 가정 하지만, 무작위분배가 완벽하게 똑같은 집단으로 분배되는 것은 아니다. 무작위분배는 표본추출에서의 무작위 선택과 비슷하게 분배과정에서 나타나는 편향을 제거해 주지만, 이것은 어디까지나 확률에 의한 것이고 집단 간 다른 점이 약간 나타날 수 있다.

비록 절차상 서로 비슷하지만, 무작위로 분배된 실험집단과 비교집단의 조사자는 모집단으로부터 무작위 선택된 조사자와는 다르다는 점이 중요하다(Exhibit 7.1 참조). 사실 무작위분배를 통해 분배된 조사자는 모집단을 대표하지는 않는다. 무작위분배는 두 개 또는 그 이상의 집단을 동등하게 분배하는 내적타당도를 높이는데 유용하게 쓰이는 것이지 일반화를 말하는 것은 아니다.

무작위분배는 확률적 선택 방법을 사용하는 무작위표집과는 다르다. 무작위분배 방법은 어떤 집단으로 분배가 되는지를 결정하는 방법이다.

무작위표집 방법은 표본으로 선택되는 조사자를 결정하는 방법으로 사용된다. 이런 무작위표집 방법은 동전을 던지고, 무작위 번호 테이블, 컴퓨터 프로그램을 이용한다는 의미에서 무작위분배와 서로 비슷한 점이 있다.

짝짓기(matching)는 실험집단과 비교집단을 동일시하는 또 다른 방법으로 종종 사용되지만 무작위추출을 대처하기에 좋은 방법은 아니다. 이렇게 짝을 이룬 조사자들은 실험집단과 비교집단 개개인들의 성별, 나이, 학년 또는 다른 어떤 특징들에 따라 비슷하게 나뉜다. 이 방법은 연구자가 조사 대상자들을 몇몇 특징에 의해서 짝을 맞추기 때문에 고려가 안 된 다른 특징들이 결과에 영향을 미칠 수 있는 현실적인 문제가 따른다. 하지만 짝짓기가 무작위

EXHIBIT 7.1 무작위분배와 무작위표집

무작위표집(일반화를 시키는 방법) :
개개인은 연구의 참여를 위해 모집단으로부터 무작위로 선택이 된다.

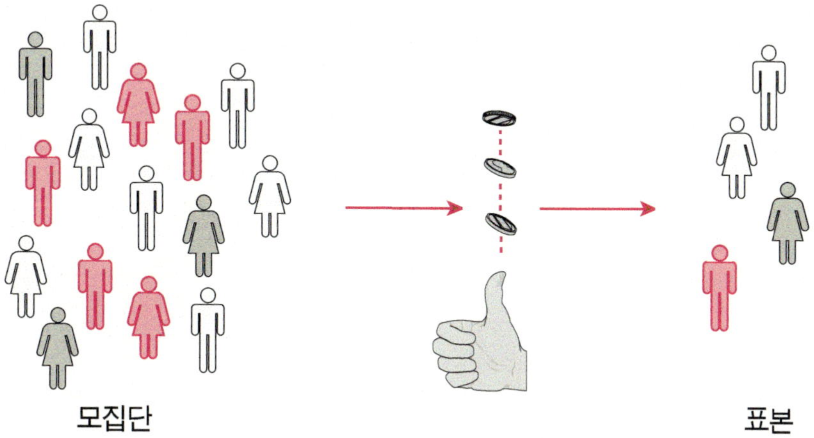

무작위분배 또는 무작위추출(내적타당도를 보장하는 방법) :
개개인은 연구의 참여를 위해 실험집단과 비교집단으로 무작위로 배정된다.

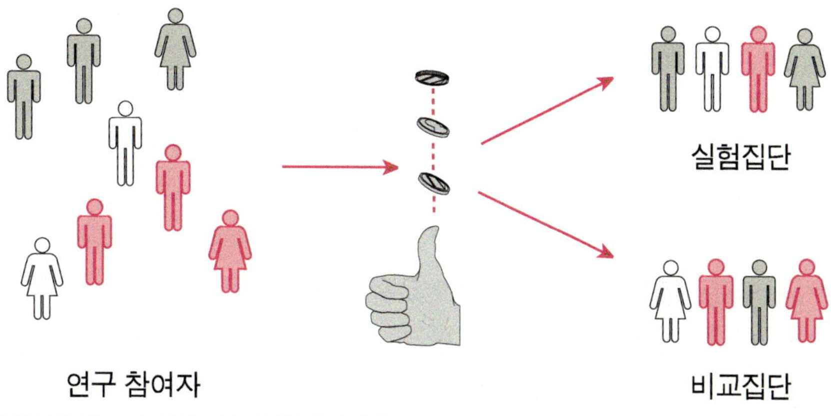

추출과 병행이 된다면 확률에 의해 나타나는 다른 문제점들을 줄일 수 있다. 예를 들어 만약 연구 대상자가 각각의 성별과 나이에 의해서 동일시된 이후 무작위분배를 사용하여 실험대상자가 실험집단과 비교집단으로 배정이 된다면 성별과 나이로부터 나타나는 확률적인 문제점을 줄일 수 있다(Exhibit 7.2 참조). 짝짓기방법은 의사실험설계에서 무작위추출이 불가능할 때 주로 사용된다.

EXHIBIT 7.2 짝짓기와 무작위분배를 병합한 실험설계

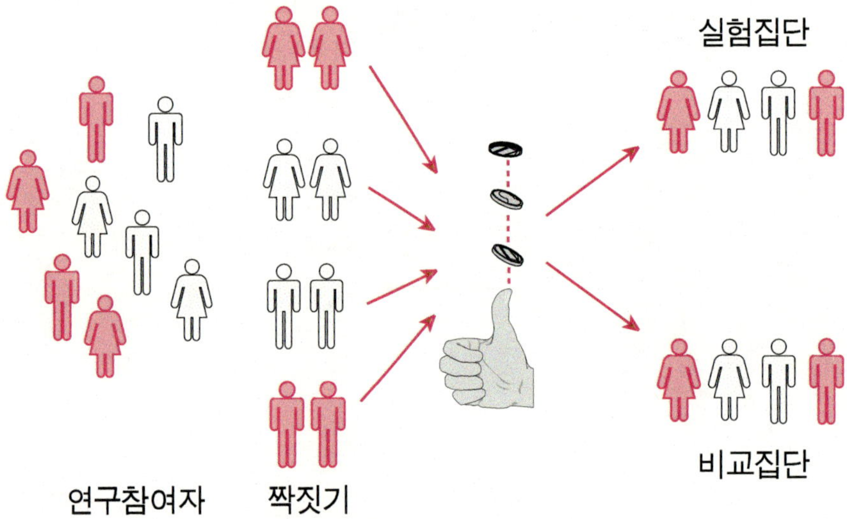

제6장에서 두 가지의 서로 다른 진실험설계에 대해서 논의하였다. 하나는 부시맨(1995)의 미디어 폭력 실험과 또 하나는 셔먼과 버크(1984)의 배우자 폭력 체포의 영향 실험 이었다(Exhibit 7.3 참조). 그림에서 보듯이 부시맨(1995)의 미디어 폭력 실험에서는 실험설계에 사전조사가 있다. 이 실험에서는 대학생들이 실험집단과 비교집단에 무작위로 배정되었다. 실험집단과 비교집단으로 배정된 실험대상자들 모두 비디오테이프를 시청하지만 실험집단은 폭력적인 영상이 포함된 비디오테이프를 시청하게 되고, 비교집단은 비폭력적인 영상을 시청하게 된다. 비디오 시청 이후 사후검사를 통해 폭력성지수를 측정하였다.

부시맨(1995)은 폭력성에 대한 서로 다른 값을 측정하기 위해서 조작(비디오테이프 시청) 전 사전검사와 조작 이후 사후검사를 실시하였다. 이것은 진실험설계로써 폭력성에 대한 서로 다른 값을 측정할 수 있고, 실험집단과 비교집단의 폭력지수의 변화를 측정할 수 있게 해준다. 이것은 실험설계에서 사전조사 측정의 장점을 보여준 연구이다.

Exhibit 7.3은 셔먼과 버크(1984)의 실험을 보여주고 있다. 셔먼과 버크(1984)의 실험에 참여한 모든 조사자들은 경범죄자들로 미네소타 주의 미네아폴리스에서 배우자를 폭행한 혐의로 보고된 사람들이다. 실험의 조작은 체포이고 비교 조작은 별거와 불체포이다. 이 실험설계에서 핵심 포인트는 사건을 무작위분배를 통해 체포한 상태와 체포하지 않은 상태로 분류하였다는 점이다. 실험 참여자들은 경찰관이 사건현장에 나타났을 때 무작위로 선택된 경찰기록종이의 색상에 따라 실험집단과 비교집단으로 분류가 된다. 예를 들어 만약 경찰관이 사건 현장에 나타났을 때 경찰기록종이 색상이 분홍색이면 조사 참여자는 체포가 될 것이고

종이가 흰색이면 체포되지 않을 것이다. 그리고 사후검사 측정은 재범여부이다. 만약 사건 발생이후 6개월 동안 체포된 배우자폭력범죄자들이 체포가 안 된 배우자폭력범죄자들보다 배우자에 대한 폭력이 적게 나타난다면, 여기서 측정된 감소율은 실험에서 사용한 조작(체포)에 의한 결과일 것이다.

제7장을 통해서 각각의 실험설계에 대한 주요 특징들을 좀 더 배우게 될 것이다. 서로 다른 실험설계 가변성의 이해를 돕기 위해 간략한 도표를 사용할 것이다. 또한 이 도표는 어떤 실험이건 인과관계를 설명하기 위해 비교집단, 사전검사, 사후검사, 그리고 무작위분배 등이 얼마나 적합하게 적용이 되는지를 배우게 될 것이다. 앞서 언급한 "교도소의 보안정도에 따라 재소자들의 행동에 어떤 영향을 주는가?"를 논의해 본다.

EXHIBIT 7.3 부시맨(1995), 셔먼과 버크(1984)의 실험에서 사용된 실험설계

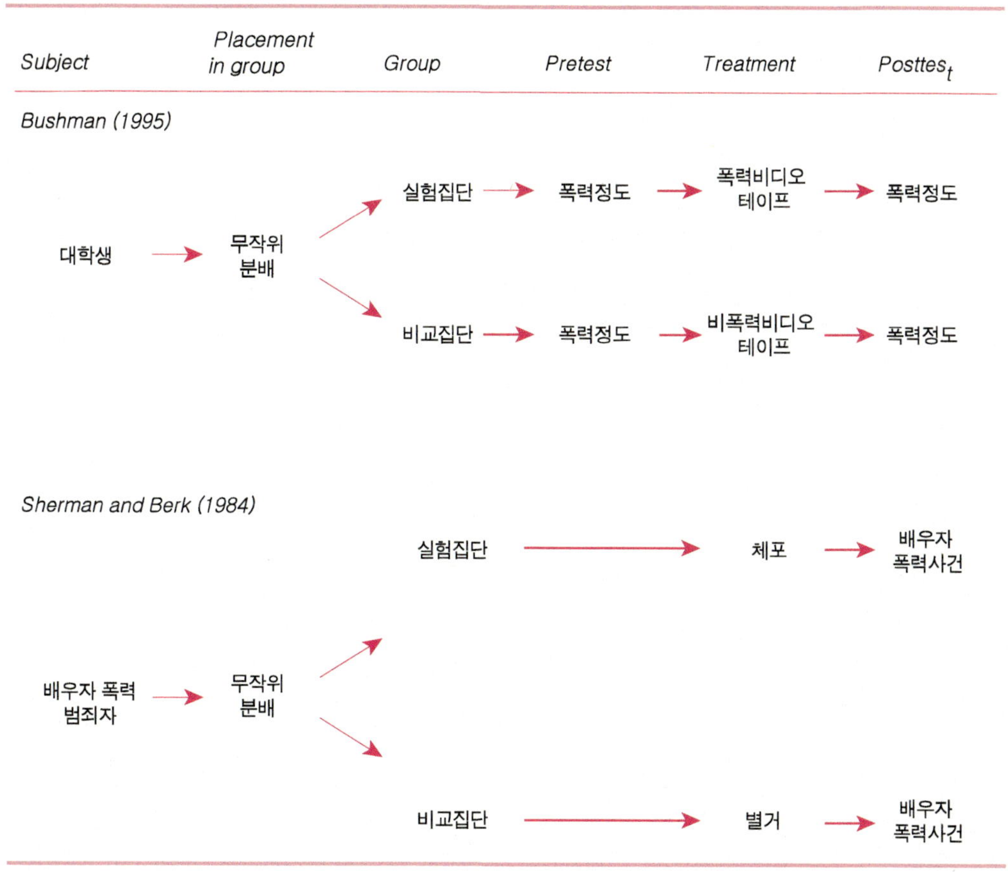

사례연구 : 교도소 분류와 재소자의 행동

미국은 주에 따라서 교도소 보안정도에 따른 분류기준이 서로 다르다. 때문에 분류 기준과 상관없이 재소자들이 교도소의 보안정도에 따라 배정 되었을 때 그 정도에 따라서 다른 영향을 줄 것이다. 이에 따라 벤치와 알렌(Bench and Allen, 2003)은 재소자에 대한 다양한 행동을 아래와 같이 언급하였다.

> 최고보안 교도소로 배정된 재소자들은 다루기 힘들고, 권력을 경멸할 것이며, 다른 재소자들과 싸우기 쉽고, 도망칠 위험이 높다는 이미지를 즉각적으로 갖게 될 것이다. 반대로, 중간보안 교도소에 배정된 재소자들은 좀 더 다루기 쉬우며, 탈출할 위험도 낮다고 생각할 것이며, 최고보안 교도소만큼 감시를 요구하지 않을 것이라는 일반적인 생각을 갖게 될 것이다.(p. 369)

실제로 벤치와 알렌(2003)은 교도소의 보안정도에 따른 분류가 재소자들에게 어떤 영향을 주는지를 알아보기 위해, 유타 주 교도소에서 범죄의 심각성, 감금의 예상기간, 과거 폭력범죄 기록, 탈출기록, 전과기록, 나이, 과거 보호시설의 조정, 과거 약물남용 기록 여부에 의해서 최고보안 교도소로 배정된 재소자중 200명을 무작위선출방법을 통해 표집집단을 구성하였다. 200명의 재소자들은 무작위분배를 통해 실험집단인 중간보안 교도소로 재분류되었고, 나머지는 최고보안교도소에 그대로 남게 되었다. 독립변수는 보안정도에 따라 분류된 교도소이고 종속변수는 규율위반 횟수이다. 여기서 규율위반은 일반적으로 교도소에서 규율을 위반한 경우를 말한다. 규율정도는 위반의 심각성에 따라 통제 되었다(예를 들어 불법적으로 소유하게 된 음식은 다른 재소자를 폭행하는 것보다 약하다). 이 실험에서 주된 가설은 아래와 같다. 중간보안 교도소로 재분류된 실험집단 재소자들은 최고보안 교도소에 남아있는 비교집단 재소자들보다 규율 위반 횟수가 더 적을 것이다. Exhibit 7.4에서는 실험에 대한 도표를 보여주고 있다. 실험결과에 의하면, 중간보안 교도소로 재분류된 재소자들과 최고보안 교도소에 남아 있는 재소자들은 규율위반 횟수에 다른 점이 없는 것으로 나타났다. 벤치와 알렌(2003)에 의하면,

> 여러 가지 측면으로 보아도 최고보안 교도소 재소자들은 감금의 기간, 범죄의 정도, 전과기록, 그리고 폭력성면에서 두드러지지만 중간보안 교도소에 투옥하여도 규율위반 위험성이 증가하지는 않는다...... 게다가, 시설기관은 최고보안 교도소의 시설비용 등

얼마나 많은 교도소가 추가적으로 필요한지 조심스럽게 고려해야 한다.(p. 378)

진실험설계에 대한 절차의 이해를 돕기 위해서 콜버트, 페터노스터, 그리고 부시웨이(Colbert, Paternoster, and Bushway, 2002)에 의해 실시된 보석심리과정에서 변호사의 영향에 대한 실험에 대하여 설명할 것이다.

EXHIBIT 7.4 **교도소 분류에 따른 재소자 행동에 대한 영향 실험**(Bench and Allen 2003).

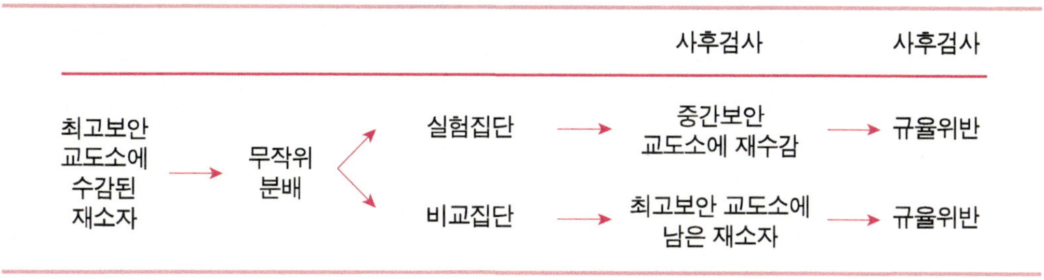

사례연구 : 보석심리과정에서 변호인의 영향

미국 수정헌법 제6조에 의하면 피고인은 그의 방어를 위해서 변호인의 조력을 받을 권리를 갖지만 이 권리는 보석 심리까지 보장하지는 않는다. 다시 말해 기소된 범죄자들은 보석 심리과정에서 개인 변호인을 이용할 수가 없고 재판 때까지 기다려야 한다. 이러한 현실이 교도소 인구가 늘어나는데 시발점이 되는 중요한 역할을 한다. 많은 사법관할권에서 경범죄에 대한 체포가 늘어나고 있는 것을 알 수 있는데 이것은 제로관용정책과 피고인이 교도소에서 재판을 기다려야 한다는 점 때문이다. 게다가 이런 구금정책은 종종 직업을 잃게 하고, 가족들은 아이들을 돌보기 위한 경제적인 지원을 잃게 된다. 보석 심리과정에서 변호인의 조력을 받을 때와 그렇지 않은 경우 구금율에 어떤 영향을 끼칠까? 콜버트와 그의 동료들(2002)은 볼티모어에 있는 변호인 보석 프로젝트에서 무작위 현장실험을 통해 답을 얻으려 했다. 그들의 연구에선 오직 비폭력 범죄자들만 사용하였고 실험을 위해 약 300명의 비폭력자들이 선택되었다. 법적대리인은 준법률가에 의해서 보석심리과정에서 변호인의 조력을 받을 수 있는 실험집단과 변호인의 조력을 받을 수 없는 비교집단으로 무작위 분류되었다. 저자는 "이 실험에서 비폭력자들의 무작위분배의 목적은 범죄용의자가 가능한 비슷하게 변호인을 제공받을 수 있게 만드는 것"이라고 했다(Colbert et al., 2002:1749). 이 실험은 Exhibit 7.5에 도표화되었다.

실험과정에서 리서치 연구자는 대부분이 대학원생으로 구성되었고 법과대학 학생들이 보석심리과정에 참석하여 범죄 용의자에 대한 중요정보인 폭력의 가담여부, 범죄 전과기록 그리고 다른 개인정보들을 기록하였다.

EXHIBIT 7.5 콜버트와 그의 동료들(2002)의 보석심리실험에서 실험집단과 비교집단

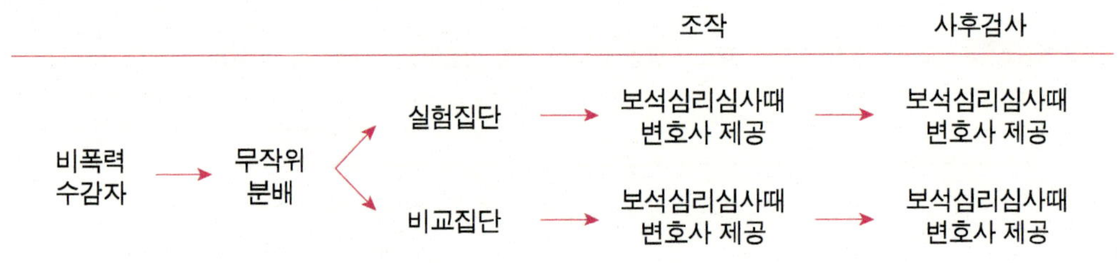

의사실험 (QUASI-EXPERIMENTS)

진실험설계에서 가설검정은 종종 조사대상자와 실험환경 때문에 실현 불가능한 경우가 많다. 실험자체가 시간과 비용이 너무 많이 들 수도 있고, 특정한 실험 문제에 적절히 대응하지 못하였거나, 조작이나 중재가 이미 반영이 됐을 가능성을 배제할 수 없다. 연구자들은 실험 설계의 논리적 장점은 유지하면서 이러한 문제점을 극복하기 위해 노력하였다. 연구자들은 실험 설계의 몇 가지 장점을 유지하면서 중요한 세부사항을 다르게 하는 연구설계를 사용 할 수 있다. 이러한 실험 설계의 가장 효과적인 대안책은 내적 타당도를 극대화시켜주는 **의사실험설계(quasi-experimental design)**이다. 의사실험설계에 대한 정의는 전문가들 사이에 다양하지만, 의사실험설계에서는 동일 학교 **집단(cohort)**의 출석 여부나 특정 서비스를 이용할 수 있는 자격과 같이 사전에 실험집단과 비교되는 비교집단이 명확하게 정해진다(Rossi and Freeman, 1989).

그러나 조사대상자가 실험집단과 비교집단에 무작위분배가 이루어지지 않았기 때문에 이런 조사 설계를 "의사"실험설계 라고 한다. 어떤 다른 의사실험설계에서는 비교집단이 없이 실험집단만 사전검사와 사후검사를 통해 결과를 도출한다. 이런 실험설계방법은 진실험설계만큼 인과결과를 신뢰 할 수는 없다.

의사실험설계의 주된 세 가지 방법은 아래와 같다(또 다른 방법은 쿡과 캠벨(1979) 또는 모어(1992)에서 찾아볼 수 있다).

- **비등가 통제 집단설계**는 조작이 발생하기 전에 실험집단과 비교집단으로 구성되지만, 무작위분배에 의하여 분류되지 않는다.
- **사전 사후 설계**는 사전검사와 사후검사로 구성되지만, 비교집단이 없다. 하지만 조사대상자는 조작 전후에 검사가 이루어져 자체적으로 비교할 수 있다.
- **사후 통제집단 설계**는 비등가 통제 집단설계와 비슷하지만, 무작위분배를 사용하여 실험집단과 통제집단으로 구분하지 않는다. 하지만 비등가 통제 집단설계와는 달리 사후 통제집단 설계는 조작후 사후검사만 실시한다. 이런 이유 때문에, 어떤 연구자는 이 실험설계를 비 실험설계라 하기도 한다.

비등가 통제 집단설계(Nonequivalent Control Group Designs)

의사실험 설계에서 비교집단과 실험집단은 가능한 비슷하게 선택이 되는데 여기에는 두 가지의 선택 방법이 있다.

개인 매칭(짝짓기). 조작집단(실험집단)의 조사대상자는 비교집단의 조사대상자들과 비슷하게 짝이 맞춰진다. 예를 들어 조작집단에 배정된 20살의 멕시코계 미국인은 아마도 20살의 비교집단에 배정된 또 다른 20살의 멕시코계 미국인과 짝이 맞춰진다. 이 방법은 어떤 변수가 짝짓기에 사용되는지 사전에 결정하는 것이 문제다. 그러나 어떤 상황에선 반대로 비교집단이 실험집단에 비슷하게 짝짓기가 되는 경우가 있다. 예를 들어 어떤 헤드스타트 계획의 영향에 대한 연구에서는 사회적으로 혜택을 보지 못하는 취학 전 아동을 위한 정부 교육 사업에서 조사대상자의 형제자매가 비교집단으로 선택되었다. 이렇게 비교집단은 실험집단과 비슷해진다.

집합 매칭(짝짓기). 집합을 매칭 한다는 이야기는 주요변수의 비슷한 분포의 집단을 선택하는 것을 말하는데 같은 평균나이, 같은 비율의 여자 등으로 선택되는 것을 말한다. 이 방법은 비교집단이 실험집단과의 매칭에서 개인보다는 집합의 비슷한 점에 따라 짝을 이루는 방법을 말한다. 대부분의 상황에서는 무작위분배가 불가능하기 때문에 이런 경우 짝짓기 방법이 적합하다. 이 설계방법은 조사대상자가 실험집단이나 비교집단에 무작위로 선택 될 수가 없다.

사례연구 : 약물법정 프로그램의 효율

리스트완과 그녀의 동료들(Listwan et al., 2003)의 약물법정 프로그램의 효율성에 대한 재범 연구에서는 비등가 통제 집단설계를 사용하였다. 그들의 의사실험 설계를 Exhibit 7.6에 표로 설명을 하였다. 정책입안자가 정책과제로 마약의 통제와 마약 관련 범죄를 최우선 순위로 하면서 미국 내 약물법정 프로그램에 대한 엄청난 관심을 보이고 있다. 그들은 교정 교도소를 근간으로 한 마약중독자들에 대한 대응과 일반적인 지역 사회 공동체를 근간으로 하는 치료 모델이 합쳐진 것이다. 만약 마약 중독자가 치료되지 않는다면, 마약 사용자나 마약 관련 범죄의 증가로 인해 법원과 교도소가 마비될 수 있기 때문에 약물법정의 움직임이 나타난 것이다. 약물법정 프로그램들이 관할권마다 매우 다양하게 나타나고 있지만, 약물법정 프로그램은 알코올·마약 치료 프로그램과 형사사법제도를 일반적으로 통합시킨 것이다. 이 약물법정 프로그램은 절차상 시간을 절약하고, 법원에 마약관련사례를 줄이며, 교도소 인구를 줄이는 등 마약관련 범죄자들을 통제하는데 들어가는 비용을 줄이는 것을 목적으로 하였다.

리스트완과 그녀의 동료들(2003)은 오하이오 주의 신시내티에 해밀턴 카운티 약물법정 프로그램 참가자들이 마약관련 범죄 또는 다른 범죄에 낮은 재범률을 보이는 지에 대한 실험을 하였다. Exhibit 7.6을 보면 두 개의 집단을 구분하였는데, 한 집단(실험집단)은 약물법정 프로그램에 참여하고 다른 집단(비교집단)은 약물법정 치료 서비스나 추가적인 법정 감독이나 관리는 받지 않는다.

EXHIBIT 7.6 약물 법원 연구의 의사실험 설계

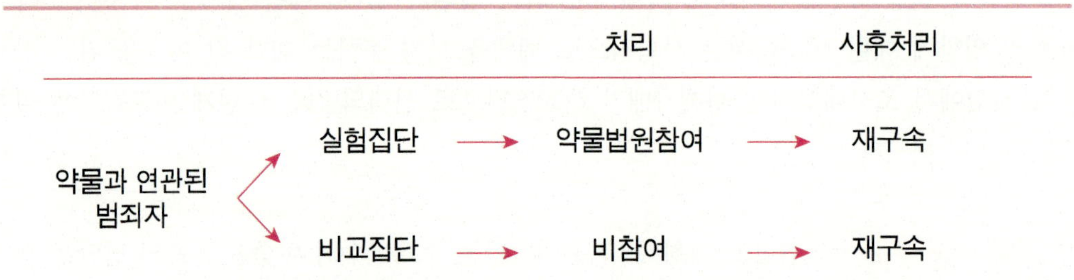

출처 : Adapted from Listwan et al., 2003.

여기서 중요한 것은 범죄자들이 어떤 집단에도 무작위로 분배가 되지 않았다는 점이다. 연구자들에 의하면 "통제집단의 참가자들은...... 약물치료를 거부하거나 또는 약물법정팀으로 부터 거절을 한 사람들" 이라고 하였다(Listwan et al., 2003:396). 불행하게도, 대부분의 정책 평가 연구에서 무작위분배를 적용할 수가 없기 때문에 가설검정을 위한 인과관계는 조작과 결과를 통해서 알 수가 있다. 연구자들은 두 집단사이에 가능성 있는 다른 점을 조사하였다. 두 집단사이에는 나이, 인종, 교육, 마약관련 체포경력 등에서 유의미한 다른 점은 없었지만, 실험집단 참가자들 중에 많은 여성들과 다른 전과경력만이 마약과 연관성이 없음을 찾았다. 프로그램이 끝난 이후 4년 동안 실험참가자의 체포와 구금기록에 대해서 조사를 한 결과 일관성이 없는 것으로 나타났다. 프로그램에 참여한 실험참가자들의 마약관련범죄자들의 재 구속될 확률은 떨어졌지만, 다른 범죄관련 재 구속은 줄어들지 않았다.

전후설계(Before-and-After Designs)

전후설계의 공통적인 특색은 비교집단이 없다는 것이다. 모든 실험참가자들은 오직 실험조작에만 노출이 된다. 근본적인 비교는 실험집단의 조작 전 측정에 의해서 이루어진다. 사실상 이러한 설계들은 중재연구와 같이 모집단의 구성원들 모두가 궁극적으로 어느 정도까지는 동일한 실험 처치를 경험할 수 있는 연구에 유용하다.

가장 단순한 사후설계는 고정된 표본패널 설계(fixed-sample panel design)이다. 패널설계는 하나의 사전검사와 하나의 사후검사를 포함한다. 이 설계방법은 비교집단 없이 실험대상자가 조작 전에 조사를 하여 서로 다른 점을 찾기 때문에 실험집단과 비교집단 사이에 나타나는 차이로 결과를 도출해내지 않는다. 따라서 의사실험설계 만큼 신뢰를 갖지 않는다. 전후설계 방법은 실험 조작 이외에 많은 것들이 사전조사 이후에 영향을 줄 수가 없기 때문에 사전조사와 사후조사에서 나타난 종속변인의 변화는 조작의 영향에 의해서 단독적으로 나타난 영향인지 확신할 수가 없다.

사례연구 : 청소년 형사정책 법률의 영향

캐링턴과 슐렌버그(Carrington and Schulenberg, 2008)의 "2002년 캐나다 청소년 형사정책 볍률(YCJA)에 대한 영향" 연구에서 경찰의 재량과 청소년범죄자의 체포와의 관계를 알아보기 위해 시계열 설계(time serise design)를 사용하였다. 이것은 때때로 반복측정패널설계(repeated measures panel design)라고도 불린다. 일반적으로 이 설계는 다수의 사전검사와 사후검사를 포함하며, 연구자가 중재 또는 조작의 영향이 오랫동안 지속될 때 사용하는 방법이다. YCJA의 주된 목적 중에 하나가 2003년에 영향을 보였으며, 소년법원으로 보내지는 숫자가 줄어드는 효과가 나타났다. YCJA는 일반적으로 경찰관이 경미한 범죄에 대한 기소를 고려할 때 법의 영역 밖인 경고를 주는 것을 먼저 고려하라는 것이다.

YCJA의 영향을 알아보기 위해, 캐링턴과 슐렌버그(2008)는 1986년 1월 1일부터 2006년 12월 31일까지 체포되어 기소된 청소년들을 조사하였다. 경범죄로 기소가 된 경우와 기소가 가능하지만 기소가 안 된 경우를 캐나다 표준범죄보고서(UCR)로부터 수집하였다. 연구자에 의하면 "기소율의 변화 또는 기소된 청소년들의 기소 가능한 비율은 청소년들을 체포하는데 사용하는 경찰의 재량을 나타낸다"고 하였다(Carrington and Schulenberg, 2008:355). 실제 청소년범죄율을 통제하기위해서 조사자들은 1인당 비율도 조사하였다. Exhibit 7.7을 보면 청소년들의 연간 100,00명당 비율을 a) 체포(예, 기소가능한), b) 기소된, 그리고 c) 기소가 안 된 순서로 나열하였다. 이것은 YCJA의 조작에 영향이 있음을 정확하게 보여주고 있다. 2003년도를 보면 청소년들의 기소에 대해 변화가 나타났으며, 어떤 영향이 미쳤을 것으로 보인다. 그러나 그 당시 어떤 사건도 일어나지 않았기 때문에 YCJA에 의한 변화라고 보는 것이 좀 더 타당한 것으로 보인다. 그림에서 보여주듯이 시계열설계는 특히 계속 진행 중인 새로운 법 또는 사회적 프로그램의 영향에 대한 연구에 유용하게 쓰인다.

사후 통제집단 설계(Ex Post Facto Control Group Designs)

조작이후 실험집단과 비교집단의 차이를 보는 것을 사후(이미 일이 벌어지고 난) 통제집단 설계라고 한다. 이 설계는 의사실험설계 보다는 비실험설계로 고려되는데, 비교집단이 실험집단과 비슷하지 않기 때문이다. 그러나 신중하게 설계된 사후통제집단 설계는 의사실험설계로부터 나오는 인과결과 만큼 실험집단과 비교집단의 차이에서 나오는 인과결과에 대한 타당도에 신뢰를 가진다(Rossi and Freeman, 1989).

사례연구 : 체포가 비행을 증가시키나?

패링턴(Farrington, 1977)의 일탈확대 절차 연구는 사후 통제집단 설계의 가장 적합한 모델이다. 패링턴은 낙인이론으로부터 파생된 일탈확대의 주된 가설을 검정하는 것에 관심을 가졌다. 베커(Becker, 1993)는 일탈확대 현상에 대한 설명을 이와 같이 설명 하였다. "일탈행동이 지속적으로 이루어지는 가장 중요한 단계 중 하나는 체포경험과 공개적으로 일탈로 낙인 찍히는 것이다"(p. 31). 패링턴은 낙인이 찍힌 사람들은(공개적으로 일탈로) 그렇지 않은 사람들보다 일탈행동이 증가할 것이라고 가설검정을 하였다. 그는 공개적인 낙인을 측

EXHIBIT 7.7 반복측정 패널 설계를 이용한 소년 형사정책 법률의 효과의 결과

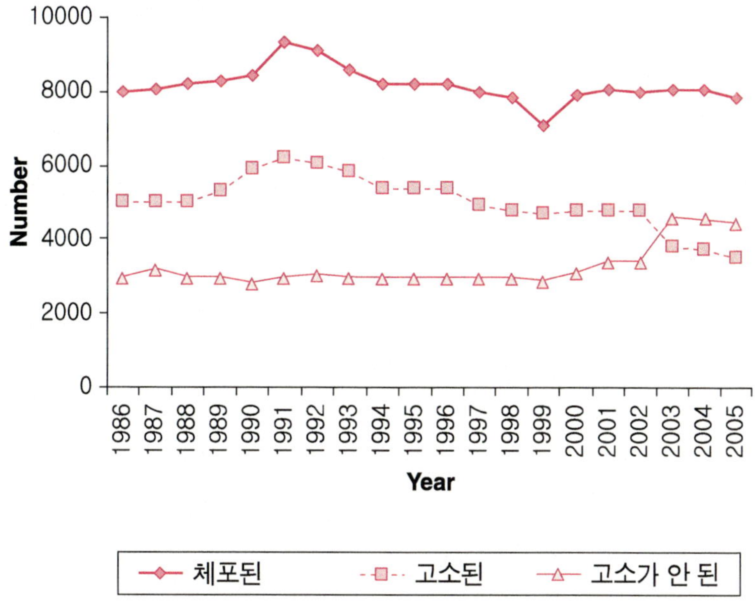

정하기 위해서 비행행동에 대한 유죄선고 유무를 사용하였다.

그는 가설검정을 위해 진실험설계를 사용하였고, 범죄행동으로부터 법정에서 유죄선고를 받은 집단과 그렇지 않은 집단을 무작위분배를 통해 분류하였다. 여기서 나타난 두 집단 간의 다른 점은 공개적인 낙인(유죄) 여부에 따라 나타난 것으로 볼 수 있으며 이것은 어떤 다른 요소에 의해서 실험 전에 영향을 준 것은 아니다. 그러나 윤리적인 문제 때문에 실험을 수행하기는 불가능하다.

이러한 윤리적인 문제 때문에, 패링턴(1977)은 비행발달에 관한 캠브리지 연구에서 런던에 있는 청소년들을 세 차례(14세, 16세, 그리고 18세)에 걸쳐 인터뷰를 실시하였다(비행발달 캠브리지 연구는 런던에서 노동자계급의 8세에서 18사이의 청소년 400명을 14세, 16세, 18세에 세 번에 걸쳐 인터뷰 하였다). 총 세 번의 인터뷰를 통해 그들의 비행 참여여부를 조사 하였다. 예를 들어 18세 때는 무단침입, 자동차 절도, 슬롯머신 절도, 들치기, 차 훔쳐 타고 돌아다니기, 재산피해, 훔친 물건 구입 등 7개의 비행행동을 조사하였다. 여기서 종속변수는 청소년들이 자기기입한 비행점수이다. 또한 조작 또는 중재변수는 청소년들이 범죄로 기소된 범죄기록으로부터 측정을 하였다. 자기보고식으로 기입한 청소년비행 점수는 14세 때 사전조사를 통해 측정하였고 18세 때 사후조사를 실시하였다. 사전 사후 인터뷰 사이에 범죄로 기소된 청소년들은 공개적 낙인이 찍힌 집단 즉 실험집단으로 분류하였다. 반면에

기소되지 않은 청소년들은 비교집단으로 분류하였다(Exhibit 7.8 참조).

패링턴(1977)은 이 조사 자료를 통해 여러 가지 가설 검정을 하였는데 낙인과 비행사이의 중재역할 또는 인과적 메커니즘(mechanisms)을 조사하기 위해 다른 변수들의 영향을 배제시켰다.

가설검정 결과에 의하면 사회적 낙인(범죄 기소로부터 측정된)은 일탈행동(자기보고형식으로 측정된 비행)을 증가시킨다고 하였지만, 이러한 의사실험설계의 매칭방법으로부터 얻은 연구결과는 진실험설계처럼 명확한 결과를 보여주지 않는다. 다음단계는 이렇게 얻은 결과를 어떻게 일반화 시키느냐이다. 만약 일탈확대와 다른 조작적 정의인 사회적 낙인과 일탈행동에서도 같은 결과가 나타나는지 그리고 다른 시간과 장소의 청소년들로부터 뽑은 표본에서도 같은 결과가 나오는지를 조사하면 이것을 일반화 시키는 좋은 방법이 될 것이다.(p. 123)

EXHIBIT 7.8 사후통제집단설계 : Farrington(1977) 일탈확대 테스트

대상	집단분배	집단	사전조사	조작	사후조사
		실험집단 →	비행행동 14세 →	범죄기소 →	비행행동 18세
런던청소년	비무작위 분배				
			비행행동		비행행동

실험의 타당성 (VALIDITY IN EXPERIMENTS)

어떤 조사 설계든 실험설계가 타당한 결과를 도출했는지 평가할 수 있는 능력이 있어야 한다. 특히 진실험설계는 인과성(내적 타당도)에 대한 타당한 결과를 도출하기에 아주 적절한 설계이지만, 결과를 일반화하기에는 문제가 있다. 의사실험설계는 진실험설계보다는 결과를 일반화하기에는 좋으나 내적타당도에 문제가 생기기 쉽다(비록 어떤 연구자는 진실험설계 만큼 가능한 내적타당도를 위협하는 요소를 제거 한다 해도 내적타당도에는 문제가 있다). 변수 측정의 타당도에도 문제는 있지만, 실험설계가 자체적으로 측정에 대한 특정한

장·단점 또는 특별한 방법을 제공하지는 않는다. 이 장을 통해서 실험설계의 내적타당도나 일반화에 대한 가능성 있는 문제들을 풀어나가는 방법들을 배우게 될 것이다.

인과(내적) 타당성(Causal(Internal) Validity)

실험 연구가 인과관계(casual effects)의 타당한 결론을 도출하는 것은 실험집단과 대조집단의 비교를 통해 이루어진다. 첫째, 비교집단을 형성하여야 한다. 둘째, 이 대조집단은 반드시 실험집단과 유사하여서, 실험처리가 주어지지 않았거나 독립변인이 변화하지 않았을 경우의 실험집단의 모습을 유추할 수 있어야 한다. 예를 들면 부시맨(1995)의 연구에서 이 두 집단 간의 유일한 차이점은 한 집단은 폭력적인 영상물을 시청하였다는 것이고 다른 한 집단은 그렇지 않았다는 것이다.

내적 타당도를 위협하는 다섯 가지 기본 요소:

1. 선택 편향: 실험 그룹과 대조 그룹의 구성원들의 특징이 다를 때
2. 내적 변화: 실험 과정 도중에 실험 참가자들이 자연적으로 실험 처치와 별개로 성장하거나 변화하였을 때
3. 외부 사건 효과: 실험 과정 도중에 실험 처치 이외의 요소들이 실험 결과에 영향을 주었을 때
4. 오염: 실험 그룹 혹은 대조 그룹이 상대 그룹을 인지하거나(실험이 진행 중임을 인지하였을 때) 그 결과로 사후 측정에 영향을 주었을 때
5. 처치착오: 독립변인(실험 처치)의 변화가 실험 결과에 영향을 주었지만 실험자가 그 독립변인의 변화를 인지하지 못할 때

선택 편향(Selection Bias)

진실험에서 실험의 구성요소와 대조집단 간의 본질적 차이가 실험 결과에 영향을 미치는 일이 없다는 것을 이미 알고 있을 것이다. 만약(실험처치 이외의) 두 집단 간의 차이에 영향을 받았다면, 이는 선택 편향(selection bias)을 야기할 것이다. 우연에 의한 실책이 발생할 수는 있지만, 무작위 배치는 두 집단의 특성을 평준화시킨다. 우연에 의하여 두 집단 간에 차이가 발생할 가능성은 적절한 통계기법으로 확인 할 수 있다.

그러나 현장실험에서는 무작위 배치로 계획되었더라도 그 과정이 프로그램 관리자에게 배정되었을 때 악영향을 미칠 수 있다. 프로그램 관리자가 항상 규정된 절차를 따르지는 않는 것이다. 이러한 문제점은 셔먼과 버크(1984)가 미네폴리스에서 진행하였던 가정폭력 실험에서 찾아 볼 수 있다. 당시 해당 경찰관들은 실험 과정에서 무작위로 선별된 용의자들이 체포가 아니라 단순 경고를 받는 것으로 끝난다고 생각하여 무작위 배치 계획을 위반하기도 하였다. 몇 차례의 추후 연구에서 연구자들은 이러한 무작위 배치 과정이 잘 지켜지는지를 확인하기 위해 각별한 주의를 기울이기도 하였다.

무작위 배치 계획이 잘 실행된다 하여도, 그룹들은 시간이 흐름에 따라 **차별적 탈락(differential attrition)** 혹은 선택의 해제에 의하여 달라 질 수 있다. 다시 말해, 각 그룹의 실험 참가자들이 다양한 이유로 해당 그룹에서 빠져나가는 과정(탈락)을 통해 두 그룹이 차별화 되는 경우가 있는 것이다. 이러한 차별적 탈락은 한 번에 실행되는 시험실 실험에서는 문제가 되지 않지만, 반복적인 측정이 필요한 실험에서는 문제를 야기할 수 있다.

차별적 탈락은 사회보장제도의 영향을 평가하는 현장 실험에서 빈번하게 나타난다(Cook and Campbell, 1979). 예를 들면 사회보장제도의 혜택을 받는 참가자들은 사후 측정이 실시될 때까지 그 실험에 남아있는 경우가 많은 반면, 사회보장 제도의 혜택을 받지 못하는 그룹의 참가자들은 종종 그 실험 참가를 그만두는 경우가 있다. 또 다른 경우는 알코올중독치료 프로그램 연구에서의 알코올중독자와 같이 실험을 위하여 필요한 참가자들이 실험에서 빠져나갈 확률이 높은 경우이다(Rossi and Freeman, 1989). 이 차별적 탈락이 야기하는 문제점은 두 비교집단이 최초에는 무작위 배치가 되었다는 사실에도 불구하고 더 이상 동일한 조건에 놓여있지 않는 다는 것이다.

장기간에 걸쳐 프로그램의 효과를 조사하는 **평가 연구(evaluation research)**의 경우, 차별적 탈락의 가능성이 높아진다. 실험집단과 대조집단이 받지 않는 특정 서비스나 혜택을 받는 경우, 대조집단에 속해 있는 참가자들은 연구 중간에 빠져나가는 확률이 더욱 높다.

비 동등 통제집단설계와 같이, 실험 참가자들이 실험 그룹과 대조집단에 무작위하게 배치되지 않는 경우, 선택 편향이 발생 할 수 있는 위험이 매우 크다. 연구자가 실험집단과 대조집단을 몇몇의 중요한 변인들을 비교하여 선별한다 하여도, 두 집단의 종속변인이나 혹은 사후 측정에 궁극적으로 영향을 미치는 다른 특성들마저 동일하다고 보장 할 수는 없는 것이다. 그러나 사전조사는 두 그룹간의 선택 편향이 존재하는지를 확인해 주고 이를 통제할 수 있도록 도와준다. 최종 결과에 영향을 미치는 대부분의 변인들은 사전조사에서도 그 영향이 나타날 것이다. 사전조사의 결과 값을 통계적으로 통제하는 것도 측정 되지 않은 변인들의 영향력을 통제할 수 있게 해준다.

내적 변화(Endogenous Change)

내적 변화(endogenous change)는 사전조사와 사후조사 사이에 발생한 부분적 혹은 전체적인 변화가 실험 처치와는 별개인 실험 참가자의 자연적인 성장과정에서 발생한 경우를 말한다. 내적 변화는 실험의 내적 타당도를 위협하는 세 가지 요인을 가지고 있다.

조사. 사전조사에 참가하는 자체가 사후조사의 결과에 영향을 미칠 수 있다. 실험 참가자는 사전조사에 참가하는 과정에서 특정 부분을 배우거나 인지하여, 그 결과 사후조사 시 주어지는 동일한 질문에 다르게 응답 할 수 있다.

성숙. 장기적인 실험 처치기간에 관련하여 실험 과정 중에 발생한 성숙으로 인한 결과 값의 변화. 실험 참가자들은 나이를 먹거나, 학교에서 경험을 습득하거나, 혹은 지식의 증대, 다른 모든 종류의 자연적인 성숙 과정에서 얻어지는 경험들로 인하여 사전 실험과 사후 실험에 다르게 응답할 수 있다.

회귀. 사람들에게 나타나는 주기적 혹은 가끔씩 발생하는 변화가 사후 실험의 결과에 영향을 줄 수 있으며, 이를 회귀 효과(regression effect)라 한다. 시험 성적이 낮아서 선택된 실험 참가자는 단순히 시험 당일의 컨디션으로 인하여 낮은 성적을 받았을 수도 있기 때문에 사후 실험에서 향상된 점수를 받을 확률이 평균적으로 높다. 이와 달리, 충치로부터 고통을 받아 선택된 실험 참가자는 충치가 자연적으로 치유되지 않기 때문에 사후 실험에서 향상된 결과를 보이지 않을 것이다. 많은 경우에 발생되는 현상들이 자연적인 변화로 인하여 나타나는 것인지 아닌지를 알아내는 것은 쉽지 않다. 그렇게 때문에 실험 참가자를 선택할 시, 결과 값이 매우 높거나 낮은 경우에는 회귀효과의 가능성을 항상 고려해야 한다(Mohr, 1992).

일반적으로 조사, 성숙, 회귀 효과는 진 실험에서는 문제가 되지 않는다. 실험 그룹과 대조그룹 두 집단 모두가 사전 실험에 참가하기 때문에, 여기서 습득된 경험들이 사후 실험의 결과에 영향을 미친다 하여도 이 자체가 두 그룹의 비교에 영향을 미치지는 않는 것이다. 물론, 사전 실험이 없는 경우에는 '조사 효과'가 문제가 되지 않는다. 이와 마찬가지로 성숙과 회귀효과 역시 시작 시점이 같기 때문에 실험 그룹과 대조 그룹 모두에게 같은 영향을 미친다(돌발적인 요소가 발생하는 경우를 제외하고는). 이러한 내적 변화는 비교그룹 모두에게 영향을 미칠 수 있다. 두 그룹이 동등하게 영향을 받는다면 실험 결과는 왜곡되지 않을 것이다.

그러나 내적변화는 준 실험설계에서, 특히 사전-사후 설계조사에서는 큰 문제점이 될 수 있다. 단 한 번의 사전 실험과 사후 실험을 실행하는 패널 연구의 경우, 실험 내의 어떠한 변화라도 조사, 성숙, 혹은 회귀의 영향일 수 있는 것이다. 그러나 단기간에서 완료되는 연구의 경우 성숙효과의 영향을 받기는 어려울 것이다. 또한, 여러 개의 다양한 그룹은 회귀효과에 대한 걱정을 줄일 수 있을 것이다. 불행히도, 사전-사후 실험설계에서는 사전 측정과 사후 측정사이에 발생하는 내적 변화를 완벽히 제거하는 것은 불가능하다. 반복 측정 패널 연구와 시계열 설계는 연구자가 실험 처치 이후 종속변인 변화와 일관성의 패턴을 추적할 수 있기 때문에 이러한 점에서 효과적이라고 할 수 있다. 그렇기 때문에 진행 중인 성숙이나 회귀 효과는 연구자에 의하여 발견 및 참작될 수 있는 것이다.

외부사건 효과(External Events)

외부사건 효과(external events)는 때때로 실험의 **역사효과(history effect)**라고도 불린다. 실험 외부의 요소들에 의하여 참가자들의 실험 결과가 영향을 받을 수 있는 것이다. 외부 사건효과의 예로는 실험에 영향을 미칠 수 있는 중대한 사건이나 혹은 실험 참가자들이 겪을 수 있는 거대한 자연재해 등을 들 수 있다. 만약 연구자가 배우자 폭행을 줄이기 위한 의무적 구속 정책의 효과를 평가하는 실험 과정에서 O.J. 심슨 사건과 같은 재판이 열린다면 어떻게 될까? 이러한 사건은 분명히 실험 결과에 영향을 미치는 '역사효과'를 일으킬 것이다. 미디어는 O.J. 심슨 사건을 앞 다투어 보도할 것이고, 배우자 폭행이나 살인은 대중의 큰 관심을 얻을 것이다. 이렇게 관련사건의 인지도가 증가함에 따라, 배우자 폭행의 많은 피해자들이 자신이 입은 피해를 이 기간 동안에 경찰에 신고를 할 것이다. 경찰서나 여성 보호소는 수많은 전화들로 넘쳐날 것이다. 만약 연구자가 배우자 폭행을 측정하려는 지표로 특정 구역의 경찰서에 걸려오는 전화의 숫자를 사용했다면, 이 역사효과는 연구의 내적 타당도를 심각하게 위협하는 것이다. 그 이유는 이 기간 동안 경찰서에 걸려오는 전화의 숫자는 의무적 구속 정책에 영향을 받았다기보다는 O.J. 심슨 사건에 영향을 받았을 확률이 더 크기 때문이다.

진 실험에서의 인과적 결론은 외부사건 효과 때문에 타당하지 않을 수 있지만, 모든 실험이 외부사건에 영향을 받는 것은 아니다. 외부효과로 인한 문제 가능성을 가려내기 위해서는 실험의 세부적인 특성들이 반드시 참작되어야 한다. 예를 들어 실험 그룹은 실험 처치를 받기위해 특정 장소에 가야하고 대조 그룹은 그렇지 않은 실험의 경우, 실험 처치와 관련되지 않은 외부 요소들이 특정 장소에 존재하여 그로부터 영향을 받을 수도 있는 것이다. 실험 그룹과 대조 그룹이 좀 더 세심하게 통제된 실험에서는 외부 사건이 실험의 인과관계를 영향을 미치는 가능성이 낮다. 외부 효과는 실험실 실험에는 거의 영향을 미치지 않는다. 뿐만 아니라, 비 동등 대조 그룹을 사용할 때, 실험 그룹과 대조 그룹이 동시에 같은 환경에 노출된다면, 대조 그룹은 외부 효과의 영향을 최소화 시킬 수 있다. 예를 들어 왓슨(Watson, 1986)의 연구에서 상대적으로 안전벨트를 꾸준히 착용하는 대조 그룹은 안전벨트 착용을 장려하는 텔레비전 광고에 실험 그룹에 비하여 영향을 덜 받는 것으로 나타났다.

사전- 사후 설계의 경우, 외부 효과의 문제점에 영향을 덜 받는 경향이 있고, 실험자가 사전-사후를 여러 번 비교하거나 혹은 동일한 그룹을 일정한 간격으로 여러 번에 걸쳐 사전-사후 결과를 측정하는 경우에는 실험 자체가 준 실험설계가 되어 버린다. 만약 여러 개의 그룹의 사전-사후 설계(multiple-group before-and-after designs)에서 차이점을 나타낸다면, 사전-사후 측정의 변화 값은 오직 변화의 일부분에만 영향을 주는 외부효과로 인한 것이라고 보기가 어렵다.

오염(Contamination)

실험에서의 오염(contamination)은 대조 그룹이 실험 그룹에 어떠한 방식으로든 영향을 주거나 혹은 받았을 때 발생한다. 기본적으로 오염은 실험에서의 적절한 조건 통제에 실패하였을 때에 발생한다. 대조 그룹의 참가자들이 그들에게만 특정한 조건이 주어지지 않았다는 사실을 인지하였을 경우 이를 보충하기 위해서 의도적인 노력을 하는데 이는 보상 경쟁(compensatory rivalry) 혹은 존 헨리 효과(John Henry effect)로 불리는 문제점을 야기한다(Cook & Campbell, 1979). 사레트스키(Saretsky, 1972)가 강철 기술자였던 존 헨리를 기리기 위하여 최초로 존 헨리 효과라는 용어를 만들었다. 존 헨리는 자신의 업무 결과가 증기 드릴과 비교되고 있다는 사실을 인지하고 지나치게 노력하여서 증기 드릴보다 더 좋은 업무 결과를 내었지만 결국 과도한 업무로 인하여 사망하였다.)

반면에, 대조 그룹이 자신들이 특정한 조건을 받지 않는다는 것을 인지할 때 역으로 사기가 저하되어서 그들이 실제로 실험이 아니었을 경우에 낼 수 있는 결과보다 더 부족한 결과를 만들어 낼 수 있다. 상대적으로 실험 처치가 실제 가지고 있는 효과보다 더욱 효과적인 것처럼 보일 수 있기 때문이다. 보상경쟁과 사기저하 모두 실제의 실험 처치 효과를 왜곡시킬 수 있다. 실험 그룹의 참가자들 역시 대조 그룹을 인지하고 그 결과가 그들에게 영향을 미쳤을 때에도 유사한 문제가 나타날 수 있다.

진 실험의 구성 요소들이 역사효과나 선택 편향과 같은 내적 타당도를 위협하는 요소를 잘 방어해준다 해도, 오염과 같은 문제점은 항시 존재한다. 연구설계를 면밀히 조사하는 것만이 오염이 특정 실험에서 문제가 될 수 있는지를 판단 할 수 있게 해준다. 연구가 실험실에 내부에서 진행되는지, 실험 도중에 실험 그룹과 대조 그룹이 접촉하지는 않는지, 실험 처치가 상대적으로 간단한지, 오염이 실험에서 문제점이 될지 안 될지. 이러한 조건들이 어느 정도까지 충족되지 않는다면, 오염이 발생할 가능성은 높아진다. 오염의 문제는 준 실험 설계와 진 실험 설계 사이에서 크게 다르지 않다. 실험 그룹과 접촉하지 않거나 실험처치를 전혀 인지 할 수 없는 비 동등 대조 그룹 설계는 어느 정도까지는 오염의 문제점을 최소화 시킬 수 있다.

처치 착오(Treatment Misidentification)

처치 착오는 실험 처치 자체가 실험 결과에 영향을 주는 것이 아니라 연구자가 인지하지 못하고 있는 중재 과정에 영향을 미치는 경우에 일어난다. 처치착오는 실험 조작과 관련되어 있는 대조 그룹의 참가자들의 알려지지 않은 수반 혹은 결과라고도 불린다. 두 가지 경우 모두, 참가자들이 연구자가 기대했던 경험 외 혹은 추가적인 경험을 하게 된다. 처치 착오는 최소한 세 가지의 요소를 가지고 있다.

1. *실험 스태프의 기대.* 실험 참가자에게 나타나는 변화가 실험 처치 자체에서 비롯된 것이 아니라 실험 처치를 전달하는 **실험 스태프의** 긍정적인 **기대(expectancies of the experimental staff)**에서 비롯되는 변화. 이러한 종류의 처치 착오는 무작위 배정이 잘 되어진 실험이라 할지라도 실험 스태프가 아주 미묘하게라도 그 실험에 대한 관심을 드러낸다면 발생할 수 있다. 이러한 스태프의 긍정적인 기대는 **자기충족예언(self-fulfilling prophecy)**을 발생시킨다. 이 사회 프로그램은 사람들에 의하여 전달되기 때문에 현장 실험에서 이러한 기대 효과를 통제하기는 매우 힘들다. 그러나 의학 약품과 같은 실험 처치를 사용하는 몇몇 실험에서는 **이중-은폐 과정(double-blind procedure)**을 통해서 이러한 처치착오를 최소화 시킬 수 있다. 이는 실험 스태프들이 실험 참가자들 중 누가 실험 처치를 받고 누가 모양은 같으나 실제로는 아무런 효과가 없는 위약(placebo)을 받는지를 알지 못한 채로 실험처치를 전달하는 방법을 말한다. 이 방법은 다른 실험들에서도 사용 할 수 있다. 실제로 이 장 앞부분에 다루었었던 교도소 실험에서도 수감자들을 배정할 때에 이중-은폐 과정을 사용하였다. 이 실험에서는 오직 교정부서의 서무차장과 수감자 배정 담당자만이 이 연구에 대하여 알고 있었다. 수감자들과 함께 일하는 교도소의 스태프들과 수감자들은 이 연구에 대하여 인지하고 있지 않았다. 이 방법은 스태프들이 가질 수 있는 기대감이 수감자들의 행동에 영향을 미치는 것을 막아준다.
2. *위약효과.* 처치 착오는 실험 참가자들이 실험처치를 받았을 때 그 실험 실험처치가 좋은 결과를 만든다고 생각하여 그 실험 처치 자체가 아닌 실험자들의 기대 때

문에 발생 할 수도 있다. 약품 연구에서 위약은 외관은 실험 처치와 같지만 아무런 성분이 들어 있지 않아 실험 결과에는 어떠한 영향도 미치지 않는다. 연구자들은 이러한 위약효과(placebo effect)가 상대적으로 가벼운 병리 증세를 갖고 있는 환자들 중 세 명 중 두 명 꼴로 긍정적인 효과를 미친 것을 밝혀냈다(Goleman, 1993a). 위약효과는 사회과학 분야에서도 나타날 수 있다. 내적 타당도를 위협하는 이러한 위험을 낮추는 유일한 방법은 대조 그룹에게도 유사한 실험 처치를 제공하는 것이다.

3. *호손효과*. 실험집단의 참여자들은 연구의 참여에 대한 특별한 분위기 때문에 종속변수에 의해서 변화가 나타날 수도 있다. 이런 문제는 실험처치를 받는 실험집단 참여자와 실험 처지를 받지 않는 비교집단 참여자를 비교 할 때 나타난다. 이를 오염효과의 한 종류하고 한다. 하지만 실험집단 참여자들은 그들이 실험에 참여하고 있다는 자체만으로 특별한 느낌을 갖게 될 것이다. 호손효과는 시카고 외곽의 호손 일렉트릭 플랜트에서의 생산성 실험을 시행한 이후에 유명해졌으며 호손효과(Hawthorne effect)라 이름이 붙여졌다. 조명의 밝기와 생산성의 관계를 규명하기위해 근로자들은 조명의 밝기가 조정이 되는 특별한 장소와 그렇지 않은 장소로 이동시켰다. 근로자들이 이동된 이후 장소의 상태와는 상관없이 모든 근로자의 생산성이 올라가는 것으로 나타났다. 실험에서 얻은 결과는 근로자들이 실험에 참여하고 있기 때문에 열심히 일을 해야 한다는 생각을 하여 생산성이 높아진다고 결론을 내렸다. 이 실험 이후에 나타나는 결과는 물질적인 환경보다는 근로자들 사이의 사회적 상호관계가 영향에서 온다고 하였다. 대부분의 운영관리 사학자들은 인간관계 경영 학교는 이런 통찰력으로부터 시작된 것이라고 믿고 있다.

과정분석단계(progress analysis)에서 실시되는 주기적인 측정은 실험집단에 조작 또는 처치가 계획한 대로 잘 전달이 되었는지 측정하기 위한 것이다. 현재, 연구자들은 처치의 오인을 피하기 위해서 과정분석을 과거보다 더 많이 사용한다. 이런 과정분석은 평가연구에서도 중요한 요소로 사용이 되는데 이것은 연구의 결과가 정책이나 프로그램에 의해 나타난 영향인지 확인을 할 때 사용이 된다(Hunt, 1985).

일반화 가능성(Generalizability)

진실험설계에서 일반화가 가능한 결과를 얻는 것은 실험에서의 아킬레스건(치명적 급소)

이라 할 수 있다. 진 실험 설계에서 필수 요소들은 내적 타당도의 위협을 최소화 시켜주지만, 연구 결과를 좀 더 큰 모집단에 적용시킬 수 있는 가능성, 즉 일반화 가능성을 어렵게 만든다. 대조적으로, 각기 다른 모집단 사이의 일반화 가능성은 실험이 다른 연구설계들에 비하여 더욱 어렵거나 쉬운 것은 아니다. 제1장에서 논의 했듯이, 실험처치 효과가 하위그룹과 다른 모집단 혹은 다른 환경에 적용되는 정도를 외적 타당도라고 한다.

표본 일반화 가능성(Sample Generalizability)

특정 그룹에 무작위로 배정되고, 실험 기간 동안 잘 통제된 상황에 있었던 실험 참가자들은 사회 과학연구자들의 주 된 관심사인 더욱 큰 모집단을 대표하기가 어렵다. 실제로, 대부분의 참가자들은 대학생 모집단에서 선발된다. 대학생들이 실험 처치로 인하여 보여줬던 결과가 좀 더 큰 모집단에서도 동일하게 나타날까? 실험 설계가 인위적일수록 문제는 더욱 심각하다(Campbell and Stanely, 1966). 제5장에서 논의했듯이, 모집단에서 무작위로 표본을 선택하는 것은 표본의 일반화 가능성을 높일 수 있는 가장 좋은 방법이다(실험집단과 비교집단을 무작위 배정하는 것과는 전혀 별개의 일이다). 부시맨(1995)의 실험을 포함한 대부분의 실험실에서의 실험이 대학생들과 같은 용이성이 있는 표본을 사용한다. 이 장에서 많이 다루었던 실제 상황에서 진행되는 현장 실험과 같은 경우는 일반화 가능성이 더욱 높다.

단지 실험에 참가한 참가자들의 특성들만이 일반화 가능성을 결정짓는 것은 아니다. 실험처치와 실험 환경의 일반화 가능성 역시 반드시 고려해야 하는 것이다(Cook and Campbell, 1979). 연구자들은 연구의 일반화 가능성을 높이기 위하여 실험의 사전과 사후 모두에 조치를 취할 수 있다. 현장실험의 경우, 참가자들이 자발적으로 실험에 참가하는 실험실 실험에 비하여 더욱 큰 모집단에 일반화 시킬 수 있는 결과를 만들어낼 가능성이 더욱 크다. 셔먼과 버크(1984)의 가정 폭력과 체포를 다룬 실험과 콜버트와 그의 동료들(2002)의 보석공청회에서 상담의 효과를 다룬 실험 모두 실제 지역 사회에서 일어나는 그들의 평범한 일상생활에서의 범죄시스템 안에서 이루어진 실험이다. 그렇기 때문에 이 두 연구의 일반화 가능성은 매우 높다. 그러나 다른 실험들에서는 무작위 선별과 전체 모집단에서의 표본 추출 모두가 가능하지 않다. 실험에 참가하기 위해서 실험 참가자들은 반드시 신중한 결정을 내려야만 하는 것이다. 이는 당연히 자발적 참여 의사가 있는 사람들만을 대표하는, 대표성이 없는 표본이 될 가능성을 높여준다. 심지어 셔먼과 버크의 실험에서도 많은 경찰관들이 연구에 참여하지 않았고, 그렇기 때문에 모든 가정폭력 사건을 포함시키려는 연구의 조건이 충족되지는 않았다. 이 연구의 결과는 몇몇 경찰 관할 구역에서는 일반화되지 못 할지도 모른다.

무작위 선별이 가능하지 않을 때, 연구자는 모집단의 주요한 변인이 명백하게 대조되는 몇몇의 구역을 선택하여서 연구의 일반화 가능성을 높일 수 있다. 예를 들면 셔먼과 버크는 후속 연구(1984)를 미네아폴리스와는 그 유래지와, 사회 계층, 그리고 인종 구성이 다른 도시들에서 동일한 연구를 실시하였다. 그 결과, 연구 결과를 더욱 큰 모집단에 일반화 시킬 수는 없었지만, 미네아폴리스에서 실시되었던 최초 연구 결과의 일반화 가능성을 가늠 할 수 있었다(Cook and Campbell, 1979).

팩토리얼 조사(Factorial Surveys)

팩토리얼 조사(factorial surveys)는 진실험에서 일반화를 극대화시키기 위해서 실시한다. 일반적인 팩토리얼 조사에서는 조사 참여자의 입장을 한 가지 또는 여러 가지의 비네트를 통하여 조사한다. 비네트에 사용되는 내용들은 비교집단을 만들기 위해서 조사대상자들 사이에서 랜덤하고 다양하게 구성된다.

바크만, 패터노스터, 그리고 워드(Bachman, Paternoster, and Ward, 1992)는 남자 대학생들의 성폭행을 유발하는 요소를 알아보기 위하여 팩토리얼 조사를 실시하였다. 각각의 학생들은 여성들이 강제로 성폭행을 당하는 다섯 가지의 서로 다른 비네트를 읽는다. 실험 조사의 구성요소는 다양한 차원의 중요한 여러 가지 비네트로부터 랜덤으로 만들어졌으며 이것은 피해자의 폭행 전 상황, 피해자와 가해자와의 관계, 피해자의 최초 반응, 가해자의 반응 그리고 피해자의 피해에 대한 내용이 포함되어있다(Exhibit 7.9 참고). 각각의 비네트를 읽고 난 후, 같은 상황에 처했을 때 어떻게 행동을 할지 조사 참여자들의 의견을 조사하였다. 게다가, 각각의 비네트에서 피해자가 경찰에 신고를 할지, 만약 신고가 됐다면 경찰이 체포를 할지, 얼마나 도덕적으로 잘못됐는지 등 가해자를 줄이는 요소들을 측정하였다.

바크만과 그녀의 동료들(1992) 연구에서는 합리적 선택 이론을 지지하는 결과가 나왔는데, 피해자는 경찰에 신고하고 경찰은 가해자를 체포할 것이라고 응답한 남성들보다 같은 경우에 그렇지 않다고 대답한 남성들은 사회적으로 가해지는 공식적인 제재가 낮은 것으로 생각한다고 나타났다. 그러나 팩토리얼 조사의 일반화에는 또 다른 한계가 있다. 팩토리얼 조사는 오로지 어떠한 상황을 설명하였을 때 조사대상자가 어떻게 생각하는지를 알아본다. 하지만, 실제로 조사대상자가 그 상황에 닥쳤을 때 어떻게 행동할지 알아보는 것은 불가능하다. 그래서 팩토리얼 조사는 진실험설계를 실행하기에 어려운 문제들을 완벽하게 해결할 수 없다. 그렇기는 하지만, 실험과 조사의 장점들은 조합한다면, 팩토리얼 조사는 원인가설을 검정하는 강력한 테스트가 될 것이며, 어떤 실험조건에서의 실험보다 일반화시킬 수 있는 결과들을 더 많이 찾을 수 있다.

EXHIBIT 7.9 성폭력을 조사하기 위하여 통제된 팩토리얼 연구설계에서의 조건들

constant : 로리는 20세의 여성이다

dimension1 : 성폭력 이전의 피해자 상황

1. 로리는 쇼핑을 하고 그녀의 아파트로 귀가하는 중이었다.
2. 로리는 파티에서 그녀의 아파트로 귀가하는 중이었다.
3. 로리는 술을 과도하게 마신 파티에서 귀가하는 중이었다.

constant: 로리는 22세의 남성 톰과 만나게 된다.

dimension2: 피해자/가해자 관계

1. 로리와 톰은 사귀었었다.
2. 로리와 톰은 알고지내는 사이였고, 톰은 로리를 바래다 줬다
3. 로리와 톰은 모르는 사이였다. 톰은 로리에게 전화를 쓸 수 있냐고 물어봤고, 로리는 전화를 빌려줬다.

constant: 톰이 아파트에 들어 온 뒤, 톰은 그녀와 성관계를 갖고 싶다고 말했다.

dimension3: 피해자의 첫 번째 반응

1. 로리는 톰에게 싫다고 말하고 나가라고 말했지만 톰은 나가지 않았다.
2. 로리는 톰에게 나가라고 말했지만 톰은 나가지 않았다.
3. 로리는 싫다고 말하고 톰을 아파트에서 내보내려 했지만, 실패했다.
4. 로리는 톰을 아파트에서 내보내려 했지만, 실패했다.

dimension4: 가해자의 반응

1. 톰은 로리를 무시했다.
2. 톰은 로리와 말다툼을 했고 그녀를 설득하려 했다.
3. 톰은 로리가 그의 말을 듣지 않는다면 폭력을 행사하겠다고 협박했다.
4. 톰은 로리가 그의 말을 듣지 않는다면 칼로 찌르겠다고 협박했다.
5. 톰은 그녀를 폭행했다.
6. 톰은 그녀를 칼로 찔렀다.

Dimension5: 피해자의 두 번째 반응

1. 로리는 톰의 키스를 허락하였다. 그 뒤 로리는 싫다고 말했지만, 톰은 계속하였고 어쨌건 그녀와 성관계를 가졌다.

2. 로리는 톰의 키스를 허락하였고, 애무를 하였다. 그 뒤 로리는 싫다고 말했지만 톰은 계속하였고 어쨌건 그녀와 성관계를 가졌다.
3. 로리는 반대하기에 너무 겁에 질리고 무서워했고 톰은 그녀와 성관계를 가졌다.
4. 로리는 비명을 지르고 울기 시작했지만, 톰은 어쨌건 그녀와 성관계를 가졌다.
5. 로리는 때리고 발로 차며 저항을 했지만, 톰은 어쨌건 그녀와 성관계를 가졌다.

Demention 6. 피해자의 피해
1. 톰은 떠났다.
2. 톰은 떠났고, 로리는 타박상을 입었다.
3. 톰은 떠났고, 로리는 상처투성이가 되었다.
4. 톰은 떠났고, 로리는 정신적인 상담이 요구됐다.

출처 : Rationality of Sexual Offending: Testing a deterrence/rational choice conception of sexual assault by Bachman, et al., in Law and Society Review, 26:401-32, 1992. Reprinted with permission.

외적 타당도(External Validity)

연구자들은 종종 한 실험에서 나타난 처치 효과가 그 하부 집단에서 혹은 다른 모집단에서도 동일한 결과를 나타나는지 관심을 갖는다. 물론 특정 그룹 내에서 실험 처치와 결과물 사이에 나타난 결과가 다른 모집단에서도 동일한 결과가 나타나지는 않지만, 이런 관계들은 외적으로 타당할 것(externally valid)이라고 간주한다.

외적타당도 : 한 실험 내의 처치효과가 실험의 하위 그룹 그리고/혹은 다른 모집단, 시간, 상황 모두에 동일하게 적용이 될 수 있는 정도.

외적 타당도의 예 : 셔먼과 그의 동료들(1992)은 체포가 직업이 있는 실험대상자의 반복적인 폭행을 감소시킨다는 것을 발견하였지만, 직업이 없는 실험대상자들에게서는 같은 결과를 발견하지 못했다. 즉, 체포의 효과는 대상자의 취업 여부에 따라 차이가 있는 것이고, 체포가 반복적인 범죄를 방지한다는 결론은 외적 타당도를 갖추지 못하고 있는 것이다.

현장 실험을 생각해보자, 실험대상자들은 모집단으로부터 무작위 추출을 통해 모집이 되지만 처치는 오직 약간의 하위집단에만 영향을 준다. 예를 들어 폭력행동에 대한 알코올의 영향을 알아보는 실험에서 알코올이 남성들의 폭력적인 행동을 높이는데 영향을 주지만 여성에게는 영향을 주지 않는다. 여기서 도출된 결과에 의하면 알코올은 모집단의 모든 집단에 적용할 수가 없다. 이 경우에는, 결론의 외적 타당성이 각기 다른 모집단 사이에서의 일반화 가능성과 동일하다고 할 수 있다.

결과적으로, 실험의 외적타당도의 결과는 다른 시간, 장소 그리고 서로 다른 처우의 형태의 복제연구에서 성공률을 높이게 될 것이다. 셔먼과 버크(1984)가 실시한 가정 폭력과 체포에 관련한 두 번째 실험이 보여주듯이, 반복된 실험의 결과는 가설의 결과를 좀 더 구체적이고 세부적으로 이해할 수 있도록 도와준다.

검사와 처치의 상호작용(Interaction of Testing and Treatment)

외적 타당성과 관련된 문제는 실험의 처치가 그 실험이 실행되는 특정 조건에서만 효과적으로 발생할 때에 나타난다. 예를 들어 만약 조사대상자가 사전검사를 했다면 이것은 아마도 그들이 처치에 노출되었기 때문에 실험과 관련된 특정한 이슈에 민감해질 것이고, 그들은 사전검사를 받지 않은 참가자들하고 다른 반응을 보일 것이다. 다시 말해, 검사와 처치는 서로간의 상호작용에 의하여 결과를 산출해 낸다.

당신이 다양성훈련 영상이 편파적인 태도에 미치는 영향에 대해서 관심이 있다고 가정해보자. 다양성훈련 영상을 시청하기 전 사전검사에서 다양성(예, 인종 또는 성적편향)에 관하여 여러 가지 태도를 묻는 질문에 대답을 한 실험 참가자는 일반적으로 편견에 대해 좀 더 민감해 질 것이다. 사후검사에서 측정된 편견에 대한 태도는 사전검사에서 나타난 태도와는 다를 것이다. 이것은 그저 단순히 사전검사에서 나타난 편견에 대한 문제에 민감해졌기 때문일 것이다. 사실상, 이런 경우에 처치가 태도에 영향을 주었다고 생각하겠지만, 이것은 사전검사로부터 얼마나 큰 영향을 받았는지 단정 짓기 어렵고, 또한 다양성훈련 영상에 의한 영향인지 알 수 없다.

연구자들은 가끔씩 외적 타당도를 높이기 위해 의도적으로 검사와 처치의 상호작용을 사용한다. 그중 하나가 **솔로몬 4집단 설계(Solomon Four-group Design)**이다. 실험참가자들은 무작위분배를 통하여 적어도 두 실험집단과 두 비교집단으로 배정된다. 이중에 하나의 실험집단과 하나의 비교집단은 사전검사를 받을 것이고, 다른 두 집단은 사전검사를 받지 않을 것이다(Exhibit 7.10 참조). 만약 검사와 처치가 상호작용을 한다면, 사전검사와 사후검사의 서로 다른 점수 차이는 실험참가자가 사전검사를 받았는지 여부 때문일 것이다.

실험연구 내 윤리적 문제(Ethical Issues in Experimental Research)

사회과학자들은 지금까지 윤리적 이슈와 관련된 문제들을 자주 제기해왔다. 이미 제3장에서 논의한 것과 같이 윤리적 이슈 중 가장 큰 관심을 끄는 것은 필립 짐바도(Philip Zimbardo, 2004)가 실시했던 스탠포드 모의 교도소 실험연구라고 볼 수 있다. 이 연구에서 짐바도는 원래 자신이 계획했던 2주 실험을 끝까지 마무리하지 못하고, 단 6일 만에 어쩔 수 없이 그 실험을 마쳐야 했는데, 가장 큰 이유는 "교도관" 역할을 했던 몇몇 참가자들이 보인 예상치 못한 가학적 행동 때문이었다. 짐바도는 이후 추적연구를 통해 실험 참가자들이 지속적인 위해나 문제행동을 보이지 않는다고 결론 내렸으나, 학계에서는 실험연구 자체로 인한 잠재적인 위험 가능성 문제가 크게 부각되기 시작했고, 그로 인해 유사한 형태의 실험연구들이 큰 제한을 받기 시작했다.

참가자들이 사전에 정확한 고지를 받아 실험에 동의하게 하는 사전 동의 제도가 일종의 실험연구 윤리 기준으로 명확히 자리 잡았으나, 오늘날에도 여전히 기망에 의한 실험연구 부분은 중요한 이슈로 남아있다. 결과적으로 아직 정확히 해결되지 않는 윤리적 논쟁거리가 실험연구와 관련되어 학계에서 여전히 계속되고 있는 것이다. 또한, 사회적 프로그램들을 평가하는 많은 실험연구들은 여전히 심각한 윤리적 딜레마를 불러오는데, 그 이유는 바로 실험연구가 기회 확률을 근거로 특정 프로그램 참가 혜택 여부가 연구자의 임의로 결정되지 않는다는 것과 관련이 크다. 즉, 무작위분배방식의 실험연구 특성 상, 연구자가 어떤 대상이 치료 경험 혜택을 받을지 임의로 결정할 수 없어 그 혜택 배분의 윤리적 문제가 발생하게 되는 것이다. 아래 내용을 통해 실험 연구를 진행하는데 반드시 고려해야 할 기망의 문제와 혜택 배분의 윤리적 문제에 대해 보다 상세히 알아본다.

기망(Deception)

사회적 실험연구에서 기망은 보다 "진짜 같은" 상황연출을 위해 자주 사용되는 전략이다. 주로 실험실 내에서 이뤄지는 연구로 참가자들에게 연구의 진짜 의도를 밝히지 않아야 원래 알고자 했던 참가자들의 반응을 알 수 있기 때문에 기망을 통해 연구자는 실험연구를 실시하게 되는 것이다. 앞서 제3장에서 살펴본 바와 같이 밀그램(Milgram, 1965)이 실시했던 "권위에 대한 순종" 연구는 대표적인 기망 전략 활용실험이라고 하겠다. 이 실험에 참가했던 사람들은 먼저 연구자로부터 이 실험이 학습절차를 확인하기 위한 연구라고 듣게 되고, 그 거짓정보를 바탕으로 권위에 순종하는 사람들의 반응을 알 수 있다. 참가자들에게 실험실 바로 옆방에 다른 "학생들"이 있다는 말을 해주고, 전기 충격을 그 학생들에게 직접 가한다고 설명을 하는데, 사실 옆방에는 진짜 학생도 없고 어떠한 전기 충격도 가해지지 않는다. 단지 거짓정보를 주고, 참가자들이 보이는 2차적인 반응만을 측정하게 되는 것이다. 실제 실험 참가자들은 연구자의 설명을 믿고 그 기망을 전혀 거짓이라 생각하지 않는 것처럼 보인다.

EXHIBIT 7.10 사전조사와 처리의 상호작용에 대한 솔로몬 4집단 설계의 테스트

실험집단	R	O_1	X	O_2
비교집단	R	O_1		O_2
실험집단	R		X	O_2
비교집단	R			O_2

NOTE : R=무작위분배, O=관찰(사전검사 또는 사후검사), X=실험처리

이런 방식으로 실제 참가자들이 얼마만큼 연구자를 믿게 될는지 정확히 알 수 없으나, 밀그램의 실험과 같은 기망 방식은 더 이상 일반적으로 사용될 수 있는 연구방법이 아니다. 오늘날의 미국 연방 규율이 실험 참가자들을 불쾌하게 만들 여지가 있는 기망 방식을 제한하고 있기 때문에 밀그램의 실험 연구는 더 이상 적절한 실험연구 방법이 아니라고 본다. 그러나 여전히 기망을 활용한 실험설계는 많은 대학 실험실에서 계속 사용되고 있는 상황이다. 이에 대해 우리가 답할 수 있는 것은 "기망을 사용하는 것이 얼마나 충분한 논거와 명분으로 그 행동을 합리화할 수 있는가"라는 질문에 모아진다.

미국 사회학회가 발표한 윤리규정(1999)은 미국 범죄학계도 함께 사용하고 있는데, 여기에서 간접적이나마 이 윤리적 딜레마의 답을 찾아 볼 수 있다. 우회적인 방법으로 윤리규정의 근거조항을 통해 기망의 문제를 어디까지 허용할 수 있을지 그 답을 새롭게 유추해 볼 수 있는 것이다.

> 12.05 연구에서의 기망 사용 허용: a. 사회학자들은 다음과 같은 예외 사항이 아니면 연구를 이유로 기망 전략을 절대 사용할 수 없다.(1) 첫 번째 예외적 기망 허용 사항으로 기망이 연구 참가자들에게 위해를 가하지 않고, 그 기망 전략이 장래 연구의 과학적, 교육적, 응용학문 특성 상 반드시 필요하다는 논리를 갖고 있고, 기망 이외에 다른 대체 전략이 존재하지 않는다면 실험연구에서 기망이 허용된다.(2) 두 번째 예

> 외적 허용 사항으로 IRB(Institutional Review Board)의 합격 기준이나 그에 상응하는 전문가 판단기준에 기망 전략이 충돌하지 않는다면, 사회과학 연구설계 방법으로 기망 사용이 가능하다고 하겠다. b. 사회과학자들은 연구설계의 핵심 측면과 관련하여 참가자들에게 그 내용을 기망해서는 안 된다. 여기서 말하는 핵심 측면이란 참가자들의 연구 참가 결정이 연구자의 기망에 영향을 받아 바뀔 수 있는 것들을 말하는데, 여기에는 신체적 위험과 불안감, 불쾌한 감정적 경험 등이 모두 포함된다. c. 기망이라는 방법이 연구설계의 필수적인 한 요건일 때는 실험 참가자들이 잘못 이해하고 있을 사항들에 대해 연구자가 연구 종결 전에 상세히 설명해 줘야 한다.

이러한 접근을 보면 기망이라는 방식이 참가자들에게 위해를 끼치지 않는 범위 내에서 최소한으로 허용되는 것으로 볼 수 있다. 즉, 연구를 위해 반드시 기망 전략이 필요하고, 그 방식이 실험 이후에 참가자들에게 상세히 설명된다면, 그 활용 여부는 어느 정도 허용되는 것으로 해석할 수 있다.

혜택 배분의 선택(Selective Distribution of Benefits)

사회적 프로그램을 평가하기 위해 현장실험 연구가 진행되었는데, 이 방법 역시 참가자들의 사전 동의 문제를 일으켰다. 특히, 현장실험 연구에서 가장 특이한 문제점으로 제기된 것은 혜택 배분(distribution of benefits)의 문제이다. 실험에서 치료 혜택이 분포되는 방식에 따라 참가자들이 경험하게 되는 위해 정도는 많이 다르다고 할 것이다. 어떤 분배 방식을 취하는 것이 그 위해 정도를 가장 낮출 수 있는 것인가? 예를 들어 셔먼과 버크(1984)가 시행한 연구와 그 후속 연구자들의 가정폭력사범 체포 실험을 보면, 실험 연구설계를 위해 무작위분배 절차가 사용되었음을 알 수 있다. 가정폭력 사건에서 만약 경찰 체포가 이루어지지 않은 일부 사람들을 보면, 그 체포 혜택을 받지 못한 것이 실험으로 인한 고통을 낳았다고 볼 여지가 있다. 프라이스, 반 린, 그리고 비노쿠르(Price, Van Ryn and Vinokur, 1992)는 한 집중 프로그램의 효과성을 평가하기 위해 구직 원조 활동에 참가한 실직자들을 선발하는 데에 무작위분배방식을 활용한 바 있다. 이때 그 프로그램에 참가하지 못한 비교집단 실직자들이 상대적으로 구직 원조를 받지 못했기 때문에 결과적으로 큰 피해를 당했다고 봐야 하는 것일까?

결국 관건은 연구자가 무작위 표본을 기초로 일부 사람들에게만 잠재적 차원의 유익한 치료경험 또는 불리한 치료경험을 제공하는 것이 정말 윤리적이라고 볼 수 있는가에 모아진다. 추가적인 약물법원 치료 서비스를 제공하기 위해 무작위로 대상을 골라 특정 프로그램을 일부 사람들에게 제공하는 것이 정말 윤리적인 일인가? 사실, 특정 치료 프로그램이 어느 정도의 이익과 혜택이 있을지 정확히 알 수 없다면, 그 대상 설정을 무작위 표본으로 정하는 것은 가장 합리적인 듯 보인다. 그리고 이것이 바로 실험 연구가 추구하는 근본적인 목적이기도 하다. 특정 프로그램을 경험할 확률은 다른 상황에 노출될 가능성과 동일하다는 점에서 이 방법이 가장 합리적으로 보이는 것이 사실이다. 또한, 특정 프로그램을 모든 참가자들에게 다 제공할 정도의 충분한 자원이 연구자에게 없다면, 대상자들에게 동일한 선발 기회를 제공하는 무작위분배방식이 가장 윤리적으로 그럴듯한 해결방안이 된다고 하겠다.

셔먼과 버크(1984)의 가정폭력 연구에서 그 실험에 참가했던 사람들은 경찰에 체포될 가능성이나 경고를 받을 가능성에 대해 어떠한 선택의 여지가 없었고, 자신이 그 실험에 참가하고 있다는 사실을 인식할 가능성조차 마음대로 선택할 수 없는 상황에 있었다. 그러나 어쩌면 무작위 절차가 경찰이 가정폭력 사건에 대해 어떤 반응을 보일지 마음대로 결정하도록 하는 것이 더 비합리적인 일인지 모른다. 게다가 이 실험 절차가 일반적인 경찰 대응 전략으로 자리 잡게 된다면, 실무 차원에서 그것이 더 비합리적인 결과를 초래할지도 모른다. 따라서 셔먼과 버크의 실험 및 그 후속 연구들은 윤리적 관문을 자연스럽게 통과하게 되었다고 볼 수 있다. 그러나 중요한 것은 셔먼과 버크의 연구가 경찰의 가정폭력 대응전략 효과성을 어떤 방식으로 증진시켰느냐에 모아져야 할 것이다. 셔먼과 버크가 발견한 초기 연구 결과는 경찰에게 가정폭력 사건에 더 많은 적극적인 체포 행위를 하도록 만들었다. 그리고 사후 추적연구를 통해 증가된 경찰 체포 대응전략이 효과적으로 이루어지지 않으면, 이후 어떤 결과가 초래되는지 보다 심층적으로 이해하게 되었다. 이들의 연구가 다소 실무에서 직접 이용되는데 복잡하고 어려워 보일지라도 그 연구 결과는 정책 개발이라는 차원에서 많은 사실적 근거를 경찰 조직에 제공했다.

결론 (CONCLUSION)

순수한 실험연구는 범죄학 연구에서 중요한 두 가지 역할을 한다. 첫째는 실험연구는 특정 인과관계 가설을 검증하는 최고의 연구설계라는 점이다. 심지어 순수한 실험 연구설계를 사용하는 것이 실질적으로 불가능할 때에도 많은 연구설계는 실험적 요인을 추가로 활용하여 실험연구의 장점을 극대화시킬 수 있다. 둘째로 순수한 실험연구는 다른 연구설계 능력을 비교, 평가할 수 있는 초석을 제공하며 이를 통해 인과적 타당성을 극대화시킬 수 있다.

그러나 이러한 실험연구의 장점에도 불구하고, 순수한 실험연구는 범죄학이나 형사학 분야에서 그렇게 자주 사용되지 못하고 있는 것이 사실이다. 여기에서 다음과 같은 세 가지 이유가 있다.

1. 중요 가설 검증을 위한 실험연구 방식은 다른 사회과학자들이 진행하는 일반적인 연구 방식보다 더 많은 자원을 필요로 한다.
2. 사회과학자들이 주로 갖고 있는 연구 주제는 실제 실험 연구설계로는 적절하게 확인할 수 없는 것들이 많다. 다시 말해 연구 주제가 윤리적 고려사항과 충돌할 수도 있고 무작위분배로는 절대 대상자를 나눌 수 없는 상황일 때가 많아 실무에서 실험 연구는 연구질문과 잘 어울리지 않는다.
3. 실험 설계는 기본적으로 대규모 연구를 좋아하지 않는다. 따라서 그 연구 결과를 일반화하여 다른 상황에 모두 적용시킨다는 것은 무리가 있다.

기억해야 할 점은 실험 연구가 가설 검증을 하려할 때 이론적으로는 가능한 일이라도, 그것이 항상 가장 바람직한 연구 방식은 아니라는 점이다. 특정 프로그램이 최근에 처음으로 만들어졌고, 그 프로그램 운영이 계속 변화, 발전되는 상황에 있다면 성공할 수도 없는 평가는 아예 처음부터 시작하지 않는 것이 더 낫다. 결국 연구자는 특정 프로그램이 완전히 자리를 잡아 안정화에 들어갈 때까지 기다려 주는 편이 더 좋다. 제대로 시행된 적도 없는 중간단계의 프로그램을 연구자가 실험 연구 방식으로 평가한다는 것 자체가 말이 안 되고, 장차 계속 운영되지도 않을 프로그램을 평가한다는 것 역시 앞뒤가 맞지 않는 일이기 때문이다. 이런 상황들은 특정 프로그램이 재정적 어려움으로 지속적인 운영이 불가능할 때 일어날 수 있고, 동시에 정치적인 문제로 프로그램 운영이 계속될 수 없을 때도 일어날 수 있다.

실질적인 가설 검증을 진행할 수 없다면 실험실 내 실험 연구도 바람직하지 않다. 하지만 그 대신에 실험실 조작을 통한 제한된 방식의 실험 연구를 진행할 수 있다. 사회의 특성 및 사회적 관계의 복잡함, 사회적 존재로서의 개인 특성 등으로 인해 연구자는 필요한 경우 실험실 연구가 가진 단순함을 연구 주제에 맞게 조절할 수 있고, 실험 연구설계가 가진 기본사항을 다소 수정할 수도 있다. 그러나 실험 연구설계가 가진 기본적인 장점은 그것이 항상 기술적 연구를 전제로 했을 때 진행되어야 하는 연구 방식이라는 것이다.

만약 순수한 실험 연구가 가능하지 않다면, 연구자는 대신에 유사실험 연구설계를 생각해봐야 할 것이다. 이 방식은 비균등 통제집단 설계를 사용하거나, 사전-사후 연구설계를 쓸 때, 그리고 과거 소급 통제집단 연구설계를 쓰는 경우이다. 이 연구설계 방식들은 '유사' 즉, 가짜 실험 연구 방식이라는 의미를 갖고 있는데, 이는 연구에서 사용하는 분석 단위가 통제집단이나 실험집단을 나누는데 있어 무작위분배 방식을 사용하지 않기 때문에 붙여진 이름이다. 결과적으로 유사실험 연구방식들을 사용한다면 그 연구설계 방식 상 집단들의 비교가능성을 실험 연구 때만큼 강하게 확신할 수는 없을 것이다. 그러나 이러한 문제점을 보완하기 위해 연구자가 고려할 수 있는 몇 가지 방식들이 있는데, 여기에는 특정 개인이나 집단 특성을 그 기준에 따라 서로 매칭(짝짓기)시키는 전략이 있다. 이 매칭 방식을 통해 유사실험 연구설계가 제공하는 결과 해석이 더 큰 확신과 신뢰를 보여준다고 하겠다.

주요 용어

전후설계	인과효과	집단
보상경쟁(존헨리 효과)	실험집단	외적사건
외적 타당성	계수조사	고정표본패널 설계
호손효과	역사효과	존헨리 효과
매칭(짝짓기)	오염	통제집단/비교집단
차별적 탈락	편익의 분포	이중은폐과정
매커니즘	복수집단 사전 사후 설계	비 동등 대조 집단설계
위약 효과	사후검사	사전검사
과정분석	준실험설계	무작위 할당
내적 변화	평가 연구	사후 통제집단 설계
실험 스태프의 기대	회귀효과	반복측정 패널설계
선택편향	자기 충족 예언	솔로몬 4집단 설계
시계열 설계(반복측정 패널설계)	처치	처치착오
진실험		

강조 사항

- 실험에서의 독립변인은 실험상의 조치 또는 다른 중재로 나타난다. 실험에서 비교집단은 종속변인처럼 실험상에서의 아무런 조치가 취해지지 않은 집단을 말한다. 실제실험에서 실험 대상들은 무작위로 비교집단과 실험집단으로 나눠진다.
- 실험 연구설계는 3가지의 필수적인 요소를 가지고 있다: 주제의 비교를 위한 최소한 2개 이상 집단의 사용, 실험조치에 의해 일어난 변화와 결과의 측정, 그리고 무작위 할당이다. 더하자면, 실험에는 외적사건의 인과효과, 집단 간의 영향, 처치착오가 포함되어 있을 수도 있다. 실제실험에서의 무작위추출은 선택편향과 내성적 변화에 의한 편향을 배제한 것이어야만 한다.

외부사건, 집단 간의 영향, 그리고 처치착오는 실제실험과 의사실험 양쪽 모두에 인과결과의 타당성을 위협할 수 있다.

- 과정분석은 실험에서 어떻게 조치(독립변인)가 영향(현장실험에서 특히 관심을 갖는 문제)을 미쳤는지 혹은 미치지 않았는지를 확인하는데 사용될 수 있다. 처치착오는 과정분석이 적용될 때는 발생 가능성이 적다.
- 실험대상의 실험집단과 비교집단으로의 무작위 할당은 집단할당 시 발생할 수 있는 체계적 편향을 제거하는 효과를 가진다. 실험집단과 비교집단 사이의 무작위 기회 차이의 가능성은 계산가능 하다.
- 무작위 할당과 무작위 표본추출 둘 다 기회추출과정에 기반을 두지만, 둘의 목적은 다르다. 무작위 할당은 미리 정해진 대상을 무작위로 2개 또는 그 이상의 집단에 위치시키는 것이다; 무작위 표본추출은 무작위로 정한 큰 대상 군에서 실험대상을 선택하는 것이다. 실험집단과 비교집단의 매칭은 무작위 할당을 대신 할 수 있는 좋은 대안이 아니다. 왜냐하면,사전에 매칭을 사용하기 위한 모든 중요한 변인을 확인하는 것이 불가능하기 때문이다. 그러나 매칭은 무작위 할당을 보조하기 위해 쓰일 때에는 집단의 비교가능성을 높일 수는 좋은 방법이다.
- 실험에서 얻은 인과관계는 선택편향과 내적 변화, 메커니즘과 실험조건의 조작으로 인해 타당성을 잃게 될 수도 있다.
- 시험 대상에 대한 기망은 실험실 실험에서 흔하게 일어나며, 특수한 도덕적 문제들을 야기하고 있다. 연구자들은 반드시 실험 대상에게 잠재적으로 해가 될 수 있는 것들을 파악하여야 하고 대상에게도 그것을 인지시켜야 한다.
- 실험결과의 일반화 가능성은 만약 연구에서의 조건들이 인위적이며 실험 대상들이 일반적이지 않다면 줄어들 수 있다. 현장 실험은 실험실에서 수행한 실험들보다 더 많은 일반화가 가능한 결과들을 생산해 낼 것이다.
- 인과결론이 연구에 포함된 모든 실험 대상 집단에 적용될 수 있다면 이것은 외부적으로도 타당한 것으로 고려할 수 있다. 그러나 인과결론이 모든 실험 대상 집단에 적용될 수 없다면, 그 인과결론은 그에 상응하는 표본 집단에 일반화할 수가 없으며, 외적 타당성도 떨어진다. 또한 인과결론이 오직 실험조건에서만 일어난다면 외부적으로 타당하지 않다고 고려될 수 있다.
- 비실험설계는 위조했다는 의심을 줄이기 위해 통계적 통제를 사용한다. 변수는 독립변수와 종속변수가 둘 다 통제변수의 영향을 받지 않고 유대관계를 갖기 위해 있을 때 통제된다. 문제는 혜택 배분의 선택이다.
- 무작위 할당은 실험적 조치가 가용한 실험 대상 개개인에게 다 이루어질 수 없고 그 효과가 불확실 할 때 그 조치를 할당하는 가장 공정한 방법일 것이다.

연습문제

1. 이 장에서 소개한 연구 실험논문의 원본을 찾고 읽어보시오. Appendix B 에 있는 논문검토 질문을 사용하여 논문을 비평하시오. 어떤 실험 조건이 통제되는지, 인과 메커니즘이 확인됐는지 초점을 맞추시오. 인과결과에 있어서 조건에 부적절한 조작이나 인과 메커니즘에 대한 부적절한 확인에 대하여 불확실한 느낌이 들었던 것이 있는가?
2. 알코올 소비가 폭력에 대한 태도나 행동에 영향을 주는 역할을 하는지에 대하여 직접 실험설계를 하시오. 당신이 직접 디자인한 실험설계에서 3개의 실험 요소가 어떻게 포함되는지 설명 하시오. 인과성을 알아보기 위해서 실험설계가 기준에 어떻게 맞는지 평가하시오. 직접 설계한 실험연구에 나타난 윤리적인 문제는 무엇인가?
3. 저널(The Journal of Experimental Cri minology, the Journal of experimental Social Psychology, the Journal of Personality and Social Psychology) 또는 교사가 추천하는 소스를 통해서 하나의 진 실험설계를 선택하시오. 이 장에서 보여주는 Exhibit 7.3과 Exhibit 7.4를 이용하여 도표를 그리시오.
   어떤 실험 조건이 통제되는지, 인과 메커니즘이 확인됐는지 토론 하시오. 이 장에서 내적타당도에 위협이 되는 선택편기, 내생적 변화, 외적사건, 오염, 그리고 조작오인 등 실험으로부터 도출된 인과결과를 어떻게 신뢰할 수 있는가?
4. 의사실험설계를 선택하여 연습문제 3번을 반복하시오.
5. 연습문제 3, 4번으로부터 선택한 논문 하나를 비판하시오. 연구대상자에 대한 기망과 혜택배분의 선택에 있어서 연구자의 판단을 돕기 위해 어떤 구체적인 원칙을 제공할 수 있을지 생각해 보시오.
6. 실험에 직접 참여를 하시오. 심리학과에 연락을 해서 실험에 참여할 수 있는지를 상담하시오. 학과친구들과 실험참여 경험을 토론하시오.
7. 학생 학습 사이트를 참조하여 “내적 타당도의 근원”에 대하여 검토를 하시오.

연구제안서 작성

1. 자신의 가설들 혹은 관련된 가설 중 하나를 테스트할 실험실 실험 설계를 하라. 각각의 실제 실험 요소들을 언급하면서 실험설계를 서술하라. 어떻게 독립변인이 조작될 수 있는지, 어떻게 종속변인이 측정될 수 있는지 명확하게 구체화하라.

2. 자신의 실험이 캠퍼스 안에서 수행된다고 가정하자. 실험 집단 모집과 무작위 배정 과정을 체계화 하라.
3. 연구에서 내적 타당성의 근원이 문제가 되는 정도에 관하여 논하라. 그리고 타당성을 해치는 요소들을 해결하기 위해 과정분석과 같은 절차를 제안하라.
4. 이 연구 결과를 얼마나 일반화 할 수 있을 거라 예상하는가? 일반화 가능성을 높이기 위해 무엇을 할 수 있는가?
5. 실험에 참여자를 보호하기 위한 사전 동의서를 포함하는 적절한 절차를 발전시켜라. 모든 측면에서 특별한 주의를 기울여라.

학생 학습 사이트

The Practice of Research in Criminology and Criminal Justice, Fourth Edition의 웹사이트 주소는 http://www.sage.com/prccj4e이다. 각 장의 더 나은 이해를 위해 웹사이트에 접속하여 Web-based Student Study Site에 있는 자가 테스트, e-flashcard 등을 활용하시오.

웹 연습

1. www.sociosite.net/에 있는 SocioSite로 가라. "Subject Areas."를 선택한 다음, "Crime"나 "Criminology."를 선택하시오. 여러 실험방법들이 사용된 연구예제를 찾아보라. 그리고 실험을 설명해보시오. 이장의 끝에 자신이 웹에 올려놓은 연구실험과 연관되거나 포함된 핵심요소들을 최소한 5개 이상 고르시오. 선택된 5개의 핵심요소가 웹에서 찾은 연구예제에서 어떠한 역할을 하는지 설명하시오.
2. www.prisonexp.org.에 있는 Stanford Prison Experiment Web site를 방문하시오. Stanford Prison Experiment에 관해 제공된 정보를 찾으시오.
   a. 연구의 목적, 실험의 종류, 참가자 선정 과정, 연구 중 직면 할 수 있는 문제와 그 결과를 포함하는 연구에 관한 짧은 보고서를 작성하시오.
   b. 웹사이트에 제공된 논의주제로 가라. 그리고 나열된 질문들에 답하시오. Stan ford Prison Experiment에 대한 당신의 결론은 무엇인가?

3. www.crimestopusa.com에 있는 Crime Stoppers USA''s(CSUSA) 웹사이트를 방문하라. "About Us"를 누른 다음에 "Crime Stoppers?"가 무엇인지 "CSUSA"가 어떻게 범죄와 싸우는지 생각해보시오. 그리고 CSUSA 범죄요인에 대한 접근방식은 무엇인지 생각해 보시오. 당신은 CSUSA가 범죄요인에 대해 타당한 결론과 인과성에 근거한 접근으로 범죄와 싸우고 있다고 생각하는지 설명하시오.

4. 최근의 범죄경향은 어떠한가? www.fbi.gov(사이트에서 "statistics"를 누른 다음, 하위의 "Reports & Publications"를 선택) 에 있는 FBI''s Uniform Crime Reports를 조사한 뒤에 짧은 서술문을 작성하라. PDF형식이므로 Acrobat Reader가 있어야 자료를 읽을 수 있다. 범죄의 "원인"에 대한 언급을 한 공공자료가 있는가? 만약 그렇다면, 어떤 연구인가?

연구윤리 학습

1. 범죄학 및 형사사법 연구에서, 어떤 상황 하에서 연구 대상자들의 실험적 조치로의 무작위 할당이 윤리적이라고 생각하는가? 셔먼과 버크의 1984년 연구와 반복 연구를 진행한 연구자들이 가정폭력 혐의자들을 무작위로 체포 혹은 비 체포의 조치를 한 것은 윤리적이었나? 당신과 같은 학생에 의해 수행되는 실험실 연구는 어떠한가?
짐바도(2007)의 연구처럼 학생들을 무작위로 "수감자"가 되게 하는 것이 윤리적이라고 생각하는가?

2. 위의 연습문제 3, 4 에 있는 논문 중 하나의 윤리에 관해 비평해보라. 어떤 구체적 규칙이 실험대상 기망에 관한 연구자들의 결정을 이끌어야 한다고 생각하는가?

SPSS 또는 엑셀연습

1. 살인 범죄자의 특성들이 형량에 어떻게 영향을 끼치는가? HOMICIDE.POR를 이용하여 관심 특성 범주들을 교차시켜 평균들을 비교하여 여러 가지 가설을 테스트할 수 있다.
   a. 피고가 희생자를 알고 있는지 아닌지(면식), 피고의 인종(인종), 그리고 피고의 성별(성별)에 따른 도수분포를 구해보라
   b. 살인사건 피고의 특성과 형량의 관계에 대해 적어도 세 개의 가설을 제기해보라.
   c. Part의 목록에 있는 종속변수의 범주들 사이에서의 피고인들의 형량의 평균을 비교하여 이러한 가설들을 테스트해보시오.
   d. 어떤 가설이 지지를 받는가? 이러한 결과의 이유에 대한 당신의 이론은 어떠한가?

2. 전과가 살인 범죄 피고인들의 형량에 영향을 주었는가?

a. 변수 PRCONV(전과)에 대한 도수분포를 구해보라. 그 자료에 따르면, 살인범죄 피고인들에게 가장 빈번하게 선고된 형량은? 그리고 그 이유는

b. 전과의 횟수와 살인범죄 피고인들이 받은 형량의 평균을 비교해보라. 예를 들어 전과가 없는 피고인은 최소 하나 이상의 전과를 가진 피고인에 비해 짧은 형량을 받았는가? 자료가 이러한 가설을 뒷받침해 주는가? 가설에서 벗어나는 범주들이 있는가? 설명해보시오.

c. 살인범죄 피고인이 전과를 가졌는지 아닌지를 측정하기 위해 변수PRCONV(전과)를 이분변인으로 기록하라. 필요하다면, 가설을 이분변인의 특성에 맞게 수정하시오.

d. 가설을 전과가 있는 피고인들의 형량의 평균과 전과가 없는 피고인들 형량의 평균을 비교하여 테스트하라. 살인범죄 피고인의 전과와 형량의 관계에 대해 어떠한 결론을 내릴 수 있는가?

CHAPTER

08 설문연구

사회과학의 설문연구

- 설문연구의 장점
  다용도성
  효율성
  일반화 가능성
- 옴니버스 조사

질문서 작성과 평가

- 일관성 있는 주안점 유지
- 현존하는 도구를 발판으로 이용하라

사례연구 : 폭력범죄 피해측정

질문 쓰기

- 명확하고 의미 있는 질문을 써라
- 혼란스러운 표현은 피하라
  애매모호함을 피하라
  부정어와 이중 부정어를 피하라
  이중적 질문을 피하라
  찬성이나 반대를 유도하는 질문을 피하라
- 폐쇄형 질문에 관한 추가적 지침
  응답보기들은 상호 배타적이어야 한다
  응답 범주를 포괄적으로 만들어라.
  리커트 척도와 같은 응답 범주를 사용하라
  형세관망하기와 Floater를 최소화 하라
  여과 질문을 사용하라.
- 지표 목록의 질문들 합치기
- 인구통계학적 질문들
- 예비조사하는 것을 잊지 마라

설문지의 구조

설문조사 디자인

- 우편, 자기기입식조사
- 집단조사
- 전화조사
  표본집단과 연락하기
  전화조사 응답률 최대화하기
- 면담조사
  관계와 통제의 균형 맞추기
  인터뷰 응답률 최대화하기
- 웹 조사
- 병행 조사
- 설문 디자인의 비교

조사연구 내의 윤리적 문제

- 응답자들의 보호
- 비밀성

결론

30년이 넘는 시간 동안의 연구에도 불구하고, 강간, 스토킹, 그리고 친밀한 사람 사이에서 벌어지는 범죄(Intimate Perpetrated Violence, IPV)가 미치는 영향의 크기는 아직까지 논쟁의 대상이다. 이 범죄들이 동반하는 오명과 가해자의 보복 그리고 다른 안전과 관련된 우려 등으로 이 범죄들의 발생 수를 측정하는 것은 어려운 일이다. 제1장에서 언급했듯이, 미국에서는 연방수사국(FBI)에서 발표하는 통일 범죄 총계 보고서(Uniform Crime Report, UCR)가 대표적 범죄의 통계적 자료다. 하지만 이 자료는 피해자들의 신고를 기반으로 만들어진 보고서이기에 부족한 점이 있다. 실제 일어나는 총 범죄의 50% 보다 적은 사건들이 경찰에 신고 되고 있다. 이러한 문제점 때문에, 가족 내 일어나는 범죄를 연구하는데 무작위 표본 조사가 사회과학 도구로 쓰이고 있다. 하지만 예상하였듯이 다양한 방법론과 여러 가지 폭력에 대한 정의를 사용한다면, 연구의 결과는 정확하지 못할 것이다.

폭력의 피해자들에 관한 이해를 높이기 위해서, 미 법무부 국립 연구소(National Institute of Justice, NIJ)와 질병통제예방센터는 National Violence Against Men and Women(NVAMW) Survey라는 전화 조사를 후원하였다(Tjaden과 Thoennes, 2000). 이 전화조사는 어렸을 적에 겪었던 폭력, 성인으로서 경험했던 폭행 그리고 강간이나 스토킹의 피해경험 등의 건강과 안전에 관한 여러 가지 질문들을 하였다. 이 장에서는 이 전화 조사와 더불어 미 법무부의 National Crime Victimization Survey(미 국가 범죄피해조사)를 통하여 설문조사 연구의 몇 가지 주요 특징들을 설명할 것이다. 먼저 설문조사 연구를 활용하는 이유를 알아본 뒤 질문 사항을 만드는 과정을 설명하고, 네 가지의 설문조사 방법과 각 방법의 문제점들과 개선방안을 제시할 것이다. 장의 마지막 부분에서는 윤리적 문제에 관한 주요 쟁점들을 알아볼 것이다. 이 장이 끝날 무렵, 독자는 설문조사의 대상자로서 그리고 설문을 만드는 사람으로서 필요한 정보를 모두 얻게 될 것이다. 또한 미국의 폭력범죄에 대한 피해를 측정하기 위해 사용되는 방법론을 공부하는 학생들에게도 많은 도움이 될 것이다.

사회과학의 설문연구 (SURVEY RESEARCH IN THE SOCIAL SCIENCES)

설문연구(survey research)는 연구대상들의 응답을 토대로 정보를 수집하는 일을 포함한다. 사회과학자들 이외에도 많은 뉴스 편집자, 정치 전문가 그리고 마케팅 전문가들 역시 넓은 범위 안의 사람들과 사회적 배경으로부터 데이터를 체계적으로 모을 수 있는 효과적인 방법으로서 설문조사 방법을 이용하고 있다. 설문조사 결과는 매일같이 거의 모든 뉴스프로그램에서 발표된다. 사실 설문조사는 미국의 사회조직의 중요한 부분이 되었기 때문에, 신문에서 읽고 TV에서 보는 것을 설문조사 방법의 이해 없이는 분석하기 어렵다(Converse, 1984).

현대의 설문연구 방법은 20세기 초중반에 개발되었다(Lazarsfeld and Obershall, 1965; Oberschall, 1972). 1920년대 초반, 심리학자들은 설문조사를 통해 학생, 직원 그리고 군대 신병들의 능력을 측정했다. 사회학자들은 에모리 보가더스(Emory S. Bogardus)의 1,725명이 참가한 인종 관계에 관한 설문을 비롯하여 규모가 큰 태도를 알아보는 설문을 실시했다(Converse, 1984). 산업 심리학자들은 직원들의 사기와 태도를 연구하기 위하여 설문조사를 하였다. 심리학자인 폴 라자스펠드(Paul F. Lazarsfeld)는 사회학자로 전향하고, 학계의 주요 설문조사 찬성론자가 되기 전에, 소비자가 특정한 생산품에 대하여 어떻게 반응하는지 설문조사로 알아보았다.

정치적 수요 역시 설문연구의 발전에 기여하였다. 1936년에 있었던 대통령 선거부터 여론조사는 일반적 절차가 되었다. 여론조사를 전문적으로 다루는 George Gallup은 프랭클린 루스벨트가 재당선 될 것이라고 정확하게 예측하였지만 Literary Digest는 도전자였던 알프레드 란던이 이길 것이라고 잘못 예상하였다(제5장 참조). 미국의 국세 조사국은 자신들의 10년 치의 인구조사 내용에 응답자들의 수입과 다른 경제 변수들을 추가하였다. 그리고 1973년에 미국 법무부는 전미범죄피해조사(National Crime Victimization Survey)를 시작하여 경찰에 신고 되지 않은 사건들을 기록하기 시작했다.

설문연구가 시작된 초창기부터 전문 설문 기관들은 대학교에 재직하고 있는 사회과학 연구자들에게 지원을 해주었다. 또한 컴퓨터의 발달이 불러온 빠른 속도와 데이터 프로세스 그리고 보고의 정확성의 장점을 통해 설문조사연구의 발전에 기여했으며, 사회과학영역에 있어 설문조사연구법은 가장 널리 쓰이는 방법이 되었다.

설문연구의 장점(Attractive Features of Survey Research)

범위에 상관없이 설문연구의 다용도성, 효율 그리고 일반화 될 수 있는 특성은 설문연구가 계속해서 많은 사람들에게 사랑받고 있는 이유이다.

다용도성(Versatility)

설문 방법의 인기요인 중 첫 번째는 다용도성이다. 설문이 모든 가설을 검정하고 사회적 절차를 배우는데 모든 상황에 이상적이라 할 수 없지만, 잘 설계된 설문은 대부분의 사회이슈에 대한 이해력을 높이는데 도움이 된다. 사실 사회과학 연구자들의 연구주제 중 설문 방법을 통하여 조사되지 않은 주제는 거의 없다. 선거운동을 하는 정치인, 제품을 마케팅 하는 회사, 공동체가 필요로 하는 것을 분석하는 정부, 프로그램의 효율성을 모니터링 하는 회사 그리고 인종차별을 반대하거나 자신들에게 유리한 배심원들을 찾는 변호사 모두 설문조사방법을 이용한다.

효율성(Efficiency)

설문조사는 데이터를 모으는 비용이 비교적 저렴하고 설문 디자인에 따라 빠르게 진행될 수 있다는 점에서 인기가 있다. NVAMW 설문조사를 위해서, 챠넨과 소네스(2000)는 SRBI 사(Schulman, Ronca and Bucuvalas Inc.)와 계약하고 전화설문을 하였다. 연구자들이 SRBI사와 계약한 첫 번째 이유는 SRBI사가 범죄 피해자와 같은 민감한 부분에 대한 조사를 전국적으로 진행한 경험이 있기 때문이었다. 이 설문은 1995년 11월부터 1996년 5월까지, 응답자 당 평균 30달러를 지불하며 행해졌다. 다량으로 보내는 우편 설문은 한 사람당 10달러에서 15달러로 더 저렴할 수 있지만, 추가 설문이 필요할 경우 비용은 크게 늘어날 수 있다. 인터뷰는 제한된 지역에서 행해질 때, 응답자 당 최소 100달러 이상이 들고, 다른 지역으로 가서 인터뷰가 진행되거나 여러 회 방문할 경우, 응답자당 300달러 이상의 금액이 들 수 있다(Floyd J. Flowler, personal communication, January 7, 1998, Center for Survey Research, University of Massachusetts Boston; Dillman, 1982; Groves and Khan, 1979). 예상대로 전화 설문방법이 가장 쉬운 방법이고, 이러한 이유로 정치 여론조사 시 많이 쓰인다.

설문조사방법은 많은 시간이나 비용을 필요로 하지 않으면서 여러 변수들을 측정할 수 있다는 점에서 효율적인 연구방법이다. 우편으로 발송되는 설문은 보통 10페이지 이내를 추천하는데, 그 이유는 설문응답자가 끝까지 관심을 잃지 않도록 하는 것과 추가 비용을 사용하지 않기 위해서다. 전화설문의 최대 통화시간은 약 45분이다. 직접적인 면담은 조금 더 길어질 수도 있다(1시간 이상). 예를 들어 1991년의 General Social Survey에서는 다수의 파트로 구성된 196개 문항을 포함했는데 총 75페이지 분량이었다.

물론 설문방법의 효율성은 제대로 된 의사소통 기반이 다져져 있는 장소에서 극대화 된다(Labaw, 1980). 미국에서는 믿음직한 우편업무 서비스가 제공되고, 전체 가구의 95%가 전화를 소유하고 있기 때문에 전화 설문도 가능하다(Czaja and Blair, 1995). 더불어 효율성의 중요한 요소는 질 높은 설문을 실행할 수 있는, 능력 있는 직원들과 필요한 장비가 갖춰져 있는 설문 기관들의 서비스이다.

일반화 가능성(Generalizability)

설문조사는 다수의 인구에서 추출한 확률표본에 많은 기여를 한다. 이렇게 설문연구는 연구의 목적이 표본의 일반화일 때 매력 있는 방법이다. 사실 설문연구는 많은 인구의 대표적인 태도와 성격을 알아볼 때 쓰이는 유일한 방법이다.

또한 설문조사는 연구의 목적이 집단 간의 일반화 가능성이 있을 때도 사용한다. 그 이유는 설문을 통하여 사회적 맥락과 하위집단을 따로 연구할 수 있으며, 관계의 일관성을 여러 하위집단 사이에서 조사할 수 있기 때문이다.

옴니버스 조사(The Omnibus Survey)

대부분의 설문조사는 특정한 연구에 관한 질문을 한다. 반면에 옴니버스 조사(omnibus survey)는 여러 사회과학자들의 관심분야에 있는 주제들을 포함한다. 그렇기 때문에 한 가지의 연구질문을 하기보다는 여러 후원자를 두고 넓은 범위의 사회과학 분야에 유용하게 쓰일 수 있도록 만들어진다.

시카고 대학의 National Opinion Research Center에서 만든 종합사회조사(General Social Survey: GSS)는 현재까지 가장 성공적으로 진행된 옴니버스 조사 중의 하나로 꼽힌다. 제임스 데이비스는 전미여론조사센터(National Opinion Research Center)에서 10년간 일한 뒤 다트머스 대학에서 교수로 임용된 후, 작은 학교에서 귀중한 설문 데이터를 얻는 것이 정말 힘들다는 사실에 실망하였다. 이에 1972년을 시작으로 National Science Foundation은 사회조사에 사회과학자들의 관심사에 대한 설문을 진행할 수 있도록 매년 지원하기로 동의하였다. 1992년 이래로 사회조사는 2년에 한번 꼴로 진행되고 있다.

오늘날 GSS는 2년에 한번 3,000명에 가까운 미국인들 표본을 상대로 각 90분씩 인터뷰를 한다. 인터뷰의 내용은 사회계층, 인종 간 관계, 가족 이슈, 법과 사회적 통제 그리고 사기/의욕을 포함한 500개 이상의 배경 성격들과 의견에 관한 것들이다. 이 설문은 설문응답자들의 정치적 시각, 직업 경험, 사회적 유대, 새로운 정보원 그리고 법, 건강, 종교에 대한 시각을 알아본다. 설문 질문들과 그 분야는 가장 능력 있는 설문 연구자들로 구성된 위원회가 결정한다.

GSS의 핵심은 모든 설문에 기재된 질문들이다. 다른 질문들은 대체적인 설문에서만 반복되며, 어떤 질문들은 특별한 보조금으로 진행되는, 1년 혹은 다년 설문에만 포함된다. 1988년 이래로 위의 질문들 대부분이 매 설문에 포함되었지만, 많은 항목들이 무작위로 설정된 응답자들에게만 질문됐다. 이러한 스플리트 밸럿 설계(split-ballot design)를 사용하면 비용을 늘리지 않으면서도 더 많은 질문을 포함시킬 수 있다. 또한 이 디자인을 통하여 같은 질문을 다른 관용구를 사용하여 질문함으로써 질문 표현법의 효력을 실험할 수 있다.

GSS의 가장 눈여겨볼 점은 유용성이다. 설문 데이터는 참여하고 싶은 사람들 모두에게 원가로 배부될 수 있다(한 해의 데이터 셋은 95달러이다). 또한 대부분의 대학들은 사회조사 데이터를 매년 받는다. 그 다음으로 교수들과 학생들이 무료로 사용할 수 있다. 1992년에는 2,800건이 넘는 기사, 연구논문, 책 그리고 학위논문이 사회조사의 데이터를 사용한 것으로 나타났다. 강사들 역시 방법론과 통계를 포함한 수업 등에서 사회조사 데이터를 사용한다(Davis and Smith, 1992; National Opinion Research Center, 1992).

NVAMW 설문을 전형적인 옴니버스 조사라고 볼 수는 없지만, 이 설문은 범죄 희생과 관련된 여러 가지 현상에 관한 자세한 정보를 얻기 위하여 개발된 것이다. 예를 들면 질병통제 예방센터가 설문의 공동 후원자였기 때문에, 응답자의 병력과 범죄 피해로 입은 부상 등의 자세한 정보를 얻기 위하여 그와 관련한 많은 질문들이 포함되었다.

연방정부가 후원자 역할을 한 대부분의 설문 데이터는 Inter-University Consortium for Political and Social Research(ICPSR:자세한 내용은 제10장에 있음)를 통하여 연구자들에게 개방되어 있다. 예시로 미 국가범죄피해조사, 전미 교정기관조사(the National Prison Survey) 그리고 사법통계국에 의해 만들어진 데이터는 ICPSR의 웹사이트(www.icpsr.umich.edu)에서 실시간으로 다운받을 수 있다.

옴니버스 조사의 단점은 정보에 대한 깊이가 없다는 점이다. 이러한 단점을 보완하기 위하여, 사회조사가 한 분야를 더 깊이 분석하는 예도 있다. 하지만 한 분야에 대한 정보를 얻는 방법 중 최고는 그 주제만을 위한 설문 질문을 개발하는 것이다. 이 장에서 우리가 알아볼 설문 방식은 모두 범죄의 피해라는 한 주제를 연구하기 위하여 개발된 것들이다.

질문서 작성과 평가 (QUESTIONNAIRE DEVELOPMENT AND ASSESSMENT)

설문 질문서(인터뷰에 기반을 둔 연구에서는 '인터뷰 스케줄'이라고 자주 불린다)는 설문 절차의 핵심 요소이다. 연구의 목적에 맞게 짜여 진 설문지 없이는 설문 연구자들은 자신들의 연구목적을 달성할 수 없다.

설문지 : 자기기입식 조사를 위한 질문을 포함하는 설문 도구

인터뷰 스케줄 : 면담이나 전화 인터뷰를 포함하는 설문방식

설문지의 올바른 디자인은 설문방식과 그 이외 설문 프로젝트의 세부사항에 따라 그 기준이 달라진다. 그렇기에 잘 짜여 진 설문지를 위한 하나의 공식이란 존재하지 않는다. 하지만 몇 가지의 주요 원칙들은 모든 질문서의 디자인에 있어 꼭 따라야 할 사항들이며, 질문서를 더욱 정교하게 하기 위하여 필요한 체계적 절차들을 고려해야한다.

일관성 있는 주안점 유지(Maintain Consistent Focus)

설문조사(옴니부스 조사 제외)는 조사하고 있는 연구 주제와 연구대상이 될 표본의 명확한 개념을 따라야 한다. 예를 들어 연구가 어떠한 현상을 자세하게 설명하기 위한 것인지, 행동을 분석하기 위한 것인지 아니면 사회적 관계를 조사하기 위한 것인지 질문해야 한다. 연구목적이 확고하게 성립되기 전까지 설문 구성은 시작 될 수 없다. 질문서를 디자인 하는 과정에서, 이 목적은 무엇을 포함하고 제외하며, 어떠한 면을 강조하고 어떤 것을 대략적으로 다룰지 결정함에 있어 중요한 기초가 되어야 한다. 또한 질문서는 각 절과 질문이 연구목적과 관련된 명확한 목적달성에 기여하고, 다른 절이나 질문들을 보충하는 통합된 하나로 비춰져야 한다.

설문조사가 종종 연관성 없는 질문들을 포함하거나 연구자들이 추후에 필요하다고 생각되는 질문들을 간과하는 경우가 있다. 모든 주요 질문들이 질문서에 포함되었는지 확인하는 방법은, 먼저 진행되었던 연구, 이론, 혹은 경험이나 조사되고 있는 연구의 배경에 관한 지식이 있는 전문가(참여자들을 포함한)들에 의해 제안된 사항들을 모두 포함하는 것이다. 물론 숙련된 연구자의 경우에도 필요한 모든 질문을 포함 할 수 없으며, 필요 없는 질문들을 물어보는 경우도 있다.

현존하는 도구를 발판으로 이용하라(Build on Existing Instruments)

만약 다른 연구자가 당신이 연구하고자 하는 주요 개념을 측정하기 위한 질문들을 미리 디자인하였다면, 그 질문들은 설문도구라고 부를 수 있다. 과거의 설문을 통하여 그 질문들이 당신이 관심을 갖고 있는 개념이나 행동들을 잘 측정할 수 있다는 증거가 있다면, 굳이 힘을 들여 새로운 도구를 개발 할 필요가 있는가?

사례연구 : 폭력범죄 피해 측정

챠넨과 소네스(2000)는 연구자들에 의하여 널리 사용되고 있었던 도구를 신체 폭력 범죄를 측정하기 위하여 수정하였다: 이것이 바로 Conflict Tactics Scale(CTS)이다(Straus, 1979). 강간과 성범죄 피해를 측정하기 위하여 챠넨과 소네스는 킬패트릭과 그의 동료들(Kilpatrick et al.)이 South Carolina 대학에서 진행한 National Women's Study(National Victim Center and the Crime Victims Research and Treatment Center, 1992)에서 사용된 질문들을 똑같이 사용했다. Exhibit 8.1에서 볼 수 있듯이 이 질문들은 매우 자세하고, 대부분의 주에서 사용하는 강간이나 성범죄의 법적 정의에 포함되는 모든 행동들을 포함하고 있다. 반대로 미 국가 범죄피해조사에서 강간과 성범죄를 측정하기 위하여 사용된 사전 질문들은 행동에 관한 구체성이 떨어진다.

NVAMW 설문의 응답자들 가운데 이 선행 질문에 대해 하나라도 "그렇다"라고 답했을 경우, 가해자에 대한 정보, 범행 시 받았던 부상 그리고 경찰에 신고 여부 등의 범죄 피해의 본질에 관한 여러 자세한 질문을 받았다. 미 국가 범죄피해조사의 설문 응답자 중 선행 질문에 "그렇다"라고 대답했을 경우, "강압적이거나 강제적인 성관계를 말합니까?"라는 질문을 다시 받았다. 여기서도 그렇다고 대답할 경우, 강간 피해자로 세어졌다; 그 외의 사람들은 다른 성범죄 피해자로 분류되었다. 결국 NVAMW와 미 국가 범죄피해조사 둘 다 미국에서 발생한 강간범죄를 측정하려 하였는데, 어느 방법론이 더 적절했는가? 다음 절에서는 질문들을 쓸 때 필요한 상세한 지표가 주어질 것이며 위 질문에 대한 답이 결코 명확하지 않다는 것을 알게 될 것이다.

질문 쓰기 (WRITING QUESTIONS)

질문을 하는 것은 사회적 변수를 측정하는데 있어서 가장 많이 쓰이는 방법이며 가장 용도가 많다. 원칙적으로 설문 질문은 개인의 특성, 일어난 일에 대한 사실들, 지식의 정도 그리고 여러 의견들을 측정하는 면에 있어 직설적이고 효과적인 방법이다. 하지만 실질적으로 설문 질문들은 오도하는 그리고 부적절한 응답을 이끌어 낼 수도 있다. 설문에 포함될 모든 질문들은 기본적인 지침을 준수하기 위해 주의 깊게 선별되어야 하며, 응답자들에게 질문들이 명료한지를 확인하기 위하여 검사되고 수정 되어야 한다(Fowler, 1995). 몇몇 변수들은 어떠한 질문을 사용하더라도 측정하기 부적절 할 수 있다. 우리는 질문하고자 하는 일에 대한 기억과 인지력이 제한될 수도 있다는 것을 알아야 한다.

구조적으로 설문에 사용되는 질문들은 크게 두 가지로 분류 된다: 응답 선택의 범위가 명확한 것과 그렇지 않은 것이다. 제4장에서 설명하였듯이 개방형 질문들(open-ended questions)은 응답의 선택 범위가 없다. 이러한 질문은 한 주제에 대한 지식이 적거나 응답을 제한하지 않으면서 그 주제에 대하여 최대한 많이 알아내고 싶을 때 사용한다. 예를 들면 주민들이 새로 도입된 지역사회 경찰활동에 대하여 어떻게 생각하고 있는지 알고 싶을 때, 다음과 같은 개방형 질문은 매우 유용할 것이다:

"지금 실행되고 있는 지역사회 경찰활동이 지역사회에 가져온 이익은 무엇이라고 생각합니까?"

위와 같은 개방형 질문에서 얻은 정보를 토대로 미래의 지역사회 경찰활동의 효과를 분석하는 연구에 사용될 고정된 응답 질문들을 만들 수 있을 것이다.

개방형 질문들은 응답자들에게서 자세한 정보를 얻을 수 있는 훌륭한 도구이고, 다른 질문들의 잘못된 점도 찾아낼 수 있다. 연구자들은 설문지의 고정된 응답 질문 뒤에 개방형 질문을 더하여 응답자들이 실로 무엇을 의미했는지 확실히 이해할 수 있다. 이와 같은 해석적 질문을 주요 질문 뒤에 사용하는 것은 항상 좋은 아이디어이지만, 설문의 질문들이 예비조사를 받지 않았을 시, 더욱 더 그 중요성을 발휘한다. 자동차 운전 법규를 위반한 사람들을 대상으로 한 한 연구는 해석적 연구의 중요성을 설명해준다:

감정적인 면이 운전에 영향을 주었냐고 물어봤을 때, 응답자들은 자신들의 감정이 운전에 별 영향을 끼치지 않았다고 대답한다. 하지만, 마지막으로 적발되었던 교통위반에 관한 당시 상황을 물어보았을 때, 응답자들은 일반적으로, "여자 친구에게 화가 났었다," 혹은 "아내와 말다툼을 했다," 혹은 "가족 내 다툼이 있었다," 혹은 "상사에게 화가 났었다"라고 대답했다(Labaw, 1980:71).

그렇다면 이 응답자들은 첫 번째 질문에 대하여 거짓말을 한 것일까? 그렇지 않을 것이다. 아마 이 응답자들은 자신들의 행동을 "감정적 상태"와 같은 일반적 개념으로 해석하지 않았을 것이다. 하지만 응답자들의 대답은 두 번째 질문이 없었다면 잘못 해석되었을 것이다.

요약하자면, 개방형 질문의 장점은 풍부한 양의 정보를 제공한다는 것이다. 하지만 이 풍부한 양의 정보가 많은 연구자들이 개방형 질문을 택하지 않는 이유다. 개방형 질문에 대한 응답들을 정리하고 요약하려면 많은 시간과 에너지가 소비된다. 또한, 많은 응답자들이 긴 문장의 답을 쓰는 것을 꺼려할 수 있다. 만약 많은 양의 개방형 질문을 설문에 포함하려 계획하고 있다면, 면담을 통한 인터뷰나 전화인터뷰를 하는 것이 설문지를 사용하는 것보다 현명한 선택일 것이다(두 방식 모두 이 장의 끝 부분에 설명될 것이다).

EXHIBIT 8.1 **NVAMW 설문과 미 국가 범죄피해조사 설문이 사용한 강간 사례 선발 질문들**

National Violence Against Men and Women(NVAMW) Survey
(여성 응답자만) 현재까지 한번이라도 남자가 당신에게 강압적으로 혹은 당신이나 당신의 측근을 해하려는 협박을 하여 성관계를 맺은 적이 있습니까? 여기서 성관계란 남자의 성기가 당신의 음부로 삽입되었다는 것입니다.

(남자/여자 응답자) 현재까지 한번이라도 남자나 혹은 여자가 강압적으로 혹은 협박을 하여 당신과 구강성교를 한 적이 있습니까? 여기서 구강성교란 성인남자나 미성년 남자가 성기를 당신의 입에 삽입하였거나, 누군가, 남성 혹은 여성이, 당신의 음부나 항문을 입이나 혀로 파고든 적이 있습니까?

(남자/여자 응답자) 현재까지 한번이라도 남자나 혹은 여자가 강압적으로 당신과 항문성교를 한 적이 있습니까? 여기서 항문성교란 성인남자나 미성년 남자가 당신의 항문에 성기를 삽입한 것입니다.

(남자/여자 응답자) 현재까지 한번이라도 남자나 혹은 여자가 당신의 의지와는 반대로 강압적으로 혹은 협박을 한 뒤 당신의 음부나 항문에 손가락이나 다른 물체를 집어넣은 적이 있습니까?

(남자/여자 응답자) 현재까지 남자나 혹은 여자가 당신의 의지와는 반대로 음부, 구강 혹은 항문 성교를 하려고 시도하였다가 실패한 적이 있습니까?

National Crime Victimization Survey(미 국가 범죄피해조사)
강압적으로 혹은 원치 않은 성관계를 하였던 경험은 이야기하기 힘듭니다. 당신은 다음 보기의 사람들과 강제로 혹은 강압적으로 성관계를 당한 적이 있습니까?

a. 알고 지내지 않은 사람
b. 안면이 있는 사람
c. 잘 알고 지내던 사람

응답자들이 보기에서 질문에 대한 답을 고를 수 있을 때, 글 질문들을 **폐쇄형 질문(closed-ended question)**이나 **고정된 선택 질문(fixed-choice question)**이라고 한다. 한 예가 NVAMW 설문의 질문 중 하나이다:

전반적으로 보았을 때, 미국의 치안상태가 당신이 어렸을 때보다 나아졌다고 생각하십니까? 더 악화되었다고 생각하십니까? 아니면, 변화가 없다고 생각하십니까?

☐ 나아졌다
☐ 악화되었다
☐ 똑같다

다수의 사람을 대상으로 하는 대부분의 설문은 고정된 선택 질문을 하고 있는데, 그 이유는 이러한 질문들이 컴퓨터로 처리하거나 통계로 분석하기가 쉽기 때문이다. 고정된 선택 질문에 대답할 때, 응답자들은 연구자들이 원하는 답을 하기가 쉽다. 응답보기를 제공함으로써, 설문은 더 명확해 질 수 있다. 하지만, 고정된 선택 질문들은 모든 범위에서 가능한 응답을 고려한 후 설계되지 않았을 시, 응답자들이 정말 생각하고 있는 답을 끌어내지 못할 수도 있다.

설문 형식이 무엇이든, 설문의 효력을 최대화시키기 위해서 몇 가지 준수해야 할 규칙과 피해야 할 부분들이 있다. 이 내용을 다음 절에서 알아보겠다.

명확하고 의미 있는 질문을 써라(Write Clear and Meaningful Questions)

설문의 질문들이 명확하지 않고 전달하고자 하는 의미를 응답자들에게 전하지 못한다면, 질문의 효력을 얻지 못 할 것이다. 질문을 하는데 많은 경험이 있고, 돌아오는 응답을 이해하는 것이 쉽게 생각되어 명확한 질문을 만드는 것이 쉽게 보일수도 있다. 하지만 일상에서 사용하는 대화와 표준 설문지에 사용되는 말에는 의미의 차이가 있다:

- 설문 질문은 여러 사람에게 전달되는 것이다.
- 모든 사람에게 같은 질문이 주어져야한다. 질문이 상황에 맞게 수정되면 안 된다.
- 설문 질문은 모든 사람이 읽었을 때 한가지의 의미로 이해되어야 한다.
- 만약 한 응답자가 질문을 이해하지 못했더라도, 그 사람을 이해시키기 위해서 다시 질문을 만들어 물어볼 수 없다.
- 설문 응답자들이 당신을 모르기 때문에 당신과 당신 친구들, 그리고 가족들이 소통할 때 쓰는 뉘앙스를 같이 공유할 수 없다.

이러한 점들로 인해 설문지를 만드는 것은 일상적 대화를 나누는 것과 매우 큰 차이를 보이며 설문지의 질문을 만드는 과정이 연구자들에게 어렵고 중요한 일로 받아들여진다.

질문은 응답자에게 무엇을 물어보는지 명확하게 설명해야 한다. Exhibit 8.1에 나와 있는 NVAMW 설문과 미 국가 범죄피해조사에 사용된 강간에 관한 검정 질문들의 상세부분의 다른 점을 참고해라. NVAMW의 설문 질문이 미 국가 범죄피해조사가 물어본 하나의 질문보다 더 자세하고 많은 정보를 응답자들로부터 이끌어 낼 수 있을 것이다. 실제로도, NVAMW 설문이 미 국가 범죄피해조사의 설문보다 4배가량의 더 많은 강간 사례를 보고받는 것으로 나타났다(Bachman, 2000).

응답에 영향을 주는 또 다른 질문의 예로 미 국가 범죄피해조사의 수정된 설문을 볼 수 있다. 전미 범죄피해조사는 1972년 UCR에서 보고되는 것으로 이해되던 범죄에 대한 정보를 보완하기 위하여 실행되었다. 1980년대에, 미국 범죄피해조사를 후원하였던 사법통계국은 밀접한 관계에 있는 사람 혹은 가족에 의하여 범하여진 범죄를 중점으로 폭력범죄를 더욱 정확하게 측정하기 위하여 스크리닝 질문을 다시 만들었다(Bachman and Taylor, 1994). 가장 중요한 변화는(a) 응답자들이 범행 사건을 더 잘 기억할 수 있도록 추가적인 힌트단어들을 첨가했고,(b) 응답자들이 범죄라고 생각하지 않을 수 있는 상황들에 대해서도 보고를 할 수 있게 장려하는 질문을 하였고,(c) 강간과 성범죄의 경우에는 더 직설적인 질문을 했고,(d) 알고 지내던 사람들에 의하여 범죄를 당한 경우도 더 알아내기 위한 질문을 만들었다.

Exhibit 8.2는 미 국가 범죄피해조사가 처음 사용했던 스크리닝 질문들과 1989년부터 시험용으로 몇몇 응답자에게 사용되었던 수정된 질문들을 보여주고 있다; 1992년부터 이 수정된 질문들이 모든 응답자에게 배포되었다. 새롭게 수정된 설문에는 더 많은 질문이 포함되어 있으며, 처음의 질문들보다 더 자세히 행동들에 관하여 물어보고 있다. 처음에 사용되었던 설문지는 강간에 대하여 자세한 질문들을 담고 있지 않았다. 응답자들 중 "다른 방법으로 공격당했다"라고 답한 응답자와 자신이 당한 공격이 강간이었다고 보고한 사람들만 강간 피해자로 분류되었다.

1994년 사법통계국은 새롭게 디자인 된 설문의 효과에 대하여 공식적인 발표를 시작하였다. 방법론연구자들이 예상한대로, 강간, 친밀한 관계에 있는 사람에 의한 범죄, 그리고 다른 가족 내에서 발생하는 범죄의 수가 급증하였다. Exhibit 8.3은 남녀를 상대로 한 여러 종류의 폭력범죄율의 변화를 보여준다. 1991년과 1992년 사이에 급격히 증가한 범죄들이 실질적으로 희생자들의 수의 증가를 의미할까? 그렇지 않다. 이러한 증가 현상은 질문지의 스크리닝 질문들을 수정한 결과에서 온 것이다. 질문들이 더 자세해지면서 응답자들이 자신들의 피해경험을 드러내는 정도도 넓어졌다. BJS는 대중매체와 공중에게 이러한 통계를 공개하기 전에 "법무부 가정 폭력이 급증하였다고 발표하다"와 같은 오보가 나오지 않도록 상황을 설명하였다.

명확하고 의미 있는 질문을 사용함과 더불어 준수해야 할 규칙과 피해야할 사항들을 다음 절에서 더 알아보겠다.

EXHIBIT 8.2 미 국가 범죄피해조사가 사용했던 구 스크리닝 질문들과 새로 디자인된 질문들 비교

폭력범죄의 스크리닝 질문

〈신 설문 질문 1992년 1월 시작〉

1. 당신은 다음과 같은 방법으로(다음 중 하나라도) 공격당하거나 협박 받은 적이 있습니까?
   a. 총이나 칼과 같은 무기를 사용하여
   b. 야구방망이, 프라이팬, 가위, 혹은 막대기 같은 것을 사용하여
   c. 돌이나 병과 같은 던져진 물건으로
   d. 잡거나, 주먹으로 치거나, 목을 졸라서
   e. 강간, 강간 미수, 혹은 다른 성범죄
   f. 직접적인 협박

혹은

   g. 어느 것 이라도 공격이나 협박 혹은 힘을 이용한 범죄의 대상이 된 적이 있습니까? 범죄라고 확실히 생각하지 않았어도 언급하여 주세요.
2. 자신이 겪은 강압적으로 혹은 원하지 않은 성행위의 경험을 다른 사람들에게 말하는 것은 어려운 일입니다. 당신은 다음의 사람들로부터 강압적으로 혹은 강요받아서 성행위를 한 적이 있습니까?
   a. 전에 모르던 사람
   b. 조금 알고 지내던 사람 혹은
   c. 잘 알고 지내던 사람

〈구 설문 질문: 1972-1992〉

1. 당신은 강도와 협박 등으로 인해 강제로 무엇을 빼앗긴 적이 있습니까?
2. 누군가가 당신에게 폭력을 사용하거나 협박을 해서 강도짓을 하려 한 적이 있습니까?
3. 누군가가 당신을 돌이나 병을 사용하여 때리거나 공격한 적이 있습니까?
4. 당신은 다른 무기를 통하여 찔리거나, 맞거나, 공격을 당한 적이 있습니까?
5. 누군가가 당신을 폭행하려 혹은 칼, 총, 혹은 다른 무기로 협박 한 적이 있습니까?(전

화상 제외)

6. 당신은 위 방법 이외의 방법으로 공격을 당할 뻔한 적이 있습니까?

*1992년, 설문조사 표본의 50%는 구 설문지에 응답을 하였고, 나머지 50%는 새로 수정된 설문지에 응답을 하였다.

모든 종류의 범죄에 대한 검문 질문

〈신 설문 질문〉

1. 다음과 같은 상황에서 당신은 공격이나 협박을 당하거나 누군가 당신의 물건을 훔친 적이 있습니까?
   a. 현관이나 마당을 포함한 집안 혹은 주변에서
   b. 친구, 친척, 혹은 이웃주민의 집이나 집 근처에서
   c. 회사나 학교에서
   d. 창고나 세탁실, 백화점, 음식점, 은행 혹은 공항 같은 장소에서
   e. 운송수단을 타고 있을 때
   f. 길거리 혹은 주차장에서
   g. 파티, 극장, 체육관, 소풍 공간, 볼링장, 혹은 낚시나 사냥을 할 때
   h. 위의 장소 중 한 곳에서라도 누군가 당신을 공격하려 하거나 당신의 물건을 훔치려 한 적이 있습니까?
2. 사람들은 종종 자신들이 아는 사람들에 의해 범해지는 범죄들을 잘 알아채지 못 합니다. 아래 보기의 누군가가 당신의 물건을 훔치거나 당신을 공격 혹은 협박하였습니까?
   a. 직장이나 학교에서의 누군가가
   b. 이웃이나 친구
   c. 친척이나 가족일원
   d. 당신이 만났었거나 알고 지내던 사람

혼란스러운 표현은 피하라(Avoid Confusing Phrasing)

명확한 질문을 만들기 위해서는 탄탄한 문법이 기반이 되어야 한다. 명확하고 간결하게 쓰인 질문들은 모든 응답자들에게 하나의 의미로 통할 것이다. 그러므로 간결하게 요점을 말해야 한다.

애매모호함을 피하라(Avoid Vagueness)

행동과 느낌에 관한 거의 모든 질문들은 자세한 시간이나 사건을 통해 물어보면 더 정확한 응답을 얻을 수 있다(Turner and Martin, 1984). 참고 기간(reference period)이 없을 경우, 연구자는 어떻게 응답을 해석해야 할지 모를 것이다. 예를 들어 "당신은 페퍼 스프레이와 같은 호신용 도구를 얼마나 자주 소지하고 다닙니까?"라는 질문은 공통된 기간이 없는 대답들을 유도하기 때문에 여러 대답들이 서로 비교될 수 없다. 더 자세한 방법으로 질문하는 것은, "지난달에 당신은 몇 번이나 페퍼스프레이 같은 호신 도구를 지니고 다녔습니까?"이다.

일반적으로 연구에 따르면 참고 기간이 길면 길수록 질문한 행동에 대한 응답이 적다는 것이 나타났다(Cantor, 1984, 1985; Kobelarcik et al., 1983). 예를 들어 한 설문지는 "지난 12달 동안, 몇 번이나 의사를 찾아갔습니까?" 라는 질문을 했다. 공식기록이 확인되었을 때, 응답자의 60%가 자신들이 병원에 갔었던 사실을 잊어버렸다(Goleman, 1993b). 보통 일상생활에 관한 정보를 알려고 할 때, 참고시기가 "지난달" 보다 멀리 떨어져 있으면 안 된다. 하지만 빈도가 낮은 일들에 관한 피해여부를 조사할 때는 미 국가 범죄피해조사 설문이 사용했던 "지난 6개월"의 기간이나 NVAMW의 "지난 12개월"도 가능하다.

부정어와 이중 부정어를 피하라(Avoid Negatives and Double Negatives)

다음과 같은 질문에 대답한다고 생각해 보자. "당신은 청소년들이 살인을 저질렀을 때 성인의 신분으로 재판받지 않아야 한다는 것에 동의하지 않습니까?" 이 질문에 대답을 하려하였다면, 시간이 오래 걸렸을 것이다. 그 이유는 여기에 이중 부정법 질문(double-negative question)이 사용되었기 때문이다. 예를 들어 만약 당신이 청소년들이 살인을 저질렀을 경우 성인의 신분으로 재판 받아야 한다고 생각한다면, 위 질문에 동의하는 것이 된다. 부정어를 하나만 포함하고 있는 질문들도 보통 이해하기 어려운 것은 마찬가지이다. 예를 들어 "나는 9/11테러 사태에 대하여 생각하는 것을 멈출 수 없다"라는 질문에 대하여 "아주 가끔"부터 "아주 자주"까지의 다섯 개의 보기를 이용하여 답을 얻어낸다고 생각해 보자. "아주 가끔"이라고 답한 사람은 사실, "나는 9/11 테러에 대하여 아주 가끔 생각을 멈출 수 없다"를 의미한다. 응답내용이 혼돈되지 않는가? 설문에 관해 경험이 아주 많은 연구자들도 이런 실수를 하게 되는데, 아마도 단어 표현에 다른 실수들을 하지 않으려다 우연히 실수하기도 한다. 예를 들면 미국 유대인위원회가 위탁한 설문에서 Roper사는 홀로코스트에 대하여 중립적인 단어를 사용하여 질문했다: "당신이 볼 때 나치가 유대인들을 몰살시키려 했던 일이 없었다는 것이 가능하다고 생각합니까, 가능하지 않다고 생각합니까?" 미국 성인들로 이루어진 표본 집단의 22%가 유대인의 몰살시도는 없었을 수도 있다고 대답했다(Kifner, 1994). 많은 유대인 지도자들과 정치인들은 깜짝 놀랐고, 어떻게 미국인 다섯 명 중 한 명이 이렇게 잘못된 지식을 가지고 있는지 의아해 했다. 하지만, 질문을 자세히 읽어보면 얼마나 내용이 혼란스러운지 알 수 있다. "가능하다"라는 긍정적 단어사용은 홀로코스트가 일어나지 않았다고 믿는다고 말하는 것이다. 사실 Gallop은 다시 질문을 써서 조사를 하였다. 홀로코스트의 간단한 정의를 한 뒤, 다음과 같이 질문했다. "당신은 홀로코스트가 일어난 것에 대해 의구심을 가지고 있습니까? 그렇지 않습니까?" 이 질문에 응답자 중 9%만이 홀로코스트가 일어났는지에 대해 의심을 가지고 있다고 했다. 더 많은 응답의 보기가 주어졌을 때 응답자의 2.9% 만이 홀로코스트가 "확실히" 혹은 "아마" 일어나지 않았다(않았을 것이다)라고 답했다. 이러한 예들을 보면서 설문조사를 할 때 부정문은 피하는 게 좋을 것이라고 느낄 것이다. 만약 꼭 부정형의 질문이 들어가야 한다면, 진한글씨나 기울임체를 사용하여 무엇을 물어보는지 명확히 표현해야 한다.

EXHIBIT 8.3 NCVS의 설문과 신 설문으로 얻은 피-가해자 관계(인구 천 명의 남녀 폭력범죄율 비교)

관계	여성피해율	남성피해율
옛검정문		
절친한 관계	5.4	0.5
친척	1.1	0.7
지인/친구	7.6	13.0
모르는 관계	5.4	12.2
신검정문		
절친한 관계	9.3	1.4
친척	2.8	1.2
지인/친구	12.9	17.2
모르는 관계	7.4	19.0

출처 : R. Bachman and L. Saltzman, 1995. Violence Against Women: Estimates From the Redesigned Survey(NCJ-154348), Appendix Table. Washington, DC: Bureau of Justice Statistics, U.S. Department of Justice.

이중적 질문을 피하라(Avoid Double-Barreled Questions)

하나의 질문에서 물어보는 것이 하나 이상의 내용일 때, 그것을 이중적 질문이라고 한다. 예를 들어 "나는 우리가 감옥을 짓는데 돈을 지출하는 대신 그 돈으로 더 많은 학교를 지어야 한다고 생각한다."라는 질문은 사실 응답자에게 두 가지의 질문을 던지는 것이다. 어느 응답자들은 우리가 더 이상 감옥을 건설하지 말아야 한다고 생각하지만, 그 돈을 학교를 짓는데 사용하는 것을 반대할 수도 있다. 이중적 의미를 갖는 질문들은 응답 범주에서도 나타난다. 예를 들어 아래의 질문은 사실상 두 가지의 질문을 하고 있는데, 다음과 같은 형태로 수정되면 더 좋을 것이다:

당신은 코카인을 사용해본 사람을 알고 있습니까?
______네______아니오_____저는 코카인을 사용한 적이 있습니다.

찬성이나 반대를 유도하는 질문을 피하라
(Avoid Making Either Disagreement of Agreement Disagreeable)

사람들은 종종 하나의 의견에 대해서 상대방에게 마음에 들지 않는 말을 하기 싫어 "동의"를 하게 된다. 이러한 사람들의 경향은 1974년 미시건 설문조사 연구센터가 미국의 범법행위와 범죄에 대한 책임이 있는 사람들에 대한 설문을 하면서 명확히 드러났다(Schuman and Presser, 1981). 한 질문은 개개인이 범죄에 대한 책임이 있다고 의견을 내었고, 응답자의 60%가 이에 동의했다. 하지만 같은 내용의 질문이 범죄가 개인의 잘못이냐, 사회의 잘못이냐 라고 물어봤을 때, 응답자의 46%만이 개개인의 잘못이라고 답했다.

이러한 상황에 대하여 몇 가지 해결책이 있다. 질문 안에 양쪽 태도에 관한 척도를 다 포함하는 것이다: "당신은 일반적으로 미국의 범죄와 무법상태가 개인의 책임이라고 생각합니까, 아니면 사회적 환경 탓이라고 생각합니까?"(Dillman, 2000:61-62). 각 응답 보기는 사회적으로 승인될 수 있도록 표현되어야 하고, 응답자들이 고를 확률이 모두 같을 수 있도록 해야 한다. 또한 "동의 한다"라는 단어에 중점을 두는 대신 다음과 같은 응답의 보기를 사용하는 것도 좋을 것이다. "어느 정도까지 당신은 새로운 건강보험 계획을 지지하거나 반대합니까?"(응답 보기 범위-"강력히 지지 한다"부터 "강력히 반대 한다"까지)가 "당신은 어느 정도까지 '새로운 건강보험 계획은 지지할 만한 정책이다'라는 의견에 동의하거나 동의하지 않습니까? 보다 더 나은 질문방법일 것이다.(응답 보기 범위-"강력히 동의 한다"부터 "강력히 반대 한다"까지)

또한 질문을 할 때 한 의견에 대한 서로 상반되는 입장을 거론해 주어야 한다. 그러므로 직원을 상대로 설문을 할 때, "직원들이 노조에 가입해야만 되나"라고 물어보는 대신 "직원들이 노조에 가입하도록 의무화되어야 합니까? 혹은 자신들 스스로 가입여부를 결정해야 합니까?"라고 질문하여 알아보는 것이 더 효과적인 방법이다. 한 설문에서는 전자의 형식으로 질문했을 때 후자의 형식으로 질문했을 때보다 10% 많은 응답자들이 노조가입이 의무화 되어야 한다고 답변했다. 하지만 이러한 질문의 재구조화가 강한 의견과 믿음을 가진 응답자들의 답변을 바꾸지는 않는다(Schuman and Presser, 1981).

불법행위나 사회적으로 승인되지 않은 행동이나 태도가 질문의 요점일 경우에는, 응답자들이 자신들이 그러한 행동들을 하였거나 태도를 가지고 있다는 것을 인정하기 쉽지 않음을 알아야 한다. 이런 상황에서는 질문에 포함되는 의견에 동의하는 것이 더 허용되는 답변인 것처럼 질문을 만들면 된다. 예를 들어 딜먼(Dillman, 2000)은 "당신은 한 번이라도 상점에서 물건을 훔친 적이 있습니까?"(p. 75)라고 물어보는 대신 "당신은 한 번이라도 돈을 내지 않고 물건을 상점에서 가지고 나온 적이 있습니까?"로 질문을 만드는 것이 좋다고 제안한다. 사회적으로 승인되는 질문부터 그렇지 않은 질문까지 넓은 범위의 여러 행동들에 대한 질문을 하는 것은 사회가 부정적으로 바라보는 행동들을 하였다고 인정하는 것에 대한 영향을 줄일 수 있을 것이다.

폐쇄형 질문에 관한 추가적 지침
(Additional Guidelines for Fixed-Response Questions)

명확하고 의미 있는 질문들을 만드는 것은 좋은 설문조사 방법을 이행하기 위한 일의 절반에 불과하다. 고정된 선택 질문에서 응답자들에게 주어지는 보기들 역시 중요하다. 이 절에서는 응답자들에게 주어지는 질문의 보기들 역시 명확하고 간결하게 만들 수 있도록 도움을 주는 몇 가지 규칙을 소개 한다.

응답보기들은 상호 배타적이어야 한다
(Response Choices Should Be Mutually Exclusive)

응답자에게 보기 중 하나만을 택하여 답하라고 할 때, 보기들의 내용은 겹치면 안 된다. 예를 들면 보도 순찰자 들이 실제로 일하는 시간에 대하여 알아보고 싶다면, 다음과 같이 질문 할 수 있을 것이다:

평균적으로, 교통법규위반 적발을 위하여 일주일에 얼마만큼 일합니까?

- ☐ 1시간 미만
- ☐ 1-3 시간
- ☐ 3-6 시간

- ☐ 6-10시간
- ☐ 10시간 이상

위의 보기들은 서로 교차하는 부분이 있기 때문에 상호 배타적이라고 할 수 없다. 일주일에 한 시간을 교통법규위반 단속에 투자한 경찰에게 위의 보기가 주어졌다면 어떻게 답했을까? 상호 배타적인 질문의 보기는 다음과 같다:

- ☐ 1시간 미만
- ☐ 2-3 시간
- ☐ 4-6 시간
- ☐ 7-10 시간
- ☐ 11시간 이상

응답 범주를 포괄적으로 만들어라(Make the Response Categories Exhaustive)

상호 배타적인 보기 이외에도, 고정된 응답 범주는 모든 응답자가 선택할 만한 보기가 포함 될 수 있도록 범위가 넓어야 한다. 다음과 같은 질문을 한다고 고려해보자.

근무 시간 중 평균적으로 어느 영역에서 가장 많은 시간을 투자합니까?

______ 교통법규위반 단속
______ 소란과 관련된 문제들
______ 중범죄자 체포
______ 경범죄자 체포

우리가 생각할 때 응답의 보기의 범위가 넓다 할지라도, 항상 그 이외의 보기가 필요한 응답자들을 생각해야 한다. 응답의 보기는 다음의 사항이 포함되었을 시 쉽게 포괄적(exhaustive)이라고 간주될 수 있다:

______ 그 외 영역, 자세히 기술 하시오: ______

하지만 기억해 둘 것은 위의 사항을 모든 관련된 내용을 포함시킨 뒤에 추가해야 한다는 것이다. 그렇지 않으면 응답자의 상당수는 이 “그 외” 사항을 고를 것이고, 이렇게 되면 많은 시간을 응답 코딩에 투자해야 한다.

리커트 척도와 같은 응답 범주를 사용하라(Utilize Likert-Type Response Categories)

리커트 척도와 같은 응답(Likert-type response)을 구하는 질문은 응답자들에게 주어진 의견에 동의하거나 동의하지 않는 정도를 표현하라 지시한다. 왜 이런 이름이 붙여졌을까? 이러한 질문 형식은 1930년대에 렌시스 리커트(Rensis Likert)에 의해 개발된 것으로 전해진다. 한 의견에 대한 응답자의 동의 정도를 알아보는 리커트 척도는 다음과 같다:

세 번 이상 중범죄로 유죄를 선고받은 죄인들의 처벌을 강화하도록 하는 "삼진아웃"제도는 범죄율을 낮추는데 도움이 될 것이다.

1	2	3	4
강하게 동의한다	동의한다	동의하지 않는다	강하게 동의하지 않는다

형세관망하기와 Floater를 최소화 하라(Minimize Fence-Sitting and Floating)

질문을 만들 때 생기는 서로 관련된 두 가지 문제점은 응답자가 허용 될 만한 혹은 사회적으로 호감이 가는 응답을 하려는 성향에서 생긴다. 이러한 문제들을 해결해 줄 수 있는 하나의 확실한 해결방안은 없기 때문에 대안이 조심스레 선택되어야 한다.

형세관망자(fence-sitter)는 특정한 사건에 대하여 중립의 입장을 취하는 사람을 말한다. 만약 한 이슈에 대해 강한 의견이 없는 사람들을 연구하고 싶다면, 한 가지 대안은 중립이거나 미결의 응답보기를 제공하는 것이다. 이러한 보기의 단점은 응답자들이 시간을 들여 자신의 생각을 토대로 응답하는 대신 쉬운 보기를 고르도록 만들 수도 있다는 것이다. 또한, 자신들의 솔직한 생각을 표현하기 꺼려하는 응답자들에게 쉽게 빠져나갈 수 있는 길을 마련해 주는 격이 될 수도 있다. 반면에 실제로 질문된 이슈에 대한 의견이 없는 사람들에게 이러한 "잘 모르겠다"와 같은 항이 주어지지 않는다면 응답자들이 그 질문에 대한 답을 하지 않을 수도 있다. 무엇을 하든, 질문을 할 때 "보기 중 당신의 의견과 가장 근접한 답을 고르세요."라는 문구를 제공하는 것은 좋은 방법이다. 이러한 방식은 응답자들이 자신들이 생각하는 것에 부합하는 보기를 선택하는 것을 더 쉽게 느끼도록 도와줄 것이다.

플로터(floater)는 질문을 이해하지 못하면서 실질적인 답을 고르는 응답자를 말한다. 예를 들어 한 연구는 대중의 3분의 1이 제안된 법안에 대한 의견을 물었을 때 그 법안에 대하여 아무것도 모름에도 불구하고 보기에서 응답을 골랐다. 이것은 설문 조사자가 "모르겠다"의 선택 보기를 주지 않았기 때문이다(Schuman and Presser, 1981). 물론 "모르겠다"의 선택권은 중립적인 응답보기를 주는 것과 같은 단점이 있다; 사람들이 자신들의 생각에 대해 고려하지 않고 쉽게 "모르겠다"라고 대답하는 것이다.

만약 한 이슈에 관하여 인지적인 의견을 조사하고 싶다면, 질문을 할 때 그 이슈에 관한 자세한 설명을 해주는 것이 최고의 방법이다. 예를 들어 형사사법제도가 미성년 범죄자들을 취급하는 것에 대한 태도에 관하여 알고 싶고, 다음과 같은 말에 대한 의견을 물었다고 가정하자: "의회가 논의하고 있는 소년사법법안(Juvenile Justice Bill)은 미성년자들이 저지르는 범죄의 수를 줄일 것이다." 당신은 소년사법법안이 무엇인지 알고 있습니까? 만약 설문에 "모르겠다"라는 항을 포함하지 않았다면, 응답자들은 법안에 관하여 아무 지식이 없음에도 불구하고 보기 중 아무 의미 없는 응답을 선택하게 되었을 것이고, 이는 설문 전체의 결과를 편중되게 만들었을 수도 있다. "모르겠다"를 보기에 포함하는 것 이외에도, 다른 방법으로 이 문제를 해결할 수 있는데, 바로 지금 관심을 가지고 연구하는 이슈에 대해 자세한 설명을 하는 것이다. 예를 들면 법안의 한 일부는 13살 이상의 미성년자가 살인을 저질렀을 때 성인의 신분으로 재판받게 하도록 각 주에게 권장한다는 설명을 한 뒤, 응답자들에게 이 이슈에 대한 의견을 묻는 것이다. 만약 응답자들이 한 이슈에 대하여 지식이 있는지 알아보고 싶고, "잘 모르겠다" 항을 답변 보기에 넣고 싶다면 그것을 다른 보기 항들과 떨어뜨려 놓아서 응답자들이 중립적인 혹은 결정하지 않음을 위한 보기와 혼동하지 않게 만들어야 한다. 물론 모든 질문에 있어서 응답 선택사항들이 무엇을 의미하는지 명확한 설명이 있어야 한다. 예를 들어 특별검사법에 관한 시민들의 지식과 의견을 알고 싶으면, 다음과 같은 질문을 할 수 있다:

> *설명문* : 각 문장에 대한 당신의 의견을 나타내는 응답 옆에 체크를 하시오. 만약 문장에 대한 지식이 부족하여 답을 하기 어려우면, "모르겠음" 옆에 체크 하시오.
> 나는 특별검사법이 바뀌지 않고 그대로 남아 있어야 한다고 생각한다.
>
> - ☐ 강력히 동의
> - ☐ 동의
> - ☐ 반대
> - ☐ 강력히 반대
> - ☐ 모르겠음

여과 질문을 사용하라(Utilize Filter Questions)

여과 질문은 질문들에 관련이 있는 응답자들에게만 질문을 할 수 있도록 도와주는 중요한 역할을 한다. 예를 들면 강도 피해자들이 경찰 서비스를 사용하는지에 대하여 알아보고 싶다면, 응답자가 피해를 입은 적이 있는지 여과 질문(filter question)을 통해 확인해야 한다. 이러한 여과 질문들은 건너뛰는 패턴(skip patterns)을 만들어 준다. 예를 들면 한 질문에 "아니오"라고 대답한 응답자는 다른 질문으로 건너뛰도록 되어있지만, "네"라고 대답한 응답자들은 관련질문(contingent question)으로 넘어간 것이다. 이러한 이유로, 이 질문들을 조건부 질문들이라 부르는 것이다. 질문을 뛰어넘는 것은 Exhibit 8.4에 나와 있는 것과 같이 명확하게 화살이나 다른 지시를 사용하여 표현되어야 한다.

지표 목록의 질문들 합치기(Combining Questions in Indexes)

질문 하나로 변수를 측정하는 것은 매우 자주 쓰는 방법이다. 한 질문을 통하여 행해지는 여론조사는 신문기사와 TV뉴스에 자주 나온다: "당신은 ~에 관한 미국의 정책에 동의합니까, 반대합니까?" "오늘 투표를 한다면, 누구에게 표를 던지시겠습니까?" 이렇게 한 질문을 사용하는 것에 문제점은 만약 응답자가 질문을 잘못 이해하였거나 문장의 구조에 있어 문제가 있을 때 확인할 방법이 없다는 점이다. 이러한 문제점은 응답자들이 질문 내의 특정한 단어나 아이디어를 다르게 이해했을 때 발생한다. 응답자들의 배경, 지식, 그리고 신념의 차이는 불가피하게 같은 질문을 다르게 이해하게 만든다. 만약 응답자들이 질문에 사용된 단어의 뜻을 모른다면, 응답자들이 답을 하였다 하더라도 그 답이 무엇을 의미 하는지 모를 것이다. 질문이 너무 복잡하면, 응답자들은 질문의 부분들 중 서로 다른 곳에 초점을 둘 수도 있다. 만약 과거의 경험이나 문화적으로 편중된 생각들로 인하여 응답자들이 질문을 서로 다르게 해석하게 된다면, 답변들은 일관된 의미를 가지지 못 할 것이다.

만약 변수측정을 위하여 하나의 질문만이 사용되었다면, 연구자는 응답자가 질문에 사용된 특정한 단어나 문구를 이해하는데 어려움이 있었을 것이라 생각하지 못 할 수도 있다. 질문을 명확하고 이해하기 쉽게 쓰는 것도 중요하지만, 가장 좋은 방법은 개념을 측정하기 위해서 여러 개의 질문을 만드는 것이다.

여러 질문이 하나의 개념을 측정하기 위하여 사용되었을 때, 그에 대한 답들의 총 합이나 평균을 계산할 수 있다. 이렇게 총 합이나 평균을 계산한 값을 지표(index) 혹은 척도(scale)라고 부른다. 이 방법에서, 한 질문에 대한 이질적인 변수는 평균에는 영향을 미치지 않는다. 그래서 합쳐진 측정에 중요한 영향을 미치는 것은 질문에 의해 묻고자하는 개념이다. 또한, 지표는 질문들의 어느 한 요소보다도 개념에 대한 더 완벽한 측정이라고 할 수 있다.

지표를 만드는 것은 한 개념에 중점을 두는 몇 가지의 질문만을 하는 것은 아니다. 당신에게 하나의 공통된 개념을 측정하기 위한 것처럼 보이는 질문들이 응답자들에게는 여러 개의 다른 이슈를 측정하기 위한 것처럼 보일 수도 있다. 여러 질문들이 공통적인 개념을 위해 지표를 형성하는지 알기 위해서는 당신이 연구하고자 하는 사람들과 비슷한 사람들에게 설문을 돌리는 것이다. 만약 하나의 공통된 개념이 측정 되었다면, 사람들의 응답은 일관성을 보일 것이다. 이와 같은 신뢰성 측정(reliability measures)은 연구자들이 응답들의 연관성이 있는지 알아보는데 도움이 될 것이다. 하지만 대부분의 응답 태도는 복잡하고 여러 가지의 요소를 담고 있다.

EXHIBIT 8.4 여과 질문과 스킵 패턴

14. 지난 6개월 동안, 누군가 당신에게서 힘으로 혹은 폭력으로 협박하여 무엇을 빼앗은 적이 있습니까?
    ______ 있다(그렇다면, 15번과 16번 질문에 답하세요)
    ______ 없다(그렇지 않다면, 17번으로 가주세요)

15. 빼앗긴 물건의 대략적인 금전적 가치는 얼마였습니까?
    ______ $50 미만
    ______ $51에서 $99
    ______ $100에서 $299
    ______ $300에서 $500
    ______ $500보다 많음

16. 경찰에게 이러한 사건을 신고했습니까?
    ______ 네
    ______ 아니오

17. 동네에서 밤에 홀로 돌아다니는 것에 대해 얼마나 두려움이 있습니까?
    ______ 아주 많이 두렵다
    ______ 두렵다
    ______ 두렵지 않다
    ______ 전혀 두렵지 않다.

응답자들의 태도를 측정하기 위하여 지표를 만들 때 응답 세트를 잘 구성해야 한다. 예를 들어 어느 사람들은 거의 대부분의 질문에 나온 의견에 동의를 하는 반면, 어느 사람들은 대부분의 질문에 동의를 하지 않는다. 그리고 어느 응답자들은 중립의 보기가 주어진다면 모든 질문에 중립적인 보기를 체크하기도 한다. 이러한 상황을 피하기 위해서, 몇 가지의 문장은 어느 특정한 태도에 유리하게 만들고, 다른 것들은 유리하지 않게 만드는 것이다. 이렇게 하면, 응답자들은 각 질문에 더 시간을 들여 상세히 생각한 후 답할 것이다. Exhibit 8.5는 자신들의 지역공동체에 있는 경찰들에 대한 응답자들의 의견을 알아보기 위한 가설상의 질문 세트이다.

찬성하는 문장과 그렇지 않은 문장을 다 포함한 지표와 척도의 점수를 합산할 때는 찬성하지 않는 문장들의 점수를 역코딩 하는 것을 기억해야 한다. 예를 들면 "강하게 긍정"이란 답이 Exhibit 8.5의 1번과 2번에 둘 다 나왔을 경우, 다르게 계산될 것이다.

설문 연구의 인기에 힘입어, 지표들은 여러 개념들을 측정하기 위해 개발되었고, 몇몇 지표들은 여러 연구에서 그 신뢰도를 인정받았다. 이렇게 인정받은 지표를 사용하여 개념을 측정하는 것이 새로운 지표를 개발하는 것보다 훨씬 낫다. 이 장의 앞부분에서 말했듯이, 현존하고 있는 측정방법을 사용하는 것은 연구디자인에 관한 일을 쉽게 할 수 있도록 해줄 뿐만 아니라, 과거에 나왔던 연구결과와의 비교도 용이하게 할 수 있다.

미 국가 범죄피해조사에 사용된 지표 중 범죄학 문헌에서 일상 활동이라 불리는 것을 측정하기 위한 것이 있다. 일상활동이론은 범죄를 이해하는데 있어서, 범죄자의 상태가 아닌 범죄가 일어나는 상황에 초점을 둔다. 코헨과 펠슨(Cohen and Felson, 1979)에 따르면, 범죄가 일어나기 위해선 다음의 세 가지 요소가 필요하다: 동기가 있는 범죄자, 적합한 희생양, 그리고 능력 있는 보호자의 부재이다. 일, 휴식, 그리고 여가활동의 일상적 패턴은 위 세 요소의 시간적 그리고 공간적 집합에 영향을 미친다. 응답자들이 집에서 떨어져 일상 활동을 얼마만큼 하는지 측정하기 위하여, 미 국가 범죄피해조사는 Exhibit 8.6에 나온 세 가지 질문을 물어본다. 이 질문들은 사람들이 일상적으로 집에서 떨어져 하는 여러 가지 활동을 측정하고, 그리고 결합시켰을 때, 하나의 질문이 측정하는 것보다 더 정확히 개인의 집에서 떨어져 하는 일상생활을 측정할 수 있다.

EXHIBIT 8.5 "경찰에 대한 태도" index에 있는 질문들

1. 경찰관들은 인종이나 민족성에 상관없이 보통 모든 사람들에게 공정하다.
   ______ 강하게 동의 ______ 동의 ______ 동의하지 않음 ______ 강하게 동의하지 않음

2. 경찰관들은 공동체 사회의 주민들을 대상으로 하는 불심검문에 관하여 너무 많은 자유 재량을 행사한다.
_____ 강하게 동의 _____ 동의 _____ 동의하지 않음 _____ 강하게 동의하지 않음

3. 만약 누군가가 체포과정에서 조금이라도 저항을 한다면, 대부분의 경찰들은 자신들이 처벌을 받지 않을 것이라 느낄 때 폭력적으로 체포를 강행할 것이다.
_____ 강하게 동의 _____ 동의 _____ 동의하지 않음 _____ 강하게 동의하지 않음

4. 경찰들이 공동체 사회 주민들의 안전을 위하여 매일같이 목숨을 걸고 일하고 있다.
_____ 강하게 동의 _____ 동의 _____ 동의하지 않음 _____ 강하게 동의하지 않음

5. 대부분의 경찰들은 선서를 한 후 한번 쯤 거짓말을 했을 것이다.
_____ 강하게 동의 _____ 동의 _____ 동의하지 않음 _____ 강하게 동의하지 않음

6. 대부분의 경찰은 정직하고 공평하다.
_____ 강하게 동의 _____ 동의 _____ 동의하지 않음 _____ 강하게 동의하지 않음

EXHIBIT 8.6 **Index의 예시: 집 밖에서 이루어지는 일상생활에 대한 Index를 만들기 위하여 사용된 국가범죄피해조사 내 질문들**

질문에 들어가기에 앞서, 당신이 일상적으로 하는 활동들에 관하여 물어보고자 합니다. 우리는 생활방식이 다른 사람들이 범죄의 피해자가 될 가능성이 더 혹은 덜 있을 수 있다고 발견하였습니다.

30. 평균적으로, 지난 6개월 동안, _____ , 20 _____ 년 이래로, 당신은 얼마나 자주 쇼핑을 갔습니까? 예를 들어 약국, 옷가게, 슈퍼, 하드웨어 상점, 그리고 편의점에서 한 쇼핑이 포함됩니다.(응답자가 '네'라고 대답 할 때까지 보기를 읽어주시오.)
_____ 거의 매일(혹은 매우 종종)
_____ 적어도 일주일에 한번
_____ 적어도 한 달에 한번
_____ 별로 가지 않음
_____ 한 번도 가지 않음
_____ 모르겠음

31. 평균적으로, 지난 6개월 동안, 당신은 얼마나 자주 직장, 학교, 혹은 유흥을 위하여 저녁시간을 집 밖에서 보냈습니까?(응답자가 '네'라고 대답 할 때까지 보기를 읽어주시오.)
_____ 거의 매일(혹은 매우 종종)
_____ 적어도 일주일에 한번
_____ 적어도 한 달에 한번
_____ 별로 가지 않음
_____ 한 번도 가지 않음
_____ 모르겠음

32. 평균적으로, 지난 6개월 동안, 당신은 얼마나 자주 대중교통을 이용하였습니까? 통학버스는 제외하여 주세요.(응답자가 '네'라고 대답 할 때까지 보기를 읽어주시오.)
_____ 거의 매일(혹은 매우 종종)
_____ 적어도 일주일에 한번
_____ 적어도 한 달에 한번
_____ 별로 가지 않음
_____ 한 번도 가지 않음
_____ 모르겠음

EXHIBIT 8.7 **약물 남용에 대한 학생들의 관용정도 index 발췌**

37. 지난 30일 동안, 당신은 어느 정도 까지 다음의 행동들을 하였습니까?

(Mark one for each line)	0번	1번	2번	3-5번	6-9번	10번 이상
a. 누군가 술이나 다른 약물을 권했지만 사양했다						
b. 술이나 다른 마약 사용에 대해 자랑했다						
c. 다른 사람이 술이나 마약 사용에 대해 자랑하는 것을 들었다						

d. 총과 칼 같은 무기를 몸에 지니고 다녔다(사냥이나 일을 위해 가지고 다닌 것 제외)						
e. 친구들로부터 술과 마약 사용에 대한 압력을 받았다						
f. 술을 마시지 않는 것에 대하여 사람들이 괴롭히지 못하도록 술병을 들고 있었다.						
g. 성적 파트너가 술에 취해서 매력적이지 않다고 생각했다.						
h. 성적 파트너에게 그가 혹은 그녀가 술에 취해 매력 적이지 않다고 말해주었다.						

출처 : Core Institute, 1994. "Core Alcohol and Drug Survey: Long Form." Carbondale, IL: FIPSE Core Analysis Grantee Group, Core Institute, Student Health Programs, Southern Illinois University.

지표의 다른 예는 대학교 캠퍼스 내에서의 약물 남용 관용도에 대한 학생들의 인식을 측정하기 위하여 사용되었다(Core Institute, 1994). Exhibit 8.7은 이 지표의 발췌이다. 대학 캠퍼스에서의 약물 남용에 대한 전체적 관용도는 하나의 질문만을 가지고 측정하기 어려울 것이다. 이 질문들에 대한 대답을 모두 합쳤을 때, 비로소 약물 남용에 관한 관용정도가 측정될 수 있다.

중요한 개념을 측정할 때, 하나의 질문 대신 지표를 사용하는 것에 대한 장점은 매우 명확하다. 설문은 종종 여러 보기가 있는 질문 세트들을 포함하는데, 다음은 주의해야 할 네 가지 사항이다:

각 구성 요소 질문이 같은 개념을 측정하고 있다는 가정은 잘못된 것이다. 우리는 하나의 개념을 측정하기 위하여 여러 질문들을 설문에 포함하지만, 응답들이 서로 관련되지 않아 index가 만들어 질 수 없다. 아니면, 몇몇 질문들에 대한 응답이 대부분의 다른 응답들과 관련이 없다는 것을 확인할 수도 있다. 그렇기 때문에 우리는 이렇게 관련 없는 질문들을 지표의 평균을 구하기 전에 버려야 한다.

특정한 질문들에 대한 응답들을 결합시키는 것은 질문들 사이의 중요한 이점들을 애매하게 만들 수 있다. 슈트, 건스톤, 그리고 오브라이언(Schutt, Gunston, and O'Brien(1992)이 진행한 노숙자들을 위한 쉼터에서 제공된 에이즈(AIDS) 예방의 효과에 관한 연구가 좋은 예이다. 이 연구에서, 슈트와 그의 동료들은 HIV 위험 요소들에 관한 지식과 이 요소들에 노출되지 않은 방법들에 관하여 응답자들의 지식을 알아보고자 하였다. 모든 응답들을 하나의 지표로 만들었을 때, 놀랍게도 에이즈 교육을 받았던 노숙자들과 그렇지 않은 노숙자들의 지식의 차이가 없었다. 하지만, 더 자세히 분석을 해본 결과, 교육을 받았던 노숙자들이 그렇지 않은 노숙자들보다 에이즈 예방에 관한 자세한 방법(교육 프로그램의 핵심)을 더 잘 알고 있었다. 이 질문들에 대한 응답자들의 답들을 HIV 위험요소들에 관한 일반적인 지식에 관한 답들과 합쳤을 경우, 위의 중요한 연구결과를 불명료하게 만들었다(Schutt et al., 1992).

지표에 있는 질문들이 부분집합에서 덩어리를 이룰 수 있다 . 모든 질문들이 의도된 개념을 측정하겠지만, 이 개념이 여러 면을 가지고 있다고 결론내릴 수 있다. 그렇게 되면 다차원의 지표가 만들어 지게 된다. 이러한 결과는 본래의 개념을 더 정제하는 데 도움을 줄 수도 있다. 예를 들어 20년이 넘는 시간의 연구를 통하여 스트레스에 대한 주 수준의 다차원 지표가 개발되었다고 가정하자. 연구는 이 지표, 국가스트레스 지수가 살인, 강간과 같은 다른 과격한 행동을 주 수준에서 조사한 것과 관련이 있다고 밝혔다(Linsky, Bachman, and Straus, 1995). 국가스트레스 지수는 사람들이 이혼이나 이사를 감으로써 새로운 환경에 적응해야 하는 것과 같은 상황이 많이 일어날수록, 사람들이 적응을 하지 못할 위험도 역시 높아진다고 주장한 생활사건 이론에 기초를 둔다. 개개인이 겪는 스트레스의 요인이 되는 것들을 측정하는 것은 간단하다. 응답자들은 목록에 나와 있는 일들 중 자신들이 최근에 겪었던 일들을 표시한다. 그 다음에 표시된 이벤트들의 수를 더하여 점수를 내고 그것이 응답자가 겪은 스트레스의 정도이다. 국가스트레스 지수는 개인의 범위에서의 생활사건 접근법을 매크로 혹은 사회적 범위로 해석한 것이다. 기본적인 전략은 각 주에서 거주하는 것의 스트레스 정도를 분석하기 위하여 이러한 이벤트들이 생기는 속도를 측정하는 것이었다. 개발된 것은 다차원적 지표로서 다음과 같은 세 범주에 통계적으로 포함되는 15개의 지표를 포함한다: 경제적 스트레스 요인들, 가족 스트레스 요인들, 그리고 공동체 사회 스트레스 요인들이다. Exhibit 8.8에 국가스트레스 지수에 포함된 자세한 변수들이 나와 있다.

지표를 계산하는데 있어서, 몇몇 특정 질문들은 다른 질문들에 비해서 더 많이 계산되거나 영향력을 갖게 된다. 어느 질문들은 다른 질문들에 비하여 측정하고 있는 개념에 더 연관성이 있기 때문에 지표 점수에서 더 많은 가중치를 받게 된다. 이러한 절차를 폭넓은 테스트 없이 정당화 하는 것은 어렵다. 하지만, 몇몇 제대로 자리 잡은 지표들은 차별적으로 질문을 가중시키는 방식을 포함하고 있다. 또 다른 방법은 응답을 합치거나 평균을 계산할 때 질문의 응답마다 다른 가중치를 부여하는 것이다. 이렇게 가중된 지표를 척도라고 부르기도 한다. 스케일링 절차는 가중이 다른 질문 응답의 2에서 3배가 되는 질문의 응답들의 수를 임의적으로 세는 것처럼 쉬울 수도 있지만, 실증적인 시험을 통해서 각 질문의 가중치를 결정하는 것이 가장 많이 쓰이는 방법이다. 예를 들면 무니와 리(Mooney and Lee)의 낙태 법 개선에 관한 연구(1995)를 보면, 낙태에 찬성하는 척도의 점수를 매기는 절차는 "임신이 강간이나 근친상간으로 인한 것일 때" 허용 할 때의 "1"에서부터 "여자가 원할 때 언제든지 할 수 있어야 한다" 의 "4"까지가 될 수 있다. 다른 말로, 어느 상황에서도 낙태가 허용될 수 있다는 것에 동의하는 것이 강간과 근친상간의 경우에만 낙태가 허락되어야 하는 것 보다 더 강력히 낙태를 지지하는 것이라 볼 수 있다.

EXHIBIT 8.8 삶에서 스트레스를 야기하는 요인들– 1992 State Stress Index(국가스트레스 지수)

경제적인 스트레스 요인들

100만 명 단위로 계산한 사업 실패, 1982
18세 이상의 성인들 중 10만 명 단위로 실업률 계산, 1982
18세 이상의 근로자 중 10만 명 단위로 파업률 계산, 1981
10만 명 단위로 파산율 계산, 1982
10만 명 단위로 Mortgage Foreclosure 계산, 1982

가족 스트레스 요인

천 명 단위로 이혼율 계산, 1982
10만 명 단위로 낙태률 계산, 1982
14살 이상 여성 중 10만 명 단위로 사생아 출산 비율, 1982
1000명의 신생아 중 사망률, 1982
1000명의 태아 중 사망률, 1982

지역 공동체 스트레스 요인
10만 명의 주민 단위로 재해 원조상황, 1982
주에 5년 이하의 거주기간을 갖는 주민의 비율, 1980
1000명당 새로 이사 오는 가구의 수, 1982
10만 명당 새로 복지 혜택을 받는 사람의 수, 1982
10만 명당 고등학교 자퇴하는 사람들의 수, 1982

출처 : Linsky, Bachman, and Straus, 1995

인구통계학적 질문들(Demographic Questions)

거의 대부분의 설문지들은 성별, 나이, 인종이나 민족성, 소득, 그리고 종교 등의 인구통계적인 질문들을 포함하고 있다. 많은 연구들에 있어서 이 질문들은 매우 중요한 독립변수들이다. 예를 들어 연구들은 위의 다섯 요소들이 범죄의 피해자가 되는 것과 관련이 있다는 결과를 보여주었다. 하지만 많은 연구자들은 자신들의 연구에 꼭 필요하지 않은 인구통계적인 질문들을 물어본다. 꼭 필요하지 않은 경우 이러한 질문들은, 특히 소득에 관한 질문은 필요이상으로 응답자들의 사생활을 파고드는 경향이 있기 때문에 피하는 것이 좋다. 사실, 많은 응답자들은 소득에 관한 질문을 받으면 사생활을 침해받는다고 느낀다. 만약 당신이 당신의 연구에서 소득이 필수적인 변수라고 생각한다면, 고정된 응답 질문을 사용하여 소득의 범위를 제공하여 응답자들이 선택하게 하는 것이 자세한 연 소득을 물어보는 것보다 사생활에 관해 덜 간섭적이다. 이러한 형식은 Exhibit 8.9에서 볼 수 있듯이 NVAMW 설문에서 사용되었다.

EXHIBIT 8.9 NVAMW 설문의 소득에 관한 질문

1995년 세금을 내기 전, 당신이 직장, 보육원조, 그리고 Aid to Families with Dependent Children을 포함한 모든 출처에서 벌어들인 수입은 모두 합쳐 얼마였습니까? 당신이 해당하는 범주에 다다를 경우 저에게 말씀해 주십시오.

01	$5,000 미만
02	$5,001에서 $10,000
03	$10,001에서 $15,000
04	$15,001에서 $20,000
05	$20,001에서 $25,000

06	$25,001에서 $35,000
07	$35,001에서 $50,000
08	$50,001에서 $80,000
09	$80,001에서 $100,000
10	$100,001 이상
11	없음(자원)
12	모르겠음(자원)
13	대답거부(자원)

출처 : Tjaden과 Thoennes, 2000

인종과 민족성에 대한 질문을 만들 때도 주의를 기울여야 한다. 미 통계국조차도 응답자들에게 제공할 적절한 범주를 선택하는 것을 어려워하고 있다. 사실 통계국은 아직 인종에 대한 질문 하나와 민족성에 대한 질문 하나(히스패닉 혹은 히스패닉이 아님)를 따로 물어보고 있지만, 이것은 문제의 소지가 있다. 대부분의 설문 연구자들은 다음과 같은 질문을 사용한다:

다음 중 당신의 인종이나 민족성을 가장 잘 나타내는 것은 무엇입니까? 하나만 고르세요.

- □ 아시안
- □ 흑인 혹은 아프리카계 미국인
- □ 백인 혹은 코카소이드 인종
- □ 히스패닉(어느 인종이라도 상관없음)
- □ 미국 원주민
- □ 혼혈인 혹은 혼합 민족
- □ 그 이외(자세히 명시하시오: ____________)

어느 범주를 포함하는지 결정하는 것은 어려운 일이다. 몇몇 연구자들은 아직까지 혼혈인 범주를 제외하고 싶어 하는데, 그 이유는 대부분의 응답자들이 자신을 특정한 한 인종에 속해있다고 말하기 때문이다.

혼인 여부에 관한 질문 또한 구성하기 힘들 수도 있다. 실질적 지식이 많지 않은 연구자들은 아직까지 전통적인 범주인 기혼, 미혼, 이혼, 그리고 미망인/홀아비를 사용하며, 이러한 범주는 응답자들이 서로 다르게 해석할 수 있다. 그 이유는 만약 이혼을 한 응답자는 미혼의 상태도 될 수 있기 때문이다. 그리고 이혼은 하지 않았지만 별거 중인 사람들은 어떻게 답해야 할까? 이렇게 응답자들이 혼돈할 수 있는 상황을 피하기 위하여, 미 통계국은 다음과 같은 범주를 사용하기 시작했다: 기혼, 별거, 미망인/홀아비, 이혼, 그리고 한 번도 결혼한 적 없음.

인구통계학적 질문들은 보통 응답자들이 사생활에 관한 질문이라고 느낀다. 몇몇 연구자들은 이러한 질문들을 설문의 마지막 부분에 집어넣고 응답자들의 정보가 공개되지 않을 것이라는 문구도 달아준다. 하지만, 설문에 포함된 다른 질문들이 가족 구성원이나 가까운 사람에게 당한 폭력에 대한 질문 등 더욱 민감한 것들일 때, 어느 연구자들은 인구통계학적 질문을 설문에 앞서 물어보도록 구성한다. 예를 들어 NVAMW 설문은 응답자들의 두려움과 안전에 대한 일반적인 인지에 관한 질문들을 포함한 첫 번째 절 바로 뒤에 인구통계학적 질문들을 하였다.

예비조사하는 것을 잊지 마라(Don't Forget to Pretest!)

앞에서 나온 질문을 만드는 가이드라인을 잘 따라준다면 유용한 설문을 만드는데 도움이 될 것이다. 하지만, 명확하게 보이는 질문들을 한다는 것이 사람들이 당신이 물어보고 있는 것에 대해 일관된 이해를 하고 있다고 말할 수는 없다. 외부적인 피드백은 필수요소이며, 많으면 많을수록 좋다.

예비조사(pretest)를 거치지 않고 사용될 수 있는 설문은 없다. 설문을 읽어보고 수정해야 한다. 몇몇 동료들이나 친구들에게 시험해 보고, 수정해 보라. 연구하고자 하는 모집단 내 적은 수의 표본을 정하거나 그와 유사한 사람들에게 시험해 보고 수정하라. 인터뷰의 경우, 수정을 위하여 녹음을 하고, 문서식의 설문은 개개인이 주요 질문에 대한 비평을 할 수 있도록 여분의 공간을 남겨두어라.

NVAMW 설문은 107명의 응답자들이 4번에 걸쳐 예비검사를 하였다. 예비검사는 인터뷰 소개의 효율성을 평가하고, 질문에 사용된 단어들과 보기들이 혼란스럽거나 어색함을 감지하고, 인터뷰의 흐름과 길이를 분석하기 위하여 사용되었다. 네 번째 예비검사를 통하여 인터뷰가 사용될 수 있다고 판단되었을 때, 500명, 1000명, 혹은 2000명의 표본 응답자들이 인터뷰에 참여했다. 추가적인 예비검사는 챠넨과 소네스(2000)가 어느 질문들을 남겨둘지, 삭제할지, 혹은 수정할지 판단할 수 있도록 도와주었다.

다른 중요한 피드백을 얻을 수 있는 방법은 설문의 내용에 대해서 다른 사람들과 상의하는 것이다. 자문을 할 사람들은 다른 연구자, 설문 대상 지역이나 단체의 주요 인사(투표로 뽑힌 대표인들, 회사 대표들, 그리고 지역단체 지도자들), 그리고 모집단 내에서 표본 대상인 몇몇 개인들이다. 만약 어느 질문을 더 자세히 설명해야 한다면, 아마 질문을 다시 써야 할 것이다. 변수들과 특정한 질문들을 이렇게 기회가 있을 때마다 검토해라. 관련 있는 문헌들을 검토하면서 비슷한 설문과 질문들에 의하여 나온 결과를 찾는 것도 중요한 절차이다. 물론, 질문을 만들기 전에 이미 이러한 검토를 하여야 한다!

점점 더 널리 쓰이고 있는 또 다른 피드백 방법은 포커스 그룹이라 불리는 잠재적 응답자들 사이에서 하는 토론이다. 이 토론을 통하여 질문에 사용되는 표현들을 이해하고, 질문될 상황들이나 경험들을 확인해보는 과정이다. 포커스 그룹의 토론을 듣고 관찰하며, 연구자들은 어떠한 수준의 어휘가 적절하며 사람들이 어떠한 답을 할지에 대한 가정을 확증할 수 있다(Fowler, 1995).

전문적인 설문 연구원들은 인지적 면담(cognitive interview)이라고 불리는 기술을 사용하여 질문들을 분석하는 방법을 개발하였다(Fowler, 1995). 세부사항들은 다를지 몰라도, 기본적인 방법은 사람들에게 예비 질문들을 물어본 뒤, 사람들이 어떻게 질문들을 이해했으며 응답의 의미는 무엇인지 추가적인 질문을 통하여 알아보는 것이다.

각 질문에 대한 응답을 검토하고, 녹취한 테이프를 듣거나 모든 비평을 읽어본 뒤, 질문의 단어선택이나 물어보는 방식에 대한 문제점을 찾아내라. 당신의 의도와는 다르게 응답자가 질문을 이해하였거나, 다른 이유로 질문에 문제가 있다면 수정하여야 한다.

좋은 설문을 만드는 것은 여러 개의 초안을 필요로 한다. 하지만 두 번 정도 초안을 거치게 되면, 설문을 생각보다 명확히 검토하지 못 할 것이다. 워싱턴주립대학교에 있는 Social and Economic Sciences Research Center의 책임자인 돈 딜먼(Don Dillman)이 이에 대한 좋은 예를 제공하였다. 딜먼의 연구팀은 다음과 같은 응답 범주를 포함한 설문을 우편으로 발송할 예정이었다.

당신의 의견은 무엇입니까?

매우 반대	반대	둘 다 아님	찬성	매우 반대

이 리커트 척도 응답 형식의 문제점을 딜먼뿐만 아니라, 타이피스트, 연구 보조원, 그리고 프로젝트에 참여하고 있던 또 다른 사람도 모르고 지나쳤다. 딜먼은 이러한 상황을 이렇게 설명 한다:

설문을 하는 사람이 최종안을 만들었을 시기에는, 종종 설문이 포함하는 오류를 검토하지만, 자세한 내용까지 확인하지는 않는다. 나아가 연구자들은 줄 간격, 구두법, 그리고 내용을 검토하였다. 응답의 범주는 우리 모두에게 다 이상이 없어 보였다(Seltzer, 1996:98).

다음 절에 나와 있는 절차를 사용하여 설문을 검토하면 위와 같은 문제를 포함하여 다른 문제들도 찾아내는데 도움이 될 것이다.

설문지의 구조 (ORGANIZATION OF THE QUESTIONNAIRE)

설문조사의 기본주제들과 구체적인 변수들이 정해지면 이들을 카테고리별로 나누어(나중에는 이것이 섹션이 될 수 있다) 모은 후 임의의 순서로 열거한다. 질문을 작성하는 동안에 섹션별로 나누어진 변수그룹들과 섹션 안의 질문의 순서를 조정한다. 이러한 조정과정은 질문을 구체적으로 만들게 하고, 이 과정을 반복함으로써 문장을 매끄럽게 다듬어주며, 일관성 있는 설문조사로 만들어준다.

첫 번째로 필요한 것은 설문의 전체적인 주제를 나타내는 서술적인 제목이다. 제목은 조사의 배경을 보여주기 때문에 꼭 필요하다. 예를 들면 미 국가 범죄피해조사와 NVAMW 조사는 원래 미국의 범죄로 인한 희생의 규모를 측정하는 것에 관련이 있지만 대립 결단의 수단을 포함한 개인의 안전관련 문제와 관련한 조사로 시행되었다. 미국의 범죄피해조사는 범죄조사이며 오직 범죄에 대한 정보만 관련한다. 공교롭게도 조사의 참여자들은 주변의 친한 사람들이나 가족들에 의한 폭력은 범죄 행위로 생각하지 않는다.

스크리닝 도구에서의 많은 행위들이 두 조사에서 동일함에도 불구하고 이런 질문을 하는 문맥은 응답자들이 솔직한 응답을 제공하는 것에 영향을 준다. 범죄의 문맥상의 메시지가 질문보다 우선할 것이며 응답자들은 자신들이 범죄라고 생각하지 않는 상황들에 대해서는 보고하지 않을 것이다. 린치(Lynch, 1996)는 인터뷰 심사에 앞서 있었던 미 국가 범죄피해조사의 표본들에게 물어본 범죄에 대한 두려움에 관한 질문이 포함된 사법통계국의 연구(1975)를 통하여 문맥의 중요성을 설명한다. 범죄의 두려움에 관한 추가적 질문을 받은 응답자들은 자신들의 범죄피해에 대한 경험을 그렇지 않은 사람들에 비해서 훨씬 더 많이 보고하였다. 범죄의 두려움에 관한 질문들이 범행상황에 있었던 일들을 더 잘 기억하게 하도록 도움을 준 것이다.

설문의 제목과 더불어, 질문들의 순서와 감정이 포함된 태도를 알아보는 객관식 질문들은 응답에 영향을 줄 수 있기 때문에 중요하다. 사형제도에 관한 이슈에 대해 생각해 보자. 예를 들어 1986년 Gallop 여론조사는 설문 응답자의 70%가 살인자들에 대한 사형을 찬성한다고 밝혔다. 하지만 응답자들이 가석방 없는 종신형의 대안이 주어졌을 때, 사형제도에 대한 지지는 55%로 떨어졌다. 이것은 유죄가 인정된 살인자들에게 행해지는 사형제도를 찬성하는지에 대해 물어보는 것은 대중의 사형제도에 대한 일반적인 지지를 알아보는데 적절하지 않다는 것을 말한다. 패터노스터(1991)는 다음과 같이 설명한다.

> 미국인들이 표현하고자 하는 것은, 아마 사형제도에 대한 찬성이 아닌 위험한 범죄자들로부터 보호받고 싶은 바람일 것입니다. 더 정교하게 만들어진 설문은 대중이 한 사람의 죽음을 또 다른 사람의 죽음으로 보상받고 싶은 것이 아닌, 살인자가 다시 살인을 할 수 없게 하고, 피해자의 가족들이 겪는 힘든 상황과 상실감을 덜어줄 수 있기를 원한다는 것을 알아냈다.(P. 30)

낙태에 관한 질문들 사이에서도 이와 비슷한 현상들이 발견되었다. “기혼의 여성이 더 이상 아이를 원치 않는 경우에 합법적인 낙태를 할 수 있어야 한다고 생각합니까?”라는 질문을 일반인 표본 집단에게 물어보았을 때, 58%의 응답자가 그럴 수 있어야 한다고 대답하였다. 하지만, 이 질문을 손상을 입은 태아를 낙태할 지에 관한 질문을 한 후에 물어보았을 때 응답자의 40%만이 찬성하였다. 명백하게 처음 던져진 질문이 응답자들이 답을 할 때 참고하는 틀을 바꾸었고, 아마 응답자들은 단순히 아이를 더 이상 낳기 싫어 낙태를 하는 것은 손상을 입은 태아를 낙태하는 것과 비교했을 때 하찮은 이유라고 보여 졌을 수 있다(Turner and Martin, 1984). 이러한 예들에서 배울 점은 질문들을 배열하는 순서가 매우 중요하다는 것이다. 슈만과 프레서(Schuman and Presser)는 다음과 같이 말하였다,

> 두 예시 모두 질문의 순서가 응답자의 응답에 가질 수 있는 영향력에 대하여 설명해주고 있다. 이러한 상황은 두 개 이상의 질문이 같은 혹은 비슷한 문제에 대하여 물어봄으로써 한 개의 질문이 그 다음에 오는 질문에 대한 응답에 영향을 미칠 때 가장 잘 나타난다. 질문의 순서의 영향력은 일반적인 요약 유형의 질문들에서 가장 크게 작용한다.(P. 23)

뒤바뀐 질문 순서는 다른 응답자들에게 문제를 인식할 수 있도록 도와줄 수는 있지만, 이러한 문제를 해결하기 위한 실질적인 방법은 아니다. 가장 중요한 것은, 이런 문제들이 질문의 순서에 의해 발생할 수 있다는 것을 인식하고 이러한 상황들을 주의 깊게 분석하는 것이다. 결과를 조사하는 연구자들은 하나 이상의 질문이 설문에 포함되었을 때, 각주에서라도 주요 질문들이 질문된 순서를 표시해야 한다(Labaw, 1980). 설문지는 다음과 같은 조직적인 지침 역시 따라야한다:

- 설문의 주요 주제 부분들은 각기 다른 절 내에 구분되어 있어야 하며, 각 절은 간단한 설명으로 시작하여야 한다. 이것은 응답자들이 설문의 구조를 이해하는데 도움을 줄 것이다.
- 설명 부분들은 응답자들의 혼란을 최소화하기 위하여 사용되어야 한다. 설명부분은 각 질문들이 어떻게 응답되어야 하는지(숫자 위에 동그라미를 그리거나 답을 쓰는 것) 중립적인 방식으로 응답자들의 답에 영향을 주지 않는 방향으로 설명하여야 한다. 이러한 설명부분은 특히 기본적인 응답들이 행렬 형으로 나와 있는 질문들에게 특히 중요하다. 많은 응답자들이 각 줄마다 답에 동그라미를 해야 한다는 것을 모르기 때문에 응답 보기들이 각 질문 옆에 하나씩 있어야 한다. 설명부분들은 응답자들을 건너뛰는 패턴에 혼란스럽지 않도록 잘 알려주어야 한다.
- 설명부분들은 어떤 정보들이 왜 설문에 포함되었는지 응답자들에게 알려주는 역할을 할 수도 있다(예를 들어 "코딩을 위한 부분"이 표기되어 있는 set-off칸을 지나치라는 함축적 설명부분).
- 설문은 보기에 좋아야 하고, 완성하기 쉬워야 하며, 넉넉히 빈 공간을 가지고 있어야 한다. 한 페이지에 많은 수의 질문을 넣으려고 하지 말아야 한다. 응답 보기들의 글씨는 질문의 글씨체 혹은 크기와 위치가 구별되어야 한다(페이지의 중간에 모두 대문자로 표기하는 것과 같이).
- 응답보기들은 설문이 끝난 후 코딩과 데이터 입력을 위하여 번호로써 지명되어야 한다.

NVAMW 설문에는 폭력에 대한 두려움과 적응 행동, 과거 연애, 현 동반자(배우자, 남자친구 혹은 여자친구) 특성, 성범죄 피해, 육체적 피해, 스토킹 피해, 현 관계 내의 폭력, 그리고 협박 피해를 포함한 몇몇 절로 구성되어 있었다. Exhibit 8.10은 여성 응답자들이 받은 스토킹 피해에 관한 질문들이 포함된 절의 일부분과 도입부를 보여준다. 전문가들이 진행한 전화 설문이었지만, 설문 전체에 자세한 설명을 하고 있는 것을 볼 수 있다.

우편으로 전달되는 설문지에 포함되고, 조사자가 전화나 방문 인터뷰에서 응답자들에게 읽어주는 **소개문(cover letter)**은 설문의 성공을 좌우하는 중요한 요소이다. 설문의 제목이 문맥을 만드는 것처럼, 편지 메시지의 서론 역시 설문 전체의 느낌을 결정해 준다. 예를 들어 NVAMW 설문은 응답자들에게, "안녕하세요, 저는 국립연구단체인 SRBI에서 일하고 있습니다. 저희는 연방 정부의 지원을 받으며 정책연구센터에서 개인의 안전을 주제로 하는 전국적인 설문조사를 하고 있습니다"라고 인사하며 시작하였다. 설문의 주요 목적이 범죄 피해사례들을 조사하기 위한 것이었지만, 응답자들에게는 설문이 개인의 안전에 관한 연구라고 알려주었다. 이렇게 말한 이유는 응답자들이 자신들이 겪었던 범죄 피해들이 범죄라고 생각하지 않았을 경우에도 드러낼 수 있도록 하기 위한 것이었다. 또한 소개문에서 설문자의 소속과 프로젝트 후원자 역시 밝힌 것도 볼 수 있다. 설문의 목적도 간략하게 설명되어야 하며, 질문을 하거나 불만을 제기할 수 있도록 연락처를 표시해 두어야 한다.

잘 준비된 시작 메시지나 소개문은 응답률을 높이고 설문 질문에 보다 더 정직하고 완벽한 응답을 이끌어 낼 수 있을 것이다; 그와 반대로, 엉성하게 준비된 시작 메시지와 소개문은 역효과를 불러올 수 있다. 설문이 시작된 후에는 이에 대한 오해를 풀 수 있는 기회가 없다.

소개문은 다음과 같은 특성들을 지니고 있어야 한다:

신뢰할 수 있어야 한다. 소개문은 응답자들이 믿을 수 있으며 공평한 연구자나 단체에서 진행하는 연구라고 알려 주어야 한다. 정부기관, 대학교 직원, 그리고 Gallop이나 Rand처럼 잘 알려진 연구기관이 진행하는 연구는 보통 신뢰를 받는다. 이와는 반대로 동물 권리단체에서 행하는 동물 권리에 관한 설문은 응답자들이 볼 때 편중되어 있다고 여겨질 수 있다.

응답자 개개인에 맞추어 져야 한다. 소개문은 그냥 "학생에게"와 같은 말이 아닌 맞춤형 인사말을 포함해야 하고, "당신의 참여..."와 같이 응답자들을 2인칭으로 언급하며, 연구자의 서명으로 끝내야 한다.

EXHIBIT 8.10 여성 응답자들에게 주어진 NVAMW 스토킹 피해사례 설문조사

섹션 H. 스토킹 피해

H1. 낯선 사람, 친구, 친척, 남편 또는 동거자들에 의해 한번 이상 추행을 당한 경험에 대한 질문입니다. 해당하는 곳에 체크하세요.(동성, 이성포함. 단, 수금인, 전화 상담원, 세일즈맨은 제외)

01. 몰래 따라오거나 염탐했다
02. 받고 싶지 않은 편지나 문서를 보냈다
03. 받고 싶지 않은 전화를 했다
04. 나의 집 앞, 학교, 일터 등에서 기다렸다
05. 뜻하지 않은 장소에 볼일이 없는데도 불구하고 나타났다.
06. 원하지 않은 물건들을 나에게 보이도록 놓고 갔다.
07. 나의 의지와 대립되게 의사소통을 시도 했다.

08. 나의 임신사실을 적대했거나 내가 아끼는 것을 해친 적이 있다
09. 잘 모르겠음
10. 답하지 않겠음
11. 경험 없음

H2. 질문 H1에서 1-8번에 체크했을 경우 H3번 질문으로 가시오. 그 외는 섹션1로 가시오.

H3. 위에 제시된 행동들을 누군가에 의해 한 차례 이상 당한 적이 있습니까?
1. 네
2. 아니오(섹션1로 가시오)
3. 모르겠음(섹션1로 가시오)
4. 답하지 않겠음(섹션1로 가시오)

H4. 위의 경우 몇 명의 사람에 의해 한 차례 이상 피해를 당했습니까?
________명(1-97 까지 숫자로 기입하시오)
98. 모르겠음(섹션1로 가시오)
99. 답하지 않겠음(섹션1로 가시오)

H5. 이 사람 또는 사람들은...(해당하는 항목에 모두 체크하시오)
01. 배우자
02. 전 배우자
03. 남성 동거자
04. 여성 동거자
05. 친척
06. 지인
07. 낯선 사람
08. 모르겠음
09. 답하지 않겠음

출처 : Tjaden and Thoennes, 2000.

흥미로워야 한다. 설문의 내용은 응답자들에게 흥미로워야 한다. 작성자가 흥미 있는 소

재라고 해서 응답자들도 흥미를 느낄 것이라고 추측하는 실수를 해서는 안 된다. 질문을 작성하기 전에 응답자의 입장에서 생각해보고, 미래 응답자들에게 어필하도록 한다.

책임감이 있어야 한다. 응답자의 정보가 기밀로 간주되도록 하고, 응답자들이 설문조사에 대해 궁금한 것이 있거나 조사결과를 받아보기를 원할 경우를 위해 전화번호를 표기한다. 응답자의 설문조사 참여는 응답자의 지원에 의한 것임을 확실히 짚고 가도록 한다(Dillman, 1978). 예를 들면 NVAMW 설문지에 "당신의 개인적인 경험과 의견에 대해 질문할 것입니다. 답하는 것을 원하지 않으면 하지 않으셔도 됩니다. 모든 응답은 철저하게 비밀로 지켜질 것입니다. 조사에 대한 참여는 응답자의 지원에 의한 것이며, 연구에 매우 중요한 부분입니다. 이 설문조사의 신빙성을 확인 하시려면 800번으로 전화하셔서 여성 안전 설문조사 책임자를 찾아 주십시오."라는 문구를 넣는다.

설문조사 디자인 (SURVEY DESIGNS)

설문조사의 기본적 디자인 구성에는 우편조사, 집단조사, 전화조사, 방문면담, 그리고 전자 설문(electronic survey) 이렇게 다섯 가지를 들 수 있다. Exhibit 8.11에 위의 다섯 가지 조사 디자인의 특징이 요약되어있다. 각각의 방법에 관련한 장점과 단점이 있다.

운영의 방법. 질문을 행하는 다섯 가지 방법이 운영되는 방식은 다르다. 우편, 집단, 전자 설문은 응답자들에 의해 완성된다. 반면에 전화조사나 방문조사는 조사자나 직원이 질문을 하고 응답을 기록하는 방식으로 진행된다.

실문지의 구조. 설문조사 디자인은 또한 작성자가 미리 만들어 놓은 내용과 순서의 정도에 있어서 다르다. 대부분의 우편, 집단, 전화, 전자조사는 질문의 내용과 순서, 답변 예시 등을 미리 수정함으로써 구조를 체계적으로 만들 수 있다. 이러한 종류의 설문들은, 특히 우편으로 전달되는 설문들은, 개방형 질문(응답자들이 응답 보기 중 하나를 선택하는 것이 아닌 응답을 쓰는 형식)이 많이 포함되어 있다. 방문 면담은 보통 매우 잘 구조화 되어있지만, 고정된 응답 형식의 질문을 많이 한다. 또한, 몇몇 인터뷰들은 고정된 응답 형식으로 진행되지 않고 인터뷰 가이드로 진행된다. 이렇게 구조화 되어있지 않은 인터뷰에서는, 앞 선 질문에 대한 응답자들의 대답에 따라서 같은 주제지만, 인터뷰 진행자들이 다른 질문을 한다. 가

장 중요한 질문들의 경우에는 응답을 더 명확히 하거나 자세히 알아보기 위하여 추가적인 질문들이 포함된다.

설정. 대부분의 설문들은 한 응답자씩 설문지를 완성하는 방식으로 진행 된다; 우편 그리고 전자 설문지와 전화 인터뷰는 한 사람이 완성해야 하는 것이 거의 모든 경우다. 방문 인터뷰의 경우 한 인터뷰에 몇몇 가족구성원을 한 번에 조사하는 경우도 있지만, 방문 인터뷰 역시 한 번에 한 사람에게 질문을 한다. 반면에, 연구자(혹은 보조)가 응답자 그룹에게 설문지를 나누어 주고 모두 마칠 때까지 기다리는 방식도 있다. 이런 방식은 보통 학교에서 사용되지만, 직장인이나 자원자들에게도 사용된다.

비용. 이전에도 언급하였듯이, 방문 면담이 가장 비용이 많이 드는 설문이다. 그 다음으로 전화 인터뷰와 우편 설문의 순이다. 전자 설문이 가장 저렴한 방식인데, 그 이유는 인터뷰를 진행하는 사람이 없고, 우편 비용도 들지 않으며, 많은 경우, 데이터 입력에도 돈이 들어가지 않기 때문이다. 물론, 전자 설문을 만들기 위하여 직원들이 더 많은 시간을 보내야 하고, 전문성이 요구되기도 한다.

다른 특징들 때문에, 다섯 가지의 설문 디자인은 각기 잘 발생할 수 있는 오류와 사용 적절한 상황들이 다르다. 다음의 절은 각 디자인의 장점과 단점에 대해 설명한다.

EXHIBIT 8.11 다섯 가지 방법의 설문조사의 대표적 특징

종류	진행방식	셋팅	설문조사의 구조	경비(비용)
우편	응답자 자신	개인	일반적으로 체계적	낮음
집단	응답자 자신	집단	일반적으로 체계적	매우 낮음
전화	전문가	개인	체계적	보통
방문면담	전문가	개인	체계적이거나 체계적이지 않음	높음
전자	응답자 자신	개인	일반적으로 체계적	매우 낮음

우편, 자기기입식 조사(Mailed, Self-Administered Surveys)

우편 조사(mailed survey)는 우편으로 응답자에게 설문을 전달한 뒤, 응답자들이 자신들이 직접 설문 작성을 하는 형식을 말한다. 이 방식의 주요 관심사는 응답률을 최대화 하는

것이다. 최종 응답률이 80% 이상이 되기가 어렵고, 응답률을 높이기 위한 절차가 제대로 따라지지 않았다면 분명 최종 응답률은 70% 아래일 것이다. 60% 아래는 큰 실패이고, 70%의 응답률도 그리 좋은 경우가 아니다. 왜냐하면 표본의 3분의 1이상이 응답을 하지 않았을 때, 설문이 연구 대상을 대표할 수 없다고 보기 때문이다.

설문의 응답률을 최대화 하는 방법에는 다음이 있다(Fowler, 1988; Mangione, 1995; Miller, 1991):

- 설문을 보기 좋게 여백이 많게 구성하여라.
- 조건부의 질문이나 뛰어넘는 패턴을 가진 질문들을 가급적 사용하지 마라. 꼭 필요하다면, 응답자들에게 시각적으로 패턴을 보여주어라.
- 모든 응답자들에게 질문들이 명확하고 이해하기 쉽게 만들어라. 질문을 명확하게 설명해주거나 더 자세한 내용을 알아내려는 인터뷰 진행자가 옆에 없기 때문이다.
- 개방형 질문의 사용을 최소화 하여라. 응답자들은 답을 글로써 표현해야 한다는 것에 의욕을 잃을 것이다.
- 개인화되고 전문적인 소개 글을 함께 보내라. 좋은 취지로 응답자들에게 어필하는 것(응답이 좋은 일에 쓰인다고 알려주는 것)은 응답자들에게 참여의 대가로 무언가를 받을 것이라고 알려주는 것보다 7% 높은 응답률을 얻어내는 것으로 보인다.
- 신뢰를 줄 수 있는 연구 후원자와 함께 하여라. 한 조사에 따르면, 응답자가 후원자를 알고 있는 경우, 설문의 응답률을 17%까지 올릴 수 있다고 밝혔다. 그 다음으로 신뢰를 주는 후원자는 단체의 주 본부 그리고 그 다음이 비슷한 영역에 있는 다른 사람들이다. 출판업체, 대학교 교수들이나 학생들, 그리고 개인 협회들은 가장 낮은 응답률을 이끌어 낸다.
- 미 응답자를 정하기 위해서 설문지에 식별번호를 써라.
- 조그마한 동기부여는 도움이 된다. 쿠폰이나 2달러짜리 티켓도 응답률을 높일 수 있다.
- 설문지와 함께 돌려받을 수 있도록 우표가 붙어있고 주소가 적힌 봉투를 함께 넣어라.

가장 중요한 것은, 미 응답자들에게 설문을 완성하여 보내도록 추후 편지를 보내는 것이다. 딜먼(1978)은 추후 편지를 보내는 과정을 위한 다음과 같은 기본 절차를 추천하였다:

1. 처음 우편을 발송하고 2주 후에 모든 응답자들에게 감사의 마음을 표현하고, 미 응답자들에게 설문을 완성하라고 상기시켜주는 엽서를 보내라.
2. 처음 우편을 발송하고 3-4주 후에 미 응답자들에게 새로운 소개문과 대체설문을

다시 발송하여라.

3. 처음 우편을 발송하고 8주 후에 새로운 소개문을 포함한 대체 설문지를 가능하면 등기로 보내라(이 방법은 꽤 비용이 든다). 만약 전화로 연락이 가능하거나 인터뷰 방문을 할 수 있다면, 도움이 될 것이다.

딜먼(1978)의 절차와, 소개문과 설문지 설계의 지침들이 지켜진다면, 설문 응답률은 거의 대부분 70%에 달할 것이다. 딜먼의 방식을 사용하여 여론 조사를 한 연구는 최초 우편발송 후 응답률이 약 24%일 것이라고 밝혔다. 또한, 추후 엽서를 보낸 후 응답률은 42%로 오를 것이라고 했고, 첫 대체 설문 이후에는 50%, 등기로 보내진 두 번째 대체 설문 이후에는 응답률이 72%로 오를 것이라고 했다(Dillman et al., 1974).

응답률은 설문 대상에 따라 달라지는데, 그 이유는 연구의 주제가 어느 집단에게는 흥미로운 것이 될 수 있고, 어느 집단에는 그렇지 않을 수 있기 때문이다. 설문에 많은 미 응답자들이 있을 때, 응답이 늦은 사람들과 빠른 사람들을 비교하여 누가 미 응답자인지 알아내는 것은 낮은 응답에 의하여 발생하는 편중현상 발생가능성을 알 수 있을 것이다. 만약 빠르게 답을 해주는 응답자들이 더 교육수준이 높거나 설문의 주제에 대한 관심이 더 높다면, 표본은 편중현상을 일으킬 수 있다; 만약 응답자들이 미 응답자들보다 교육수준이 더 높지 않거나 설문 주제에 대하여 관심이 더 높지 않을 때, 표본은 더 신뢰를 가질 것이다.

우편으로 전달된 설문의 미 응답과 관련된 또 다른 위험은 미완성 응답이다. 몇몇 설문 응답자들은 질문들을 뛰어넘거나 응답을 하는 것을 중지 할 수도 있다. 다행히도, 잘 설계된 설문들에서는 잘 일어나지 않는다. 설문에 참여하기로 한 응답자들은 보통 설문을 끝까지 작성한다. 하지만 질문들이 제대로 쓰여 지지 않았거나, 너무 복잡하거나, 개인의 민감한 부분에 대해 물어볼 시 몇몇 응답자들은 설문을 마치고 싶은 마음이 사라지게 될 것이다. 이러한 문제를 일으킬 수 있는 질문들을 수정하거나 설문에서 제외하는 것은 문제 해결에 도움이 된다.

집단조사(Group-Administered Surveys)

집단조사(group-administered surveys)는 집합된 그룹 내에서 개개인의 응답자들이 설문을 완성하는 방식이다. 그룹 내에 있는 대부분의 사람들이 설문에 참여할 것이기 때문에 그룹에게 배포되고 수집되는 설문의 경우에 있어서 보통 응답률은 문제가 되지 않는다. 이러한 방식의 어려운 점은 시간에 구속되지 않는 고정적인 집단을 모아야 하기 때문에 쉽지 않다는 점이다. 일상생활을 위하여 스케줄이 있는 사람들은 집단조사에 잘 응하지 않는다.

학생, 직장인, 군인, 그리고 어느 시설에 속해있는 사람들을 제외하면, 집단 조사에 참여할 사람들을 찾는 것은 어렵다.

집단조사에 관련된 문제점 중 하나는, 응답자들이 설문에 강압적으로 참여할 수 있고, 이것은 솔직하지 않은 답변들을 포함할 수 있다는 것이다. 또한, 집단조사를 하기 위해서는 집단을 관리하는 사람의 승인을 받아야 하고, 이 후원은 설문이 설문 대상 조직의 지역 내에서 실행되어 쉽게 파악됨으로, 응답자들이 연구자가 후원자와 관련이 있을 것이라 생각할 수 있다. 이 문제에 대한 완벽한 해결책은 없지만, 연구자가 응답자들이 속해있는 그룹과는 관련이 없으며 응답자들에게 설문에 관한 질문을 할 기회를 가질 수 있도록 소개문을 만드는 것이 도움이 될 수 있다. 후원자 역시 연구자에게 데이터 관리와 결과를 보고하는 것에 대한 권한을 주고, 눈에 띄지 않도록 노력해야 한다.

전화조사(Surveys by Telephone)

전화조사(phone survey)는 면담자가 전화로 응답자들에게 질문을 하고 답을 기록하는 방식이다. 미국에서는 대부분의 가정에 전화가 있기 때문에 전화조사 방식이 매우 널리 사용되고 있다. 하지만 다음의 두 문제가 전화조사의 유효성을 저하 시킬 수 있다: 적절한 표본과 연락이 되지 않는 상황과 일반화하기 어려울 정도의 완성된 응답들을 얻지 못하는 것이다.

표본집단과 연락하기(Reaching Sampling Units)

요즘은 임의전화방식으로 인하여 무작위 표집을 구하는 것이 어느 때보다 쉬워졌다(Lavrakas, 1987). 기계는 전화번호가 공개되지 않았다 하더라도 지정된 교환국 내 번호들에게 임의로 전화를 건다. 만약 조사에 적절하지 않은 번호에 연락이 갔다면(대중을 상대로 한 조사에 상업번호로 전화가 갔을 경우), 다시 다른 번호로 연락이 가게 된다.

NVAMW는 임의전화방식을 통하여 미국에 살고 있는 18세 이상의 영어와 스페인어를 사용하는 남성 8000명과 여성 8000명을 표집하였다. 다음은 NVAMW가 연구 대상을 모집한 방법이다:

> 표집단을 구한 지역은 50개 주와 워싱턴 디시(Washington D.C.)였다. 여기서 SRBI는 체계적으로 가정의 전화번호를 모아서 임의전화방식으로 전화를 걸었다. 한 가정에 응답을 할 수 있는 사람이 한 명 이상인 경우에는 "가장 최근에 생일이 있던 사람"을 응답자로 골랐다. 만약 면담자가 전화를 받은 사람이나 지명된 응답자와 언어장벽에 부딪쳤을 경우에는, 감사의 말을 전한 뒤 전화를 끊었다. 스페인어가 지정된 면담

> 언어였을 경우에는, 스페인어를 할 수 있는 면담자가 면담을 진행하였다(Tjaden and Thoennes, 1998).

어떠한 방법으로 연결이 되었는지 상관없이, 면담자는 항시 질문을 통하여 적절한 가족 구성원과 통화하고 있는지 확인해야 한다. Exhibit 8.12는 NVAMW가 조사에 사용한 전화 조사 시작 부분에 포함되어 있는 질문들이다. 응답자를 찾을 수 있는 방법과 그렇지 않은 가정들을 구분하는 법을 알려주고 있다.

전화조사 응답률 최대화하기(Maximizing Response to Phone Surveys)

전화조사에서는 세 가지를 주의할 필요가 있다. 첫 번째는 사람들이 집에 없는 경우가 있기 때문에, 표집이 큰 연구에서는 여러 번 다시 전화 거는 것이 필요하다. 또한, 조사는 응답자가 집안의 다른 식구들로 인해 방해를 받는 경우에 대해서도 준비를 해야 한다. 조사하는 내내 흥미로운 질문들을 하는 것이 응답자의 흥미를 유지하는데 도움이 될 수 있다. 일반적으로 면담에 비해 전화조사의 경우 조사자와 응답자의 관계가 그리 두텁지 않을 수 있으며 응답자가 지쳐서 모든 질문에 답하는 것을 거부할 수도 있다(Miller, 1991).

전화조사는 또한 전화 연락 자체가 가지고 있는 어려움을 겪을 수 있다. 시각적인 도움을 받을 수 없기 때문에, 조사자는 구두로 응답 보기와 뛰어넘는 패턴을 설명해야 한다. 전화조사에 있어서, 조사자는 질문을 명확하게 할 수 있도록 교육 받아야 하고, 응답 보기의 길이는 짧아야 한다.

전화조사에 있어 제대로 된 조사자 훈련은 필수적이다. 아래는 SRBI 조사자들이 NVAMW 설문조사를 하기 전, 어떻게 훈련 받았는지 간략히 설명하고 있다.

> 설문의 복잡한 특성 때문에, 가장 경험이 많은 SRBI 조사자들만 설문 조사를 진행하였다. 설문조사를 하기 전, 조사자들은 설문연구의 일반적인 원칙들과 연구의 필수사항들에 관하여 교육 받았다. 조사자들은 또한 응답자들이 자신들이 말하는 것을 남이 듣지 않을까 걱정하는 것을 잘 인식하고 대처하는 법도 배웠다. 현재 폭력을 당하고 있다고 고백하였거나 정신적으로 힘들어 보이는 응답자들에게는 지역 내 서비스 시설(예를 들어 가정폭력 보호시설, 강간 사태 비상번호, 아동 보호 서비스)의 전화번호를 주었다(Tjaden and Thoennes, 1998).

EXHIBIT 8.12 Phone Interview Procedures for Respondent Designation in the NVAMW Survey

통제 양식

응답자 번호:

아이디	**1:1-6**

인터뷰 일자:

월	**1:7-8**
일	**1:9-10**
년	**1:11-12**

전화번호:

전화	**1:13-22**

질문자의 성별: 1 남자 2 남자

성별	**1:23**

응답자 성별: 1 남자 2 남자

성별	**1:24**

우편번호:

ZIP	**1:25-29**

FIPS 코드:

FIPS	**1:30-34**

주 코드:

01	Alabama	27	Montana
02	Alaska	28	Nebraska
03	Arizona	29	Nevada
04	Arkansas	30	New Hampshire
05	California	31	New Jersey
06	Colorado	32	New Mexico
07	Connecticut	33	New York
08	Delaware	34	North Carolina
09	District of Columbia	35	North Dakota
10	Florida	36	Ohio
11	Georgia	37	Oklahoma
12	Hawaii	38	Oregon
13	Idaho	39	Pennsylvania
14	Illinois	40	Rhode Island
15	Indiana	41	South Carolina
16	Iowa	42	South Dakota
17	Kansas	43	Tennessee
18	Kentucky	44	Texas
19	Louisiana	45	Utah
20	Maine	46	Vermont
21	Maryland	47	Virginia
22	Massachusetts	48	Washington
23	Michigan	49	West Virginia
24	Minnesota	50	Wisconsin
25	Mississippi	51	Wyoming
26	Missouri		

주 **1:35-36**

지역 코드:

01	New England	06 ESC
02	Mid-Atlantic	07 WSC
03	ENC	08 Mountain
04	WNC	09 Pacific
05	South Atlantic	

지역 **1:37-38**

조사:

1	Cf/m	4	Ff/m
2	Df/m	5	Af
3	Ef/m	6	Bf

WAVE **1:39**

CF2 가구에서 18세 이상의 구성원이 몇 명 있는가?
[범위는 0-20, 21=모름, 22=거부]

PERS18 **1:40-41**

CF3 이 성인들 중에 몇 명?

A 여자
B 남자
C 무응답

WOMEN18 **1:42-43**
MEN18 **1:44-45**
REF18 **1:46-47**

출처 : Tjaden and Thoennes, 2000.

전화 조사자들이 컴퓨터의 도움을 받을 때, 절차들이 더욱더 효과적으로 표준화될 수 있고, 조사 질 관리가 유지되며, 결과처리 속도도 최대화 될 수 있다. 이 컴퓨터 지원 전화 인터뷰는 CATI(Computer-Asisted Telephone Interview)라고 알려져 있고, 현재 대부분의 큰 설문은 이 방식을 통하여 진행된다. CATI 방식의 장점 중 가장 첫 번째는 데이터 수집과 입력이 동시에 이뤄질 수 있다는 점이다. 두 번째는 CATI 시스템은 몇 가지 기계적 편집 기능이 있어서 데이터 입력오류를 최소화하는데 도움을 준다는 점이다. 예를 들어 자동적으로 설문 각 항에 적절한 넓이의 하나의 펀치구멍을 뚫은 필드를 배정함으로서 CATI 시스템은 구멍을 여러 번 뚫거나 빈 칸을 제대로 된 응답값으로 잘못 이해하지 않게 된다. 세 번째로, 뛰어넘는 패턴을 데이터 입력 프로그램에 넣음으로써, CATI 시스템은 집합된 데이터베이스가 포괄적이고 정확할 수 있게 도와준다.

조사자들이 개입하지 않는 방법 중의 하나는 컴퓨터화된 대화형 음성 응답(computerized interactive voice response, IVR) 설문 기술이다. 응답자들은 자동화된 전화를 받고 누름 단추식 전화기의 버튼을 누르거나 컴퓨터화된 음성 인식 소프트웨어에 의해 이해되는 숫자를 말함으로서 대답한다. 이 설문방식에는 또한 개방형 질문도 사용될 수 있다. 이러한 조사방식은 응답 보기의 수가 많거나 뛰어넘는 패턴을 따라야 할 경우 어려움이 있지만, IVR은 짧은 설문과 응답자들이 참여하고 싶은 의지가 강할 때 성공적으로 적용되었다(Dillman, 2000). 이러한 조건이 갖추어지지 않았을 때, 응답자들은 컴퓨터가 진행하는 방식에 참여하려는 마음이 사라질 수 있다.

요약하자면 전화조사는 비교적 짧은 설문으로 사람들을 조사하려는 연구에 제일 잘 맞는 방식이다. 전화조사의 응답률은 종종 80%가 넘으며 높은 참여율을 보이는데, 그 이유는 공손한 조사자의 전화를 대화 중 끊거나 질문에 대한 답을 하지 않겠다고 하는 사람은 드물기 때문이다(적어도 30분 내외에는). NVAMW 설문은 여성대상 설문에서 72% 응답률을, 그리고 남성대상 설문에서 69% 응답률을 얻었다.

면담조사(In-Person Interviews)

면담조사(in-person interview)의 특이한 점은 조사자와 응답자가 얼굴을 마주보고 사회적 상호작용을 한다는 것이다. 돈이 목적이 아니라면 면담조사가 보통 가장 좋은 설문방식이다.

면담조사방법은 몇 가지 장점이 있다. 예의바른 조사자가 응답자들에게 접근할 때 다른 조사방법보다 더 응답률이 높다. 예를 들어 미 국가 범죄피해조사의 응답자들은 3년 동안 표집단에 남아있다. 이 조사들 중의 처음 설문이 면담으로 진행된다. 이것이 미 국가 범죄피해조사가 95%라는 매우 높은 응답률을 얻는 이유 중 하나이다. 또한, 면담조사는 우편이나 전화 설문보다 훨씬 더 길 수 있다; 설문은 개방형 그리고 폐쇄형 질문 그리고 분기 패턴을 포함한 복잡한 형태를 이룰 수 있다; 면담자에 의해서 질문이 읽어지고 답하여지는 순서가 정해질 수 있다; 면담의 물리적 그리고 사회적 환경이 관찰될 수 있다; 응답자가 질문을 어떻게 해석하는지 분석되고 명확해 질 수 있다.

연구자들은 면담자가 있어서 발생하는 특별한 위험에 주위를 기울여야 한다. 응답자들은 인터뷰를 자신들의 경험과 의견에 매우 관심이 있는 면담자들과의 개별화된 상호작용으로 생각해야 한다. 하지만 동시에, 모든 응답자들은 같은 인터뷰 경험을 해야 하고, 같은 답에 비슷하게 행동하는 사람에 의해서 같은 방법으로 같은 질문에 대한 답을 해야 한다. 여기서 연구자가 해결해야 하는 난제가 있다: 개별화되고, 흥미로우며, 일관성 있고, 그리고 반발하지 않을 인터뷰를 준비하는 것과, 이러한 인터뷰를 진행할 수 있는 면담자를 고용하는 일이다. 일관성 있는 접근방법 없이, 여러 응답자들에게 얻은 정보들은 신뢰성과 유효성이 떨어지기 때문에 비교할 수 없다.

관계와 통제의 균형 맞추기(Balancing Rapport and Control)

응답자와의 상호작용에 있어 따라야 하는 기본적 지침을 충실히 이행하는 것은 면담자들이 개별화와 표준화 사이의 적절한 균형을 유지하는데 도움을 줄 수 있다:

- 인터뷰에서 전문적인 이미지를 그려보아라. 예를 들어 응답자에게 동정심을 느끼는 동시에 해야할 업무가 있는 사람의 모습이다.
- 면담이 무엇에 관한 것이고 어떻게 진행될 것인지 알려주고 동의서를 읽어줌으로써 처음부터 응답자와 좋은 관계를 맺어라. 응답자에게 질문이나 걱정이 있는지 물어보고, 있을 경우 솔직하고 정성스럽게 대답해라. 응답자가 말하는 모든 것은 비밀로 지켜질 것이라는 점을 강조하라.
- 면담 중, 너무 가깝지는 않아도 근접한 거리에서 질문을 하여라. 응답자에 집중을 하고, 행동으로 응답자에게 관심이 있다는 것을 보여주어라. 지속적으로 눈을 바라보고, 적절한 얼굴 표정으로 대하고 대화하는 듯한 톤으로 말하여라.
- 일관적인 접근법을 유지해라; 쓰여 있는 그대로 질문을 읽고 같은 톤으로 읽어라. 경청하되 자신을 표현하지 말고 과도한 반응은 피해라.
- 응답자가 이해를 못했을 경우, 다시 질문을 읽어라. 개방형 질문의 경우, "그것에 대하여 좀 더 자세히 말해 주실 수 있나요?"처럼 비 명령문을 사용하여라.

전화조사와 같이, 면담조사에서도 컴퓨터는 통제효과를 높이는데 사용될 수 있다. 컴퓨터 지원 개인 면담(computer-assisted personal interviewing, CAPI) 프로젝트에서는 면담자들이 질문들을 보여주고 응답자들의 대답을 타자로 기록하며 이러한 대답들이 허용된 범위 내에 떨어지는지 확인하기 위해서 노트북 컴퓨터를 가지고 다닌다. 면담자들은 CAPI방법을 보통 좋아하고, 게다가 이러한 방식으로 얻어진 데이터는 컴퓨터를 사용하지 않고 진행된 면담에서 얻어진 데이터보다 질적인 면에서 뒤지지 않는다(Shepherd와 그의 동료들, 1996).

컴퓨터지원 자기 면담(computer-assisted self interviewing, CASI)은 대체방법이다. 오디오 CASI를 통하여, 응답자들은 컴퓨터 마우스를 이용하고 헤드폰을 통하여 전달되는 오디오 안내를 따라서 컴퓨터로 진행되는 설문과 상호작용을 한다. 오디오 CASI는 범죄를 범하였거나 범죄 피해에 관한 질문 등과 같은 민감한 정보를 조사할 때 가장 신뢰받는 방법으로 인정받고 있다(Miller et al., 1998; Tourangeau and Smith, 1996; Turner와 그의 동료들, 1998). Wolff와 그의 동료들(2006) 연구자들은 이 방법을 사용하여 주 교도소의 남녀 수감자들의 육체적 그리고 성적 범죄피해에 관한 정보를 얻어냈다. 그들은 다음과 같이 말하였다. "설문은 오디오 CASI(컴퓨터지원 자기 면담)가 사용되었고, 영어와 스페인어로 설문을 진행할 수 있었다. 설문이 진행되었던 각 장소에 30대의 컴퓨터가 있었고 필요시 연구팀의 일원들이 질문에 답을 해주었고 기술적인 문제에 관해서도 도움을 주었다"(p. 1350).

면담자가 옆에 있으면 민감한 문제들에 대하여 응답자들이 솔직한 대답을 할 수 없을 수도 있다. CASI를 사용하지 않는다면, 면담자는 응답자들에게 더 민감한 질문들이 있는 자기기입식 설문지를 따로 줄 수도 있다. 응답자들이 이 질문에 답을 한 뒤, 면담자가 볼 수 없도록 봉투에 넣어서 밀봉할 수가 있다.

면담설문 기법 절차가 보통 면담자와 응답자 두 명만 설문에 관여할 것을 예상하고 만들어진 것이지만, 다른 가족 구성원들이 종종 면담 내용을 들을 수 있는 거리에 있다. 이것은 가족 구성원에게 당한 범죄 피해 등 가족에 관한 질문을 할 때 문제가 된다. NVAMW 설문은 각 가정에서 한 명만을 면담하였지만, 미 국가 범죄피해조사는 선택된 가정의 모든 구성원을 면담한다. 이렇게, 모든 구성원들은 가해자가 알고 있거나 알고 있지 않은 모든 범죄피해에 관한 스크리닝 질문을 받았다. 더욱더 편리한 시간에 응답자들이 전화나 개인면담 약속을 다시 잡을 수 있도록 지도하였지만(다른 구성원들이 없을 때), 이러한 상황은 가족 내의 친밀한 파트너들이 범한 범죄에 관하여 몇몇 응답자들이 보고하는 것을 방해하였을 수도 있다.

인터뷰 응답률 최대화하기(Maximizing Response to Interviews)

인터뷰를 통제하는 동시에 응답자와의 좋은 관계를 유지하며 좋은 균형을 유지하더라도,

면담 인터뷰는 문제가 있을 수 있다. 표집단 내의 모든 사람들과 인터뷰를 하는 것이 어렵기 때문에, 응답률이 낮을 수 있다. Exhibit 8.13은 1990 General Social Survey의 응답률이 왜 낮은지 보여주고 있다. 최초의 표집단이었던 2,165명 중, 86%(1,857) 만이 참여할 수 있는 응답자가 있는 거주지였다. 이 중에서도, 응답률은 74% 밖에 나오지 않았다. 사회조사는 완벽히 교육받고 지도받은 면담자들이 진행한 설문이었기 때문에, 위 응답률은 규칙을 따랐을 때에도 모집단에서 얻은 표집단에서 응답자를 확보하는 게 어렵다는 것을 보여준다.

인터뷰 연구에서는 몇 가지 요인들이 응답률에 영향을 미친다. 도시에서 응답자를 만나는 것이 힘든 이유는 집에 있는 사람들을 찾는 어려움, 높은 아파트 안으로 출입하는 것에 대한 어려움, 그리고 사람들이 집에 있는 밤늦은 시간에 면담자들이 이 지역에 가는 것을 꺼려하기 때문이다(Fowler, 1988). 어린아이들이 있거나 노인들이 있는 집은 연락이 닿기 쉬운 반면, 혼자 사는 사람들은 연락이 닿기가 더 어렵다(Groves and Couper, 1998).

응답 거부율은 응답자의 특성에 따라 차이가 있다. 교육수준이 낮은 사람들은 정치적 이슈에 관한 설문 참여율이 조금 낮다(아마 현 정치 이슈에 대해 잘 알고 있지 못하기 때문일 것이다). 낮은 교육수준은 높은 "잘 모르겠다" 응답률과 연관이 있다(Groves, 1998). 소득이 높은 사람들은 소득과 경제 활동에 관한 설문 참여율이 낮다(아마 다른 사람들이 왜 자신들의 상황에 대해 알고 싶어 하는지 의심스럽게 생각해서일 것이다). 유별난 긴장감과 사회 내 환멸감 역시 연구의 전반적 신뢰를 떨어뜨릴 수 있고 면담자들이 필요한 응답률을 얻어내는 것을 방해하는 요소가 될 수 있다. 이러한 문제들은 설문에 대한 설명을 해주는 편지를 미리 응답자들에게 보내고 밤과 낮으로 계속 연락을 취하려 노력함으로써 줄여질 수 있지만, 완전히 피할 수는 없다(Fowler, 1988; Groves and Couper, 1998).

웹 조사(Web Surveys)

인터넷은 설문 연구의 새로운 방식을 만들었다: 웹을 이용한 설문이다. 미국 가정의 40%가 인터넷에 연결되어 있지 않기 때문에 웹을 사용하여 미국을 대표할 수 있는 표집단을 조사하는 것은 아직 불가능 하다. 인터넷에 연결되어 있지 않은 가정들은 인터넷이 있는 가정들보다 더 나이든 구성원이 살고 있거나 가난하다(Tourangeau, 2004). 하지만, 특정한 사람들의 인터넷 사용률은 매우 높기 때문에, 전문직에 종사하는 사람들, 중산층 공동체, 그리고 역시 대학생들을 조사할 때는 인터넷 설문이 다른 설문 방법의 좋은 대체 수단이 된다. 대표성에 관한 문제는 늘어나지만, 인터넷은 세계 곳곳에 닿을 수 있기 때문에, 웹 설문은 규모가 크고, 국제적인 설문이 가능할 수 있도록 도와준다.

EXHIBIT 8.13 Reasons for Nonresponse in Personal Interviews(1990 General Social Survey)

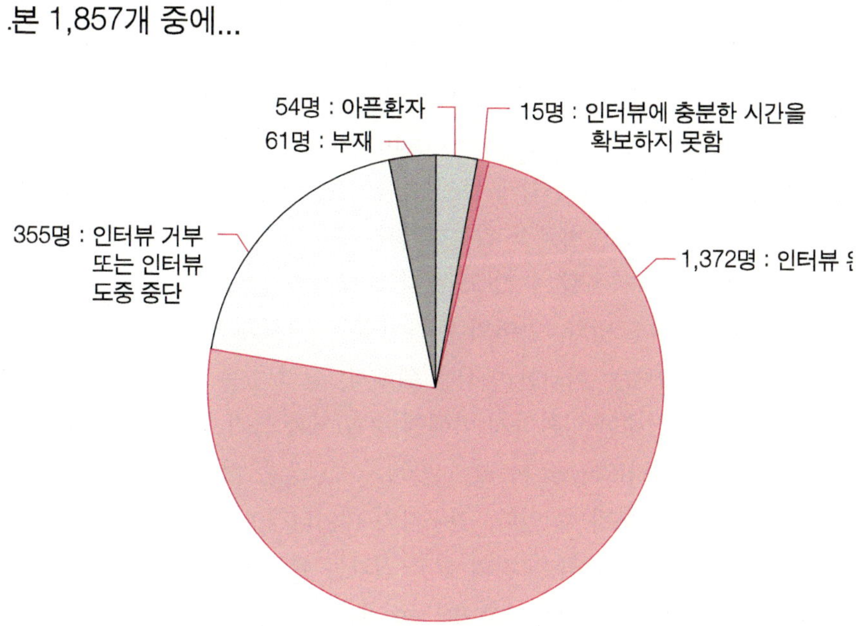

출처 : Data from Davis and Smith, 1992:54.

웹 설문(web surveys)은 설문이 진행될 사이트의 "핫링크"를 포함한 전자우편(e-mail)을 통하여 공시될 수 있다. 만약 조사하고자 하는 표집단의 이메일 주소를 알고 있다면, 연구자는 전자 우편으로 쉽게 초대할 수 있을 것이다. 설문에 적절한 사람들이 웹 설문에 참여하는 것을 확인하기 위하여, 연구자들은 응답자들에게 비밀번호(PIN, Personal Identification Number)를 사용하여 웹 설문에 참여하게 만들 수도 있다(Dillman, 2000). 하지만 응답자들이 하나의 단체에 속해있지 않은 경우, 표집단의 모든 응답자들의 전자 우편 주소를 모두 확보하는 것은 어렵다. 많은 사람들이 하나 이상의 전자 우편 주소를 가지고 있고, 종종 전자우편 주소는 사람의 이름이나 살고 있는 지역과 관계가 없는 경우가 있다. 그렇기 때문에, 인터넷을 사용할 수 있는 사람들에게만 집중한다 하더라도, 일반 모집단 사람들의 전자우편 주소를 무작위로 뽑는 방법은 없다(Dillman, 2007).

몇몇 웹 설문은 조사하려는 모집단 사람들이 방문하는 웹사이트에 연결되어 있어, 웹사이트를 방문하는 모든 사람에게 설문에 참여하라고 초대한다. 이러한 접근법은 Chapter 5의 시작부에 나와 있는 CNN 여론조사가 보여주듯이 많은 수의 응답자를 모을 수 있지만, 결과는 웹사이트를 방문하는 사람들(중산층, 젊은 북아메리칸)만을 대변하기 때문에 더 큰 모집단을 대표하지 않는다는 것을 알아야 한다(Dillman, 2000). 모집단에 대한 결과를 통제 할 수 있는 방법은 참여자들이 몇 가지의 포함 기준을 충족하게 하는 것이다(Selm과 Jankowski, 2006).

어떠한 모집단에 적절하다면, 웹 조사는 특이한 장점들이 있다(Selm and Jankow ski, 2006). 웹 조사는 전화 인터뷰와 비교했을 때, 불법행위와 범죄 피해에 대해서 더 솔직한 보고를 이끌어 낼 수 있다(Parks, Pardi, and Bradizza, 2006). 웹 조사는 응답자들이 단순히 박스 안에 클릭을 하고 응답자들이 쉽게 문제들 사이를 이동하며 응답자들에게 해당되지 않는 문제는 나타나지 않음으로 비교적 완성하기가 쉽다. 그림, 소리, 그리고 애니메이션이 특정한 질문들의 초점으로 사용될 수 있고 시각적 매력을 살리기 위하여 그래픽과 글씨의 종류를 여러 개 사용할 수도 있다. 단어의 뜻이 마우스 커서가 지나갈 때 화면에 "튀어" 나올 수도 있다(Dillman, 2007). 이러한 방식을 위해서, 실력 있는 웹 프로그래머가 응답자들이 대답을 잘 하고 질문에 대한 명확하게 이해할 수 있도록 돕기 위하여 보기에 좋은 요소가 많은 설문지를 만들 수 있다(Smyth et al., 2004). 응답들은 허용된 범위 내에 떨어지는지 확인하기 위하여 빠르게 검토될 수 있다. 연구자의 데이터베이스로 응답들이 직접 입력되기 때문에, 데이터입력에 따른 실수들은 거의 없고 결과는 빠르게 보고될 수 있다. 온라인상에 SurveyMonkey 같이 무료로 웹 설문지를 만드는 것을 도와주는 곳이 있다. 하지만 많은 대학교들이 Qualtrics(리서치 소프트웨어 전문 제조업체)와 같이 더 정교한 설문엔진에 가입을 하였다. 델라웨어 대학교 학생들 중에서 무작위로 모집단을 마련한 뒤, 마약음주연구센터는 Qualtrics를 사용하여 대학교 내 위험 행동 조사를 진행하였다. Exhibit 8.14는 설문의 한 부분을 보여주는데, 이것은 학생들이 음주운전, 마약사용, 시험부정행위, 범죄 피해, 절도, 싸움, 도박, 그리고 불법자료를 다운받는 것을 포함한 위험한 행동들에 얼마나 가담하는지 확인하는 것이었다. 화면의 맨 위에 보면 응답자들에게 설문 완성까지 얼마나 남았는지 알려주고 있다. 응답률을 높이기 위하여, 연구자들은 설문을 완성한 학생들에게 학교 캠퍼스 내 식당에서 사용할 수 있는 5달러짜리 쿠폰을 제공하였다.

병행 조사(Mixed-Mode Surveys)

많은 설문 연구자들이 여러 설문 디자인 방식을 혼합하고 있다. 병행조사(mixed-mode surveys)는 한 설문방식의 장점이 다른 방식의 단점을 보완하여 줌으로써 여러 종류의 응답자들로부터 데이터를 얻는 것을 최대화 할 수 있다. 예를 들어 전자 우편 주소가 있는 사람들에게는 전자식으로 보내어 질 수 있고, 그렇지 않은 사람들에게는 우편으로 보내질 수 있다. 또한, 우편 설문에 응답하지 않은 사람들은 방문이나 전화를 통하여 조사할 수 있다. 이전에도 말했듯이, 면담은 민감한 질문을 할 때 응답자에게 자기기입식 설문을 하게 할 수 있다.

EXHIBIT 8.14 대학 위험행위 조사 설문지

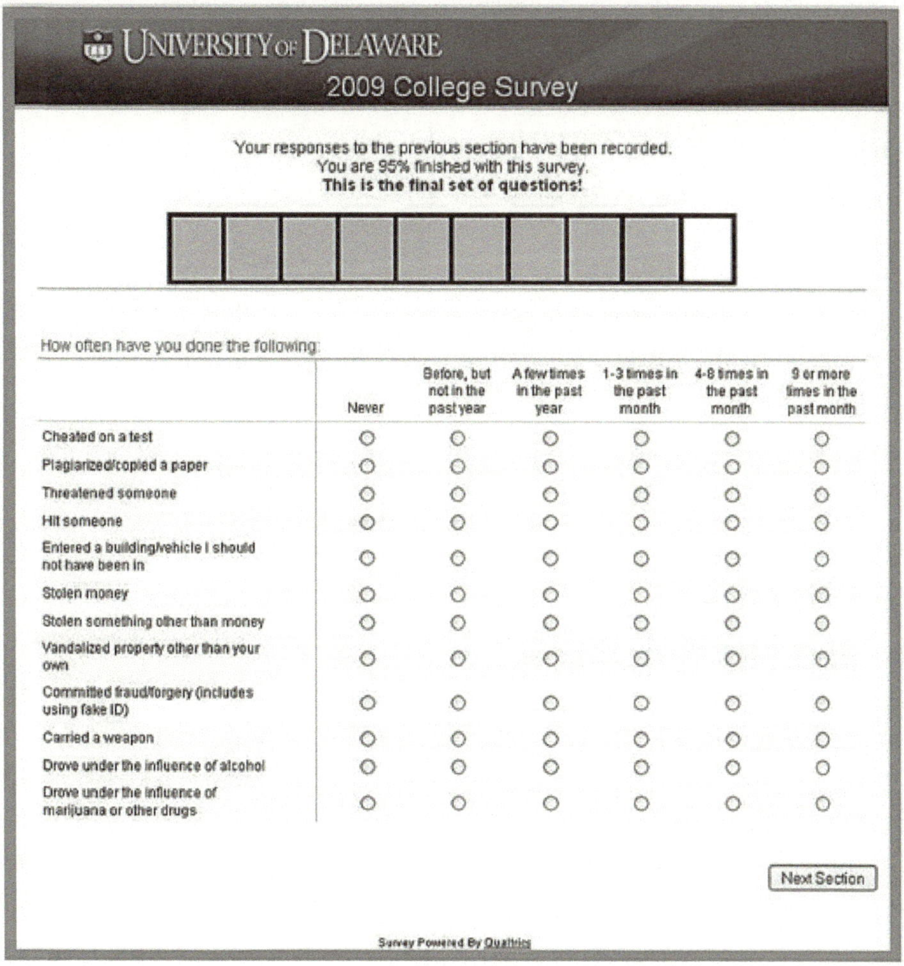

UNIVERSITY OF DELAWARE
2009 College Survey

Your responses to the previous section have been recorded.
You are 95% finished with this survey.
This is the final set of questions!

How often have you done the following:

	Never	Before, but not in the past year	A few times in the past year	1-3 times in the past month	4-8 times in the past month	9 or more times in the past month
Cheated on a test	○	○	○	○	○	○
Plagiarized/copied a paper	○	○	○	○	○	○
Threatened someone	○	○	○	○	○	○
Hit someone	○	○	○	○	○	○
Entered a building/vehicle I should not have been in	○	○	○	○	○	○
Stolen money	○	○	○	○	○	○
Stolen something other than money	○	○	○	○	○	○
Vandalized property other than your own	○	○	○	○	○	○
Committed fraud/forgery (includes using fake ID)	○	○	○	○	○	○
Carried a weapon	○	○	○	○	○	○
Drove under the influence of alcohol	○	○	○	○	○	○
Drove under the influence of marijuana or other drugs	○	○	○	○	○	○

Next Section

Survey Powered By Qualtrics

설문 디자인을 이렇게 혼합하는 것은 응답자들이 다른 의견이 있어서가 아니라, 질문하는 방식이 다르기 때문에 다른 답을 줄 수 있다. 하지만 딜먼(2000 :232-240)이 "유니모드 디자인"이라 부르는 기법을 사용하면 이러한 상황을 크게 줄일 수 있다. 단일 방식 디자인은 설문 방식에 따라 대답이 달라질 확률이 낮은 질문과 응답 보기를 사용한다. 단일 방식 디자인의 원칙은 같은 질문 구조, 응답 보기, 그리고 각 질문의 보기의 숫자를 같게 하는 것을 포함한다.

EXHIBIT 8.15 4가지 설문 방법들의 장단점들

설문의 특징	우편 조사	전화 조사	방문 면담	웹 설문조사
대표적인 표본				
설문 참여기회를 알 수 있는 확률				
– 완전히 기재된 집단	높음	높음	높음	보통
– 부분적으로 기재된 집단	보통	보통	높음	낮음
표본추출 단위 내 참여자를 정함(예를 들어 특정 가구의 일원들이 참여해야 하는 경우)	보통	높음	높음	낮음
응답자들의 소재파악 가능성				
– 표본이 이질적일 경우	보통	보통	높음	낮음
– 표본이 동질적이고 특정화 되었을 경우	높음	높음	높음	높음
설문지 구성과 질문 설계				
설문지의 허용 길이	보통	보통	높음	보통
다음의 질문을 포함할 수 있는지의 가능성				
– 복잡한 질문들	보통	낮음	높음	높음
– 개방형 질문들	낮음	높음	높음	보통
– 검정문	낮음	높음	높음	높음
– 지루한 질문들	낮음	높음	높음	낮음
질문의 연속성을 정할 수 있는지의 가능성	낮음	높음	높음	높음
설문지 완성을 확실히 할 수 있는지의 가능성	보통	높음	높음	낮음
응답의 왜곡				
사회적 바람직성에 의한 편향을 피할 확률	높음	보통	낮음	높음
인터뷰 진행자의 왜곡을 피할 확률	높음	보통	낮음	높음
다른 사람에 의한 악영향을 피할 확률	보통	높음	보통	보통
행정적 목표				
직원들의 요구사항을 만족시킬 확률	높음	높음	낮음	보통
설문을 신속하게 진행할 확률	낮음	높음	낮음	높음
비용을 낮출 확률	높음	보통	낮음	높음

출처 : Dillman, Don. A.의 Mail and Internet Surveys. John Wiley & Sons의 허가 후 증쇄.

설문 디자인의 비교(A Comparison of Survey Designs)

언제 어느 디자인이 사용되어야 할까? 그룹으로 진행되는 설문은 표집단을 만날 수 있다는 특이한 상황을 제외하면 우편 설문과 비슷하다. 그렇기 때문에 우리는 이 설문 방식을 그 자체로만 고려할 필요는 없다; 우편 설문 디자인에 적용되는 사항들은 표본추출 절차를 제외하고 그룹 조사 디자인에도 적용된다. 이렇기 때문에, 우리는 모집단에서 추출된 개개인을 대상으로 하는 설문 디자인 네 가지를 비교하는데 초점을 맞출 수 있다: 우편 설문, 전화 설문, 방문 설문, 그리고 전자 설문이다. Exhibit 8.15는 이 설문방식들의 장점과 단점을 정리하고 있다.

네 개의 설문 디자인의 장, 단점을 비교하는 데 가장 중요하게 고려할 점은 응답률이다. 우편 설문은 이러한 면에서 가장 취약한 디자인이기 때문에 표본추출의 시각에서 볼 때 가장 덜 선호되어야 할 것이다. 하지만, 연구자들은 그래도 면담자들을 고용하거나 여러 지역에 면담자가 있는 설문 단체와 계약을 할 경제적 여건이 안 되는 상황에서 널리 퍼져있는 사람들에게 연락하는 방식으로 우편 설문을 선택할 수 있다.

우편 설문의 가장 좋은 대안은 설문 연구 업체와 계약을 하여 전화 설문을 하는 것이다. 전화로 지속적인 추후 연락을 통해 필요한 응답률을 얻는 것이 직접 찾아가는 것보다 훨씬 더 쉽다. 하지만 이 절차는 간단하지 않다:

가정집의 최초의 전화 연결은 응답자들이 집에 있을 확률이 가장 높은 시간대와 요일에 시도되었다(주중에는 오후 5:30분과 오후 10:00시 사이, 토요일은 오전 9:00에서 오후 10:00 사이, 그리고 일요일은 오전 10:00에서 오후 10:00사이). 신호는 가는데 전화를 받지 않은 가정에 면담자들은 응답률을 최고로 높이기 위하여 적어도 3주 간 다른 요일과 다른 시간대에 다섯 번 다시 전화를 걸었다. 면담자들이 최초 연락을 시도하였을 때 인터뷰가 진행되지 못하였거나, 완성되지 못하였을 때, 면담자는 응답자가 편한 시간에 다시 약속을 잡았다(NVAMW 설문의 설명에서).

면담 조사는 설문자체의 길이와 복잡성과 연구자기기입식 설문이 완성되는 상황을 관찰할 수 있는 능력을 보았을 때, 확실히 선호가 되는 방식이다. 우편조사는 민감한 질문을 할 때 선호되지만, 이 문제는 면담 시에도 응답자에게 별도의 종이를 주어 답을 작성하게 함으로써 완화될 수 있다. 면담자들이 질문의 단어를 잘못 사용하거나 대답을 잘못 기록하여 대답의 의미가 제대로 전달되지 않을 수도 있지만, 이것은 제대로 된 교육, 관찰, 그리고 대답을 녹음함으로써 해결될 수 있다.

전화조사 시 설문의 길이와 복잡성에 제한이 있지만 면담자를 제대로 감시할 수 있다는 장점이 있다(Dillman, 1978; Fowler, 1988). NVAMW 설문을 위하여, SRBI는 다음과 같은

방식으로 면담자의 질을 관리 한다:

> 프로젝트 내내, 면담자들은 자신들의 책임자들에게 적어도 면담 업무 시 두 번 관찰을 받는데, 이것을 통하여 인터뷰 진행방식과 대답을 정확히 쓰는지가 분석된다(Tjaden and Thoennes, 1998).

전자설문법의 장점과 단점은 설문이 진행되는 능력의 관점에서 보아야 한다. 이 시기에는 너무나 많은 사람들이 인터넷을 사용하지 않았고, 컴퓨터가 있는 사람들도 복잡한 웹 페이지를 보고 사용하는 능력이 없었다.

이런 다른 설문들에 대한 여러 가지 사항들을 보며 두 가지의 일반적인 결론을 내릴 수 있다. 첫째는 방문조사가 가장 강력한 디자인이며 일반적으로 자원이 넉넉하고 교육을 받은 면담자가 있을 때 선호 된다; 전화조사는 방문조사가 가지는 장점을 가지고 있는 동시에 비용이 적게 든다. 두 번째는, 연구에 가장 잘 맞는 설문 디자인은 그 특정한 연구의 특징들과 목적을 고려한 후 결정되어야 한다.

조사연구 내의 윤리적 문제(ETHICAL ISSUES IN SURVEY RESEARCH)

설문연구는 보통 실험적 혹은 현장조사 방식에 비하여 도덕적 딜레마가 적은 편이다. 설문의 잠재적인 응답자가 참여하는 것을 쉽게 거부할 수 있으며, 연구 후원자와 연구의 동기 등을 소개문을 통하여 알려줌으로써 사람들이 설문에 참여할지를 결정하는데 필요한 정보를 제공한다. 이 방식의 데이터 수집법은 설문에서 꽤 명확하며 응답자들에게 숨겨진 것이 별로 없다. 설문연구의 가장 주요한 도덕적 이슈는 응답자들을 보호하는 일이다.

응답자들의 보호(Protection of Respondents)

만약 응답자들에게 해가 될 수 있는 사항들이 있다면, 이것은 편지나 소개문에 명시되어 있어야 한다. 연구자가 어떻게 인터뷰를 익명으로 비밀리에 진행할 것인지 등을 알려줌으로써, 응답자들에게 피해가 가지 않도록 대처하는 자세한 절차도 말해주어야 한다. 또한, 강간과 지인에 의한 범죄피해 등의 민감한 문제를 다루는 NVAMW 설문과 미 국가 범죄피해조사와 같은 경우, 또 다른 보호 계획이 마련되어 있어야 한다. 존슨(Johnson, 1996)은 이들 중에서 가장 중요한 부분을 간결하게 이야기 하였다: "연구자들은 전화 한통을 할 때마다, 응답자들이 폭력적인 배우자와 살고 있을 수 있으며, 설문의 내용이 노출 될 시, 응답자들의 안전에 위협이 가해질 수도 있다는 것을 생각해야한다"(p. 52). 또한, 응답자들에게 학대나 폭력의 경험을 기억하라고 하였을 때, 심각한 정신적 트라우마를 일으킬 수 있는 가능성이 있다. 어떻게 하면 연구자들이 이러한 설문 질문에 답할 경우 발생할 수 있는 좋지 않은 결과들을 줄일 수 있을까? 우리는 이 중요한 질문이 너무 적은 관심을 받고 있다고 생각한다. 대부분의 경우, 미 국가 범죄피해조사는 자신들의 설문에 참여하는 응답자들의 안전을 보호하기 위하여 한 일이 없고, 필요시 정신적 도움을 요청할 수 있도록 도와주지도 않았다. 반면에, NVAMW 설문에 참여했던 응답자들은 인터뷰 중에 갑자기 전화를 끊어야 했을 때 걸 수 있는 무료 전화번호를 제공받았다(위협을 느꼈을 경우). 그리고 NVAMW의 면담자들은 응답자가 화가 나거나 정서적으로 힘든 기색을 보이면 관리자에게 바로 연락을 하도록 교육받았다. 이 관리자들은 National Coalition Against Domestic Violence에서 제공하는 전국에 있는 강간 위기와 가정폭력 시 전화할 수 있는 긴급직통번호 목록을 받았다.

이 장 앞에서 토론하였던 대학교 내 위험 행동 조사 역시 University of Delaware Center for Counseling and Student Development, the Delaware council on Gambling problems, 그리고 Delaware 24-hour Rape Crisis Hotline의 전화번호를 포함한 여러 가지 도움을 요청할 수 있는 방법을 응답자들에게 제공했다. Exhibit 8.16에서도 볼 수 있듯이 설문의 마지막 스크린에서 이 정보들을 응답자들에게 알려주었다. 만약에 설문조사에서 응답자들에게 범죄피해경험이나 다른 트라우마 혹은 문제 있는 행동들에 대해 물어볼 때, 그 즉시 도움이 필요한 응답자들에게만 도움을 받을 수 있는 기회를 주는 것뿐만이 아니라 그러한 기억들을 되살리면서 정서적 트라우마를 겪는 사람에게도 도움을 줄 수 있어야한다.

비밀성(Confidentiality)

이러한 질문들이 응답자들에게 창피함을 주거나 법적 처벌과 같은 좋지 않은 결과를 불러올 수 있는가? 만약 이 질문에 '아니오.'라고 대답하였고, 설문이 일반적인 사회이슈에 관한 것이라면 윤리성 문제는 일어나지 않을 것이다. 하지만 설문지가 사회적으로 좋지 않은 시선을 받고 있는 태도나 행동에 관하여 물어보거나 일반적으로 개인적이거나 불법적인 행동에 대해 물어볼 때, 연구자는 응답자의 권리가 보호될 수 있도록 잘 확인해야 한다.

EXHIBIT 8.16 Information Provided to Respondents From the College Risk Behavior Survey

UNIVERSITY OF DELAWARE
2009 College Survey

Your responses to the previous section have been recorded.

Thank you for your participation. Before finishing the survey, we would like to provide you with the following information. After reading the information, please use the button at the bottom of the page to complete the survey and receive information about the $5 voucher.

ADDITIONAL INFORMATION THAT MAY BE HELPFUL TO YOU

We want to thank you for your participation in this survey. The survey touched on a number of subjects that may have raised concerns in you, either about yourself or about someone else. We want to make sure that you know of places to go to get more information or to talk to someone. All of these services are confidential and available to you free of charge.

Under any circumstances if you have a **dire emergency** involving the safety of someone, **University Police** should be contacted.

If calling from on-campus, dial: 911
If calling from off-campus, dial: 302-831-2222

For heath emergencies, the **Student Health Service** in Laurel Hall is open 24 hours a day when classes are in session except during holidays, breaks and summers.

If you or a student you know is feeling extremely depressed or anxious, please call the **Center for Counseling & Student Development** (CCSD) at 831-2141. For emergencies in the evenings, or on weekends: Contact the Student Health Service (302-831-2226). You can get more information about the Counseling Center at the University at http://www.udel.edu/Counseling/

The **Center for Counseling & Student Development** is also the place to go if you or a student you know is having trouble with alcohol or other drug abuse. They have a program for students called MOSAIC that is designed to help when a student has a substance abuse problem.

For Smoking concerns, please call the **Delaware Quitline** at: 1-866-409-1858. They are available 24 hours a day to help you with programs and materials to curtail tobacco use. More information on the Quitline is available at their webpage http://www.dhss.delaware.gov/dhss/dph/dpc/quitline.html/

For Gambling concerns, please call the **Delaware Council on Gambling Problems** at 1-888-850-8888. The Council offers confidential assistance. More information is available at http://www.dcgp.org/

For concerns about sexual assault, please call the **Delaware 24-hour Rape Crisis Hotline Contact Lifeline** at 1-800-262-9800.

If you want information on a variety of issues related to your health and well-being, please contact Wellspring, the University's Student Wellness Program. You can also access their website at http://www.udel.edu/wellspring/

Finally, if you would like more information about suicide and mental health in college students, one resource is the Ulifeline web site that is funded by the Jed Foundation: http://www.ulifeline.org/

Please use the button below to complete the survey and receive information about the $5 voucher:

Next Section

처음으로 할 것은 문제가 될 수 있는 질문들을 삭제하거나 수정하는 것이다. 연구자들은 종종 호기심으로 질문들을 넣거나 중요한 질문이라고 생각해서 빼지 않는 경우가 있다. 만약 민감한 질문들이 이런 분류에 포함된다면 이 질문들은 삭제되어야 할 것이다. "중범죄를 저지른 적이 있습니까?"라고 물어보는 것은 만약 연구결과에 포함되어 분석되지 않을 경우, 물어보는 의미가 없다. 많은 조사들은 특히 비행청소년이나 범죄행위에 대해 물어보는 설문들은 대답이 공개되었을 때 응답자에게 피해를 끼칠 수 있는 질문들을 포함한다. 이러한 정보 공개로 응답자들에게 피해가 가지 않게 하기 위해서 비밀성을 지켜주는 것이 중요하다. 연구관계자들만 이러한 정보에 접근 권한이 있어야 하고, 이러한 경우도 특별한 연구 목적 이외에는 없어야한다. 숫자로 응답자가 누군지 표시되어야하고, 이 숫자에 해당하는 이름들을 연구자는 안전한 곳에 보관하여 다른 사람이 볼 수 없게 해야 한다. 추후 우편이나 이름과 주소를 사용하여 응답자와 연락을 취하려는 상황에서는 믿을 수 있는 연구보조원이 일을 해야 한다.

응답자에 대한 정보가 얻어지지 않았을 때만 설문은 진실 된 익명성을 가지게 된다. 이러한 방식은 응답자와 그들이 한 대답을 연결해주는 정보가 절대 기록되지 않는다. 하지만 익명 설문의 주요 문제점은 설문에 참여하지 않은 사람들을 추후 연락하여 참여하도록 시도하는 것과 같은 응답자를 여러 번 조사하여 연구하는 패널 조사를 못한다는 점이다. 방문 설문조사는 응답자의 이름과 주소를 대부분의 경우 알아야하기 때문에 익명성을 가지기 어렵다. 하지만 정치여론조사와 같이 표집집단의 의견을 어느 한 시점에서 알아보는 전화 설문조사는 확실히 익명성을 가질 수 있다. 추후 조사를 하지 않을 경우 그룹으로 하는 설문조사 역시 익명성을 가질 수 있다. 우편설문조사의 익명성을 제공하기 위해서는 연구자가 설문지에서 인식코드를 삭제하고 설문지와 함께 우표가 붙어있고 주소가 적혀있는 엽서를 포함하여 응답자가 설문지와 연관되는 일이 없게 설문작성 후 돌려줄 수 있다(Mangione, 1995).

특히 더 민감한 질문에 관해서는 익명 응답을 허락할 수 있다. 익명 응답은 민감한 질문들이 적혀있는 별도의 종이와 봉투가 발송되는 우편설문에 포함될 수 있다. 방문인터뷰에서는 이러한 민감한 질문들을 면담자가 떠난 후 작성하여 따로 돌려줄 수 있게 할 수 있다. 물론 이렇게 얻어진 응답들은 추후 조사에 연결될 수 없다. 하지만 이러한 방법이 응답률을 높일 수 있다면 이것은 최초 조사의 유효성을 높이는데 도움이 될 것이다.

결론 (CONCLUSION)

설문연구는 여러 가지 사회적 연구 문제들을 조사할 수 있는데 효과적이고 많이 생산적인 방법이다. 사회과학분야에 이득이 될 뿐만 아니라 시간과 비용 면에 있어서 설문은 데이터 수집 방법 중 인기 있는 것 중 하나다. 이 장에서 알아본 네 개의 설문방법 중 하나는 반드시 어느 연구질문을 조사하는 데 적용될 수 있다. 왜 설문조사 방법이 사회학에서 인기 있는 연구방법이 되었는지 그리고 설문조사들이 왜 사회적이고 정치적인 질문들에 관한 토론과 계획에 영향을 미치는지 이해가 간다.

적어도 몇 개의 설문연구조사 방법을 진행하는 것이 비교적 쉽기 때문에 많은 사람들은 특별한 교육 혹은 조직적 절차 없이 설문을 진행 할 수 있다고 생각한다. 어떤 것도 사실과 관련이 없지 않다. 이러한 잘못된 생각이 쓸모없는 설문결과를 만드는 것이다. 연구자는 설문 연구에서 사용되는 절차를 완벽히 조사할 준비가 되어있어야 한다. 이러한 절차를 거치면 연구의 결과가 신뢰성을 갖게 되는 것이다. 그리고 만약 설문조사를 하겠다고 결정하였다면 제대로 된 절차를 따르기 위해 시간과 노력을 투자해야 한다.

주요 용어

익명성	폐쇄형 질문	인지적 면담
컴퓨터지원 개별 면담	컴퓨터지원 자기기입식 인터뷰	컴퓨터지원 전화 인터뷰
컴퓨터화된 대화형 음성 응답	유관 질문	소개서
이중적 질문	이중부정 질문	전자 조사
전자우편 조사	(소진적) 응답	중립적 태도를 취하는 사람
여과 질문	고정된 선택 질문	집단조사
방문 면담	해석적 질문	면담 스케줄
리커드 척도	우편조사	병행조사
상호 배타적 응답	옴니버스 조사	개방형 질문
전화조사	예비 검사	설문지
신뢰도 측정	척도	스플릿트 밸럿 설계
설문 연구	웹 설문	

강조 사항

- 설문은 사회적 연구에 있어서 다기능, 효율성, 일반화 될 수 있는 점들 때문에 가장 많이 쓰인다. 사회조사와 같은 많은 설문 데이터 자료들은 사회과학자들에게 가르치는 것과 연구에 사용될 수 있다.
- 설문은 표본추출 측정, 설문 디자인에 관한 문제들 때문에 유용한 결과를 생성해내는데 실패할 수 있다. 정치적 여론조사는 군중심리가 자주 변하기 때문에 일관성 없는 결과를 얻게 된다.
- 설문지나 면담스케줄은 합병되어 디자인 되어야 하며, 각 질문과 섹션이 명확한 목적을 가지고 서로를 보완해줘야 한다.
- 질문들은 응답자들이 혼란스러워 하지 않도록, 또한 응답자들의 솔직하지 않은 답변을 방지하기 위해 잘 고려해서 쓰여야 한다. "잘 모르겠음."보기선택을 포함하고 중립적 응답을 넣는 것은 도움이 될 수 있지만 이러한 선택권들은 응답의 분산에 영향을 미친다. 개방형 질문들은 응답자들이 자신의 대답에 덧붙일 수 있는 의미를 이해하게끔 도와준다. 어느 설문 질문에 대한 응답이라도 그 전에 나왔던 질문이나 인터뷰 스케줄의 영향을 받는다.
- 모든 설문이나 인터뷰 스케줄은 연구된 표집단 안의 사람들에게 테스트 해봐야 한다.
- 우편설문과 인터뷰에 포함되는 소개문은 신뢰성, 개별화, 흥미성 그리고 책임감이 있어야 한다.
- 우편조사의 응답률은 미 응답자에게 여러 번 우편과 설문을 보내고 소개문이 훌륭하고, 흥미로우며 완벽히 계획되지 않는 이상 70프로에도 훨씬 못 미칠 확률이 높다. 집단 조사의 응답률은 보통 훨씬 높다.
- 임시 전화 방식을 사용하는 전화조사는 작업완료 시간이 빠르고 효과적인 표집집단 추출이 가능하다. 여러 번 다시 전화를 해야 할 수도 있지만 사람들이 연락이 된다면 대부분 30분에서 45분까지 조사가 가능하다.
- 방문조사는 다른 설문 방식에 비해 몇 가지 장점이 있다.: 더 길고 더 복잡한 조사 스케줄을 짤 수 있고, 질문에 대답할 때 상황들을 더 잘 관찰할 수 있고, 응답자가 질문을 잘 이해하는지 알아볼 수 있으며 응답률이 높다.
- 웹 조사는 전자우편을 통해 전할 수 도 있고, 웹 사이트에 올릴 수 도 있다. 전화를 사용하는 상호작용적인 음성응답 시스템은 또 다른 옵션이다. 인터넷을 사용하지 않는 사람이 많을 경우, 효과적이진 못하지만 컴퓨터 사용률이 높은 사람들에겐 빠르고 효과적인 방법이다.
- 병행조사는 하나의 조사방법의 장점이 또 다른 방법의 단점을 보완할 수 있도록 한다. 하지만 질문과 절차는 "통일된 디자인"방식을 따라서 철저히 준비되어야 한다. 이 이유는 질문을 하는 방식의 차이에 따라서 같은 질문에 대한 답이 달라지는 것을 막기 위해서다.

- 대부분 조사 연구는 응답자가 참여를 거부할 수 있기 때문에 윤리적 문제점을 많이 가지고 있지 않다. 참여거부 선택권은 소개문에서 확실히 명시되어야 한다. 집단조사가 이루어질 경우, 그리고 민감한 질문을 할 경우 특별히 더 조심해야 한다.; 응답자의 비밀성을 항상 보존해야 한다.

연습문제

1. 이 교재에 있는 설문 중 하나를 보고하는 기사를 읽으시오(본문의 내용을 검토해서 아이디어를 찾아라). 그리고 부록 B에 나와 있는 질문을 사용하여 이 기사를 비판하시오. 표집집단추출 측정 그리고 조사디자인에 초점을 맞추시오.
2. 한 페이지에 8~10문제가 있는 설문지를 만들어 학생들의 범죄에 대한 두려움을 조사하시오. 태도를 설명할 수 있도록 도와줄 수 있는 응답자의 특성을 측정할 수 있는 질문을 포함하시오(소득이나 교육수준). 한 질문을 제외하고 모두 폐쇄형 질문으로 만드시오.
3. 두 학생을 면담함으로써 연습문제 2에서 만든 설문지를 검사하시오. 폐쇄형 질문 중에 개방형 질문을 포함하여 학생들의 응답을 통해 무엇을 의미하는지 알아보거나, 질문을 읽었을 때 무엇이 떠올랐는지 물어보시오. 설문지 질문을 수정할 때 이러한 의견들을 반영하시오.
4. 연습문제 2에서 만들었던 설문지에 필요한 수정을 하시오. 학교에 있는 학생들에게 이 설문이 배포될 것을 생각하고 소개문을 작성하시오. 선생님에게 이 설문지와 소개문을 보여주고 검토 받으시오.

연구제안서 작성

1. 당신이 제안하고 있는 연구 문제에 대한 10가지 질문들을 한 페이지의 설문지에 작성한다. 이 질문들은 당신이 초점을 맞추고 있는 변수들 가운데 적어도 세 가지를 설명할 수 있어야 한다. 이 중 적어도 하나는 독립변수, 또 하나는 종속변수여야 한다(어떤 변수를 측정하기 위해서는 변수는 여러 가지 질문을 사용해야 할 수도 있다.). 하나의 질문을 제외하고 모두 폐쇄형 질문으로 만든다. 제3장의 "연구 제안서 작성"을 완성했다면 그 문제를 사용할 수 있다.
2. 두 명의 학생과 혹은 설문의 대상인 되는 사람들과 인지적 면담을 통하여 설문지를 검토하라. 개방형 질문을 폐쇄형 질문 뒤에 포함하여 학생들에게 각 질문을 통하여 무엇을 의미 했는지 물어보거나 질문을 읽었을 때 무슨 생각을 하게 되었는지 물어보아라. 질문들을 수정할 때 받은 의견을 반영 하여라.

3. 설문지의 구성과 배치를 이 장에 나와 있는 지침들을 따라서 발전시키시오. 설문지의 질문들의 순서에 대한 이유를 준비하시오. 연구 윤리성에 관하여 설명하는 소개문을 쓰시오.

학생 학습 사이트

The Practice of Research in Criminology and Criminal Justice, Fourth Edition의 동반 사이트의 주소는 http://www.sagepub.com/prccj4e이다. e-flashcards, practice self-tests를 통하여 이 장에 대한 이해를 높이기 위해 학생들의 공부 사이트를 방문하여라.

웹 연습

1. Social Information Gateway(SOSIG)의 웹사이트인 http://sosig.esrc.bris.ac .uk를 방문하시오. 그리고 범죄, 범죄적 행위, 혹은 범죄 피해에 대한 정보를 얻기 위하여 설문을 하는 전자 저널 기사를 찾으시오. 적어도 다섯 가지를 찾고 간략하게 설명하시오.
2. Council of European Social Science Data Archives(CESSDA)의 웹사이트인 www.nsd.uib.no/cessda/index.html을 방문하시오. "Acce국가스트레스 지수 ng Data"로 가서 "CESSSDA Catalogue"를 클릭하시오. 여기서부터 카탈로그를 제목, 주요단어, 혹은 출판사별로 훑어 볼 수 있다. 설문을 이용하여 범죄, 범죄적 행위, 그리고 범죄 피해에 관한 정보를 얻는 연구를 찾기 위하여 출판 목록을 보거나 적어도 세 나라에 관해 조사를 하라. 어떤 종류의 정보를 찾았는가? 가능하다면, 연습문제 1과 이 연습문제에서 검토된 연구들을 이용하여 두 개국 이상의 비교를 해보아라.
3. 누가 설문 연구를 하고, 그리고 어떻게 하는가? 이러한 질문들은 현재 진행되고 있는 연구와 www.ciser.cornell.edu/ info/polss.shtml.에서 이 연구를 진행하는 기관들을 자세히 조사하여 해결될 수 있다.
   다른 설문 연구 기관들에 대하여 알아보고, 그들이 진행하는 연구의 종류, 참여하는 프로젝트, 그리고 웹사이트에서 제공하는 자료들에 관하여 짧게 요약하시오. 각 설문 연구 기관들의 특징은 무엇인가?
4. www.rti.org에 가서 Research Triangle Institute를 방문하시오. "Survey Research and Services"를 클릭하고, 그 다음에는 "Capabilities"를 클릭하시오. 이 기관이 상용하는 컴퓨터 지원 면담과 병행조사 데이터 수집 방법에 대하여 읽어보시오. 그 다음, 스크린 맨 아래

있는"Methodologies"를 클릭하여 "Questionnaire Design and Evaluation"으로 가서 인지적 검토를 포함한 혁신적인 기술에 대하여 배우시오. 이러한 경험이 당신이 이 장에서 공부한 주제들에 대한 취급법에 어떠한 것을 더할 수 있는가?

5. http://qb.soc.surrey.ac.uk/docs/home.htm 으로 가서 The Question Bank를 방문하시오. "Surveys"링크로 가서 목록에 있는 설문이나 관심이 있는 설문 섹션을 클릭하시오. 설문에 사용된 10개의 질문을 검토하고, 지금까지 배웠던 질문 만들기 원칙에 따라 비평하시오. 질문의 특징 중에 영국식 영어를 사용한 예가 있는가?

연구윤리 학습

1. 이 장에서, "연구자들은 어떻게 이 설문 질문에 답하면서 올 수 있는 좋지 않은 결과를 줄일 수 있을까?"라는 질문과 "응답자들이 필요할 시 연구자들은 어떠한 방식으로 안전을 제공할 의무가 있는가?" 각 질문에 대하여 간결한 답을 하여라.
2. 챠넨과 소네스(2000)는 전국적으로 대표적인 성인 표집단을 대상으로 난폭범죄 피해에 대하여 연구하기 위해서 임의 전화방식을 사용하였다. 우리는 이미 제8장에서 범죄피해를 보고하는 것에 대한 윤리적 딜레마에 관하여 질문하였다. 하지만 만 18세 미만의 미성년자의 경우는 어떻게 할까? 만 12세 미만의 아이들은 어떻게 할까? 선생님들과 의료직에서 종사하는 사람들은 아동학대로 판단되는 일들이 있으면 보고하는 것이 법적으로 의무화 되어있다. 연구자들도 이와 같은 의무가 주어져야 할까? 이것이 어떻게 응답자들의 익명성을 보호하려고 임의 전화방식 조사를 사용하는 규모가 큰 조사에 영향을 미칠까?

SPSS 또는 엑셀연습

난폭범죄의 피해자들은 종종 부상을 입게 된다. 미 국가범죄피해조사의 1992년부터 2005년까지의 폭행 피해 자료를 포함하는 미 국가 범죄피해조사.Assault.POR을 사용하여 어떤 요소들이 폭행 피해자들에게 부상을 입히는지 알아볼 수 있다.

1. 데이터 내 변수들을 훑어보아라. 어떤 요인들이 폭행의 피해자가 부상을 당했는지 여부에 관련이 있을 것이라 생각 하는가?
2. 변수들 중 적어도 세 개를 고르고, 각 변수들과 부상 사이의 관계에 대한 가정을 세워보라.
3. 선택한 변수들과 부상 사이에 교차분석을 시행하여라.(통계수업을 들은 경험이 있다면, 각 교차분석에 Chi-Square를 요청할 수 있을 것이다.)

4. 각 독립 변수(렬) 간에 어떻게 종속 변수(행)가 분배되어 있는 지 확인하고 찾아낸 관계에 대하여 설명하여라.

5. 이제 경찰에 신고를 가지고 같은 연습을 반복하여라. 어떠한 요소들이 폭행 피해자가 경찰에 자신의 피해에 대해 신고하거나 혹은 그렇지 않게 만드는 것 같은가?

CHAPTER 09

질적 방법들과 분석 : 관찰, 참여, 그리고 청취

질적 연구방법의 기초

- 질적 연구의 기원들

사례연구 : 갱 집단에서의 생활

참여관찰

- 역할선택
  완전관찰
  참여와 관찰의 병행
  비밀참여
- 현장으로의 투입
- 친분관계를 만들고 유지하는 것
- 사람들과 사건들의 표집
- 노트기록
- 개인적인 부분에 대한 관리

체계적 관찰

사례연구 : 공공의 무질서와 범죄에 대한 연구

집중면접

- 동료관계의 형성과 유지
- 질문과 답변의 기록
- 참여관찰과 집중면접의 병행

포커스그룹

- 포커스 그룹과 공식기록의 결합: 경찰수색에 대한 분석

질적 자료의 분석

- 문서화
- 개념 형성, 기호화, 그리고 분류화
- 관계들의 조사와 자료의 전시
- 결론의 입증
- 재귀성

질적 자료의 분석의 대안들

- 민족학
- 민족학적 방법론
- 질적 비교 분석
- 묘사적 분석
- 대화분석
- 사례 지향적 이해
- 현실기반의 이론

컴퓨터 지원 질적 자료 분석

질적 연구의 윤리적 논점

- 자발적 참여
- 대상자의 안녕
- 신분 노출
- 비밀성
- 적정한 경계
- 연구자의 안전

결론

"그것은 마치 가정 밖에 있는 가족과 같다. 너는 진정한 친구들과 함께 하며, 너희들은 단단히 결속되어 있다. 그들은 너에게 어떠한 일도 일어나지 않도록 할 것이며, 너도 그들에게 어떠한 일도 일어나지 않게 할 것이다." 이것은 한 청소년이 갱 집단에 가입했던 이유였다. 이러한 구체적인 묘사적 정보는 정형화된 설문으로 구하기 힘들 것이다. 따라서 가족과 대규모 지역사회의 사회구조 속에서의 거리의 갱 집단의 근원, 구조, 그리고 활동을 설정하기 위해, 데커와 반 윙클(Decker and Van Winkle, 1996)은 99명의 실제 갱 집단 조직원들과 24명의 가족구성원들을 대상으로 3년간 현장조사와 면접을 실시하여 정보를 습득하였다. 실험적 혹은 설문 연구방법들은 데커와 반 윙클이 발견한 갱 집단만의 고유한 내부적 혹은 문화적 가치들과 행위들을 조사하는데 적합하지 않을 것이다.

이 장에서는 갱 집단의 구성원들이 다른 사회적 집단들과 유지하고 있는 개인적 혹은 집단적인 관계들을 연구하는 데 있어 질적 연구방법들이 어떻게 사용되었는지 배울 것이다 (Decker and Van Winkle, 1996). 지역사회 경찰의 내부 활동까지도 관찰할 수 있을 것이다(Miller, 1999). 이 장에서 소개하는 다양한 예시들을 접함으로써, 사회화 과정에 대한 방대한 양의 성찰이 우리가 일상적인 활동으로 여겨지는 것들(관찰, 참여, 청취, 대화)로부터 기인할 수 있다는 것을 배울 것이다.

하지만 또한 질적 연구가 사회적 환경에서 자연적으로 발생하는 것 이상의 노력이 필요하다는 것을 배울 것이다. 질적 방법 연구자들은 세밀하게 대상자들을 관찰하고, 참여를 주도면밀하게 계획하고, 정형화된 기록유지의 방법을 추구하며, 전략적으로 질문을 준비해야한다. 실험이나 설문연구에서 필요로 하는 것보다 훨씬 많은 시간을 소비하고 자신의 전부를 투자할 각오를 해야 한다. 나아가 하나의 질적 연구의 결론에 대한 타당성에 대해 확신하기 위해서는 실험연구나 설문연구의 구성요소와 마찬가지로 질적 연구설계의 모든 구성요소들을 신중히 검토해야만 한다.

이 장은 블랙스톤(한 주거지역에 대한 가상의 이름)에 대한 벤카테시(Venkatesh, 1997)의 연구에서 볼 수 있는 질적 연구의 주요한 특성들에 대한 개관에서 시작한다. 다음 부분은 질적 연구방법 중 가장 독특한 참여관찰 연구의 다양한 접근법에 대해 논의하고, 참여관찰을 사용하는 연구의 단계를 검토한다. 그리고 질적 연구방법 중에서 갈수록 인기가 증가하는 포커스 그룹에 대해 설명하기에 앞서 집중면접과 관련한 논점들을 다소 상세하게 검토한다. 마지막 두 부분은 어떤 질적 연구 과제에서도 논점이 될 수 있는 것들로, 수집된 자료의 분석과 윤리적 결정에 대한 내용들을 다룬다. 이 장을 마칠 때면 "자연적인 상황에서의 행위"를 정형화된 연구로 전환하는 힘든 작업들을 이해하고, 질적 연구들의 장점과 단점들을 인식할 수 있으며, 그러한 연구를 수행할 준비가 되어있어야 한다.

질적 연구방법의 기초 (FUNDAMENTALS OF QUALITATIVE METHODS)

질적 연구방법(qualitative methods)은 실험연구와 설문을 뒷받침하는 데 종종 사용될 수 있고, 세 개의 특수한 연구설계들이 제시된다: 참여관찰, 집중면접, 포커스 그룹. 참여관찰과 집중면접은 한 연구에서 병행하여 사용되기도 하고, 포커스 그룹 또한 이 두 가지 방법의 요소들과 결합하여 특수한 자료수집 절차로 연결되기도 한다.

참여관찰 : 사람들이 일상생활을 하는 동안에 형성되는 관계에 대한 자료를 수집하기 위한 질적 연구방법

집중면접 : 질문자가 상대방의 느낌, 경험, 인식 등에 대해 심도있는 정보들을 얻기 위해 비교적 비정형화되고 개방적인 질문들을 제시하는 질적 연구방법

포커스 그룹 : 일정한 주제에 대하여 참여자들 중 대표자가 주도적으로 유도하는 논의 방법으로 비정형화된 소집단 면접을 사용하는 질적 연구방법

이 세 가지 질적 연구설계들은 여러 가지 면에서 다르지만, 실험연구나 설문연구와 구별되는 몇 가지 특성들을 서로 공유하고 있다(Denzin and Lincoln, 1994; Maxwell, 1996; Wolcott, 1995).

양적 자료보다는 주로 질적 자료의 수집 : 대부분의 연구설계는 질적 자료와 양적 자료를 모두 수집할 수 있지만, 질적 방법들은 연구자에 의해 미리 설정되어진 범주보다는 참여자들이 경험하는 사회적 활동 내에서의 자연스러운 행동이나 인위적인 결과물에 대한 관찰을 강조한다.

귀납적 사고에 근거한 탐험적 연구질문들 : 질적 연구자들은 이미 형성되어 있는 가정들에 대한 시험을 위해 연구를 계획하기 보다는 사회적 환경에서 사람들이 무엇을 생각하고 어떻게 혹은 왜 행동하는가를 발견하고자 한다. 여러 번의 관찰을 거듭한 뒤에, 질적 연구자들은 그들의 관찰을 설명할 수 있는 일반적 원리들을 도출하고자 한다.

이전에 연구되지 않은 과정과 예측되지 않는 현상에 대한 중점 : 이전에 연구되지 않은 태도들과 행동들은 정형화된 질문들이나 고도로 통제된 실험을 통해서는 충분하게 이해될

수 없다. 따라서 우리가 새로운 논점에 대해 탐험하고, 접근하기 힘든 집단을 조사하고, 사람들이 자신들의 생활과 행동들에 부여하는 의미를 결정지어야 할 때 질적 연구방법들은 빛을 발한다.

사회적 현상들의 상이한 특성들보다는 그것들 간의 상호연결과 사회적 맥락에 대한 추구 : 맥락에 대한 관심은 프로그램, 조직, 사례연구, 혹은 보다 넓은 사회적 맥락에 대한 것일 수 있다. 예를 들면 벤카테시(1997)는 거리의 갱 집단에 의해 공유된 사회적 공간에 대한 분석에서 다음과 같이 밝히고 있다,

> 그들의 갱 집단으로 인해 새로운 사회적 공간이 블랙스톤에 등장하게 되었고, 그것은 지역의 지리에 대한 새로운 방향을 의미한다. 그로인해 지역의 거리 갱 집단의 상징적 구분은 시 의회가 이미 표방했던 건물의 위치에 근거한 도시 구역의 구분에 대해 정면으로 도전하고 있다.(p. 7)

참여자들이 현상에 부여하고 사람들이 자신들의 삶에 부여하는 의미들과 인류의 주관성에 대한 중점 : "삶에 대한 이야기를 통해 사람들은 자신들의 삶을 설명하고자 한다 … 사람들이 만들어내는 주제들은 그들이 자신들의 경험을 해석하고 평가하며, 자신만의 개념을 형성하기 위해 이러한 경험들을 통합하는 수단들이다"(Kaufman, 1986:24-25).

일반적인 인과관계에 대한 설명보다는 특정한 현상이나 결과를 도출하는 현상들에 대한 중점 : 특정한 행위자와 상황들, 그리고 그것들을 연결하는 과정에 중점을 두면서, 질적 연구는 아직 밝혀지지 않았지만 서로 연결된 행위들의 흐름 속에서 특정한 현상의 원인을 발견하고자 한다(Maxwell, 1996:20-21). 변수들과 가설들에 대한 언어는 질적 연구문헌에서 찾아보기 힘들다.

재귀적인 연구설계 : 연구의 진전에 따라 설계는 발전된다:

> 설계의 각 부분은 다른 부분의 새로운 개발이나 변화에 대응하여 다시 고려되거나 수정될 필요가 있다. 자료를 수집하고 분석하는 행위, 이론을 개발하고 보완하는 행위, 연구질문들을 세심하게 검토하는 행위, 타당성에 대한 위해요소를 발견하여 제거하는 행위 등은 각각의 행위들이 다른 행위들에 영향을 주면서 거의 동시에 이루어지는 것들이다(Maxwell, 1996:2-3).

연구자의 주관적인 역할에 대한 민감성 : 사회적 현상들에 대해 객관적인 관점을 유지하는 것은 다소 가식적인 것이다. 밀러와 크랩트리(Miller and Crabtree(1999a)는 질적 연구의 전체 과정을 간단한 도표로 나타냈다(Exhibit 9.1 참조). 이 도표에서 질적 연구는 연구자가 주어진 상황, 그에 대한 관계, 그리고 그에 대한 해석을 시도하면서 시작된다. 그리고 연구자는 연구의 목표와 방법을 묘사한다. 이 설명이 끝나면 표본추출, 자료 수집, 자료 설명, 자료의 조직화 등이 이어진다. 따라서 자료 수집과 분석의 절차는 함께 진행되고, 자료가 수집됨에 따라 자료의 설명과 분석이 반복적으로 이루어진다. 자료가 조직화될수록 다양한 자료의 부분들 간에 상관관계가 발견되고 그 관계들의 신뢰성을 확증하기 위해 노력한다. 이러한 해석주의적 과정은 어떤 과정에 의해 자료가 수집되고, 그 자료들이 어떻게 해석되는가에 대해 기록한 문서에서 발견할 수 있다. 연구 절차에서 각각의 단계는 다른 연구자들에게 알려지고 또 연구 기간 내내 반복적으로 행해진다.

EXHIBIT 9.1 질적 연구의 절차

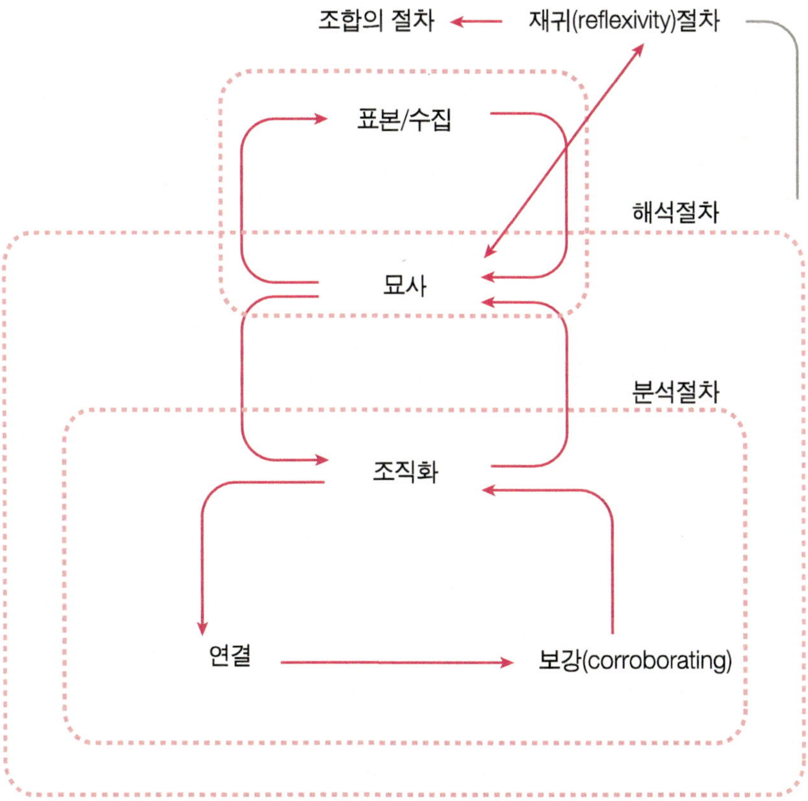

출처 : Miller and Crabtree, 1999a:16.

질적 연구의 기원(Origins of Qualitative Research)

인류학자들과 사회학자들은 20세기 초에 현장연구(field research)를 수행하면서 근대적인 질적 연구방법들의 토대를 마련하였다. 인류학자인 프란츠 보아스와 브로니스라브 말리노프스키(Franz Boas and Bronislaw Malinowski)는 간접적인 정보와 문서에 의존하던 기존연구에 만족하지 않고, 원주민들을 연구하기 위해 원주민 지역 내 혹은 근처에서 기거하였다. 보아스는 미국 북서부 지역에 위치한 미국 원주민 마을을 방문하였고, 말리노프스키는 뉴기니 섬 원주민들과 함께 기거하였다. 그들은 자신들이 관찰하였던 대상자들의 사회적 활동에 전적으로 참여하지는 않았지만, 각 공동체의 관심사에 대해 친근함을 가지기 위해 노력하였고, 결국 근대 인류학의 기초를 마련하였다.

사회학에 있어서 현장조사의 선구자들 중 많은 이들은 사회복지나 사회개혁 분야에 경력을 가지고 있는 사람들이었다. 어떤 이들은 이민자들 간의 시민적 가치를 확대하고자 하는 자신들의 의지를 시카고 대학의 사회인류학과에 불어넣었다. 그 뒤를 따르는 학자들은 사회유대의 원인과 도시의 갈등에 대해 계속 연구하였지만, 도시 자체를 개혁의 대상보다는 사회과학의 실험실로 바라보았다. 그들은 도시의 특성을 "그대로 가지고 있는 지역들"과 조그마한 도시구역들의 사회적 활동을 연구하기 위해 인류학의 현장조사 방법을 도입하였다(Vidich and Lyman, 1994). 1930부터 1950년대까지 질적 방법 연구자들은 지역사회의 활동에 직접으로 참여하고 일련의 사건에 대한 관찰대상자들의 인식과 해석을 함께 공유하는 것을 중시하였다(Emerson, 1983).

사례연구 : 갱 집단에서의 생활

갱 집단들을 연구하기 위한 현장조사 방법의 사용은 다양한 도시들에 걸쳐 오래된 전통을 가지고 있으며, 그 연구들은 트래셔(Thrasher, 1972)의 시카고 갱 연구와 화이트(Whyte, 1943), 하게도른(Hagedorn, 1988), 비힐(Vigil, 1988), 파디야(Padilla, 1992), 산체스-얀코프스키(Sanchez-Jankowski, 1991)와 무어(Moore, 1978, 1991) 등에 의해 행해진 것들로 미국 전역의 히스패닉계의 "청소년 갱 집단"을 20년 넘게 연구하였다. 이 모든 연구자들은 양적연구 방법에서 제시하는 정형화된 접근이 아니라 갱 집단의 연구를 위해 현장조사를 사용하였다.

데커와 반 윙클(1996)의 갱 집단에 대한 저서 *Life in the Gang : Family, Friends, and Violence*에서 발췌한 다음의 글을 읽고 저자들의 관찰로부터 귀납적으로 추론한다면 질적 연구방법에 대한 이해가 보다 쉬울 것이다. 그 특정한 관찰로부터 당신이 현장조사의 일반적 특성들을 추론할 수 있는지 살펴보라. 그리고 당신 자신에게 다음과 같은 질문을 해 보라: 연구 문제는 무엇이었는가?; 일반화, 측정, 인과관계에 대한 논점들은 어떻게 해결되었는가?; 사회적 요인들이 그 연구에 어떠한 영향을 주었는가?

데커와 반 윙클(1996)에게 닥친 첫 번째 문제는 갱 집단을 어떻게 정확하게 정의하는가 하는 것이었다. 결국, 갱 집단이라는 단어는 고등학생들의 토론모임이나 젊은 공화당지지자들처럼 다양한 청소년들의 모임을 의미하게 되었다. 선행연구를 검토한 뒤 데커와 반 윙클은 갱 집단의 실용적인 정의를 개발하였는데 그것은 "나이에 따라 동료집단으로 어느 정도의 항상성을 가지고 범죄행위에 가담하며, 소속감을 나타내기 위한 상징을 보유하고 있는 집단"이었다(p. 31). 갱 집단의 구성원이었는가를 조작화하기 위해 그들은 자기신원확인 방법에 의존하였다. "당신은 …을(를) 주장하는가"라는 문구는 다른 갱 집단 구성원이 소속여부를 재차 확인할 수 있도록 유도한 질문이었다.

데커와 반 윙클(1996)은 다른 질문들에도 흥미가 있었다:

> 우리의 연구는 갱 집단과 갱 집단 소속이 아닌 이들 모두가 관련되어있는 다양한 활동으로 확대되었지만 주로 관찰대상자들이 참여하였다. 첫 번째, 우리는 갱 집단의 가입동기, 가입절차, 갱 집단의 상징, 구성원 유대관계의 강도, 갱 집단의 구조나 계급, 잔류(혹은 탈퇴)의 동기, 어떻게 세인트루이스 갱들의 세대가 시작되었는가 등에 관심이 있었다. 두 번째의 관심 대상은 갱 집단 구성원들이 관여하는 행위들에 대한 것이었다. 그것들은 구역의 사수, 마약판매와 사용, 폭력 등에 관한 것이었지만 일상적인 행동들도 포함되었다. 갱 집단 구성원들에 대한 정확한 묘사는 그들의 갱 활동의 실체와 함께 그들의 행위의 위법성을 바탕으로 하였다 … 우리 연구만의 특징은 가족들에 초점을 둔 것이다. 갱 집단에 대한 선행연구 중에서 갱 집단의 구성원과 가족 구성원과의 연관성을 조사한 것은 드물다(pp. 54-55).

이러한 연구질문들을 가지고 데커와 반 윙클(1996)은 왜 현장조사 접근법을 선택했는지 설명한다: "하나의 단서가 우리의 연구를 유도하였다. 갱 집단과 그들의 행동에 관한 가장 훌륭한 정보는 현장에서 직접 대면했던 갱 집단의 구성원들로부터 나올 수 있다"(p. 27). 앞에서 언급하였듯이, 데커와 반 윙클은 질적 자료수집에 있어 두 가지 방법을 혼합하였다. 하루의 대부분을 거리에서 보냈던 현장조사 인류학자의 도움을 받아서, 데커와 반 윙클은 직접 관찰과 집중면접을 동시에 수행하였다.

데커와 반 윙클(1996)의 연구에 사용된 자료는 현장에서의 관찰과 집중면접을 통해 수집되었다. 그들은 다음과 같이 서술하였다:

> 갱 집단과 그 구성원에 대해 알기 위해서는 관련이 있는 개인들로부터 직접 갱에 대한 이야기를 들을 수 있을 때 가능하다 … 면접 대상자가 "자신의 이야기를 자신들의 언어로 충분히 얘기할" 기회를 주기 위해 우리는 비교적 오랜 기간 면접을 진행하였다.(p. 45)

그들은 정형화된 답변의 형식을 갖춘 설문지에 의존하지 않았기에 자료는 양적인 것보다 질적인 것들이 주로 많았다.

그들의 연구방법은 귀납적인 것이었다. 그들은 우선 자료를 수집하였다. 그리고 자료 수집이 진행되는 동안, 자료를 어떻게 해석하고, 연구하고 있는 사회적 상황들을 어떻게 설명할 것인가를 찾아냈다. 자료 분석을 위한 연구자들의 분류들은 사회이론보다는 갱 집단의 구성원들이 자신들의 행위들과 서로를 어떻게 묘사하는지, 그리고 자신들의 세계를 어떻게 설명하는가에 바탕을 두고 있다.

요약하자면, 데커와 반 윙클(1996)의 연구는 탐구적인 질문들로부터 시작하여 과정 내내 구체적 관찰을 설명하기 위한 일반적 개념들을 도출하면서 귀납적으로 전개되었다. 비록 자신들이 갱 집단의 구성원이 아니었지만, 거리에서 관찰한 자료와 집중면접을 통해 얻은 진술들을 통해 데커와 반 윙클은 많은 갱 집단의 구성원들의 경험과 관점들을 공유할 수 있었다. 그들은 일련의 사건들에 대한 구체적인 연관성을 도출하고 심도 있는 설명을 제공함으로써 범죄학의 연구 분야에 기여하였고, 이것들은 다른 연구방법으로는 획득할 수 없는 것이다. 그들은 인간의 경험을 깊이 탐구하고, 그 경험들이 발생하는 사회적인 배경을 치밀하게 분석하기 위해 현장조사 방법을 성공적으로 적용하였다. 데커와 반 윙클의 연구에서처럼 많은 질적 연구들의 목적은 특정한 상황에 대한 **심도 있는 설명(thick description)**과 함께 그 상황의 일부에 포함된 사람의 관점에서 그 상황에서 경험할 수 있는 것들에 대한 설명을 제공하는 것이다(Geertz, 1973).

참여관찰(PARTICIPANT OBSERVATION)

다른 연구자들은 갱 집단을 연구하기 위해 보다 직접적인 관찰 전략을 사용하였다. 예를 들면 지역의 사회적 활동 내에서 갱 집단의 역할의 유형과 복잡성을 밝혀내기 위해, 벤카테시(1997)는 미국 중서부의 한 도시의 가난한 지역에 위치한 공공주택구역인 블랙스톤이라는 지역에서 집중적인 참여관찰 방법을 시행하였다. 벤카테시는 다음과 같이 서술하였다; "갱 집단들과 친해지면서 나는 그들과 함께 그들의 불법적 행동들과 구성원 모집, 조직 확장의 무대가 되는 블랙스톤과 다른 여러 지역들로 이동하였다"(p. 4). 이 구문에서 설명하듯이 인류학에서 현장조사라 불리는 참여관찰 방법은 사회적 과정들이(실험실이 아닌 현장에서) 발생하는 곳에서 관찰대상을 방해하지 않고 자연스러운 상황을 연구하는 방법이다. 그것은 특정한 사회를 연구대상자의 관점에서 바라보고, 대상자가 그 사회를 어떻게 해석하고 받아들이는가를 이해하기 위한 방법으로 현장조사 방법과 유사하다(Wolcott, 1995). 사람들을 관찰하고 일상활동의 과정에서 그들과 교류하면서 참여관찰자는 실험연구설계와 설문조사연구의 부자연스럽고 정형화된 질문들의 인위성을 회피하고자 노력한다(Koegel, 1987).

참여관찰이라는 용어는 공식적으로 연구자의 자격으로 관찰집단의 행동에 전혀 참여하지 않는 완전한 관찰자를 포함해서 자신의 신분을 감추고 집단의 일원으로 참여하는 비밀참여까지 여러 가지 역할의 연속성을 내포하고 있다(Exhibit 9.2 참조). 많은 현장조사 연구자들은 이러한 여러 가지 역할 중 한 가지를 선택하여 자신의 역할을 알림과 동시에 관찰집단의 행동에 참여한다. 특수한 경우에 한하여 연구자는 자신의 신분을 철저히 감추고 집단의 행동을 관찰할 수 있다.

역할 선택(Choosing a Role)

참여관찰 연구자들의 첫 번째 관심사는 관찰과 참여 사이에서 어떻게 균형을 유지할 것인지 그리고 연구자로서의 역할을 공개할 것인가에 대한 결정이다. 이 결정들은 연구의 대상이 되는 사회적 환경, 연구자의 개인적 배경과 성격, 거시적인 사회정치적 요인, 그리고 윤리적 요건들을 고려하여 이루어져야 한다. 참여와 관찰의 균형은 매우 중요하고 연구 시행 중에 변경되기도 한다. 또한 연구자가 역할의 공개 여부를 유지할 수 있는 능력도 변화하기 마련이다.

EXHIBIT 9.2 관찰의 연속성

한 정치적 활동 집단에 대한 연구를 위해...

당신은 완전관찰자로서의 역할을 택할 수 있다:

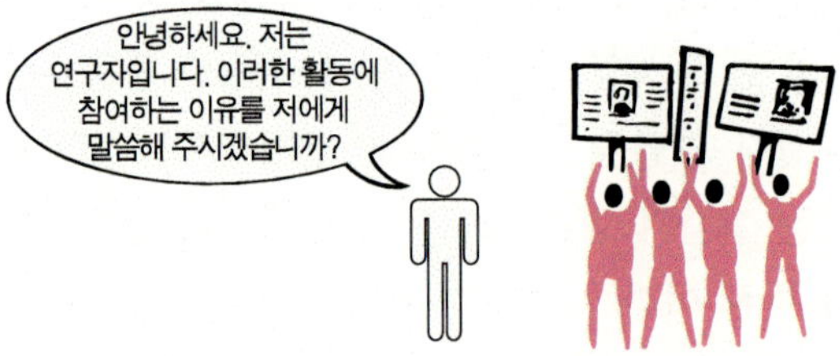

당신은 관찰자와 참여자의 역할을 동시에 할 수 있다:

당신은 비밀 참여자의 역할을 택할 수 있다:

완전관찰(Complete Observation)

밀러(1999)는 지역사회경찰에 대한 연구를 수행하면서 온전히 관찰자로서의 역할을 택하였다. 여러분이 알다시피, 지역사회경찰은 경찰과 지역사회 구성원들 간의 유대를 강화하는데 초점을 둔 경찰활동이다. 밀러는 개인의 성별이 지역사회경찰의 태도와 행동에 어떻게 영향을 주는가에 대해 특별히 관심을 가지고 있었다:

> 나는 여자경찰관인 테리 경관의 사교적 활동이 남자 경찰관이 개입되었을 때 어떻게 변화하는지 궁금하였다. 나는 그 경찰관들의 머릿속과 가슴속을 관찰함으로써 어떤

> 것들이 지역사회경찰의 활동에 도움이 되는지 그리고 어떤 것들이 그렇지 않은지 관찰하고 싶었다. 또한 나는 이론과 경찰활동에서의 패러다임의 변화가 거리에서 직접 법을 집행하는 경찰관들에게 영향을 주고, 그들이 새로운 "walk and talk" 동료라는 프로그램을 어떻게 평가하는지 알고 싶었다.(p. x)

완전관찰(complete observation)의 역할을 수행하면서 연구자는 참여자들에게 개입하지 않고, 사물의 변화를 있는 그대로 관찰하려고 한다. 밀러(1999) 또한 경찰관들과의 집중면접을 실시함과 동시에 그들의 일상적인 근무를 관찰하였다:

> 지역사회 경찰관들과 동행한 도보순찰이나 순찰경찰관들과의 차량순찰을 통해 지역사회와 경찰관들의 근무를 관찰하였다. 이 부분에서 경찰이 제공한 서비스에 대한 시민들의 반응에 대한 정보도 관찰할 수 있었다 … 대개의 경우 우리는 경찰관들의 근무시간에 따라서 활동하였고, 지역사회경찰관들과 순찰경찰관들의 활동을 따라다녔다. 그렇게 함으로써 지역사회경찰관들이 자신들의 역할을 인식하고, 또한 순찰경찰관들이 지역사회경찰의 개념에 부합하는 자신들의 역할을 어떻게 바라보는가에 대한 평가를 할 수 있었다.(pp. 232-233)

앞의 인용에서 분명한 것은, 경찰관들을 따라 다니는 것은 가시적인 행동이다. 따라서 그들의 관찰자로서의 존재 자체가 관찰집단의 사회적 상황을 변화시킬 수 있다. 대부분의 사회적 환경에서 연구나 출판의 목적으로 자신의 관찰을 기록하는 관찰자를 대동하는 것은 드물다. 관찰자는 자신들이 동행한 상황에서 개인들의 행동을 관찰하게 되고, 이는 관찰자가 없을 때 개인들이 하는 행동들과 일치하지 않을 수 있다. 이를 반응효과라고 하고, 이것이 문제가 될 수 있는 가능성은 상황에 따라 가변적이다. 밀러(1999)의 연구에서는 그녀가 비교적 장기간 동안 관찰한 것이 개인들이 자연스럽게 반응하는 데 도움이 되었고 반응효과(reactive effect)의 문제를 줄이는 데 기여하였다. 밀러는 다음과 같이 서술하였다,

> 내가 잭슨 시 경찰국에서 지난 18개월 동안 수많은 시간을 보낸 덕분에 부서 내에서 나는 친숙한 인물이 되었다; 그로인해 관찰대상자들의 인위적인 반응을 줄이는데 도움이 되었다. 경찰관들은 내가 회의실, 복도, 면접실, 현장 등은 물론이고, 커피숍에서 개인적인 이야기나 농담을 나누는 상황에서도 함께 있다는 것을 당연하게 여기게 되었다.(p. 235)

일반적으로 사람들이 붐비는 장소에서 서서 혹은 앉아서 관찰하는 것이 상대방의 관심을 크게 불러일으키지 않는 경우, 완전한 관찰자의 역할은 관찰 대상에 크게 영향을 주지 않는다. 반면에, 사람들의 수가 적고 관찰하는 것이 흔하지 않은 상황에서, 혹은 관찰자가 참여자들과 확연히 다른 관점을 가지고 있는 경우, 완전한 관찰자의 역할은 그 대상에 영향을 줄 수 있다.

참여와 관찰의 병행(Participation and Observation)

대부분의 현장조사 연구자들은 어느 정도 그 관찰대상의 활동에 참여하는 역할을 선택한다. 그들은 최소한 몇 명의 멤버들에게는 자신의 신분을 밝히고 그들과의 신뢰형성을 위해 충분히 참여하도록 노력하고 그 멤버들의 경험을 이해하려고 노력하다. 이것은 쉽지 않은 일이다:

> 현장조사 연구의 참여관찰 방법에 있어 중요한 부분은 많이 참여하고자 하는 욕구에 대한 도전과 관찰을 적게 하려는 성향에 대한 도전이다. 당신은 자신을 흰 연구복을 입고 노트판을 들고 인간들이 자신들의 일상에서 어떻게 생활하는지에 대해 연구하는 사람으로 생각해서는 안 된다(Wolcott, 1995:100).

Whyte(1943)는 보스턴의 가난한 지역의 갱 집단과 사회적 조직들에 대한 연구에서 구성원들의 동의를 얻고 친해지기 위해 4년여를 함께 보냈다. 그는 자신의 노력을 다음과 같이 말했다:

> 나의 목적은 코너빌(가상의 도시이름)의 생활에 대해 자연스러운 안목을 가지는 것이었다. 나의 첫 번째 문제는 내가 관찰하고자 하는 사회의 일원으로 나의 입장을 전환하는 것이었다. 나는 한 이탈리아 가족의 집에 기거하면서 코너빌에서의 삶을 시작했다 … 단지 여러 집단의 사람들과 안다는 것으로는 충분하지 않았다. 내가 원하는 종류의 정보는 아주 친근한 사교적 관계를 형성해야만 가능한 것이었고, 거기서 문제가 발생했다. 코너빌에서는 불법적인 행위들이 만연했고 새로운 이방인은 의심의 대상이었다 … 나는 그들과 많은 시간들을 보내려고 했고, 그들의 행위도 함께 참여하였다. 이러한 적극적인 참여는 그들과의 사이에 공통적인 관심사를 만들었고 우리는 서로 많은 대화를 나누었다. 그들과의 사이에 있었던 벽이 허물어지고 그들의 삶에 더욱 가까이 접근할 수 있었다.(pp. v-vii)

화이트는 각각의 갱 집단, 그리고 여러 사회적 집단과 많은 시간을 보내면서 그들로부터 인정받게 되었다. 그 결과는 그의 유명한 저서인 *Street Corner Society*(1943)이었다.

벤카테시(Sudhir Alladi Venkateshi)의 저서 *American Project*(2000)는 갱 집단들과 공공주택개발과의 관계에 대한 내용이었고, 정형화된 면접부터 참여관찰까지 저자의 다양한 연구방법들의 발전을 묘사하고 있다:

> 그들은 나의 설문지를 읽고 나서 그런 질문들로는 어떠한 것도 알 수 없고, 그 도시의 아프리카계 미국인 청소년들의 삶을 이해하기 위해서는 그들과 어울려야 한다고 말했다. 그로부터 몇 달 동안 나는 그들과 만나면서 라켓볼을 치고, 미시간 호숫가에서 맥주를 마시고, 파티에 동참하고, 가족들과 같이 저녁식사를 하면서 시간을 보냈다. 18개월 동안 그들이 블랙 킹즈라고 부르는 갱 집단의 행동들을 기록하였다. 하지만 나의 관심사는 그 갱 집단이 공공주택개발단지의 다른 사람들과 어떤 관계를 가지고 있는가 하는 것이었다. 갱 집단의 구성원들은 어린이들, 사촌들, 아버지들, 남편들, 교회 예배자들 등 여러 역할을 하고 있는 사람들이었다. 그들은 특정한 시간과 장소에서는 마약운반이나 공원에서의 모임 등 갱 집단의 일원으로 활동하였지만, 그 외 대부분의 시간은 직장, 가족, 학교, 친구들과 함께하는 평범한 삶을 보내고 있었다.(pp. xiv)

참여와 관찰은 분명히 두 가지 윤리적 장점을 가지고 있다. 집단의 구성원들이 연구자의 신분을 알고 있기 때문에 특정한 정보나 태도 등은 공개하지 않는다. 또한 연구자도 비윤리적이거나 위험한 행위는 참여하지 않을 수 있다.

신분노출을 선호하는 대부분의 현장조사 연구자들은 그들이 구성원들에게 인식되고 어느 정도 신뢰를 얻게 되면 그들의 존재가 더 이상 구성원들의 행동에 유의할 만한 영향을 끼치지 않는다고 생각한다. 개인의 행동과 태도에 대한 주요한 영향을 미치는 요인들은 과거의 경험, 성격, 조직의 구조 등이고, 이것들은 연구자가 외부에서 관찰하더라도 영향을 미치게 된다. 참여관찰자들은 신분 노출의 윤리성을 유지함과 동시에 자연스러운 사회적 환경을 관찰할 수 있다. 하지만 관찰되는 행동이 불법적이거나 비난받는 것이라면 참여자가 자신의 신분노출을 꺼려할 수 있다. 실제로 이러한 특수한 상황을 제외하더라도 연구자가 자신의 역할을 완전하게 노출하는 것은 쉽지 않다.

연구자가 자신의 신분을 공공연하게 밝히더라도 집단의 행동에 참여함으로써 발생하는 연구자의 딜레마는 계속될 것이다. 연구자들은 다소 의문스러운 행동들에 참여함으로써 구성원들에게 자신을 증명해야 하는 순간이 올 수 있다. 예를 들어 경찰관들은 반 마넨(Van

Maanen, 1982)에게 순찰 중에 규격화되지 않은 권총을 휴대하도록 하였다. 페핀스키(Pepinsky, 1980)는 시민을 상대로 한 경찰의 권력남용을 목격하였지만, 그 시민이 체포될 때 이를 말리지 않았다. 코너빌의 경찰과의 유대를 강화하기 위해 화이트(1943)는 지역의 선거에서 복수로 투표하는 불법을 자행하였다.

숙련된 참여관찰자는 자신이 타인에게 미치는 영향과 타인이 자신에게 미치는 영향을 계속 검토함으로써 신분노출로부터 발생하는 문제점을 최소화하려고 노력한다. 관찰자들은 자신의 현장에 있을 때는 물론 수집된 자료를 분석할 때에도 이러한 영향에 대해 유념해야 한다. 현장에서 조사할 때 주로 현장에서 시간을 보내지만, 때때로 다른 연구자들과 만나 자신의 연구에 대해 검토하는 노력이 필요하다. 참여관찰자는 주변의 상황이 요구할 때 자신의 역할을 변경해야 하고, 자신의 역할을 일반적인 상황에서 항상 노출해야하는 것은 아니지만, 새로운 구성원에게는 알려야 한다.

비밀참여(Covert Participation)

반응효과를 감소시키고 비밀스러운 상황에의 접근을 용이하게 하기 위해, 어떤 현장조사 연구자들은 비밀참여의 역할을 선택한다. 그렇게 함으로써 그들은 자신들의 연구를 비밀로 하고 자신이 다른 참여자들의 눈에 띄지 않게 행동할 수 있다. 비밀참여(covert participation)는 또한 완전한 참여로 알려져 있다. 로드 험프리(Laud Humphreys, 1970)는 공공화장실에서의 동성애에 참여하는 남성들에 대해 연구하기 위해 "감시자(watch queen)"로 행동하였다. 랜들 알프레드(Randall Alfred, 1976)는 집단 구성원들과 그들의 교류에 대해 연구하기 위해 악마숭배자들의 집단에 가입하였다. 고프먼(Goffman, 1961)은 정신병질환자들의 처우에 대해 연구하기 위해 공공병원의 보조자로 일하였다.

비밀참여의 역할로 인해 완전관찰자가 야기할 수 있는 반응효과를 줄일 수 있지만, 비밀참여자 또한 문제에 직면할 수 있다. 다음은 구체적인 사례들이다:

- 비밀참여자들은 공개적으로 노트를 작성하거나 녹취기계를 사용할 수 없다. 그들은 집단의 구성원들과 자연적으로 분리되었을 때 절대적으로 자신의 기억력에 의존하여 노트작성이나 녹음을 해야 한다.
- 비밀참여자들은 의심을 살만한 질문은 하지 않도록 주의해야 한다. 이 때문에 그들은 때로 다른 참여자들의 태도나 행동들을 분류하는데 어려움을 겪는다.
- 비밀참여의 역할은 성공적으로 행동하는 것이 힘들다. 비밀참여자들은 일반적인 참여자들이 각각의 상황에서 어떻게 행동하는지 일일이 알 수 없다. 일반적인 참여자들은 연구자와는 다른 사회적 배경과 목적을 가지고 상황에 맞게 행동한다. 연구자가 혹시라

도 그들과 다르다는 의심이 발생한다면 반응효과를 불러일으킬 수 있다(Erikson, 1967). 알프레드(1976)는 악마숭배자들을 연구하면서 연구를 마칠 때까지 자신의 역할을 숨겨왔지만, 그들의 우두머리에게는 마지막에 자신의 역할을 고백하였다. 그는 알프레드가 다른 이들과는 다르다는 점을 인식하고 있었다고 대답했다. 우리는 알프레드의 관찰이 어떻게 영향을 주었는지 확인할 수 없다.

- 비밀참여자들은 관찰환경 속에서 자신의 행동들을 항상 일정하게 유지해야 한다. 연구자들은 자신이 그룹 내의 일부에 동조하기를 강요받거나 범죄적 혹은 여타 행위에 참여하도록 요구받을 때 심리적 압박을 경험할 수 있다. 어떤 비밀참여자들은 자신의 역할에 몰두한 나머지 다른 참여자들의 관점과 목표를 받아들이기도 한다: 그들의 일부가 되는 것이다. 이 시점에서 그들은 연구의 목적은 포기하고 자신의 관찰을 비판적으로 검토하는 것을 멈춘다.

윤리적인 문제들은 비밀참여의 연구계획에 표면적으로 드러난다. 에릭슨(Erikson, 1967)은 비밀참여는 본질적으로 비윤리적이므로 공공장소에서의 상황 외에는 허용되어서는 안 된다고 주장하였다. 에릭슨은 비밀참여자들은 자신들이 행동이 연구대상들에게 불러올 수 있는 결과를 예측할 수 없다고 지적하였다. 만약 참여자들이 연구자의 신분을 의심하거나 연구자가 참여자들의 행동을 부추기거나 방해한다면 그 결과는 매우 부정적일 수 있다. 또한 연구 진행 중이나 출판시점에 연구의 결과가 공개되었을 때, 사회과학자들에 대한 불신이 커지고 다른 연구기회를 차단함으로써 다른 사회과학자들이 피해를 입을 수 있다.

하지만 비밀참여를 절대적으로 금지하는 것은 많은 연구 과제를 사장시킬 수 있다(Punch, 1994:90). 예를 들어 프루잇(Pruitt, 2008)은 남성들 간의 성적 교제를 연구함에 있어 사회학자로서의 신분을 대상자들에게 밝혔다면 연구가 가능하지 않았을 것이라고 지적하였다(p. 71). 그는 자신이 사회학자라고 밝힌 이메일 설문을 보냈을 때 15%의 응답률을 보였지만, 잠재적 고객이라고 밝힌 설문에서는 60%가 설문에 참여하였다. 이러한 이유로 프루잇은 특정한 집단들은 기망 없이 접근하는 것이 불가능하다고 주장하였다.

다른 이들도 동의한다. "사안의 중점은 어느 정도의 기망이 다른 방법으로는 도저히 접근할 수 없는 자료를 획득할 수 있도록 도와줄 수 있다는 것이다(Punch 1994:91)." 만약 연구자가 다른 이들의 신분을 누설하지 않고, 그들에게 직접적으로 거짓말하지 않았다면 어느 정도의 기망은 그로인해 획득되는 지식을 위해 정당화될 수 있다(Punch, 1994). 미국 사회학회의 윤리적 지침(1997)에 따르면, 기망적인 기술들은 연구자가 다음과 같은 상황에 처했을 때만 사용될 수 있다:

> 기망의 사용이 연구대상자들에게 해를 끼치지 않을 것이라고 판단되었을 때; 연구의 과학적, 교육적, 실용적 가치에 의해 정당화될 때; 기망을 사용하지 않는 연구가 실현 불가능할 때; 연구자의 신분이 드러났을 때 연구의 진행이 불가능하다고 판단될 때 자신의 신분을 숨기는 경우도 있다; 이 경우 참가자에게 최소한의 위험이 가해져야 하고 또한 연구윤리위원회의 승인을 받았을 때 진행할 수 있다.

현장으로의 투입(Entering the Field)

현장으로의 투입은 그 후로 진행되는 연구의 방향을 결정할 수 있기에 참여관찰연구에서 매우 중요한 단계이다. 현장에 들어가기 전에 연구문제에 대한 정확한 이해나, 혹은 직면할 대상이나 문제에 대한 자신의 입장을 재차 확인하는 등의 기초적인 작업이 필요하다. 참여관찰에 있어 연구자는 대상자의 의복이나 평소의 행동에 대해 미리 숙지해서 자신의 미비로 인해 신분이 밝혀지는 것을 피해야 한다.

현장에 투입되면서 화이트(1943)는 새로운 언어를 배워야 했다:

> 가정의 부모가 영어를 쓰지 않았기에 나는 이탈리아어를 공부하기 시작했다. 그들과의 대화와 언어학습도구를 통한 훈련으로 나는 나이든 세대와의 대화는 비교적 무리 없이 할 수 있게 되었다. 나는 이민 2세대들에게 연구의 중점을 두고 있었고, 그들은 영어를 쓰고 있었기에 이탈리아어가 필수적인 것은 아니었다. 하지만 내가 이탈리아어를 공부한다는 사실이 그들에게 코너빌의 사람들에게 친근감을 가지고 있다는 인상을 주었기에 결국 연구에서 중요한 의미를 가지게 되었다.(P. v)

많은 현장조사 연구자들은 그 상황에 대한 체계적인 연구나 준비를 하면 그들에게 선입견을 가지게 될 수 있다는 염려를 하지만 그 사회의 규칙을 이해하지 않고 현장으로 들어가는 것은 혼란을 초래할 수 있다. 화이트(1943)는 코너빌의 사람들과의 접촉이 아닌 다른 방법을 통해 들어가려고 했을 때 혼란의 상황에 이를 뻔 했다. 그는 대화를 나눌 여성들과 호텔 바에 들어갔을 때 어떤 일이 발생했는지 설명한다:

> 나는 주위를 둘러보고 한 명의 남성과 두 명의 여성을 감지했다. 나는 남성에 비해 여성이 더 많을 것을 알고, 내가 도움이 될 것이라 생각했다. 나는 그들에게 다가가서 다음과 같이 말했다: "실례합니다. 제가 합석해도 될까요?". 그 남자가 나를 쳐다보고 있었고, 순간 정적이 흘렀다. 그리고는 그는 나를 계단 아래로 던져 버렸다. 나는 그

럴 필요까지는 없고 내가 걸어서 나가겠다고 설명해야 했다.(p. 289)

질적 연구에 있어서 연구 상황에 속한 구성원 중 최소한 한 명과 신뢰관계를 형성하는 것은 매우 중요하다. 그러한 사람은 연구에서 중요한 정보를 제공하기 때문에 대부분의 참여관찰자들은 최소한 한 명의 정보원을 확보한다. 밀러(1999)는 연구에 매우 개방적인 경찰서장을 만나면서 그 경찰서에 들어갈 수 있었다. 그녀는 또한 연구 중에 두 명의 경찰관을 친구로 두고 있었다:

> 내 친구들은 자신의 직업을 좋아했고 동료들로부터 신임을 받고 있었다. 그들은 나를 다른 이들에게 이끌어 주었고, 면접을 위해 은퇴한 경찰관들을 찾아 주었고, 일정을 잡고, 질문에 대답하고, 부족한 부분을 보충해 주는 등 많은 도움을 주었다. 내가 다른 경찰들과의 면접을 실행하는 데 어려움이 있을 때마다 내 친구들은 다른 경찰관들에게 전화를 걸어 시간약속을 정할 수 있도록 도와주었다.(p. 230)

현장조사 연구자들은 현장에 투입될 때 자신이 전달하는 이미지나 유대관계에 대해 숙고해야 한다. 연구에 있어서 이 단계는 다른 관점을 가진 사람들로부터 자료를 수집하는 토대를 마련하는 역할을 한다.

친분관계를 만들고 유지하는 것(Developing and Maintaining Relationships)

연구자들은 참여관찰연구의 오랜 기간 동안 사회적 상황에서 다양한 구성원들을 관찰하고 면접하기 위해 그들과의 관계를 관리하는 데 유의해야 한다(Maxwell, 1996). 연구자의 모든 행동이 이 관계를 발전시키거나 혹은 무너뜨릴 수 있다. 데커와 반 윙클(1996)은 다음과 같이 설명한다,

> 현장에서의 관계가 유지되어야 하는 집단들과 개인들의 수는 많다. 그렇게 함으로써 그들이 요구하는 비밀성, 신뢰, 위험 등 현장에서 요구하는 여러 가치들의 균형을 유지할 수 있는 것이다.(p. 45)

데커와 반 윙클(1996)은 신뢰관계의 유지는 성공적인 연구의 필수요소라고 말한다:

> 우리는 그들의 진술에 대해 비밀성을 철저히 보장함으로써 연구대상자들과 좋은 관계

> 를 유지할 수 있었다. 우리는 한 갱 집단에서 여러 구성원들을 면접하고 있었기에 한 구성원은 다른 구성원이 이전에 어떻게 말했는지 알고 싶어 했다. 우리는 그들 자신의 진술을 비밀로 하는 만큼 다른 이들의 진술도 보호해야 한다고 정중히 거절하였다. 우리는 다른 구성원들의 면접에 함께 참여하고 싶다는 요청을 많이 받았고, 이러한 요청들도 모두 거절하였다. 이러한 철저한 비밀성은 그 구성원들에게 좋은 인상을 주었고, 우리의 신뢰성을 높이는 데 도움이 되었다.(p. 46)

능숙한 참여관찰자들(Whyte, 1943; Wolcott, 1995)은 연구의 현장에서 좋은 관계를 유지하는 데 필요한 조언들을 제시하였다:

- 자신과 연구에 대한 솔직하고 합리적인 설명을 준비하라.
- 연구의 대상 집단이나 조직의 중요 인사들의 지지를 확보하라.
- 다른 이들에게 질문함에 있어 너무 집요하게 하지 말라(예를 들어 외부 사람들이 있는 상황에서 불법적인 행위에 대해 언급하는 등의 실수를 하지 마라). 연구자로 활동하면서 법과 질서의 수호자의 역할까지 하려고 하지 말라.
- 연구대상자들에게 과도하게 친한 척하지 말라. 충분한 신뢰 없이 상대방에게 관심을 보일 경우 오히려 악영향을 줄 수 있다.
- 금전적으로 주고 받는 것을 되도록 피하되, 상호성은 항상 염두에 두고 있어야 한다. 다른 이와 같이 기거하거나 대화로 인해 그 사람의 시간을 소비한다거나, 혹은 같이 저녁식사를 하는 등의 행위들은 상대방에게 빚을 지는 것과 같을 수 있다. 때로 다른 이들을 돕지 않으면 당신은 진정한 참여자가 될 수 없다. 하지만, 당신이 금전이나 다른 특혜를 주는 이로 인식되면 당신은 연구자로서의 기능을 상실할 수 있다. 항상 균형을 이루도록 노력하라.
- 여러 집단들이 관련되어 있을 때는 특수한 어려움이나 갈등상황을 예비해야 한다. 한쪽 편을 들거나 집단 간의 갈등상황에서 이용당하기 쉽다.

조디 밀러(Jody Miller, 2000)는 그녀의 저서 *One of the Guys*를 준비하면서 갱 집단의 여성구성원들과의 신뢰를 구축하기 위해 다음과 같은 노력을 하였다:

> 우선 나의 연구접근방법은 신뢰를 구축하는데 효과적이었다. 설문은 비교적 사적인 질문들(인구사회학적 사항, 주거, 학교에 대한 태도 등)로 시작하여 서서히 갱 집단, 비행, 범죄피해와 관련한 문제들로 이어갔다. 또한 설문면접을 끝낼 때 나는 그 젊은

여성구성원들과 가까워졌고, 보다 심도 깊은 얘기를 나눌 수 있는 분위기가 연출되었다. 그리고 나는 그녀들의 신분에 대한 비밀을 보장함으로써 그녀들과 신뢰를 유지하려는 노력을 하였다(pp. 29-30).

사람들과 사건들의 표집(Sampling People and Events)

한 가지 상황이나 여러 상황을 연구하고, 또는 여러 가지 사람들이나 사건들을 조사할 것인가에 대해 고민함으로써 연구자는 자신이 발견한 것을 어떻게 일반화시키고, 또한 연구의 결과를 어떻게 구성할 것인가에 대한 확신을 가지게 된다. 특정한 연구를 한 가지 상황에 한정하여 구성원이나 활동에 대해 심도 있는 묘사를 하게 되면, 그 결과를 일반화시키는 것이 어려울 수 있다.

우리는 선택된 특정한 사례가 연구문제에 적절한 것이었다는 사실을 발견할 때 안도하게 된다. 우리는 많은 수의 참여관찰연구가 단 한 가지의 상황에서 관찰자의 충분한 이해를 통해 신뢰성을 확보하게 된다는 점도 고려해야 한다. 그럼에도 불구하고 하나 이상의 사례나 상황에 대한 연구가 인과적 결과를 뒷받침하고 그 결과의 일반화에 도움이 된다(King, Keohane, and Verba, 1994).

데커와 반 윙클(1996)은 눈덩이 표집의 방법을 사용하였다(제5장 참조). 또한 그들은 사회복지나 형사사법 기관을 거치지 않고, 갱 집단의 구성원들을 직접적으로 연락하였고, 그 이유는 사법기관에 의해 그들의 신분이 노출될 수 있다는 우려 때문이었다. 연구결과의 일반화를 위해 그들은 다양한 갱 집단의 구성원들을 면접하였다. 특히 눈덩이 표집은 이전에 완료된 주거침입 절도자들에 대한 연구에서 시작하였다(Wright and Decker, 1994). 이 표본의 젊은 구성원들과 다른 현장조사연구자들이 가지고 있는 거리의 범죄자들에 대한 연락처를 통해 표본을 확대해 나갔다. 처음의 면접참가자가 다음 대상으로 다른 구성원을 소개하였다. 되도록 많은 갱 집단의 구성원들을 면접하기 위해 그들은 눈덩이 표집의 절차를 여러 번 반복하였다. 한 가지 문제는 갱 집단의 구성원이라고 주장하는 사람이 실제로 그 집단의 구성원인가를 확인하는 것이었다. 99개의 사례가 완료될 때까지 500개가 넘는 면접이 이루어졌다.

이론적 표집(theoretical sampling)은 참여관찰연구에 있어 표집의 체계적인 접근법이다(Glaser and Strauss, 1967). 데커와 반 윙클(1996)은 자신들의 표본에서 인종, 성별, 갱 집단의 종류 등 다양한 하위집단에 대한 대표성을 확보하기 위해 이 방법을 사용하였다. 현장조사 연구자들이 특정한 과정이나 집단에 대한 비교가 필요하다고 생각할 때 Exhibit 9.3에서 볼 수 있듯이 새로운 상황이나 구성원들을 추가하게 된다. 선행연구의 검토 후에 데커와 반 윙클(1996)은 갱 집단의 구성원들이 젊은 소수인종의 남자들만으로 이루어지지 않았다는 것을 알았다. 다양한 갱 집단의 구성원들을 확보하기 위한 자신들의 전략을 다음과 같이 서술한다:

> 우리는 보다 적극적으로 여성 갱 집단과 일반 갱 집단의 두목을 찾으려고 하였고, 동시에 나이가 비교적 많은 그리고 흑인이 아닌 갱 집단의 구성원들도 물색하였다. 이들을 찾는 것은 어려웠고, 때로는 이 때문에 다른 구성원들을 면접할 기회를 놓치기도 했다. 그럼에도 우리의 표본은 세인트루이스의 다양한 갱 집단과 그 구성원들을 보다 정확하게 대표한다는 점에서 강점이 있다.(p. 43)

EXHIBIT 9.3 이론적 표집

코카인(cocaine) 사용자에 대한 연구를 위해 본래의 사례들을 면접하였다.

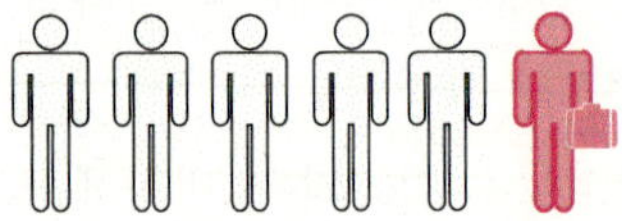

실제: 어떤 코카인 사용자들을 마약거래를 하는 사람들이다.
마약거래자들을 표본에 추가한다.

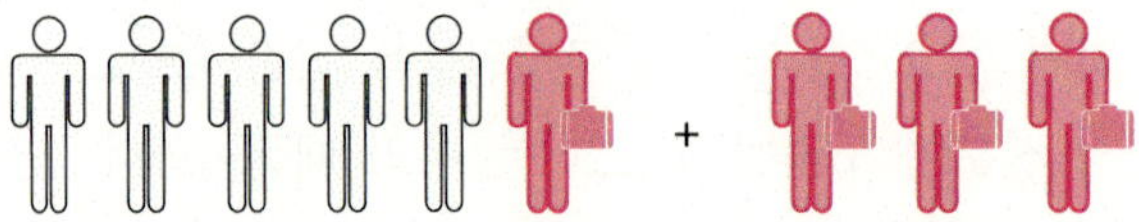

실제: 표본에서 여성의 비율이 낮다.
여성들을 표본에 추가한다.

실제: 어떤 여성 사용자들은 어린아이들의 엄마이다.
엄마들을 표본에 추가한다.

데커와 반 윙클(1996)의 표본은 실제로 29개의 다양한 갱 집단을 대표하였다; 16개는 the Crips(미국의 대표적 갱 집단)의 소속이었고, 13개는 the Bloods의 소속이었다. 따라서 데커와 반 윙클이 다양한 갱 집단으로부터 발견한 결과물은 그 연구의 일반화에 대해 신뢰를 줄 수 있는 것이다.

제5장에서 현장조사연구에서 다양한 의견과 현상들을 연구하는데 사용될 수 있는 비확률 표집에 대해서 배웠다. 이론적 표집 중에 하나인 목적표집은 다양한 역할들의 대표자를 찾는데 사용될 수 있다. 현장조사 연구자는 눈덩이표집을 통해 하나의 상황에 속한 다양한 하위집단을 대표하는 사람들에 대해 연구할 수 있다. 할당표집은 특정한 분야의 참여자들을 모집하는데 유용하다. 특정한 상황에 적합한 표집 전략을 세우는 것은 연구자가 가설을 검증하는데 중요한 역할을 한다(King et al., 1994).

현장조사연구에서 연구자가 계속적이고 집중적으로 참여할 필요가 없을 경우 경험표집방법(experience sampling method, ESM)이 사용될 수 있다. 다수의 사람들의 일상생활 속에서 그들의 경험, 생각, 느낌 등이 무작위로 표집된다. 경험표집방법의 참여자들은 전자호출기를 휴대하고, 호출기가 울릴 때마다 보고서를 작성한다.

노트 기록(Taking Notes)

현장에서의 노트작성(field notes)은 참여자 관찰의 자료를 기록하는데 매우 기초적인 방법이다(Emerson, Fretz, and Shaw, 1995). 노트작성이 항상 수기작성을 의미하는 것은 아니다; 많은 현장조사 연구자들은 관찰 중에 노트를 간략하게 작성하고, 나중에 컴퓨터로 보다 상세하게 기록을 작성하는 작업을 매일 한다. 컴퓨터화된 문서는 나중에 검토되고 재구성되기도 하지만, 특수한 컴퓨터 프로그램을 통해 분석되기도 한다.

현장에서 상세한 노트를 작성하는 것은 거의 매번 실수를 유발한다; 노트 작성에 유의하는 것이 관찰에 방해가 되기 때문이다. Exhibit 9.4에서 볼 수 있듯이 일반적인 절차는 관찰기간 중에 중요한 부분만을 간략하게 기술하는 것이다. 메모(jottings)라고 불리는 이 간단한 노트는 나중에 구체적인 현장 기록을 기술하는데 중요한 단서가 된다. 간략한 노트필기와 24시간 이내에 상세한 노트정리를 할 수 있는 훈련이 된다면 연구자는 관찰한 내용의 대부분을 기억할 수 있을 것이다.

밀러(1999)는 지역사회경찰에 대한 연구에서 연구팀이 그들이 관찰하고 들은 것들을 어떻게 주시하였는지 서술하고 있다:

EXHIBIT 9.4 **기록 작성 절차**

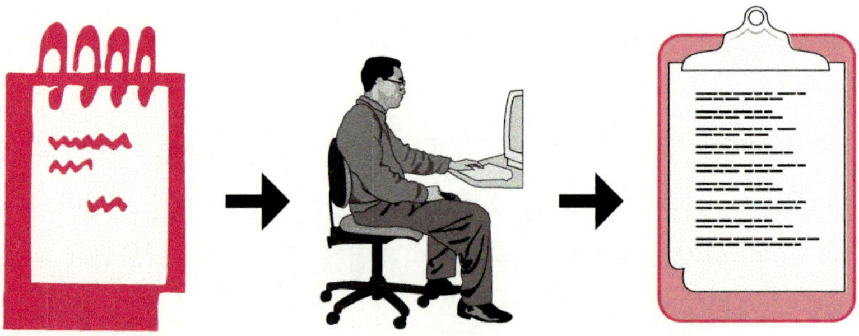

> 관찰을 시작하기 전에 연구자들은 로프랜드(Lofland)와 로프랜드의 현장조사 단계를 따르도록 훈련받았다(1995:89-98): 관찰 중에는 기억력을 돕고 참여자들에게 이 연구가 진지하다는 인상을 주기 위해 간단한 노트를 작성했다; 중요한 정보들을 놓치지 않도록 상세한 노트는 근무교대 시간마다 작성했다; 다음 관찰이 시작되기 전에 가능한 상세하게 작성하도록 하였다; 추가적인 부분이 기억나면 그 위에 덧붙이도록 했다. 연구팀에게 현장기록은 "사건, 사람, 사물에 대한 묘사이고, 사람들과의 대화에 대한 서술이었다. 새로운 물리적 상황이나 새로운 사람들은 묘사의 대상이 되었다"(Lofland and Lofland, 1995:93). 연구자들은 참여자들의 언어와 그에 대한 자신들의 이해를 분명히 구분하였다. 연구자들은 로프랜드와 로프랜드가 지적하였듯이(1995:95) 자신들의 감정적 대응도 기록하였고, 이는 "감정적 경험이 분석에 있어 중요한 단서가 될 수 있기 때문이다".

일반적으로 기록의 작성은 관찰하는 작업만큼 오랜 시간을 필요로 한다. 현장기록은 가능한 관찰되고 들은 내용을 진실하고 상세하며 완전하게 작성되어야 한다. 특별한 문구는 연구자의 관찰로부터 구분되어야 하고 일상 언어로 풀어서 기록해야 한다. 주변의 상황 또한 가능한 많이 포함되어야 하고, 시간에 따라 개인의 위치를 알려주는 지도도 포함되어야 한다.

신중한 기록의 작성은 나중에 연구자에게 보답을 한다. 페이지마다 현장기록은 새로운 개념, 인과적 연관성, 그리고 이론적 제안 등을 보여줄 것이다. 사회적 상황은 매우 자세하게 기록될 수 있다. Exhibit 9.5는 밀러(1999)가 지역사회경찰의 연구에서 작성한 현장기록을 제시한다. 기록들은 현장에 대한 관찰, 밀러의 질문들과 그 대답들, 그리고 경찰관에 대한 분석 아이디어 등을 포함하고 있다. 이 한 장의 현장기록으로 얼마나 많은 정보를 얻을 수 있겠는가? 당신은 그 날 저녁 순찰 대상이었던 지역의 이미지를 떠올리는 것도 쉽지 않을 것이다. 중요한 개념과 언어들을 기록에서 발견할 수 있다; "the hole"은 그 도시에서 가장 최악의 아파트를 이르는 단어이고, "jackets"는 크랙 코카인 마약을 팔 때 사용하는 작은 가방을 의미한다. 그 기록은 순찰경찰관이 여러 지역주민들과 나눈 대화를 포함하고 있고, 경찰관은 주민 대부분의 이름과 가족들을 알고 있었다. 이러한 기록들을 통해 연구자들은 그 상황을 이해하는 이론적 토대를 개발하고 이 후의 관찰을 위한 개념들과 질문들을 생각할 수 있다.

EXHIBIT 9.5 Susan Miller(1999)의 지역경찰연구에서 작성된 현장기록

(7-6-95, 경찰관 P, 지역(NBH) #4)

경사가 도착하자 우리는 1900 지역, "the hole"(최악의 아파트 단지: 건물주도 없고, 파손된 것을 수리하지도 않고, 주민에 대한 배경조사도 없다)에서의 가시성을 위해 여럿이 도보순찰을 실시했다. 몇 개의 지하실을 마약 수색을 위해 탐색하기로 계획했다. 몇몇의 경찰관들이 "Linc"가 그 지역을 보다 빈번하게 왕래하는 것을 발견하고 마약활동이 증가했을 것이라고 하였다. 우리는 그 지역까지 차로 이동하였고, 한 블록 정도 남았을 때 경찰관 P가 속도를 늦추면서 준비된 병력이 있는지 무전기로 물었다. 우리는 들어가서 혹시라도 음료수가 필요할 경우에 대비해 다른 경찰관서 옆에 주차했다. P는 유리창들이 깨지고 돌멩이들이 그 주위에 있는 것을 발견했다. 30대 초반의 한 백인 여성이 지난 수요일 저녁에 사건이 발생해서 다른 지역경찰에게 신고했다고 말했다. 수요일 이후에 발생했는지 그것들이 관련이 있는지 확실치 않다. P는 그들이 경찰서 유리창을 자주 깼던 것을 감안하여 관련이 있을 것으로 생각했다. 그녀는 친절했고, 그녀의 12살짜리 아이와 흑인 남자친구도 그랬다. 우리는 1900 구역까지 걷기 시작했다. 어린 아이들이 P에게 다가와 인사했다. 어른들(주로 흑인)도 P에게 다가와 잘 지내고 있는지, 지난밤의 사건 이후로 무슨 일이 있었는지 물었다. 주민들은 그를 알고 있는 것으로 보였고 자발적으로 그의 질문에 상세하게 답변하였다. P는 그들 대부분의 이름을 알고 있었고 가족에 대한 안부를 물었다. 신뢰관계. 각각의 건물에서 P는 지하실 열쇠를 구하기 위해 1층 출입문에 노크했다. 여자들은 항상 친절했고 협조적이었다. P가 열쇠를 들고 지하실에 도착하기 전에 이미 경비원 한명이 칼로 출입문을 열었다. 그녀들은 P에게 모든 사람들이 이 길을 다닌다고 불평했다(대부분의 여성들은 흑인). 한 여성이 P를 따라와서 지하실 문을 고칠 수 있게 건물주에게 연락해달라고 부탁했다. P는 그녀 앞에서 휴대전화로 바로 연락해 주었

고, 그녀는 매우 행복해 했다. 지하실에서 경찰관들은 단열재들을 찔러 보았다. 지난주에는 숨겨 놓은 총을 하나 발견했고, 간혹 마약이 발견되기도 한다. 우리의 수색은 두 봉지의 "jacket"(마약 거래에 사용하는 봉지)과 마리화나 한 봉지를 발견했다. 그 봉지들은 크랙 코카인 마약을 20달러만큼 파는 데 사용된다. P는 건물주에게 보여주기 위해 이 모든 것들을 기록하였다. 8시 10분경 밖으로 나와 경찰관들과 순찰차를 이용하여 3명의 남자들의 신체를 수색하였다. 그들은 자신들의 차에서 나와 자신들이 주거하지 않는 아파트로 가고 있었고, 그 곳은 헤로인을 투약하는 곳으로 알려져 있다. 한 사람은 P에게 다가와 유치장에서 자신의 개인물품을 돌려받을 수 있는지 물었다(P는 이전에 유치장에서 그를 만나 지난밤의 상황에 대해 물었다.) 수색의 결과 한 덩어리의 코카인이 발견되었다.

완전한 현장 기록은 관찰되고 들은 것보다 더 많은 정보를 포함하고 있어야 한다. 기록은 방법론에 대한 내용도 포함해야 한다: 관찰할 때 연구자가 어디에 서 있었는지, 대화와 관찰의 상대를 어떻게 선택했는지, 얼마나 많은 사람들과 현상들을 접했는지. 기록은 관찰 당시에 연구자의 감정과 생각도 포함해야 한다: 그들이 어떠한 말이나 행동에 불쾌했는지, 언제 위협을 느꼈는지, 한 집단에서 다른 집단으로 왜 이동했는지 등. 이러한 기록들이 편견이나 부주의가 있었는지 나중에 검토할 때 중요한 단서를 제공한다.

개인적인 부분에 대한 관리(Managing the Personal Dimensions)

참여관찰에 대한 개관은 개인적인 부분의 고려가 없이 완전할 수 없다. 현장조사 연구자가 자신의 연구대상의 일부가 되기 때문에 개인적이고 감정적인 부분에서 영향을 받을 수 있다. 연구의 대상자들도 연구자를 대할 때 연구자의 역할 이외에 친구로, 때로는 경쟁상대로 대하는 경우가 있다. 현장조사에 있어 이러한 개인적인 부분에 대한 관리가 모든 연구에 있어 중요한 일부분이다.

개인적인 부분의 영향은 연구자가 현상에 참여하는 정도에 따라 달라진다. 연구자들이 진행 중인 상황에 보다 많이 관여할수록 개인적인 부분의 영향은 중요하고 그들의 일부가 될 가능성도 높아진다. 연구자가 자신의 역할을 공지했더라도 "잦은 접촉은 동정심을 유발하고 그것은 결국 비판적인 시각을 무디게 한다"(Fenno, 1978:277). 화이트(1943)는 거리의 소년들을 연구하면서 그들로부터 거리를 두는 것이 쉽지 않았다. 코너빌의 한 가정으로 이사하고 4년여를 그 지역에서 살았다:

그의 정보원과 연구자는 사회적인 동물이다. 그는 자신의 역할이 있고 자신이 성공적

> 으로 활동하기 위해 충족되어야 하는 개인적인 욕구를 가지고 있다. 대학에서 나와 한 번에 몇 시간 정도 그 현장에 투입된다면 자신의 생활을 현장 활동과 분리하여 관리할 수 있을 것이다. 그의 역할에 있어 문제는 복잡하지 않다. 다시 말해 그가 자신의 연구대상인 그 지역에서 보다 오랜 기간 지낸다면 그의 개인적인 삶은 그의 연구와 혼란을 일으킬 것이다.(p. 279)

연구자의 사회적 특성(나이, 성별, 인종 등)과 연구대상자의 특성과의 공통점은 개인적인 관계를 발전시키는데 도움이 된다고 밀러(1999)는 말한다:

> 지역사회 경찰관들과의 면접에서 나는 여성이라는 것이 그들과의 대화를 부드럽게 한다고 느꼈다. 사실 연구자의 성별이 대상자와의 신뢰관계에 영향을 미친다고 생각한 연구자들은 여성이 남성들을 상대로 조사할 때 그들이 보다 편하게 자신들의 느낌을 진술한다는 것을 발견하였다. 남성들은 남성들보다는 여성들과 대화할 때 자신의 개인적인 부분을 보다 편하게 얘기할 수 있다(Williams와 Heikes, 1993:281) … 경찰관들은 여성 연구자가 성별과 관련한 논점에 대해 질문을 하고, 또한 범죄학자로서 지역사회경찰과 관련하여 이러한 질문을 하는 것이 쉽게 받아들여졌다. 따라서 성별과 관련한 행위들, 남성성에 대한 가정, 지역사회경찰에서의 여성성에 대해 보다 쉽게 조사할 수 있었다.(p. 232)

현장조사연구에 있어 보다 성공적으로 개인적인 부분을 관리하는 법칙이 존재하는 것은 아니다. 그것은 과학이라기보다 예술에 가깝고, 정형화된 훈련보다는 연구자 본인의 성격이나 접근에 의해 결정되는 것이다. 경험이 부족한 연구자는 연구를 수행할 때 자신의 개인적인 부분을 어떻게 관리할 것인가에 대한 진지한 고민이 없이 연구를 계획하곤 한다. 그리고는 자신이 하지 않아도 될 일들을 하고, 대상자들과 좋은 관계를 유지하면 때로는 집단 간의 갈등으로 인한 감정으로 인해 힘들어한다. 이러한 상황은 연구자가 위험한 상황에 처해있을 때 보다 분명하게 드러난다. 데커와 반 윙클(1996)은 말한다,

> 부분적으로 갱 집단의 구성원들은 그들의 폭력성 때문에 우리의 관심의 대상이 되었다. 이 때문에 우리는 단계마다 우리 자신의 안전을 염두에 두었다. 한 가지 원칙은 한 장소에서 한 번에 면접하는 사람들의 수를 제한하는 것이었다. 그리고 우리는 경쟁상대인 갱 집단의 구성원들을 동시에 면접하는 것을 피했다. 민족학자는 항상 휴대전화를 가지고 다니며 그들과 우리의 안전을 확인하였다. 이러한 노력에도 불구하고 때때로 위험한 순간들이 있었다. 민족학자는 면접대상자들을 물색하는 와중에 총격전

을 몇 번이나 목격했고, 한 번은 면접을 기다리던 대상자들 중 일부가 총상을 입는 것을 보았다. 모든 위험요소를 항상 예측할 수 있는 것은 아니었다. 한번은 우리가 총기를 소유하고 있는지 물었을 때, 그는 실제로 자신의 코트 주머니에 있는 권총을 꺼내 보여 주었다. 우리는 그의 진술을 믿겠다고 했다.(p. 46)

당신이 현장조사 연구를 계획하고 있다면 따라야할 일반적인 지침이 있다:

- 대상자를 당신과 어떠한 관계로 설정할 것인가에 대해 생각해야 한다.
- 어떠한 개인적인 문제가 발생할지 예측하고 그에 대한 대응도 고려해야 한다.
- 연구 외에 다른 연구자나 개인적인 친구들과의 관계를 꾸준히 유지해야 한다.
- 자신을 한 인간으로 편하게 대하고 상대방의 권리를 존중할 수 있는 행동의 기준을 유지한다.

참여관찰자의 보고서를 평가할 때, 그 상황에서 연구자가 자신의 역할을 어떻게 설정하고 개인적인 문제들을 어떻게 다루었는지 살펴봐야 한다. 이러한 정보들이 보고서에 포함되어 있지 않다면, 그 연구의 결과가 타당한지 의심할 수 있다.

체계적 관찰(SYSTEMATIC OBSERVATION)

관찰은 체계적인 비교와 보다 안정적인 일반화를 위해 체계적이고 개량적인 설계에 따라 이루어질 수 있다. **체계적 관찰(systematic observation)**을 사용하는 연구자는 흥미를 가지고 있는 변수의 변량을 기록하기 위해 규격화된 양식을 개발한다. 그러한 변수들은 행위들의 빈도, 특정한 사람들, 날씨나 주변의 상황조건, 물리적 구조물들의 수나 상태 등을 포함할 수 있다. 체계적 관찰연구에서 기록은 무작위로 선택된 시간과 장소에서 이루어진다.

사례연구 : 공공의 무질서와 범죄에 대한 연구

제6장에서 도시지역의 무질서와 범죄를 연구한 로버트 샘슨과 스티븐 라우덴부시(Robert Sampson and Stephen Raudenbush, 1999)의 연구에 대해 배웠다. 이 단락에서는 그들이

그 지역을 연구하기 위해 사용했던 공공장소의 체계적인 관찰방법에 대해 논의할 것이다. 체계적 관찰 전략은 관찰자들 간의 기록을 표준화하도록 유지하는 규칙을 사용함으로써 관찰된 자료의 신뢰도를 높인다(Reiss, 1971). 그것은 특히 범죄와 무질서에 대한 설문조사연구의 한계를 극복하는 데 좋은 방법이다: 동일한 지역의 거주자 중에서 범죄를 두려워하는 사람들이 그렇지 않은 사람들에 비해 지역의 무질서를 더 인식한다(Sampson and Raudenbush, 1999).

이 과감한 조사연구방법은 관찰연구, 설문조사연구, 문헌연구를 혼합하였다. 관찰부분은 층화무선표집방법을 이용하여 시카고 지역의 통계조사 단위 196개를 표집하였다. 특수차량을 사용하여 이 지역의 거리들을 시속 5마일의 속도로 관찰하였다. 거리의 양쪽을 두 개의 비디오 장치를 사용하여 녹화하였고, 두 명의 관찰자가 차창으로 보이는 것들을 기록하였다. 그 결과 23,816개의 블록을 관찰한 기록을 수집하였다. 관찰자들은 자신들의 기록에 토지사용, 교통상황, 물리적 환경조건, 물리적인 무질서의 증거 등을 포함하였다(Exhibit 9.6 참조). 비디오테이프 중 일부를 표집하여 126개의 변수로 전환하였고, 그것들은 건물의 특성, 상가, 그리고 사회적 교류 등을 포함하고 있다. 물리적인 무질서의 정도는 거리의 담배꽁초, 쓰레기, 빈 맥주병, 낙서, 콘돔, 주사기 등으로 측정하였다. 사회적인 무질서의 정도는 쓰레기 투기, 공공장소에서의 음주, 싸움, 마약거래 등을 통해서 기록하였다. 신뢰도를 확보하기 위해 다수의 연구자가 비디오를 10개의 블록마다 녹화하였다.

샘슨과 라우덴부시(1999)는 범죄의 수준을 측정하기 위해서 경찰기록들, 통계조사 자료에 포함된 사회경제적 특성들, 거주자의 태도와 행위에 대한 설문 등을 사용하였다. 제6장에서 배웠듯이, 이러한 자료의 조합은 거주자에 의한 비공식적 사회통제의 영향과 사회적, 물리적 무질서의 존재를 시험하는 데 효과적이다.

St. Jean(2007)은 시카고의 한 우범지역의 집합적 효율성, 지역사회의 무질서, 범죄 등에 대한 변수들을 조사함으로써 샘슨과 라우덴부시의 연구를 발전시켰다. 공식자료와 범죄발생지역에 대한 주민들의 설문결과를 종합한 결과, St. Jean은 몇몇 특정한 지역에 범죄들이 집약적으로 발생하는 것을 알았다. 그의 연구의 목적은 왜 그런지 알아내는 것이었다. 그는 이 연구를 위해 거주자 설문, 참여관찰, 거주자와 범죄자에 대한 심층면접, 체계적 관찰 등의 다양한 방법을 사용하였다. 체계적 관찰을 위해 그는 비디오카메라를 자동차 양쪽에 고정하고 천천히 거리에서 주행함으로써 물리적, 사회적 환경들을 기록하였다. St. Jean의 비디오 중에서 일부는 이 교재의 보조 웹 사이트에서 확인할 수 있다. 이 비디오테이프를 통해 건물의 상태, 공터, 공공장소에서의 음주, 구걸, 쓰레기 투기 등을 기록하고 지역의 사회적 무질서를 측정하는 데 사용하였다. Exhibit 9.7은 St. Jean의 비디오의 한 장면을 나타낸다.

EXHIBIT 9.6 체계적 관찰기록에 사용된 지역사회의 무질서에 대한 측정지표

변수	분류	빈도
물리적인 무질서		
거리나 배수구의 담배꽁초들	아니오	6815
	예	16758
거리나 인도 상의 쓰레기	아니오	11680
	예	11925
거리 위의 빈 맥주병	아니오	17653
	예	5870
특정 메시지 낙서	아니오	12859
	예	2252
덧칠해진 낙서	아니오	13390
	예	973
갱 집단에 대한 낙서	아니오	14138
	예	973
버려진 차량들	아니오	22782
	예	806
인도 위의 콘돔들	아니오	23331
	예	231
인도 위의 주사기나 바늘	아니오	23392
	예	173
정치적 메시지 낙서	아니오	15097
	예	14
사회적 무질서		
성인들의 쓰레기 투척이나 군집형성	아니오	14250
	예	861
노상 음주	아니오	15075
	예	36
동료나 갱 집단에 대한 표식	아니오	15091
	예	20
주취자들	아니오	15093
	예	18
성인들의 싸움(물리적, 언어적)	아니오	15099
	예	12
거리의 매춘부	아니오	15100
	예	11
마약거래자들	아니오	15099
	예	12

출처 : Raudenbush and Sampson, 1999:15.

St. Jean(2007)은 비디오를 촬영한 것 이 외에도 범죄자들이 특정한 장소와 피해자를 선택한 이유에 대해 면접할 때 그 촬영 동영상을 획기적으로 사용하여 시각성을 높였다. 그가 설명하기를,

> 예를 들어 마약거래자와 강도들은 영상(체계적 관찰)을 사용하여 왜 특정한 지역을 그들이 선호하는지 설명할 수 있었다. 그 영상은 범죄자들이 왜 특정한 지역이 자신들의 범행에 적합하지 않은지, 그리고 범죄와 관련한 의미들을 설명하는 데 사용되었다 … 또한 영상은 자신들이 잊고 있었던 사건들을 상기시키는데 많은 도움이 되었다.(p. 27)

다른 무엇보다도 St. Jean은 범죄자들이 지역의 사회운동가들의 저항에 부딪히더라도 상점들이나 버스정류장과 같이 자신들의 입지를 확보할 만한 이점들이 그 지역에 있을 경우에는 범죄를 멈추지 않았다.

EXHIBIT 9.7 St. Jean(2007)의 연구에서의 한 건물

출처 : A Peter K. B. St. Jean.

이러한 연구들은 자료 수집에 있어 다양한 방법들을 사용하고 관찰을 기록할 때 개량적 방법과 같은 형식을 사용하는 것이 중요한 이유를 제시한다. 체계적 관찰은 주민들의 인식과 함께 관련지역의 무질서를 측정하는 데 보다 높은 신뢰성을 제공한다. 이러한 방법들이 주민들과 범죄자들의 진술들과 조합을 이룰 때 개념들의 측정에 대한 타당도와 전반적인 결과물의 타당도는 눈에 띄게 개선된다.

집중 면접 (INTENSIVE INTERVIEWING)

질문을 하는 것은 거의 모든 참여관찰에 포함이 되는 부분이다(Wolcott, 1995). 많은 질적방법 연구자들이 대상자들에 대한 체계적 관찰을 사용하지 않고 집중면접만을 이용하고 있다. 설문조사에서의 정형화된 면접이 아니라 집중 면접에서는 개방형 질문들이 많이 사용된다. 질적방법 연구자들은 대상자들이 대답할 것이라고 가정하는 질문들을 미리 설정하는 것이 아니라 대상자들의 이야기를 그들의 언어로 듣고자 한다. 정해진 순서에 따라 표준화된 질문들을 제시하는 것보다는 특정한 내용이나 질문의 순서가 면접마다 다른 것이 집중면접의 특징이다.

집중면접이 보다 정형화된 면접과 다른 점은 일관성과 철저함이다. 목적은 대상자들의 배경, 태도, 행위 등에 대한 종합적인 그림을 그들의 언어로 도출하는 것이고, "그들이 자신들의 세계에 대해 어떻게 이해하고 있는지에 대해 듣기 위함이다"(Rubin and Rubin, 1995:3). 예를 들어 데커와 반 윙클(1996)은 면접을 위한 지침을 준비했지만 되도록 "응답자들이 자신들의 언어로 충분이 얘기할 수 있는 기회를 주고자 노력했다"(p. 45).

집중면접연구들은 행위들이 이행되고 의견들이 형성되는 사회적 개연성들을 직접적으로 드러내지 않는다. 참여관찰 연구들과 마찬가지로, 집중면접 연구는 연구자들이 일반적인 설문조사연구보다는 더 많이 연구대상자들과 교류한다. 연구자들은 제한된 몇 개의 변수들을 측정하기보다는 다소 길수도 있는 설명을 듣고, 필요하면 질문을 부가적으로 제시하여 개인들의 신념이나 안목까지도 조사하려고 노력한다. 따라서, 집중면접은 정형화된 면접보다 오랜 시간이 필요하고, 때로는 여러 세션으로 나누어 시행될 수도 있고 15시간 넘게 진행될 수 있다(Kaufman, 1986).

집중면접은 연구자와 대상자의 대화라기보다 동료들 간의 대화처럼 진행될 수 있다. 집중면접자는 자신이 이해한 부분이 타당한지 그리고 대상자의 의도에 부합하는지에 대해 적극적으로 조사해야 한다. 면접은 일반적으로 미리 정해진 주제에 따라서 정해진 집단의 구성원들을 상대로 일관성 있게 진행이 된다. 어떤 연구는 이전의 사건이나 특정한 주제에 대한 지식을 수집하는 것이 목적일 때 비교적 정형화된 면접을 사용하기도 한다. 하지만, 연구의 목적이 새로운 분야에 대한 지식의 탐구일 경우, 면접은 대상자의 세계관을 파악하기 위해 연구대상자의 경험이나 기호에 따라 특정한 방향으로 진행되기도 한다(Kvale, 1996; Rubin and Rubin, 1995; Wolcott, 1995). 어떠한 경우라도, 질적방법 연구자는 대상자의 비언어적 단서들, 상징적인 표현들, 대상자의 기분이나 기호의 흐름에 따라 재빠르게 면접의 진행 방향을 전환할 수 있어야 한다. "여러분의 자료가 이끄는 방향대로 따라야 한다"(Rubin and Rubin, 1995:64).

집중면접의 경우 대상자를 무작위로 선택하는 경우는 드물지만, 선택의 방법도 신중하게 고려되어야한다. 연구 대상자를 선택하는 데 있어 현장에서 만날 수 있는 사람에게 즉흥적으로 요청할 경우 목적표집 전략보다는 다소 비효율적일 수 있다. 연구자들은 대상자를 선정함에 있어 그 분야에 대해 잘 알고, 연구의 참여에 개방적이며, 여러 가지 관점을 대표할 수 있는 사람들을 선택하도록 노력해야 한다(Rubin and Rubin, 1995). 새로운 대상자의 모집은 그들이 제공하는 정보가 이미 수집된 정보들에 비해 새로운 것이 거의 없는 상태, 즉 포화점에 이를 때까지 지속되어야 한다(Exhibit 9.8 참조). 새로운 논점이 발견되면 그에 대한 다양한 의견들을 대표할 수 있는 대상자들을 추가적으로 선정할 수 있다.

EXHIBIT 9.8 집중면접의 포화점

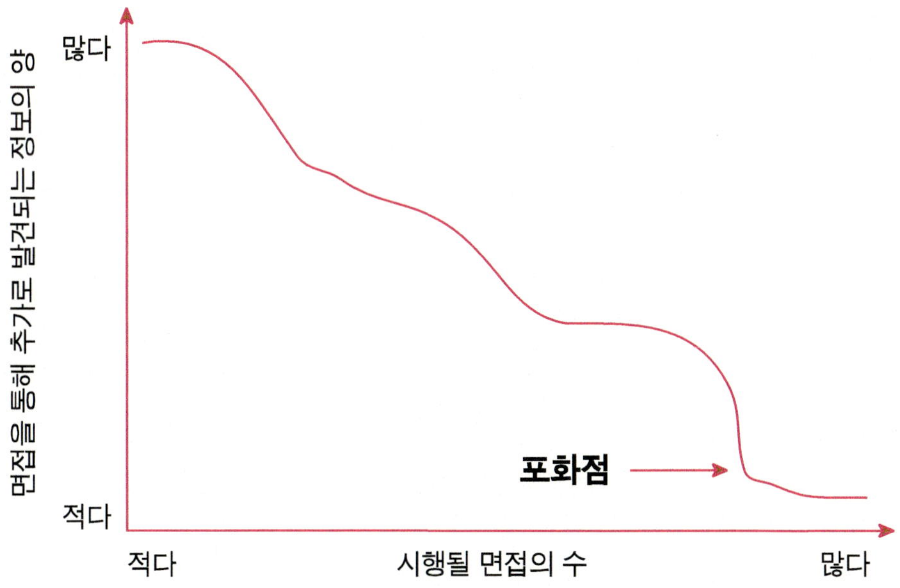

사형재판의 사례에서 배심원들의 생각과 감정들을 조사한 Fleury-Steiner(2003)의 저서는 집중면접을 통해 발견할 수 있는 엄청난 양의 정보에 대한 좋은 예시가 된다. Capital Jury Project(CJP) 프로그램에 대한 보고서로 작성한 Fleury- Steiner의 "죽음에 대한 배심원들의 이야기(Jurors' Stories of Death)"에서 일반시민들이 사형재판의 배심원으로 참여한 경험에 대해 조사하였다. 대상자들이 자신의 경험에 대한 이야기를 하도록 유도하기 위해 연구자는 배심원들에게 재판과 심의과정에서 가장 중요한 순간과 피고에 대한 인식에 대해 질문하였다. Fleury-Steiner는 "이러한 질문들의 목적은 대상자가 대답을 자신의 방식으로 이야기하도록 유도하기 위해서다 … 그들의 대답을 자유스럽게 하도록 유도했을 때 의외로 많은 이야기들을 들을 수 있었다"고 말한다.(p. 44)

집중면접의 진술을 바탕으로 이론을 창출하고 결론을 도출하는 귀납적 분석절차는 종종 많은 시간이 소모되는 작업이다. Fleury-Steiner(2003)가 설명하기를,

> 여러 번의 변환과 수정을 통해 나는 배심원들의 이야기에 대한 해석을 구체화할 수 있었다 … 지면에 쓰인 문장 그대로의 의미를 넘어서 나는 배심원들이 자신의 이야기를 풀어나가는 일관성을 발견하기 시작했다. 그들의 이야기를 반복적으로 검토할수록 그에 적합한 분석적 해석도 할 수 있게 되었다. 그 자료의 검토를 계속 반복할수록 배심원들의 특정한 이야기들이 보다 광범위한 정체성, 도덕성, 형벌에 대한 사회역사적, 문화적 해석들과 연관된 것을 발견하였다.(p. 47)

동료관계의 형성과 유지(Establishing and Maintaining a Partnership)

집중면접에 있어 연구자는 대상자들과 일상생활에 있어서의 교류가 없기 때문에 현장으로 투입 시에 발생하는 문제점은 많이 줄일 수 있다. 하지만, 개인적 면접을 비교적 오랜 기간 동안 계획하는 것도 다소 복잡할 수 있다. 그들이 면접계획에 어떻게 반응할지 고려하고 그들의 행위규칙에 반하지 않는 접근법을 생각함으로써 연구대상자들과 신뢰를 쌓는 것이 중요하다. 특정분야에 대해 잘 알고 있는 동료의 시간이 중요하듯이, 면접대상자들을 존중해야 한다(약속시간에 늦어서는 안 된다). 비밀성에 대한 약속은 분명하게 언급하고 꼭 지켜야한다(Rubin and Rubin, 1995).

하지만, 연구자는 특정한 정보를 얻기 원하고, 이를 위해 적절한 관계를 유지하려고 하므로, 면접대상자와 집중면접자의 관계는 동료의 관계가 될 수 없다(Kvale, 1996). 면접 시작 후 몇 분 동안, 면접자는 대상자에 대한 관심을 표시하고 면접의 목적을 분명하게 밝힌다(Kvale, 1996). 면접이 진행되는 동안 면접자는 대상자와 적당한 거리를 유지하면서 상대의

문화적 규범을 침범하지 않도록 한다; 면접자는 대상자와 시선을 맞추어야 하고, 상대의 관심을 분산시키는 행동은 삼가해야 한다. 적절한 속도 또한 중요한 요소이다; 쉬는 시간을 가짐으로 인해 대상자가 충분히 생각할 시간을 주고, 면접이 급하게 진행된다는 느낌을 받지 않게 한다(Gordon, 1992). 면접이 감정적이거나 민감한 주제에 대한 것일 경우, 면접자는 마지막에 대상자에게 긴장을 풀 수 있는 여유를 주어야 한다(Rubin and Rubin, 1995).

질문과 답변의 기록(Asking Questions and Recording Answers)

집중면접의 연구자는 면접의 주제에 대한 목차를 토대로 주요한 질문들을 준비해야 한다. 질문들은 전반적으로 간결하고 논점에 맞는 것이어야 한다. 자세한 내용들은 간접적인 질문이나(조금 더 구체적으로 설명해주실 수 있을까요? 등) 추가적인 질문들을 통해서 얻을 수 있다. 질문자는 면접이 진행되는 동안 대상자의 답변을 고려하면서 자신의 목적을 달성할 수 있도록 전략적으로 접근해야 한다.

데커와 반 윙클(1996)의 면접내용은 이를 잘 설명하고 있다:

> 거의 절반에 가까운 구성원들이 갱 집단의 대장을 물질적인 이득을 줄 수 있는 사람이라고 대답했고, 이는 그 집단에서 대장의 역할을 대변하는 것이었다. 우리 표본에서 절반 이상은 십대 초반이었기에 차, 마약, 총기, 술 등을 구할 수 있는 사람은 그 집단에서 중요한 역할을 담당할 수 있었다. 따라서 절반 이상의 구성원들이 대장을 마약을 거래할 수 있는 사람이라고 생각하는 것은 당연한 것이었다. 대장이라는 역할의 상황적 특성으로 인해 대장은 자주 바뀌었다. 특히, 거리에서 대량의 마약을 거래할 수 있는 능력은 매우 중요했다:
>
> Q: 갱 집단 내에서 누군가는 보다 많은 권력을 가지고 있나?
> A: 항상 누군가는 보다 많은 권력을 누리고 있다.
> Q: 어떠한 사람들이 이러한 권력을 누리나?
> A: 마약을 구할 수 있는 사람.
> Q: 가장 많은 권력을 누리는 사람은?
> A: T-Loc라는 친구다.
> Q: 그가 왜 다른 사람들보다 권력이 센가?
> A: 그는 여러 곳을 돌아다니고, 좋은 물건들을 구할 수 있기 때문에.
> Q: 좋을 물건은 어떤 것인가?

A: 총기나 코카인, 마리화나 등.
Q: 무엇이 그에게 보다 많은 권력을 부여하는가?(pp. 97-98)

면접자가 어떤 방식으로 대상자로부터 구체적인 내용을 얻어내는지 발견하였는가? 보다 중요한 것은, 집중면접은 정형화된 설문방식에서는 구할 수 없는 진정한 의미들을 찾아낼 수 있다. 예를 들어 데커와 반 윙클(1996)는 갱 집단에 속한 여성 한 명과 면접하면서 몇몇의 구성원들은 마리화나가 실제로 무엇인지에 대해 정확히 모르고 있다는 것을 알았다:

Q: 어떠한 마약들이 거래되는가?
A: 코카인, 크랙 코카인, 마리화나.
Q: 다른 것들은?
A: 대마초, 더 이상은 없다.
Q: 대마초는 마리화나인가?
A: 아니다.
Q: 그럼 마리화나는 무엇인가?
A: 모르겠다.
Q: 대마초는 무엇인가?
A: 당신이 흡연할 수 있는 것이다.

테이프 녹음기는 집중면접을 기록하기 위해 흔히 쓰인다. 테이프로 녹음하는 대부분의 연구자는 자신들이 면접대상자들을 방해하지 않는다고 생각하고, 실제로 대상자들이 인식하지 못하는 경우가 많다. 몇몇 대상자들은 녹음기를 의식하기도 하지만, 그런 사람들은 어떠한 면접에서도 진솔한 답변을 하기 어렵다. 어떠한 경우라도 면접 중에 하는 노트필기는 상대방에 대한 관심도를 떨어뜨리고, 면접에 대한 집중을 방해한다.

모든 법칙에 예외는 있다. 페노(Fenno, 1978)는 자신들의 대중적 이미지를 신중하게 고려하는 공인을 면접하는 경우에 녹음기를 사용하지 말 것을 주장한다:

> 나는 일상적이지 않은 방법으로 상원의원들을 면접할 수 있는 유일한 방법은 녹음기를 사용하지 않고, 자연스러운 대화를 유도하는 것이라고 생각한다. 최악의 경우에 그들은 자신들이 개인적인 만남에서 했던 말들을 부정하기도 한다: 녹음했더라면 그들은 이 상황을 벗어날 수 없을 것이다. 하지만, 그들은 이 차이를 분명하게 인식하고 있다는 것이다.(p. 280)

참여관찰과 집중면접의 병행
(Combining Participant Observation and Intensive Interviewing)

특정한 현상에 대한 세부적인 정보를 추구하는 대규모의 연구과제 중에서 많은 수는 참여관찰과 집중면접의 질적방법 연구 기술을 혼합적으로 사용한다. 이전에서 보았듯이 데커와 반 윙클(1996)은 이러한 복합적 접근법을 사용하였다. 밀러(1999)도 그녀의 지역사회경찰에 대한 연구에서 집중면접과 참여관찰을 함께 사용하였다. 이 두 가지 방법으로부터 얻어진 정보는 그 연구의 결론에 중요한 영향을 주었다. 예를 들면 관찰을 통해 얻어진 정보는 전통적인 순찰경찰관들의 인식과 경험이 지역사회경찰관들과 어떻게 다른가를 보여주었다. 또한 그녀의 관찰은 일반적인 순찰경찰관들의 순찰경로가 지역사회경찰들의 경로와 교차하는 것이 얼마나 드문 현상인가를 보여주었다. 이러한 제한적인 교류가 순찰경찰관들이 지역사회경찰관들에 대해 가지고 있는 잘못된 생각들에 영향을 주었다고 밀러는 믿었다. 순찰경찰관들은 지역사회경찰관들이 범죄의 예방과 진압을 위한 진정한 경찰의 역할이 아니라 주민과 정치적인 요구 때문에 너무 많은 시간을 허비하고 있다고 믿고 있었다.

밀러(1999)는 이 두 가지의 방법을 통해서 경찰관들을 집단으로 관찰한 것과 개별적인 면접에서 얻어진 내용이 다르다는 것을 발견했다. 밀러는 순찰에 직접 참여할 때, 경찰관들이 근무 중에 저녁을 먹기 위해 혹은 한적한 주차장에서 모이는 것이 일반적이라는 것을 알았다. 이러한 모임에서 남자와 여자 경찰관들이 함께 모이지만, 대화의 주제는 총기에 대한 농담이나 총을 뽑는 시늉을 하는 등 대부분 남성위주로 흘러간다는 것을 발견했다. 밀러는 다음과 같이 설명하였다.

> 그들의 언어는 욕설로 가득 차 있었다. 대화의 주제는 다가오는 사격대회, 체력훈련, 자격시험 등 육체적 활동 등에 관한 것이었다. 남자들은 자신들이 어떠한 방식으로 운동을 하는지, 경찰학교에서 달리기와 근력운동을 할 때 누가 도와주었는지에 대해서 연구자들에게 말하려고 했다. 이러한 주제들은 거칠고, 남성적인 경찰의 이미지를 재차 강조하는 것이었다. 이 대화에 참여하고 있는 여자 경찰관들도 비슷한 감정을 느끼는 것으로 보였다.(pp. 175-176)

밀러(1999)가 이 관찰만 수행했다면 순찰경찰관들이 가지고 있는 보다 성차별적인 인식과 경험을 발견할 수 없었을 것이다. 하지만 그녀는 집중면접을 통해 다음을 발견했다:

> 여자경찰관들도 농담에 참여하고 자신들의 범죄 진압에 관련한 무용담을 털어놓았지

만, 다른 경찰관들이 없는 개별적인 면접에서는 자신들의 공격적인 이미지에서 벗어났다. 여자들은 지역 주민들의 삶에 보다 적극적으로 참여하였고, 특히 어린이들에게는 더 애착을 보였다.(p. 176)

포커스 그룹 (FOCUS GROUPS)

포커스 그룹은 서로 관련이 없지만 연구자에 의해 구성되어, 특정한 주제에 대한 토론을 수행하는 집단이다. 연구자는 특정한 질문들을 하고, 토론의 진행방향을 유지하면서 참가자들이 이 질문에 대해 얘기하도록 유도하지만, 그 결과물은 주로 질적인 것들이고 정형화되어 있지 않다. 설문조사방식과 달리 포커스 그룹은 대표성을 가진 표본이 아니다. 대신, 목표 집단의 중요 특성을 설명해 줄 수 있는 사람들 중에서 참여할 시간적 여유가 있는 사람들이 모집된다.

포커스 그룹의 기원은 전통적인 설문조사방식에 만족하지 않았던 1930년대의 사회학자들과 심리학자들의 면접방법에서 시작했다. 전통적인 설문조사에서 참여자는 어떠한 주제에 대하여 특정한 응답을 주어진 순서에 따라 제시하도록 요청되었다. 설문조사 밖의 실제 현실에서 발생할 수 있는 즉흥적인 사고의 전환이나 개발은 무시되었고, 사회과학자들은 이 때문에 결과의 타당성을 의심하였다.

포커스 그룹은 2차 세계대전 당시 군인들의 도덕성을 조사하기 위해 사용되었고, 그 후 유명한 미국의 사회학자 로버트 머튼(Robert K. Merton)과 두 명의 동료들인 마저리 피스크와 패트리시아 켄달(Marjorie Fiske and Patricia kendall)의 저서 *The Focused Interview*(1956)를 통해 대중들에게 알려졌다. 하지만 마케팅 연구자들이 포커스 그룹을 본격적으로 확산시킨 장본인이었다. 마케팅 연구자들은 포커스 그룹을 광고의 주제나 기술에 대해 일반인들이 보일 수 있는 반응을 조사하기 위해 사용한다. 그들이 성공함에 따라 다른 사회과학자들도 사회문제를 검토하고 사회적 수요를 측정하기 위해 포커스 그룹을 사용하기 시작했다(Krueger, 1988).

대부분의 포커스 그룹은 구성원 모두가 토론에 활발하게 참여할 수 있도록 7-9명의 사람들로 구성이 된다. 대부분의 구성원들은 서로 모르지만, 비교적 비슷한 성향을 서로 공유하고 있어서 토론을 진행하는 데 무리가 없다(어떤 연구자들은 보다 활발한 토론을 위해 서로 안면이 있는 구성원들로 포커스 그룹을 모으기도 한다). 구성원들이 포함될 수 있었던 이유는 서로 특성을 공유하고 있기 때문이고, 그 특성은 연구자가 목표로 하는 대상 집단에 대한 생각에 바탕을 두고 있다. 포커스 그룹의 진행자가 모든 참가자들이 토론에 참여할 수 있도록 유도해야 하고, 연구자는 특정한 관점이나 사람들을 선호하지 않는다.

포커스 그룹은 연구자나 진행자가 제시하는 개방형 질문에 대한 대답을 수집하면서 진행된다. 따라서 그 토론은 의견들을 모으고 표현하는 자연스러운 방식을 따르게 되고, 어느 정도의 타당성을 가지게 된다. 연구자는 대상 집단으로부터 대표성이 있는 표본을 모집하여 전통적인 설문을 진행함으로써 포커스 그룹에서 얻은 내용의 타당성을 검증할 수 있다. 포커스 그룹에서 얻어진 대답의 일반화 가능성을 검토할 수 있는 정해진 절차는 없지만, 신중한 연구자라면 한 가지 주제에 대하여 최소한 몇 개의 포커스 그룹 면접을 시행하고, 그 결과의 일관성을 검토하여 일반화 가능성을 확인할 것이다.

칸다카이와 그의 동료들(Kandakai et al., 1999)이 수행한 연구로 학교 폭력에 대한 어머니의 인식에 대한 연구는 포커스 그룹을 효과적으로 사용한 바람직한 예를 제시한다. 제1장의 내용으로 돌아가면 이 연구는 설문조사를 사용하여 학교폭력에 대해 어머니들이 제시하는 이유들을 연구하였다. 저자들은 자신들의 설문을 설계하기 전에 어머니들로 구성된 포커스 그룹을 통해 그들이 학교폭력의 원인에 대해 가지고 있는 인식들을 조사하였다. 학교폭력에 대한 어머니들의 일반적인 믿음을 도출해 내기 위해 도시와 주변지역의 중학교에 재학 중인 자녀를 둔 어머니들 6-8명으로 구성된 네 개의 포커스 그룹을 실행하였다. 포커스 그룹의 답변들 중에서 최소한 세 번 이상 제시된 것들이 최종 설문지에 포함되었다. 예를 들면 포커스 그룹이 진행되는 동안 최소한 세 명의 어머니가 교내에서 관리/감독의 부재가 학교 폭력과 중요한 연관이 있다고 언급하였고, 이것이 답변문항으로 설문지에 포함되었다.

포커스 그룹의 방법은 예상치 못한 결과물이나 숨겨진 의미를 파악하기 위해 사용됨으로써 다른 현장조사 연구방법들과 유사하다. 비록 안정적이고 일반화할 수 있는 결과물을 보장할 수는 없지만, 포커스 그룹은 연구가설과 설문문항을 개발하는 데 중요한 역할을 하며, 설문연구의 결과물을 해석하고 특정 주제에 대한 의견들의 범위를 신속히 측정하는 데 긴요하게 사용될 수 있다.

포커스 그룹과 공식기록의 결합: 경찰수색에 대한 분석(Combining Focus Groups With Official Records: An Analysis of Police Searches)

인종 프로파일링은 도로상에서 불심검문 여부를 결정함에 인종을 중요한 요인으로 사용하는 것을 일반적으로 일컫는다(Williams and Stahl, 2008). 인종 프로파일링으로 인한 소송의 결과, 많은 주와 지역 경찰기관들은 경찰관들이 그러한 프로파일링을 사용하는지 여부를 판단할 수 있는 불심검문의 자료를 제시하도록 요구하고 있다. 그러나 실제로 아프리카계 미국인과 같은 소수 인종들이 백인들보다 더 많이 속도위반으로 단속이 되는지 검토하기 위해서는 연구자가 먼저 특정 고속도로를 이용하는 소수인종과 백인들의 비율과 그 중 실제로 속도위반을 하는 소수인종의 비율을 먼저 조사해야 할 것이다. 이 작업은 하루에도 몇 번씩 그 고속도로를 장시간동안 관찰하는 노력이 필요하다. 다른 연구자들이 이러한 자료를 수집하였지만, 윌리엄스와 슈탈(Williams and Stahl)은 인종의 변수가 불심검문 자체가 아니라 그에 따른 수색의 과정에서 중요한 요인이 되는지 연구하였다. 질문들은 다음과 같다; "누가 수색의 대상이 되었고, 그 결과는 어떠했는가?" 켄터키 주 내에서 24개의 지역경찰과 2개의 주 경찰관서로부터 자료를 수집하여 분석한 결과, 그들은 아프리카계 미국인과 히스패닉 운전자들이 백인들보다 더 자주 수색을 당한 것을 발견하였다. 두 번째 질문을 검증하기 위해 수색의 결과와 인종간의 연관성에 대해서도 조사하였다. 선행 연구와 유사하게, 결과에 대해서는 통계적으로 유의미한 인종간의 차이를 발견하지 못 했다. 비록 유의미한 결과는 아니지만, 실제로는 백인들이 소수인종들에 비해 위법한 물품을 더 많이 소지하고 있었다.

이러한 질적 결과물을 해석하기 위해, 윌리엄스와 슈탈(2008)은 경찰관들로 구성된 포커스 그룹을 시행하여 불심검문과 수색이 지역사회의 문제를 해결하는데 중요한 역할을 하는지에 대한 그들의 인식을 조사하였다. 24명의 경찰관으로 구성된 5개의 포커스 그룹을 목적표집의 방법으로 모집하였다. 집단 간, 그리고 개별적인 인식, 태도, 경험 등을 비교하여 몇 가지 주제를 발견하였다. 첫 번째는 마약과 음주운전이 불심검문을 하는 주요한 이유였다. 두 번째는 특정한 문제를 해결하고자 한다면 특정 집단을 전략적으로 조사해야 했다: 아프리카계 미국인들은 크랙 코카인과 관련이 있는 것으로, 음주운전은 히스패닉 운전자들과, 메스암페타민(마약의 종류)은 백인들과 관련이 있다고 알려져 있다. 더구나, 경찰관들은 불심검문이 마약거래를 방지하고 지역사회의 삶의 질을 개선하는 데 도움이 된다고 확신하고 있었다. 연구자들은 경찰관들이 특정한 집단이 아닌, 당면한 문제들을 위주로 프로파일링해서 지역의 문제를 해결하는 사람들로 자신들을 인식하고 있는 것을 발견하였다. 하지만, 수색의 자료와 이 질적 자료를 종합하여 분석한 결과 다음과 같은 결론을 얻었다; "경찰관들이 마약문제를 해결하기 위해 효율적이고 효과적인 노력을 기울이려고 한다면 이러한 프로파일을 무시해야 한다. 왜냐하면 그것은 마약을 제지하는 데 비효과적인 방법으로 나타났기 때문이다"(p. 238). 이러한 삼각측량은 경찰관들의 인식과 개량적 자료를 종합적으로 분석하는 데 매우 유용하다.

EXHIBIT 9.9 질적 연구자료 분석의 절차에 대한 도표

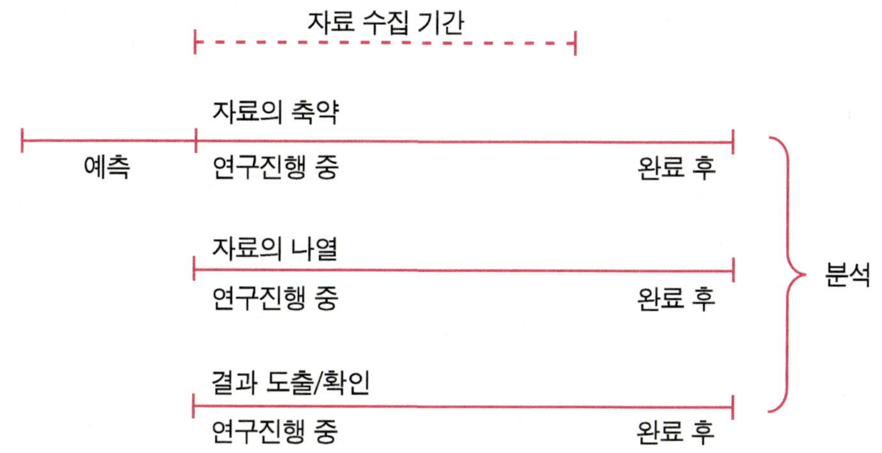

출처 : Huberman and Miles, 1994:10, 도표 1.3.

질적 자료의 분석 (ANALYSIS OF QUALITATIVE DATA)

"나는 대부분의 소녀들이 밖으로 나가 누군가를 죽일 거라고 생각하지 않는다. 그 여부는 네가 얼마나 미쳐있는가 그리고 그 사람을 얼마나 미워하는가에 달려있다. 하지만, 나는 여전히 소년들이 하는 만큼 소녀들이 그럴 것이라고 생각하지 않는다. 난 그렇지 않을 것이다. 나는 그들이 특정한 색의 옷을 입었다는 이유만으로 누군가를 죽이지는 않을 것이다. 내가 그들을 때리거나 혹은 내가 맞을 수 있다. 나는 그들을 죽을 만큼 심하게 때리지는 않을 것이다"(Miller, 2000:36). 이 진술과 함께 폭력이 여자 갱 집단 멤버들의 삶에 있어 어떠한 의미를 가지는가에 대한 다른 진술들을 통해, 조디 밀러는 여자들이 남자들에 비해 극단적인 폭력에 의존하는 성향이 낮다는 결론을 얻었다. 이러한 진술들은 질적 자료 분석절차에서 종종 분석되는 자료의 종류를 잘 나타내고 있다. 질적 자료의 분석과 양적 자료 분석의 첫 번째 차이는 분석되는 자료가 숫자들이 아닌 문장들이라는 점이다.

Exhibit 9.9는 질적 자료 분석에 대부분 사용되는 다양한 기술들을 개괄적으로 나타내고 있다:

1. 자료의 문서화와 자료 수집의 절차
2. 자료를 개념들로 전환하는 조직화 또는 분류화

3. 하나의 개념이 다른 것에 어떻게 영향을 주는가를 보여주는 자료간의 연결
4. 부정적인 사례의 수집이나 반대 증거들을 검토함으로써 결과에 대한 입증이나 보강
5. 결과에 대한 대표성

질적 연구의 노트에 대한 분석은 연구자가 현상을 이해하는 데 도움이 될 것으로 보이는 문제나 개념들을 발견했을 때 현장에서 관찰이나 면접 도중에 시작되기도 한다. 노트나 메모를 읽는 자체가 분석과정에 있어 중요한 단계이다. 연구자들은 노트 가장자리에 중요한 진술이나 자료 기호화의 방법들에 대한 아이디어를 기록하기도 한다: "남편/아내 갈등", 또는 "갈등감소의 전략."

연구진행 중의 단계는 노트에서 확인할 수 있는 개념들을 나열하고 그들 간의 관계를 도표화하는 것이다(Maxwell, 1996). 대형 연구과제의 경우 주간 모임은 이러한 절차에 있어 중요한 일부이다. 밀러(1999)는 그녀의 지역사회경찰의 연구에서 이 단계를 설명하였다. 연구팀은 이러한 모임을 통해 현장의 노트를 점검하고, 혼돈스러운 부분에 대해 정리하였으며, 숙련된 연구자의 도움으로 중요한 개념들을 찾아내려고 하였다:

> 현장조사 연구팀은 매주 만나서 서로 의견의 차이가 있거나 문제가 있는 부분에 대해 토의하였다. 우리는 각자가 자신이 맡은 부분을 상대방에게 설명하는 방식을 사용하였다. 그리고 질적 연구자료의 분석에 대한 경험이 있지만 이 연구에 참여하지 않은 동료들을 초대하여 초기의 결과분석에 도움을 요청하였다.(p. 233)

이 과정은 연구가 진행되는 동안 계속되어 자료 수집이 끝난 후에 보고서를 작성할 때에도 개념들을 수정·개선하는데 도움을 준다. 질적 연구에서는 현장관찰부터 면접 자료까지 엄청난 양의 자료를 분석해야 할 수도 있다. 그것들로 무엇을 할 수 있을까? 많은 수의 현장조사 연구자들이 수집된 자료의 방대한 양에 압도되어 연구를 멈추기도 한다. 한 시간 분량의 면접이 20장-25장 이상의 문서를 만들어내기도 한다. 하지만, 연구자가 문서화의 계획을 잘 세우고 이행한다면 분석이 그렇게 어려운 과정은 아니다.

문서화(Documentation)

분석에 있어 첫 번째 과정은 문서화이다. 수없는 접촉, 면접, 메모 등 현장에 대해 기록된 어떠한 것이라도 저장되고 열거되어야 한다. 문서화는 질적 연구에 있어서 여러 가지 이유로 매우 중요하다: 빠른 속도로 분량이 증가하는 노트, 테이프, 문서들에 대한 근거를 추적

하기 위해서 중요하다; 분석단계에서 목차를 설정하는데 유용하다; 그리고 문서들을 개념화하고 분류하는 데 중요하다.

문서화에 대한 지침의 실제적인 예는 미국 필라델피아의 나이트클럽에서 발생한 사건들 중에 발생한 마약사용이나 범죄피해에 대해 조사한 태미 앤더슨(Tammy Anderson, 2009)의 연구에서 찾아볼 수 있다. 그녀와 연구팀이 직접 관찰을 위해 나이트클럽에 들어갈 때 그들은 일정한 지침에 따라 행동했고, 이는 연구자가 관련 자료를 모두 수집하는 데 도움을 주었다(Exhibit 9.10 참조).

개념형성, 기호화, 그리고 분류화(Conceptualization, Coding, and Categorizing)

중요한 개념들을 발견하고 수정하는 작업은 질적 연구의 반복적인 과정 중에서 중요한 역할을 차지한다. 때로 개념화는 분리되어 있는 보이는 직접적인 관찰들을 의미 있는 방향으로 다시 조합하는 데서 시작한다. 스테이크(Stake, 1995)는 하나의 예를 보여 준다:

> 아담이 빗자루를 근처에 있는 아이들의 발을 향해 던졌을 때, 나는 그와 다른 아이들의 관계에 대한 결론을 얻었다: 공격적이고, 귀찮게 하고, 구속하고. 물론 몇 분 전에 나는 그가 기분 나쁘지 않은 방법으로 다른 아이들이 계단을 오르는 것을 방해하는 장면을 목격하였다. 나는 해석을 뒤로 미루기 보다는, 지금 내가 아담이 어떤 아이인가에 대해 가지고 있는 가설들을 수집하고 검토했다. 나의 의도는 그를 계속 관찰하는 것이었다.(p. 74)

이러한 개념화에서 중요한 것은 관찰된 것에 대한 상세한 묘사와 그것이 왜 중요한가에 대한 생각을 정리하는 것이다.

종종, 분석적인 직관은 새로운 관찰에 의해 도전받는다: 문제와 개념에 대한 최초의 진술들이 새로 수정이 된다; 연구자는 더 많은 자료를 모으고 그 자료들을 다시 분석한다; 이 과정은 계속 된다. 엘리야 앤더슨(Elijah Anderson, 2003)은 그가 Jelly's bar에서의 사회적 계층이 오랜 기간 동안 어떻게 개념화되었는지 회고한다:

> 나는 사회의 피라미드 구조를 확인할 수 있었다. 그들은 "나는 여기 있고, 너는 거기에 있다"라고 자신들이 특정한 집단에 속한다는 것을 분명하게 제시하였다. 그 사람들은 "존경받는 사람", "존경받지 않는 사람", 그리고 "거의 존경받을만한 사람"으로 구분되었다. 존경받지 않는 사람들은 나무상자에 걸터앉아야 할 수도 있고, 만약 존

경받는 사람이 와서 거기에 앉고자 하면 자리를 비켜주어야 한다.(pp. 18–19)

하지만 이러한 초기 개념화의 단계는 시간이 지나면서 변했다. 앤더슨(2003)이 후에 그 사람들이 자신들의 신분을 구분 짓기 위해 다른 단어들을 사용하는 것을 깨달았기 때문이다: "포도주머리", "건달", "보통(regular)"(p. 28). 이러한 단어들이 무엇을 의미하는가? "보통계층의 사람들은 품위수준을 존중한다. 그들은 품위수준을 전통적인 의미로도 사용하지만, '생계를 위해 일하는 것', '금전적 지원을 가진 것' 등 다양한 의미로도 사용한다"(p. 29). 앤더슨은 현장에서 경험을 더욱 거듭 할수록 점차 자신의 개념들을 수정하였다.

EXHIBIT 9.10 나이트 클럽에서의 직접관찰을 위한 형식의 예

1. 장소:
2. 관찰의 기간:
3. 사건의 종류:
4. 클럽 참가자들의 사회인구학적 특성들:
5. 참가자들과 직원들과 나눈 대화:
6. 문화인류학자의 존재와 대화에 대한 반응:

사건들의 조합I	물리적 계층(차분한 공간, 춤판, 디제이박스, 술마시는 공간)	클럽사용자들의 장소의 활용	클럽사용자들의 교류	오락을 주도하는 사람
사건들의 조합II	직원들의 서비스 유형	역할과 행동	경호원, 매니저, 바텐더와 클럽사용자들의 교류	오락을 주도하는 사람
클럽의 문화적 기풍	분위기	음악	규범	독자성을 창출하는 사람 혹은 지지하는 사람
외부의 후원기관들	공공안전	사법기관	의료요원	
상황에서의 행위들	유형	빈도	영향	

개인적인 생각들

출처 : Anderson, 2009.

밀러(2000)는 갱 집단에 속한 소녀들을 연구하면서 이러한 개념화의 반복적인 과정들에 대한 예시를 보여준다:

> 나는 인터뷰 중에 대상자들의 반응을 유심히 관찰하였는데, 그것들은 특히 인터뷰 내용이 특정한 주제와 관련이 없다고 주장하거나, 내가 그들을 잘못 이해하고 있다거나, 혹은 내용을 수정하고 싶다고 주장하는 것들이었다. 내 연구에서 어떻게 성차별이 갱 집단에서 그녀들의 경험에 영향을 주는가에 얘기할 때 그녀들은 특히 반문을 많이 하였다. 그녀들의 반문에도 불구하고, 대부분은 갱 집단에서 차별이 존재한다고 믿고 있었다. 나는 갱 집단에서 성의 역할에 대한 토론을 전개하였다. 연구가 진행될수록 나는 면접에서 내가 얻은 정보가 옳은 것인지 그들에게 재차 확인하였다. 그들의 생각과 경험에 내가 관심이 있다는 것을 보여 주는 것은 물론, 이 과정은 자료의 분석을 향상시키는 데 유용하였다.(p. 30)

이 인용을 통해서 질적 연구의 자료 수집과 분석의 절차가 서로 밀접하게 관련이 있음을 알 수 있다. 질적 연구에 있어서 자료 수집과 그에 대한 분석은 따로 분리된 활동이 아니다. 인용에서 볼 수 있듯이 연구자는 처음에 현장관찰을 통해서 개념을 찾았고, 그 의미를 더욱 연구함으로써 그 개념에 대한 이해를 발전시켰다. 그 개념의 사용빈도에 따라 그녀는 그것의 중요성을 깨닫게 되었다. 그리고 그녀는 그 개념을 학생과 환자 관계의 설명적 모델에 적용하였다.

관계들의 조사와 자료의 전시(Examining Relationships and Displaying Data)

관계들에 대한 조사는 분석의 과정에서 중요한 역할을 한다. 왜냐하면, 그로 인해 연구자는 사람들과 상황에 대한 단순한 묘사를 왜 그러한 일들이 발생하는지에 대한 설명으로 이끌어갈 수 있기 때문이다. 관계의 조사에 대한 일련의 과정은 개념들이 어떻게 연결되어 있는지, 그리고 어떤 원인이 어떤 결과와 관련있는지에 대한 도표를 통해서 나타낼 수 있다.

Exhibit 9.11은 배스킨과 소머즈(Baskin and Sommers, 1998)는 뉴욕 주에서 여성 폭력 범죄자들이 범행을 중지하는 과정을 설명하는 것으로 인과관계에 대한 중요한 예시이다. 저자들은 그녀들이 범죄로부터 빠져나오는 과정을 다음과 같이 설명하였다:

> 중지(혹은 단념)는 처음 시작하는 과정만큼 복잡하고 시간이 소요되는 과정이다. 비행의 초기단계에서의 중요한 개념들인 사회유대, 차별적 접촉, 억제, 나이 등이 중지

의 단계에서도 중요하다는 사실은 매우 흥미로웠다. 우리는 나이든 범죄자들이 형벌의 위협을 심각하게 받아들이고, 전통적인 사회의 가치들을 다시 중시하며, 거리의 하위문화적 요소들과 단절하려는 노력을 기울이는 것을 보았다. 또한, 우리는 일정기간의 위기를 거치고 그로 인한 충격으로 인해 범죄를 그만두기로 결정하는 범죄자들을 보았다. 초조하고 불만족스러운 이 여성들은 자신의 삶과 범죄행동들을 다시 한 번 찬찬히 살펴보았다. 그들은 자신들의 비행적 삶이 무의미하다는 결론에 이르렀다.(p. 139)

EXHIBIT 9.11 **여성폭력범들의 중지 과정**

과정 1: 범죄에의 참여로 인한 문제점들

사회로부터의 분리 경험	연기된 억제력
돌로 땅을 치는 것	형벌의 가능성이 증가
죽음에 대한 두려움	교정시설 생활의 어려움
피곤함	형벌의 강도 증가
질병	두려움의 증가

평가
삶과 목표에 대한 재검토
심리적 변화

결정
그만두거나 중지를 하기 위한 시도를 시작함
범죄에의 참여 가능성을 유지

과정 2: 자신의 재구성
범죄에의 참여를 중지하기로 한 결정을 주위에 알림
새로운 자아를 주장함

과정 3: 그만두기로 한 결정을 유지
자아를 성공적으로 통제할 수 있는 능력
중요한 사람들로부터의 지지
새로운 사회관계로의 통합
전통적인 역할과 유대를 유지함
새로운 자아를 정착화시킴

출처 : Baskin and Sommers, 1998:141.

결론의 입증(Authenticating Conclusions)

질적 연구에서는 결론의 타당성이나 입증을 위한 정해진 규칙이 없지만, 결론의 도출을 위한 증거와 방법이 신중하게 검토되어야 하는 필요성은 다른 연구와 다를 바 없다. 개개의 정보들은 최소한 세 가지의 요건에 따라 검토되어야 한다(Becker, 1958):

- *그 정보가 얼마나 믿을만한 것인가?* 그 진술을 한 사람이 연구자가 신뢰의 관계를 유지하고 있는 사람인지 아니면 연구자가 처음 만난 사람인가? 그 정보원이 거짓을 말할 이유가 있는가? 실제 사건으로 인해 그 진술이 신뢰가 없는 것으로 판명이 났다면 최소한 그 진술을 정보원의 관점을 이해하는 데 사용할 수 있는가?
- *그 진술들이 연구자의 질문에 대한 응답으로 나온 것인지 아니면 갑작스럽게 나온 것인가?* 갑작스러운 진술들은 연구자가 그 자리에 없는 상황에서만 발생 가능한 것일 수 있다.
- *연구자 혹은 정보원의 존재나 부재가 다른 구성원들의 행동이나 진술에 어떤 영향을 주는가?* 관찰에 대한 대상자의 반응성은 사회현상에 대한 직접적인 관찰의 결과에 영향을 줄 수 있다. 하지만, 연구자가 자신이 없을 때 정보원이 진술할 것과 연구자가 직접 관찰한 것, 그리고 다른 구성원들의 진술을 종합적으로 비교하여 검토한다면 반응성은 어느 정도 감안할 수 있을 것이다.

질적 연구자의 결론은 사회적 관점에 대한 신뢰성 있는 설명을 제공할 수 있는 능력에 따라 평가되어야 한다. 그 설명은 사회적 과정에 대한 집단 구성원들의 구술 진술뿐 아니라, 관찰된 과정에 대한 암묵적 지식까지도 찾아낼 수 있어야 한다. 암묵적 지식(tacit knowledge), "비교적 드러나지는 않지만, 고개를 끄덕임, 침묵, 유머, 비속어 등에서 발견할 수 있는 복합적 이해"는 참여자들의 행동이나 언어 등에 반영되어 있고, 때로는 그들이 직접 언급하지 않아도 당연시 여기는 것들에서 찾아볼 수 있다(Altheide and Johnson, 1994:492-93). 이점들은 화이트(1955)의 코너빌의 사회적 요형에 대한 분석에서 잘 나타나 있다:

> 그 갱 집단의 조직은 그들의 오랜 기간 동안 함께 살아온 관계에서 기인한다. 대부분의 갱 집단의 핵심구성원들은 그들의 어린 시절의 관계에서 시작된다 … 그 소년들의 집단적 행위에서 가정의 역할은 매우 적다 … 그 소년들의 삶은 매우 제한적인 진로에 매여 있었다 … 집단 내에서의 교류로부터 그들은 집단의 응집성에 있어 중요한 요소

인 상호간의 의무성을 발전시켰다 … 그 소년들의 규칙은 자신이 할 수 있을 때 친구를 돕고, 친구에게 해가 되는 일은 하지 않을 것을 요구한다. 조직의 운영에 별 탈이 없을 때는 서로를 정신적으로 연결시키는 그러한 의무성은 잘 드러나지 않는다.(pp. 255-257)

질적 연구의 결과물을 주제가 유사한 다른 방법의 결과물들과 비교할 때, 그 결론에 대한 확신을 높일 수 있다. 수잔 밀러(Susan Miller, 1999)의 지역사회경찰의 연구는 경찰들이 자신의 남성성을 정의하는 방식이 전통적으로 여성의 직업으로 생각했던 간호사나 여타 직업에 근무하는 남성들에 대한 연구에서 발견되었던 방식들과 놀랄 만큼 유사하다는 것을 발견하였다:

부분적으로 남성 지역사회경찰관들은 자신들이 비록 경찰의 사회복지적인 역할을 수행하고 있지만 자신들의 남성성을 과장될 정도로 강조하였다. 이와 관련된 것이 그들의 이성애에 대한 과장된 표현이었고, 이는 남성들의 성적 기호가 그들이 하는 역할 때문에 의심받아서는 안 된다는 의지의 표현이었다. 남성 순찰경찰관들의 언어들 중에서 지역사회경찰을 지칭하는 "예쁜 경찰관"과 같은 단어는 그들이 자신들의 이성애를 강조하는 이유이기도 하다. 또한 특히 남성경찰관들은 자신들의 배우자나 아이들을 대화에서 언급하면서까지 자신들의 이성애를 과시한다. 이 결과는 다른 직업에 대한 연구에서도 유사하게 발견되는 것이다. 그 연구들은 교사, 도서관 사서, 소아과 의사와 같은 여성 위주의 직업에 근무하는 남성들이 자신의 이성애를 과도하게 언급함으로써 자신이 동성애자가 아님을 강조하는 것을 발견하였다.(p. 222)

재귀성(Reflexivity)

현장조사연구의 결론에 대한 신뢰는 연구자가 대상자들과 어떻게 교류하였고, 어떠한 문제에 직면했으며, 그것들이 어떻게 해결되었는지 혹은 해결되지 않았는지에 대한 솔직하고 충실한 설명을 할 때 더욱 더 확보될 수 있다. 연구에서 증거를 개발하는 과정에 대한 자연스러운 역사를 통해 다른 이들은 그 연구의 결과물을 평가할 수 있다. 이러한 부분은 현장조사의 변화무쌍한 성질 때문에 매우 중요시된다: 일정부분에서 연구자는 처음에 계획했던 방법을 고집하기 보다는 특정한 부분에서 새로운 방법을 시도하기도 한다.

양적연구자들보다 질적 자료를 분석하는 연구자들은 단순한 상황 자체보다는 특정한 배경이나 여러 가지 가치들을 고려하여 사회적 환경이나 과정이 이해되어야 함을 주요하게 생각한다(Altheide and Johnson, 1994). 연구자들도 인간이기에 자신의 사고를 통해 얻어진 모든 정보와 감각에 따를 수밖에 없다. 자신들이 왜 어떻게 그러한 결정을 했는지 기술함으로써 다른 이들이 연구자의 관점이 연구 결과에 영향을 주었는지 판단할 수 있도록 도와준다.

앤더슨(2003)의 Jelly's bar에 대한 연구는 민족학자가 어떠한 추적의 유형들은 사용하였는지 그리고 그 유형들을 어떻게 설명할 수 있는가에 대한 예시를 보여준다. Anderson은 그의 추적이 어린 시절에 시작되었다고 밝힌다:

> South Bend의 흑인지역에서 유년시절을 보내면서, 나는 이웃에서 일어나는 일들, 특히 거리에서 발생하는 일들, 그 중에서도 내 삼촌들과 아버지가 주로 기웃거렸던 주점들에 대해 호기심을 가졌다 따라서 현장조사를 위해서 Jelly's를 선택한 것은 나의 배경, 직관, 합리성, 그리고 약간의 행운이 복합적으로 작용했다.(pp. 1-2)

질적 자료 분석의 대안들 (ALTERNATIVES IN QUALITATIVE DATA ANALYSIS)

질적 자료를 분석하는 연구자들은 다양하고 흥미 있는 접근법 중에서 선택할 수 있다. 물론 조사의 대상이 되는 연구문제가 분석과정의 선택에서 중요한 역할을 하지만, 연구자 자신의 기호와 경험 또한 그 결정에서 중요한 영향을 미친다. 여기에서 제시하는 대안적 접근법들(민족학, 민족학적 방법론, 질적 비교 분석, 묘사적 분석, 대사분석, 사례 지향적 이해, 그리고 현실기반의 이론)은 다양한 가능성을 제시한다(Patton, 2002).

민족학(Ethnography)

민족학(ethnography)은 하나의 문화 혹은 집단이 공유하고 있는 다양한 문화들에 대한 연구이다(Van Maanen, 1995). 하나의 연구방법으로 그것은 주로 한 명의 연구자가 일정기간동안(주로 일 년 혹은 더 긴 시간동안) 대상 집단과 함께 생활하는 참여관찰의 과정을 말한다. 민족학적 연구는 자연적인 사회 환경을 있는 그대로 풍부하고 자세하게 묘사하고 이해하려고 하기 때문에 "자연적"이라고 평가된다. 하지만, 민족학에서는 "그냥 함께 하는 것" 이외에 특별한 조사방법적인 기술이 없다. 분석적 절차는 연구자가 그 환경을 있는 그대로 철저하게 직관적으로 나타낼 수 있는가에 달려있다.

앤더슨(1999)의 필라델피아의 도심에 대한 연구인 *Code of the Street*은 이러한 접근법의 특성을 잘 묘사하고 있다:

> 이 연구에 있어 나의 주요한 목표는 많은 도시지역에서 삶의 질을 방해하는 폭력의 사회적 그리고 문화적 역동성을 민족학적으로 제시하는 것이다. 그 환경에서의 사람들은 상황을 어떻게 인식하는가? 그들의 결정에 있어 어떠한 가정들을 전제하고 있는가?(pp. 10-11)

조사의 방법들은 책의 서문에서 묘사되어 있다: 직접 관찰과 심층면접을 포함한 참여관찰; 도시 주변의 다양한 환경을 나타내는 물체들; 다양한 분야의 사람들에 대한 면접. 대부분의 전통적 민족학자들처럼 앤더슨(1999)은 가능한 한 객관성을 유지하려고 노력하였고, 훈련을 통해서 "자신이 가지고 있는 가정들을 배재하고, 대상자들이 가지고 있는 것들을 발견하기 위해" 노력했다(p. 11).

이러한 방법들을 통해 수집한 자료의 분석을 통해서 도시 지역의 삶에 대한 묘사를 이끌어 낼 수 있었다. 우리는 주민들이 얘기한 것들을 주로 듣지 않지만, 앤더슨(1999)의 "죽음의 결과"에 대한 묘사에서 지역사회의 고통을 느낄 수 있다:

> 한 젊은 목숨이 꺼졌을 때, 거의 모든 사람들이 슬퍼했다. 우선 사람들은 그 총격전이 발생하거나 사고 발생지에 모여든다. 경찰이 도착하고 더 많은 사람들이 모여든다. 그러한 죽음은 주로 피해자의 집 가까이에서 발생하기에 그의 어머니가 가까운 친척들이 사고 현장에 함께 있을 수 있다. 그들이 도착했을 때 여자들과 소녀들은 다른 이들의 그들의 슬픔을 들을 수 있도록 큰 소리로 통곡하고, 젊은 남자들은 학습되어진 침묵을 유지하면서 서로를 쳐다 본다 … 곧이어 구급차가 도착한다.(p. 138)

앤더슨(1999)은 그의 분석에서 "도시의 규칙"과 같은 개념들을 개발하기 위한 토대로 이러한 묘사들을 사용하였다:

> "도시의 규칙"은 개개인의 구체적인 행위를 위한 목표나 결과물이 아니라, 일상생활 속에 스며있는 것으로 모든 주민들이 자신들의 생활, 소득의 계획, 교육에 대한 인식, 사교성, 부모의식, 이웃과의 관계 등 여러 가지를 형성하는 데 꼭 필요한 생생한 지침과도 같은 것이다.(p. 326)

Jelly's bar에 관한 앤더슨(2003)의 보고서는 연구자가 Jelly's bar의 집단과 친밀하게 관계를 발전시킴에 따라 민족학의 분석이 얼마나 심도있게 발전할 수 있는지 보여준다. 저자는 "우리가 그러한 환경에 대해 사회학적으로 알고 있는 내용과 자신이 현장에서 발견한 지식을 성공적으로 조합할 수 있었다"(p. 39):

> 나는 그 코너에 살고 있는 사람들과 교류하고 내 경험에 따라서 상세한 현장의 노트를 작성했다. 그리고 때때로 그 노트에서 유형과 관계들을 찾으려고 노력하였다. 이러한 과정에서 나는 그 상황에 대한 이해를 시기적절하게 할 수 있었고 그들의 삶에 보다 충실하게 적응하며 내 경험에 대한 현장노트를 작성했다; 노트의 양이 쌓이고, 내가 때때로 그 내용을 검토하고 개념에 대한 메모들로 보충할수록, 그것들의 의미는 보다 선명하게 다가왔고, 보다 많은 궁금증들이 생겨났다.(p. 15)

이러한 민족학의 전통은 몇몇 질적 자료 분석가들에 의해 등한시되고 있다. 많은 사람들은 사회과학자들이 자신들의 선입견으로부터 자유롭게 대상을 인식하고, 또한 대상자들이 관찰당하고 있다는 의식으로부터 벗어나 자연스럽게 행동할 수 있는가의 여부에 대해 회의적으로 반응한다(Van Maanen, 2002). 결과적으로, 질적 자료 분석에 대한 구체적인 기술과 대안적인 접근들이 많이 생겨나게 되었다. 다음에 소개되는 것들도 이러한 대안적인 접근법들이다.

민족학적 방법론(Ethnomethodology)

민족학적 방법론은 사회적 환경을 있는 그대로 묘사하기 보다는 참여자들이 자신들의 세계를 어떻게 구성하고 또한 그들이 어떻게 현실을 만들어 가는가에 대한 방법들에 중점을 두고 있다. 민족학적 방법론자들은 우리들이 객관적인 현실을 반드시 발견할 수 있다고 믿지 않는다; 그것은 참여자들이 연구의 대상인 현실을 어떻게 만들어내고 유지하는가에 대한 것이다. 구브리엄과 홀슈타인(Gubrium and Holstein, 1997)에 따르면, 민족학에 대한 자연주의적 접근과 비교해서 민족학적 방법론에서는,

> 연구의 중점이 일상생활의 배경적 측면에서 그 상황이 현실적으로 공고하게 그리고 실제적으로 경험되어지는 과정으로 전환된다. 구성원들이 자신들의 세계를 구성하는 방법에 대한 관심이 구성원들의 세계를 있는 그대로 묘사하는 자연주의적 접근보다 우세하다.(p. 41)

참여자들이 세상을 바라보는 대로 세계를 묘사하고자 하는 민족학적 분석가들과 달리, 민족학적 방법론의 분석가들은 그 세계와 일정한 거리를 유지하고자 한다. 민족학적 방법론자들은 앤더슨(2003)이 설명하였던 행위의 규칙들을 현실적인 규칙에 대한 묘사가 아니라, 그 상황에서의 참여자들이 규칙과 사회적 구조를 창조한 방식으로 보고 있다(Gubrium and Holstein, 1997). 민족학적 방법론자들은 현실을 있는 그대로가 아니라 그것이 어떻게 구성되었는가에 관심을 두고 있다.

질적 비교 분석(Qualitative Comparative Analysis)

앞장에서 우리는 폭력범죄를 설명하기 위한 다양한 연구에 대해 논의하였다. 폭력 특히 살인에 대한 고전적인 연구가 미테, 레고에치, 그리고 드라스(Miethe, Regoeczi, and Drass, 2004)에 의해 수행되었다. 그들의 저서인 *Rethinking Homicide*에서 피해자나 가해자보다는 치명적인 결과를 불러 온 과정과 구조를 이해하기 위해 살인의 상황 자체를 분석의 단위로 설정하였다. 저자들은 다음과 같이 말한다: "살인의 상황은 가해자, 피해자, 그리고 범행의 요소들이 그 시간과 장소에 공존하는 것으로 정의될 수 있다. 그 치명적인 폭력의 이해를 위해서는 개개가 독립적으로 작용한 것이 아니라 이러한 요소들의 조합으로 설명되어야 한다"(p. xvii).

미국 내의 대도시 중 네 곳에서 발생한 살인사건들의 사건 기록들은 분석하기 위해, 저자들은 **질적 비교 분석(qualitative comparative analysis, QCA)**을 사용하였다. 저자들은 왜 그 방법이 자신들의 연구를 위해 가장 적절한 방법이었는지 설명한다:

> 사례 비교를 위한 분석 방법으로 질적 비교 분석은 각각의 사례들을 전체적으로 고려하면서 다양한 변수들이 측정한 특성들을 찾아내는 복잡한 과정이다. 또한 사건들과 결과는 각각의 변수가 함께 작용한 조합에 의해 만들어진다고 가정되어진다. 이 관점에서 특정한 변수의 영향은 사례마다 다르고, 각각의 사례에서 다른 특성의 가치에 따라 달라진다. 질적 비교 분석은 변수들의 다른 조합에 의해 똑같은 결과가 발생할 수 있는지 판단하기 위해 요소들의 종합적인 이해에 중점을 둔다(p. 50).

질적 비교 분석 과정을 세부적으로 언급하는 것은 이 책의 범위를 벗어난 것이다. 이에 대해 보다 많은 정보를 원하는 독자는 다른 문헌들을 검색해야 할 것이다(Amenta and Poulsen, 1994). 질적 비교 분석은 질적 분석과 양적 분석의 요소들을 혼합한 분석의 종류이다. 예를 들어 통계적 분석과 같이, 질적 비교 분석에서는 결과변수와 일련의 독립변수들을 연관시킨 하나의 모델을 설정해야 한다. 하지만, 그것은 사례들과 변수들의 다양한 열거를 통해 분류체계를 개발함으로써 자료를 전체적으로 분석한다.

미테와 그의 동료들(2004)은 400,000 개가 넘는 살인사건들에 질적 비교 분석을 적용한 결과, 대부분의 살인사건들은 상황적인 설정에 의해 발생하였고, 이들은 지난 30여 년간 거의 변하지 않았다고 결론지었다. 또한 그들은 남성들이 주요한 가해자들이었고, 논쟁에 얽힌 감정표출적인 살인사건들이 도구적인 살인사건보다 더 많았다는 것을 발견했다. 사회적으로 소외된 남성들 간의 공공연한 논쟁 때문에 발생하는 살인에 대한 기존의 연구와 달리, 미테와 그의 동료들은 개인의 성격에 대한 도전이 대부분 남성들 간에 발생하였지만, 여성들 사이에서도 발생하였고, 또한 공공장소와 사적인 장소에서 모두 발생했으며, 소수인종에게만 국한된 것은 아니었다는 것을 발견했다. 선행연구와 마찬가지로, 저자들은 이러한 갈등이 우리가 흔히 말하는 매우 사소한 것에서 시작되었고, 음주와 관련이 있으며, 피해자가 어느 정도 가해자를 도발한 경우(예를 들어 모욕을 주는 것)가 종종 있다는 것을 발견했다. 이것은 특히 명예에 대한 도전과 존경에 대해 민감하게 받아들이는 청소년들에 의한 살인사건에서 중요한 요소였다.

묘사적 분석(Narrative Analysis)

묘사는 "인간행위자의 목표와 의도를 제시한다; 그것은 개인들, 문화들, 사회들, 그리고 역사적 세대를 종합적으로 이해하도록 도와준다"(Richardson, 1995:200). 묘사적 분석은 이야기 자체에 중점을 두고 있고, 개인적인 자서전이나 혹은 분리된 요소로서는 설명할 수 없는 일련의 사건들의 완전성을 보존하려고 한다(Riessman, 2002:218). 묘사적 분석의 기호화작업은 각각의 묘사들을 개개의 요소가 아닌 전체로 포함하여 이루어진다. 기호화의 전략은 그 이야기들을 읽고 그것들을 일반적인 유형으로 분류함에 따라 조금씩 발전한다.

예를 들어 모릴과 그의 동료들(Morrill et al., 2000)은 9학년들이 작성한 싸움에 대한 254개의 묘사들을 읽고, 네 가지의 다른 이야기 유형들을 발견했다:

1. *활동 이야기,* 저자는 동료들 간에 예상되는 특정한 역할에 대해 서로 가정하고 있는 범주 내에서 자신들이 활동한다고 생각한다.
2. *표현 이야기,* 저자는 자신들을 잘못 받아들이는 이에 대한 강하고 부정적인 감정적 반응에 중점을 두고 있다.
3. *도덕 이야기,* 저자는 자신들의 행동을 형성하고 다른 이들의 행위에 영향을 주는 분명한 규범에 대해 강조한다.

4. *합리적 이야기.* 저자는 자신이 그 사건 전반에서 합리적인 결정을 하는 사람으로 묘사한다.

"활동 이야기"는 다음의 묘사와 대조할 수 있고, 이는 모릴과 그의 동료들(2000)이 "도덕 이야기"로 분류한 것이다. 학생들은 자신들의 도덕성을 합리화하면서 자신들의 결정이 얼마나 규범적 측면에 근거하고 있는지 강조하고 있다:

> 농구경기에 참여하지 못하게 했기 때문에 나는 싸워야 했다. 나를 선택하지 않는 대장과 다른 선수들이 나를 불쾌하게 했다. 이러한 일련의 일들은 매일 발생했고, 그들은 나에게 욕설들을 퍼부었기에 나는 대장에게 교훈을 주기로 결심했다. 나는 그전에 싸움을 한 적이 없지만, 때로는 자신에게 감정적으로 상처를 주는 이들에게 맞서야한 한다는 것을 깨달았다. 나는 그의 얼굴을 두어 차례 때렸고, 그로부터 어느정도의 존경을 받을 수 있었다.(pp. 545-546)

이러한 분석이 청소년들의 폭력에 대한 이해를 얼마나 돕고 있는가? 모릴과 그의 동료들(2000)은 "그들의 묘사가 어른들과 마찬가지로 청소년들 간의 싸움에 대한 의식이 단순한 것이 아니라 다양한 관점들을 포함하고" 있다는 것을 강조했다(p. 551). 귀납적으로 이론을 도출하면서, 모릴과 그의 동료들은 왜 활동 이야기가 성인들처럼 규범적이거나 혹은 합리적인 표현 이야기보다 더 많은지 등장하는지 설명하고자 하였다. 저자들의 묘사분석은 청소년들의 이야기로부터 그들의 싸움을 이해할 수 있도록 도왔고, 우리의 폭넓은 사회적 이론과 과정들에 대한 이해를 도출하였다.

대화 분석(Conversation Analysis)

대화 분석은 일상의 대화를 분석하는 질적 연구방법이다. 묘사분석과 달리, 이 방법은 사람들이 전하는 이야기보다는 대화의 결과와 구체적 내용들에 중점을 두고 있다. 이것이 발전되었던 민족학적 방법론과 같이 대화분석은 현실이 어떻게 구성되는지에 관심이 있다. 세 가지의 전제에 따라 대화 분석이 진행된다(Gubrium and Holstein, 2000):

1. 교류는 순차적으로 조직되었고, 대화는 그것의 동기나 사회적 지위가 아니라 사회적 교류의 과정에 따라 분석될 수 있다.
2. 사회적 교류의 과정으로서의 대화는 복합적인 성향을 가지고 있다; 그것은 교류에

의해서 만들어 지고 그 교류의 사회적 의미를 창조한다.

3. 이 과정들은 모두 사회적 교류와 관련이 있고, 교류에 대한 세부적 사항은 그것을 이해하기 위해 모두 필요한 요소이다.

이러한 전제들을 유의하고 다음의 대화를 읽어보라. 이 대화는 영국의 연구자 앤 피닉스(Ann Phoenix, 2003)와 앤이 토마스라고 불렀던 소년이 나눈 것으로, 저자가 런던에 위치한 12개의 학교에 재학 중인 11세에서 14세의 소년들을 대상으로 그들이 인식하는 남성성, 집단 괴롭힘, 학문적 성취도에 대한 연구에 포함된 것이다.

Thomas : 그것은 너의 태도에 달려있지만, 몇몇은 어떠한 이유이던지 괴롭힘을 당한다. 왜냐하면, 다른 이들이 그들을 질투하기 때문이다…

Q: 그들이 어떻게 괴롭힘을 당하는가?

Thomas : 우리 학년에 제임스라는 소년이 있는데, 그는 정말 똑똑하지만, 친구가 전혀 없다. 참 슬픈 일이다 … 그는 모든 시험에서 상위를 기록하고 모두 그를 미워한다. 나는 그를 좋아한다.(p. 235)

피닉스(2003)는 여기에서 발견하였다,

토마스는 소년으로의 자신을 표현하고 학교 성적에 대한 동정심을 표현하려는 갈등을 잘 극복하였다. … 그는 자신이 학교성적만을 이유로 친구를 괴롭히는 다른 아이들과의 거리가 있다는 점을 분명히 했다 … 그리고 자신을 친절하고 도덕적으로 책임감있는 사람으로 표현했다(p. 235).

당신은 토마스가 자신을 대변함에 있어 연구자와의 교류가 어떻게 영향을 미치는지 보았는가? 당신은 그의 이야기가 만약 다른 아이들과 함께 있었다면 달라질 수도 있다고 생각하는가?

사례 지향적 이해(Case-Oriented Understanding)

사례 지향적 이해(case-oriented understanding)는 현상을 참여자의 관점에서 이해하고자 하는 시도이다. 사례 지향적 이해의 방법은 원인을 발견하고자 하는 것이 아니라 사회적 현상을 다른 시각에서 이해하고자 하는 연구의 철학을 반영하고 있다. 예를 들면 피셔와 베르츠(Fischer and Wertz, 2002)는 범죄피해의 영향에 대한 설명을 구성하였다. 저자들은 범죄피해자들의 이야기를 먼저 검토하였고, 그 이야기들 중에 공통되는 주제들을 발견했다.

그들의 설명은 범죄발생 전의 "일상적인 생활"의 과정을 묘사하면서 시작했다: "그들은 자신들이 범죄로부터 절대 방어할 수 없었을 것이라고 믿었다. 나는 '지금 농담하시는 겁니까?'라고 반응했다."

두 번째의 단계는 "아직 염려하는 중," 피해자들은 그 범죄를 극복하고 있었지만 아직 최악의 결과를 두려워하고 있었다: "그일 이후 최악의 상황들을 상상하곤 한다 … 나는 내 아이가 2층에 있다는 생각을 멈출 수가 없다." 그 후의 단계는, "재통합"으로 피해자는 보호적인 조치를 취함으로써 범죄의 상황을 가정해 본다: "그러나 나는 그 후 내 지갑을 비워두고 중요한 물건들은 가지고 다니지 않게 되었다."

결국, 피해자가 "극복했을 때" 그들은 범죄로 인한 변화를 알아차리게 된다: "그로 인해 내가 강해진 것이 아니라 보다 현명하게 되었다."

피셔와 베르츠(2002:288-90)는 피해자가 범죄경험에 대응하는 과정들을 분석하면서 범죄가 피해자에게 미치는 영향에 대한 설명을 구성하였다. 이러한 사례들에서 발생한 현상들을 이해하기 위한 노력을 통해 우리는 왜 그러한 일들이 발생했는지 이해할 수 있다.

현실기반의 이론(Grounded Theory)

질적 자료 분석의 과정에서 이론은 끊임없이 개발된다(Coffey and Atkinson, 1996). 많은 질적 방법 연구자들의 목표는 **현실기반의 이론(grounded theory)**을 만들어 내는 것이고, 이는 관찰을 기반으로 하여 귀납적으로 체계적인 이론을 정립하는 것이다. 관찰들을 요약하여 개념에 따라 분류하고, 보다 많은 관찰들을 추가한 연구 환경에서 이를 다시 검증한다. 시간이 지날수록 개념들의 분류는 개선되고 연결되어 하나의 이론이 생겨나는 것이다(Glaser and Strauss, 1967, Huberman and Miles, 1994). Exhibit 9.12는 이 과정을 잘 나타내고 있다.

관찰, 면접, 적용이 계속될수록, 연구자들은 문제와 개념의 정의를 개선하고, 지표들을 선택한다. 그들은 그 현상의 빈도와 분포를 확인한다: 얼마나 많은 사람들이 특정한 종류의 답변을 하는가? 사회적 교류가 얼마나 자주 논쟁으로 이어지는가? 그리고 다양한 현상들의 관계를 구체화하는 사회적 체계 모형이 개발된다. 이러한 모형들은 연구자가 현장에서 보다 많은 경험을 습득할수록 수정된다. 최종 분석을 위해 연구자는 자신의 모형을 노트와 비교하여 세심하게 검토하고 그 모형이 옳지 않을 수 있는 가능성을 집중적으로 점검한다.

EXHIBIT 9.12 현실기반이론의 개발

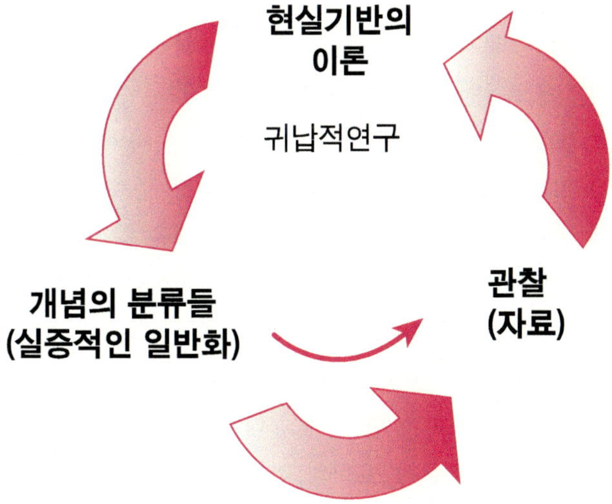

컴퓨터 지원 질적 자료 분석(COMPUTER-ASSISTED QUALITATIVE DATA ANALYSIS)

컴퓨터를 활용함으로 인해 분석의 과정이 다양한 측면에서 수월해 질 수 있다. 질적 자료를 위해 고안된 프로그램들은 분석의 속도를 높이고, 다양한 코드를 통해 연구자가 여러 측면의 실험을 할 수 있도록 도와주며, 관계들에 대한 다양한 가설들의 검토를 가능케 함과 동시에, 부각되는 이론들의 도표를 그리고 연구보고서의 준비를 돕는다(Coffey and Atkinson, 1996; Richards and Richards, 1994). 컴퓨터 지원 질적 자료 분석의 절차들은 노트, 문서, 면접기록 등을 분석하는 절차와 유사하다: 준비, 기호화, 분석, 그리고 보고서 작성. 다양한 프로그램들이 사용가능하다; 하지만, 우리는 그 중에서 가장 흔히 쓰이는 두 가지 프로그램을 통해 이 절차들을 설명하겠다: HyperRESEARCH와 QSR NVivo.(학습사이트 참조.)

문자를 위한 준비는 문자를 워드 프로세서나 NVivo를 통해서 문자를 스캔하거나 타자를 쳐서 그 프로그램의 rich text 편집자로 입력하는 것부터 시작한다. NVivo는 하나의 rich text 파일을 만들거나 불러올 것이다. HyperRESEARCH는 당신의 문자가 텍스트 파일의 형태(주로 "ASCII")로 저장되어 있어야 문자를 분석프로그램으로 전환할 수 있다. HyperRESEARCH는 당신의 문자 자료가 각각의 사례마다, 즉, 각 대상자의 면접에 따라, 따로 분리되어 저장되어있을 것을 요구한다.

그 문자의 기호화작업은 문자의 부분들을 분류하는 과정이다. 이것은 많은 질적 연구의 토대가 되는 작업이다. 프로그램을 통해 당신은 문자의 각 부분에 하나의 코드를 할당할 수 있다. 당신은 문서를 검토하면서 코드를 만들 수도 있고, 문자의 부분에 이미 개발한 코드를 할당할 수 있다. Exhibit 9.13은 기호화의 단계에서 특정 문자의 단편이 표기될 때, 이 두 프로그램들의 화면이 어떤 모양인지 보여주고 있다. 당신은 특정한 단어나 구를 항상 일정한 코드로 전환하도록 설정할 수 있고, NVivo를 사용하여 rich text 문서의 유형에 따라 일정한 부분(예를 들어 질문이나 답변자)을 자동으로 기호화하도록 설정할 수 있다. 물론 자동으로 기호화된 부분에 대해서는 신중하게 그 결과를 검토해야만 한다.

질적 자료 분석에 있어서 기호화는 한 번에 끝나는 혹은 하나의 코드로 해결되는 과정이 아니다. 두 프로그램을 통해 당신은 기호화의 과정에서 귀납적이고, 또한 전체적인 분석의 자세를 유지해야 한다: 분석 중에 코드를 수정할 수 있고, 문자의 부분에 복수의 코드를 할당하고, 혹은 문자에 자신의 코멘트나 메모를 연결시킬 수 있다. NVivo를 통해 "live"를 사용하여 기호화된 문자를 바꾸거나 새로운 혹은 하위의 분류를 설정할 수 있다. 또한 그 연구 내의 다른 문서에 하이퍼링크나 멀티미디어 파일을 연결할 수 있다.

EXHIBIT 9.13A HyperRESEARCH 프로그램의 기호화 단계

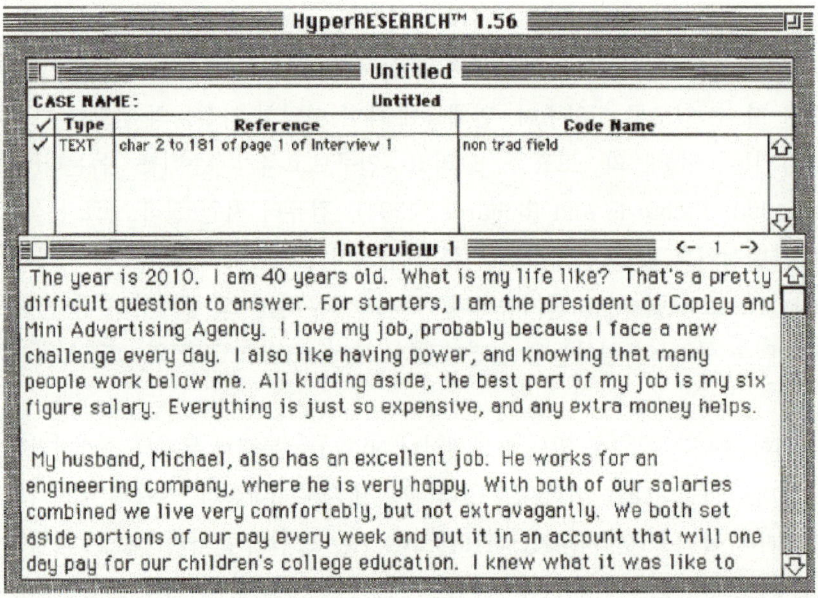

EXHIBIT 9.13B NVivo 프로그램의 기호화 단계

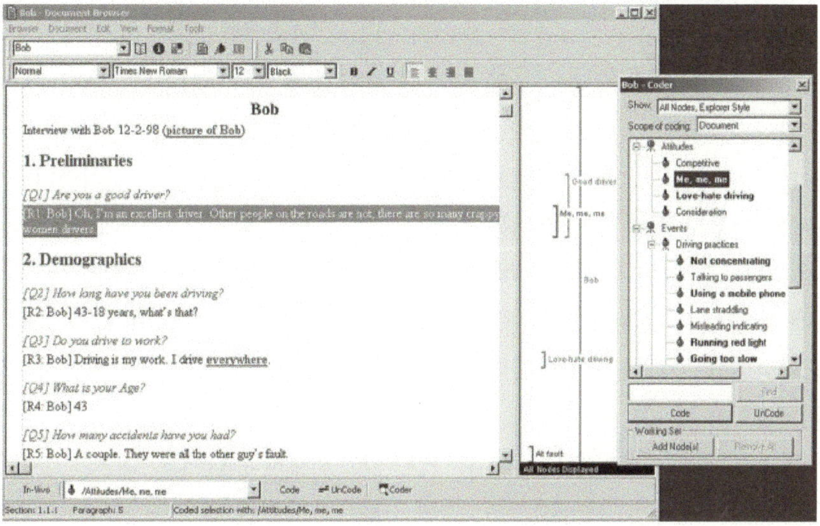

분석은 유사한 코드를 사용하여 사례들이나 문자의 부분들을 계속 검토하고, 다양한 코드들의 관계를 검사한다. 당신은 코드들을 보다 큰 개념으로 결합시킬 수 있다. 사례들 간의 변량을 보다 충실하게 측정하기 위해 코드를 추가할 수도 있다. 당신은 코드들의 관계에 대한 가설을 검증할 수도 있다. NVivo는 개념들 간의 관계를 더 유추해 내고, 그 관계들의 포괄적 구조를 발전시키기 위해 목차체계를 만들 수 있다. 또한 당신은 보다 다양한 형태의 모형들을 고안할 수 있다(Exhibit 9.14 참조). HyperRESEARCH를 통해 당신이 조사하고자 하는 사례들을 찾아내기 위해 코드의 조합을 생성할 수도 있다.

두 프로그램의 보고서는 당신이 설정한 사례들, 코드들, 그리고 관계들을 보여주기 위한 문자들을 포함할 수 있다. 또한 코드의 빈도의 횟수를 측정하여 이것을 양적분석을 위한 통계 프로그램에 사용할 수 있다. 하지만, 질적 분석의 소프트웨어를 통해 준비된 많은 유형의 분석들과 보고서들도 분석된 자료의 질에 대한 충분한 평가를 요구한다.

실제 연구에서는 질적 자료 분석을 위해 컴퓨터 프로그램을 사용하는 것이 생각만큼 쉽지는 않다. 데커와 반 윙클(1996)은 "마약 판매"라는 개념을 찾기 위해 컴퓨터 프로그램을 사용하면서 겪은 어려움을 다음과 같이 이야기한다:

> 우리가 사용한 프로그램은 문자를 검색하기 위한 것이었다 … 이 소프트웨어를 사용하면서 우리가 직면한 고민은 면접들 내에서 기호화를 사용하여 표시할 것인지 아니

면 전체적으로 표시하지 않고 진행할 것인지에 대한 것이었다. 우리는 첫 번째 대안을 선택하였고 개념에 대한 표시를 문자에서 필요한 부분마다 삽입하기로 했다. 한 가지 예가 이 과정을 보여준다. 우리가 관심을 가진 행위들 중의 하나가 마약 판매였다. 우리의 첫 번째 작업은(모든 문서를 주의 깊게 읽고 나서) 그 문서에서 마약 판매와 관련된 부분을 분리시키기 위해 그 소프트웨어를 사용하는 것이었다. 이를 위한 한 가지 방법은 "마약"이라는 단어가 들어간 모든 문서를 찾는 것이었다. 하지만, 그 전략은 너무도 일반적인 정보를 함께 포함하면서도 실제로 마약에 대해 중요한 진술들은 찾을 수 없는 단점을 가지고 있었다. "마약"이라는 단어에 대한 검색은 그 단어가 포함된 모든 부분을 포함했고, 마약 판매, 마약 사용, 마약의 입수 가능성 등 너무도 광범위한 결과를 도출하였다. 더구나, 그러한 검색은 마약을 지칭하는 은어를(헤로인을 지칭하는 "boy"나 크랙 코카인을 뜻하는 "Casper" 등) 포함할 경우, 이를 찾을 수 없었고, 또한 덩어리나 크랙 코카인 등의 구체적인 단어도 검색할 수 없는 단점을 가지고 있었다.(pp. 53-54)

데커와 반 윙클(1996)은 이 문제를 해결하기 위해 마약판매의 언급이 발견될 때마다 문서에 개념적인 코드를 괄호에 함께 포함하였다. 이 과정을 통해 그들은 갱 집단의 구성원들이 하나의 개념(마약 판매)을 언급한 모든 진술들을 검색할 수 있었다. 당신이 짐작하듯, 이 절차는 너무도 많은 양의 문서를 분석에 포함해야만 하는 단점이 있다.

EXHIBIT 9.14 NVivo에서 자유형태의 모형

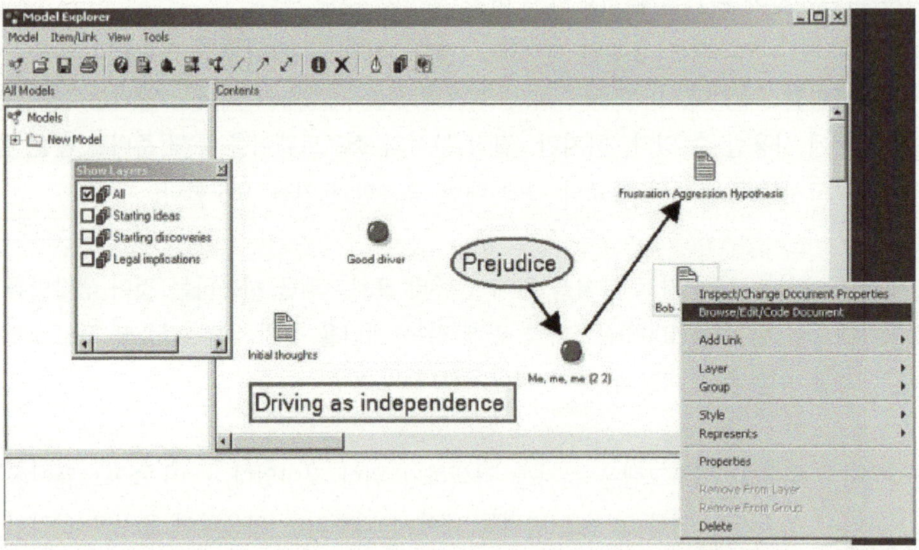

질적 연구의 윤리적 논점(ETHICAL ISSUES IN QUALITATIVE RESEARCH)

질적 연구는 몇몇 복잡한 윤리적 논쟁을 불러일으킬 수 있다. 현장조사 연구자가 사회현상을 자연스러운 상태에서 연구하기 위해 아무리 많은 노력을 하더라도, 연구행위 자체가 그 상황에 부자연스러운 영향을 줄 수 있다. 자신들의 영향을 발견하고 이에 대한 책임을 지는 것은 연구자의 몫이다. 여섯 가지의 윤리적인 논점들이 있다: 자발적 참여, 대상자의 안녕, 신분 노출, 비밀성, 적절한 경계, 그리고 연구자의 안전:

1. *자발적 참여*: 집중면접이나 포커스 그룹의 연구에서 대상자의 자발적 참여를 보장하는 것은 문제가 아닐지라도 참여관찰 연구에서는 문제의 소지가 있다. 극소수의 연구자나 대학윤리위원회들은 대상자의 자발적 참여가 불가능할 경우 비밀참여를 용인할 수 있다. 연구자의 역할이 보다 개방적인 경우라도 자발적 참여의 기준을 올바르게 해석하는 것은 어려울 수 있다. 실제에서는 참여관찰자가 사소한 경우라도 접촉하는 모든 사람들과 대상환경에 대해 허가를 받아야 된다면 많은 수의 현장조사 연구가 불가능할 것이다. 그리고 자발적 참여는 관찰의 대상이 되는 집단 구성원 모두에게 적용되어야 하는가? 관리자가 동의하고, 직원들은 개의치 않는데, 노조에서 반대할 경우는 어떻게 해야 하는가? 모든 사람들로부터 동의를 받게 한다면 심각한 이익의 충돌이 없는 경우에만 참여관찰 연구가 허용될 것이다.
   자발적 참여의 문제는 미성년자들을 면접하거나 관찰할 때 특히 중요하다. 몇 살이 되었을 때 참가자는 연구참여의 동의를 진정성 있게 나타낼 수 있는가? 관례적으로 인간 대상자 위원회는 미성년자가 연구에 참여할 경우 부모의 동의를 요구한다. 이 요구는 연구의 주제가 부모나 보호자가 알리고 싶어 하지 않는 것일 때(학대나 방임) 문제가 될 수 있다. 그 외에 연구의 성격에 대해 부모나 보호자에게 알릴 경우 참여자의 비밀성 보호를 침해할 수 있다. 만약 데커와 반 윙클(1996)이 그들의 갱 집단 구성원의 면접 전에 부모의 동의를 구해야 했다면, 그들이 참여자들에게 보장하려고 한 비밀성을 침해할 수밖에 없었을 것이다. 참가자들이 자신들의 권리를 충분히 이해하고 있다는 것을 인간 대상자 위원회에 보여주기 위해서, 저자들은 각각의 청소년들을 위한 변호인들을 확보했다. 변호인들은 그 청소년들에게 자신들이 원할 때 언제라도 면접을 거부하거나 그만둘 권리를 가지고 있다는 사실을 알려주고, 연구의 비밀성을 보장하는 역할을 담당하였다. 이러한 논점들이 충분히 설명된 후에, 참여자들은 사전 동의서에 서명하였다.

2. *대상자의 안녕*: 연구 과제를 시작하기 전에 모든 현장조사 연구자는 연구대상자에 대한 피해를 최대한 줄이기 위해 고민해야 한다. 이론적으로 모든 피해를 없애는 것이 불가능할 뿐 아니라 어떤 연구도 개인에게 부정적인 결과를 주지 않도록 확신하는 것도 불가능하다. 코너빌의 남성들 중 몇몇은 화이트(1943)의 보고서를 읽고 다소 마음이 혼란스러움을 호소했다(비록 다른 이들이 흥미롭게 생각했지만). 어떤 경찰들은 반 마넨(Van Maanen, 1982)이 그의 연구에서 경찰의 명성을 더럽혔다고 주장했다. 그러한 결과는 어떠한 연구도 피할 수 없다. 특정 개인의 명성이나 기분에 대한 직접적인 피해는 연구자들이 꼭 피해야 한다. 그들은 연구대상자들의 비밀성을 유지함으로 인해 그러한 결과를 다소 줄일 수 있다. 또한 연구자들은 현장에서 사건들의 전개에 부정적인 영향을 주어서는 안 된다. 화이트(1943)는 특정한 정치가가 그가 관찰 중인 사교 모임에서 연설하도록 추천했지만, 그 연설로 인해 그와 다른 구성원들 사이에 갈등이 생겨 이를 후회하기도 했다. 이러한 문제는 집중면접이나 포커스 그룹에서는 흔하지 않다. 그럼에도 불구하고 연구자는 대상자가 불편한 감정을 느끼는지 주의 깊게 살피고 그러한 일이 발생한 경우에는 전문가의 도움으로 대상자가 이를 극복할 수 있도록 적극 지원해야 한다.

조디 밀러(2000)는 자신의 연구를 위해 주택가의 소녀 갱 멤버들을 모집하는 과정에서 그들이 다른 소녀들을 추천할 경우 돈을 지불하는 것에 대해 윤리적인 고민에 빠졌다. 이러한 추천에 대한 보상은 유사한 눈덩이 표집에서는 흔한 일이었다. 하지만, 이 연구에서는 한 젊은 여성이 보상을 목적으로 새로운 구성원을 갱 집단에 가입시키기로 결정했다. 이 사례에서 "대상자의 안녕"에 대한 고민은 이 특정한 갱 집단의 모집 과정에서 새로운 구성원들이 연구를 위해 가입을 강요받았다는 사실이다. 저자는 그 장소에서 연구를 중지하기로 결정하였고, 이로 인해 이미 수집된 수많은 면접 자료들을 포기해야 했다. 그녀가 말하기를,

> 나는 미국 미주리 주의 콜럼부스에서 오랜 기간 동안 소녀 갱 멤버들을 추적하려고 노력했기에 쉽게 내릴 수 있는 결정이 아니었다. 결국, 나는 그렇게 하는 것이 옳은 결정이라고 생각했다. 나의 존재로 인해 관계기관들이 어려움에 처했고, 나는 지불한 비용에도 불구하고 거기서 물러나야 하는 윤리적 책임이 있었다.(p. 26)

3. *신분 노출*: 우리는 신분 노출, 특히 비밀 관찰의 사례에 있어서의 문제점들에 대해서 논의했다. 하지만, 연구에 대한 어느 정도의 노출이 적정한가, 그리고 연구자들은 자신들의 연구 목적이 이해되도록 얼마나 노력해야 하는가? 연구에 대한 정보가 부족한 대상자들은 연구자가 연구의 결과를 어느 정도 감당할 수 있는지 정확히 이해할 수 없다. 연구

자는 연구가 진행되는 도중에 연구의 관심분야가 바뀔 경우 이를 대상자에게 알려야 하는가? 현대의 윤리적 기준들은 연구대상자에게 사전 동의서를 받도록 규정하고 있다; 연구자가 자신의 신분을 정확하게 밝히지 않았다면 이 기준이 충분히 충족되었다고 할 수 있는가? 하지만 어느 정도의 위장은 사교에서 자연스러운 부분이 아닌가(Punch, 1994)? 중요한 사실에 대한 공개와 확고한 연구전략 사이의 균형을 깨어도 되는가?

4. *비밀성*: 현장조사연구자들은 보고서에서 등장인물들에 대한 가상의 이름을 주로 사용하지만 그 자체가 연구대상자들의 비밀성을 항상 보장하는 것은 아니다. 현장에 있던 개개인들은 다른 이들의 행위들이 관찰되는지 혹은 기록되는지 알 수 있고, 자신들과 따로 분리되어 있음에도 불구하고 그들이 누구인가에 대한 정보를 습득할 수 있다. 따라서 연구자들은 출판된 내용에서 신분을 노출할 수 있는 근거를 가능한 최선을 다해 삭제하고, 신분 노출을 피하기 위해 불필요한 부분은 반드시 수정해야 한다. 어떠한 경우라도 연구 보고서에서 특정 참가자의 신분이 노출될 위험이 있다면 현장조사 연구는 중단되어야 한다.

비밀성은 연구의 목적이 비행이나 위법한 행위를 발견하는 것이라면 더욱 중요하다. 데커와 반 윙클(1996)는 연구에서 위법한 행위에 대한 정보가 관찰이나 면접 도중에 드러나는 것을 피할 수 없었다. 자신들이 면접자들에 대한 비밀성을 보장하기로 약속했기 때문에, 저자들은 과거의 범죄에 대해 얻은 특정한 정보는 사용하지 않았다; 그들은 이러한 정보를 집단적인 형태로 일반적인 갱 집단의 행위를 설명하기 위해 사용했다. 그들이 말하기를, "만약 우리가 비밀성의 약속을 어겼다면, 면접자를 포함하여 여러 개인의 생명을 위협하는 상황을 초래할 수 있었다." 그리고 저자들은 혹시 미래에 일어날 상황에 대비하기 위해, 대상자들에게 미래의 범죄에 대한 정보를 알고 싶지 않다고 미리 언급하였다.

5. *적절한 경계*: 이 윤리적 논점은 신분 노출, 대상자의 안녕, 자발적 참여 등의 여타 논점들과 밀접하게 관련되어 있는 것이다. 당신은 전문가의 업무에 대한 지침과 관련하여 이 논점에 대해 익숙할 것이다: 치료사들은 환자들과 적절한 경계를 유지해야 한다; 교사들은 학생들과 적절한 경계를 유지해야 한다. 이것은 질적 방법 연구가 종종 연구자와 대상자의 경계를 허물고 진행되는 경우가 많아 특히 중요한 문제이다. 질적 방법 연구자는 면접대상자에 대한 관심과 동정심을 호소하면서 대상자와의 신뢰관계를 발전시키려고 한다. 이것은 연구를 위해 가장된 "거짓 우정"인가? 진 던콤과 줄리 제소프(Jean Duncombe and Julie Jessop, 2002)는 그들의 저서 "신뢰의 정립과 거짓 우정의 윤리"에서 이 고민에 대해 논의하였다.

> 깊은 신뢰관계가 있다면 면접대상자들은 자신들의 개인적인 경험과 감정에 대해서도 털어놓을 수 있다. 그들은 또한 남들에게 비밀로 하고 싶은 경험과 감정에 대해서 말할 수도 있다 … 혹은 자기 자신에게조차 부끄러울 수 있는 것들까지도.(p. 112)

6. *연구자의 안전*: 현장에 있는 연구자는 주제가 갱 집단의 생활이나 여타의 것이라도 자신의 안전에 대한 위험을 검토하기 전에 연구를 시작해서는 안 된다. 질적 연구방법들이 러시아 항구에서의 조직범죄(Belousov와 그의 동료들, 2007), 도미니카 공화국의 거리의 범죄(Gill, 2004), 혹은 다른 여러 연구들을 수행하기 위한 유일한 방법일 수 있으나, 연구자에 대한 위험도가 용인할 수 없는 수준이라면 그 방법들은 사용될 수 없다. 안전에 대한 고려는 연구설계의 단계에서 충분히 고려되어야 할 사항이며, 연구 장소에 도착한 후에 고민할 성질의 문제가 아니다. 한나 길(Hannah Gill)은 도미니카 공화국에서 사전 준비가 단순히 지역신문을 미리 읽는 것 이상의 조사를 요한다는 것을 깨달았다: "그 지역이 주류 사회로부터 극히 소외되었기에 살인을 비롯한 대부분의 범죄는 신문을 통해 알려지지 않았고, 그 연구현장의 위험성을 미리 숙지하는 것은 불가능하다"(p. 2).
하지만 연구자가 위험성을 실질적으로 검토하는 것이 익숙하지 않은 상황이나 지역에 대한 잘못된 가정들을 무작정 받아들이는 것을 뜻하지 않는다. 예를 들어 허리케인 카트리나 이후 뉴올리언스 지역에서의 법과 질서의 붕괴가 매스컴을 통해 반복적으로 보도되었지만 연구자들은 그 기간에 행해진 대부분의 비관습적인 행위들은 실제로 반사회적인 것이 아니라 사회친화적인 것들이었다고 보고하였다(Rodriguez, Trainor, and Quarantelli, 2004).

> 한 집단은 자신들을 "로빈 후드 약탈자들"이라고 칭했다. 이 집단의 주요 구성원들은 11명의 친구들로 이루어져 있었고, 자신들의 가족들을 대피시킨 뒤, 고지대에 남아서 홍수로 인해 물이 차올랐을 때 배들을 지휘하였고, 자신들의 이웃들을 구조하였다 … 약 2주간 그들은 지역을 수색하였다 … 그들은 빈집에서 음식과 물을 찾아 다녔고 이것이 그들의 이름의 유래이다. 그들이 세운 중요한 규칙은 시체가 아닌 생존자만 구출하는 것과 무기를 휴대하지 않는 것이었다. 그 집단은 경찰과 국가경비대와 비공식적으로 유대를 가지고 있었다.(p. 91)

이러한 윤리적 논점들은 분리되어 검토될 수 없다. 연구의 진행을 위한 최종 결정은 참여자에 대한 혜택과 위험을 모두 고려한 뒤에 내려져야 한다. 비밀 참여의 방법을 제외한 몇몇의 질적 방법 연구들은 이러한 윤리적 문제로 인해 금지될 수 있다. 연구자에게 보다 중요한 문제는 자신의 연구에 있어 윤리적 문제점을 발견하고, 연구가 시작되기 전에 문제를 해결해야 하며, 연구 진행 중에 새롭게 발견되는 문제에 대해서도 잘 대처해야 한다는 것이다. 따라서 여러 가지 연구방법을 복합적으로 사용하는 것이 때로는 가장 좋은 전략일 수 있다.

결론 (CONCLUSION)

질적 연구방법을 사용하는 연구자는 정형화된 방법을 사용하는 연구자보다 사회에 대해 보다 자연스럽고 풍부한 정보를 얻을 수 있다. 왜 수많은 질적 연구들이 선행 연구 중에 고전이 되었는지 이해하는 것은 어렵지 않다. 그리고 질적 방법 연구에 있어서 귀납적 추리와 점진적 이해에 대한 강조로 인해 다른 연구들이 생겨나고 또한 정보를 얻는다. 탐험적 연구는 과거에 연구되지 않는 사회적 환경의 단면을 도표화하고, 개인의 행동을 설명하는 주관적인 의미에 대해 집중적으로 조사하기 위한 목적을 가지므로, 참여관찰, 집중면접, 포커스 그룹 등의 기술이 특히 적합하다.

질적 연구의 기술적 특성으로 인해 매우 제한적인 연구문제들만 그 방법이 적합하다. 참여관찰연구에 있어서 대표성 있는 표본을 모집하는 것은 불가능하고, 이러한 이유로 현장조사 연구의 결과에 대한 일반화의 가능성은 확신할 수 없다. 다양한 질적 연구 결과의 축적으로 인해 일반화의 가능성을 개선시킬 수 있지만, 자료를 수집하고 분석하기 위한 시간과 노력의 제약으로 인해 현장조사 연구가 반복적으로 시행되는 것은 어렵다.

질적 방법 연구자가 중요한 연구들은 반복하기 위한 노력을 기울였더라도 특정한 상황 하에서의 관찰에 근거하여 귀납적으로 설명을 발전시키고 개선하는 과정은 객관적인 결과의 비교를 어렵게 한다. 측정의 신뢰도가 낮아지고, 더불어 주요 지표의 타당도에 대한 체계적인 검증과 인과적 관계에 대한 시험도 힘들 수밖에 없다.

최종분석에서 질적 방법 연구는 실험이나 설문연구와는 다른 사고와 조사의 모형을 사용한다. 질적 방법 연구는 귀납적이고 개별사례에 대해 심층적으로 분석한다; 실험과 설문은 연역적이고 개량적인 토대에서 연구가 실행된다. 두 접근법들이 모두 사회과학자들이 사회에 대해 연구하는데 많은 도움을 준다; 유능한 연구자는 두 가지 모두를 능히 사용할 준비가 되어있어야 한다. 질적 자료는 종종 양적 특성이나 행위들에 대한 정보를 통해 보완된다. 우리가 이전에 보았듯이, 양적 자료는 작성된 진술이나 관찰들을 통해서 보다 내실을 기할 수 있고, 포커스 그룹은 설문연구자가 질문지를 개발하는데 흔하게 사용하는 도구 중에 하나이다. 따라서 질적 방법과 양적방법의 기술에 대해 엄격한 차이점을 찾는 것은 쉽지 않다.

주요 용어

사례지향적 이해	완전관찰	컴퓨터 지원 질적 자료 분석
비밀(완전)참여	민족학	경험표집방법(ESM)
현장기록	현장조사	포커스 그룹
현실기반의 이론	집중면접	메모
묘사적 분석	참여관찰	질적 비교 분석(QCA)
질적 방법들	반응 효과	포화점
체계적 관찰	암묵적 지식	이론적 표집
장문의 묘사		

강조 사항

- 질적 연구 방법들은 새로운 논점들을 탐험하고, 접근하기 어려운 집단에 대해 조사하고, 사람들이 자신들의 삶과 행위들에 대해 가지는 의미 등을 결정할 때 가장 유용한 방법이다. 그리고 대부분의 사회과학연구들은 질적 연구 기술의 장점을 사용하면 일정 부분에 있어 도움을 받을 수 있다.
- 질적 방법 연구자들은 아이디어를 귀납적으로 개발하고, 사회적 관계나 태도와 행위들의 순차적인 특성들을 이해하고, 사람들이 사건들에 부여하는 주관적인 의미들을 탐험하려고 한다. 그들은 참여관찰, 집중면접, 그리고 최근에는 포커스 그룹을 많이 사용한다.
- 참여관찰자들은 특정한 연구 과제를 위해 여러 가지 역할 중에 하나를 선택한다. 각각의 역할은 관찰과 참여 사이에서 균형을 이루고 있고, 연구자의 신분을 공공연하게 알리거나 그렇지 않을 수도 있다. 많은 현장조사 연구자들이 집단 내에서 참여와 관찰을 병행하면서 자신의 신분도 밝히는 중간적 역할을 선호한다. 그러한 역할은 비밀참여와 같은 방법에서 문제가 될 수 있는 윤리적 논쟁을 피할 수 있고, 직접적인 참여를 통해 사회에 대한 관습적인 안목을 유지할 수 있다. 참여관찰자는 반응효과, 비밀참여의 윤리적 문제들, .그리고 특정한 상황에서 신분 노출로 인한 결과 등 다양한 문제에 대한 검토 후에 적절한 역할을 선택해야 한다
- 현장조사 연구자들은 현장에 투입하고, 사람들과의 관계를 개발/유지하며, 표본을 모집하고, 자료의 기록 및 분석을 위한 전략을 잘 세워야 한다. 현장조사에서 주로 사용되는 표본기술은 이론적 표집, 목적 표집, 눈덩이 표집, 할당 표집 등이고, 특별한 상황에서 경험표집방법을 토한 무작위 표집도 사용된다.

- 노트의 기록 및 분석은 현장조사 연구에서 매우 중요한 단계이다. 조사방법들을 개선하고, 개념, 지표, 사회제도의 모형을 개발하기 위해서 노트는 매일 상세하게 기록되고 분석되어야 한다.
- 집중면접은 개방형 질문과 추가적인 질문을 사용하고, 또한 질문의 내용이 구체적이고 면접마다 다양한 질문의 순서를 사용한다. 집중면접은 참여관찰 자료를 보완할 수 있다.
- 포커스 그룹은 참여관찰과 집중면접의 요소를 혼합한 것이다. 그들은 사람들이 자신들의 의견을 집단 내에서 피력할 때의 진술을 사용함으로써 태도에 대한 측정의 타당도를 높일 수 있다.
- 현장조사 연구의 네 가지 주요한 윤리적 논점들은 자발적 참여, 대상자의 안녕, 신분 노출, 비밀성 등이다.

연습문제

1. 앞장에서 설명된 실험과 설문조사에 대해 검토하라. 그 중 하나를 골라서 현장조사 설계를 동일한 연구문제에 적용하되 참여관찰 방법을 사용하라. 그 상황에서 당신의 역할을 위해 참여관찰의 다양한 유형 중 하나를 선택하고 왜 그 역할을 택했는지 설명하라. 그 현장조사 연구의 단계를 묘사하면서 현장 투입의 계획, 관계의 개발 및 유지, 표집, 자료의 기록 및 수집 등에 대한 정보를 포함하라. 그리고 교재에서 제시한 연구의 결과에 추가하여 당신의 연구가 어떤 것들을 발견할 것인지에 대해 논의하라.
2. 소프트 웨어 HyperRESEARCH(학생 학습 웹 사이트 참조)와 자신의 자료를 사용한 질적 연구 과제를 탐험하라. 학교 내에서 학생들이 많이 모이는 공공장소에서 간단한 관찰연구를 수행하라. 구내식당, 건물 현관이나 휴게실 등이 좋다. 그냥 앉아서 관찰하고, 가끔 관찰에 대한 필기를 작성하되 개인의 사생활을 철저히 보장하라. 30분간 관찰하라. 현장조사기록을 작성하면서 그 상황에 대한 묘사와 당신이 관찰할 것에 대한 생각을 포함하라. 그리고 HyperRESEARCH의 시험판 소프트웨어를 실행하고 당신만의 과제를 완성하라.
3. 이 책에 포함된 연구 중 하나에 포함된 연구 문제를 위한 면접의 지침을 개발하라. 이 지침을 사용하여 어떠한 방향으로든 그 연구문제와 관련된 한 사람을 대상으로 집중면접을 실행하라. 면접 중에는 가능한 간단하게 메모를 하고, 면접이 끝난 직후 완전한 면접의 기록을 완성하라. 면접자로서 그리고 필기자로서 당신의 성과에 대한 평가서와 당신의 노트를 함께 제출하라.
4. 이 장의 참고문헌에 포함되어 있는 연구 중에 포커스 그룹에 대해서 읽고, 교내에서 범죄에 대한 학생들의 관점을 조사하고 설명하기 위해 포커스 그룹을 사용할 계획을 작성하라. 그 집단을 어떻게 모집할 것인가? 어떤 유형의 학생들을 포함할 것인가? 그 주제와 방법을 집단에게 어떻게 소개할 것인가? 어떤 질문들을 할 것인가? 어떠한 문제들이 발생할 것을 예상하

는가?(예를 들어 학생들 간의 의견 불일치, 선택된 주제로부터의 이탈 등) 이러한 문제들을 어떻게 조치할 것인가?

5. 이 장에서 논의되었거나 그 외에 다른 전통적인 질적 방법 연구 중 하나를 읽고 요약하라. 부록 B에 나열되어 있는 연구논문 검토 질문들을 사용하여 검토하고 비평하라. 그 연구는 어떤 질문들에 대한 대답을 제시하고 있는가? 추후의 연구를 위해 어떤 질문들이 제기되는가?
6. Journal of Contemporary Ethnography 잡지의 1992년 4월 호는 화이트(1943)의 현장조사 연구(Street Corner Society)를 재평가하는 다양한 논문들을 발표하였다. 한 사회과학자는 Whyte의 책에 등장한 사람들 몇몇을 직접 면접하고 연구자가 방법론에서 그리고 윤리적인 면에서 잘못한 부분이 있다고 결론지었다. 화이트와 다른 학자들은 이에 대한 답변과 추가적인 진술을 하였다. 그 잡지에 발표된 논문을 모두 읽는다면 당신은 현장조사 연구자들이 직면하는 문제들에 대해 이해할 수 있을 것이다.
7. 학생 학습 웹 사이트(http://www.sage pub.com/prccj4e)의 실전연습 부분에서 질적 연구 부분을 찾으라. 참여관찰 연구의 과정에서 발생할 수 있는 윤리적 문제들의 유형을 검토하기 위해 이 부분에 포함된 문제에 답변하라.

연구제안서 작성

당신의 연구제안서에 질적 연구의 요소를 추가하라. 참여관찰이나 집중면접을 추가할 수 있다. 설문조사 연구의 연구문제를 가장 잘 해결할 수 있을 것으로 판단되는 방법을 선택하라.

1. 참여관찰 요소를 위해 설문연구를 보충할 수 있는 관찰에 대한 계획을 제시하라. 당신의 계획에 대해 연구제안서에 다음의 정보를 포함하라:(a) 한 장소를 선택하고 연구를 위해 그 장소가 가지는 의미에 대해 설명하라,(b) 참여와 관찰 사이에서 역할을 정하고 그 이유를 제시하라,(c) 접근의 절차와 예측가능한 문제점에 대해 기록하라,(d) 그 장소에서 어떻게 관계를 개발하고 유지할 것인지를 설명하라,(e) 표집에 대한 논점을 검토하라,(f) 수집한 자료를 분석할 방법에 대한 전체적인 개관을 제시하라.
2. 집중면접의 요소를 위해 설문연구의 결과에 가장 많이 보충할 수 있는 집중면접에 대한 계획을 제시하라. 제안서에 다음의 정보를 포함하라:(a) 면접에 포함될 개인의 선정 방법을 제시하고 설명하라,(b) 세 개의 개인적인 질문을 준비하고, 본격적인 면접을 위한 다섯 개의 질문을 준비하라,(c) 최소한 여섯 개 이상의 탐색 질문을 준비하라,(d) 본격적인 질문에 대한 추가적인 질문을 두 개 이상 제시하고 설명하라,(e) 설문연구에 비해 이 집중면접의 요소가 무엇을 추가할 것으로 예상하는지 설명하라.
3. 당신의 연구를 위한 질적 자료를 위해 어떠한 분석방법이 가장 적절한가? 이 접근법을 통해 당신의 문서자료를 분석할 전략을 개발하라.

학생 학습 사이트

교재의 웹사이트는 http://www.sagepub.com/prccj4e에서 발견할 수 있다. 이 장의 내용에 대한 여러분의 이해를 돕기 위해 온라인 학습사이트를 방문하여 자가 테스트나 카드 게임(e-flashcards) 등을 사용할 수 있다.

웹 연습

1. 대학의 도서관 웹 사이트를 조사하여 Annual Review of Sociology 잡지를 온라인으로 구독하고 있는지 확인하라. 그 잡지의 웹 사이트를 찾아서 갱 집단이나 비행에 대한 자료를 수집하기 위해 현장조사를 주요한 방법으로 사용한 논문들을 검색하라. 최소한 세 개의 논문들을 찾아서 각각에서 사용된 구체적인 방법에 대해 보고하라.
2. 사회과학정보포탈(Social Science Infor mation Gateway)를 방문하여 질적 연구 방법으로 검색하고 서너 개의 흥미로운 웹 사이트를 찾아 현장조사에 대해 더 조사하라(현장조사연구자들의 전문적인 조직이나 자신들의 연구를 발표하는 잡지 등). 그 웹 사이트를 조사하여 현장조사에 대해 어떠한 정보를 제공하고, 현장 조사와 관련하여 어떠한 연구과제들이 수행되었고, 특정한 현장조사 방법이 사용된 목적을 탐색하라.
3. 범죄 피해, 범죄자, 범죄에 대한 두려움, 범죄예방, 혹은 그 외 다른 범죄학적 주제와 관련한 포커스 그룹(과거, 현재, 혹은 미래의)에 대한 정보를 가지고 있는 웹 사이트를 검색하라. 그 웹 사이트를 나열하고, 각각의 포커스 그룹의 목적과 표집에 대한 문단을 작성하라. 공공정책을 위하여 이러한 포커스 그룹들이 어떻게 이용될 수 있는가?
4. The Qualitative Research는 질적 방법 연구에 대한 온라인 잡지이다. 최근 발간된 호에서 목차를 검색하라. 그 중 한 논문을 읽고 간단한 평가를 작성하라.

연구윤리 학습

1. 비밀참여는 어떠한 범죄 혹은 비행 집단의 내부 상황을 관찰하기 위해 유일한 방법일 수 있지만, 이 전략은 연구자가 위법한 행위를 목격하거나 참여를 요청받을 수 있다. 비밀참여가 윤리적이라고 생각하는가? 어떠한 조건에서 그러한가? “대상자의 보호”, “신분 노출”, “자발적” 참여가 비밀참여에서 실현될 수 있는가?

2. 뉴욕 타임스의 한 기자(Wines, 2006)는 최근 많은 기자들이 경험하는 고민을 털어놓았다: 자신들의 기사를 위해 면접하는 사람들의 식사나 의료비용을 위해 금전적 보상을 지불할 것인지에 대해서이다. 신문방송학에서는 정보를 위해 비용을 지불하는 것은 잘못 되었다고 생각한다. 왜냐하면, 방송가들은 "자신들이 단순한 관찰자라고 생각하기 때문이다." 그들은 상황에 영향을 주지 않고 있는 그대로 보고하도록 훈련받기 때문이다. 이것이 많은 학자들이 연구자의 역할이어야 한다고 믿는 부분이다. 하지만 이 장에서 보았듯이, 정보와 면접을 위해 조그마한 성의를 표시하는 것은 연구에 있어 흔한 일이다. 그러나 보상을 제시함으로 인해 정보의 진정성이 부당하게 영향을 받을 수 있는가? 어떤 사람들은 돈을 벌기 위해 아무 것이라도 말할 수 있다고 생각하는가? 정보에 대해 보상을 지불하는 것을 어떻게 생각하는가? 만약 당신이 빈곤층에 직면한 문제들에 대해 연구하던 중 그 가족의 냉장고와 식품창고가 비어 있고 아기가 배고파서 울고 있는 것을 발견한다면 어떻게 할 것인가? 무엇이 윤리적인 반응인가? 만약 음식이나 금전을 주는 것이 가장 윤리적인 반응이라면 옆집에서 비슷한 상황을 겪으면서 당신의 면접에 포함되지 않은 가족에게도 공정하다고 생각하는가? 보상은 어떻게 처리되어야 하는가? 보상이 어떻게 처리되어야 하는지에 대해 한 문단 정도 작성하라.
3. 다른 문화에 대해 연구하는 사람들이 그 해당 문화에 어긋나지 않는 절차와 해석을 이행하도록 그들에게 요건을 제시해야 하는가? 비교문화 연구자들이 윤리적 지침들을 어기지 않도록 어떤 훈련을 제시하겠는가?(사전 동의서의 내용과 자발적 협조를 위한 절차를 고려하라.)

SPSS 또는 엑셀연습

YOUTH.POR 자료는 범죄행위로 발각되었을 때 답변자의 삶에 영향을 미치는 정도와 비행행위에 대한 친구의 태도에 대한 의견을 묻는 질문들을 포함하고 있다.

1. 친구의 태도에 대한 의견과 개인적 불행을 이 변수들의 빈도분석을 통해 제시하라 (v77;v79;v109;v119).
2. 이러한 태도에 대해 귀납적으로 어떤 설명을 제시할 수 있는가? 친구의 비행에 대한 태도나 범죄행위의 발각이 미치는 영향이 행동을 바꿀 수 있다고 생각하는가? 설명하라.
3. 이러한 태도를 더 연구하기 위해 참여관찰방법, 포커스 그룹, 또는 집중면접의 연구방법을 설계하라. 연구를 위한 표집을 제시하고, 관찰, 포커스 그룹, 면접들을 어떻게 수행할지 설명하라.

CHAPTER 10

내용분석 : 역사적. 이차적. 내용분석과 범죄 지도화

지금까지 이 책에서 연구해왔던 연구 방법들은 연구자 자신들이 수집한 자료나 정보에 의존해 왔다. 그러나 범죄학 연구에 관심 있는 사람들은 이전에 다른 연구자들에 의해 수집된 자료에도 급격하게 의존하고 있다(Riedel, 2000). 제1장에서 언급한 것처럼 이것을 이차자료분석(secondary data analysis)이라고 한다. 간단하게 말하면 이차적 자료는 처음에 다른 목적으로 수집된 자료를 다시 수집하고 분석하는 행위를 말한다(Riedel, 2000). 결과적으로 만약 연구자들이 경찰서에 가서 연구질문을 조사하기 위해 경찰 보고로부터 개인적 정보를 편집한다면, 이것은 이차자료분석에 관여하는 것이다. 왜냐하면 경찰의 보고서는 처음에 다른 목적으로 수집되었기 때문이다.

이차자료분석은 오랜 역사를 가지고 있다. 17세기 후반에 사람들은 인구, 사망, 결혼, 질병, 기후, 그리고 범죄에 관한 수치를 조사함으로서 그들이 사는 지역의 상태를 관찰해 왔다. 열정적인 벨기에 수학자, 아돌프 케틀레(Adolphe Quetelet)는 1826년에서 1831년 사이에 프랑스에서 보고된 해마다 저질러진 살인의 수가 비교적 일정하고, 총, 칼, 검, 돌, 손과 발을 이용해 저질러진 살인의 비율 역시 비교적 일정하다는 것을 보여준 첫 번째 사람이었다. 그는 비록 우리가 어떤 방법에 의해 어떤 사람이 죽었는지는 알지 못하지만, 어떤 형태의 살인의 수는 매년 프랑스에서 높은 확률을 가지고 일어난다고 결론지었다(Menand, 2001). 이것은 사회현상에 대한 과학적 방법을 적용한 최초의 시도 중에 하나였다. 당신은 지역과 자살사이의 관계를 조사하기 위해 다른 지역에서의 자살비율에 대한 공식적 통계를 사용한 에밀 뒤르켐(Emile Durkheim, [1951] 1987)의 연구에 대해 아마 잘 알고 있을 것이다.

이 장에서는 연구 목적을 위해 공개가 가능한 공식적 기록과 설문을 포함하는 수많은 자료에 대해 서술할 것이다. 그런 후에 역사적 사건 연구, 비교문화 연구, 내용분석, 범죄 지도화를 포함하는 이차적 자료에 의존하는 몇 가지 연구 방법들을 조사할 것이다. 또한 다원적 연구라고 불리는 특별한 연구질문에 답하기 위해 연구 방법의 결합의 이점을 서술하는 부분을 포함할 것이다. 마지막으로 초기에 다른 목적으로 수집된 자료를 사용하는 것에 대해 연구자들의 근심에 대해 서술하고자 한다. 이 장의 후반부에서 이러한 방법론적 문제를 강조할 것이다.

이차적 자료 분석하기 (ANALYZING SECONDARY DATA)

일반적으로 네 가지 형태의 이차적 자료가 있다: 설문조사, 공식적 통계, 공식적 기록, 그리고 다른 역사적 서류들. 자료는 둘 또는 그 이상의 연구자들 사이의 동의에 의해 획득될 수 있음에도 불구하고, 많은 연구자들은 ICPSR(Inter-University Consortium for Political and Social Research)(www.icpsr.umich.edu)을 통해 획득한다. ICPSR에서 축적된 자료에는 주로 설문조사, 공식적 기록, 그리고 공식적 통계수치를 포함한다. ICPSR는 미국정부에 의해 수행된 연구 자료와 독립적으로 수행된 연구 자료를 포함하여 거의 5000개의 자료 원본을 포함하고 있다. Riedel(2000)은 ICPSR에서 가능한 대부분의 자료를 기록하였다. 이들 중에서 범죄 연구에 적합한 것은 다음과 같다.

인구통계 조사 목록 : 역사적 그리고 현대적 인구 특징. 이러한 범주 속에서 가장 잘 알려진 자료는 인구조사 통계국에서 10년 마다 수행되는 설문조사이다. 이러한 자료(예, 빈곤 그리고 주거이동성과 같은 지역사회 특징들)로부터 같은 수준의 범죄자료(예, 블록, 카운티 수준)의 정보 연결은 범죄 이론의 검증을 위한 풍부한 자료 정보를 연구자들에게 제공해왔다.

법무부 통계국(Bureau of Justice Statistics)과 법무 연구소(National Institute of Justice)의 공동 후원을 받은 형사정책 자료의 국가 기록보관소(NACJD)는 대중들에게 600개 이상의 형사정책 자료를 제공하고 있다. 자료는 다음과 같은 것을 포함하고 있다.

- 미국에서의 사형
- 형사정책 시스템을 위한 지출과 고용 자료
- 1984년에서 1985년 사이, 로스엔젤레스에서의 코카인 운반에 폭력집단의 연루
- 매사추세츠에서 범죄 통제와 범죄 경력
- 1940년에서 1965년 사이의 종단 연구설계
- 1983-1984년, 1986년 뉴욕시에서 코카인 사용자의 범죄 관련성과 마약 사용 패턴의 변화
- 전국 범죄 피해 설문 조사
- 교도서 인구통계조사
- 전국 재판 보고 프로그램
- 전국 교도소 설문조사
- 성인 보호관찰 설문조사
- 연방 교정 시설 수감자 설문조사
- 지역 교도소 수감자 설문조사
- 주 교정 시설 수감자 설문조사
- FBI 살인사건 보고서를 포함하여 미연방조사국 표준범죄 보고서

사회적 지표와 행동. 1972년 이후, 국가 견해 연구소에 의해 매년 수행되는 일반 사회 설문조사라는 제목에 포함되는 사회 지표들과 행동 분석은 매년 수행되는 설문조사이다. 전국적으로 고등학교 3학년을 대표하는 학생들에게 마약과 알코올 사용에 대한 자기 보고와 다양한 이슈에 관한 태도에 대해 질문하는 미래의 감시: 생활양식 연구와 청소년 가치 보고서 역시 이에 포함되는 연구이다. 국가 청소년 설문조사 시리즈(1976-1980 그리고 1983)는 ICPSR에서 비행과 관련된 요인들을 조사하는 또 다른 설문조사이다.

사례연구 : 성과 공격성

범죄학과 형사정책 분야에서 많은 연구자들의 접근이 가능하도록 만들어진 자료의 풍부함은 연구의 가능성에서 거의 한계가 없게 만들었다. 예를 들어 카렌 헤이머와 스테이시 드 코스터(Karen Heimer and Stacy De Coster, 1999)는 남성과 여성 청소년 사이에 폭력비행에서 변화량을 설명하는 기제를 설명하기 위해 국가 청소년 설문조사를 사용하였다. 일반적으로 폭력 비행에 관한 자기 보고식 연구들의 성별 비율(비행에 대한 남성 청소년 대 여성 청소년 자기 비행 비율)은 측정된 구체적인 공격행위에 따라 다르지만 1.1대 5.3의 범위를 보여 준다. 이러한 비율은 여성 청소년 보다 남성 청소년들이 더 폭력행위를 저지르지만, 어린 여성 청소년들 역시 폭력에 연루되고 있다는 것을 보여준다.

헤이머와 드 코스터(1999)가 조사한 폭력 행위와 관련된 가장 중요한 기제 중에 하나는 폭력의 문화적 정의였다. 특히, 차별 접촉이론에 따르면, 다른 사람 그리고 사회 구조적 환경과의 상호 교류가 중요하다. 왜냐하면 그러한 것들을 통해 폭력적 정의를 배우게 되고 이는 다시 청소년들이 폭력 비행에 연루될 가능성에 영향을 미친다는 것이다. 헤이머와 드 코스터는 남자와 여자 사이에 폭력에서의 차이가 나는 한 가지 요인이 평균적으로 남성 청소년들이 여성 청소년들 보다 더욱 폭력적인 정의를 가지는 경향 때문으로 믿었다. 게다가 남성과 여성이 가지는 성에 관한 정의 역시 차이를 보인다. 여성스러움은 공격성 보다는 수동적인 경향과 높은 양육 능력과 동일시되어 진다. 반대로 남성스러움은 경쟁심, 독립성, 합리성, 힘과 동일시된다. 헤이머와 드 코스터는 다음과 같은 많은 가설을 검증하였다.

> 가설: 여성 청소년 보다 남성 청소년들에게서 나타나는 더 높은 수준의 폭력 비행은 폭력행위에서의 성별 차이의 부분을 설명할 것이다.
>
> 가설: 전통적인 성별 정의를 배우는 것은 여성 청소년들 사이에서 폭력 비행의 가능성을 낮출 것이고, 남성 청소년들 사이에서는 폭력 비행의 가능성을 증가시킬 것이다.

폭력에 대한 정의와 성별 정의의 개념을 조작화하기 위해, 헤이머와 드 코스터(1999)는 국가 청소년 설문조사에 몇 가지 질문들을 사용하였다. Exhibit 10. 1에서 나타난 질문들은 폭력 범죄 사건을 측정하기 위해 사용된 질문들을 나타나고 있다. 사회 경제적 위치, 연령, 이전의 폭력 비행 전과, 공격적인 친구와의 접촉, 가족에 대한 애착과 같은 폭력 범죄와 연관된 다른 중요한 요인들을 통계학적으로 통제한 후에, 국가 청소년 설문조사 자료의 분석

결과는 두 가지 가설 모두를 지지하는 결과를 보여 주었다. 헤이머와 드 코스터는 다음과 같이 결론을 내렸다.

요컨대 여자아이들이 남자아이들 보다 덜 폭력적이다. 왜냐하면 여자 아이들은 가족에 대한 유대로부터 남자 아이들 보다 더 많은 영향을 받고, 더 적은 폭력적 정의를 배우고, 폭력은 여성이라는 의미와는 일치하지 않는다는 것을 배운다. 이러한 기제는 결과적으로 여자아이들 사이에서 효과적일 것이며, 감독과 강제적인 훈육과 같은 직접적이고 명확한 통제는 여자아이들의 폭력의 변화를 설명하는데 크게 기여하지 못할 것이며, 반대로 이러한 방식은 남자아이들의 폭력에서 변화를 설명하는데 중요한 방식이 될 것이다.(P. 303)

역사적 사건 연구 (HISTORICAL EVENTS RESEARCH)

역사적 방법의 중심 생각은 다른 시간과 장소와 비교를 할 때 비로소 사회적 과정들에 대한 이해를 높일 수 있다는 것이다. 비록 어느 정도까지의 과거에 행해진 연구를 역사적으로 고려할 것인가에 대해서 결정할 정확한 기준은 없지만, 진행되고 있는 대부분의 연구 이전의 기간을 역사적이라고 고려하는 경향이 있다.

사회과학에서 역사적 연구는 전통적인 역사적 연구와는 분명한 차이를 가진다. 왜냐하면, 역사적 사건에 대한 단지 상세한 사실 중심의 묘사 대신에 연구자들은 역사적 사건에 대해 일반적인 이론적 설명을 개발하려고 하기 때문이다(Monkkonen 1994:8). 사회과학자들은 역사적 사건의 상세한 내용을 무시하는 것은 아니다. 대신 일반적인 방식을 인식하기 위해 특별한 사건을 해부한다(Abrams 1982:200). 그러나 전통적인 역사에서처럼, 과거에 집중하는 것은 특별한 방법론적 도전을 제시한다. 문서와 다른 증거는 잃어버리거나 손상을 입을 수 도 있으며, 가치가 있는 뉴스 가치가 있는 인물 그리고 쓰기 쉬운 경향이 있는 것들에 대한 편향된 표본을 대표한다는 것이다. 과거 사건에 연루된 사람들의 느낌들을 재구성하는 것은 어렵다. 그럼에도 많은 역사적 기록들은 과거에 일어났던 사건에 대한 체계적인 연구를 지지할지도 모른다. 과거 사건들에 대한 연구가 오래 기간 동안의 과정들을 따르지 못할 때, 기본적으로 횡단적일 경우, 일반적으로 역사적 사건 연구(historical events research)라고 불린다. 과거 사건에 대한 연구자들은 그들이 이후의 발전에 중요한 역할을 하거나 일반 이론의 주장을 검증할 기회를 제공할 것이라는 믿음으로 과거사건 연구에 대한 동기가 될지도 모른다(Kohn, 1987).

EXHIBIT 10.1 폭력 비행, 성에 대한 정의, 폭력에 관한 정의를 측정하기 위해 사용되어진 국가 청소년 설문조사에 사용된 질문들

폭력 비행

아래의 항목은 수치화 되었다. 1 = 결코; 2= 일 년에 한번 또는 두 번; 3 = 2-3개월 마다 한번 또는 두 번; 4 = 한 달에 한번; 5 = 2-3주에 한번; 6 = 일주일에 한번; 7 = 일주일에 2-3번; 8 = 하루에 한번; 9 = 하루에 2-3번

과거에 얼마나 자주 당신은

a) 단순한 주머니 칼 외에 다른 숨긴 무기를 가지고 다녔는가?
b) 누군가를 심각하게 다치게 하거나 죽이려는 생각을 가지고 누군가를 공격하였는가?
c) 폭력집단 싸움에 연루되었는가?
d) 학교에서 선생님이나 다른 어른들을 때리거나 때리기 위해 협박을 한 적이 있는가?
e) 당신의 부모님을 때리거나 때리기 위해 협박을 한 적이 있는가?
f) 다른 학생들을 때리거나 때리기 위해 협박을 한 적이 있는가?
g) 그들의 의지에 반해서 다른 사람들과 성적인 관계를 가졌거나 가지려고 시도한 적이 있는가?
h) 다른 학생들로부터 돈이나 물건을 뺏기 위해 힘을 사용한 적이 있는가?
I) 학교에서 선생님이나 다른 어른들로부터 돈이나 물건을 뺏기 위해 힘을 사용한 적이 있는가?
j) 다른 사람들로부터(학생이나 선생님이 아닌)돈이나 물건을 뺏기 위해 힘을 사용한 적이 있는가?

폭력에 대한 정의

다음의 질문들은 수치화 되었다. 1 = 강하게 동의하지 않다; 2 = 동의하지 않다; 3 = 동의하지도 동의하지 않는 것도 아니다; 4 = 동의하다; 5 = 강하게 동의하다.

a) 당신의 친구들로부터 존경을 얻기 위해, 가끔 다른 아이들을 때리는 것이 필요하다.
b) 만약 누군가가 당신을 더러운 이름으로 부른다면, 그 사람을 때리는 것은 상관없다.
c) 만약 누군가가 싸움을 시작했다면, 상대방을 때리는 것은 상관없다.
d) 당신이 원하는 것을 누군가로부터 얻기 위해 그 사람을 때리는 것은 받아들일 수 있는 일이다.

성에 대한 정의

a) 일반적으로, 아버지는 아이를 양육하는 일에서 어머니 보다 높은 권위를 가져야만 한다.
b) 아이를 가진 여자는 아무도 가족을 돌보는 사람이 없지 않는 한 집 밖에서 일하지 말아야 한다.
c) 결혼생활에서 아이들을 돌보고 가정에 신경 쓰는 것에 대한 책임은 여성에게 있다.
d) 여성은 너무 감정적이어서 문제를 잘 해결하지 못할 것이다.
e) 여성은 신체적, 감정적으로 남성보다 약하기 때문에 남성의 보호와 지원이 필요하다.

출처 : Heimer and De Coster, 1999, Reprinted with permission.

사례연구 : 일곱 마틴스빌

일곱 마틴스빌: 인종, 강간, 그리고 사형에서 Eric Rise(1995)는 역사적 사건 연구에 대한 심도 깊은 연구를 제공하였다. 1949년 1월 8일, 버지니아 마틴스빌에서 32세의 백인여성이 자신을 성폭행한 7명의 젊은 흑인을 고소하였다. 이들이 일곱 마틴스빌이다. 범죄혐의로 고소된 이틀 동안, 주 그리고 지방 경찰은 용의자들을 체포하였으며, 이들로부터 자백을 받았다. 11일 안에 모든 공판 절차가 진행되었고, 6명의 배심원들은 유죄를 결정하였으며, 사형 선고를 내렸다. 1951년 2월 첫 번째 주에 버지니아 주 교도소에서 이들은 모두 전기의자에서 사형되었다. 아프리카계 미국인들이 그들의 권리를 강력하게 주장하였을 때, 사형은 남부지역의 인종적 법규를 어긴 흑인들에게 주어지는 극명하고 가혹한 처벌을 상기시킨다.

사례에 대한 분석에서, 에릭 라이즈(Eric Rise, 1995)는 풍부한 역사적 문서를 조사하였다:

1. 버지니아 주립 도서관, 뉴욕 공공 도서관, 트루먼 도서관, 켄터키 대학의 마가렛 킹 도서관, 미국 국가 기록 보관소에서 사건과 관련해서 변호사가 만든 법적인 문서들이 사용되었다.
2. 버지니아 마틴스빌 법원 사무실에서 사건의 공식적인 기록물이 사용되었다.
3. 버지니아 주 대법원에서의 공소장이 사용되었다.
4. 대법원에서의 관련된 사건의 법률이 사용되었다.
5. 1946-1951년 사이에 버지니아 교정국에서의 연간 보고서가 사용되었다.
6. 마틴스빌 블루틴, 뉴욕 타임즈, 워싱턴 포스터를 포함하는 16개의 지방 그리고 전국 언론에서부터 사건을 설명하는 신문을 사용하였다.

많은 피의자, 빠른 공판 절차, 다수의 인원에 대한 사형은 유색인종의 전진을 위한 국가 조직(NAACP)과 국가 인권 조직(CRC)등 두 개의 국가 조직의 관심을 끌었다. 배심원의 가혹한 판결에 대한 차별적 특징과 더불어, 라이즈(1995)는 이 사건에서 정의를 방해하는 또 다른 요인은 이러한 두 개의 조직사이에서의 높아진 긴장과 적대감이라는 것을 발견하였다. 아이러니하게도, 두 개의 조직 모두 일곱 마티스 빌에서 정의를 획득하려 노력하였다.

국가 인권 조직(CRC)은 급진적인 사회주의 조직이었으며, 극단적인 반사회주의 정서가 유지되는 동안에는 유색인종의 전진을 위한 국가 조직(NAACP)를 포함하여, 대부분의 인권운동 조직들은 국가인권 조직과 연대된 것처럼 보이기를 원치 않았다. 라이즈(1995)의 역사적 서류에 대한 분석은 이들 두 개의 조직사이에 극단적인 분쟁을 발견하였지만, 그들 모두 경쟁적으로 일곱 마틴스빌 사건을 대표하는데 대대적인 광고를 시도하였다. 물론 국가인권 조직의 목표는 일곱 남자들을 위한 정의를 획득하는 것이 아니라, 미국에서 인종적 경제적 억압에 대한 자본주의자들의 음모를 밝히는 것이었다. 사건을 대표하려고 시도하였던 각각의 조직들은 전략에서 기본적인 불일치를, 동기에서 뿌리 깊은 의심, 회원 모집을 위한 극단적인 경쟁을 가지고 있었다(P. 68). 협동은 항소과정에서 결코 이루어지지 않았기 때문에, 양쪽 집단은 그들 자신의 이데올로기적 조직적 이익에 부합되는 방법으로 사건을 다루었다. 물론 결과는 치명적이었다. Rise가 언급한 것처럼, 하나의 성폭행 사건으로 그렇게 많은 남성들에게 사형이 집행된 적이 없었으며, 성폭력으로 이처럼 높은 수준의 제재가 일어난 적도 없었다(p. 3).

라이즈(1995)의 분석은 이러한 역사적 사건이 다음의 발달에 중요한 결과를 가지고 있다는 것을 드러냈다. 일곱 마틴스빌의 항소과정에서 백인과 아프리카계 미국인 피의자 사이에 발생했던 사형 판결의 차이는 근대 법학에서 상당하였다는 것을 보여주었다. 특히, 마틴스빌 사건은 성폭행 범죄의 사형판결에서 인종적 차이에 도전함으로 법적 평등을 주장한 첫 번째 사건이었다. 마틴스빌 사건 이후, 인권 변호사는 아프리카계 미국인들을 위한 평등한 정의를 추구하기 위해 법의 평등한 보호를 사용하였을 뿐만 아니라, 사형제도의 폐지를 위한 증거로서 마틴스빌 사건을 이용하였다.

비교 방법론 (COMPARATIVE METHODS)

미국 형사사법 과학학회의 회장, 리처드 베넷(Richard Bennett, 2004)의 연설에서, 형사정책과 범죄학에서 비교 방법론적 연구는 2001년 9월 11일 테러이후 새로운 중요성을 제기하였다. 물론 동일한 장소에서 자료를 연구하는 한계점들로 인해 많은 사회과학자들에게 다양한 지역적 독립체들 사이에서 비교연구를 수행하는 것을 강조해왔으며, 비교 연구는 최근에 급속하게 증가하고 있다. 베넷은 비교 연구(comparative research)에서 두 가지 형태를 서술하였다.

1. 국가의 형사정책 시스템 또는 범죄의 범위, 본성, 구조를 이해하는 연구를 서술적 비교 연구(descriptive comparative research)라고 한다.
2. 국가 시스템이 어떻게 작용하고 어떤 요인들이 그들의 작용과 연관되는지에 관한 연구는 분석적 비교 연구(analytic comparative research)라고 한다.

비교 연구의 범위에서는 다양성이 존재한다. 한 개의 국가를 분석할 수 있으며, 몇 개의 국가를 비교 할 수도 있으며, 어떻게 문화들과 국가들이 그들의 국경을 초월한 범죄를 다루어왔는지를 연구하는 초국가적인 연구(transnational research)를 실행할 수 도 있다. 테러리즘을 조사하는 것은 초국가적인 연구의 한 가지 형태라 볼 수 있다. 베넷(2004)은 2001년 테러리스트에 의한 공격의 결과 중의 하나는 테러리즘은 국제적이고 초국가적인 범죄행동과 불가분하게 연루된다는 것에 대한 충격적인 인식이었다고 주장하였다. 어떻게 범죄자들이 그리고 테러리스트 조직이 자신들의 자금을 모으고, 국가적 경계를 초월한 범죄 행위를 분석하고 연결하려고 하는 무능함을 활용하는지 이해할 필요가 있다(p. 8). 비록 비교 연구 방법론은 가끔 국가 비교 연구를 수행하지만, 주나 도시와 같은 더 작은 집합체를 연구하는 연구들 역시 비교 연구의 우산 아래 포함될 수 있다. 비교 연구 방법론은 한 가지 장소에 제한된 횡단면 연구 보다 사회적 관계에서 더 넓은 시야를 가질 수 있도록 해 준다.

사례연구 : 국가 간 살인범죄 연구

범죄학에서 시도된 첫 번째 대규모 비교 연구 중에 하나는 아처와 가트너(Archer and

Gartner, 1984)에 의해 만들어진 비교 범죄 자료 파일(CCDF)의 발달이었다. 아처와 가트너는 현장에서 비교 연구의 필요성에 대한 잘 표현하였다.

> 국가 간 비교의 필요성은 범죄와 폭력 연구에서 특별히 중요하다. 왜냐하면, 이러한 현상에서 국가 간 차이점들은 매우 크기 때문이다. 몇몇 사회에서는 살인은 매우 자주 일어나고, 결과적으로 사망의 일상적인 원인 중의 하나이다. 하지만 다른 국가에서는, 살인은 매우 드물게 나타나기 때문에 살인이 일어날 때, 국가적 관심을 받게 된다(p. 4).

비교 범죄 자료 파일은 계속적으로 갱신된다. 그러나 처음에는 대략 1900년에서 1970년 동안의 기간을 포함하여 44개의 중요한 국제도시들과 110개의 국가들로부터 범죄와 폭력 자료를 포함하였다. 그들의 연구에서, 아처와 가트너(1984)는 CCDF를 이용하여 많은 질문들을 연구하였다. 이러한 연구질문 중에 하나는 전쟁에 연관된 국가 안에서 전쟁은 전쟁 후 살인수준을 증가시킨다는 생각과 관련된 것이었다. 국가 안에서 전쟁 후 폭력에 대한 전쟁의 효과에 대한 몇 가지 이론적 모형들이 존재한다. 예를 들어 사회연대 모형은 전쟁 중에 폭력은 감소한다고 주장한다. 왜냐하면 국민들 사이에 사회적 연대가 증가하기 때문이다. 개인적 수준에서는 폭력 참전용사 모형은 국가의 폭력 수준은 전쟁 후 돌아온 전쟁 참전용사의 폭력행위가 증가하기 때문에 증가한다고 주장한다. 사회적 수준에서는, 폭력의 합법화 모형은 전쟁 중에 국가는 사람을 죽이는 것을 금지한 것을 뒤바꾸고, 전쟁 중에 살인으로 간주되는 폭력 행위를 존중한다. 이 모형에서 폭력의 사회적 용인과 적법화는 인간의 생명을 빼앗는 것에 반하는 억제력에 대한 계속적인 감소가 전쟁 후에도 국가에서 폭력 수준의 증가를 가져올 것이라고 예상한다.

전후 폭력에서 전쟁의 효과를 연구하기 위해서, 아처와 가트너(1984)는 2개의 세계대전을 포함하여 많은 크고 작은 전쟁의 전후에 대해 국가 간 비교하였다. Exhibit 10.2는 교전국에서 살인의 증가 또는 감소를 보여주었으며, 통제된 국가는 두 번의 세계대전에 포함되지 않은 국가들이다. 또한 연구자들은 전쟁에서 사망자들의 수, 국가가 전쟁에서 승리하였는지, 국가가 전쟁 후 경제가 좋아졌는지, 남녀 모두에 의해 저질러지는 살인범죄의 몇 가지 형태를 포함하여, 전쟁과 관련된 많은 다른 요인들을 통제하였다. 연구자들은 분석에서 대부분의 교전국은 크고 작은 전쟁 후에 살인범죄의 비율이 높게 증가하였다는 것을 발견하였다. 아처와 가트너는 다음과 같이 결론지었다.

연구 결과와 가장 부합되는 모형은 전쟁동안 사람을 죽이는 것을 허용하는 것은 평화시에 사회에서 살인의 수준에 대한 잔여 효과를 가진다는 폭력의 합법화 모형이다.(P. 96)

EXHIBIT 10.2 세계 1, 2차 대전 후에 참전국과 통제 국가에서 살인 범죄에서의 변화

참전국

비율 감소	비율 변화 없음	비율 증가
Australia (I)	England (I)	Belgium
Canada (I)	France (I)	Bulgaria
Hungary (I)	S. Africa (I)	Germany
Finland (II)	Canada (II)	Italy (I)
N. Ireland (II)		Japan (I)
U.S. (II)		Portugal (I)
		Scotland (I)
		U.S. (I)
		Australia (II)
		Denmark (II)
		England (II)
		France (II)
		Italy (II)
		Japan (II)
		Netherlands (II)
		New Zealand (II)
		Norway (II)
		Scotland (II)
		S. Africa (II)

통제국가

비율 감소	비율 변화 없음	비율 증가
Norway (I)	Ceylon (I)	Finland (I)
Ceylon (II)	Chile (1)	Thailand (I)
Chile (II)	Netherlands (I)	Colombia (II)
El Salvador (II)		Sweden (I)
Ireland (II)		Turkey (II)
Switzerland (II)		
Thailand (II)		

출처 : Archer and Gartner, 1984, Table 4.1. Reprinted with permission of Yale University Press.

최근에 새비지, 베넷, 그리고 대너(Savage, Bennett, and Danner, 2008)는 사회 복지 지출과 살인사이의 관계를 조사하였다. 사회 복지 지출은 의존성을 증가시키고 개인적 추진력을 약화시켜서 범죄를 증가시키는가? 또는 사회에서 기회의 불균등을 바로잡고 그러한 불평등이 일어나는 긴장상태의 결과를 완화시킴으로써 결과적으로 범죄를 감소시키는가? 미국의 다양한 지역에서 복지지출에서의 변화를 보았을 때, 결과는 두 번째 생각을 지지하는 것으로 나타났다. 새비지와 그의 동료들(2008)은 1960년과 1984년 사이에 전 세계의 52개 다양한 국가 표본의 자료를 포함하는 범죄 연관성이란 불리는 자료를 사용하였다. 자료는 인터폴, 유엔, 세계은행, 국제 노동 기구와 다른 자료 역시 포함하고 있다.

사회 복지 지출은 1980년 세금에 맞추어, 일인당 사회적 복지 프로그램과 동일한 미국 달러에서 정부 지출의 양으로서 조작화하였다. 변수는 연간 국가 간 사회적 복지 지출의 총액수를 인구에 의해 나누었으며, 소비자 가격 지수에 의해 한 번 더 나누었다. 새비지와 그의 동료들(2008)은 국내총생산, 도시지역의 거주인구의 비율, 여성 노동 참가, 실업등과 같은 다른 요인들을 통제하였다. 살인범죄율과 더불어, 그들은 다른 종속변수로서 절도비율을 사용하였다. 그들은 사회 복지 지출은 절도와 살인 범죄 모두와 음으로 연관되어 있으며, 사회복지 지출이 증가할수록 이러한 범죄는 일반적으로 감소하였다.

내용 분석 (CONTENT ANALYSIS)

신문 그리고 텔레비전 뉴스와 같은 미디어가 범죄의 본질을 정확하게 잘 설명하고 있는가? 이러한 질문에 대답하기 위해, 이 책에서 이미 서술하였던 방법론들을 사용하는 것은 그렇게 도움이 되지 않을 것이다. 그러나 내용분석은 도움이 될 수 있다. 내용 분석(content analysis)은 메시지 특성들의 조직적, 객관적, 양적 분석이다(Neuendorf, 2002:1). 이러한 방법을 사용하여 대중 언론과 다른 자료를 통하여 전달되는 메시지의 특성을 연구함으로써 인기 있는 문화와 다른 많은 문제들에 대해서 배울 수 있다.

내용 분석의 목표는 기사로부터 추론하는 것이다(Weber, 1990). 당신은 내용 분석에 대해 몇몇 문서 또는 이전의 의사소통을 통한 설문조사로 간주할 수 있다. 사실 내용 분석은 통계적으로 분석할 수 있는 양적 자료를 생산할 수 있는 고정된 선택 응답으로 계획된 설문조사이다. 이러한 방법은 신문뉴스와 영상 내용에 처음으로 적용되었으며 세계 2차 대전에서 나치 선전 방송의 분석을 위해 조직적으로 발달했다. 그러나 과거로부터 다른 목소리, 연설기록, 역사적 문서를 연구하기 위해 사용되어질 수도 있다(Neuendorf, 2002:31-37).

내용 분석은 어떤 측면에서는 질적 자료 분석과 비슷하다. 왜냐하면 글에서 확인된 구성 사이의 관계를 확인하고 글을 수치화하고 분류하는 것을 포함하기 때문이다. 그러나 내용 분석은 일반적으로는 양적 분석 과정으로 간주될 수 있기 때문에, 내용분석은 질적 분석과 최소한도 내에서 공통점을 가진다. 중요한 점은 내용 분석이 기사의 질적인 부분에 집중한다는 것이다. 내용 분석은 이미 존재하는 기사로부터 자료를 가져오는 과정이 포함되기 때문에 이차적 자료 분석과 유사점을 가지고 있다. 그러나 이전에 수집된 양적 자료의 이차적 분석과는 달리 새로운 형태의 분석을 포함한다. 내용 분석은 일차적 자료의 표본 추출과 측정 역시 포함한다. 질적 연구의 이차적 분석과는 달리, 내용 분석은 주로 양적인 기법들이 자료의 분석과 수치화에 적용된다. 이러한 차이점들은 내용 분석에 모든 형태의 기사, 시각적 이미지, 소리, 상호 교류들이 사용될 수 있다는 것을 인식하였을 때 더욱 모호해진다.

기록물과 다른 문서자료의 모집단 확인
(Identifying a Population of Documents or Other Textual Sources)

분석을 위해 선택되는 문서의 모집단은 관심 있는 연구의 질문에 적합해야만 한다. 내용 분석에서 조사될 수 있는 분석 단위는 신문, 책, 영화, 유명한 연설, 텔레비전 쇼등 다양하다. 가끔 광범위한 보관 문서는 분석에 필요한 주요 자료를 제공할 수 있다(Neuendorf, 2002). 렉시스렉시스사(LexisNexis)는 분석을 위한 많은 문서와 신문기사의 제공이 가능하다. 이러한 분의 단위의 언어와 특성들은 연구의 질문에 포함되는 변수들을 측정하기 위해 수치화된다. 분석 연구는 몇 가지 단계를 가지고 진행된다(Weber, 1985).

연구를 위한 문서와 다양한 형태의 모집단 확인하기. 이러한 모집단은 연구의 관심 질문에 적합하게 선택되어야 한다. 아마도 모집단은 미국에서 발간된 모든 신문, 대학신문, 정치적 전당대회에서의 유명한 연설, 국가적 지도자에 의한 국가 상황에 대한 연설 등이 될 것이다.

연구단위 결정. 신문의 기사, 전체 신문, 연설, 정치적 전당대회 등이 될 수 있다.

모집단으로부터 연구단위의 표본 선택. 가장 간단한 전략은 문서의 간략한 무작위 추출 표본이다. 그러나 층화 표본추출은 크고 작은 도시의, 주말 신문, 일요일 신문, 그리고 선거 기간동안의 정치적 연설 등에서 지역의 적절한 대표성을 확보하기 위해 필요할 수도 있다.

측정되는 변수를 위한 과정을 부호화하는 설계. 이 과정은 언어, 문장, 단락, 주제 등과 같이 어떤 문서들이 부호화 될지를 결정하는 것을 말한다. 다음에는 부호화 되는 단위의 범위가 정의되어야 한다. 이러한 범위들은 민주주의를 지지하는 것과 같이 광범위하거나, 보통 선거권을 지지하는 것과 같이 좁을 수 있다.

부호화 과정을 검사 또는 재정립하기. 부호화 하는 사람에게 명확한 지시와 조심스러운 훈련이 필수적이다.

특별한 사항의 발생에 대한 기본적인 통계적 분석. 이것을 단어, 주제 또는 구가 될 수 있으며, 다른 변수들 사이에서 관계를 검사할 필요가 있다.

신뢰 있고 타당한 부호화 과정은 쉬운 작업이 아니다. 단어와 구의 의미는 가끔 모호하다. 특별한 의미를 가지는 많은 구들처럼 동형이의어(*mine*같은 단어는 다른 환경에서는 다른 의미를 가진다)는 특별한 문제들을 만들기도 한다(Weber, 1985). 결과적으로, 부호화 과정들은 간단하게 단어를 분류하거나 셀 수 없다; 단어 속에 내포하고 있는 기사의 부분은 부호화가 마무리되기 전에 조심스럽게 검토되어야 한다. 왜냐하면 같은 기사 부분이라도 다르게 부호화 할 경우에 다른 의미를 가지기 때문이다. 부호화의 일관성을 확보하기 위해 명백한 부호화의 원칙들이 필요하다. 관심 분야의 분류들이 연구에서 어떻게 정의되었는지를 계속해서 추적하기 위해 특별한 사전들이 발달될 수 있다(Weber, 1985).

부호화 과정이 시작된 후에 그들의 신뢰성은 같은 변수들을 위한 다른 연구자들의 부호화를 비교함으로써 평가될 수 있다. 내용 분석을 위한 컴퓨터 프로그램은 신뢰성을 증가시키기 위해 사용될 수 있다(Weber, 1985). 어떤 규칙이 적용되는지 상관없이 기사 또는 글을 부호화하기 위해 사용되어지는 프로그램은 일관적으로 적용되어야 한다. 글의 양적 내용 분석을 판단하기 위한 기준은 다른 양적 연구 방법으로 수집된 자료와 같은 타당성 기준이 적용되어야 한다. 표본 추출의 과정, 측정의 신뢰성과 타당성, 어떤 인과 결과를 강화시킬 수 있도록 사용되어진 통제 변수에 대해서도 검토해보아야 한다.

내용 분석에서 다양한 과정은 Exhibit 10.3의 순서도에서 표현되어 있다. 과정은 질적 조사연구에서의 과정과 비교가 가능하다. 이러한 순서도를 내용분석을 설계 또는 비판할 때 검토 사항으로 사용해 보도록 하라.

EXHIBIT 10.3 내용 분석 연구의 전형적인 과정에 대한 순서도

1. 이론과 이유: 어떤 내용이 연구될 것인가? 이러한 특별한 메시지 내용이 연구할 만한 중요한 것인가를 나타내는 어떤 이론들이나 관점들이 있는가?
도서관 작업은 좋은 문헌 분석을 위해 필요하다. 통합적인 모형을 사용할 것인가?
당신은 연구 질문이 있는가?
가설은?

2. 개념화: 어떤 변수들이 연구에서 사용될 것인가? 그리고 어떻게 개념적으로 그들을 정의할 것인가? (예, 사전 형태의 정의) 기억하라. 당신이 가장 우두머리이다! 주어진 구조를 정의하는 수많은 방법이 있고 지금 아무도 없다. 당신이 분석하고자 하는, 당신이 원하는 모든 것을 당신이 포함하고 있음을 확신하기 위해 당신은 내용의 몇몇 예를 검열하기를 원한다.

3. 조작화(측정): 당신의 측정은 당신의 개념화와 일치해야 한다. 데이터의 어떤 단위를 당신이 볼 것인가? 당신은 한 개 이상의 단위를 가질 수도 있다(예. 듣는 사람 측에서의 부호화와 말하는 사람 측에서의 부호화). 변수들이 잘 측정되었는가?
(예. 가장 높은 수준의 측정으로, 상호 배타적인가
그리고 망라적인가?) 모든 측정을 설명하는 이전의 부호화 과정이 만들어 져야 한다.
표면 타당성과 내용 타당성 모두 이 시점에서 평가되어야 한다.

사람에 의한 부호화 ↙ ↘ 컴퓨터에 의한 부호화

4a. 부호화 계획: 당신은 다음의 사항들을 만들 필요가 있다.
  a. 부호화 서적(모든 변수 측정이 완전하게 설명되어야 한다)
  b. 부호 형태

↓

사람에 의한 부호화

4b. 부호화 계획: 내용 분석을 위한 컴퓨터 문자와 더불어 당신은 여전히 어떤 종류의 부호화 서적이 필요하다.
당신은 기본적인 사전을 사용할 수 있고 최초에 만들어진 사전들을 사용할 수도 있다. 전형적인 사전을 만들고 자 할 때, 당신의 글 표본으로부터 빈도의 목록을 만드는 것을 확실히 하고 핵심 단어와 구를 조사해 보아라.

↓

컴퓨터에 의한 부호화

5. 표본 추출: 내용 분석을 가능하게 하는 인구 조사가 있는가? (만약 그렇다면 6으로 가라). 내용의 하부를 무작위 표본추출 할 것인가? 이것은 시간, 이슈, 페이지, 통로 등에 의해 가능할 수 있다.

6. 훈련과 시험 신뢰성: 부호를 만드는 사람이 함께 작업할 수 있는 훈련 기간을 만들고 그들이 변수들의 부호화에 동의할 수 있는지를 알아보라. 다음에 독립적인 부호화 검증, 각각의 변수에 대한 신뢰도 검증을 실시하라. 각각의 단계에서 필요에 따라 부호화 책과 부호화 형태를 바꾸어라.

7a. 부호화: 내적 부호화 신뢰성을 확립하기 위해 최소한 부호를 만드는 사람 두 명을 사용하라. 부호화는 독립적으로 행해져야 하고, 최소한 신뢰성 검증에서 10%정도 겹쳐져야 한다.

7b. 부호화: 각각의 사전을 위해 단위 당 빈도를 생산하기 위한 표본 글에 사전들을 적용하라. 타당성을 위한 현장 검증을 실시하라.

사람에 의한 부호화

컴퓨터에 의한 부호화

8. 마지막 신뢰성: 각각의 변수들을 위하여 신뢰성을 계산하라(동의 비율, Scott Pi, Spearman' s rho, 또는 Pearson' s r)

9. 도표 작성과 보고: 결과가 보고될 수 있는 방법을 보기 위해 여러 가지 내용 분석 결과를 보아라. 표와 통계수치는 한 번에 한 개의 변수를 보고할 수 있고, 변수들은 교차분석을 통해 다양한 방식으로 보고가 가능하다. 시간적 추세는 공통적인 보고 모형이다. 결국 내용 분석 변수와 다른 측정들 사이에서의 관계는 기준과 구성 타당성을 확립할 수 있다.

출처 : Neuendorf, 2002:50-51. Copyright 2002. Reprinted with permission from Sage Publication, Inc.

사례연구 : 범죄에 대한 언론 표현

언론 매체와 범죄에 관심 있는 연구자들은 내용 분석을 많은 방식으로 사용해왔다. 예를 들어 대중매체에서 제시된 범죄 현상을 분석하는 학자들은 범죄에 대한 신문이나 텔레비전의 내용이 가끔 부정확하고 잘못되었다고 결론지었다; 너무 많은 내용들이 폭력범죄에만 할당되었고, 기자들은 높은 지위의 범죄자 또는 범죄 검거와 같은 선정적인 문제에만 관심을 가지는 경향을 보였다.

한 가지 형태의 텔레비전 프로그램은 범죄 이론이 극적으로 보이기 위해서 실제적 범죄를 묘사하는 짧은 글을 제시하기도 한다. 이러한 극화는 배우들, 실질적 사진 또는 영상 장면, 그리고 경찰을 관찰한 인터뷰 등을 특징으로 한다. 시청자들은 범죄와 관련된 정보를 대표하는 프로그램이나 경찰에 전화를 걸도록 설득되어지고, 경찰은 이러한 전화를 받도록 텔레비전 스튜디오에서 대기하고 있다. 미국의 두 개의 프로그램 America's Most Wanted와 Unsolved Mysteries가 대표적인 것이다.

이미지의 분석을 위해 프로그램은 시청자들에게 보내지고, 캐벤더와 본드-모핀(Cavender and Bond-Maupin, 2001)은 1월 25일에서 5월 31일 사이에 방영된 두 가지 프로그램의 내용 분석을 실행하였다. 이 시기동안 방영된 모든 프로그램은 영상으로 녹화되었으며, 77개의 범죄 단편을 포함하는 16개의 하위 표본은 무작위로 선정되었다. 범죄 단편은 연구의 분석단위로 역할을 하였다. 자료 수집에 사용된 부호화 규범은 프로그램의 3가지 측면에 집중하였다.

1. 인구통계. 범죄의 형태와 범죄, 범죄자, 그리고 피해자에 대한 일반적 정보
2. 특징화. 야만성, 위험성, 또는 피해자의 취약성과 같은 범죄, 범죄자, 그리고 피해자에 대한 구체적 서술 등
3. 세계관. 사람과 장소에 대한 비교적 안정성, 범죄 테러와 무작위성 그리고 청취자가 범죄에 대해 해야 할 것은 무엇인가.

Exhibit 10.4는 두 가지 프로그램에 대해 범죄자 형태를 묘사한 프로그램 표현의 비율을 나타낸다. 이전의 연구와 일치하게, 캐벤더와 본드-모핀(2000)은 이러한 프로그램들은 사람과 관련된 폭력 범죄에 대부분의 관심을 두고 있음을 발견하였다. 회사 그리고 정치적 범죄자들에 대한 표현은 거의 없었다.

캐벤더와 본드-모핀(2000)은 이러한 프로그램에서 대부분의 범죄자들은 사회적 통제와

회복의 도움이 전혀 도움이 되지 않는 위험한 범죄자로 묘사되었다. 게다가, 두 가지 프로그램 모두 규칙적으로 미친 살인자, 사이코, 미치광이, 정신 분열병 환자, 정서장애, 감정을 느끼지 않는 등과 같은 정신적 일탈적 특징을 가지고 있는 것으로 범죄자를 묘사하였다. 다른 범죄자들은 악마 추종자, 폭력 집단 일원, 마약 판매상으로 묘사되었다. 반대로 피해자들은 일반적으로 당신의 이웃으로 두고 싶은 정직한 시민으로 묘사되었다. 캐벤더와 본드-모핀이 지칭한 선과 악의 이분법을 성취하기 위해 카메라는 가끔 피해자의 시각을 지지하였으며, 범죄자에 대항하여 피해자와 청중이 함께 하도록 만들었다.

캐벤더와 본드-모핀(2000)은 특별히 어떻게 프로그램의 영상 기술이 프로그램의 재미를 만들기 위해 사용되어졌는가에 관심이 있었다. 그들은 대부분의 폭력 범죄에서 피해자의 부상 위치와 수를 포함하여 사건의 생생한 부분이 표현되었다. 예를 들어 한사람의 피해자가 심장을 30번 정도 찔렸으며, 다른 피해자는 5번의 총알을 맞았으며 결과적으로 과다출혈로 사망하였다. 이러한 행동들을 선정적으로 만들기 위해, 몇몇 프로그램에서는 범죄자가 총을 꺼내고 피해자를 쏠 때 총구 섬광을 잡기 위해 느린 속도록 영상의 빠르기를 줄이기도 하였다. 캐벤더와 본드-모핀이 생각한 두려움의 신호는 시청자의 관심을 끌기 위해 프로그램에 의해 빈번하게 도입되었다. 예를 들어 쇼 호스트가 밤에 황량한 도로위에서 갑자기 등장하여, 도움을 청해도 아무도 들을 수 없는 고속도로에서 운전하는 사람들이 가지는 공통적인 두려움을 만들었다. 종합하자면, 캐벤더와 본드-모핀은 두 개의 프로그램 모두에 의해 시청자들에게 보내진 메시지는 위험은 어디에서나 있으며, 피해자를 기다리고 있다는 것을 시청자들에게 암시하였다고 결론을 내렸다.

범죄 지도화 (CRIME MAPPING)

범죄 지도의 이미지에 대해 당신들 대부분이 가지는 것은 경찰서의 큰 벽의 큰 지도에서 범죄 사건이 일어난 장소를 확인하기 위해 지도위에 꽂혀있는 압정을 상상할 것이다. 그러나 컴퓨터 기술의 발달과 함께, 범죄 지도는 발전된 통계적 자료의 분석 형태가 되었다. **지리정보 시스템(geographic information system, GIS)**은 1990년 이후 연구자들에게 범죄 지도를 가능하게 만들어준 소프트웨어 도구이다. 레이첼 보바(Rachel Boba, 2009)는 범죄 지도를 범죄 문제와 다른 경찰 관련 이슈들의 특별한 분석을 실행하는 지리 정보 시스템을 이용하는 과정으로 정의하였다(p. 7). 그녀는 **범죄 지도화(crime mapping)**의 세 가지 주된 기능을 서술하였다:

EXHIBIT 10.4 Unsolved masteries와 America's Most wanted 프로그램에서 나타난 표현의 수와 비율

	%	n
살인	52	40
절도 또는 사기 강탈	13	10
탈출	12	9
은행강도 또는 무장강도	10	8
불법무기 소지 또는 테러리즘	3	2
설명되지 않는 죽음 또는 실종	7	5
성폭행	5	4
납치	5	4
아동 성희롱	5	4
살해시도	3	2
마약 사용	3	2
다른 것	7	5

출처 : adapted from Cavender and Bond-Maupin, 2000.

1. 범죄지도는 범죄와 다른 사건들의 지리적 특성의 시각적 통계학적 분석을 제시하였다.
2. 범죄지도는 변수들 사이의 관계가 성립되도록 해주는 학교 정보, 빈곤 정보와 같은 인구조사와 범죄 자료와 다른 자료 소스에 대한 연결을 가능하게 해준다.
3. 분석 결과를 시각적으로 통신하도록 지도를 제공한다.

비록 이와 같은 응용 범죄 지도는 범죄 예방과 범죄자 확인에서 경찰을 돕기 위해 100년 이상 사용되어 왔음에도, 여기에서 서술하는 범죄지도의 형태는 전통적인 연구 목적들을 위해 사용되어진 지도화 기술과 관련되며(예. 범죄의 원인에 대한 이론의 검증), 수사목적을 위한 것을 아니다.

사례연구 : 사회해체와 시카고학파

일반적 연구 목적을 위한 범죄 지도는 범죄학 연구에서 오랜 역사를 가지고 있다. 일반적으로 범죄 지도의 목적은 지역사회에 분포되어 있는 사회 해체 그리고 빈곤과 같은 사회적 지표들과 함께 범죄의 공간적 분포를 확인하기 위해 사용되어졌다. 비록 범죄 지도를 처음 사용한 것은 아니지만, 쇼와 맥케이(Shaw and McKay, 1942)는 1930년대 시카고 지역 사회에서 범죄학과 소년 비행에서 대표적인 분석을 시행하였다. 연구자들은 수천 개의 청소년 비행을 지도화하였고 사회 해체와 같은 다양한 사회적 상태들과 비행 사이에 관계를 분석하였다. 1927년과 1935년 사이에 시카고에서 체포된 청소년들의 주소와 이름을 보여주는 경찰 기록을 사용하여 비행에 의한 경찰 체포 비율을 분석한 후에 쇼와 맥케이는 수년 동안 지속되는 현저한 범죄 패턴을 보았다.

Exhibit 10.5는 쇼와 맥케이(1942)에 의해 만들어진 지도 중에 하나이다. 지도는 도시의 중심에서 동심원으로 시카고 교외로 퍼져가는 비행의 공간적 분포를 표현하고 있다. Exhibit 10.5에서 표현한 것처럼, 원으로부터 거리가 멀어질수록 비행의 비율에서 감소하는 것을 알 수 있다. 다른 지역 사회의 특징적인 비율이 비슷하게 지도화 되었을 때(예, 유아 사망률, 결핵 발생 빈도, 자기 집 소유 비율, 외국 출생 비율, 사회 복지 수여 가정 비율), 결론은 명백했다. 쇼와 맥케이는 다음과 같이 결론 내렸다.

도시의 지역사회에서 공식적으로 기록된 비행청소년 비율에서의 변화량은 경제적 상태에서의 변화량과 밀접하게 연관되어 있다. 가장 높은 비율을 가진 지역사회는 경제적, 사회적, 그리고 문화적 가치의 분포와 관련하여 가장 불리한 지위를 가지고 있는 인구 집단이 거주하는 지역이다. 도시의 모든 지역사회 중에서, 이 지역사회에서는 우리의 전통적인 문화 속에서 성공과 지위를 가리키는 경제적 자산을 획득하기 위한 시설들을 가장 적게 가지고 있다. 낮은 소득 지역은 가장 높은 박탈감과 좌절감을 경험하고, 도시의 역사에서 이민자와 토착민집단이 함께 거주함으로 인해 광범위한 문화적 전통과 제도가 혼재되어 있으며, 사람들이 추구하는 사회적 가치와 전통적인 방법들로 이러한 가치들을 획득하는 시설의 유용성 사이에서 극단적인 차이가 존재하며, 살아가는 방법으로 범죄의 발달이 가장 눈에 띄는 지역이다.(PP. 318 – 319)

EXHIBIT 10.5 1931년 시카고 경찰 체포의 지역적 비율

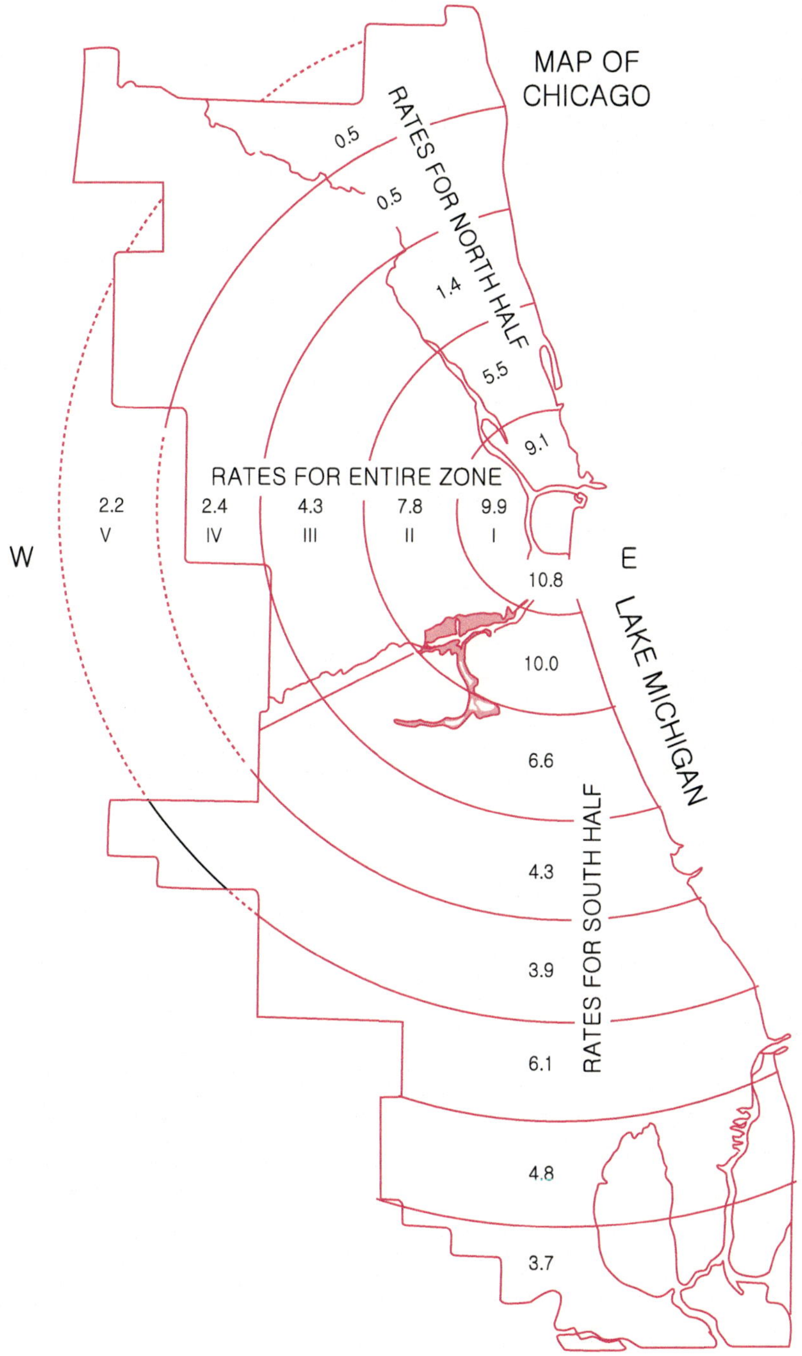

B. Zone rates of police arrests, 1927

사례연구 : 세인트루이스 폭력집단 살인

범죄학과 범죄와 관련된 문제에 관심이 있는 현재 연구자들은 더욱 향상된 범죄 지도의 제작을 가능하게 하는 더욱 복잡한 컴퓨터 기술에 접근해 왔다. 그러나 범죄 지도의 목적들은 여전히 같다: 주어진 지역에서 빈곤과 사회해체 같은 특징들과 범죄의 몇몇 범주 사이의 관계를 분석하기 위해서이다. 로젠펠드, 브레이, 그리고 에글리(Rosenfeld, Bray, and Egley, 1999)는 미주리 세인트루이스에서 폭력 범죄를 촉진하는 폭력집단의 기제를 연구하였다. 이 연구의 주된 목적은 폭력 집단 회원신분이 폭력에 구성원들을 연루되게 만드는가? 또는 단지 폭력적 사람 그리고 상황에 그들이 노출하는가를 조사하기 위한 것이었다. 로젠펠드와 그의 동료들은 1985년과 1995년 사이에 세인트루이스에서 일어난 폭력집단에 연루된 살인, 폭력집단 자극을 받은 살인, 그리고 폭력 집단에 연루되지 않은 살인사건을 비교하였다. 그들은 분석 부분에서, 사건이 일어났던 지역사회의 속성과 관련하여 폭력 집단과 비폭력 집단에 의한 살인 사건의 공간적 분포를 조사하였다.

로젠펠드와 그의 동료들(1999)은 폭력 집단 연루된 살인사건의 경우 경찰 분류에만 의존하지 않았다; 그들은 살인사건 보고서를 스스로 부호화 하였다. 살인사건의 경우 만약 살인이 폭력 집단 싸움과 같이 폭력 행위 또는 관계의 원인인 경우에는 폭력 집단의 자극을 받은 경우로 부호화 되었다. 만약 살인 사건이 경찰 보고서에 확인된 용의자 또는 피해자가 폭력 집단의 구성원을 포함하는 경우 그러나 폭력 집단의 행위에서 비롯되지 않은 경우에는 폭력 집단에 단순하게 연루된 살인으로 부호화 되었다. 예를 들어 폭력 집단 구성원이 강도 중에 살인을 당한 경우 폭력 집단 동기화가 아니라 단지 폭력 집단이 연루만 된 경우이다. 마지막으로 10살에서 24살 까지 연령의 용의자 사건 기록에서서 폭력 집단의 활동이나 연루가 전혀 없는 경우에는 폭력 집단 연루 없음으로 부호화 되었다. 이러한 세 가지 형태의 살인사건과 이들이 가진 지역적 약점(예를 들어 경제적 박탈 또는 사회 해체)과 불안정성(지역사회 주민의 이동성)과의 관계를 조사하기 위해 연구 분석단위로서 인구조사 블록 집단을 사용하였다. Exhibit 10.6은 1990년에서 1995년 동안 각각의 블록에서 지역사회의 약점에 따른 폭력집단 연루와 폭력 집단 자극으로 인한 살인 사건을 표시한 지도이다. Exhibit 10.7은 폭력 집단이 아닌 단순히 젊은이들이 연루된 살인 사건을 위한 정보를 표시한 것이다.

이러한 지도들로부터, 당신은 지역적으로 불리한 지역에서 폭력집단 연루 살인사건과 비폭력집단 살인사건이 집중되고 있음을 알 수 있다. 다른 지도들은 지역적 불안정성에 대해 비슷한 결과를 나타냈다; 살인사건은 폭력 집단 연루된 살인사건, 폭력 집단 동기화된 살인사건, 비폭력 집단 살인사건에 관계없이 어느 정도의 불안정성을 가진 지역에 집중되었다. 로젠펠드와 동료들(1999)은 다음과 같이 결론지었다.

EXHIBIT 10.6 세인트루이스 지역사회에서 폭력 집단 연루 그리고 폭력 집단 동기화 살인사건 발생지도

EXHIBIT 10.7 세인트루이스 지역사회에서 비폭력 집단 살인사건 발생지도

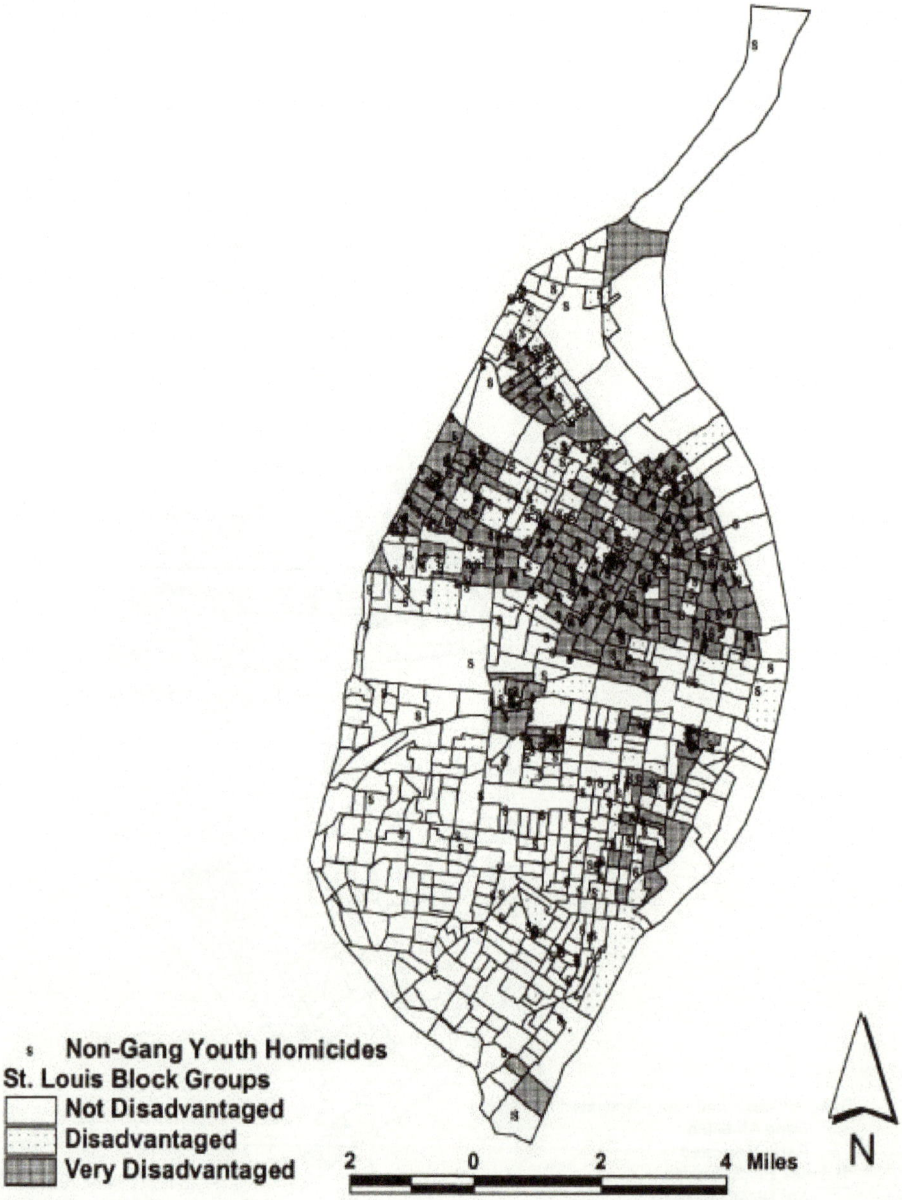

우리의 연구 결과는 사회 경제적 불리함의 수준이 높고 인종적으로 고립된 지역에 폭력 집단 그리고 비폭력 집단 살인 모두가 집중되고 있다는 강력한 증거를 보여주고 있다. 비록 폭력의 폭력 집단 연루와 관련된 많은 증거가 축적되고 있지만, 우리의 연

> 구는 도시 지역의 치명적 폭력의 기본적인 근원이 집중된 사회적 불리함과 인종적 고립이라는 것을 보여 주고 있다.(P. 514)

이러한 결론들은 쇼와 맥케이(1942)에 의해 이미 거의 한 세기 전에 주장되었던 것을 반복하고 있다. 우리는 쇼와 맥케이의 초기 연구의 서문에서 어니스트 버제스(Ernest W. Burgess)의 다음과 같은 표현을 언급하고자 한다.

> 변화를 위한 최고의 희망은 소년들이 움직이고, 살고, 의지를 가지고 제도적인 치료 후에 돌아오는 지역에서 폭력 집단을 통제하고, 지역 사회를 변화시키는 것이라는 것을 깨달아야 한다..... 우리는 범죄 예방이 치료보다는 우리의 집, 놀이터, 지역 학교, 교회, 지역사회에서 시작하는 것이 더욱 더 쉽고, 낮은 비용이 들고, 더욱 효과적이라는 믿음을 다시 확인하였다.(P. xiii)

사례연구 : 성범죄자 재범 추적을 위한 구글 어스 사용

로젠펠드와 그의 동료들(1999)에 의해 사용된 지리정보 시스템 소프트웨어가 범죄의 지리적 분포를 나타내는데 많은 연구 이점을 가지고 있지만, 다른 연구자들은 구글 어스와 같은 도구를 포함하여 다른 형태의 연구 지도를 위한 도구를 사용하기 시작하였다. 미네소타에서 등록된 성범죄자의 재범을 막기 위해서 시행했던 거주 제한 법률의 효과를 연구한 듀이, 도네이, 그리고 턱스베리(Duwe, Donnay and Tewksbury, 2008)의 연구가 이에 해당된다. 많은 주에서 성범죄자가 거주할 수 있는 장소가 제한되는 법안을 통과시켰다. 이러한 정책은 주로 학교, 보육시설, 공원 등과 같이 직접적인 접촉을 막는 것을 통해 아이를 대상으로 하는 성폭력으로부터 아이들을 보호하기 위한 의도를 가지고 있었다. 이러한 법률의 대부분은 범죄자의 전과 또는 재범가능성에 관계없이 모든 성범죄자들에게 적용되었다. 그러나 성범죄자의 재범에 이러한 법들의 효과는 아직 명확하지 않다. 듀이와 그의 동료들(2008)은 이러한 우리의 지적 관심을 채우려고 노력하였다. 그들은 1990년과 2005년 사이에 새로운 범죄로 재수감된 224명의 성범죄자를 조사하였다. 연구자들은 다음과 같은 질문을 하였다. 어디에서 처음에 피해자와 접촉하였는가? 어디에서 범행을 저질렀는가? 범죄자의 거주지와 범행이 이루어진 곳 그리고 처음으로 피해자를 접촉한 곳 사이에 물리적 거리는 어느 정도인가?(Duwe et al., 2008:488). 구글어스를 사용한 연구자들은 범죄자의 거주지, 피해자를 처음 접촉한 장소, 그리고 범죄 장소 사이에 거리를 계산하였다.

듀이와 그의 동료들(2008)은 재범을 막기 위해 분류한 네 가지 기준을 조사하였다:(a) 피해자와 접촉하였던 방법,(b) 범죄자의 거주지와 처음 접촉이 이루어진 곳과의 거리,(c) 접촉이 이루어진 장소의 형태,(d) 피해자가 18세 이하인가 여부. 거주제한을 통한 예방의 가능성을 구분하기 위해, 범죄는 어떤 조건을 충족해야만 한다. 예를 들어 범죄자는 아이들이 모이는 장소에서 범죄자의 거주지 1마일 안에서 어린 피해자와 직접적 접촉이 있었어야만 한다. 결과는 다른 모든 성폭력 범죄처럼 대부분의 범죄자들은 그들이 이미 아는 누군가를 공격하였다. 단지 35%의 성범죄자만이 피해자와 새로운 접촉을 형성하였다. 그러나 이러한 피해자들은 아이들이라기보다는 성인일 경우가 많았으며, 접촉은 일반적으로 범죄자의 거주지와 1마일 이상 떨어진 경우가 많았다. 아이들과 피해자와 새로운 접촉을 직접적으로 형성한 몇몇 범죄자들은 자신의 거주지에 매우 근접한 거리에서 접촉하였으며, 어느 누구도 거주 제한 법에 포함된 학교, 공원, 놀이터, 그리고 다른 장소가 아니었다.

그들은 거주지 제한 법률은 어린이 성추행자 사이에서 성범죄 재범을 막을 수 없다고 결론지었다. 듀이와 그의 동료들(2008)은 다음과 같이 표현하였다.

> 왜 성범죄 재범과 관련하여 거주적 근접성은 중요하지 않은 문제인가? 그것은 일반적으로 성범죄자의 재범 형태와 관련성이 있다. 성범죄자는 대부분 자신이 아는 누군가를 대상으로 하는 경우가 많다. 예를 들어 이 연구에서 피해자와 범죄자 사이에 가장 흔한 관계는 아이를 가진 여성과 관계를 형성한 남성 범죄자이다... 그들은 이러한 관계를 통해 동료 또는 아는 사람으로서 아이를 돌봐주는 형태로 그들의 피해자, 즉 아이들에게 접근한다.(p. 500)

명백하게도, 범죄지도 기술의 힘이 경찰이 범죄를 막는 것을 막지도 못하였고, 범죄와 범죄 통제와 연관된 다른 요인들을 조사하는 방법 역시 바꾸지 못하였다.

이차적 자료를 사용할 때 방법론적 문제(METHODOLOGICAL ISSUES WHEN USING SECONDARY DATA)

이 장에서 서술한 각각의 방법론은 독특한 방법론적 문제를 제시한다. 예를 들어 역사적 사건 연구와 비교 연구, 작은 사례연구, 역사적 기록, 전국적 기록에 대한 변수, 다른 문화적 언어적 환경 등은 측정, 표본, 인과적 결론에서 확실성을 제한한다. 비교 역사 연구를 위한 많은 잠재적 문제점들을 정당화하는 것은 조사되어지는 단위와 국가, 시간에 대한 상세한 지식을 필요로 한다(Kohn, 1987). 이러한 것들은 가끔 국가사이에서의 비교 그리고 심도 깊은 역사적 연구에서 장애로 작용할 수 있다.

이차적 자료의 분석 역시 몇 가지 문제점을 포함한다. 자료 수집의 방법에 대한 불확실성에서 현재의 연구가 집중하는 개념들과 일차적 연구들이 측정하는 개념들 사이에 최대한의 일치성의 부족 문제 등이 그것이다. 이차적 자료의 책임 있는 사용은 일차적 연구를 잘 이해하는 것이 필요하다. 연구자들은 다음의 질문들에 대답할 수 있어야 한다(대부분은 Riedel, 2000:55-69; Stewart, 1984:23-30에서 도출한 것이다).

1. 자료를 수집하는 정부기관의 목적은 무엇이었나? 만약 일차적 연구 자료가 연구 과제에서 획득되었다면, 연구 과제의 목적은 무엇이었나?
2. 누가 자료 수집을 책임지고 있으며, 그들의 자격은 무엇인가? 자료에 대한 질문에 응답할 수 있는가? 자료 수집 과정에서 각각의 단계는 도표로 정리되어야 하고, 함께한 사람들 역시 확인 가능해야 한다.
3. 어떤 자료가 수집되었고, 측정하고자 하는 의도는 무엇인가?
4. 언제 정보가 수집되었나?
5. 어떤 방법들이 자료 수집을 위해 사용되었나? 자료 수집을 위해 사용된 양식의 획득되어야만 하고, 정부에 의해 자료의 수집이 진행된 방식 역시 검토되어야 한다.
6. 어떻게 정보가 조직되었는가? 같은 사례들에 가능한 다른 형태의 자료를 확인하도록 사용되어지는 식별자가 있는가? 어떤 형태의 자료가 가능한가? 이러한 질문 등에 응답은 연구의 방향에 매우 중요한 의미를 가진다.
7. 어떻게 다른 자료 출처에서 가능한 자료와 현재의 자료와 일치하는가?
8. 자료 수집 노력의 성공에 대해 알려진 것은 무엇인가? 손실자료가 의미하는 것은 무엇인가? 어떤 종류의 서류가 가능한가?

이러한 질문에 대답하는 것은 연구자들이 자신이 분석하는 자료에 익숙해지는 것에 도움을 주고, 자료가 가지고 있는 문제점들을 확인하는데 도움을 준다.

자료의 질은 항상 이차적 자료의 관심 부분이다. 심지어 자료가 정부 단체에 의해 수집될 때도 마찬가지다. 관심의 필요성은 국가적 경계를 뛰어 넘는 연구에서 더 크다. 왜냐하면 다른 자료 수집 시스템과 다른 중요한 변수의 정의가 사용되어지기 때문이다(Glover, 1996). 인구조사 설문에 대한 부정확한 응답과 전체 모집단에 대한 부적절한 범위에 의해 인구 조사 계산은 왜곡될 수 있다(제5장 참조; Rives와 Serow, 1988:32-35). 사회적 그리고 정치적 압력은 다른 나라들에서 다양한 방법으로 인구조사의 성공에 영향을 줄 수 있다. 기록에 이러한 영향력은 범죄 자료에서 매우 잘 나타난다. 예를 들어 아처와 가트너(1984)는 다음과 같이 서술하였다. 물론 많은 다른 국가들 역시 국내 정치적 목적을 위해 요동치는 범죄율을 사용하려고 노력한다 - 좋은 목적으로는 현재의 행정을 정당화하기 위해, 나쁜 목적으로는 다음 정권을 위한 의무를 제공하기 위해서(p. 16).

이차적 자료에 의존하는 연구자들은 필수적으로 특별한 자료를 사용하는 그들의 능력과 그들이 검증하고자 하는 특별한 가설사이에 균형을 맞추어야 한다. 만약 가설에 중요한 개념이 이차적 자료에서 적절하게 측정되지 않았다면, 연구는 적절한 자료가 발견될 때까지 폐기되어야 할 것이다. 대안적으로는 가설들이나 연구질문 자체는 가능한 자료에 의해 제시되는 분석적 가능성들에 맞추기 위해 변형되어야 할 것이다(Riedel, 2000).

다양한 장소에서의 측정(Measuring Across Contexts)

역사적 비교 연구 과제가 직면하는 한 가지 문제는 지리적 단위 또는 역사적 기간에 대한 자료가 부족하다는 것이다(Rueschemeyer, Stephens, and Stephens, 1992; Walters, James and McCammon, 1997). 미국 표준 범죄 보고서 프로그램은 1930년 까지 널리 사용되지 않았다(Rosen, 1995). 올자크, 섀너한 그리고 맥케니니(Olzak, Shanahan and McEneaney, 1996)는 인종 폭동의 분석에서 전체 212 기준 도시 통계 지역들에서 자료 손실이 55개 이상에서 포함되었기 때문에 이것은 연구 분석을 방해하였다. 가끔 손실 자료의 대체적인 출처에 관한 기록이나 측정이 자료 공백을 채울 수 있다(Zaret, 1996). 그러나 측정들이 핵심 개념들을 위해 측정될 수 있지만, 같은 개념에 대한 다수의 측정들은 불가능하다; 결과적으로, 신뢰성과 타당성 검증은 실현 가능하지 않다. 어떤 상황이든지간에, 연구자들은 진실하고 개방되게 문제에 접근해야 한다(Bollen, Entwisle and Alderson, 1993).

가능한 측정이 항상 적절하지는 않다. 역사적 문서보관에 남아있는 것은 과거에 대한 대표성이 없는 자료의 부분일 수 있다. 다양한 시기에, 몇몇 문서들은 버려지거나, 잃어버리거나, 다양한 이유로 다른 곳으로 이동될 수 있다. 최초의 서류들은 구어를 글로 옮긴 기록 또는 손으로 쓴 페이지일 수 있고 어떤 과정 속에서 미세하게 변형되어 왔을 수 있다; 이러한 것들은 명백한 왜곡이다(Erikson, 1966; Zaret, 1996). 연관된 자료가 이전의 출판물들에서 획득되었을 때, 자료의 질적인 문제는 간과될 수 있다. 그러나 이러한 것들이 일차적 자료의 근원을 평가하는 것을 더욱 더 중요하게 만들 수 있다. 가능한 서류를 확인하기 위한 조직적 계획을 발달시키고 그들을 평가하는 것은 매우 중요하다.

다소 미세한 측정 문제는 동일한 측정을 확립하는 것이다. 개념의 의미와 변수들의 조작적 개념은 시간이 지날수록 변화하고 국가나 지역에 따라 변화한다(Erikson, 1966). 특별한 지역적 단위를 위한 통계적 가치는 이러한 단위의 경계들에서의 변화 때문에 단순하게 변화할 수도 있다(Walters et al., 1997). 아래에 아처와 가트너(1984)가 언급한 것처럼

> 이러한 범죄 자료는 변화하는 사회에서 변화하는 역사를 통해 기록되었다. 몇몇 사례들에서는, 이러한 역사는 국가의 정치적 사회적 조건에서의 점진적인 변화에 걸쳐진다. 다른 사례들에서는, 변화를 정확하게 포함한다. 결과적으로 같은 국가가 존재하기 전인가 후인가에 대해 논쟁의 소지가 있다.(P. 15)

이러한 가능성들은 고려되어야만하고, 어떤 가능한 기회도 그들의 효과를 검증하기 위해 가져야 한다.

다른 측정에 대한 근심은 비교 분석을 촉진하기 위해 만든 단순화의 결과로서 발생할 수 있다. 많은 질적 비교 분석들에서는 연속적인 변수의 가치는 이분화 된다. 예를 들어 국가들은 민주적 또는 권위주의적으로 수치화 될 수 있다. 이것은 부정확하고 자의적인 요소들은 분석에 포함시키게 된다(Lieberson, 1991). 반대로, 몇몇 비교를 위해서, 단순한 다수결 원칙 또는 만장일치의 필요와 같은 질적인 구분은 양적인 구분보다 더 사례들에 대한 중요한 차이점들을 이해할 수 있도록 만든다. 그러한 분석을 위해서는 조심스럽게 분류 원칙들을 조사하는 것이 필수적이며, 조사되어지는 연구질문에 적합하며 실행 가능한 측정의 형태가 무엇인가에 대해 고려하는 것도 반드시 필요하다(King, Keohane, and Verba, 1994).

다양한 시간대와 장소에서의 표본수집(Sampling Across Time and Place)

표본의 가장 단순한 형태는 역사적 연구를 위해 한 가지 사례를 선택하는 것이다. 비록 한 국가 또는 다른 연구단위에 극단적으로 집중함으로서 배우는 것이 많다고 할지라도, 설명 형태를 결정짓는 비교 요인이 부족해 질 수 있다. 한 국가 안에서 변화를 위한 설명들은

국가들 사이에서 변화했던 정치적 시스템 같은 요인들 보다는 정치적 지도자의 결정같이, 국가 안에서 변화해 왔던 요인들에 더욱 집중해 왔다(Rueschemeyer et al., 1992). 그러나 국가사이의 비교는 개인적 정치 지도자의 자발적 결정들 보다는 정치적 시스템에서의 차이점이 더욱 중요하다는 것을 드러낸다. 한 국가 안에서 시간에 따라 정치적 시스템이 변화할 때 그것의 효과는 경험적으로 평가될 수 있다(Rueschemeyer et al., 1992).

질적인 비교 역사 연구는 목적이 분명한 표본 또는 가능한 표본에 더욱 의존하는 경향이 있다. 표본의 가능성에서는, 연구자들은 한가지의 사례 또는 다수의 사례를 연구할 수 있다. 왜냐하면, 연구자들이 사례들에 익숙하거나 접근이 가능하기 때문이다. 목적이 명확한 표본추출 전략을 사용할 때, 연구자들은 사례들을 선택한다. 왜냐하면, 그들은 이론적으로 중요한 특징을 반영하기 때문이다. 양적 역사적 비교 연구자들은 적절한 측정이 획득될 수 있는 전체 사례의 모집단을 가끔 선택하기도 한다.

국가와 같은 지역적 단위가 비교 목적으로 표본화될 때, 국가는 연구되어지는 변수들의 조건들에서 서로 독립적이라고 생각할 수 있다. 각각의 국가는 원인과 결과의 가능한 연결고리를 확인하기 위해 분리된 사례로 취급될 수 있다. 그러나 매우 독립적인 세계에서, 이러한 가정은 맞지 않을 수도 있다; 어떤 국가들은 다른 국가들이 발달하는 것처럼 발달할 수 있을지도 모른다. 결과적으로 다른 국가들의 특별한 역사들을 비교하는 것은 세계적인 문화, 국제적 조직, 또는 경제적 의존성의 영향을 간과하였는지도 모른다. 이러한 공통적인 국제적 영향력들은 다른 국가들에서 나타나는 같은 변화의 형태의 원인일 수 있다; 설명? 영향력을 위해 이러한 국가들의 역사 속을 관찰할 때 허위의 결과를 도출할 수 있다. 그러한 복잡한 연관성의 가능성은 두 개의 명확한 독립 사례들 사이에서의 비교에 기초한 인과적 주장의 가능성을 평가할 때 항상 고려되어야 한다(Jervis, 1996).

원인 확인(Identifying Causes)

과거 한 가지 공간으로 역사적 연구를 제한하는 것은 인과적 연결을 검증하는 가능성을 제한한다. 왜냐하면, 이러한 사건에 적용된 설명들은 자의적일 수 있기 때문이다(Skocpol, 1984). 연구자들은 과거 또는 현재에 다른 사건들에 대한 몇 가지 비교를 함으로써 이러한 문제를 줄일 수 있다. 그러나 표본화된 연구단위의 상호의존성은 비교를 위해 가능한 몇 가지 사례들은 하나의 더 큰 사례로 취급되어져야만 한다는 것을 의미한다. 또한 검증해야만 하는 너무 많은 가능한 인과적 요인 조합이 있지만, 그것을 검증할 만한 충분한 사례들이 없을 수 있다.

EXHIBIT 10.8 존 스튜어트 밀의 동의의 방법론

Variable	Case 1	Case 2	Case 3
A	Different	Different	Different
B	Different	Same	Same
C	Different	Different	Different
D[a]	Same	Same	Same
Outcome	Same	Same	Same

출처 : Adapted from Skocpol, 1984:379.
a. D is considered the cause of the outcome.

많은 질적인 비교 연구자들에 의해 취해지는 귀납적인 접근은 어떤 인과적 설명이 개발되든지 역사적 기록의 특별함에 맞도록 재단되어진 것 같고, 다른 사례들에 의해서는 확정되지 못하였다(Rueschemeyer et al., 1992).

몇몇 비교 연구자들은 영국 철학자 존 스튜어트 밀(John Stuart Mill, 1872)에 의해 개발된 동의의 방법론(method of agreement)이라 불리는 원인을 확인하는 조직적 방법론을 사용하였다(Exhibit 10.8 참조). 이러한 접근의 핵심은 잠재적 인과 변수들에서 차이점과 유사점 그리고 설명되어지는 현상 측면에서 국가들에 대한 비교이다. 예를 들어 민주정치 시스템이 발달한 세 개의 국가를 폭력 범죄에 영향을 미치는 다른 이론들에 의해 가설이 설정되어진 네 가지 사회 경제적 변수들을 비교한다고 가정하자. 만약 국가들이 세 가지 변수에서는 차이를 가지고 있지만, 네 번째에서는 비슷할 경우, 이것은 네 번째 변수가 폭력 범죄에 영향을 미친다는 증거이다.

비교를 위해 선택되어진 사례의 특징들은 동의의 방법론을 사용하는 영향력을 확인하는 능력에 큰 효과를 가진다. 사례들은 연구의 결과에 영향을 미친다고 가설설정이 된 중요 요인들의 조건에서는 차이를 위해서 그리고 교란 요인측면에서는 유사성을 위해 선택되어야만 한다(Skocpol, 1984). 예를 들어 어떻게 실업이 폭력 범죄에 영향력을 끼치는가를 이해하기 위해, 당신은 실업률에서의 차이를 비교하는 사례를 선택할 필요가 있다(King et al., 1994).

이러한 결정론적 인과 접근(deterministic causal approach)(Ragin, 1987)은 각각의 국가를 위한 결과를 결정하는 것으로 알려진 요인들의 결합으로부터 어떠한 일탈도 없다. 그러나 우리가 확립하는 어떤 설명적 법칙에도 예외는 있다(Lieberson, 1991). 조심스러운 분석가들은 예외적인 것이 특별한 경우에 허용되도록 하는 정도를 평가할 것이다.

이러한 신중함을 가지고, 역사적 그리고 비교 방법론을 결합하는 것은 증거에 대한 조직

적 방어적 무게를 반영하는 인과적 추론과 다른 국가 또는 지역에서 사회적, 정치적 과정에 대한 풍부한 설명을 가능하게 한다. 질적으로 좋은 연구의 증가는 많은 국가에서 급격하게 증가하고 있으며, 비교 연구의 많은 가능성을 창조하고 있다. 우리는 모든 가능한 대체적 인과 영향을 통제하기 위해 몇 개의 국가의 역사를 비교하는 한 가지 연구만을 기대할 수 없다. 그러나 반복적인 연구자들은 우리의 이해를 재정립하고 점차 정확한 인과적 결과를 이끌 수 있다(King et al., 1994).

연구설계의 결합 (COMBINING RESEARCH DESIGNS)

연구방법의 설계는 어떻게 경험 현상을 측정할 것인가, 어떻게 인과적 연관성을 확인할 것인가, 그리고 어떻게 연구 결과를 일반화할 것인가를 결정하는 것을 의미한다. 연구설계는 유익한 연결 그리고 필요한 협상을 포함하여 전체적으로 통합하는 것을 의미한다. 부시맨(Bushman, 1995)의 폭력미디어에 대한 실험의 인과적 타당성을 증가시키는 조심스럽게 통제된 실험적 상황은 그의 연구의 일반화를 감소시킨다(제6장 참조). 폭력 피해에 관한 챠넨과 소네스의 전국적 연구의 일반성을 증가시키는 대표 표본화 계획은 인과적 결과를 측정하는 그들의 선택을 제한하였다(제8장 참조). 데커와 반 윙클(1996)의 폭력 집단 구성원에 대한 관측 연구는 폭력 집단 구성원에 대한 전국적 표본이 가능하지 않다(제9장 참조).

연구설계의 비교(Comparing Research Designs)

측정이 타당했는가? 인과적 결론이 정당화 되는가?와 같은 질문 등은 당신이 계획하였고, 비판하였던 연구를 위한 충분한 질문이라고 할 수 없다. 당신은 어떻게 측정 접근이 연구자의 결론의 인과적 타당성에 영향을 주었는가? 그리고 어떻게 표본추출 전략이 측정의 질적 측면을 바꾸었는가? 역시 고려해야 한다. 사실 당신은 연구설계의 각각의 구성요소가 다른 구성요소에 어떻게 영향을 주었는가? 또한 생각해보아야 한다.

사회적, 범죄학적 연구의 현실 세계에서, 자료 수집의 다른 방법론들을 구분 짓는 범위는 가끔 겹치기 마련이다. 실험은 현장에서 실행될 수 있다; 설문조사는 몇몇 집중적인 개방형 질문을 포함한다; 현장 연구는 현상에 대한 양적 수치 또는 사건의 무작위 표본들을 사용할 수도 있다. 실험, 설문조사, 질적 연구 방법의 핵심적 특징은 같은 과정을 연구하기 위해 사용되더라도 특징적인 시각을 제공한다는 것이다. 치료집단과 비교집단이 무작위로 할당된 대상을 비교하는 것, 무작위로 표본 추출된 대상에게 표준적인 질문을 하는 것, 자연적 상황에 참여한 것을 관측하는 것은 측정, 인과성, 그리고 일반화에서 명백하게 다른 결정들을 포함한다. 어떤 방법도 다른 것 보다 월등한 것으로 평가되어질 수 없고 각각의 방법들은 다른 연구질문들과 목표에 따라 방법론의 적합성을 변화한다.

일반적으로, 연구설계는 치료에 관한 연구를 위해 가장 적절하고 인과적 가설들을 검사하기 위해 가장 적합하다(제6장, 제7장). 왜냐하면, 무작위 분배는 치료집단과 비교 집단 사이에 이미 존재해 왔던 차이의 가능성이 적고, 불특정하고, 우연한 수준으로 낮아지게 되고, 통제되지 않으면 허위의 관계를 만들 수 있는 많은 변수들이 통제되었기 때문이다. 그러나 이러한 명백한 이점에도 불구하고, 실험 설계는 실험실 밖에서는 항상 성취될 수 없는 통제의 범위를 필요로 한다. 현실세계에서는 치료가 의도한 대로 제공되고, 다른 요인들이 방해하지 않는 것을 확신하기 어렵다. 결과적으로, 치료의 효과는 다른 무엇인가에 의한 것일 수 있다는 것이다. 현장 실험은 치료과정에 대한 세밀한 관측이 필요하다.

실험실에서의 실험은 훨씬 더 많은 부분에 대한 통제가 가능하다. 하지만, 그 대신 낮은 일반성을 가지고 있다. 사람들은 대부분의 실험 연구에서 자발적으로 자원해야 한다. 그러나 자발적인 실험 대상과 자발적이지 않은 사람들과는 분명한 차이를 가질 가능성이 높다. 자발적인 대상을 사용하는 실험에서 일반화의 문제는 연구의 목표가 사람들 사이에서 비교적 변화되지 않는 사회적 과정, 행동, 방향일 경우에 줄어들 수 있다.

설문조사와 실험 모두 일반적으로 태도, 행위, 사회적 과정에서 표준화된, 양적 측정을 사용한다. 폐쇄형 질문은 가장 흔하다. 특히 폐쇄형 질문은 과거에서부터 연구되어 왔으며, 그것의 의미가 잘 이해된 변수의 신뢰성 있는 측정에 가장 적합하다(제4장). 물론 설문조사는 실험에 포함되는 것보다 더 많은 변수를 포함하기도 한다. 그러나 이러한 측면은 연구설계에서 타고나는 것이 아니다. 전화 설문조사는 매우 짧을 수 있으며, 몇몇 실험연구는 매우 긴 측정을 포함할 수도 있다(제8장).

대부분의 사회 과학 설문조사는 더 많은 모집단으로부터 그들의 사례 선택을 하기 위해 무작위 표본추출에 의존한다. 이러한 특징은 일반화를 최대화시키는 것을 선호하기 때문으로 볼 수 있다(제5장). 특별한 많은 모집단에 대해 묘사하는 것이 핵심적인 관심일 때, 설문조사 연구는 더 많이 사용되는 방법론일 수 있다. 설문조사는 가설 설정된 인과관계를 조사하기 위해 사용되어지기도 한다. 왜냐 하면, 설문을 통해 많은 변수들이 측정되어질 수 있고, 반복적인 측정이 다양한 시간대에 가능하다. 만약 허위의 관계를 만드는 변수들이 설문에 포함되면, 이 변수들은 통계적으로 분석에서 통제가 가능하고, 결과적으로 가설 설정된 인과적 관계에 대한 그리고 이들 관계를 위한 증거는 더욱 명백해진다.

질적 연구 방법은 직접적인 관찰 또는 심도 깊은 논평으로부터 얻어지는 개념들의 지표에 대한 집중적인 측정 접근을 가정한다(제9장). 이러한 접근은 사람들이 개념에 가치를 두는 것이 무슨 의미인지 명확하지 않거나 어떤 뜻으로 개념에 대해 질문하였는지 명확하지 않을 때 가장 적절하다. 질적 연구 방법은 새롭거나 이해되기 어려운 사회적 환경에 대해 분석하는데 매우 적합하고, 심지어는 어떤 개념이 상황을 이해하는 연구자들을 돕는 것인지 명확하지 않을 때 적합하다. 이러한 이유 때문에, 질적 연구방법은 탐사 연구질문들이 제기될 때 선호되는 경향이 있다. 그러나 집중적인 측정은 많은 수의 사례 또는 상황의 연구를 방해할 수 있고, 결과적으로 적은 수의 사람 또는 특별한 상황에 대한 많은 현장 연구 노력 등에 대한 제한을 생산한다.

질적 연구 방법이 독립변수들 안에서 명백한 비교를 제공하는 몇몇 개인들 또는 상황들을 연구하기 위해 사용되어질 때, 이러한 방법론을 가지고 인과적 가설을 평가하는 것 역시 가능해진다. 그러나 가설의 검증을 위해, 그러한 제한된 비교 속에서 많은 가능한 외부적 영향력 고려의 불가능은 질적 연구방법을 좋지 않은 연구 방법으로 만들 수도 있다. 질적 연구방법은 인과적 기제의 설명에 더욱 적합하고, 어떤 결과에 이르게 만드는 다수의 연속적 사건을 확인하도록 사용되어질 수 있다.

역사적 비교 방법론의 범위는 전국적 질적 설문조사에서 사회적 특징과 정치적 사건의 질적 비교에 이르는 연구 방법론이다. 탐사, 기술, 설명, 평가에 대한 연구방법의 적합성은 특별히 사용되어지는 방법에 따라 변화한다. 그러나 역사적 과정과 국가적 차이에 대한 연구를 위해서는 역사적 비교적 연구방법론이 필수적이다. 만약 같은 연구 방법들이 한나라의 한 시점 보다 다수의 시기와 국가를 연구하기 위해 사용되었다면, 결과는 일반화와 인과적 타당성을 더욱 향상 시킬 것이다.

현실에서는 자료 수집에 대한 이러한 방법론의 어떤 것도 측정 타당성, 인과적 타당성, 또는 일반화를 획득하기 위한 누구나 가능한 방법을 제공하지 못한다. 각각은 특별한 연구 적용에서 어느 정도의 책임한도를 가질 것이고, 모두 서로 다른 연구들과의 결합을 통해서 이익을 얻을 것이다(Sechrest and Sidani, 1995). 이러한 복수의 방법론의 혜택을 받기 위해서, 연구자들은 다원적 연구설계를 이용해 왔다. 이것은 같은 과제에서 같은 현상의 다른 측면을 나타내기 위해 다른 연구 방법론들을 결합하는 것이다. 우리는 이제 이 주제로 넘어갈 것이다.

다원적 연구설계(Triangulating Research Designs)

이미 우리는 제1장에서 한 연구질문을 연구하기 위해 다수의 방법론을 사용하는 다원적 연구의 개념에 대해 당신에게 소개해 왔다. 이 부분에서는 우리는 다원적 연구를 조금 상세하게 설명하고자 한다. 다원화 연구라는 용어는 연구자들이 몇 가지 다른 측면으로부터 사회현상을 연구함으로써 사회현상을 명확하게 이해할 수 있음을 의미한다. 용어는 실질적으로 측량법에서 기인하였다고 할 수 있다. 예를 들어 주요 지형지물은 당신이 주요 지형지물과 동일한 방향 어딘가에 있는 때만 당신의 위치를 확인할 수 있다. 하지만, 두 개의 주요 지형지물을 가질 때, 당신은 두 개의 주요 지형지물에 의해 방위를 잡고, 그들의 교차점에서 당신의 위치를 확인할 수 있다.

다원적 연구설계 한 개의 연구질문을 조사하기 위해 다수의 연구 방법론들을 사용하는 것

다원적 연구 활동: 미국 인디언 살인(Triangulation in Action: American Indian Homicide)

현대 미국 인디언 지역사회들에서 살인과 다른 폭력의 사회적 원인이 연구되어질 때, 바크만(Bachman, 1992)은 다원적 연구 방법론을 사용하였다. 이들 인구 안에서 살인의 사회적 원인을 연구하기 위해, 그녀는 두 개의 주안에 있는 주립 교도소에 구금된 미국 인디언 살인 범죄자들과 심층 인터뷰를 실시하였다. 또한 그녀는 집합적 수준에서 미국 인디언 살인 비율과 연관된 빈곤과 사회해체와 같은 사회적 요인들을 결정하기 위해 전국, 주, 인디언 보호구역 수준의 통계적 분석을 실시하였다. 그녀가 미국 인디언 가족 안에서의 폭력에 관심을 두었을 때, 그녀는 보호구역 안에 위치한 세 개의 가정 폭력 피해 여성 쉼터의 직원들과 거주자들과 심층 인터뷰를 실시하였다. 그녀는 또한 전국 가족 폭력 설문연구로부터 획득된 자료에 대한 통계학적 분석을 실시하였다(Straus and Gelles, 1990).

다원적 연구를 설명하기 위해, 바크만(1992)의 미국 인디언 살인 범죄에 대한 과정을 조금 더 상세하게 살펴보자. 바크만은 다른 인종들과 비교하여 미국 인디언들이 가장 높은 살인 비율을 가지고 있다는 것을 발견하였다. 어떤 보호구역 안에서는 인구 10만 명당 100명에 이르는 비율을 가지고 있기도 하였다(예, Douglas, Nevada, 103.3; Harney, Oregon, 127.5). 비록 다른 연구자들이 높은 인디언 살인 비율을 보고하였을지라도, 그러한 높은 살인 비율을 촉진하는 요인들을 설명하기 위해서는 어떤 시도도 하지 않았다. 이러한 높은 살인 비율이 일반적인 인구에서 발생하는 살인과 같은 인과적 기제에 의해 발생 하는가? 그렇지 않으면, 미국 인디언 살인을 촉진하는 요인이 백인과 흑인의 살인을 촉진하는 사회적 요인들과 다른가? 실질적으로 미국 인디언 살인의 원인론을 조사하였던 연구가 없었기 때문에, 바크만은 우선 개인적 수준에서 치명적 폭력을 촉진하는 구조적 문화적 상황에 대한 이해와 통찰력을 가지기를 원하였다, 따라서, 그녀는 첫 번째 방법론으로서 심층적인 질적 인터뷰를 선택하였다.

바크만(1992)은 세 개의 중서부 주립 교도소에서 살인 범죄자들과 대면 인터뷰를 실시하였다. 범죄자들은 긴 개방형 질문에 응답하였으며, 범죄가 일어난 상황, 범죄 전에 그들의 인생, 일반적으로 범죄에 대한 그들의 태도 등에 대해 조사하였다. 결과적으로, 그녀는 질적인 인터뷰를 시작으로 귀납적 연구 방법을 가지고 시작하였으며, 이러한 것들은 후에 자료를 설명하기 위한 일반적 이론을 추론하기 위해 사용되었다. 그녀의 인터뷰 자료로부터 도출되는 이론적 모형은 Exhibit 10.9에서 나타난다. 모형은 알코올과 마약 사용을 매개변수로 하는 사회 해체, 경제적 박탈, 명예 또는 폭력 문화 그리고 문화적 갈등과 무기력감에 대한 심리학적 기제를 주장하였다. 또한 각각의 개념에 선행 변수로써 내적 식민주의가 이론적 유도 안에 포함되었다. 비록 이러한 개념이 명백하게 질적인 분석으로부터 도출되지는 않았지만, 바크만은 설명하였다. 미국 인디언에 관한 어떠한 현상을 설명하는 모형도 우리의 정부가 인디언 민족을 대상으로 한 식민화 과정에 대한 이해 없이는 완벽할 수는 없을 것이다(p. 36).

이 모형은 시작을 위한 이론적 구조를 제공함으로써 후속 양적 연구에서 바크만(1992)에게 도움이 되었다. 살인사건의 원인에 대한 다른 관련 연구들을 함께 인도자로서 이 모형을 사용함으로써 바크만은 세 가지 가설들을 검증하기 위해 주와 보호구역 수준에서 이러한 이론적 구조의 몇몇 지표들(독립변수들)과 미국 인디언 살인 비율(종속변수) 연구를 통한 연역적 연구를 실시하였다:

1. 보호구역 안에서 사회해체 수준이 높아질수록 살인사건의 비율이 높아진다.
2. 보호구역 안에서 경제적 박탈 수준이 높아질수록 살인사건의 비율이 높아진다.
3. 전통적이고 통합적일수록 살인사건의 비율이 낮아진다.

결과는 높은 수준의 사회 해체와 경제적 박탈감을 가진 미국 인디안 사회는 높은 수준의 살인율을 가진다는 것을 보여주고 있다. 바크만(1992)은 세 번째 가설을 지지하지는 못하였다. 그녀의 연역적인 연구를 인도하는 것과 더불어, 질적인 인터뷰 자료는 집합적 수준에서 발견되어지는 통계적 관계들에 깊이와 의미를 더하는 풍부한 서술을 가진 연구를 제공하였다. 예를 들어 많은 살인 범죄자들은 그들의 인생에서 더 많은 사회 해체의 상황과 경제적 박탈 상황을 가지고 있다는 것이 드러났다. 한 범죄자는 다수의 양육 장소에 있을 수밖에 없었던 그의 해체된 어린 시절의 현실에 대해 이야기하였다.(P. 38)

EXHIBIT 10.9 미국 인디언 살인범들과 Bachman의 인터뷰로부터 도출한 인디언 살인사건을 위한 이론적 모형

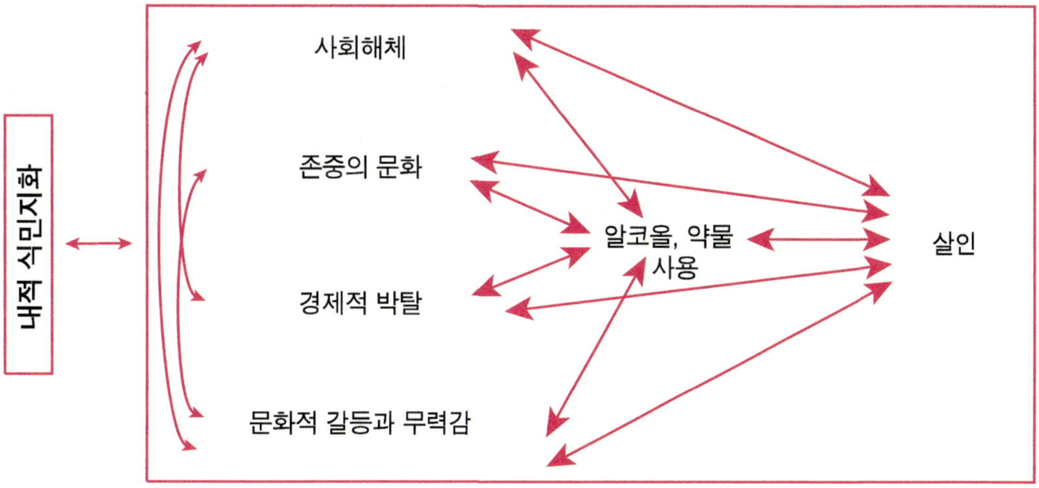

출처 : Needleman, 1981:248--56.

> 당신도 알다시피, 같은 연구질문을 조사하기 위해 질적인 연구와 양적인 연구를 모두 사용하는 다원적 연구방법은 많은 이점을 가지고 있다. 또한, 두 가지 다른 수준(개인적 수준과 지역적 수준)의 독립변수와 종속변수 사이의 관계를 지지하는 결과들은 사회 해체와 경제적 박탈 모두 미국 인디언 지역사회에서의 살인과 연관된다는 바크만(1992)의 결론에 타당성을 부여하였다. 캠벨과 피스크(Campbell and Fiske, 1959)는 다원적 연구의 질을 향상시키는 타당성을 설명하였다.

만약 가설이 연속적인 상호보완적인 방법 검증을 직면한 후에도 살아남을 수 있다면, 한 가지 방법의 구조 안에서 검증되어지는 것에 의해서는 성취될 수 없는 타당성 수준을 가질 수 있다. 한 가지 방법을 사용한 접근은 항상 방법적 한계에 의한 불신의 대상이 될 수밖에 없다.(P. 82)

사례연구 : 공식적인 청소년 소년 범죄 기록에 질적 데이터 합하기

불법적인 행동으로 고소된 청소년 피의자의 치료를 연구하기 위해 공식적 기록들을 사용하는 것은 충분히 이해될 수 있다. 왜냐하면, 이러한 기록은 체포, 기소, 석방과 같은 중요한 결정들을 기록하기 때문이다(Dannefer and Schutt, 1982). 그러나 공식적 기록에 기반

을 둔 연구는 기록 그 자체일 수 있다. 통제된 인터뷰 과정 연구와는 반대로, 공무원들의 행동과 결정이 조심스럽게 그리고 선입견 없이 기록되었다고는 확신할 수 없다.

공식적 기록에 관한 연구는 공무원이 정보를 기록하는 동안 공무원을 관찰하고 기록을 만드는 공무원을 인터뷰하는 것에 의해 향상될 수 있다. 미국 뉴욕 소년 법원에서 어떻게 보호관찰 직원이 사건을 분류 심사하는가에 대한 참여 관찰 연구는 얼마나 그러한 정보가 중요한가를 보여준다(Needleman, 1981). Exhibit 10.10에 나타난 것처럼, 니들만(Needleman)은 대부분의 연구자들은 그들이 공식적 기록을 가지고 측정하는 것이 보호관찰 직원에 의한 공식적 기록에 부여되는 의미와는 다르다고 믿는다는 것을 발견하였다. 연구자들은 보호관찰 공무원이 송치하지 않는 것 보다, 청소년 사건을 법원으로 송치하는 것이 더욱 더 심각한 처벌이라고 가정한다. 그러나 보호관찰 공무원은 가끔 법원으로부터 사건을 넘겨받는다. 왜냐하면, 그들은 법원이 너무 관대하다고 생각하기 때문이다. 연구자들은 보호관찰 직원들이 청소년들을 개인으로서 평가한다고 가정한다. 하지만. 어떤 상황에서는, 보호관찰 직원들의 청소년에 대한 결정은 현재의 사회적 상황(예, 안정된 가정에서 살고 있는가 여부)에 의해 결정된다. 아마 니들만이 발견한 사건 기록을 사용하는 연구에서 가장 큰 문제점은, 보호관찰관은 어떻게 사건을 다룰 것인가를 먼저 결정하고 다음에 그들의 결정을 정당화하기 위한 기록을 작성하는 것을 발견하였다.

대부분의 사례에서, 다양한 연구 방법을 결합하는 것은 연구의 타당성을 향상시킬 수 있다. 핵심은 자료 수집의 방법에 대한 선택이 타당성 측면에 의해 부분적으로 안내되어야만 한다. 하지만, 타당성의 각각의 측면은 모든 연구질문에 대답하려는 시도 안에서 고려되어야만 한다. 실험은 인과적 타당성이 가장 중요한 관심일 때 선호되는 방법이고, 설문조사는 일반화가 중요할 때 자연적 방법론이 될 수 있다. 그러난 일반화는 실험의 결과를 평가할 때도 여전히 중요한 관심이어야 한다. 그리고 인과적 타당성 역시 대부분의 사회 과학 조사에서 핵심 관심이다. 현장 연구는 유일하게 사회적 과정들을 측정하는 유일한 가치를 가진다. 그러나 현장 연구의 인과적 타당성과 일반화는 가끔 의문이다. 연구자들은 또 다른 형태의 자료가 수집되어야 하는가를 어떤 것이 기본적인 유일한 연구 방법인가, 그리고 연구질문이 충분한 확신을 가지고 응답될 수 있는가에 앞서 다른 방법을 사용한 부가적 연구가 필요한가와 같은 질문들 안에서 항상 고려되어야 한다.

복잡한 연구질문들의 다른 측면들을 이해하기 위해 다양한 기법들을 적용하는 능력은 복잡한 사회 연구자들을 위한 하나의 상징이다. 한 가지 연구의 발견들이 폭넓은 연구의 환경 속에서 이해되어야 한다는 인식과 어떻게 다른 연구 방법론의 사용이 연구의 결과를 변화시킬 수 있을까를 추측하는 능력은 사회 연구의 비판을 잘 알기 위해서 필수적이다. 사회 연구 방법론들과 광대한 발견들은 양적으로 계속 증가하고 있으며, 이러한 지식들은 연구 방법론들을 통합하는 더욱 야심적인 노력을 촉진하고, 많은 연구 결과들을 통합하여야 한다.

연구방법론을 통합하고 결과들을 결합하기 위한 잠재력은 한 가지 방법의 자료 수집을 이용한 연구들의 중요성을 감소시키지는 않는다. 조심스러운 연구 환경에서 잘 설계된 연구들로부터의 연구 결과들은 더욱 광범위하고, 더욱 통합적인 방법을 위해 필수적인 조건들이다. 어설프게 실행된 연구방법들은 결합하거나 타당성이 없는 결과를 생산하는 연구를 합치는 것은 무의미하다. 연구의 질문이 무엇이든지 간에, 우리는 폭 넓은 방법론적 가능성들을 고려해야 하고, 잘 알려진 그리고 실현가능한 선택을 하여야 하고, 다음에 조심스럽게 우리의 전략을 실행해야 한다.

EXHIBIT 10.10 연구자와 소년법정의 근무자 사이의 모순된 가정들

연구자 가정	분류자 가정
• 사건을 법원으로 보내는 것은 법원으로부터 되돌려진 사건 보다 더욱 혹독한 처벌이다.	• 법원으로 송치하는 것은 가끔 더욱 관대하고 효과적이지 못한 처우이다
• 분류심사는 청소년 개인에 대한 판단을 포함한다.	• 분류는 청소년의 사회적 상황에 중점을 둔다
• 공식적 기록은 정확하게 사건의 사실을 포착한다.	• 기록은 바람직한 결과를 획득하기 위해 조작된다.

마지막으로, 자료 수집을 위한 각각의 강점과 약점에 대한 현실적인 평가는 당신이 겸손이 과학에서는 미덕이라는 것을 기억하도록 도움을 주어야 한다. 명확한 연구질문들에 대한 진보된 지식과 명확한 응답들은 당신의 방법론적 도구 상자 안에서 당신이 지금 가지는 도구를 가지고 이룰 수 있다. 그러나 완벽함은 현실적인 목표가 아니다. 어떤 연구 방법을 우리가 사용하든지 간에, 우리의 정신적 개념은 정확하게 우리가 측정하는 것을 반영할 수 없고, 인과관계에 대한 우리의 관념들은 유형의 인과적 힘을 드러낼 수 없고, 우리의 일반화는 실질적으로 연구되어지는 사례 이상으로 항상 확대될 수 없다. 이것은 환상의 원인이 아니다. 그러나 우리 자신의 해석에 대한 과도한 확신 또는 변화에 대한 비이성적 저항을 멀리해야한다.

가능한 자료와 내용 분석을 위한 윤리적 문제 (ETHICAL ISSUES WHEN ANALYZING AVAILABLE DATA AND CONTENT)

다른 사람에 의해 수집된 역사적 문서와 양적 자료의 분석은 일차적 자료가 수집될 때 해가 될 수 있었던 인간 대상에게 잠재적 피해를 만들지는 않는다. 지정된 공무원 또는 자료 보관담당자로부터 자료가 획득되어야만 할 때 자료 접근을 위한 준비 작업은 진실하고 책임감이 있어야 한다. 그러나 많은 자료는 웹이나 도서관에서 쉽게 획득되기도 한다. 연방정부의 공공 기록에 접근이 제한되었다고 결론 내려진 연구자들은 정보행위의 자유(FOIA)에 소송을 제기함으로써 자료를 획득할 수 있을지도 모른다. 정보 행위의 자유(FOIA)는 자료가 특별하게 접근이 허용되지 않는 한, 모든 사람들은 연방정부 기관의 기록에 접근할 권리를 가진다(Riedel, 2000). 역사적 또는 정부 기록을 검토하는 연구자들은 민감한 정보를 밝힘으로 지명된 개인이나 그들의 후손을 난처하게 하거나 피해를 입히는 것을 피하려고 노력해야만 한다.

원본 기록이 분석되어질 때는 대상에 대한 비밀이 핵심적인 사항이다. 개인을 확인할 수 있는 어떤 기록도 분석되어지기 위해서는 기록에서부터 삭제되어야 한다. 결과적으로 살아있는 대상과 또는 살아있는 대상의 후손들과의 어떤 연관성도 없게 된다(Huston and Naylor, 1996). 이미 보관된 자료를 사용할 때는 대상의 비밀성을 지키기 위해 사용되어지는 과정을 알 필요가 있다. 대상의 비밀성을 확보하기 위해 필요한 작업은 자료 보관자에 의해 당신을 위해 미리 준비될 필요가 있다. 예를 들어 ICPSR은 폭로 위험의 가능성을 위해 자료 보관실에 저장된 모든 자료를 조심스럽게 조사한다. 응답자를 확인할 수 있는 모든 자료는 비밀유지를 위해 모드 변형된다. 만약 응답자를 알기 위해 사용될 수 있는 모든 정보가 자료의 질적인 측면을 감소시키지 않고 자료에서 지워질 수 없다면, ICPSR은 자료에 대한 접근을 제한하고 대상의 비밀을 유지하기 위해 자료 사용의 조건을 연구자에게 요구하기도 한다.

책임 있는 출처로부터 이차적 연구 분석을 위해 자료를 요구할 때 사람을 주제로 한 연구에서 어떤 종류의 문제가 있는지 여부를 결정하는 것은 당신에게 달려있다. 당신의 대학 또는 다른 기관에서 인간 대상의 보호를 위한 기관 검토 위원회(IRB)는 이차적 자료 분석을 위해 제안서를 검토하고 승인할지를 결정해야만 하는 책임감을 가지고 있다. 연방 규제는 이 점에서는 명확하지 않다. 그래서 용인되는 과정은 그들의 기관 검토 위원회가 결정하는 것에 따라 기관들 마다 다르다.

윤리적 걱정은 설문조사가 실행될 때 또는 다른 자료가 다른 국가들에서 수집될 때 배가 된다. 만약 외부의 연구자가 지역의 규범, 가치, 일상적 활동에 대한 많은 지식이 없다면, 대상에 대한 부주의한 피해의 잠재성은 매우 크다. 이러한 이유로, 문화 교류 연구자들은 그들이 일차적 자료를 수집하고 이러한 나라들에서 연구자들과 공동 작업을 하려고 계획하고 있다면 각각의 국가들에 대해 배우는데 좀 더 많은 시간을 투자해야한다.(Hantrais and Mangen, 1996). 지역 자문그룹은 각각의 지역에 대해 정보를 제공할 수 있으며, 결과적으로 광범위한 범위의 의견이 중요한 결정이 이루어져야 할 때 요구되어진다. 그러한 공동 작업은 도구를 설계할 때, 자료를 수집할 때, 결과를 해석할 때 또한 매우 가치가 있을 수 있다.

결론 (CONCLUSION)

역사적 그리고 비교 사회 과학 분석은 질적 연구 방법과 많은 공통점을 가지는 역사 서술에서부터 많은 측면에서 전통적인 설문 연구와 같은 이차적 자료 분석에 이르기까지 다양한 기법들을 사용한다. 이러한 각각의 방법론들은 살인범죄에 관련된 요인들처럼 새로운 관점을 과정들 속에 넣을 수 있도록 연구자들에게 도움을 줄 수 있다. 이러한 방법론은 연구되어지는 국가의 발달 과정에 친밀한 익숙함을 권장하고, 다른 역사적 사건 사이에 상호연관성에 대한 귀납적 추론을 촉진한다. 조직적인 역사적 그리고 비교 기법들은 역사적 사건과 국제적 차이들에 관한 연역적 가설들을 검증하기 위해 사용되어 질 수 있다.

대부분의 역사적 그리고 비교 연구 방법론들은 인과적 추론을 권장한다. 그들은 먼저 일어난 사건이 나중의 결과에 영향을 줌으로 인해 연구자들에게 인과적 기제 또는 사건의 역사적 연속성을 조직적으로 고려하는 것을 요구한다. 그들은 또한 다른 문화와 사회적 구조가 다른 변수들에 다른 결과를 생산하는 특별한 방법에 집중하는 인과적 환경에 관심을 가지도록 장려한다. 이러한 방법들을 계속적으로 사용하고 발달시키는 것에 의해 많은 것이 얻어 질 수 있다.

주요 용어

분석적 비교 연구	비교 연구	내용 분석
범죄지도	서술적 비교 연구	결정론적 인과적 접근
지리적 정보 시스템	역사적 사건 연구	동의 방법
이차적 자료 분석	초국가 연구	다원적 연구

강조 사항

- 이차적 자료 분석은 최초에 다른 목적으로 수집된 자료를 수집하고 분석하는 것이다.
- 일반적으로, 네 가지 형태의 이차적 자료가 있다: 설문조사, 공식적 통계, 공식적 기록, 그리고 언론 표현이나 서면으로 된 문서를 포함하는 다른 역사적 기록들이다.
- 역사적 그리고 비교 방법론 뒤에 핵심 관점은 다른 시간대들과 장소들을 비교할 때 사회적 과정들에 대한 이해를 향상시킬 수 있다는 것이다.
- 과거 사건에 대한 연구는 시간의 오랜 기간을 위한 과정을 따라 갈 수 없으며, 기본적으로 연구가 횡단적 연구일 때, 연구는 역사적 사건 연구를 의미한다.
- 내용 분석은 서류와 다른 문서 자료의 조직적 분석을 위한 도구이다. 신뢰성 있는 측정을 획득하기 위해서는 과정의 부호화의 통제와 조심스러운 검증이 필요하다.
- 연구 목적을 위한 범죄 지도는 일반적으로 지역에 비슷하게 분포되어 있는 사회 해체와 빈곤과 같은 사회적 지표에 따라 범죄의 공간적 분포를 확인하기 위해 사용된다.
- 역사적 그리고 비교 연구를 위한 자료는 많은 출처로부터 가능하다. ICPSR은 가장 광범위한 자료를 제공한다.
- 같은 연구질문에 응답하기 위해 다수의 연구설계를 사용하는 것을 다원적 연구라 불리며, 일반화, 측정 타당성, 인과적 타당성을 향상시킬 수 있다.

연습문제

1. 이장에서 서술된 연구들의 원래의 글을 읽어라. 부록 B에서 표현된 논문의 검토 질문들을 사용하여, 글을 비판하라. 특별히 측정, 표본 수집 그리고 인과적 관계 형성을 위한 과정에 관심을 두어라.
2. 어떤 역사적 사건들이 그 국가에서 사회적 형태에 중요한 영향을 주었는가? 가능한 응답들은 중요한 전쟁에서 중요한 내부 정치적 갈등, 경제적 활성화와 불황, 과학적 발견, 법적 변화 등으로 너무 많아서 나열하기 힘들다. 이것을 연습하기 위해서 당신의 나라에서 한가지의 사건을 선택하라. 이러한 사건에 대한 역사적 책 하나를 선택하고 사용되어지는 증거 출처를 나열하라. 사회 과학적 조사를 위해 어떤 부가적 증가를 당신은 제시하는가?
3. 당신의 도서관에서 정부 서류 수집 또는 미국 인구 통계 웹사이트를 이용하여 미국의 인구에 대한 인구통계국에서의 나온 한 가지 보고서를 선택하라. 보고서 안에 포함된 모든 표의 리

스트를 작성하고 보고서를 요약하라. 두 단락으로 보고서를 요약하라. 이 보고서가 사용되어 질 수 있는 역사적 또는 비교 연구를 제시하라.

4. 출판된 안내 책자 또는 인터넷 사이트(www.icpsr.unich.edu)를 이용하여 ICP SR에 통해 가능한 설문 조사 자료를 검토하라. 당신이 관심을 가지고 있는 두 가지 연구 자료를 선택하라. 이 장의 앞에서 이차적 자료를 사용할 때 방법론적 문제 부분에서 질문 1-5에 응답하기 위한 ICPSR 보고서 정보를 사용하라. 이러한 질문에 응답하기에 적절한 정보인가?: 새로운 연구를 설계하기 위해 비교하는 당신의 연구질문에 응답하기 이러한 자료를 사용하는 것에 대한 이점과 불리한 점은 무엇인가?

5. 미국 또는 어떤 도시나 주에서 범죄에 대한 신문 또는 잡지 보고서를 찾아라. 중요한 인구통계학적 개념들이 어떻게 사용되었는지 또는 이러한 문제의 이해를 높이기 위해 어떻게 사용되었는지 설명하라.

6. 현재 범죄 또는 정치적 주제에 집중한 뉴스 기사를 선택하라. 신문 기사 또는 편집을 당신의 연구 단위로 사용하여, 이러한 주제를 위한 내용 분석 전략을 제한하라. 당신의 전략은 모집단의 정의, 분석 단위의 선택, 표본추출 계획, 중요 변수의 부호화 전략을 포함해야 한다. 이제 이러한 주제에 관한 기사를 찾아보고, 당신의 부호화 과정들을 발전시키기 위해 기사를 사용하라. 같은 주제에 대한 다른 기사를 가지고 당신의 부호화 과정들을 검증하고 개선하라.

연구제안서 작성

역사적 또는 비교 측면을 당신의 연구 제한에 더하시오.

1. 네 가지 형태의 비교-역사적 방법론 중에서 당신의 연구질문을 조사하기에 가장 적합한 것을 고려하시오. 당신이 선호하는 방법론을 가지고 당신의 주제에 대한 질적 양적 연구의 가능성을 생각해 보라. 변수 중심의 연구를 수행할 것인가 사례 중심의 연구를 수행할 것인가? 당신이 주장한 접근을 정당화하는 짧은 글을 써 보라.

2. 당신의 비교 역사 계획을 위한 가능한 근원들을 평가해보라. 웹, 관련된 정부, 역사적, 국제적 조직의 사이트 또는 발간물들을 찾아보라. 비슷한 연구들의 사회 과학 논문을 찾아보고 그들이 사용한 자료에 대해 읽어보라.

3. 당신이 검증할 가설들을 명확하게 하거나, 당신이 조사할 인과성의 순서를 명확하게 하라. 당신의 사례가 무엇이 될 것인가를 설명해 보시오(국가, 지역, 년도 등). 당신이 어떻게 사례들을 선택할 것인가를 설명하시오. 당신의 측정 근거를 나열하고 각각의 측정을 획득하도록 당신이 기대한 명확한 자료의 형태를 서술해 보시오.

4. 비교 역사 연구에서 잠재적 문제 목록을 검토하고 당신이 제안한 조사에서 가장 문제가 될 것 같다고 생각하는 문제에 대해 생각해 보라. 당신의 이유를 설명하라.

학생 학습 사이트

The Practice of research in Criminology and Criminal Justice, 4판을 위한 웹 사이트 http://www.sagepub.com/prccj4e를 이용하라. 당신의 이해를 높이기 위해 Web-Based Student Study Site를 방문하여 E-Flash Card, Self test 연습 등을 이용하여라.

웹 연습

1. 법무부 통계국(BJS) 홈페이지는 www.o jp.usdoj.gov/bjs.에서 찾아 볼 수 있다. 이 사이트는 BJS에서 발간한 보고서의 광범위한 명단을 포함하고 있고, 보고서에 사용된 자료와의 연결을 포함하고 있다. 다양한 지역적 장소와 시간을 넘나드는 현상을 보여주고 있는 자료 요약표에 당신은 접근 할 수 있다.
   a. 미 국가 범죄 피해 조사에서 가능한 보고서 또는 자료를 사용하여 1993년부터 가장 최근 자료를 사용하여 폭력 피해자의 비율 분석을 실행하라. 폭력 피해의 추세에 대한 당신의 결론은 무엇인가?
   b. 사이트에서 국가적 비교를 가능하게 하는 보고서를 찾아라. 자료가 수집되어지는 방법론을 요약하라. 지금 보고서에서 결과를 요약해 보라.
2. 국가 사법부는 www.ncjrs.gov 에서 범죄 지도에 관한 광범위한 지도를 가지고 있다. 범죄 지도에 대한 정보를 위해 사이트를 찾아보라. 당신은 범죄지도 기법들을 사용하는 최근 연구들뿐만 아니라 경찰을 위한 범죄지도 전략에서 최근에 발달된 기술을 포함하는 많은 정보를 찾을 수 있을 것이다.
3. 세계은행은 비교 연구를 가능하게 하는 광범위한 정보를 제공한다. 세계은행 웹 사이트 www.worldbank.org 방문하라. 당신은 국가들에 제시한 정보를 찾을 수 있을 것이다. 당신이 선택한 사회적 지표들을 가지고 국가들의 무작위 표본을 선택하라. 국가들 사이에 당신이 찾은 차이점과 유사점을 요약하라.
4. 미국 노동국 통계(BLS)는 지역, 주, 도시를 위한 웹에서 광범위한 경제적 지표자료를 제공한다. BLS 웹, http://sta ts.bls.gov/ead/ 에 가서, 지역을 선택하고 가능한 자료 형태를 분석

하라. BLS 웹 사이트에서 가능한 자료를 사용하여 비교 분석을 할 수 있는 과정에 대해 서술하시오.

5. 미국 인구 통계국의 홈 페이지는 www.census.gov이다. 이 사이트는 인구 자료, 경제 지표들, 미국 인구통계를 통해 획득할 수 있는 많은 보고서를 포함하고 있다. 이 웹 사이트는 당신이 주와 도시 사이를 비교할 수 있는 많은 대상과 주제를 포함하고 있다. 주와 카운티의 Quickfind를 찾고 당신의 주를 선택하라. 이제 당신이 사는 카운티를 선택하고 관심 있는 몇 가지 통계를 복사하라. 당신의 주의 다른 카운티에도 같은 과정을 반복하라. 주안에서 다른 카운티와 당신의 카운티를 비교하기 위해 당신이 수집한 자료를 사용하라. 한 페이지로 당신의 발견을 요약하라.

6. 국제 형사 지식 분석 협회(IALEIA) 웹 사이트 www.ialeia.org 로 가라. 웹 사이트에서 범죄 지도를 포함하여 많은 주제에 관한 글들과 정보를 내려 받아라. 이러한 접근 중에 최소한 하나에 대해 분석을 제공하라. 당신은 이 분야의 최신 논문들을 읽기 위해 IALEIA 저널에 연결할 수 있다.

연구윤리 학습

1. 바크만(1992)은 미국 인디언 보호구역에 대한 그녀의 연구에서 매우 높은 살인율을 발견하였다. 그녀는 이를 포함한 다양한 연구결과를 그녀의 책 *Death and Violence on the reservation* 에서 보고하였다. 당신의 의견에 따르면 연구자들은 그녀가 확인한 이러한 사회적 문제에 대한 대응하기 위해 정부가 행동을 하도록 촉진할 윤리적 의무가 있다고 생각하는가? 당신은 어떻게 생각하는가?

2. 과정이 적절하고 문화적으로 민감한 다른 문화를 연구하는 연구자들에 어떤 조건이 필요한가? 윤리적 가이드가 이행되는 것을 확신하기 위해 문화 간 연구를 실시하는 연구자들에게 당신은 어떤 연습을 제시할 것인가?

3. 구술 역사가들은 과거에 대한 충격적인 사실들을 들러낼 수 있다. 만약 연구자들이 우울증 작가 계획과 같은 구술 역사 계획을 실행하였고 오래전에 성폭력 범죄에서 그의 이전 드러나지 않은 연루에 대해 인터뷰를 통해 알게 되었다면? 연구자들은 범죄자를 기소하기 위해 검사에게 그가 아는 것을 보고해야 하는가? 피해자 그리고 그녀의 생존한 친척에게 무엇을 보고해야 하는가? 만약 공소시효의 지나서 범죄자를 더 이상 기소할 수 없다면? 만약 대배심 전에 증언하기 위해 소환된다면?

SPSS 또는 엑셀연습

1. STATE 2000 자료를 이용하여, 네 지역에서 폭력과 살인 비율을 조사해 보아라. 이것을 위해 사용하는 최고의 과정은 평균이라 한다. 당신은 분석아래 이것에 접근이 가능하고, 평균들을 비교할 수 있다. 종속 변수 상자에서 평균 상자에서 당신이 먼저 비교하고자 하는 폭력의 비율을 위치시키고 독립 변수에 지역을 위치 시켜라. 당신의 발견을 요약하라.

   이제, 같은 과정으로 폭력 범죄와 연관성이 있는 빈곤의 비율을 지역에 따라 차이가 있는지 조사하여라. 높은 수준의 빈곤과 과도한 박탈을 가진 지역적 위치는 높은 수준의 폭력을 가지는 경향이 있다. 결론은 무엇인가?

2. 일반적 사회 조사 파일은 횡단적이기 때문에 역사적 연구를 실행하기 위해 그것을 사용할 수 없다. 그러나 다른 출생코호트에 미국인들의 태도에서 차이를 조사하는 것에 의해 몇몇 재미있는 역사적 질문들을 개발할 수 있다.
   a. 같은 독립변수의 분포를 조사하라. 당신은 이러한 태도나 행동이 20세기가 넘어서 변화했다고 기대할 수 있는가? 가설의 형태로 당신의 기대를 서술해 보시오.
   b. 출생 코호트의 변수들에 대한 크로스 표를 요구하시오.
   c. 코호트사이에 차이점이 있는가? 어떤 차이점이 역사적 변화 때문이라고 생각하는가? 어떤 것이 고령화 때문인가? 어떤 태도와 행동들이 베이비 붐 세대와 베트남 후 세대가 차이를 만드는 것인가?

CHAPTER 11 평가와 정책분석

미국 법무부는 범죄문제를 예방하고 범죄폐해를 줄이기 위해 매년 평균 3조원의 돈을 주 경찰 및 지역사회에 쓰고 있다. 이 돈은 방과 후 레크리에이션 프로그램과 같은 전형적인 사회문제 예방 프로그램에 사용될 뿐만 아니라, 범죄 관련 예방프로그램에도 다양하게 쓰이고 있다. 이러한 범죄관련 프로그램에는 지역사회중심 경찰활동, 약물남용방지, 범죄자 사회복귀, 병역체험캠프, 가택구금, 전자발찌, 재소자를 위한 취업·직업훈련, 미취학 아동 교육프로그램이 포함된다. 그럼에도 불구하고 실제 범죄예방을 위한 법무부의 비용 지출 대상은 대부분 경찰과 교도소에 한정되어 있는 상황이다. 상대적으로 다른 기관에서 운영하는 프로그램에 대해서는 그 지원 정도가 매우 부족하다고 볼 수 있다.

이 책에서 지금까지 강조해왔던 연구들은 몇몇 대표적인 프로그램들의 효과성 여부를 단순히 초보적인 수준에서 살펴보는데 그치고 있다. 그리고 그 프로그램에는 학교폭력예방, 가정폭력 대상자 강제체포, 보석 단계 변호사, 약물법원 프로그램들의 효과성에 대한 논의가 주를 이루고 있었다. 그러나 지금부터 이 장에서는 좀 더 구체적인 관점에서 평가분석 방식 자체에 초점을 두고 프로그램 평가 문제를 다루어보고자 한다. 이하 이 장에서 논의할 내용들을 간략히 정리해 보면 다음과 같다. 첫째, 범죄학과 형사정책분야에서 다루어지는 평가연구의 전반적인 흐름에 대해서 이야기할 것이다. 이 책에서 지금까지 다룬 연구들이 매우 유용함에도 불구하고 평가라는 이름이 붙은 연구들은 특히 더욱 세심하게 살펴볼 필요가 있다. 왜냐하면 그 평가연구 결과들이 장래에 이루어질 정책 선택 방식에 매우 직접적인 영향을 미치기 때문이다. 따라서 평가연구는 종종 실무에 바로 영향을 미치는 실천적 학문 분야로써 **응용연구(applied research)**라고 불리기도 한다. 둘째, 이 장에서는 평가연구에 관한 역사적 변화에 대해 짧게 논의해 볼 것이다. 셋째, 평가연구에 사용되는 다양한 방법들을 탐구해 볼 수 있는 몇 가지 사례연구를 검토할 것이다. 이것을 통해 범죄학과 형사정책분야에서 프로그램 및 정책이 가지는 직접적인 영향력을 검토해 볼 수 있을 것이다. 마지막으로 이 장에서는 순수과학과 응용과학의 차이점을 논의하고, 이를 바탕으로 한 **근거 기반 정책(evidence-based policy)**의 필요성에 대해 살펴볼 것이다.

평가연구에 대한 역사적 변천과정(A BRIEF HISTORY OF EVALUATION RESEARCH)

평가연구는 설문조사나 실험연구와 같은 단순한 자료수집방법이 아니다. 동시에 우리가 지금부터 살펴볼 평가연구는 표본설정이나 개념측정과 같은 연구 디자인의 한 요소도 아니다. 오히려 평가연구는 특정 사회프로그램을 조사하려는 명확한 의도를 가진 별개의 학문분야라고 할 수 있다. 여기에서 말하는 사회프로그램에는 약물예방치료, 사회복지개선, 형사정책, 취업 및 고용개선 프로그램 등이 광범위하게 포함된다. 각각의 프로젝트에 있어서 평가연구자는 특정 연구질문에 답할 수 있는 가장 유용한 연구 디자인과 자료수집 방법을 선택해야만 한다.

먼저 이 책의 후반부에 해당하는 제11장에서 왜 저자가 평가연구라는 주제를 꺼냈는지에 대해 좀 더 진지하게 생각해볼 필요가 있다. 평가연구를 준비하거나 계획하고 있다면, 반드시 부분이 아닌 하나의 전체 모습 속에서 연구과정을 이해할 필요가 있고, 동시에 그 과정들이 어떻게 결합되어있는지를 명확히 이해할 필요가 있다.

1950년 이전부터 평가 작업에 사회과학방법론이 사용된 것은 사실이지만, 실제 사회과학이 정부의 특정 업무나 프로그램을 평가하는데 보다 적극적으로 사용되기 시작한 것은 1950년 대 후반부터라고 하겠다. 아래와 같이 바이스(Weiss, 1977)는 사회과학이 정부의 업무를 평가하는데 있어 "합리성"이라는 개념을 최초로 도입했다고 주장하며 그 의미를 특히 강조한 바 있다.

> "평가연구를 통해 정책결정의 인과관계론을 이해하게 될 것이고, 업무계획을 위한 자료수집 작업이 보다 활발히 이루어질 것이다. 이를 통해 정부 실무자들은 바람직한 결과를 얻기 위해 어떤 변수들을 수정해야하는지를 알게 될 것이다. 일단 특정 정책들이 실행되게 되면 평가연구를 통해서만이 그 정책연구의 효과성을 객관적으로 평가할 수 있다. 이를 통해 정책 개선을 위한 변화수정 과정도 계속적으로 이루어지게 될 것이다."(P. 4)

1960년대에 실무자들을 위한 평가연구는 미국에서 뿐만 아니라 전 세계적으로 많은 인기를 얻었다. 특히 미국에서 급격히 증가한 평가연구 활동은 소위 빈곤과의 전쟁이라 불리는 특정 정책에서 기인한 것이었다. 빈곤정책은 1960년 미국에서 이루어진 커다란 사업으로 위대한 사회 법률을 기반으로 한 것이었다. 정부가 빈곤문제를 해결하고 청소년비행이나 범죄와 같은 사회문제를 줄이려고 시도한 것이다. 대중은 납세자로서 자신이 낸 세금이 프로그램에 어떻게 쓰였는지를 궁금해 하기 시작했다. 그러나 정말 당시 만들어진 많은 프로그램들이 실제로 우리가 기대했던 효과를 얻었는가? 그리고 그 프로그램으로 얻은 혜택이 납세자가 지불한 비용을 초과할 정도로 의미가 있는가? 이 시기에 사용되었던 사회과학분석방법은 그 이전에 사용되었던 분석방법과 분명 다르지만, 이에 대한 해답은 사람들을 더 많은 고민에 빠뜨렸다.

에드워드 서치먼(Edward Suchman, 1967)은 평가연구에 대한 기본적인 정의를 다음과 같이 시도하였다. 즉, 평가연구란 사회과학기법을 보다 확대된 수준의 휴먼 서비스 프로그램에 적용한 연구방법이라고 본 것이다. 실제 이러한 정의는 오늘날에도 많은 학자들에 의해서 계속 사용되고 있다. 예를 들면 로시와 프리맨(Rossi and Freeman, 1989)이 에드워드 서치먼의 정의를 새로운 버전으로 발전시켜 다음과 같은 개념 정의를 시도하였다. 즉, 그들은 평가연구를 사회개입 프로그램들의 개념화, 디자인, 운영, 유용성을 평가하는 체계적인 사회분석 절차라고 보았다(P. 18). 그렇다면 여기에서 말하는 체계적인 절차는 무엇을 말하는 것인가? 프로그램이나 치료 내용이 무엇이냐에 상관없이 평가연구는 반드시 타당성 있는 자료와 신뢰성 있는 자료를 기반으로 해야 하기 때문에 항상 체계적인 것이라고 해석할 수 있다. 그리고 그 체계적인 분석방법이란 한 가지 접근법을 고수하는 것이 아니라 두 가지 이상의 복합적인 분석방법을 의미한다. 지금까지 우리가 이 책에서 논의 하였던 다양한 평가방법이 복합적으로 사용될 수 있는 것이다.

1970년대 중반까지 연구자들은 특정 프로그램의 전반적인 효과성뿐만 아니라, 특정 프로그램이 고유의 의도를 달성했는가를 밝히는데 평가의 초점을 모으기 시작했다. 동시에 이 시기가 되면서 특정 프로그램이 문제해결에 실질적인 도움을 주었는지에 사람들의 관심이 모아졌고, 일종의 피드백으로써 그것이 종국적으로 어떤 영향을 미쳤는지를 밝히고자 하였다. 한편, 이 시기에 평가 분석 분야가 급격하게 발전하면서 평가업무와 관련된 전문 조직들도 활발히 등장하게 되었다. 이 조직들을 통해서 사회과학 분석방법들이 보다 발전하게 되었고 다른 국가들로 퍼져 나가게 되었으며, 평가분석과 관련된 많은 아이디어들이 새롭게 등장하게 되었다(Patton 1997).

이런 분위기 속에서 1990년대까지 대중은 더 많은 책임을 정부에게 요구했다. 그러나 불행하게도 정부로부터 명확한 답을 얻을 수 없었다. 프로그램이 달성한 결과를 명확히 보여주는 자료들은 거의 존재하지 않았던 것이다. 물론 관료적 특징을 가진 정부는 효과성을 보여주기 위해 많은 자료를 만들어내기도 하였다. 그러나 그 자료들은 프로그램이 무엇을 달성했느냐가 아니라, 얼마나 많은 돈을 그 프로그램에 지원했느냐를 보여 줄 뿐이었고, 그 돈이 누구에게 전달되었으며, 얼마나 많은 사람이 그 돈을 받았는지에 한정될 뿐이었다. 다시 말해 정부가 생산해 낸 자료들은 진정한 효과성 분석이 아니라, 관료들이 규율과 절차에 따라 돈을 제대로 사용했는지를 보여주는 척도에 불과했다. 성공적인 프로그램에 더 많은 지원을 하고 그에 대한 긍정적인 보상을 수여하는 것이 아니라, 관료주의 성격 상 평가가 단순히 프로그램을 관리·감독하는 행정서류를 만들어내는 역할을 하는데 그쳤다. 이러한 이유로 당시의 평과 결과들은 그다지 긍정적인 전망을 내놓지 못했다. 많은 정치인과 일부시민들은 이 상황에 대해 "모든 프로그램이 아무런 효과가 없다"라는 부정적인 논리를 펴기도 했다.

전문적인 평가 연구자들은 프로그램의 효과성을 알아보기 위해 무조건 실험연구를 수행할 수는 없다는 사실을 인식하기 시작했다. 순수한 실험연구만으로는 진정한 프로그램 결과를 대중에게 알릴 수 없음을 인식하게 된 것이다. 특정 프로그램이 일반인들뿐만 아니라 실무자들에게도 그 필요성을 제대로 인정받기 위해서는 실질적인 평가분석이 필요하게 되었다. 특정 프로그램을 폐기할 것인가, 혹은 변화·발전시킬 것인가가 구체적인 분석 결과에 달려있게 되었다. 또한 특정프로그램에 사용되는 비용 및 재정적 책임을 누가 질 것인가가 커다란 평가 결과의 대상이 되었다.

바로 이러한 환경 하에서 전문적인 평가연구자의 필요성이 등장하게 되었다. 1981년에 미국의 상하원 양원합동위원회가 제시했던 평가 표준안에는 다음과 같은 내용이 있다. 이 표준안은 오늘날에도 평가분석에 있어서 여전히 중요한 기능을 담당하고 있다(Joint Committee 1994; Patton, 1997:17에서 인용).

효용성: 효용성이란 평가분석이 실제 그 프로그램을 사용할 사용자들의 욕구를 제대로 충족시킬 것인가를 다루는 항목이다.

실현가능성: 실현가능성이란 분석평가가 얼마나 현실적으로 가능한 것인가를 다루며, 평가 자체가 빈틈없이 진행될 수 있으며, 정치적 차원에서 간결하게 잘 운영될 수 있느냐의 문제를 담고 있다.

타당성: 타당성이란 평가분석이 얼마나 합법적이며 윤리적이냐의 문제를 담고 있다. 이것은 평가와 관련된 사람들의 복지문제를 포함하며 그 결과에 영향을 받은 사람들의 복지 향상도 함께 다룬다.

정확성: 정확성이란 평가분석이 얼마나 기술적으로 적절한 정보를 담아내느냐의 문제를 말한다. 여기서 말하는 적절한 정보란 결국 평가 대상에 해당하는 특정 프로그램이 얼마나 가치 있는 것이냐를 결정짓는 척도가 된다.

놀라운 사실은 이 표준안 중에서 가장 상위에 놓인 것이 효용성이라는 점이다. 효용성이란 개념은 평가 방법이 특정 프로그램을 사용하게 될 당사자들 욕구를 충족시킴으로써 그 분석 방법이 표준안의 기준에 상응하게 되는 것이라고 볼 수 있다. 이 분야의 전문가들 역시 효용성의 개념에 동일한 의견을 보였는데, 그 예로 패튼(Patton, 1997)이 주장한 "효용성 중심의 평가" 방법을 살펴볼 수 있다. 효용성 중심의 평가란 특정 프로그램을 디자인하고 평가하는 분석 철학 방식과 실질적인 프레임워크 전체를 포함하는 개념이다. 이 방식이 가진 가장 중요한 특징은 프로그램 평가가 유용성과 실질적인 사용 정도에 의해 그 가치가 결정된다는 점이다. 다시 말해 특정 분야 실무자들이 어떻게 그 평가 결과를 이해하고, 그들이 어떻게 평가 절차를 받아들일 것인가에 따라 그 프로그램의 가치 및 평가 결과가 달라진다고 하겠다. 이런 맥락에서 효용성 중심의 평가는 실무 사용자들이 그 가치를 결정하는 평가 방식이라고 볼 수 있다. 다른 분야에서와 마찬가지로 효용성 중심의 평가방법이 이 세상에 존재하는 모든 평가 모델이나 이론에 전부 적용될 수는 없다. 오히려 효용성 중심의 평가는 개별 분석자와 잠재된 사용자의 상호작용을 강조하는 특정 평가방식이다. 이러한 과정 중심 평가 전략에 대해 패튼(1997)은 그 프로그램 평가 개념을 다음과 같이 정의하기도 하였다.

프로그램 평가란 체계적인 정보 수집 활동을 말한다. 그리고 여기에서 말하는 정보는 주로 프로그램의 활동, 특징, 결과에 관한 것들을 포함한다. 프로그램 평가는 특정 활동이 향후 계속될 필요가 있는 것인지, 혹은 그것이 계속 발전될 것인가를 판단하기 위해 반드시 필요한 것이다. 따라서 효용성 중심의 평가는 일반적인 프로그램 평가와 달리 의도된 특정 사용자들만을 위해 이루어진 평가 방법이다.(P. 23)

평가의 기본원리(Evaluation Basics)

Exhibit 11.1은 단순한 시스템모델로써 평가연구가 어떻게 이루어져야 하는지를 잘 보여주고 있다. 첫째, **투입(inputs)**이라는 요소가 필요한데, 기본적으로 이것은 프로그램 내에서 다루어지는 클라이언트, 학생, 사람, 기타 조직 단위들을 의미한다. 즉, 사람이 일종의 기계 시스템과 같이 순수한 하나의 투입 소재로 작용하게 되는 것이다. 우리가 만약 약물남용방지 프로그램을 만든다면, 이 프로그램에 참여하게 되는 사람들은 약물남용 경력이 있는 학생들로 이들이 바로 프로그램 내 "투입" 요소가 된다. 또한, 새로운 집중보호관찰 프로그램이 만들어진다면 여기에 참가하는 성범죄자들이 프로그램 내 투입요건이 된다. 피해자지원 프로그램이 있다면 여기에 참여하는 범죄피해자가 바로 투입요건이라고 할 수 있다. 동시에 특정 프로그램에 참여하는 직원이나 특정 자원들도 일종의 투입요건에 해당한다고 볼 수 있다.

투입: 투입이란 프로그램에 들어온 특정 자본, 재료, 클라이언트, 직원을 말한다.

EXHIBIT 11.1 평가모델

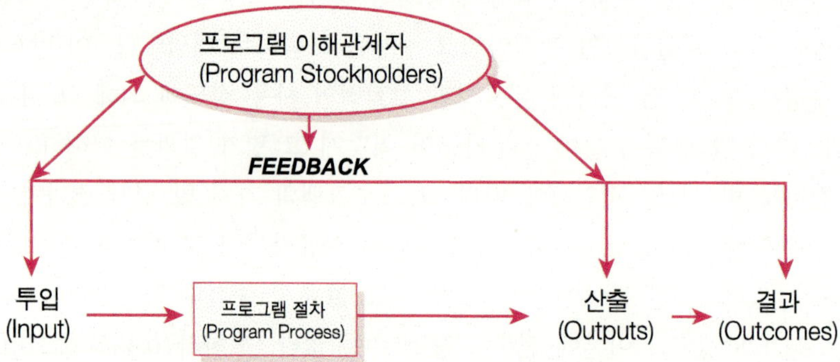

출처 : Adapted from Martin, Lawrence L., and Peter M. Kettner, 1996. Measuring the Performance of Human Service Programs. Thousand Oaks, CA: Sage. Used with permission.

다음으로 일부 서비스나 치료가 프로그램에 활용될 수 있다. 특정 수업에 참가하거나 건강문제에 있어서 상담 도움을 받거나 새로운 주택에 거주하게 되는 것 또는 실비로 경제적 도움을 받는 것들이 전부 이러한 서비스와 치료에 해당한다. 프로그램이 운영되고 이러한 서비스가 전달되는 과정은 단순할 수도 있고, 혹은 복잡할 수도 있다. 그리고 서비스 기간이 짧을 수도 있고, 길수도 있다. 하지만 한 가지 분명한 것은 서비스 전달이 특정인들에게 일종의 투입요건으로서 매우 강한 영향을 미치게 되고, 그 결과 새로운 환경을 다시 조성한다는 것이다.

프로그램 절차: 프로그램 절차란 특정 프로그램 운영을 통해 일련의 치료 또는 서비스가 전달되는 절차이다.

프로그램 서비스 과정을 통해 직접적인 결과가 도출될 수 있는데, 이 결과를 가리켜 산출이라고 부른다. 다시 말해 프로그램 산출은 서비스를 경험한 클라이언트, 훈련을 마친 사례관리자, 직접 배달된 음식꾸러미 또는 경찰에 의한 체포를 포함하는 것이다. 프로그램 산출이라는 것은 그 개념 자체만으로도 매우 바람직한 결과라고 하겠다. 산출이란 대부분의 프로그램이 현재 제대로 운영되고 있다는 것을 암시하는 하나의 척도로 사용될 수도 있다.

산출: 산출이란 프로그램 절차에 의해서 특정 서비스가 이루어진 결과를 말하거나 또는 프로그램 진행 과정에 의해 발생한 새로운 상품 자체를 말한다.

프로그램 결과(outcomes)이란 특정 프로그램이 영향을 미쳐 종국적으로 발생하게 된 최종 결과물을 말한다. 프로그램 결과는 향상된 점수 자체를 말할 수도 있고 취업률 상승을 말할 수도 있다. 또는 프로그램 결과로 범죄 감소율이나 빈곤 감소율을 의미 할 수도 있다. 특정 프로그램이 진행되었다는 그 결과물 자체의 내용이 복합적으로 보일 수도 있다. 동시에 그 프로그램 결과는 우리가 의도했던 결과일 수도 있고 아닐 수도 있다. 또한, 프로그램을 통해 얻은 결과가 긍정적일 수도 있지만, 반대로 부정적일 수도 있다고 하겠다.

결과: 결과란 프로그램 진행 절차를 통해 프로그램이 야기한 최종 영향력이다.

프로그램 산출과 최종결과가 보이는 편차들은 거꾸로 프로그램의 초기 투입 내용에 영향을 미쳐 투입 내용을 변화시킨다. 즉, 피드백(feedback) 과정을 통해 산출과 결과 내용에 변동이 발생하면, 투입 활동을 순차적으로 함께 변화시키는 것이다. 만약 많은 수의 클라이언트들이 프로그램 내에서 우리가 초기에 계획했던 서비스를 받지 못했다면, 피드백이라는 환류과정을 통해 새로운 클라이언트를 모집하는 활동이 증가하게 될 것이다. 같은 맥락에서, 만약 특정 약물치료를 했음에도 불구하고 환자들이 너무나 많은 부작용을 보인다면, 그 약물치료는 결국 사용이 일부 제한되거나 완전히 폐기 처분될 것이다. 결국 우리가 만든 특정 프로그램이 좋은 결과를 보여주지 못한다면 프로그램에 참여했던 클라이언트들은 다른 곳으로 옮겨가게 될 것이다.

> ***피드백***: 피드백이란 서비스 전달을 통해 우리가 얻은 산출, 결과 또는 프로그램 운영에 관한 정보 전반을 포괄하며, 이것을 통해 우리는 프로그램 투입의 내용이 변화되는 것을 볼 수 있다.

평가 연구는 결국 피드백이라는 연결고리를 통해 보다 체계적인 접근방식을 유지하게 된다. 평가연구는 각각의 요건들이 가진 연결고리들을 강화시킴으로써 프로그램 자체의 특징뿐만 아니라 프로그램 외부에서 얻은 의견을 적극적으로 활용할 수 있다. 경제적 지원을 담당하는 기관, 또는 정치적 특성의 일부 책임기관은 평가 연구를 프로그램의 의무 과정으로 규정할 수 있을 것이다. 따라서 일부 외부 전문가들 역시 평가 분석 연구에 함께 참여하게 될 수 있다. 그리고 그 연구 결과를 일반인들에게 발표함으로써 프로그램이 향후 나아가야 할 방향을 대중과 함께 공유하게 되고, 그를 통해 프로그램에 투자했던 사람들에게 공식적인 보고 결과물을 제공하게 될 것이다.

이러한 프로그램 평가절차는 피드백이라는 특징을 갖고 있어 프로그램 이해관계자의 이익과 관점 속에서 새롭게 발전, 변화될 수 있다. 여기서 말하는 **이해관계자들(stakeholders)**이란 다양한 사람들을 포함하는데, 특히 특정프로그램의 기본관심사를 공유하는 개인이나 그룹 전체를 지칭한다. 보통 이해관계자들은 일부 클라이언트, 직원, 관계자, 재정지원자, 또는 일반 대중을 광범위하게 포함한다. 프로그램운영위원회, 클라이언트들의 부모 및 배우자, 프로그램을 지원하는 회사, 프로그램 운영경비를 감독하는 감사관, 담당 국회의원들도 이해관계자에 속한다. 따라서 이들은 모두 자신들의 이익을 위해 프로그램 평가를 요구할 수 있고, 그 평가를 위해 재정적 지원을 약속할 수도 있다. 또한, 이해관계자들은 평가 실시를 위한 분석 자료를 제공할 수도 있고, 그 평가 결과 해석에 자신들의 의견을 개진할 수도 있을 것이다. 결국 이런 관점에서 보면 프로그램 이해관계자 및 당사자들이 누구이며, 그들이 프로그램을 평가하기 위해 어떤 역할을 담당하느냐가 종국적인 평가 결과 생성에 가장 중요한 영향을 미친다고 할 수 있다.

이해관계자: 이해관계자란 특정프로그램의 기본 관심사를 공유하고 있는 개인이나 그룹 전체를 말한다.

우리는 일반적으로 평가분석 연구와 전형적인 사회과학연구를 비교하여 그 차이점을 명확히 구분할 수 있다. 기술적 성격이 강한 사회과학 연구와 달리, 평가분석 연구는 특정 사회이론을 테스트하려고 하지 않는다. 다시 말해 평가분석의 기본 관심사는 프로그램이 어떤 영향력을 발휘하는가에 달려있다고 하겠다. 이에 과정평가는 종종 질적 연구방법을 사용하기도 한다. 하지만 전통적인 기술연구와 달리 그 목적이 광범위한 이론 설명에 있지 않다. 대신 과정평가의 목적은 어떻게 그 프로그램이 작용하는가를 밝혀내는데 있다. 그렇다고 해서 평가분석 연구자들이 가장 높은 수준의 과학적 기준에 맞춰 항상 그들의 평가연구를 진행하는 것은 아니다. 평가연구자들은 무엇보다도 특정 관심사를 만들어내는 이해관계자들의 관심사에 초점을 두고 있다. 물론 항상 전통적 사회과학연구와 평가분석연구가 명확히 구분되는 것은 아니다. 평가분석 연구는 우리가 만든 프로그램이 실제 우리가 의도한 목적을 달성했는지 알아보기 위해 일반 사회이론들을 차용해서 분석 단계에서부터 활발히 이용한다고 볼 수 있다.

새로운 평가 대체방법(Evaluation Alternatives)

오늘날의 평가분석 분야는 크게 두 가지로 나뉘는 경향을 보이고 있다. 첫 번째는 평가분석을 순수한 지식발견을 위해 시도하는 분야이고, 두 번째는 특정 결과물이 의도한 목적을 달성했는지를 알아보는 평가 분야이다. 그 강조점이 무엇이든지간에 모든 평가방식들은 경험적인 특징을 갖고 있고, 특정 자료를 바탕으로 한다는 특색을 갖고 있다. 프로그램 평가분석이나 일반적인 평가연구들 모두 특정 정책의 효과성을 밝히는데 궁극적인 목적이 있다고 하겠다. 평가방식이 객관적이며 동시에 경험적인 전략을 사용했다면 그것은 매우 바람직한 방법을 사용한 것이고, 좋은 초석을 쌓았다고 할 수 있다. 일반적으로 특정 프로그램을 평가하는데 많은 돈을 계속 쏟아 부을 수는 없기 때문에 사회과학자들은 제한된 자원으로 그들의 평가업무를 가능한 신속하게 마치려고 노력해 왔다. 이와 관련하여 패튼(1977)은 다음과 같은 주장을 하기도 하였다. 즉, “모든 평가방식을 다 수행할 수 없기 때문에 연구자들은 어떤 일들이 가장 가치 있는 것인지 결정해야하고, 그것은 바로 평가분석을 통해서만이 가능한 일이다”(p. 11).

지금까지 수많은 연구들이 평가 업무를 수행하는데 있어 어떤 이론과 전략들을 사용하는 것이 가장 적합한지 치열하게 고민해왔다. 이 책 역시 연구방법론에 관한 지식을 전달하고 있으므로 이 장을 통해 주로 범죄학분야에서 가장 많이 쓰이는 연구방법론을 소개하는데 초점을 둘 것이다. 그러나 분명한 점은 방법론의 선택 자체가 연구자가 제시한 근본적인 연구질문에 의해 결정된다는 것이다. 특정 활동을 평가, 분석하기 전에 어떠한 형태의 연구질문을 만들어 낼 것인가를 먼저 고민할 필요가 있다. 패튼(1997)은 아래와 같이 세 가지 형태의 일반적인 연구질문을 제시하였다.

판단중심평가: 이 평가방식은 연구자가 전반적인 프로그램의 가치, 장점, 필요성 등을 결정하기 위해 사용하는 분석 전략이다. 이 방식에서 우리가 관심을 가져야 할 것은 특정 프로그램이 원래부터 가지고 있던 고유한 가치 및 장점이다. 그리고 이 평가방식이 강조하는 연구질문은 다음과 같다. 첫 번째로 "프로그램에 참여한 사람들을 위해 실제 이 프로그램이 얼마나 그들의 욕구를 충족시켰고, 이 프로그램이 얼마나 궁극적인 목적에 부응했다고 할 수 있는가?"하는 것이고, 두 번째로는 "이 프로그램이 우리가 계획한 결과를 제대로 달성했다고 볼 수 있는가?"라는 질문이다.

개선중심평가: 이 평가방식은 우리가 운영하는 특정 프로그램의 발전 및 개선을 목적으로 한 것이다. 이 전략은 단순히 프로그램이 가진 전반적인 효과성이나 장점, 가치 등을 밝히려는 것이 아니다. 개선중심평가는 현재 유지되는 상황들을 더 바람직하게 만드는데 그 의의가 있다. 즉, 단순히 전반적인 판단이나 총괄적인 가치개입을 목적으로 하는 것과는 다르다. 연구질문을 만든다는 차원에서 보면 개선중심평가가 판단중심평가와 매우 유사한 것처럼 보일수도 있다. 그럼에도 불구하고 이 둘은 명확히 구분되는 차이점을 가지고 있다. 즉, 개선중심평가는 다음과 같은 질문에 초점을 둔다. "프로그램이 가진 장점과 단점은 무엇인가", "프로그램에 참가한 참가자들은 어느 정도 발전되었다고 볼 수 있는가", 그리고 "프로그램 서비스를 수행하는데 어떤 장애가 가장 심각하게 나타난다고 볼 수 있는가"이다.

지식중심평가: 이 평가 전략은 프로그램에서 나타나는 일반적인 이슈들을 인식하는 방법에 영향을 미치는 것이다. 앞에서 논의한 판단중심평가나 개선중심평가는 다소 도구적인 특징을 가지고 있지만, 여기서 말하는 지식중심평가는 우리가 운영하는 프로그램의 모델, 이론, 목적 등을 명확히 정의하는데 사용되는 평가 전략이다. 쉽게 말하면 학술적인 측면에서 지식중심평가란 현실과 이론이 가진 격차를 줄이기 위한 평가 방법이라고 하겠다. 예를 들면 1984년에 셔먼과 벌크가 억제이론을 검증하기 위해 특정 평가실험을 실시했는데, 이것이

지식중심평가의 대표적인 사례라고 하겠다. 그들은 경찰체포가 가정폭력 범죄자의 재범률에 어떤 영향을 미치는지 측정하려고 하였다. 초기 의도는 범죄자 개인에게 체포라는 강력한 제재가 어떤 영향을 미치는지 알아보는데 한정되었다. 즉, 특별억제라는 개념을 확인하기 위해 경찰 체포 평가 연구를 실시한 것이다. 점차 억제이론을 확대시켜 이들은 체포와 구금과 같은 공식적인 제재 위협이 타당한 억제력을 보이는지 알아보고자 하였다. 동시에 제재의 엄격성이 실제 공식적인 억제수단이 될 수 있는지 탐구하기 시작했다.

이 사례에서 볼 수 있듯이 평가연구는 매우 다양한 이유를 가지고 있다. 때로는 평가분석이 업무관리와 행정편의를 위해 이루어질 수도 있고, 특정이론을 테스트하기 위한 목적으로 이루어 질수도 있다. 또한, 평가분석은 우리가 시행하고 있는 서비스를 개선하기 위해 이루어질 수도 있고, 특정업무를 계속 할 것인지, 중단할 것인지, 혹은 수정할 것인지를 결정하기 위해 이루어질 수도 있다. 그러나 한 가지 분명한 것은 평가분석이 가진 목적이 일반적인 사회과학연구가 가진 목적과 동일하다는 점이다. 즉, 평가분석이 객관적이고 현실적인 사회과학분석방법론을 근거로 이루어져야 한다는 것이다. 이 책에서 지금까지 논의했던 내용들이 바로 일반적인 연구방법론에 관한 것으로써 그 엄격한 양적 연구에서 유사실험 연구, 또는 질적 연구, 관찰연구, 심층면접을 광범위하게 포함하고 있다.

이에 평가 프로젝트도 다음과 같은 다양한 질문들에 초점을 두고 있고, 이것은 사회프로그램을 운영하는데 있어서 매우 중요한 이슈들이 된다.

- 이 프로그램은 정말 필요한 것인가(욕구 평가)
- 이 프로그램은 평가가능성이 있는가(평가 가능성 검토)
- 어떻게 이 프로그램이 운영되고 있는가(과정평가)
- 프로그램이 미치는 영향력은 무엇인가(결과평가)
- 이 프로그램은 얼마나 효율적인가(효율성 평가)

평가분석 프로젝트에서 우리가 사용하는 특정 방식들은 위에서 열거한 질문들이 무엇이냐에 따라 세부 전략들도 달라진다고 볼 수 있다.

욕구 평가 또는 욕구 사정(The Evaluation of Need, or Needs Assessment)

새로운 프로그램은 정말 필요한 것인가? 혹은 예전에 사용했던 프로그램들을 계속 하는 것이 더 나은 것은 아닌가? 정말로 이 프로그램을 사용 할 필요가 있는가? 우리는 프로그램을 진행하면서도 이런 질문을 계속하게 될 수 있다. 욕구 평가(needs assessment)는 바로 이와 같은 질문들의 답을 찾고자 하는 것이다. 체계적이고 신뢰성 있는 증거들을 가지고 이 질문들의 답을 찾고자 하는 것이다. 사회문제를 해소하고 사회적 질병을 감소시키기 위해 특정 프로그램을 수행하는데 초기단계에서부터 다양한 사회관계자들의 관심에 영향을 받는다. 사회관계자들이란 사회행동집단, 도덕적 리더, 지역사회 활동가, 정치적인 세력들을 포함한다. 그러나 프로그램이 시행되기 전에 가장 중요한 것은 사회에 존재하는 실제 문제들의 범위와 그 특성을 명확히 이해하는 것이다. 그리고 프로그램이 운영된다면 누구를 위하여 시행되어야 하는가를 명확히 이해하는 것이라고 하겠다. 평가분석 연구자들은 바로 이러한 문제들을 해결하는데 큰 공헌을 해왔다. 다시 말해 평가연구자들은 다음과 같은 질문을 통해 그 초기 문제점들에 관한 질문의 답을 구하기 시작했다. "우리 지역사회에 존재하는 문제의 범위는 어느 정도인가?", "우리 지역사회에 얼마나 많은 사람들이 실제 이 프로그램을 필요로 하는가?", "이 프로그램을 요구하는 사람들의 연령, 성별, 인종 등의 인구사회학적 특징은 어떻다고 볼 수 있는가?", "우리가 하려고하는 프로그램이 정말 일부 시민들에게 적절한 것인가?"

로시와 프리맨(1989)은 프로그램을 운영하는 담당자들이 자주 직면하게 되는 문제점들을 몇 가지로 분류하였다. 예를 들면 1990년대 초기에 청소년의 범죄와 비행이 매우 증가하게 되었을 때, 미드웨스트 지역에서 청소년들의 범죄와 비행을 예방하기 위해 특정 프로그램을 만들어 그것을 평가하였다. 그러나 이후 미드웨스트 지역에는 청소년 범죄가 실제 그다지 많이 발생하지 않음이 밝혀졌다. 연구자가 지목한 이 미드웨스트 지역사회는 청소년 비행문제가 없었기 때문에 잘못 지목된 것이라고 할 수 있다. 연구자는 청소년 비행이 국가 전반에서 일어나는 심각한 문제라고 인식했기 때문에 이 지역에서도 청소년 범죄가 심각할 것이라고 잘못 인식했다. 따라서 많은 시간과 노력, 돈이 이 연구 때문에 낭비되었다.

이 지역사회가 해결해야할 진정한 문제들은 경험적 평가 및 분석을 통해서 사전에 제대로 파악될 수 있었으며, 그 분석을 통해 우리는 많은 비용을 줄일 수도 있었을 것이다. 평가를 시행하기 전에 다양한 형태의 사전 검토가 있어야만 했다. 여기에는 지역 경찰서에서 작성한 기록일부를 심층적으로 살펴보는 활동이 포함될 수 있을 것이다. 그것을 통해 연구자는 평가 전에 이미 지역사회에 존재하는 청소년 범죄와 비행 발생 정도를 파악할 수 있었을 것이다. 또한, 설문조사를 통해서 지역사회 내에 존재하는 청소년 범죄 실태를 어느 정도 파악해 볼 수도 있었을 것이다. 예를 들면 지역사회에서 심각한 청소년 범죄가 어느 정도 발생했는지 알아보기 위해 학교를 방문하여 학생들에게 질문지를 배포해 볼 수도 있는 것이다. 이것을 통해 연구자는 분석에 사용될 재정적 자원을 사전에 보다 정확하게 계산해 볼 수 있다.

평가가능성 사정 및 평가(Evaluability Assessment)

만약 프로그램 자체가 평가될 수 없는 것이라면, 평가분석 연구는 매우 무의미한 결과가 된다. 특정 종류의 연구들은 항상 수행될 가능성이 있지만, 프로그램의 영향력을 확인하기 위한 일부 평가분석 연구는 시간과 자원이라는 한계성 때문에 평가 자체가 불가능해 질 수도 있다. 따라서 연구자들은 평가분석을 실시하기 전에 먼저 평가가능성(evaluability assessment) 자체를 고민해 봐야한다. 무조건 많은 시간과 노력을 분석에 투입한다는 것은 큰 낭비를 초래하게 될 것이다.

그렇다면 도대체 왜, 어떤 프로그램은 평가 자체가 불가능한 것일까?

- 관리자가 단지 특정 업무의 우월성만을 보여주고자 할 때 평가분석은 현실적으로 불가능해진다. 조직의 관리자가 조직이 추구한 활동이 실제 무엇인지 고민하지 않고, 그 활동의 우월성만을 입증하는데 관심을 둔다면, 실질적인 평가가능성은 사라질 것이다. 이것은 평가 현장에서 매우 일반적으로 나타나는 심각한 문제에 속한다.
- 프로그램 담당자가 기관으로부터 매우 고립되어 있어 그들이 서로를 믿지 못하게 되면 평가 자체가 불가능해진다. 업무 수행이 어떻게 이루어지는지 확인하기 위해 관리자가 세심한 관심을 보이지 않는다면, 신뢰는 이루어지지 않게 된다.
- 프로그램 운영자들이 확실한 프로그램의 달성목표를 인식하지 못하고 있을 때도 평가 자체가 불가능해진다. 프로그램의 목적을 잊어버리고 프로그램 운영을 단순히 다른 사람을 도와주는 활동이나 쓸데없이 시간을 낭비하는 행동쯤으로 이해하게 된다면 평가 자체가 불가능하게 된다.
- 특정 프로그램이 다른 서비스 활동과 명확히 구분되지 않을 때 평가가 이루어질 수 없게 된다. 한 기관에서 이루어지는 유사한 다른 활동과 평가 프로그램이 명확히 구분되지 않는다면, 그 활동자체를 독자적으로 평가할 수 없게 되는 것이다.

평가가능성을 사정한다는 것은 우리가 확인한 문제점들을 이해하는데 큰 도움을 줄 수 있다. 프로그램 관리자와 운영자들이 서로 문제를 논의함으로써 프로그램 운영방식을 효과적으로 변화시킬 수 있는 것이다. 평가자들은 프로그램 참여자들에게 평가 결과를 알리기 위해 평가가능성 사정을 시도할지도 모른다. 그리고 이 평가가능성 사정을 통해 프로그램이 가지고 있는 목표와 목적을 보다 명확히 하는데 도움을 주게 될지 모른다. 평가가능성 사정을 통해 연구자가 얻게 될 지식들은 본격적인 평가계획을 구체화하는데 큰 도움을 주게 될 수 있다.

지금까지 논의 한 평가가능성 사정은 사전연구에 속하기 때문에 때때로 질적 연구방식을 취할 수도 있다. 프로그램 관리자와 핵심 직원들은 심층면접을 받을 수 있고, 프로그램을 지원해주는 관계자들도 프로그램의 다양한 목적에 따라 심층 면접대상이 될 수 있다. 이러한 사정방식은 현장 연구 측면에서 큰 의미를 갖게 된다. 왜냐하면 실제 평가자가 심층면접을 통해 얻은 사실들을 프로그램 관리자에게 사전에 알려주기 때문이다. 그리고 그것을 통해 프로그램의 운영이 새롭게 변화 될 수 있다.

메릴랜드에서 십대법원(Teen court)의 효과성을 평가하게 되었을 때, 스티클과 그의 동료들(Stickle et al., 2008)은 삼일 동안의 워크숍을 운영했다. 이 삼일짜리 워크숍은 프로그램 발전 및 평가라고 불린 활동으로 평가가능성 사정을 위해 시도된 것이었다. 이 워크숍의 목적은 프로그램이 갖고 있는 목표, 목적, 개입, 운영기준 등을 평가 전에 표준화하는데 있었다. 그리고 나중에 여기에서 도출된 목표와 목적은 영향평가의 결과변수로 활용되기도 하였다.

과정평가(프로그램 감독)(Process Evaluation(Program Monitoring))

일단 프로그램이 진행되고 나면, 평가자는 실제 프로그램 내에서 무슨 일이 벌어졌는가에 가장 큰 관심을 갖게 된다. 그 질문을 보다 구체화하면 특정 프로그램이 우리가 의도한 대상을 중심으로 이루어졌는지에 관심이 모아지고, 특정 프로그램이 우리가 의도한대로 운영되었는지에 평가의 초점이 모아진다고 하겠다. 또한, 분석의 관심은 얼마 정도의 돈을 프로그램 운영에 지출하였는지에 모아진다고 하겠다. 1989년에 로시와 프리맨은 이러한 관심들을 모아 과정평가라고 부르게 되었다. 이 **과정평가(process evaluation)**는 다른 말로 **프로그램 감독(program monitoring)**이라고 불리기도 한다. 그들은 이러한 과정평가를 아래와 같이 보다 구체적으로 정의하였다.

> "과정평가란 평가분석 연구자가 프로그램의 운영 범위와 실태를 분석하기 위해 실시하는 체계적인 활동 전반이라고 볼 수 있다. 프로그램의 범위를 분석한다는 것은 그 프로그램이 의도한 대상을 향해 제대로 진행되었는지 살펴보는 것이고, 프로그램의 실태를 분석한다는 것은 서비스를 제공하기로 했던 계획과 실제 운영된 활동이 얼마나 일치하는지를 검토한다는 것이다."(P. 170)

과정평가란 매우 중요한 분석 방법 중 하나이다. 왜냐하면 과정평가 없이는 우리가 의도했던 결과가 실제로 달성되었는지 확인할 방법이 없기 때문이다. 한 가지 예를 들어보기로 하자. 만약 한 학교에서 학교폭력 예방수업을 운영하기로 결정했다면, 이 프로그램 운영을 통해 반드시 학교폭력이 감소했음을 보여야 할 것이다. 이 수업이 진행되기 전과 후를 비교하여 얼마만큼의 학교폭력 발생률이 감소했는지를 살펴보아야 하고, 효과성 분석을 통해 그 평가결과를 과학적으로 검토해 봐야 할 것이다. 그러나 처음 의도했던 대로 한 시간 동안 운영되는 5회의 수업내용이 계획대로 제대로 지켜지지 않았다면, 그 프로그램의 효과성은 제대로 검증되지 않는다고 할 수 있다. 학교폭력예방 수업이 실제로 금요일 오후에 오직 두 시간만 이루어졌다면, 그 결과는 우리가 의도했던 프로그램의 목적과 거리가 먼 것이다. 이런 맥락에서 과정평가는 프로그램 운영상의 문제점을 부각시켜주는 특징이 있다. 만약 프로그램이 우리가 의도했던 대로 운영되지 않는다면, 우리가 의도했던 결과를 얻었는지 확인할 필요도 없는 것이다.

또한, 과정평가는 다양한 형태를 취할 수 있다. 대부분의 정부와 개인조직들은 자신들이 하고 있는 활동을 모니터링하기 때문에 과정평가를 실시하고, 이를 통한 많은 양적인 자료를 상대적으로 쉽게 얻을 수 있다. 공적, 사적 조직들이 자신의 활동을 모니터링한다는 것은 신청서를 작성하게 하거나 영수증을 받는 것, 그리고 재고유지 목록을 작성하는 것 등을 의미한다. 이러한 자료들을 통해서 우리는 과정평가의 자료를 얻을 수 있다. 이러한 정보들은 클라이언트들이 어떤 서비스를 받았고, 어떤 서비스가 제공되었는지를 쉽게 이해할 수 있게 해준다. 양적정보와 더불어 과정평가에는 질적인 연구방법들도 활용될 수 있고, 여기에는 비구조화된 인터뷰가 포함된다. 프로그램 직원들에게 서비스를 제공하는데 무엇이 가장 힘든 장애물이었는지 직접 물어볼 수 있는 것이다. 포사박과 캐리(Posavac and Carey, 1997)는 질적 연구를 통한 정보가 매우 유익한 자료로 활용될 수 있다고 봤으며, 그 질적 연구 자료가 평가자나 서비스 공급자가 생각하지 못했던 새로운 시각을 제공한다고 주장하였다(p. 8).

과정평가는 복잡한 프로그램을 평가할 때 매우 유용하게 쓰일 수 있다. 많은 사회프로그램들은 복합적인 요소들을 담고 있고 오랜 기간 운영되는 특징이 있다. 그리고 그 다양한 활동들은 각 지역에서 이루어지고 많은 서비스 공급자들에 의해 운영되기도 한다. 이러한 사회프로그램의 복잡성 때문에 모든 프로그램 수령인에게 그 효과성이 다 똑같다고 할 수 없고, 프로그램이 운영되는 설계방식도 다 동일하다고 할 수 없다.

사례연구 : D.AR.E. 프로그램 평가하기

1994년에 링그왈트 등에 의해서 D.A.R.E. 프로그램 과정평가가 실시되었다. 그리고 여기에는 다음과 같은 세 가지 목표가 포함되었다.

1. D.A.R.E. 프로그램에 조직구조와 운영체계를 분석한다.
2. D.A.R.E. 프로그램의 효과적인 운영을 위해 반드시 연구자가 고려해야 할 핵심 요소들을 살펴한다.
3. D.A.R.E. 프로그램과 다른 학교중심 약물예방 프로그램이 어떻게 특정 대상의 욕구를 충족시키는지 비교·분석한다.(P. 7)

과정평가는 매우 다양한 활동들로 이루어진다. 그 활동에는 현장방문 , 비공식적 면담, 설문조사 등이 모두 포함된다. 이러한 활동들을 통해 D.A.R.E. 프로그램이 우리가 의도했던 대로 운영되었는지 살펴볼 수 있고, 그 운영방식이 계획대로 부드럽게 잘 진행되었는지를 확인해 볼 수 있다. Exhibit 11.2에서 볼 수 있듯이 D.A.R.E. 프로그램에 있었던 약물예방 담당자가 다른 형태의 프로그램 담당자보다 프로그램 요소들에 더 높은 만족감을 보였던 것으로 나타났다.

과정평가는 또한 프로그램이 운영되는 전달과정을 구체화시키는데도 사용될 수 있다. 달리 말하면 과정평가가 왜 특정프로그램이 효과가 있는지 설명해주는데 큰 도움을 준다는 것이다. 현장 방문을 통해 확인된 운영상의 문제들은 다음과 같은 상황들을 포함하고 있다. 프로그램을 운영하는 담당자 수의 부족과 D.A.R.E. 프로그램을 이해하는데 필요한 히스패닉 관련 서적의 부족을 밝혀낸 것이다. 그리고 참여관찰을 통해 D.A.R.E. 프로그램이 프레젠테이션 활동을 강조하고 학생들의 적극적인 참여를 독려한다는 사실이 밝혀졌다.

과정평가 분석은 명확하다고 판단된 일부 사실들이 얼마나 잘못된 것인지를 인식하도록 만들어준다. 한 예를 들면 출소자 전환지원 프로젝트를 평가한 후, 연구자들은 매우 부정적인 분석결과를 얻게 되었다. 여기서 전환지원 연구는 교도소 내 재소자가 출소 후 사회로 나가게 되는 전환과정을 지원해주는 활동을 말한다. 이 활동을 분석한 결과, 조지아와 텍사스에서 2천 명의 재소자들이 일정 기간 동안 전환지원 활동을 통해 큰 혜택을 받았던 것으로 나타났다. 그리고 실험집단과의 비교를 위해 일부 재소자들은 전환기관으로부터 어떠한 지원도 받지 않았다. 아무런 혜택도 받지 않은 출소자 집단을 **통제 집단(control group)**이라고 할 수 있다. 분석 결과, 전환지원 활동은 재소자들에게 긍정적인 효과를 보여주지 않았다. 재산범죄와 비재산범죄 양쪽에서 재범률이 모두 줄지 않은 것이다. 전환지원 연구에 참여했던 재소자들의 재범률이 통재집단의 재범률과 차이가 나지 않는다는 것은 그 프로그램의 효과성이 충분하지 않다는 것을 말한다.

하지만 이것이 전부가 아니다. 피터 로시(Peter Rossi)는 아래의 Exhibit 11.3과 같이 TARP 인과모델을 구체화시키는 실험을 하였다(Chen, 1990). TARP 지급수당을 받았던 사람들은 초기에 더 많은 수입을 얻었고 그래서 결과적으로 그들이 나중에 체포되게 된다면,

EXHIBIT 11.2 〈D.A.R.E.와 다른 알코올/약물 프로그램에 대한 만족비율 정도 비교〉

요소	D.A.R.E 프로그램 (N=222)	다른 알코올/약물 프로그램 (N=406)
커리큘럼	67.5	34.2
교육방식	69.7	29.8
행정적 지원환경	55.7	23.1
학생들 이해도	76.5	34.6
학생들에게 미치는 영향	63.2	22.8

출처 : Ringwalt et al. 1994:58.

더 많은 것을 잃는 상황에 놓이게 되었다. 따라서 그들은 범죄를 덜 저지르게 되는 것으로 나타났다. 그러나 TARP 지급수당은 직업을 갖게 하는데 또 다른 문제점을 야기했다. 그것이 동기부여를 줄이는 하나의 요소가 되었던 것이다. 이것이 결국 대상자들로 하여금 범죄를 저지를 수 있는 유용한 시간을 더 많이 갖게 만들었다. 따라서 TARP가 가진 긍정적인 효과가 또 다른 부정적 효과에 의해 어느 정도 상쇄되었는지 볼 수 있다.

우리가 시도하는 프로그램을 보다 세련되게 만들기 위해서 과정평가보다는 구성평가(formative evaluation)라는 새로운 방식을 시도해 볼 수 있다(Rossi and Freeman, 1989). 구성평가 절차는 서비스 프로그램이 발전되는 초기단계에서부터 사용될 수 있고, 그것은 치료과정을 보다 구체화 시키는 역할을 담당할 수도 있다. 또한, 구성평가는 대상자들을 모집하는 절차와 프로그램이 운영되는 방식, 전달체계, 측정도구 등을 변화시키는 역할을 하기도 한다(Patton, 2002).

과정평가는 매우 광범위한 성과지표를 가질 수 있다. 프로그램이 운영된 결과 기록, 참가자들을 대상으로 한 설문조사, 지역사회설문조사, 참가자와 포기자의 비율, 부적격한 대상들의 특성 등을 검토함으로써 프로그램이 담당하는 범위를 이해할 수 있는 것이다. 특히 서비스 전달체계는 프로그램담당자나 관리정보시스템 또는 프로그램 경험자들이 보고한 정보기록을 통해 자세히 모니터링 될 수 있다(Rossi and Freeman, 1989).

질적 평가 역시 과정평가에서 자주 사용될 수 있는 중요한 핵심요소이다. 질적 평가를 통해 프로그램 내부의 역동성을 보다 상세히 밝힐 수 있기 때문이다. 여기서 나타나는 역동성은 심지어 연구자가 전혀 예측하지 못했던 새로운 상황까지 모두 포함하는 것이다(Patton, 2002; Posavac and Carey, 1997). 질적 연구를 수행하는 연구자들은 프로그램이 어떻게 많은 사람들과 서로 연결되어 있는지 질적 연구방식을 통해 더 자세히 밝혀낼 수 있게 될 것이다. 또한, 질적 연구를 통해 프로그램 참여경험이 사람들마다 어떻게 다른지 알 수 있고, 시간이 지남에 따라 그 프로그램이 어떻게 변천되는지도 보다 상세히 알게 될 것이다.

영향평가(결과평가)(The Evaluation of Impact or Outcomes)

만약 과정평가가 우리가 목표로 한 대상을 중심으로 제대로 목표가 이루어진 것에 초점을 둔다면, 그 다음 질문은 이 프로그램이 정확히 어떤 목표를 얼마만큼 달성했느냐에 모아질 것이다. 우리가 운영한 프로그램이 정말 제대로 작동한 것인가? 그 프로그램이 우리가 의도했던 목표를 달성했다고 볼 수 있는가? 이러한 질문들은 우리에게 매우 익숙한 연구 주제이다. 달리 말하면, 하나의 연구주제로서 특정 프로그램이 독립변수로 우리가 의도한 종속변수에 제대로 영향을 미쳤는지를 묻는 것이다. 결국 이러한 모든 질문들은 인과성이라는 하나의 주제로 귀결된다. 바로 이러한 인과관계의 문제가 영향평가 또는 결과평가의 핵심이다.

평가분야에서 나타난 수많은 연구결과들은 주로 영향평가를 다루는데 초점을 두었다. 새로 만들어진 자동차 안전벨트 착용법이 실제 운전자들의 벨트 착용률을 증가시켰는가? 강간개혁법이 강간 피해자로 하여금 그들의 피해사실을 경찰들에게 더 적극적으로 보고하게 만들었는가? 병영체험 캠프가 청소년범죄자들로 하여금 범죄를 덜 저지르게 만들었는가? 의무적 최소양형정책이 성별이나 인종과 같은 외부요소들의 영향력을 실제로 감소시켰는가? 이러한 모든 의문점들이 바로 영향평가와 관련된 것이다.

EXHIBIT 11.3 **TARP 영향력 모델**

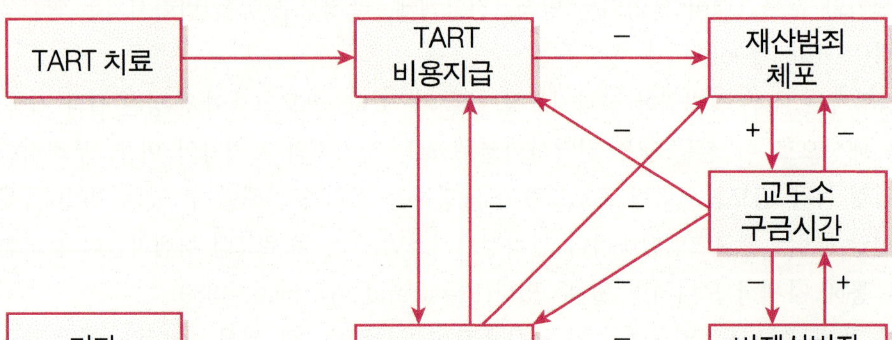

출처 : From Chen, 1990:210. Used with permission.

EXHIBIT 11.4 위험기술훈련 프로그램(RSTP)과 약물남용 저항교육(DARE)의 효과

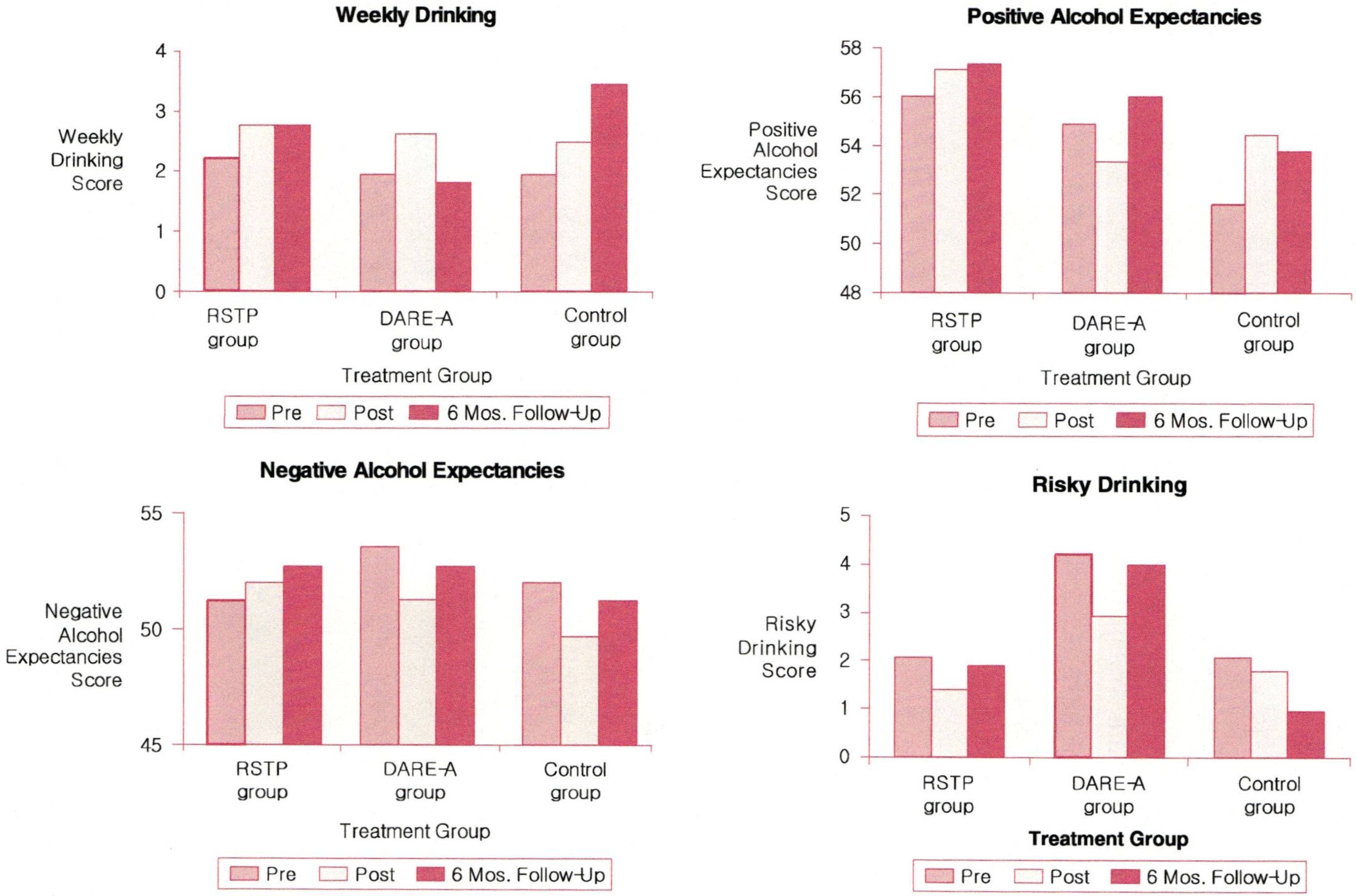

출처 : Based on D'Amico and Fromme 2002:569

독립변수에 해당하는 D.A.R.E. 프로그램은 근본적으로 약물사용을 감소시키기 위해 만들어진 프로그램이다. 여기에서 약물사용 정도는 종속변수에 해당한다. 이 프로그램이 제대로 운영되었다면 불법약물 사용 빈도가 감소할 것이다. 연구계획을 보다 구체적으로 한다면, 독립변수가 여러 개일 수도 있다. 예를 들자면, 독립변수 내용을 프로그램 없음, D.A.R.E. 프로그램 시행, 기타 알코올/약물 교육 프로그램과 같이 세 가지로 만들 수 있는 것이다.

다미코와 프로매는 RSTP라는 한 프로그램을 평가하고자 하였다. RSTP는 위험 기술훈련 프로그램(Risk Skills Training Program)의 약자이다. 실험을 위해 14세에서 19세 사이의 아이들을 대상으로 RSTP 프로그램과 D.A.R.E. 프로그램의 단순화된 버전을 참가자들에게 실시했다. 그리고 평가를 위해 또 다른 통제집단도 만들었다. 그들은 영향평가를 위해 알코올에 대한 기대정도를 측정했고, 실질적인 알코올 소비량도 조사했으며, 동시에 자신의 동료가 알코올을 섭취할 가능성에 대한 인식도 조사했다. 이 연구를 통해 부정적인 알코올 기대감이 RSTP 그룹에서 급격히 증가하는 것으로 나타났다. 반면 부정적인 알코올 기대감은 D.A.R.E. 그룹이나 다른 통제집단에서는 증가하지 않았다. 반면에 주당 알코올 소비량과 긍정적인 알코올 기대감은 D.A.R.E. 그룹과 통제집단에서 증가하였다. 그러나 RSTP 그룹에서는 이 변수들이 증가하지 않았다. 이 실험은 6개월간의 추적조사를 바탕으로 한 것이었다(Exhibit 11.4 참조).

다른 연구 분야를 살펴보면, 순수한 **실험설계(experimental design)**가 많은 연구 방법 중 가장 대표적인 연구설계 방법임을 알 수 있다. 실험연구는 내적타당성을 극대화시킬 수 있는 연구방식이기 때문이다. 달리 말하면 연구자가 가설로 설정한 프로그램영향력의 인과관계를 가장 정확히 파악할 수 있도록 해주는 설계 전략이라고 하겠다. 참가자들이 무작위로 실험집단과 통제집단에 할당되기 때문에 이 연구설계에서는 체계적인 차이점들이 존재하지 않는다(제6장 참조). 편향되지 않은 표본설정이 이루어지 짐으로써 프로그램 자체가 가지고 있는 고유한 영향력을 비교 평가할 수 있다. 프로그램에 대한 결과평가는 프로그램 수행자체만의 영향력으로 결정되고, 다른 요인들에 의해서는 영향을 받지 않는다. 그러나 실험연구는 실제 상황에서 상용되기 어렵다는 문제점이 있다. 왜냐하면 실제 상황에서 누가 특정프로그램에 참여할 것인가를 결정하는 것은 주로 무작위로 이루어지는 것이 아니라, 참가자가 스스로 자신이 특정 프로그램에 참여할지를 결정하는 것이고 거기에는 자격적격성이라는 기준이 적용되기 때문이다(Boruch 1997).

물론 프로그램 영향평가에서도 유사실험 연구설계방식이 활용될 수 있다(제7장 참조). 또한 영향평가에서도 설문조사나 현장연구 등이 모두 사용될 수 있다. 반드시 무작위 실험연구설계가 필요한 것은 아니다. 하지만 프로그램에 참여하고 있는 사람과 참여하고 있지 않은 사람을 비교할 의도라면 치료에 필요한 사람이 통제집단 내의 사람과 균등한 특징을 갖지 않음을 인식해야 할 것이다. 특정 프로그램에 참가한 사람들은 처음부터 다른 특징을 가진 사람들이고, 특정 기준에 의해 선발된 사람들이다. 결과적으로 프로그램 영향평가가 보여주는 인과적 결과는 프로그램 자체만의 결과가 아니다. 예를 들면 여자범죄자들을 위한 뉴욕의 중구금 교도소 연구결과에서 그 설계디자인의 중요성을 보다 진지하게 생각해 볼 수 있다. 이 교도소에서 사용한 프로그램은 저위험 여성범죄자들을 위한 수입 증대 교육과정이라고 하겠다. 연구결과 이 수업내용에 대한 효과성이 큰 의심을 받기 시작했다. 연구설계를 보면 이 수업에 참여한 여성 범죄자와 수업에 참여하지 않은 여성범죄자의 특성이 서로 동일하지 않은 것으로 나타났다. 연구결과에 대한 해석은 여전히 한 가지로 통일되지 않은 상태에 있다. 부분적으로 봤을 때 특정 프로그램에 참여하고자 했던 여성연구자들은 다른 일반 여성범죄자들보다 사회복귀에 더 강한 동기를 가지고 있었기 때문에, 부분적으로 영향평가의 내용은 순수한 프로그램 자체의 결과라고 볼 수 없다(Lewin, 2001:A18).

평가분야에서 영향평가는 향후 가장 큰 관심과 주목을 받아야할 중요한 분야이다. 그러나 반드시 우리가 알아야할 것은 완벽한 수준의 평가 연구설계는 우리가 요구하는 결과를 잘 보여주지 못할 가능성이 있다는 것이다. 달리 말하면, 우리가 사용하는 평가 기준 방식이 높으면 높을수록 그 성공여부를 입증하게 될 가능성은 줄어든다고 할 수 있다. 이 장의 후반부에서 영향평가와 관련된 사례연구를 통해 이 사실을 보다 구체적으로 다시 설명하도록 하겠다.

효율성 평가(The Evaluation of Efficiency)

프로그램이 얻은 이익이 무엇이든 간에 우리가 얻은 결과는 프로그램을 위해 우리가 지불한 프로그램 비용을 상쇄할 만큼 충분한 가치가 있어야 한다. 세금납세자들의 돈을 우리가 충분히 가치 있게 사용했다고 말할 수 있는가? 특정 프로그램을 운영함에 있어 어떤 자원을 활용하는 가장 타당한 것인가? 이러한 질문들은 모두 효율성과 관련된 것들이고, 바로 이것이 우리가 프로그램을 운영하는데 얼마의 돈을 투입해야하며, 그 결과가 어떨지를 검토하게 만드는 요인이 된다. 결과적으로 효율성평가란 프로그램의 결과와 비용을 비교하는 것으로써 평가분석프로그램에서 반드시 필요한 전략이라고 하겠다.

비용-편익분석(cost-benefit analysis)은 프로그램의 비용과 프로그램이 얻은 경제적 가치를 비교하는 분석 방식이다.

비용-효과성분석(cost-effectiveness analysis)은 프로그램의 비용과 실질적인 프로그램 결과를 비교하는 평가 방식이다.

비용-편익분석: 비용-편익분석이란 프로그램을 운영하는데 사용된 비용과 절차를 계산하고, 그 프로그램이 얻은 이익을 경제적 가치로 환산하여 구체화하는 방법이다. 이 분석은 비용보다는 프로그램을 통해서 얻은 혜택이나 이익을 결정짓는데 주로 사용된다. 이 분석을 사용할 때 분석자는 누구의 관점을 사용할 것인가에 초점을 두어야한다.

비용-효과성분석: 비용-효과성분석은 직접적으로 프로그램이 얻은 결과에 초점을 둔다. 이것은 프로그램이 획득한 경제적 가치보다는 프로그램이 획득한 구체적인 결과 수치에 의미를 둔다. 예를 들면 프로그램 통해 우리가 얻은 고용수치, 읽기점수 향상정도, 범죄 감소비율 등이 여기에 해당한다. 보다 구체적으로 설명하자면 한 명의 프로그램 참여자가 직장을 얻게 됨으로써 프로그램 운영비용이 얼마만큼 투입되었는지를 직접적으로 계산하는 방식이 여기에 해당한다고 하겠다.

효율성 분석: 이것은 프로그램의 비용과 프로그램의 영향력을 비교하는 분석방식이다. 효율성분석에는 비용-편익분석과 비용-효과성분석 두 가지가 모두 포함된다.

사회과학분야에서 비용-편익분석은 큰 관심을 받지 못하는 분야에 속한다. 따라서 경제학자나 경제학 교수 또는 경제학 전공 학생들과 함께 프로그램의 비용과 편익을 계산해보는 것이 큰 도움이 될 것이다. 잠재적인 비용 계산과 편익 산정항목이 설정되면 그것을 구체적으로 측정해보는 과정을 거쳐야한다. 최근 정부에서 실시한 프로그램 평가를 보면, 다음과 같은 점이 강조되기도 하였다.

> 정부회계표준위원회(GASB)는 각주와 지방정부가 실시하는 프로그램의 회계 및 재정발전을 도모하기 위해서 만들어진 미국 기구이다. 1999년 6월에 GASB는 새로운 회계보고 기준안을 발표하였다. 이 새로운 보고기준에는 일반시민과 다른 프로그램사용자들 모두가 재정적 상황과 프로그램 운영비용을 그 내용 차원에서 충분히 이해할 수 있도록 보고서 내에 구체적 정보를 담도록 의무화하였다. 또한, 이 새로운 규정에는 정부의 재정적 결과 내용을 쉽게 이해하도록 해 구체적인 분석방법과 관리상에 나타난 다양한 의견들을 모두 기술하도록 하고 있다.

비용-편익분석은 프로그램 서비스와 프로그램 운영비용뿐만 아니라, 클라이언트들이 어떻게 프로그램을 통해 혜택을 얻었는지를 정확히 보여주었다. 일반적으로 비용편익분석은 프로그램을 받기 전과 후의 클라이언트 상태를 비교하는 특정 지표를 사용한다.

사례연구 : 치료지역사회에 대한 비용-편익분석

치료지역사회에 대한 최근의 연구결과들은 매우 흥미로운 연구 결과를 보여주고 있다. 여기서 말하는 치료지역사회란 전통적인 교정방식의 새로운 대응 전략을 말한다. 특히 약물중독의 대한 새로운 대응 방식이라고 하겠다. 전통적으로 약물중독 사범이 불법 약물을 소지 또는 판매하였을 시 교정시설에 가두는 것이 보통이었다. 치료지역사회에서는 약물 중독자 들을 집중적이고 구조화된 생활 방식 속에 놓고, 다른 중독자들과 함께 명정상태를 유지하며 건강하게 살도록 만든다. 이 치료방식이 거주 지원을 근간으로 하고 있기 때문에 다소 비용이 많이 소요된다는 문제가 있다. 따라서 우리의 질문은 이러한 치료방법이 비용 면에서 충분한 가치를 갖고 있느냐에 모아진다.

색과 그의 동료들(Sacks et al., 2002)이 실시한 연구를 통해, 변형된 형태의 치료지역사회 프로그램 비용편익분석 결과를 알 수 있다. 이 연구에 342명의 주거 부정자가 참여했는데, 그들은 정신적으로 화학 약물에 중독된 사람들이었다. 그들은 실험 집단으로써 치료지역사회에 무작위 표본 방식으로 할당되었고, 일부 사람들이 비교 집단(comparison group)으로서 일반적인 치료 프로그램에 할당되었다. 프로그램에 들어가기 3개월 전에 참가자들의 취업상황, 범죄활동, 건강치료상태 등이 조사되었다. 그리고 치료 후 3개월 뒤에 이것들을 다시 조사하였다. 각각의 기간에 나타난 참가자들의 근로 수입액수는 범죄활동과 건강 치료 서비스 비용으로 산정되었다.

이 프로그램이 정말 효과가 있었던 것일까? 비용차원에서 보면 치료지역사회의 1인당 평균 소요 비용이 20,361달러이다. 반대로 치료지역사회의 참가자가 평균적으로 벌어들인 경제적 이익은 305,273달러이다. 이 액수는 사전 사후 수입을 비교했을 때 273,698달러의 감소를 보여주는 것이었다. 하지만 다른 소요 비용을 감안한 경우 그 프로그램을 통한 경제적 이윤이 253,337 달러로 증가하였다. 결국, 비용-편익 비율을 살펴보면 13 : 1이다. 비록 급단적인 가치 상승정도를 감안하여, 이 비율이 5.2 : 1로 줄어드는 경우가 있긴 하지만, 전반적으로 이것은 매우 의미 있는 비용-편익 수치이다. 최종적인 결과를 봤을 때 치료지역사회 프로그램은 그 비용에 비해 매우 긍정적인 효과를 보여준다.

대부분의 정책 결정자들은 그들이 쏟아 부은 프로그램 비용을 어떻게 해서든지 합리화시키고자 한다. 이에 사업적인 차원에서도 비용-편익분석은 상대적으로 매우 분명한 방식을 취하고 있어야 한다. 그러나 서비스를 제공함에 있어 특정 혜택을 모두 돈으로 정확히 계산하여 환산한다는 것은 어려운 일이다. 이에 효율성 평가(evaluation of efficiency)는 다소 어려운 평가 전략이라고 할 수 있다. 여기에 사용되는 전략들은 매우 기술적인 것들이고 이 책에서 다룰 수 있는 범위를 넘어서는 내용이기도 하다. 중요한 것은 효율성 분석의 기본 개념을 명확히 이해하는 것이다. 1997년에 셔먼은 아래와 같이 이 평가 방식의 중요성을 주장한바 있다.

> "비록 과학적 평가 결과가 합리적인 정책분석을 하는데 있어서 매우 중요한 일이기는 하나, 그 결과가 항상 자동적으로 최고의 정책을 보여주는 것은 아니다. 이것은 특정 상황에서 얻어진 결과를 다른 상황에 일반화시켜 적용할 수 없다는 한계와 깊은 관련이 있다. 또 다른 중요한 이유는 평가분석에서 비용-편익 비율이 계산 될 때 반드시 포함되어야 할 핵심 자료를 충분히 제공받지 못하기 때문에 발생하는 것이다. 만약 재정적 또는 사회적 비용이 너무 많이 소요된다면, 특정 프로그램의 효과성은 그 의미를 잃어버리게 된다."(P. 11)

연구설계 결정 (DESIGN DECISIONS)

일단 우리가 프로그램 평가의 목적이나 초점을 명확히 규정했다면 이제 다음으로 결정할 일이 어떻게 평가 프로젝트를 구체적으로 설계할 것인가에 모아진다고 하겠다. 가장 중요한 설계 내용들은 아래와 같은 질문을 담고 있다.

- 블랙박스 또는 프로그램 이론 : 프로그램이 어떤 방식으로 특정 결과를 얻게 될 것인가?
- 연구자 또는 이해관계자 오리엔테이션 : 평가에서 누가 설정한 목적이 가장 중요하다고 하겠는가?
- 양적 또는 질적 연구 방법 : 어떤 연구 방식을 사용하는 것이 가장 좋은 답을 도출해 내겠는가?
- 단순 또는 복잡한 결과 : 평가를 통해 얼마나 복잡한 연구 결과를 얻어야 하는가?

블랙박스 평가 또는 프로그램 이론(Black Box Evaluation or Program Theory)

평가 연구에서 "가장 중요한 것"은 그 프로그램이 초기에 의도했던 결과를 제대로 달성했느냐를 판단하는 일이다. 만약 의도했던 결과가 나타났다면 그 프로그램은 효과가 있다고 말할 수 있을 것이다. 만약 결과가 나타나지 않았다면 그 프로그램을 없애거나 새롭게 디자인해야 할 것이다. 이러한 접근방식에서 생각해 보면, 특정 프로그램이 특정한 결과를 만들어 낸다는 것은 일종의 블랙박스(black box) 기능과 유사하다고 볼 수 있다. 하나를 투입하면 시간에 지남에 따라 그 투입에 따른 결과가 만들어 지는 것과 같이 블랙박스 내에서 투입에 따른 특정 결과도 자동적으로 만들어진다. 이러한 블랙박스 가설은 프로그램을 평가하는데 있어 단순히 테스트의 투입과 산출이라는 두 가지 요소를 요구한다. 프로그램의 과정을 알기 위해 블랙박스를 일부러 열어볼 필요가 없다.

프로그램 운영 절차를 알고자 한다면 프로그램 이론(program theory)이 사용될 수 있다. 프로그램 이론은 쉽게 말해 어떻게 그 프로그램이 특정결과를 만들어 냈는지, 그 과정을 상세히 보여주는 이론이다. 만약 연구자가 평가를 시작하기 전에 프로그램 원리에 대한 충분한 지식을 갖고 있다면, 프로그램 이론을 만들어 보는 것이 과정 평가를 진행하는데 큰 도움을 줄 것이다. 바로 이러한 전략을 이론 중심 평가(theory-driven evaluation)라고 한다.

프로그램 이론은 특정 프로그램이 어떻게 작동 할 것인가를 예측하고, 어떤 프로그램 요소가 가장 중요하게 사용될지 미리 예측한다(Chen, 1990). 또한 프로그램 이론은 어떻게 특정프로그램이 우리가 의도한 결과를 도출해 내는지 구체적으로 보여주고, 이것을 통해 독립변수와 종속변수 사이의 관계를 이해하는데 큰 도움을 준다. 아래의 Exhibit 11.5는 알코올 중독 치료 프로그램이 구체적으로 어떻게 평가분석에서 사용될 수 있는지를 자세히 보여준다.

프로그램 이론: 이것은 어떻게 프로그램이 작동하고, 우리가 의도한 결과를 얻게 되는지 구체적으로 보여주는 모델이다.

EXHIBIT 11.5 주거부정 알코올중독자를 위한 치료 프로그램 이론

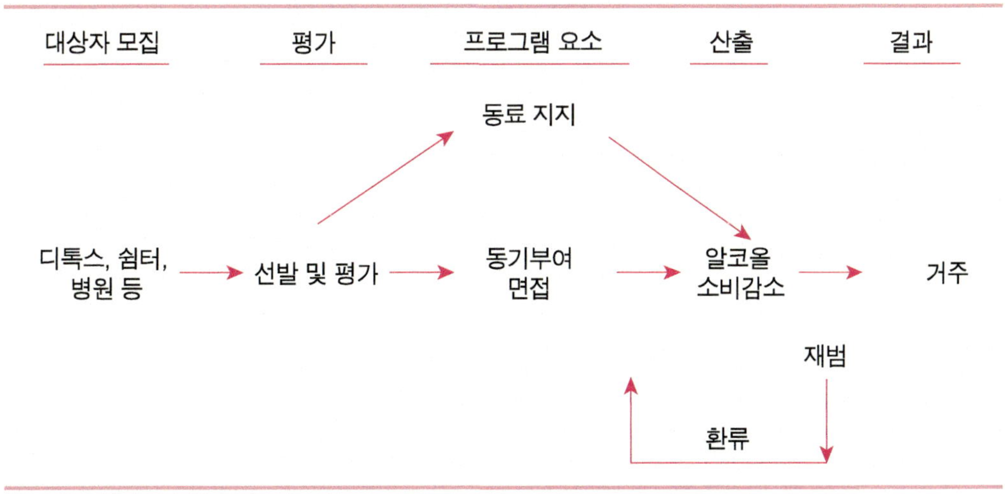

이 이론을 통해 알코올 중독 프로그램에 들어온 사람들이 보다 더 적극적으로 인터뷰에 참가하고, 동료들의 지지를 받게 됨을 예측할 수 있다. 프로그램 이론은 또한 중도 탈락 가능성을 줄일 수 있는데, 이는 프로그램이 다른 환경 여건으로 변형되어 진행될 때 일종의 피드백으로 작용하여 가능한 것이다. 프로그램이론은 우리가 의도한 결과를 얻기 위해 프로그램이 반드시 갖추어야할 특정 상황이나 요건을 쉽게 파악할 수 있도록 해준다.

프로그램이론은 기술적일 수 있고, 규범적인 성격일 수도 있다. 기술적인 이론 이란 어떤 프로그램 결과가 만들어졌고, 어떻게 그것이 나오게 되었는지를 설명하는 이론이다. 이것은 주로 인과관계 메커니즘을 보여주고 있는데, 여기에는 개입적 요소와 최종 결과를 얻기 위한 필요적 상황요소들이 모두 포함된다. 기술적 이론은 보통 경험적인 연구방식을 근간으로 하고 있다. 반면에 규범적인 이론은 프로그램을 통해 우리가 무엇을 해야 하는지를 밝히는데 초점을 두고 있다. 이 이론은 인과적 차원의 테스트를 요구하지 않고 있다. 규범적 이론은 어떻게 프로그램을 설계하고 치료를 시행하고 어떤 결과를 얻어야 하는가에 관심을 갖고 있다. 또한 어떻게 프로그램 수행을 평가 할 것인가에 초점을 두고 있다. 기술적 이론과 규범적 이론을 비교함으로서 우리가 수정할 수 있는 프로그램의 문제점과 어려움을 보다 명확히 이해할 수 있다(Patton, 2002).

연구자 또는 이해관계자 오리엔테이션(Researcher or Stakeholder Orientation)

누구의 의견이 프로그램 운영에 가장 큰 영향을 끼칠 것인가? 누구의 의견이 프로그램이 얻어야할 결과를 구체화시키는데 가장 큰 도움을 줄 것인가? 프로그램 운영은 도대체 누구를 위해 운영되어야 하는 것인가? 보통 이런 질문을 구체화시키는 사람은 바로 연구자 자신이다. 사회과학에서 연구자가 연구질문과 이론 내용, 프로그램 결과 등을 모두 구체화 시킬 수 있다고 생각한다. 실제 사회과학 연구 결과들은 매우 전문적인 학술지나 학회에서 발표되는 것이 사실이고, 그 과학적 기준이 그 전문가들에 의해서 결정된다. 그러나 연구자가 가져야할 질문은 종종 연구자 자신이 아니라 프로그램을 지원하는 스폰서 또는 정부 기관에 의해 결정되기도 한다. 바로 이들이 프로그램운영을 감독하는 직접적인 책임을 갖고 있기 때문이다. 비즈니스를 한 예로 들면, 평가를 의뢰한 클라이언트가 바로 어떤 연구질문을 가져야 할지를 바로 결정한다고 볼 수 있다. 여기서 말하는 클라이언트란 프로그램 관리자 또는 담당 부서의 책임자라고 하겠다. 분석 결과는 결국 이들 클라이언트들에게 보고되는 것이다. 힘과 권위를 가진 클라이언트들은 프로그램 결과도 구체적으로 직접 정하기도 한다. 분석 평가의 첫 번째 평가자가 재정적 지원을 담당하는 기관일 뿐, 전문적인 사회과학 공동체는 그 첫 번째 평가자에 해당하지 않는다. 결국, 평가 분석은 평가를 의뢰한 클라이언트를 위한 것이다. 따라서 그 결과는 직접적으로 프로그램 서비스와 치료 내용 처벌 방식에 큰 영향을 미치게 된다. 이 경우에 돈을 지불하는 클라이언트가 바로 핵심 결정권을 가진 사람이다.

그렇다면, 평가 분석자가 계속해서 자신의 평가 설계방식을 고집해야하고, 프로그램의 목적을 구체화 시키는데 자신의 의견을 계속해서 내세워야만 하는 것인가? 아니면 돈을 지원하는 클라이언트에 의견을 받아들여 자신의 의견과 기관의 의견을 어느 정도 절충해야 하는가? 프로그램 운영 담당자와 클라이언트는 어떤 역할을 해야만 하는 것인가? 평가연구자 본인은 정부가 지원하는 프로그램을 평가할 때 정치인들과 세금 납세자들에게 어떤 책임을 져야 하는가? 이런 질문들에 대한 답변들이 결국 다양한 평가 방식을 만들어 낸다(Chen, 1990).

이해관계자 접근방식(stakeholder approaches)이란 연구자로 하여금 이해관계자들에게 보다 더 적극적으로 반응하게 만드는 전략이다. 그래서 이 방식을 반응적 평가(responsive evaluation)라고도 한다. 분석에서 가장 중요하게 다루어지는 문제점들은 주로 프로그램에 관여하는 많은 사람들의 의견에서 비롯된다. 연구자가 발전시키는 프로그램이론은 결국 핵심 이해관계자 이론을 구체화시키고 발전시키기 위한 것이다. 일명 활용중심 평가라고 불리는 이해관계자 접근 방식은 평가자로 하여금 평가 프로젝트를 도와주는 이해관계자들의 모임을 형성하게 한다. 이 모임을 통해 프로그램 평가 결과를 보다 적극적으로 프로그램운영 상황에 반영하게 만든다. 행동연구 또는 참여적 연구라 불리는 평가 분석에서는 프로그램 참가자들이 연구자들과 긴밀한 관계를 맺는다. 이 연구에서 참가자들은 연구자를 도와 분석을 설계하고, 연구 결과를 보고하는 업무를 같이 한다. 감식적 연구에서는 전문 연구자들의 참여를 제한하는데, 이것은 프로그램 참가자들의 순수한 의견과 변화 필요성을 도출해내기 위한 목적으로 진행되는 연구 방법이기 때문이다.

1998년에 구바와 링컨이 저술한 "제4세대 평가"라는 책을 보면, 이해 관계자들을 위한 평가방식의 중요성이 아래와 같이 강조되고 있다.

> "평가를 시행하려고하는 이해관계자들이나 일반사람들은 동일한 파트너로써 모두 다 환영받아야한다. 그들의 역할은 연구설계, 프로그램실행, 해석, 평가결과에 따른 수정 등에서 모두 다 동일하게 인정받아야 한다. 정치적인 정당과 통제력을 지닌 사람들의 의견이 모두 인정을 받아야한다는 뜻이다. 즉, 그들의 의견은 어떤 연구질문을 만들어야 하는지, 그리고 이해관계자들의 입장에서 어떤 정보를 수집해야 하는지를 결정하는데 큰 역할을 한다."(P. 11)

다양한 이해관계자들이 각기 다른 평가의견을 만들어낼 수 있기 때문에 프로그램 영향력에 단 한 가지 결론만을 도출해낸다는 것은 매우 어려울 수 있다. 따라서 평가자는 프로그램 참가자들이 이해관계자들의 시각을 이해하는데 도움을 줄 수 있도록 해야 한다. 그리고 평가자들은 참가자들과 이해관계자들이 생산적인 대화를 할 수 있도록 도와주어야한다. 2005년에 아부만은 네덜란드 댄스 학교에서 부상예방 프로그램을 연구하였는데, 그 프로그램의 효과성 평가와 관련하여 아래와 같은 주장을 하기도 하였다.

> "평가연구자는 프로그램에 있어서 신뢰와 존중, 편안한 분위기를 조성하는 중요한 촉진자역할을 한다. 또한 우리사회에서 금기시되는 복잡한 문제들을 공개적으로 논의할 수 있게 하고, 참가자들로 하여금 그들의 수업방법이 가진 특징을 보다 더 이해하도록 해주는 역할을 이행해야 한다."(pp. 284-85)

사회과학적 접근방식(social science approaches)은 연구자의 전문성과 연구자의 자율성을 강조하는 접근방식을 취하고 있다. 이 방법은 프로그램 평가의 균형적인 시각과 신뢰성을 가장 극대화시킬 수 있는 전략이다. 이 방식이 강조하는 것은 특히 전문연구자가 수동적으로 이해관계자들의 가치관이나 시각을 무조건적으로 받아들일 수 없다는 것이다(Chen, 1990:78). 사회과학적 접근방식을 취하는 분석관은 프로그램이 운영되는 상황을 통해 특정 프로그램 이론을 도출해내고, 본인이 직접 얻을 수 있는 최선의 사회과학이론과 지식을 활용하는 것이다. 이 이론은 결코 이해관계자들의 시각과 관련이 없다. 보다 극단적으로 표현하면, ***무목적 평가방식***이라고 부를 수 있다. 왜냐하면 이것을 통해 연구자는 프로그램 이해관계자들이 어떤 프로그램 목적을 가지고 있는지 의도적으로 파악하지 않으려고 하기 때문이다. 중요한 점은 연구자가 매우 광범위한 수준에서 프로그램 참가자들의 욕구를 살펴보고, 그 욕구와 프로그램이 달성한 목표를 자유롭게 비교한다는 점이다(Scriven, 1972). 목적평가자는 미처 예상하지 못한 결과가 무엇인지 검토하고, 그것을 사전에 제거하는데 온 힘을 다한다.

물론, 이해관계자 접근방식과 사회과학적 접근방식 모두 단점을 가지고 있다. 만약 이해관계자들의 의견이 무시된다면 연구자는 참여자들이 매우 비협조적이라고 느끼게 될 것이다. 결국 이런 상황에서 그들이 발표한 보고서는 사후에 제대로 활용되지 못할 가능성이 크다. 그 이후에 프로젝트는 재정적 지원도 받지 못하게 될 것이다. 반면에 사회과학적 절차가 무시된다면 근거와 기준이 흔들리게 될 것이고, 결국 연구자가 도출한 결론은 타당성을 잃게 될 것이다. 따라서 이러한 결론은 다른 기타 환경에서는 일반적으로 적용되지 못하게 될 것이다. 이 두 가지 경우 모두 다 바람직하지 않은 상황이다. 이에 따라 최근에는 점점 더 통합된 수준의 접근방식이 활발히 사용되고 있다.

통합적 접근방식(integrative approaches)이란 이해관계자들과 전문평가자들의 양쪽 의견을 모두 존중하는 전략이다. 어떻게 프로그램을 운영해야 하는지 항상 고민하고 있는 이해관계자들의 의견을 연구자들의 의견만큼 중요하게 고려하는 것이다(Chen and Rossi, 1987). 프로그램이 가진 환경에 따라서 이 전략이 강조하는 점은 매우 다양할 수 있다. 중요한 것은 통합적 접근방식이 프로젝트를 운영하는 목표의 균형감을 강조한다는 것이다. 이해관계자가 가지고 있는 프로그램의 객관적인 목적, 과학적인 가치 그리고 일반화할 수 있는 가능성 모두를 균형적으로 발전시킬 것인가에 관심이 모아진다. 연구 계획이 설정되면 전문평가자는 핵심 이해관계자들과 대화를 시도하고, 그들과 타협을 통해 그들이 가진 관심사를 적극적으로 이해하려고 한다. 예비연구를 통해 연구자가 발견한 사실들을 정책 결정자에게 알려주고, 초기에 어떻게 프로그램을 발전시킬 수 있을 것인가를 미리 논의해 보는 것이 중요하다. 실질적인 프로그램평가가 이루어지면 평가연구팀이 자발적으로 평가업무자체를 운영하게 되는데, 여기에서는 이해관계자들의 의견이 최소화된다.

많은 평가 연구자들은 오늘날 자신들이 평가를 수행하는데 있어서 다양한 가치관을 함께 가지고 가야하고, 동시에 다양한 이해관계자들의 시각도 잘 파악해야 한다는 것을 충분히 이해하고 있다. 또한, 자신들이 측정의 타당성과 내부타당성 그리고 일반화가능성의 문제도 동시에 해결해야한다는 사실을 너무나 잘 알고 있다. 궁극적으로 평가연구는 항상 정치적인 상황에서 이루어진다(Chen, 1990). 이 말은 결국, 프로그램 이해관계자들이 프로그램 운영비용을 증가시키기 위해 서로 경쟁하거나 또는 협력해야 하는 관계에 있음을 의미한다. 때로는 특정 프로그램의 목표를 강조하기 위해서 이런 갈등관계가 필요하기도 하다. 사회적 프로그램을 만들어낸다는 것 자체가 어쩌면 너무나 정치적인 과정에 속할지도 모른다. 따라서 프로그램들을 평가할 것인가에 대한 문제도 정치적인 이슈에 속한다. 무엇을 평가하고 어떤 도구로 그것을 평가하며, 무엇을 발견할 것인가도 다 정치적인 문제에 속한다(Weiss, 1993). 그러나 그렇다고 해서 항상 이해관계자 집단들과 긍정적인 관계를 발전시켜 나가는 것이 정치적인 절차를 악용해서 순수한 평가 작업을 훼손시키는 것과 동일하다고는 말할 수 없다. 효과도 없는 프로그램을 운영하는 사람들이 단지 돈 때문에 우리가 힘들게 발견한 평가 결과를 발표도 못하게 하는 그런 억울한 상황이 있어서는 안 되기 때문이다.

단순한 결과 또는 복잡한 결과(Simple or Complex Outcomes)

그렇다면 평가를 통해 우리가 얻은 프로그램의 결과는 오로지 단 하나라고만 볼 수 있을까? 결코 그렇지 않다. 그렇다면 얼마나 많은 결과를 예측할 수 있는 것인가? 의도하지 않은 결과가 얼마나 많이 발생했다고 말할 수 있는 것인가(Mohr, 1992)? 어떤 방향으로 프로그램의 결과가 나타나야 하는 것이고, 간접적으로 어떤 프로그램 결과가 나타나야 성공했다고 말할 수 있는 것인가? 즉각적인 프로그램 결과가 장기적 시각의 또 다른 결과를 만들어 낸 것인가? 우리가 얻은 한 가지 결과가 종국적으로 우리가 얻고자 했던 최종의 결과를 도출했다고 볼 수 있는 것인가? 바로 이러한 질문들이 바로 평가 업무에서 적절한 결과변수를 선택해야 한다는 문제를 야기한다.

오직 하나의 목표에 초점을 둔 의사결정은 매우 큰 의미를 지닐 수 있다. 셔먼과 버크(1984)는 가정폭력사범의 즉각적인 체포정책을 평가하면서, 그들은 미네소타, 미니어폴리스 지역을 중심으로 각 지역 내의 재범률 감소만이 유일한 결과 변수라고 생각했다. 유사한 맥락에서 1990년대에 병영캠프의 효과성을 검토하면서 재범률이 유일한 종속변수로 다루어지게 되었다. 병영캠프란 교도소에 구금된 재소자들을 상대로 군대와 유사한 엄격한 환경을 일종의 처벌로 제공하는 제재 수단이다. 이것은 재소자들을 혹독하게 다루어 올바른 생활방식을 익히게 하기 위함이다. 1990년대에 미국에서 이것은 큰 유행처럼 번졌는데, 그 프로그램의 효과성을 평가했던 연구자들은 오직 하나의 목표로써 재범률에만 관심을 두었다.

하지만 이러한 목표설정은 그다지 단순한 문제로 끝나지 않았다. 미니애폴리스의 연구자들은 재범률을 계산해내기 위한 유일한 자료가 가정폭력 사건에서는 쉽게 얻을 수 없음을 밝혀냈다. 즉, 법원과 경찰의 자체 기록 또는 피해자와의 인터뷰, 가족들과의 면접 등을 통해 정확한 재범여부를 조사해야만 했다. 가장 쉽게 얻을 수 있는 재범 변수는 피고인이 다시 저지른 문제 행동이라고 할 수 있는데, 실제 이것이 연구자들의 가장 큰 주목을 받았다. 병영캠프 연구자들 역시 재범률 변수를 통해 평가결과 병영체험이 그 재범률 수치를 감소시키지 않는다는 것을 곧 발견해냈다. 연구자들은 "많은 지역사회들이 엄청난 액수의 돈을 쏟아붓고 있지만, 결국 자원을 낭비하고 있다."고 주장하게 되었다. 그러나 다른 일부 사람들은 그들이 수행한 연구에 어떤 문제점이 있음을 지적하였다.

> "이 프로그램에서 재소자와 프로그램운영자가 전혀 인식하지 못한 중요한 무언가가 하나있다. 프로그램 경험은 교도소 직원을 일종의 고문관으로 인식했던 병영캠프 담당자에게 지대한 영향을 미쳤다."

마이클 코시니(Michael Corsini)는 병영캠프 감독관으로 일하면서 매사추세추의 병영캠프와 다른 교정시설프로그램을 비교하였다. "내가 경험한 병영캠프는 다른 교정 프로그램과는 차원이 다른 완전히 새로운 것이었다."(Latour, 2002:B7)

병영캠프가 재범률을 줄일 수 없다는 것에 대해 일부사람들은 다음과 같은 논거를 제시했다. 병영캠프 자체가 문제를 가지고 있는 것이 아니라, 병영캠프 이후에 적절한 사후지도가 국가를 통해 계속 지원되지 않았다는 것이다. 단순히 재범 자체 하나만을 결과변수로 조사한다는 것은 그 프로그램이 가진 많은 결과를 단순화시켰고, 그것이 가진 다양한 의미를 간과했다는 문제점을 낳았다.

따라서 복합적인 결과변수 측정이 실제 매우 어렵다는 사실에도 불구하고, 오늘날 많은 연구자들이 두 개 이상의 복합적인 결과를 측정하려고 노력했다(Mohr, 1992). 이러한 방식이 보다 더 현실적이고, 풍부한 결과를 도출해내게 했고, 더 정확한 영향평가를 수행하는데 큰 도움을 주었다.

물론 여기에도 일정한 문제가 있다. 정책 결정가가 어쩌면 자기 자신에게 유리한 특정 정책만을 결과변수로 선호할 수 있기 때문이다. 따라서 전문 평가연구자들은 평가자가 가진 전체적인 시각을 사람들에게 모두 보여줄 수 없는 어려운 입장에 있기도 하다.

이런 모든 상황들을 감안했을 때 블랙박스 또는 프로그램이론, 연구자 또는 이해관계자의 관심 모두가 어떤 방식으로든 평가 목적을 달성하기 위해 보다 적극적으로 활용되어야 하고, 그 연구 방식도 평가 목적과 직접적인 관련성을 가져야 할 것이다. 모든 기관들이 진정으로 프로그램이 제대로 작동하는지를 알고 싶어 하는 것은 아니다. 특히 프로그램 분석결과가 부정적으로 나왔다면 그 기관은 더더욱 그 결과를 알고 싶어 하지 않을 것이다. 이러한 모든 이슈들과 선택의 문제점을 고려하는 것이 바로 어떤 평가방식을 과학적으로 그리고 정치적으로 수행할 것인가를 결정짓는 관건이라고 하겠다.

운영 중 평가(EVALUATION IN ACTION)

사례연구 : 폭력범죄 지역에서의 문제지향적 경찰활동 – 무작위통제실험

도시에서 발생하는 모든 범죄의 절반이상이 몇몇 범죄유발적 지역 발생하고 있다. 이러한 고위험 지역을 가리켜 범죄학자들은 "핫스팟"이라고 부른다(Sherman, Gartin, and Buerger 1989; Weisburd, Maher, and Sherman 1992). 심지어 가장 범죄가 많이 발생하는 특정 지역을 살펴봐도 집중적으로 범죄가 많이 발생하는 특정 구역이 있고, 다른 구역들은 상대적으로 범죄가 많이 발생하지 않는다고 하겠다. 이러한 일부 집중적인 폭력지역은 그 지역이 가지고 있는 특징과 역동성을 이해하여 범죄를 예방할 필요가 있다. 이 특정지역이 가지고 있는 범죄 유발적 상황을 변화시킴으로써 폭력과 범죄를 보다 효과적으로 예방할 수 있다.

문제지향적 경찰활동이란 바로 이러한 문제지역의 범죄를 줄이기 위해 만들어진 독특한 경찰활동을 의미한다. 문제지향적 경찰활동은 경찰관들로 하여금 범죄사건 이면에 나타난 그 지역의 근본적인 문제점들을 확인하고, 그것을 분석하도록 요구한다. 범죄가 발생한 지역여건의 특성이 파악되고 나면 경찰관들은 적절한 조치를 취할 수 있다. 그러나 문제지향적 경찰활동에도 불구하고 여전히 그 전략이 가진 실질적인 효과성에 대해서는 밝혀진 것이 거의 없다.

브라가와 그의 동료들(Braga et al., 1999)은 문제지향적 경찰활동의 효과성을 측정하기 위해 새로운 연구 방식을 소개했다. 여기서 그들은 문제지향적 경찰활동이 뉴저지, 저지시티의 거리폭력범죄를 실제 감소 시켰는지 알고자 하였다. 그들이 이 연구에서 사용한 평가방식은 순수 무작위실험설계이다. 앞서 제6장에서 이미 이 연구설계에 대해서 설명한바 있다. 이 연구설계는 연구자로 하여금 통제집단과 실험집단의 체계적인 차이점만을 허락하는 방식이다. 다시 말해, 두 집단 간의 유일한 차이점은 프로그램 개입여부를 의미한다. 이 연구에서는 바로 문제지향적 경찰활동 여부를 말한다.

브라가와 그의 동료들(1999)은 어떤 지역이 문제지향적 경찰활동을 시행했는지 확인하기 위하여 자동화된 지도화 기술을 사용하였다. 이것은 저지 시티내의 보고된 강도사건과 단순폭력사건 그리고 시민들의 응급구조 콜을 이용한 연구였다. 연구자들이 조사한 사건 수가 주변지역에서 보고된 사건 수와 매칭 되는 절차가 이루어졌다. 브라가와 그의 동료들은 56곳의 고위험 폭력범죄 지역을 확인 할 수 있었다. 이 56곳은 다시 28개의 쌍으로 매칭 되었다. 매칭이라는 균등화 작업은 각 지역의 초기범죄발생 수, 문제발생유형, 각 지역의 특징, 지역 역동성 등을 모두 고려하여 계산된 것이다. 무작위표본을 위해 동전 던지기를 하였는데, 이것은 어떤 지역이 문제지향적 경찰활동을 받을 것인가를 결정짓기 위한 것이었다. 즉, 문제지향적 경찰활동을 받은 지역이 실험지역 집단에 속한다. 잊지말아야할 것은 순수한 실험설계 연구가 바로 **무작위표본(random assignment)**을 근간으로 한다는 것이다. 동전던지기에서 뽑히지 않은 일부지역들은 일종의 통제집단으로써 문제지향적 경찰활동을 받지 못했다. Exhibit 11.6을 보면, 실험 평가연구 가 자세히 설명되어 있다.

각각의 실험 장소에서 저지시티 경찰서 경찰관들은 문제지향적 경찰활동과 상응하는 네트워크를 형성하였다. 이 업무를 담당했던 부서는 폭력범죄 전담팀이었다. 구체적인 예를 들면 지역사회 구성원들이 일종의 정보원으로서 네트워크에 활용되었고, 이들이 지역사회의 문제점을 논의하는 담당자가 되었다. 이들을 통해 어떤 활동을 하는 것이 근본적인 문제 해결 방법인지 심도 있게 논의 하였고, 경찰이 동원할 수 있는 대응방식들을 함께 평가하기

EXHIBIT 11.6 문제 지향적 활동 전략을 평가하기 위한 무작위 실험연구설계

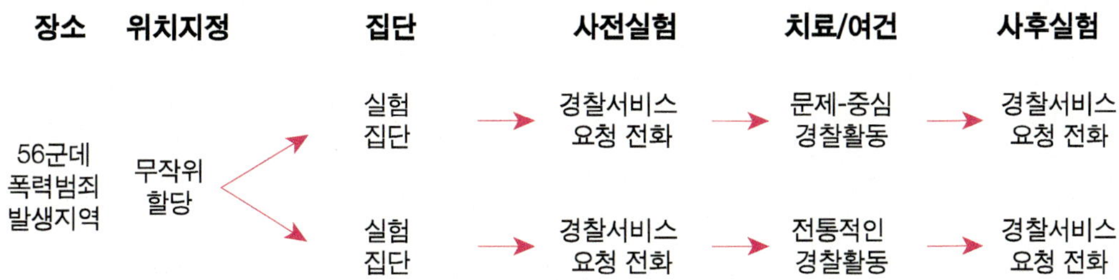

출처 : Braga et al., 1999.

도 하였다. 대부분의 장소에서 폭력범죄 전담팀 경찰관들은 폭력사건이 그 지역에 내제된 무질서 상황과 깊은 관련이 있다고 믿고 있었다. 이러한 믿음 때문에 그들은 특정 지역이 다른 일반 지역과 확연히 구분되는 위험한 장소의 특징을 보인다고 생각했다. 비록 장소에 따라서 경찰이 사용해야할 전략들이 달랐지만, 폭력을 해결하기 위한 가장 일반적인 방식은 지역사회가 갖고 있는 사회적 무질서 자체를 뿌리 뽑는 것이라고 하겠다. 구체적으로 설명해보면 적극적인 질서유지 활동을 통해 지역사회가 갖고 있는 환경 문제를 해소하고, 물리적인 주변여건을 보다 쾌적하게 만드는 것이라고 볼 수 있다. 이것은 지역사회 공터를 안전하게 만들고, 길거리에 버려진 쓰레기를 깨끗이 하는 활동을 포함한다. 또 다른 활동으로는 지역사회가 갖고 있는 사회적 무질서를 통제하기 위해 보다 적극적으로 경찰이 개입하는 것인데, 이것은 반복적인 도보순찰과 자동차 순찰을 증가시키는 것을 말했다. 또한, 거리를 배회하는 의심스러운 집단들을 해산시키고 위험인물들을 불심검문하는 행동들도 여기에 포함되었다. 추가적으로 약물 매매가 이루어지는 지역에서 폭력범죄 전담팀이 수사력을 확장시켜 불법약물의 판매 및 소비를 일망타진하는 활동도 실시되었다. 이와 같이 독립변수라고 할 수 있는 개입요인은 문제지향적 경찰활동을 사용할 것이었다. 이 변수에는 수많은 구체적인 경찰활동이 포함되었다. 그 활동은 모두 물리적, 사회적 무질서를 통제하기 위한 것이었다. 반대로 통제 집단 지역에서는 어떠한 행태의 문제지향적 활동도 이루어지지 않았다. 여기에서는 전통적인 경찰활동 전략이 이루어졌고 이것은 경찰의 재량적인 순찰활동을 의미했다. 이 활동에는 형사들에 의한 일상적인 추후조사만 있었다. 결국 통제집단에서는 아무런 문제지향적 경찰활동이 이루어지지 않았다고 할 수 있다.

브라가와 그의 동료들(1999)은 문제지향적 경찰활동의 효율성을 평가하려고 하였다. 그들은 세 가지 종속변수를 사용하였다. 처음 두 가지 변수는 전통적인 범죄 지표와 범죄사건 기록자료, 그리고 시민들의 경찰신고 횟수였다. 마지막 세 번째 변수는 사전, 사후 실험 기간 동안에 나타난 각 지역에서의 물리적 관찰 내용이었다. 이 변수는 지역사회 내 공터, 쓰레

기, 낙서, 깨진 창문 등과 같은 물리적 위험성을 측정하기 위한 것이었다. 또한 이 변수에는 사람들이 공공장소에서 얼마나 술을 많이 먹고, 함부로 거리를 배회하는지도 포함되었다. 이 연구에서 각각의 변수들은 6개월 동안에 사전, 사후 개입활동을 통해 측정되었다. 만약 문제지향적 경찰 활동 전략이 효과적이라면, 이 연구결과가 범죄사건을 감소시키고 시민의 경찰신고 횟수를 줄이는 것으로 나와야 했다. 또한, 그것이 긍정적인 효과가 있다면, 실험연구 지역에서의 물리적, 사회적 문제점들이 모두 줄어들어야만 했다.

통계연구 결과, 총 범죄사건 수와 긴급 경찰 신고 수가 실험지역에서 유의미하게 감소한 것으로 나타났다. 대부분의 범죄 형태에서도 유사한 분석 결과가 나타났다. 관찰 자료에서도 물리적 무질서와 사회적 무질서가 91개의 실험집단 지역 내에서 모두 감소하는 것으로 나타났다. 이와 같이 이 실험연구에서 나타난 문제지향적 경찰활동 방식은 범죄를 통제하고 범죄를 예방하는데 긍정적인 영향을 미치는 것으로 나타났다.

이 책의 제7장에서 배웠던 내용들이 이 시점에서 다시 검토되어야 할 것이다. 무작위 표본연구가 비록 독립변수가 종속변수에 미치는 영향을 알려준다 하더라도, 그것이 왜 그런 결과를 초래하는지는 제대로 설명해주지 못하기 때문이다. 달리 말하면 무작위 실험연구가 정확한 인과관계 **메커니즘(mechanisms)**을 보여주는 것은 아니라고 할 수 있다. 그러나 브라가와 그의 동료들(1999)은 문제지향적 경찰활동이 어떻게 특정지역의 역동성을 변화시키는지 알아보기 위해 다양한 이론들을 활용하였다. 예를 들면 합리적 선택이론을 통해 범죄자 스스로가 자신이 체포될 위험과 범죄 이행에 따른 노력 및 사후의 보상 정도 등을 얼마나 잘 계산하여 그 가능성을 제대로 인식하고 있는지 고려하였다. 연구자들은 특정지역에 경찰의 질서유지 활동이 증가하고 경찰의 가시성이 증가하면, 보다 강력한 억제 효과가 발생할 것이라고 가정하였다. 범죄자들은 경찰의 활동에 의해 자신들의 범죄가 결코 용서받지 못하게 될 것으로 인식한다. 그러나 브라가와 그의 동료들(1999)은 이 연구가 구체적인 인과관계를 명확히 설명할 자료들을 충분히 제공하지 못했다고 말했다. 즉, 자신들의 인과관계를 입증하기 위해서는 다른 형태의 추후연구가 필요했다. 예를 들면 범죄자의 의사결정 인식 내용을 알아보기 위해 심층면접이 필요하거나, 어떻게 특정지역에서 범죄자가 자신의 행동을 포기했는지 알아보기 위해 범죄자와의 인터뷰가 필요했다.

이 연구를 통해 우리가 분명히 알 수 있는 것은 문제지향적 경찰활동이 전통적인 경찰활동 전략보다 훨씬 더 폭력사건을 감소시키고, 시민의 긴급 경찰 신고 수를 감소시켰다는 것이다. 브라가와 그의 동료들(1999)은 다음과 같은 결론을 내렸다.

> "만약 경찰이 폭력사건을 통제하고 싶다면, 반드시 문제지향적 경찰활동을 활용해야 할 것이다. 이 활동은 어디에서 폭력사건이 가장 많이 발생하는지에 관심을 두고, 폭

력이 발생하게 되는 근본적인 상황과 다이내믹에 초점을 두어 개입활동을 실시해야 함을 의미한다."(P. 571)

영향평가에서의 무작위 실험설계의 장점 (Strengths of Randomized Experimental Design in Impact Evaluations)

위의 실험설계는 무작위 설계방식의 모든 요건을 충족하고 있다. 첫째, 연구자들은 최소 두 개의 집단을 활용한다. 일부 지역사회는 실험 집단으로써 문제지향적 경찰 순찰을 받았고, 다른 통제집단 지역에서는 전통적인 경찰 순찰 활동을 받았다. 둘째, 종속변수에서 나타난 변화를 측정하기위해 연구자들은 실험 상황을 만들어 개입 결과를 측정하였다.

독립변수와 종속변수 사이에 인과적 관계를 설명하기 위한 그 세 가지 요건을 요약하면 아래와 같다.

1. 독립변수와 종속변수사이의 연합관계
2. 올바른 시간 전후 순서(독립변수가 반드시 종속변수에 선행해야 한다.)
3. 비허위성(다른 변수들의 영향력을 모두 제거한다.)

순수 실험연구설계를 통해 획득한 자료는 쉽게 말해 위의 세 가지 기본 요건들을 모두 충족시키고 있다.

1999년 브라가와 그의 동료들이 실시했던 연구 상황에서 문제지향적 경찰활동과 전통적 경찰활동이 무작위 표본할당 방식으로 이루어졌기 때문에 독립변수와 종속변수가 가진 관계가 비교적 정확했다고 말할 수 있다. 또한, 연구자들은 실험설계 속에서 종속변수의 변화여부를 문제지향적 경찰활동이 시작되기 전과 후로 나누어 서로의 결과를 비교하는 방식을 취했다. 순서 전후 차원에서 봤을 때 독립변수가 종속변수 발생 전에 발생했다는 데에 의문의 여지가 없다. 마지막으로 문제지향적 경찰활동 또는 전통적 경찰활동을 실시하는 지역사회 집단 선발방법에서 연구자들이 무작위 표본할당 방식을 활용함으로써 외부 요인의 영향력을 모두 통제했다고 할 수 있다.

그러나 여기에서 문제가 될 수 있는 것은 연구에서 얻은 특정 결과들을 다른 상황에서도 일반화시켜 적응시킬 수 있느냐 하는 것이다. 1999년에 브라가와 그의 동료들이 얻은 문제지향적 경찰활동에 대한 긍정적 효과성이 실제 뉴저지 외에 다른 주나 다른 지역사회에도 똑같은 결과를 보여주겠는가? 일반화의 문제는 무작위분배의 문제가 아니라 전체 표본으로부터 최초 샘플을 어떻게 연구자가 무작위로 선택하느냐의 문제에 해당한다. 브라가와 동료들의 연구가 다양한 실험집단과 통제집단을 이용했기 때문에 실험을 통해 얻은 결과가 실제 모집단을 대표해 줄 수 있는 높은 일반화 가능성을 갖는다. 또한, 브라가의 연구가 폐쇄된 실험 내의 연구가 아닌 실제 세상을 바탕으로 한 현장연구를 바탕으로 했기 때문에 연구 결과가 큰 모집단에 적용될 일반화 가능성도 더 증가하였다.

평가연구에서의 유사실험 연구 (QUASI-EXPERIMENTAL DESIGNS IN EVALUATION RESEARCH)

우리는 많은 연구질문이나 연구 상황이 사회과학 분야에서 순수한 실험연구에 적합하지 않다는 것을 잘 알고 있다. 평가연구에서도 마찬가지이다. 무작위 표본실험연구 방법은 여러 가지 측면에서 평가연구에 적절치 않다. 특정 프로그램이 가진 영향력이나 결과를 발견하는데 순수한 실험연구 전략이 적합하지 않은 이유는 바로 대부분의 프로그램 평가 과정이 평가자가 통제할 수 있는 외부 힘에 영향을 받기 때문이다. 로시와 프리맨(1998)이 언급한 것과 같이, "정치적인 이유와 인권침해 등을 이유로 프로그램 운영 담당자와 지원가들, 다른 강력한 이해관계자들은 프로그램 평가를 위한 무작위 연구설계를 반대한다"고 볼 수 있다. 프로그램 이해관계자들과 운영자들의 협조를 얻어낸다는 것은 평가를 하는데 있어 매우 어려운 일이다. 사실 특정 프로그램이 여러 지역에서 실시된다고 하면, 평가 대상 지역을 선택할 때 보통 그 관계자들의 협조가 어느 정도로 협조적이고 좋으냐에 따라 결정된다. 평가에 가장 우호적인 지역만 분석 대상에 포함되게 된다는 뜻이다. 예를 들면 거리범죄 치료대책(TASC)이라는 프로그램을 평가하면서 앙글린과 롱쇼, 그리고 터너(Anglin, Longshore, and Turner, 1999)는 "평가 과정에 적극 협조해 주는 운영 담당자나 공무원이 실제 존재하느냐가 바로 평가연구가 기본적으로 요구하는 핵심 평가 요건이 된다"라고 주장하였다(p. 172).

일반적으로 **유사실험 연구설계(quasi-experimental designs)**가 순수한 무작위 실험연구를 가장 잘 대체할 수 있는 이차적인 실험 연구설계전략이라고 볼 수 있다. 이러한 유사실험 연구설계에서는 연구자가 계획한 개입이나 치료와 관련이 클 것으로 보이는 인구사회학적 특징이 실험집단과 통제집단에서 서로 유사하면 할수록 보통 실험을 통해 얻은 결과를 더 크게 확신하게 만들어준다. 이 장에서 우리는 범죄학과 형사학 분야에서 가장 많이 쓰이는 대표적인 두 가지 형태의 유사실험 연구설계를 살펴볼 것이다. 첫 번째 유사실험 연구는 일명 **비균등 통제집단 연구설계(nonequivalent control group design)**로 불리는 것인데, 이것은 바로 병영캠프의 효과성을 측정하는데 사용했다. 전통적인 범죄자 구금 접근전략보다 병영캠프 체험이 범죄자의 재범을 감소시키는데 더 효과적인지 살펴보기 위해 이 방법을 사용했다. 두 번째로 가장 많이 쓰이는 유사실험 연구는 시계열 연구설계(time series design) 방법이다. 이 장에서 이 연구 방법을 알아보기 위해 우리는 하나의 사례연구로서 총기범죄에 대한 의무적 양형부과 정책의 효과성 평가결과를 살펴볼 것이다.

사례연구 : 병영캠프

1983년 조지아에서 병영캠프 프로그램을 처음 시작한 이래, 이 프로그램은 충격구금 프로그램으로 불리면서 미국 각 주와 연방 교도소에서 매우 활발히 사용되었다. 정치인들과 시민들 모두 군대 스타일의 엄격한 병영캠프 체험이 교도소 구금을 대신해줄 수 있는 멋진 대체 처벌 수단이라고 생각했다. 그러나 여전히 병영캠프에 대한 진정한 효과성에는 많은 의문이 남아 있었다. 병영캠프가 정말 효과적인 수단일까? 이 질문에 대해 병영캠프가 실제 다양한 형태로 이루어지기 때문에 효과성에 대한 답을 찾기란 쉽지 않다. 또한, 병영캠프에 대한 인기는 높아졌으나, 재범방지 차원의 효과성 평가연구는 실제 그다지 많이 이루어지지 않았다.

1999년에 도리스 맥켄지(Doris MacKenzie)는 국가 사법연구소로부터 재정적 지원을 받아 8개주를 대상으로 한 병영캠프 분석 연구를 실시하였다. 그 8개주에는 플로리다, 조지아, 일리노이즈, 루이지애나, 뉴욕, 오클라호마, 사우스캐롤라이나, 텍사스가 포함되었다. 이 8개주가 포함된 이유는 병영캠프에서 가장 중요하게 다루어야 할 핵심요소들을 각주의 프로그램들이 모두 잘 갖추고 있었기 때문이다. 병영캠프가 가져야 할 핵심요소란 군부대와 같은 엄격한 규율, 규칙, 훈육 등을 말하고, 또한 신체적 단련과 군대훈련 등에 의무적으로 참가해야하는 것, 그리고 다른 일반 교도소 재소자들과 격리되어 생활하는 것을 포함한다.

맥켄지가 실시한 이 연구는 이후 많은 사람들에게 알려지게 되었다(Brame and MacKenzie 1996; MacKenzie 1994; MacKenzie et al. 1995; MacKenzie and Piquero 1994; MacKenzie and Souryal 1995). 맥켄지는 연구에서 재범 감소라는 한 가지 요인으로 프로그램의 성공여부를 결정한 것이 아니라, 다섯 가지의 다양한 요소를 활용하여 평가를 실시했다. 여기에는 프로그램 담당자와 재소자들을 심층면접 한 프로그램 과정평가가 포함되고, 공식적인 프로그램 운영 자료와 관찰 결과 등이 포함되었다. 또한, 프로그램을 통한 범죄자의 태도변화도 측정되었고, 범죄자의 재범률, 출소 후 긍정적인 사회 적응력, 교도소 공간 확보를 통한 비용절약 정도가 광범위하게 포함되었다.

지금부터 영향평가를 통한 이 연구의 재범률 결과를 중점적으로 살펴볼 것이다. 먼저 연구 내용을 살펴보면, 병영캠프가 전통적인 교도소 구금보다 더 효과적인 재범예방 수단인지를 알아보기 위하여 맥켄지는 유사실험 설계를 이용했다. 그리고 각 주에서 병영캠프 프로그램을 종료한 남자 참가자들이 실험집단 대상자로 사용되었다. 이와 함께 일반적인 가석방자들과 보호관찰대상자들, 병영캠프 중도탈락자들이 또 다른 비교집단으로 활용되었다. 모든 샘플의 참가자들이 병영캠프 프로그램에 참가할 수 있는 대상자 적격 요건을 모두 갖추고 있었다. 이러한 비균등 통제집단 설계전략은 아래 Exhibit 11.7에 설명되어있다.

연구자는 보호관찰이나 혹은 병영캠프 종료로 사회에 나간 경우, 또는 교도소 구금 이후 사회로 나간 경우의 모든 참가자들을 다시 만나 추후조사를 실시하였다. 다시 말해 2년 동안의 지역사회 감독 기간까지 참가자들을 추적 조사하는 방식을 취했다. 이때 연구자는 어떤 새로운 범죄를 저질렀는지 살펴보고, 보호관찰 준수위반으로 얼마나 집행유예가 취소되었는지를 조사했는데, 이것은 일종의 재범률 종속변수를 측정해보려는 의도에서 비롯되었다.

그렇다면 결과적으로 병영캠프 참여가 원래 의도한 목적을 달성했고 성공적으로 범죄자에게 영향을 미쳤다고 볼 수 있겠는가? 그 결과를 보면 5개 주에서 비교집단과 동일하게 실험집단(병영캠프를 종료한 사람들)에서 계속 재범을 저지르는 것으로 나타났다. 여기서 말하는 5개주란 플로리다, 조지아, 오클라호마, 사우스캐롤라이나, 텍사스를 말한다. 반면에 일리노이즈, 루이지애나, 뉴욕에서는 병영캠프 종료 자들이 재범 측정치에서 더 낮은 재범률을 보였다. 예를 들면 일리노이즈와 루이지애나 종료자들의 경우, 재범으로 인한 집행유예 취소율이 더 낮았던 것으로 나타났다. 다른 재범률 변수에서는 병영캠프 집단과 비교집단이 거의 유사한 것으로 나타났으나, 뉴욕의 병영캠프에서는 보호관찰 준수사항 위반을 기준으로 봤을 때 실험집단이 다른 집단들보다 교도소에 다시 돌아오는 비율이 더 낮은 것으로 나타났다.

EXHIBIT 11.7 병영 체험 캠프 평가에 사용되는 비균등적 통제집단 연구설계

대상	집단	치료/여건	사후실험
병영캠프 참가적격 대상자	실험집단 →	병영캠프 →	재범
	비교집단 →	교도소 →	재범
	비교집단 →	보호관찰 →	재범

출처 : Brame and MacKenzie, 1996.

이러한 유사 실험연구가 가진 단점은 바로 맥켄지가 병영캠프 또는 비교집단 치료여부를 무작위할당으로 결정할 수 없었다는 점이다. 따라서 치료를 받기 전의 참가자들 특성이 균등하다고 확신할 수 없었다. 이로 인해 분석 결과에 대한 확신감은 줄어들 수밖에 없었다. 이러한 문제점을 해결하기위해 맥켄지와 동료들은 결과의 내적 타당성을 증가시킬 수 있는 강력한 통계 전략을 적극 활용하였다.

또한, 세 개의 주에서 나타난 약한 수준의 프로그램 효과를 보면, 여전히 독립변수가 종속변수에 미치는 영향력이 매우 모호하다고 하겠다. 병영캠프, 교도소, 보호관찰이라는 세 집단을 만들면서 순수한 실험연구설계나 무작위분배를 이용하지 않았기 때문에 어찌 보면, 병영캠프가 실제 재범률에 미쳤을 영향 정도가 매우 모호하게 나왔다고 할 수 있다. 맥켄지는 무엇보다도 왜 일리노이와 루이지애나, 뉴욕에서 더 낮은 재범률이 나왔는지에 큰 관심을 가졌다. 사실 맥켄지는 그 이유 중의 하나가 병영캠프 자체와는 아무런 상관이 없다고 보았다.

> "이 프로그램들은 병영캠프 종료자들을 위한 집중감독 서비스를 발전시켜 왔고, 이것이 분석에 포함된 유일한 병영캠프들이라고 하겠다. 따라서 이 주들에서 나타난 재범률의 차이는 종료자들을 위한 지역사회 감독 형태의 차이로 인해 발생했을 가능성이 크다. 교도소 자체에서 이루어지는 병영캠프 프로그램 때문이 아니라, 지역사회에서 이루어졌던 집중감독 수준 때문에 이러한 결과가 도출되었다는 것이다. 또한, 병영캠프는 그 프로그램 내에서 막대한 양의 사회복귀 서비스 활동을 제공하는데, 여기에 약물치료서비스가 포함되면서 그 프로그램의 영향력도 더욱 증가되었다고 하겠다."(MacKenzie and Souryal, 1996:293)

요약하자면, 맥켄지(1994)는 병영캠프 효과성에 대해 그다지 긍정적인 태도를 보이지 않았다고 볼 수 있다. 그녀가 최종적으로 남긴 말을 보면 그 맥락을 더 분명히 알 수 있다.

> "연구결과 우리가 확실히 알 수 있는 것은 병영캠프가 핵심요소로서 군대스타일의 훈육과 고된 신체노동, 육체적 훈련을 담고 있다는 것이다. 이 활동 자체만으로는 범죄자들의 재범률을 낮출 수 없다. 하지만 이 프로그램 내에 포함된 사회복귀 서비스와 집중 사후관리감독이 재범을 낮추는데 있어 매우 의미 있는 역할을 했다고 볼 수 있다."(P. 65)

사례연구 : 의무적 양형부과법

범죄에 강력하게 대응하자는 정책 기조가 관심을 끌기 시작하면서, 의무적 양형부과 강화 정책들이 미국 각 주와 연방에서 급격히 증가하게 되었다. 그러나 이런 정책들에 대한 효과성 여부는 정확히 평가된 것이 없는 상황이다. 한 가지 분명한 사실은 이러한 정책들이 불법 약물 사용 및 매매에 더 엄격한 정책 태도를 보이게 했고, 이것이 곧 미국 교도소 인구를 역사상 가장 높은 수준으로 증가시켰다는 점이다.

가장 주목을 끈 양형부가정책은 총기범죄에 대한 의무적 양형 가중정책이다. 범죄에서 만약 총기가 이용되면 더 강력한 처벌이 적용되었고, 양형내용 근거법을 통해 형량이 더 가중되게 되었다. 이런 법들은 범죄에 사용되는 총기활용을 줄이기 위한 의도로 만들어졌다.

맥도월, 로프틴, 그리고 위어스마(McDowall, Loftin, and Wiersema, 1992)는 이런 법률들에 대한 종합적인 평가를 실시하였다. 이 연구자들은 6개 도시를 상대로 시계열 분석을 실시하였다. 6개 도시들은 매우 유사한 총기범죄 억제 정책을 가지고 있었고, 모두 의무적 양형 가중 정책을 실시하고 있었다. 그 6개 도시는 미시건의 디트로이트, 플로리다의 잭슨빌, 탬파, 마이애미 그리고 펜실베이니아의 필라델피아, 피츠버그를 포함하고 있다. 이 법들의 핵심 특징은 범죄사건에서 유죄를 확정 받은 범죄자가 총을 썼을 때 양형이 더욱 가중되어 부과된다는 것이고, 이 경우에 보호관찰이나 집행유예, 가석방은 양형에서 절대 사용되지 못하고, 모든 지역에서 총기 관련 범죄가 발생하면 추가적인 처벌을 받게 된다는 공개 광고를 포함하고 있다. 여기서 말하는 공개 광고란 라디오나 텔레비전광고, 포스터, 자동차 범퍼스티커 부착 캠페인 그리고 범죄자들의 대한 직접적인 안내 등을 말한다.

맥도월과 그의 동료들(1992)은 8개 도시에서 이 법의 효과성을 조사하였는데, 3개의 폭력범죄 형태에 미치는 영향력을 통계적 분석 방법으로 알아보고자 하였다. 3개의 폭력범죄란 살인, 강도, 단순폭력을 말한다. 지금부터 이들이 발견한 연구결과를 간략히 요약해 볼 것인데 먼저 언급해 둘 것은 이 연구에서 사용한 통계전략이 매우 복잡하다는 점이다. 그렇기 때문에 구체적으로 이 장에서 그 내용을 모두 설명하지는 않을 것이다. 개인적으로 그 통계방식에 관심이 있는 사람이라면 따로 그 연구 원문을 찾아보기 바란다. 일반적으로 맥도월은 의무적 양형부가법이 시행되기 전과 후를 비교하여 총기관련 폭력범죄율이 어느 정도 변화되었는지를 조사하였다. 만약 의무적 양형부과법이 총기범죄를 줄이는데 효과가 있다면, 사후 연구기간 동안의 총기 관련 범죄수가 줄어들어야 할 것이다. 여기에서 종속변수는 다양한 폭력범죄의 월별 발생 비율을 말한다.

이 연구설계에서 연구자들은 법이 시행되기 몇 달 전과 몇 달 후를 단순히 비교하는데 그치지 않았다. 맥도웰과 그의 동료들(1992)은 수많은 날들을 기다리며 법이 시행되기 전과 후의 변화를 장기적 시각에서 측정하였다. 그렇다면 결과적으로 양형부과 강화법이 실제 폭력범죄를 감소시켰다고 할 수 있을까? 그 결과를 보면 다소 일관성이 없어 보인다. 모든 도시에서 일관성 있는 영향력을 보여주는 범죄는 오직 살인범죄 뿐이었다. 한 예로 맥도웰과 동료들은 디트로이트에서 실시되었던 이법의 효과성에 대해 통계적 수치를 동원하며 아래와 같이 말했다.

> "디트로이트를 보면 한 달에 평균적으로 40건의 총기 살인사건이 발생했고, 그 표준편차 값은 8이였다. 여기에서 표준편차가 0.69로 감소하게 되면 한 달에 평균 5.5명의 목숨을 구했다는 뜻이 되고, 이것은 곧 살인율에 있어 14%의 감소를 말한다."(P. 368)

그러나 총기와 관련된 단순 폭력과 총기 강도 사건 분석에서는 모든 결과가 그다지 긍정적인 것만은 아니다. 총기 폭력사건이 유의미하게 감소한 도시는 유일하게 잭슨빌 뿐인 것으로 나타났다. 비록 총기 관련 단순 폭력사건이 디트로이트와 마이애미, 필라델피아, 피치버그에서도 낮게 나타났지만, 그 감소는 통계적으로 유의미한 것이 아니었다. 더군다나 총기 폭력사건은 실제 탬파의 경우 이전보다 더 증가한 것으로 나타났다. 모든 도시에서 총기 강도 사건은 유의미하게 감소하지 않았고, 단 두 도시에서 약간의 감소를 보여주는데 그쳤다. 그러나 탬파와 마이애미에서는 그 법이 시행된 이후에 총기로 무장하지 않은 강도사건 수치가 급격히 감소하였다. 연구자들은 이 결과에 대해 강화된 양형법이 무장한 강도 사건뿐만 아니라 무장하지 않은 강도 사건도 함께 예방한 것으로 보았다.

이러한 결과들을 우리는 어떻게 해석 해야 할 것인가? 의무적 양형 부과법은 긍정적인 효과가 있는 것인가? 맥도웰과 그의 동료들(1992)은 총기 살인사건을 감소시키는데 양형 강화법이 어느 정도 긍정적인 효과를 보였다고 주장하였다. 그들의 주장을 정리하면 아래와 같다.

> "총기 살인사건에서는 일관성 있게 의무적 양형법의 긍정적 효과들을 분명히 알 수 있고 이 법과 관련된 혼란스러운 논의들을 모두 배제시킬 수 있을 것이다. 즉, 살인사건에 있어서는 매우 분명하고 확실한 범죄 예방효과가 있다고 단정 지을 수 있다."(P. 389)

그러나 여전히 많은 연구자들은 다른 폭력 범죄 형태에 이 법이 어떤 영향력을 미치는지는 명확히 말할 수 없는 상황이고, 그 인관관계를 말하는데 많이 망설이고 있다고 주장한다.

비실험 연구설계 (NONEXPERIMENTAL DESIGNS)

특정 프로그램이나 정책의 효과성을 평가하는 연구들은 보통 비실험 연구설계(nonexperimental designs)를 주로 사용한다. 이것은 특정 치료나 프로그램이 실시된 이후 단 하나의 집단만을 대상으로 최종적인 한 번의 조사만 실시한다는 것을 의미한다. 안타깝게도 이런 연구들은 어떠한 형태의 통제집단이나 비교집단도 없다. 따라서 이 방법은 거의 과학적인 가치가 없는 연구에 속한다. 다행히 프로그램의 효과성을 결정하기 위해 이 방법을 쓰는 연구자들이 점차 줄어들고 있다는 것이다. 이 방법이 가진 단점을 알아보기 위해 아래에서는 사례연구로서 일회성 연구설계(one-shot designs)를 살펴볼 것이다. 정말로 다행인 것은 이러한 일회성 연구설계가 평가 분야에서 점점 더 찾기 어려워진다는 것이다.

사례연구 : 심각한 청소년 범죄자들을 위한 취업교육 – 일회성 연구 설계

범죄를 감소시키기 위한 초기의 프로그램들은 합법적인 취업 또는 취업 기술을 범죄자나 고위험 개인들에게 제공하는데 큰 관심이 있었다. 그리고 대부분의 프로그램은 청소년들을 그 대상으로 하였다. 청소년 범죄자들을 위한 취업교육 프로그램 중의 하나인 뉴 프라이드 프로젝트는 주로 14세와 18세의 사이의 중대한 고위험 청소년들을 대상으로 하였다. 그리고 지금까지 이 프로젝트는 약 20여 년 동안 청소년 범죄자들에게 취업 서비스를 제공한다는 궁극적인 목적을 갖고 운영되었다. 뉴 프라이드는 일종의 시설구금의 대체 전략으로 총체적인 접근방식을 취하고 있다. 따라서 여기에서는 매우 광범위한 수준의 서비스가 제공되는데 진단 및 욕구 평가, 지역사회 집중 감독, 개인 및 가족 상담, 사전 취업 훈련, 취업훈련 및 구직, 구조화된 레크리에이션, 문화교육이 포함된다. 진단과 욕구 사정을 기초로 해서 프로그램이 제공되는데, 주로 그 서비스는 청소년 개인의 욕구에 맞게 개별화되고 하나의 치료 계획으로 통합된다.

초기 뉴 프라이드의 계획자는 이 프로그램의 평가 결과에 대해 매우 강한 확신을 갖고 있었다. 그러나 불행히도 지금까지 이 프로그램의 효과성을 평가하려는 체계적인 시도는 거의 이루어지지 않았다(Bushway and Reuter 1997). 제임스와 그렌빌(James and Granville, 1984)이 실시했던 일회성 연구설계전략을 보면, 뉴 프라이드 프로그램이 과학적 분석력을 거의 갖고 있지 않아서 가치가 거의 없는 것으로 보이기도 한다. 이 연구 방법론은 Exhibit

11.8에 자세히 나와 있다.

기본적으로 일회성 연구설계는 치료가 실시된 이후, 그 종속변수를 처음으로 측정하는 방법을 갖고 있다. 제임스와 그렌빌(1984)은 뉴 프라이드 프로그램을 마쳤던 참가자들의 70% 이상이 성공적으로 공립학교 시스템과 취업 시장에 잘 통합됨을 발견했다. 연구자들은 이들이 프로그램 종료 후 6개월 동안 재범으로 인해 경찰에 다시 체포되지 않는다는 점을 발견했다. 불행하게도 이 연구에서 비교집단을 만들기 위한 무작위분배가 없었기 때문에 이 결과가 우리에게 말해주는 것은 그다지 많지 않다. 이러한 형태의 연구설계는 많은 취약점을 가지고 있는데, 우리가 제7장에서 살펴본 것과 같이 선택오류, 내생변수, 역사효과 등이 발생하게 된다고 볼 수 있다. 어쩌면 우리가 얻은 결과들은 아무런 취업훈련 프로그램도 받지 않았던 일반 청소년 집단에서도 동일하게 발견되는 결과일 수 있다. 여기서 문제가 되는 것은 언제 일회성 설계를 사용해야 할지 연구자가 전혀 확신할 수 없다는 것이다.

질적 연구와 양적 연구 (QUALITATIVE AND QUANTITATIVE METHODS)

보통 치료프로그램이나 법률 또는 일반적인 프로그램의 효과성을 측정하려는 시도들은 양적 연구를 이용한다. 실험집단과 통제집단을 비교하여 효과성을 측정하고자 한다면, 이러한 양적 연구를 사용하는 것이 가장 적절한 평가 전략이라고 하겠다. 체계적인 방식으로 시간의 흐름에 따른 프로그램 전후의 차이를 비교할 때도 이와 같은 양적 연구 방식이 가장 적절하다.

하지만 양적 연구에 질적 연구방식을 함께 사용하게 되면, 더 자세하고 깊이 있는 연구결과를 얻게 된다. 또한, 양적 연구와 질적 연구가 합해지면서 미묘한 연구 결과의 차이나 대표적인 사례연구 등을 함께 이해할 수 있다는 장점도 생긴다(Patton, 1997). 무엇보다도, 질적 연구가 갖고 있는 가장 큰 장점은 특정 프로그램의 과정을 완벽히 조사하는데 큰 도움을 주고, 블랙박스 안에서 일어나는 내부 상황을 상세히 이해하게 만들어준다는 점이다. 프로그램 운영 담당자가 대상자들을 만나는 시간, 또는 이의제기 빈도 등이 일종의 종속변수로 활용될 수 있을 것이다. 그러나 여기에 프로그램 직접 관찰과 관계자들과의 면접을 통한 질적 연구를 실시함으로써 프로그램의 영향력을 평가하는데 더 완벽한 전략을 사용하게 될 수 있다. 이를 통해 프로그램 참가자들에게 프로그램이 어떤 영향을 미치고 있고, 참가자들이 직접 그 경험을 어떻게 느끼고 있는지를 보다 구체적으로 이해할 수 있게 된다.

EXHIBIT 11.8 New Pride 프로그램을 평가하기 위한 1회 한정(one-shot) 설계

대상		치료/여건		사후실험
중대한 범죄를 저지른 소년범죄자 (14세-18세)	→	New Pride 프로그램에 참가	→	대상재범과 학교편성

출처 : James and Granville, 1984.

질적 연구를 수행해야 하는 또 다른 이유는, 그것이 개개인이 느끼는 치료의 차이를 상세히 잘 설명해 준다는데 있다. 질적 연구는 특정 프로그램이 어떻게 현장에서 운영되는지를 더 쉽게 보여주는 도구가 될 수 있다. 복잡한 사회프로그램들은 매우 다양한 특징들을 가지고 있고, 때로는 그 특징들이 가진 조합들을 명확히 설명하기 어려울 때도 있다. 프로그램들이 가진 특징들이 종국적인 프로그램의 영향력을 결정하기도 하고, 프로그램의 영향력을 상쇄시키기도 한다. 하버드 프로젝트의 책임을 맡았던 리스베스는 이러한 특징을 다음과 같이 설명했다. "사회적 프로그램들은 여러 개의 구성요소들을 포함하고 있고, 다양한 노력들을 필요로 한다. 여기에는 계속적인 중간점검과 프로그램 수정이 필요하며, 프로그램 운영에 헌신할 수 있는 많은 인력들의 참여가 필요하다. 또한, 프로그램을 운영하기 위해서는 지역사회 환경에 적응할 수 있는 탄력적인 태도도 함께 요구된다."(Schorr and Yankelovich 2000:A19).

특정 프로그램이 복잡하면 할수록 질적 연구가 평가에 공헌할 수 있는 가능성과 가치는 더욱 증가하게 된다. 쇼어와 양켈로비치(Schorr and Yankelovich, 2000)는 보스턴의 갱 문제를 해결하기 위해 특정 프로그램을 평가하며 다음과 같이 주장하였다. "이 프로그램을 평가하기 위해서는 지역사회 보호관찰 및 가석방 문제에서부터 레크리에이션을 통한 갱 복지 및 여가 활용문제까지 모두 고려해야 할 것이다. 바로 질적 연구 방식이 우리가 다루어야 할 이런 복잡한 문제들을 모두 들여다 볼 수 있게 만들어 준다."

지금까지 우리는 이 책을 통해서 평가조사가 활용할 수 있는 많은 분석방식들을 다양한 입장에서 검토해 왔다. 그리고 각각의 방식들은 고유한 장점과 단점을 가지고 있다고 볼 수 있다. 패튼(1997)이 말한 것과 같이 완벽한 평가분석방식은 이 세상에 존재하지 않는다. 이런 맥락에서 프로그램을 평가하는데 있어 무엇이 완벽한 분석방법인지 명확한 합의를 만들어 낼 수 없는 상황이다. 그러나 한 가지 분명한 점은, 사건 발생 전후의 인과관계를 보다 더 합리적으로 추론할 수 있는 분석설계방식이 존재한다는 것이다. 가장 중요한 질문은, 특정 프로그램이 일종의 한 원인으로써 우리가 의도했던 최종적인 결과를 만들어내는데 어떤

영향을 미쳤느냐 하는 것이다. 이 판단을 내리기 위해서 우리가 사용할 수 있는 방법론적인 준거들을 항상 보다 주의 깊게 살펴볼 필요가 있다.

셔먼과 그의 동료들(1997)은 범죄예방 프로그램들을 평가하면서, 그 분석 기준 틀을 새로운 방식으로 정의했다. 즉, 연구방법론적인 정확성을 오점 척도 방식으로 구체화시켰다고 볼 수 있다. 이 연구자들은 일종의 과학적인 분석 방식으로써 일점에서부터 오점까지라는 양적 준거 틀을 활용하였다. 각각의 점수는 다음과 같은 기준항목을 포함하고 있다.

1. 범죄예방 프로그램과 그 프로그램이 야기한 결과 사이의 상관관계.
2. 프로그램의 운영과 그 운영 이후의 결과 발생 시점 선후관계.
3. 두 개 이상의 집단들을 연속적으로 측정하여 그 결과변수를 비교하는 것.
4. 다른 외부변수들을 통제하면서 두 개 이상의 집단들을 비교하고, 특정 집단은 실험집단으로, 다른 집단은 통제집단으로 구분하는 것.
5. 실험 집단과 통제 집단을 실험을 통해 무작위분배로 배치하는 것.

위의 다섯 가지 상황에서 볼 수 있듯이, 만약 우리가 셔먼의 연구에서 평가를 통해 1점을 받았다면, 이것은 범죄예방 프로그램과 결과 사이에 단순한 상관관계만 있다는 것을 추정할 뿐이다. 하지만 우리가 이미 제6장에서 배웠듯이, 상관관계가 있다고 해서 두 변수들 사이의 인과관계가 반드시 보장되는 것은 아니다. 1점이라는 숫자는 명확한 인과관계를 알려주지 않고 변수들의 단순한 상관성만 알려준다고 하겠다. 3점에 이르기 위해서는 반드시 특정 형태의 통제집단이나 비교집단을 활용해야만 하고 프로그램이 있을 때와 없을 때를 각각 독자적으로 비교해야만 한다. 만약 비교집단이 충분한 수의 균등화된 샘플 수를 가지고 있거나 어느 정도의 무작위 추출 케이스들을 가지고 있다면, 연구결과는 4점을 받게 될 것이다. 그러나 만약 비교집단이 순수한 무작위 표본으로 균등화된 집단구성을 갖고 있다면, 가장 높은 점수인 5점을 받게 될 것이다. 셔먼과 그의 동료들(1997)은 완벽한 무작위분배가 특정 결과를 설명하는데 가장 효과적인 분석방법을 제공한다고 가정하였다(p. 18).

무작위 실험전략이 프로그램의 영향력을 평가하는 가장 좋은 설계인 것은 사실이다. 그럼에도 불구하고 우리가 반드시 기억해야 할 것은 프로그램 분석이 그 방법 차원에서 의사정책 결정가나 프로그램 계획자들에게 쉽게 이해될 수 있는 것이어야 한다는 점이다. 일부 연구자들은 오직 무작위 실험설계만이 가장 신뢰성 있는 정보를 제공할 수 있다고 주장한다. 반면, 또 다른 일부 연구자들은 이에 대해 반대를 표시하기도 한다. 패튼(1997)은 우리가 특정 분석 방식을 선택할 때 가장 중요한 것은 가장 적합한 자료를 어떻게 구할 수 있느냐에 달려있다고 보았다. 달리 말하면, 분석자가 의사결정 과정에 참여할 수 있느냐가 가장 중요한 분석가능성 요건으로 다루어지고, 가장 중요한 분석 설정 방법 기준이 된다는 것이다. 또한, 어떤 연구설계를 선택할 것이냐의 문제는 프로그램을 운영하는 실무자들의 질문에 어떤 답변을 할 것인지와 직접적인 관련이 있다. 따라서 프로그램을 운영하는 실무자들의 협조와 그들의 의견을 반드시 경청할 수 있는 분위기를 만드는 것이 중요하고, 그들이 신뢰할 수 있는 분석 방식을 선택할 필요가 있다. 이를 통한 분석 결과가 실무에서 가장 많이 활용될 수 있게 되는 것이다.

한 가지 우리가 기억해야 할 점은, 일반 사회과학 연구와 달리 프로그램 조사 연구만이 가지고 있는 어려움이 존재한다는 사실이다. 프로그램을 운영하는 담당자와 프로그램을 지원해 주는 스폰서들의 협조가 없으면 프로그램 분석 자체는 불가능해질 수밖에 없다. 프로그램 분석자가 마주하게 되는 가장 큰 장애물은 바로 실무자들의 지원과 협조가 분석 상황에서 제대로 이루어지지 않는 것이다. 셔먼과 그의 동료들(1997)은 이와 같은 어려움을 몇 가지로 요약해서 설명했다. 그 첫 번째 어려움은 바로 평가분석 실시와 프로그램의 운영이 서로 분리되었을 때 나타나는 구조적 장애이다. 일반적으로 프로그램이 운영된 이후에 그 프로그램의 효과성을 알아보기 위해 그 결과를 분석자를 통해 조사하도록 한다. 이 경우 많은 문제들이 나타나게 되는데, 가장 중대한 문제점들은 분석자가 프로그램 시행 전에 그 프로그램의 결과를 알아볼 가능성이 전혀 없다는 것이다. 만약 분석자가 프로그램이 종료되고 난 이후, 프로그램 운영과정에 접근하여 그 프로그램을 평가하게 된다면, 프로그램 운영 초기부터 나타난 상황을 정확히 측정하게 될 기회도 없게 되고, 그로 인해 정확한 원인과 결과를 예측할 가능성도 사라지게 된다. 또한, 분석자가 무작위분배를 통해 비교집단을 구할 기회조차 처음부터 갖지 못하게 되면서 그 프로그램 결과를 정확하게 분석 할 가능성도 원천적으로 차단된다. 이러한 문제점을 해결하기 위해 셔먼은 의회가 재정적 지원을 통해 지역사회 프로그램 운영 주관자와 분석자들 사이의 긴밀한 파트너십을 수립하도록 하는 것이 가장 중요한 일이라고 주장하였다.

근거 기반 정책에 대한 증가하는 요구 (INCREASING DEMAND FOR EVIDENCE-BASED POLICY)

이미 앞에서도 언급한 것과 같이 평가연구는 매우 다양한 결과를 도출해 낸다. 제2장에서 검토한 미니애폴리스 가정폭력 실험처럼 단 한 번의 평가연구가 특정 경찰 운영에 영향을 미칠 수도 있고, 그것이 다른 많은 분야에 광범위하게 영향을 미칠 수도 있다. 하지만 우리는 특정 평가 연구 결과가 우리가 의도한 것과는 다른 매우 상반되는 결과를 보여준다는 것도 잘 알고 있다. 한 가지 분명한 점은 프로그램이 어떤 작용을 하느냐 하는 것은 오직 단 하나의 연구만으로 완전히 알 수 없다는 것이다. 이에 평가 전문가들이 계속적으로 주장하는 것은 정책 결정가들이 근거기반 정책을 활용해야 한다는 것이다. 근거 기반 정책(evidence-based policies)이란 프로그램을 평가하는데 있어 다양한 근거들을 종합적으로 활용해서 체계적인 분석결과(systematic review)를 도출하는 것이다. 2007년에 페트로시노와 라벤베르그(Petrosino and Lavenberg, 2007)는 근거 기반 정책이 가진 체계적 접근방식을 다음과 같이 정의하였다.

> "체계적인 접근방식이란 연구자가 많은 평가 연구들을 종합적으로 수집하여 최종 결론을 내리기 위해 보다 분명한 최신 연구설계를 사용해야 하는 것이다. 전통적인 접근방식과 달리 체계적인 접근전략은 의사결정 과정과 평가를 위한 기준설정, 분석 설계방식 등에 있어서 보다 세심한 검토를 요구한다. 체계적인 접근은 어떤 분석 방식을 사용할 것인지를 보다 과학적으로 논의하고 최종 결론을 내리는 데 있어서 보다 신중한 태도를 취하는 것이다."

체계적인 접근 전략은 특정 프로그램의 성공 여부를 결정하기 위해 양적 분석을 사용하고, 때로는 메타분석을 이용하여 보다 정밀한 분석결과를 제시하기도 한다. 메타분석방식은 이 장의 뒤에서 보다 상세히 설명할 것이다. 체계적 접근이 객관적인 태도를 취하는 것이 사실이나, 사실 여전히 어떤 평가분석 방법이 가장 적절한지에 대해 학자들마다 의견이 다르다. 즉, 분석 설계에서부터 순수한 실험 연구설계까지 무엇이 가장 확실한 인과관계를 보여줄지 개별 학자마다 그 의견이 매우 다르다는 것이다.

보통 체계적인 분석 방법이 민간영역이나 정부영역에서 가장 많이 활용되고 있는 분석방법이라고 하겠다. 캠벨 콜라보레이션이라고 알려진 형사학분야의 최고 민영 연구소는 세계적인 연구 네트워크를 운영하면서 범죄문제와 교육, 사회복지 등을 평가해 왔다. 캠벨 콜라보레이션(Campbell Collaboration)의 목표는 전 세계에 존재하는 사회적 변화를 과학적으로 측정하여 올바른 의사결정 과정을 지원하고, 더 나은 삶의 질과 공적인 영역의 운영을 지원한다는 모토와 관련이 있다. 톨란과 그의 동료들(Tolan et al., 2008)은 캠벨 콜라보레이션이 체계적인 분석을 활용해 왔고, 지역사회에서 청소년 비행과 다른 사회 문제들을 해결하기 위해 멘토링 프로그램의 영향력을 객관적으로 조사했다. 이들의 보고서를 읽게 되면 저자들이 주장하는 결과가 매우 논리적이고 과학적이라는 것을 알 수 있다. 예를 들면 저자들이 멘토링 프로그램의 효과성을 입증하기 위해 매우 객관적인 평가 준거를 활용했고, 그 기준으로 다음과 같은 네 가지 준거를 사용했음을 알 수 있다. 그것은 첫째, 오랜 기간 동안 멘토와 멘티가 유지해 왔던 상호작용을 갖고 있을 것. 둘째, 멘토와 멘티가 서로를 이해해 가면서 그들이 가지고 있는 과거 경험, 지식, 파워를 서로 공유하고 그것들이 가진 불균등성을 인식할 것. 셋째, 멘티가 멘토와의 만남을 통해 점차 멘토를 모방해 가고 멘토가 가지고 있는 지식, 기술, 능력, 경험들을 본받게 될 것. 넷째, 전문적인 훈련과 공식적인 절차, 교육 등을 통해 멘토와 멘티가 가지고 있는 불균등성이 제거될 것을 말한다.

톨란과 그의 동료들(2008)은 멘토 프로그램의 효과성을 입증하기 위해 많은 관련 연구들을 검토한 후에, 다시 다음과 같은 네 가지 준거들을 제시하였다. 이때 톨란이 사용한 준거들은 관련 연구들을 검토하면서 자신들의 목적에 맞게 어떤 연구들만을 선별할 것인가에 초점을 두었다. 이것은 첫째, 청소년 비행으로 이미 처벌을 받았거나, 혹은 가장 범죄를 저지를 가능성이 높은 청소년을 대상으로 한 연구들일 것. 둘째, 고위험 청소년들을 치료하기 위한 예방 프로그램에 초점을 둔 연구일 것. 셋째, 청소년 비행, 약물 남용, 학교 성적, 공격적 태도 등을 객관적으로 측정하여 그 양적 결과를 보여줄 수 있는 연구일 것. 넷째, 1980년에서부터 2005년에 실시된 연구로서 영어 사용을 전제로 한 연구일 것을 말한다. 지금까지 체계적인 접근 방식에 대해 살펴보았는데, 이것은 결국 너무나 극단적인 체계성을 강조하는 것으로 보일지 모른다. 공식적인 기록을 보면 체계적인 접근이 항상 멘토링 프로그램의 긍정적인 효과성을 강하게 입증해 준 것만은 아니었다. 청소년들의 비행과 공격성을 감소시키는데 멘토링 프로그램은 단지 약간의 영향력만 미친 것으로 볼 수 있고, 청소년의 행동변화에 그다지 큰 영향력은 미치지 않았던 것으로 나타났다. 한 가지 더 기억할 것은, 멘토링 프로그램이 약물 남용이나 학교 성적 향상과 같은 기타 종속변수에는 별다른 영향력을 미치지 못했다는 점이다.

메타 분석(Meta-Analyses)

보통 연구방법론에서 활용하는 **메타 분석(meta-analyses)**은 매우 체계적인 평가 방식으로 알려져 있다. 동일한 연구 대상을 가지고 여러 개의 연구 결과를 종합적으로 검토하여 그 결과 패턴을 양적으로 다시 분석해 내는 것이 메타 분석이다(Cooper and Hedges, 1994). 메타 분석은 일반적인 선행연구 검토와는 완전히 차원이 다르다고 할 수 있는데, 이전에 나온 과거 연구들을 단순히 다시 한 번 읽어보는데 그치는 것이 아니라, 그 각각의 개별 연구 결과들을 하나의 사례로 보고 변수를 측정하여 새로운 분석을 시도하는 것이다. 다시 말하면 선행 연구 하나하나가 모든 메타 분석에서 일종의 참가자 개개인의 응답률 역할을 하는 것이다. 이에 메타 분석은 특정 분야의 연구 결과들과 사회적 절차가 시대에 흐름에 따라 그 연구 결과가 어떻게 변화되어왔고, 그것들이 어떤 일관된 패턴을 보여주는지 과학적으로 검증하고자 할 때 매우 적합한 분석방법이다. 만약 각각의 연구들이 사용한 분석 방식이 서로 상이한 면이 있다면, 메타 분석은 연구 방법 상의 차이가 최종 연구 결과에 어떤 영향을 미쳤는지 객관적으로 보여준다. 사회적 맥락이 연구 내용마다 차이가 있다면, 메타 분석을 통해 그 맥락의 차이가 어떻게 연구 결과에 영향을 미쳤는지 볼 수 있다.

메타 분석은 수많은 연구들이 하나의 동일한 연구 주제를 탐색하고 있을 때, 특히 그 활용이 극대화된다. 유사한 양적 연구 방식을 동원하여 많은 연구들을 종합적으로 다시 분석할 때 특히 더 바람직하다. 이에 메타 분석은 질적 연구들을 다시 분석할 때는 적합하지 않다. 그리고 서로 상이한 종속변수나 서로 완전히 상반되는 분석 방식을 이용한 연구들을 검토할 때도 메타 분석은 적합하지 않다. 또한, 원래 오리지널 자료로의 접근이 쉽게 가능하여 두 개 이상의 연구 자료들을 서로 실제 합하여 분석할 수 있을 때는 메타 분석 사용은 무의미하다(Lipsey and Wilson, 2001). 이때에는 메타 분석이 필요 없고, 단순히 각 연구들 간의 원자료를 합하여 직접 분석하면 되는 것이고, 메타 분석을 활용하는 것은 이치에 맞지 않는다.

선행연구 검토를 통해 특정 연구 주제가 잡히고 나면, 평가자는 메타 분석을 시행하기 위해 그 다음으로 관련 주제를 대상으로 한 분석 연구들의 연구 대상을 체계적으로 확인해 볼 필요가 있다. 전형적으로 둘 이상의 목록 데이터베이스를 확인하여 관련 논문들이나 학회 발표 자료들을 살펴봐야 한다. 그 연구검토 작업이 끝나고 나면, 각 연구들의 발견 결과들과 연구 방법, 표본 크기, 표본수집 장소, 독립변수와 종속변수 사이의 연관성 등을 하나의 변수로 코딩화하는 작업을 해야 할 것이다. 다른 체계적인 분석방법과 마찬가지로 메타 분석에서도 자격 적격성이라는 요건이 중요하게 다루어져야 하는데, 이것은 어떤 변수들을 코딩 리스트 내에 포함시킬 것인지를 결정짓는 준거 틀이 된다. 마크 립시와 데이비드 윌슨(Mark Lipsey and David Wilson, 2001)은 아래와 같이 보다 구체적으로 자격 적격성 요건을 세분화시켜 설명하였다.

- *다른 집단과 명확히 구분되는 특징*: 이것은 연구자가 실행하는 특정 개입 프로그램이나 활동을 의미한다. 이런 특정 개입활동을 통해 실험집단과 비교집단이 나누어지면서 둘의 결과 변수 차이가 양적으로 구분될 것이다.
- *연구 참가 응답자*: 연구에 참여하는 표본들은 반드시 모집단의 일반 구성원과 그 특징이 일반화 차원에서 서로 유사한 사람들로 한정되어야 한다.
- *핵심 변수들*: 핵심 변수들을 통해 연구자가 측정하고자 하는 주요 가설들이 충분히 테스트될 수 있어야 하고, 여기에서 결과에 영향을 미칠 수 있는 잠재 추가요인들이 통제될 수 있어야 한다.

- *연구 방법론*: 사과와 오렌지가 직접 비교될 수 없듯이 완전히 서로 다른 연구 결과들을 메타 분석을 통해 무조건 직접 비교될 수 없을 것이다. 그러나 연구 방법론 차원에서 두 연구들이 일종의 맞교환 형태로 동일 연구 범위 내에 있다면, 최대한 메타 분석에 포함시키고, 서로 상이한 군에 속하는 것들은 오류를 범하지 않도록 제외시키는 노력을 다해야 할 것이다.
- *문화적·언어적 범위*: 특정 연구결과들이 만약 영어권이나 특정 문화범위 내의 사람들만을 대상으로 한 것이라면, 메타 분석을 실시할 때 그 배경 사실을 충분히 언급해야 할 것이다. 또한, 동일 연구 주제를 바탕으로 영어권 이외의 사람들 수치도 사전에 어떻게 예측될지 메타 분석에 대략적으로 그 값을 표시해 주어야 할 것이다.
- *적절한 시간 프레임*: 특정 연구주제와 관련하여 사회적 변화 과정이 연구 결과에 영향을 미칠 수도 있다. 즉, 역사적 사건이나 새로운 기술의 도래 등이 연구 결과 해석에 영향을 미치게 될 수 있는바, 연구 대상 주변에서 나타날 수 있는 시간적 맥락을 잘 고려해야 한다.
- *연구결과 발표형태*: 메타 분석을 실시할 때 그 분석 연구결과들이 전문 학술지에 실린 것들로만 구성되었는지, 혹은 개인 논문이나 미발표된 보고서도 모두 광범위하게 포함했는지 사전에 고려해야만 한다.

메타 분석에서는 독립변수가 종속변수에 미치는 평균 영향력을 계산하는 통계적 분석 과정이 필요하다. 여기에 추가적으로 두 변수들의 관계적 영향력뿐만 아니라 다양한 연구 결과들 내의 방법론적 영향력, 그리고 다른 특징들의 영향력도 함께 표시되어야 한다(Cooper and Hedges, 1994). **영향력 크기 정도(effect size)**라 불리는 이 통계 수치는 수많은 연구 결과들을 검토하여 종합적으로 계산한 것인데, 독립변수와 종속변수 간의 연합 정도를 추정한 값이라고 볼 수 있다. 이 영향력 크기 정도는 구체적으로 각 집단들 사이의 분산을 통제하면서 표준화된 연합치를 하나의 값으로 표시한 것인데, 그 통계치는 종종 실험집단과 통제집단 평균 차이를 계산한 것이다(Lipsey and Wilson, 2001).

메타 분석은 한 가지 연구 결과만을 받아들여 특정 프로그램을 평가하는 것보다 훨씬 더 일반화 가능성을 극대화시켜주는 분석 방법이다. 그러나 여전히 메타 분석에도 평가 방법론상의 단점은 남아있다. 즉, 메타 분석은 변수들 내의 영향력을 수치로 환산할 수 있는 기존 연구들이 많이 존재할 때만 가능하다는 한계가 있는 것이다. 방법론상의 문제점을 보이지 않으면서 어느 정도의 확신이 있는 사전 분석 연구가 충분히 존재해야만 메타 분석이 가능하다는 점이 메타 분석의 단점이 라고 볼 수 있다. 또한, 메타 분석을 실시하기 전에 많은 관련 연구들이 모두 충분히 타당하다는 합의가 전제되어 있어야 하고, 개별 연구들 내에 충분한 정보가 이미 포함되어 있음이 확인되어야 메타 분석이 진정한 의미를 갖는다고 하겠다 (Matt and Cook, 1994).

사례연구 : 학교폭력 반대 프로그램의 효과성

국가 범죄피해조사에 포함된 2005 학교범죄 부록에 보면, 미국에서 지난 6개월 동안 12세에서 18세 사이의 10대 학교폭력 발생비율이 전체 학생의 약 14%였던 것을 볼 수 있다. 학교폭력의 폐해는 매우 심각하다고 할 수 있는데, 특히 많은 문제점들 중 가장 심각한 것은 피해학생이 학교폭력으로 인한 두려움 인식 정도 증가와 행동장애, 학교 부적응 및 학교성적 저하, 우울증, 기타 신체 질병 등의 문제를 유발한다는 것이다. 이에 학교 내 폭력문제를 근절하기 위해 지금까지 미국에서 수많은 프로그램들이 시도되었는데, 아직 그 프로그램들에 대한 정확한 효과성 평가 결과는 제대로 밝혀진 것이 없다. 퍼거슨과 그의 동료들(Ferguson et al., 2007)은 학교폭력 반대 프로그램들의 효과성을 조사하기 위해 메타 분석을 실시했고, 프로그램들의 효능성 확보 차원에서 무작위 실험연구설계방식을 사용했다.

퍼거슨과 그의 동료들(2007)이 사용한 메타 분석 연구결과를 살펴보면, 다음과 같은 다양한 선행 연구 선발 기준들을 가지고 있음을 알 수 있다.(a) 먼저, 메타 분석에 포함될 연구들이 1995년에 2006년 사이에 발표된 연구여야 하고,(b) 다음으로 결과변수가 분명히 학교 동료를 향한 학교폭력 요소들을 담고 있어야 한다.(c) 효과성 평가를 위해 통제집단이 반드시 분석 내용에 포함되어 있어야 하고,(d) 치료, 개입프로그램이라고 할 수 있는 특정 프로그램은 반드시 학교를 기반으로 실시되어야 한다.(e) 마지막으로 메타 분석에 포함되는 연구들은 동료 전문가들의 심사평을 거쳐 공식적인 저널에 출판된 글들이어야만 한다. 2007년의 메타 분석 결과, 저위험 아이들을 대상으로 한 프로그램의 영향력은 1% 이하로 매우 낮게 나타났고, 고위험 아이들을 대상을 한 경우에는 3.6%에 이르는 것으로 나타났다. 결과적으로 퍼거슨과 그의 동료들(2007)은 메타 분석을 통해 학교폭력 반대 프로그램들에 대해 다음과 같은 최종 결론을 내리게 되었다. "메타 분석을 통해 비록 학교폭력 억제를 위한 다양한 프로그램들이 작은 수치의 긍정적 영향을 미치는 것으로 보인다 하더라도, 그것은 결국 너무 작은 수치라 실제 프로그램의 영향력으로는 큰 의미가 없고, 거의 확인할 수도 없는 미미한 수준에 불과하다고 할 수 있다."(p. 408)

이와 같은 메타 분석의 고유한 특징은 보통 연구자로 하여금 단 한 가지 연구 결과만을 검토하여 특정 대상을 평가하는 것이 얼마나 위험한 것인가를 여실히 보여주기도 한다. 특정 연구가자 발표한 한 가지 연구 결과는 결국 특정 대상을 제한된 시간 내에서 이해한 것이고, 제한된 공간과 제한된 측정치로만 분석하는 것이기에 일반화하기에는 한계가 있다. 물론 메타 분석을 통한 연구 결과물을 받아들일 때도 충분한 주의와 관련 지식을 가지고 결과를 해석해야 할 필요가 있다. 무조건 메타 분석을 실시했다고 해서 그 분석 결과가 다른 연구들보다 더 큰 의미를 갖는다고 함부로 성급하게 일반화해서는 안 된다. 왜냐하면 결국 메타 분석도 과거에 나온 많은 연구 결과들을 중첩적으로 보다 체계적인 방식으로 표현한 것에 지나지 않기 때문이다. 이에 핑크(Fink, 2005)는 다음과 같은 일곱 가지 차원의 메타 분석 평가 기준을 제시했다.

1. *분석 목표에 대한 명확한 진술*: 연구자가 얻고자 하는 목표 지식체계가 명확하지 않으면, 분석 방법론을 제대로 평가받을 수 없다. 메타 분석은 특정 프로그램의 결과를 확인하기 위해 가장 적절한 방법일 수 있고, 동시에 다른 개개인들의 인구사회학적 특징을 확인해 볼 수 있는 가장 적합한 분석 방법이기도 하다.
2. *분석 포함 및 제외를 결정지을 수 있는 명확한 기준*: 분석에 포함되는 연구 보고서 내용은 도대체 무엇을 근거로 만들어진 것인가? 완벽한 연구설계를 바탕으로 한 높은 수준의 연구들이 낮은 수준의 연구들과 실제로 명확히 구분되는 것인가? 만약 정말로 연구 수준 별 차이가 명확히 구분될 수 있다면, 메타 분석에서 분석 결과들도 그 수준에 따라 서로 다르게 표시되어야 하고, 더 나은 연구설계가 더 좋은 연구 결과를 낳았다는 사실을 바로 보여줄 수 있어야 하다.
3. *만족할만한 수준의 연구 전략*: 전자화된 각주 내용들과 문서화된 각주 내용들이 메타 분석에서 모두 광범위하게 사용되어야 한다. 혹시 아직 발표되지 않은 연구 결과들이 메타 분석에 활용되기 위해 연구자는 다른 특단의 연구방법들을 사용할 필요가 있는가? 만약 그 필요성이 충분히 존재한다면, 그 연구자에게 직접 연락을 취해 미필표된 그 연구결과가 메타 분석을 위해 꼭 필요하다는 사실을 알리고, 그 연구 결과가 먼저 학회에 발표될 수 있을지 물어보아야 한다.
4. *선행연구를 선발해 내는 표준화된 프로토콜*: 메타 분석에서 양질의 좋은 연구 결과들을 선발해 낸다는 것은 관련 연구질문에 맞춰 많은 선행연구들을 점수 매긴다는 것과 유사한 일이다. 따라서 선발 작업은 따라서 점수 매기는 양식에 맞춰 많은 선행연구들을 평가하는 일에서부터 시작된다고 볼 수 있다.
5. *자료를 수집해 내는 표준화된 프로토콜*: 최소한 두 명의 검토자를 두고, 일반화된 연구 결과 코딩 서류를 통해 데이터를 수집해 나가는 것이 가장 바람직한 순서이다. 두 명의 검토자가 서로 합의점을 찾아 어떻게 변수들을 코딩할 것인지를 논의하는 것이 데이터 수집의 관건이다.

6. *연구 결과를 결합하는 완벽한 방법론적 설명*: 특정 연구 결과가 치료 효과의 사이즈 자체를 결정짓는 것은 아닌지 방법론적 차원의 문제를 사전에 확인해 볼 필요가 있다.
7. *연구 결과, 결론 및 연구 한계점 보고*: 메타 분석에서 연구 결과와 결론, 한계점이 보고되는 것은 아주 당연한 일이다. 그러나 때때로 연구자들 스스로가 연구가 가진 한계점을 회피하려는 태도를 보이게 되고, 분명히 일부 연구자들이 메타 분석 결과가 가진 부분적 문제점 등을 충분히 지적하지 않으려는 경향이 있음을 정확히 인식해야 할 것이다.

기본 과학 또는 응용 연구(BASIC SCIENCE OR APPLIED RESEARCH)

알프레드 블럼스타인(Alfred Blumstein, 2009)은 형사정책 관련 이슈들을 연구하는 사회과학 학자들과 범죄학자들이 보통 다음과 같은 갈등 상황에 처해 있다고 지적한 바 있다. 그는 "이 분야의 학자들이 어떻게 효과적으로 정책을 운영할 것인가의 문제 앞에서 보통 과학적인 지식에 의존하기보다는 이상적이거나 도전적인 위치에서 끊임없이 정책 문제를 해결하려고 하는 이상적 태도"를 갖고 있다고 지적하였다. 예를 들면 미국의 "삼진 아웃 정책"과 같이 과학적이며 객관적인 근거 없이 오직 실무자들의 강한 정치적 결단력으로 형사정책이 만들어진 경우를 생각해 볼 수 있을 것이다. 또한, 미국의 약물사범에 대한 강력한 의무적 최소 양형부과제도도 그렇고, 성범죄자 등록법이나 기타 많은 법안들이 모두 객관적인 근거보다는 정치적인 판단에 근거해 형사정책 문제를 해결하려고 한 행동들이었다고 할 수 있다. 특정 프로그램을 재정적으로 지원하는 기관들이 점차적으로 정책 관련성을 연구 제안서에서부터 매우 뚜렷하게 표시하면서 이러한 갈등상황들이 더 노골적으로 드러나게 되었다.

우리가 지금까지 살펴보았던 많은 연구들이나 다른 장에서 이미 검토한 연구들처럼 "프로그램 평가 연구"도 결국은 특정 프로그램이나 정책이 다른 것들보다 더 바람직한 결과를 보여주느냐를 살펴보기 위한 것이다. 따라서 여기에서 얻은 지식은 정책 개혁에 바로 직접적인 영향을 미치게 될 것이고, 이 때문에 평가 연구를 우리는 응용 연구(applied research)라고 부를 수 있는 것이다. 이와 반대로 기본 과학 연구(basic science)는 일반적 지식 체계를 더 발전시키고 새로운 사실을 밝혀내기 위해 순수한 목적의 가설검증 방식으로 진행되는 것이다. 즉, 기본 과학 연구는 기존 이론을 발전시키거나 변형시켜 보다 발전된 형태의 혁신적인 이론을 만들어내는 연구라고 하겠다. 기본 과학 연구와 응용 연구의 차이점을 보다 명확히 이해하기 위해 2005년에 즁거타(Junger-Tas)라는 학자는 다음과 같이 말했다. "두 연구 사이의 가장 큰 차이점은 바로 기본 과학 연구는 과학적인 연구질문을 밝히는데 초점이 있어 이론적 결론을 찾기 위한 목표로 지식을 계속 쌓아가거나 확장시키는데 주력한다. 반면, 응용 연구는 특정 활동이나 옹호단체들의 요구를 바탕으로 한 정치적 결단과 정책 결정을 밝히는데 핵심이 있다는 것이다." 이와 관련하여 2008년에 캔톤과 야트는 범죄학이 반드시 언급해야 할 세 가지 기본 사항들을 아래와 같이 요약하였다.

1. 범죄자와 관련하여 우리는 무엇을 해야만 하는가?
2. 범죄 그 자체와 관련하여 우리는 무엇을 해야만 하는가?
3. 범죄 피해자를 위하여 우리는 무엇을 해야만 하는가?

연구자 본인들뿐만 아니라 사회 전체를 위하여 응용과학에 집중하는 것이 더 바람직하다고 생각하는가? 아니면 사회발전을 위한 학자들의 의도가 결국에는 사회가 나아가야 할 기본 신념을 왜곡시키는데 부정적인 영향을 미쳤다고 생각하는가? 개인 의견에 상관없이 이런 논쟁은 학자들 사이에서 오래 전부터 지속되어 왔다. 19세기 사회학자 레스터 워드(Lester Frank Ward)는 미국의 초대 사회학회 회장으로서 응용 연구의 중요성을 다음과 같이 언급하였다. "과학의 진정한 목적은 연구를 통해 인간을 이롭게 한다는데 있다. 인간을 이롭게 하지 못하는 과학은 생명력이 전혀 없는 것이다."(Ward, 1897:xxvii). 하지만 이와 반대로 1929년에 윌리엄 오그번(William Fielding Ogburn)은 미국 사회학회 회장을 역임하며 오히려 기초 연구의 중요성을 역설하였다. 그는 "과학으로써의 사회학은 세상을 더 나은 세상으로 만드는데 관심이 없다. 과학은 오직 단 하나에만 관심을 가지면 되는데, 그것은 바로 지혜를 가지고 새로운 지식을 발견하는 것이다."(Ogburn, 1930:300-301).

많은 범죄학 내 연구자들이 기초 연구와 응용 연구를 일종의 상호보완적인 관계로 간주하였다. 그 둘의 관계는 초기 갈등관계 이후, 다소 긴장과 대립적인 관계에 있던 것도 사실이다. 예를 들면 조이너(Joyner, 2003)는 둘의 관계와 관련하여 다음과 같이 주장하였다. "사회과학 연구가 가치중립적인 위치에 있을 수 있다는 것은 말도 안 되는 일이다. 연구자가 순수 기초 과학 연구를 위해 절제된 접근법을 사용해야 명확히 합법적인 일이라고 볼 수 있다. 그리고 이것을 통해서만이 어려운 사람들의 삶의 질이 향상될 수 있고, 특정 프로그램 운영이나 정책이 보다 구체적으로 발전될 수 있을 것이다."

이에 대해 정책 관련성이 필요하다는 강한 경고를 보인 학자들도 있다. 예를 들면 가빈과 리(Gavin and Lee, 2003)는 정책 관련 연구를 독자적으로 시행하면서, 연구자들로 하여금 정책 관련성 증가가 위험할 수 있다는 것을 비판적으로 제시하였다. 이들은 연구자들에게 정책 관련 요구가 자신들의 순수한 연구 수행에 의도치 않은 영향을 미칠 수 있다고 경고했다. 물론 가장 처음 영향을 미칠 수 있는 것은 연구자가 처음 갖게 되는 연구질문 자체라고 하겠다. 가빈과 리(2003)는 이 상황을 다음과 같이 표현하였다.

> "만약 우리가 정책과 관련된 데이터나 결론을 쳐다본다면, 무엇을 간과하게 될 것이라고 생각하는가? 도대체 우리는 어떤 질문을 놓치게 될 것인가?....정책 관련 자료만 바라보다가 연구자가 정말 연구해야 할 흥미로운 연구 주제들을 놓치게 될지도 모른다. 또한, 그것 때문에 아주 미묘하면서도 중요한 힘의 관계도 놓치게 되고, 그저 문제를 해결할 조급한 마음에 중요한 연구 주제들을 모두 잃어버리게 될지도 모른다. 더 위험한 것은 바로 정말 힘들고 어려운 연구 주제를 그저 정책 관련성이 없다는 이유로 특정 장소나 시간대에 묶여서 연구자가 그것을 아예 생각조차 못하게 될 수 있어 매우 불행한 일이 발생할 수 있다는 것이다."(p. 44)

월터(Walter, 2006)는 이런 주장을 더욱 확대시켜 심지어 정부 연구를 진행하는 것 자체가 편향된 연구 시각을 가져온다고 경고하였다. 정부 산하 연구를 시행하다 보면, 결국 연구자가 가난하고 힘없는 자들을 규제하는데 정부 중심의 시각에 관심을 쏟게 되면서 국가 전반의 큰 그림이나 초국가적인 시각으로부터 다소 멀어지게 된다고 본 것이다.

평가 연구에서 국가로부터 경제적 지원을 기대하는 연구자들은 더욱더 제한적인 시각을 갖게 될 수밖에 없다. 그들은 경제적 지원을 약속하는 정부 기관들의 요구에 부응하기 위해 철저히 그들의 시각을 대신하는 산하 단체 역할을 할 수밖에 없기 때문에 결국 미국 법무부의 국가 사법연구원(National Institute of Justice)의 요구에 무조건적으로 순응하게 되는 입장을 취한다. 다시 말해 연구 지원금을 받기 위해, 연구자는 자신의 연구질문과 아이디어를 돈을 주는 그 기관의 욕구에 철저히 맞추어 버리는 것이다. 준거 다스(Junger-Tas, 2005)는 이런 위험한 상황에 대해 다음과 같이 경고하였다.

> "지금까지 연구 흐름이 국가 사법행정이 요구하는 특정 의제에 얼마나 많은 영향을 받아 왔는지 너무나 잘 알고 있다. 이것 때문에 형사학 전반의 연구들이 특정 흐름에 따라 변화되었는데, 범죄자 무능화 전략에서부터 경력범죄자, 약물정책, 그리고 조직범죄와 테러리즘까지 그 흐름이 매우 다양하게 변화되어 왔다고 하겠다. 이러한 상황은 국가 행정기관이 독자적으로 연구 용역비 집행을 결정할 수 있다는 힘 때문에 형사학 분야의 연구 흐름 자체에도 큰 변화를 일으켰고, 이것이 예기치 않은 문제점을

학계에 야기했다."(p. 150)

사회를 변화시켜야 한다는 강력한 의도가 없는 이상, 모든 학자들이 이러한 엄격한 상황에 빠져 큰 고민을 항상 짊어지게 되는 것은 아니다. 우리가 만들고 있는 의사결정들에 대해 항상 연구자로서 잘 숙고해 봐야 할 것이며, 어떻게 외부 요인이 이런 결정들에 영향을 미치는지 잘 고민해 보면 충분할 것이다. 이 장을 통해 우리 모두가 다양한 관점들이 가진 장단점에 대해 깊이 있게 생각해보는 기회를 가질 수 있었다. 하지만 이런 관점 속에서도 어떤 입장이 가장 바람직한지는 명확히 판단할 수 없다. 어쩌면 우리 모두가 각각의 개별 접근법이 나름의 장단점을 갖고 있음을 인정하는 것이 가장 최선의 방법일지도 모른다.

평가 속에서의 윤리문제 (ETHICS IN EVALUATION)

평가 연구는 우리 인간의 삶에 큰 변화를 일으킬 수 있는 것이다. 왜냐하면 평가 결과를 통해 직간접으로 인간의 삶이 영향을 받게 되기 때문이다. 또한, 교도소에서 재소자가 어떤 교육 프로그램과 직업훈련 경험을 받게 되는지, 혹은 법률 상담의 유용성 정도가 어떠한지, 그리고 약물남용자들을 위한 치료 개입프로그램이 어떠한지에 따라 한 개인의 삶이 완전히 달라질 수도 있다. 평가를 통해 프로그램 운용 형태나 유용성 여부도 완전히 바뀔 수 있어 특히 평가 연구의 중요성은 많은 사람들의 삶에 큰 영향을 미친다. 이와 같이 평가 연구들이 프로그램 참가자들에게 미칠 수 있는 직접적인 영향력과 그들 가족들에게 잠재적으로 미칠 수 있는 영향력은 평가 연구자들이 특히 다른 무엇보다도 인간 연구 대상에서 세심한 관심과 배려를 가질 필요성이 있음을 크게 부각시켰다. 비록 가장 이슈가 되는 평가 연구의 문제들은 주로 윤리적인 사항들과 직결되어 있지만, 그 평가 연구 형태와 방식에 따라 연구자가 고려해야 할 문제들이 다양하게 제기되기 시작했다고 볼 수 있다. 특히, 평가 연구자들의 정치적인 입장뿐만 아니라 심각한 윤리적 문제가 가장 큰 이슈거리로 제기되기 시작했다 (Boruch 1997; Dentler, 2002).

치료 프로그램을 위해 참가들의 기본 욕구를 분석하거나, 프로그램 평가가능성 자체를 검토하거나, 혹은 프로그램 운영 과정들을 분석하는 일에는 특별한 윤리적 문제가 거의 없는 편이다. 비용-편익 분석을 시도할 때도 큰 윤리적 문제가 제기되지 않는다. 그러나 프로그램 영향평가가 바로 인간 자체를 대상으로 한 고려사항들과 연결되기 시작하면, 그 윤리적 문제들과 관련된 이슈들이 배로 증가하게 된다. 만약 연구자가 일부 참가자들을 단지 평가

조사만을 위해 무작위로 특정 프로그램에 참가시켰다면, 여기에는 어떤 윤리적 문제가 있다고 볼 수 있는가? 연구자가 언뜻 생각해 낼 수 있는 논거로는 모든 참가자들에게 제공할 수 없는 자원부족이 윤리적 이유가 될 것이다. 즉, 모든 참가자들을 다 프로그램에 참가시킬 수 없었다는 변명 정도가 만들어 질 수 있는 것이다. 만약 정말 그 프로그램에 참여해야 했을 사람들이 단지 자원부족이라는 이름으로 그 평가 연구에서 제외되었다면, 복권 당첨 식의 무작위 표본 추출방식이 정말 윤리적인 선발 방식이라고 할 수 있겠는가? 어찌 보면 편견을 없애면서 프로그램 평가를 위해 잠재적 이득을 무작위로 사람들에게 나눠주는 이 방식이 가장 바람직한 방법으로 보일지도 모른다. 그러나 실험 연구대상으로 반드시 포함되어야 할 사람들이 존재함에도 불구하고, 단지 평가라는 이유로 그들 상당수를 평가 대상에서부터 원천적으로 제외시킨다면 그것은 윤리적으로 바람직하지 않은 일일 것이다. 대신에 연구자는 평가 대상에 포함되지 못한 사람들을 위해 대체적인 프로그램을 제공하거나, 원래 프로그램에 준하는 혜택을 제공하는 새로운 제3의 프로그램을 실시해야 할 것이다.

이에 평가 연구를 시행하기 위해서는 다음과 같은 많은 윤리적 어려움을 반드시 고려해야 할 필요가 있다.

- 정부가 수집한 데이터를 참가자들의 동의 없이 연구자가 평가하게 되었을 때, 연구 대상들과 연구자가 맺어야 할 비밀유지 의무는 어느 정도로 유지되어야 하는가?
- 평가 연구를 시행함에 있어 어느 정도의 책임과 의무를 연구 참가자들에게 요구해야 하며, 그 의무 양은 누가 정해야 하는 것인가?
- 연구에 대한 최종 결정이 정치적인 맥락에서 결정되는 것이 정말 합법적인 일인가?
- 평가 결과는 정책결정자만을 위해 존재하는 것인가, 혹은 다른 이해관계자들과도 공평하게 함께 공유되어야 하는 것인가?
- 프로그램 발전의 효과성은 정말 불분명한 일인가?
- 무작위 실험연구가 다른 대안적인 연구설계보다 더 바람직하다고 볼 수 있는가?
- 평가 연구결과를 현장에서 활용할 수 있는가?

1985년 미국에서 발표된 보건연구확장법(Health Research Extension Act)은 보건사회국에 모든 연구조직들을 감독할 수 있는 권한을 부여하였고, 그것을 집행할 수 있는 제도적인 윤리평가 위원회(Institutional Review Board)에 일부 운영금도 배당해주었다. 이러한 위원회 운영을 통해 모든 연구들이 윤리적 권고사항을 잘 따르고 있는지 사전에 평가해 볼 수 있는 제도적 절차가 마련되었다. 우리는 이미 앞에서 연방 차원에서 요구하고 있는 윤리 판단 기준에 대해 살펴보았다. 그것을 다시 요약하면 아래와 같다(Boruch, 1997).

- 연구 진행 내 잠재적 위험 요소를 연구자가 사전에 최소화시켰는가?
- 연구 혜택과 비교했을 때 잠재적 위험 수준이 합당한 수준에 있다고 하겠는가?
- 연구 대상 선발은 충분히 균등한 절차를 거쳤는가?(무작위 추출 의미)
- 설문 전에 참가자들에게 임의적 동의를 받았는가?
- 데이터는 충분히 사전 점검절차를 받은 것인가?
- 사생활과 비밀유지는 연구 내에서 확실히 지켜지고 있는가?

평가 연구를 진행하는 조사자는 반드시 이와 같은 윤리 기준들이 연구 상황에서 잘 지켜야 하고, 그 문제를 연구 설계 이전부터 고민해야 하고, 연구를 진행하면서도 이 문제들을 끊임없이 확인하고 점검해야 한다.

무엇보다도 연구자가 참가자들과의 비밀유지 의무를 계속해서 지켜나간다는 것은 매우 힘든 일이다. 왜냐하면 "발견"을 목표로 하는 전 평가연구 과정에서 연구자가 감당해야 할 몫이 쉽게 법적으로 보호받지 못하기 때문에 연구자가 무조건적인 비밀유지 의무를 이행한다는 것은 특히 어려울 수밖에 없다. 그러나 연방이 법률제정을 통해 취약 계층을 대상으로 한 연구 데이터 보호 법안을 통과시켰다. 예를 들면 범죄통제와 안전거리법(Crime Control and Safe Street Act)의 아래 조항에서 볼 수 있듯이, 연구자의 정보공개 업무를 법적으로 보호해 주고 있다고 볼 수 있다.

> "일부 서비스를 받은 특정 인구들에 대한 연구자의 정보노출은 법적인 제재나 처벌로부터 반드시 자유로워야 한다. 정보제공자의 명확한 동의가 없는 상황에서도 그 정보공개와 관련하여 연구자의 행동은 절대 사법적 조치나 행정 조치, 소송 등의 제재 근거로 사용될 수 없다."

비록 지금까지 논의한 모든 윤리적 조건들을 사전에 완벽하게 연구자가 주의한다는 것은 매우 어려운 일일지 모른다. 그래도 여기에서 논의한 조건들을 약간의 변화 수정을 거쳐 모두 다 충족시키려고 최선을 다해 노력할 필요가 있다. 치명적인 결과를 사전에 막기 위해 연구자가 신경 써야 할 몇 가지 주의사항들을 단계별로 살펴보면 다음과 같다(Boruch 1997).

- 실험집단에 할당 될 수치 비율을 조절하여 통제집단 수치를 줄일 필요가 있다. 이를 통해 치료 프로그램을 경험하지 못하게 되는 통제집단의 수를 가능한 최소한으로 감소시킬 수 있다.

- 결과를 테스트 해 보기 위해 최소한의 샘플 수를 가지고 연구를 진행할 수 있다.
- 프로그램 전체를 평가하기 보다는 새 프로그램의 부분들을 먼저 테스트 해보도록 한다.
- 강도 상의 차이를 보기 위해 단순 프로그램 유무 보다는 정도의 차이를 가지고 비교 연구를 진행한다.
- 동일한 하나의 연구 세팅 안에서 참가자들을 조사하여 프로그램을 평가하지 말고, 다양한 세팅 내에서 사람들의 치료활동 변화를 보고 프로그램의 효과성을 측정한다.

기본적으로 이러한 접근방식을 가지고 연구를 진행하면, 실험 진행 상황에서 프로그램의 예기치 않은 영향력을 줄일 수 있고 인간 연구대상에 발생할 잠재적 위험성을 최소화할 수 있다. 실험 참가자들에게 의도치 않은 해를 끼친다는 것은 사회적으로 많은 비용을 부담해야 하는 경제 문제를 유발시킬 수 있다. 따라서 결국 이 모든 상황을 종합적으로 검토하여 지금의 상황을 발전적으로 변화시키고 평가 연구를 제대로 수행해 나가는 것이 가장 윤리적인 일이라고 하겠다.

결론 (CONCLUSION)

최근 들어 평가 연구 분야는 범죄학 및 형사학 내에서 많은 사람들의 관심을 끄는 인기 있는 분야가 되었다. 많은 사회과학자들이 평가 연구가 지닌 유용성 때문에 평가를 통한 특별한 매력을 한층 더 느끼고 있는 상황이다.

이런 평가 연구에 사용되는 조사 설계 방식은 다른 일반 연구설계 방식과 크게 다르지 않다. 이미 이 책의 앞에서 살펴본 많은 연구설계 방식이 평가 연구에도 그대로 적용될 수 있다고 하겠다. 질적 연구를 통한 심층면접이나 무작위 실험 연구설계 모두 평가 연구에도 다 활용될 수 있는 것들이다. 평가 연구를 진행하는데 질적 연구는 그 나름의 강점을 충분히 갖고 있어 평가 주제에 따라 질적 연구도 얼마든지 활발히 사용될 수 있다. 그러나 인과관계를 설명하고, 특정 프로그램의 영향평가 결과 측면에서 볼 때 가장 적합한 평가 연구는 바로 무작위 실험 설계이다. 모든 평가 연구에서 이와 같은 양적 연구가 다 가능한 것은 아닐지라도, 최고의 "황금기준(gold standard)" 연구 방식으로 무작위 실험 설계는 프로그램이나 정책 영향력을 평가하는데 가장 바람직한 연구 전략이라고 하겠다.

주요 용어

정확성	응용 연구	기초 과학
블랙박스 평가	캠벨 콜라보레이션	비교집단
통제집단	비용-편익 분석	효과 크기
효능성 분석	평가가능성 사정	근거-기반 정책
실험 연구설계	실현가능성	환류
형성 평가	영향 평가	개선 중심 평가
투입	통합적 접근	판단 중심 평가
지식 중심 평가	메커니즘	메타 분석
욕구 사정	비균등적 통제집단 설계	비실험집단 설계
1회성 설계	결과	산출
과정 평가(평가 감독)	프로그램 과정	프로그램 이론
적절성	유사실험 설계	무작위 설계
반응적 평가	사회과학 접근	이해관계자 접근
이해관계자	체계적 검토	시계열 설계
유용성		

강조 사항

- 사람들이 특정 목적의 프로그램을 운영하게 되면, 가장 먼저 관심을 갖게 되는 것이 그 프로그램의 결과다. 비록 과학적인 평가 방법을 모든 프로그램 평가가 사용하는 것은 아니지만, 가장 중요한 것은 프로그램 운영을 통해 우리가 얻게 되는 결과이다. 미국에서 1950년대 이후부터 프로그램들과 정책들이 미친 영향력을 확인하기 위해 평가 연구 분야가 가장 활발히 사용되고 있다.
- 프로그램 평가 절차는 일종의 환류 시스템 모델에 속한다. 일단 프로그램이라는 입력 부분이 투입되고 나면, 다음으로 산출이라는 단기 결과가 도출되고, 그를 바탕으로 종국적인 결론이 나오게 된다. 그런 후에 이 결론이 프로그램 이해관계자들에게 전달됨으로써 결국은 프로그램 투입 내용에 다시 변화가 일어나게 된다.
- 프로그램 평가 과정은 하나의 전반적인 체계로 이해되어야 하고, 특히 하나의 반복적인 피드백이 있는 환류 과정으로 이해해야 한다. 이러한 평가 과정은 프로그램 이해관계자들의 특정 이익과 관점에 따라 새롭게 해석되고 이해되는 일련의 절차에 속한다.
- 프로그램 운영이 특정 결과를 도출해 낸다는 단순한 평가 과정은 일명 “블랙박스”라고 알려져

있다. 그러나 결과에 초점을 둔 블랙박스보다 더 중요한 것은 블랙박스 내에서 일어나는 일을 그 뚜껑을 열어 직접 바라보고, 그 과정을 조사하여 프로그램이 운영되는 절차와 실패 원인 등을 조사하는 것이다.

- 프로그램 절차를 공식적으로 끝내기 전(또는 이후)에 연구자의 노력을 통해 특정 프로그램 이론을 발전시킬 수 있다. 그리고 이 프로그램 이론은 기술적인 성격을 띨 수도 있고, 규범적일 수도 있다.
- 평가 연구는 클라이언트를 위해 하는 일이다. 따라서 평가 결과는 클라이언트가 수행하는 업무 방식에 직접적으로 영향을 미칠 수 있고, 그로 인해 프로그램 운영 방식이나 프로그램 참여자들의 서비스 수준에도 직접적인 영향을 미칠 수 있다. 반면, 프로그램 연구자들은 프로그램 이해관계자들의 욕구에 맞춰 어떤 평가를 해야 할 것인가를 고민하게 되고 그 방법도 욕구에 따라 많은 차이가 난다.
- 프로그램 평가 형태는 크게 다섯 가지로 구분된다. 여기에는 욕구 사정, 평가가능성 사정, 과정평가, 영향평가, 효율성 평가가 포함된다. 이 중 과정평가는 형성평가라고도 불리고, 영향평가는 총괄평가로 불린다. 그리고 효율성 평가는 비용-편익 평가로 불린다.
- 욕구 평가는 일반적으로 문제 자체가 가진 내재적 특징이나 문제의 범위를 의미하는 것이다. 여기에 욕구 평가는 특정 서비스를 원하는 특정 대상 집단에 대한 특성 분석을 포함하고 있다.
- 과정 평가란 어떤 프로그램이 운영되어야 하고, 어떤 수준에서 운영되어야 하는지를 보여주는 것이다. 특히, 과정 평가는 프로그램이 우리가 의도했던 대상을 향해 제대로 그 프로그램이 운영되었는지를 확인하는 것이고, 동시에 그 프로그램이 기대했던 대로 운영되고 있는지를 살펴보는 것이다. 또한, 과정 평가는 그 자원이 제대로 동원되었는지를 살펴보는 것이다. 결국 과정 평가에서 질적 연구가 전형적으로 가장 많이 사용될 수 있다.
- 영향 평가는 특정 프로그램이나 평가가 의도했던 결과를 실제 잘 달성했는가를 검토하는 것이다. 이에 양적 연구가 영향 평가에서 가장 전형적으로 많이 사용된다.
- 효율성 평가는 프로그램 결과와 프로그램 비용을 함께 고려하여 그 달성 정도를 검토해 보는 것이다.
- 순수한 무작위 실험연구는 인과관계를 밝히는데 가장 적합한 연구설계 전략이다. 이 방법을 통해 프로그램과 정책의 영향력을 가장 정확하게 살펴볼 수 있다.
- 평가 연구는 복잡한 윤리적 이슈들을 포함하고 있다. 왜냐하면 평가 연구 자체가 가장 바람직하다고 할 수 있는 많은 사회적 혜택을 보류하고 있는 경우가 많기 때문이다.
- 평가연구에서 체계적인 검토란 최선의 연구 결과들을 하나의 형태로 종합하는 노력이라고 말할 수 있다. 이를 통해 우리가 알고자 하는 주제에 대해 최선의 연구설계를 만들어 낼 수 있고, 가장 투명한 연구 절차를 만들어 낼 수 있다고 하겠다.

- 메타 분석이란 수많은 연구 사전 연구결과들을 종합적으로 검토하여 새로운 양적 분석 연구를 시도하는 통계 전략이다.
- 기초 과학을 발전시키는 연구는 이론들을 검증하여 기본 지식을 확장시키는 역할을 하고, 다른 후속 연구자들에게 분석 결과를 제공해 주는 역할을 한다. 반면 응용 연구는 사회적 실무 상황과 특정 프로그램의 영향력 등을 조사하여 그 결과를 독자들과 함께 공유한다는 의미를 갖는다

연습문제

1. 이 장에서 소개한 많은 논문 중 한 편을 골라 읽어보기 바란다. 부록 B에 포함된 질문을 보고 본인이 선택한 논문에 대한 답을 찾아보기 바란다. 그리고 이 장에서 논의된 질문을 봤을 때, 각각의 답변에 대하여 본인이 동의할 수 있다고 생각하는지 그 답변을 찾기 바란다. 저자가 의도에 대하여 본인들은 각자 어떤 반대의견이나 비판점을 제시할 수 있겠는가?
2. 인간을 대상으로 한 연구에서 우리가 고려해야 할 윤리적 사항들을 다시 한 번 평가해 보기 바란다. 1984년에 셔먼과 버크가 실시했던 가정폭력 연구를 보면, 흥미로운 윤리적 고려사항들이 제기되고 있는바, 이것을 정리해 보고 다른 연구에서 제시되고 있는 윤리적 사항들을 함께 요약해 보기 바란다. 제3장에 나와 있는 윤리적 가이드라인 중에 가장 지키기 어려운 것은 무엇이라고 보는가? 윤리적 위험을 전혀 갖지 않는 경우와 타당한 과학적 지식을 발전시켜야 하는 연구자의 갈등 상황에서 우리는 어떤 점을 강조해야 하는가? 이 답을 찾을 때 반드시 연구 상황에서의 비용과 혜택을 함께 고려하여 최선의 답을 찾아보기 바란다.

   이 장 내에서 논문 한 편을 선택한 후, 같은 질문을 본인 스스로에게 다시 해보기 바란다.
3. 여러분이 잘 알고 있는 특정 프로그램을 하나 골라 무작위 실험연구 평가 설계를 만들어보기 바란다. 여러분이 선택한 그 프로그램에 대해 자세히 기술해보고, 그 프로그램이 의도한 최종적 결과를 정확히 표현해 보기 바란다. 그리고 여러분이 만든 연구설계의 장점과 단점을 설명해 보기 바란다.
4. 지역 또는 교육 프로그램에서 핵심 이해관계자로 반드시 고려되어야 할 사람들을 확인해 보자. 프로그램을 위해 여러 이해관계자들이 갖고 있는 목표를 찾아보고, 그를 위해 이해관계자들과 실질적인 면접을 실시해 본다. 면접 내에서 이해관계자들이 자신의 목표를 관철시키기 위해 어떤 도구와 전략을 사용하는지 자세히 알게 될 수 있을 것이다. 그리고 각각의 개별 이해관계자들이 갖고 있는 각각의 관점과 태도를 비교해 보기 바란다. 이를 통해 여러분이 발견한 이해관계자들의 입장 차이가 어디에 기인하는지 다시 한 번 진지하게 고민해 보기 바란다.

연구제안서 작성

정부 기관에 여러분이 만든 연구 계획서를 제출한다고 상상해 보자. 그 계획서는 연방 교정시설이 약물남용자들을 위해 개발한 새로운 형태의 치료 프로그램을 평가하는 연구의 계획서이다

1. 만약 여러분이 정부 담당자에게 과정 평가 요소를 제출한다고 한다면, 그 연구질문은 무엇이 되겠는가?
2. 이번에는 여러분이 결과 평가를 시행하게 되었다면, 연구의 독립변수와 종속변수는 무엇이 될 것이라고 보는가? 각각의 변수들을 여러분은 구체적으로 어떻게 조작적 정의할 계획인가?
3. 만약 여러분이 과정 평가와 결과 평가 두 가지를 모두 시행할 계획이라면, 어떤 연구설계를 가지고 계획서를 만들겠는가?

학생 학습 사이트

이 책자의 출판사 지원 웹 사이트는 http://www.sagepub.com/prccj4e이다. 웹 사이트에서 e-플래시카드, 자가진단 연습, 그리고 더 많은 내용을 통해 이 장에 대한 이해를 더 높일 수 있도록 학생학습사이트를 방문하여라.

웹 연습

1. 미국 평가협회 웹사이트를 방문해서 "출판물(Publications)"을 선택하고, "평가자를 위한 가이드라인 원칙(Guiding principles for Evaluators)" 파트에 들어가 봐라. 여기에서 말하는 다섯 가지 원칙이란 무엇을 말하는가? 각각 원칙들이 의미하는 바를 간략히 설명해 보자.
   a. 소년법원이 만든 기록은 얼마나 적절하다고 생각하는가? 소년사법 통계국 웹사이트에 들어가 청소년 데이터를 활용한 연구 보고서를 찾아보고, 그 데이터의 적절성에 대한 생각해 보자.
   b. 소년사법 시스템의 적절성을 평가하기 위한 연구 프로젝트를 찾아보고, 소년법과 소년사범들의 전과 기록물을 활용하는 방안들에 대해 생각해 보자
2. 다음의 웹사이트에서 우리가 활용할 수 있는 적절한 연구 데이터를 찾아보자 (www.worldbank. org/oed/.)

3. 최근에 발표된 D.A.R.E. 프로그램 정보를 검색해 보고, 새롭게 발견된 연구 내용들에 대해 논의해 보자(www.dare.com)

4. 켐벨 콜레보레이션 웹사이트(www.capbellcolla boration.org)에 들어가 가장 흥미 있는 연구 보고서를 찾아보자. 보고서 내에서 연구자들이 각각의 변수(ex. 비행, 재범률, 멘토링... 등등)를 어떤 식으로 개념화했고, 그 내용을 조작적 정의로 시도했는지 설명해 보자. 각 분석 방법의 최종 결과는 무엇인지도 함께 논의해 보자.

연구윤리 학습

1. 맨해튼 보석 프로젝트(Manhattan Bail Project) 연구에서는 무작위로 집단을 구분했는데, 그 집단 내에는 지역사회와 끈끈한 관계를 유지하는 사람들도 있었고, 그렇지 않은 사람들도 있었다. 무작위로 범죄자들을 나누면서 일부는 보석금 없이 내보내기도 하고, 또 다른 일부 사람들은 보석금을 부과해서 내보내기도 했다. 연구 결과, 보석금 없이 나갔던 사람의 대다수(99%)가 재판 기일에 맞춰 법정에 제대로 출두한다는 사실이 밝혀졌고, 실험을 통해 연구자가 이 사실을 새롭게 확인할 수 있었다. 이 연구방법이 윤리적인 측면에서 아무런 문제도 없다고 생각하는가? 만약 재판정에 나오지 않았던 그 1%의 범죄자가 재판을 받아야 할 시간에 누군가를 살해했다면 이 연구 결과에 대해 어떻게 말할 수 있겠는가? 특정 형사정책 프로그램을 평가할 때 연구자가 무작위 할당을 사용해야 한다면, 거기에 반드시 고려해야 하는 요건들이 있다고 보는가?

2. 미국의 많은 연구들이 D.A.R.E. 프로그램이 학교 내 약물 사용을 감소시키는데 별 효과가 없다고 주장해 왔다. 하지만 학교 당국과 경찰, 부모 및 학생 집단들은 오랫동안 그 프로그램이 계속 학교에서 사용되기를 바래왔다. 여러분은 평가 연구 결과가 부정적으로 나왔는데도 불구하고 계속 국가 당국이 세금을 이용해서 특정 프로그램을 실시할 수 있다고 생각하는가? 정부는 특정 프로그램을 운영할 때, 과학적인 평가 분석 결과에 의해서만 그 프로그램의 활용을 정당화할 수 있다고 보는가?

SPSS 또는 엑셀연습

1. 피해자가 경찰에 신고하려는 의지(willingness)는 다양한 요소에 영향을 받는다. 특히, 가장 가까운 사람에 의해 피해를 당한 여성 피해자의 경우, 경찰에 직접 신고한다는 것이 매우 힘든 일이기도 하다. 자료명 NCVS9205.ASSAULT. POR은 1992년에서 2005년까지 무작위 표본에 의한 국가 범죄피해 조사 데이터를 담고 있고, 여기에는 남녀 응답자에 대한 폭력 피해

정보가 담겨져 있다. 이 데이터에서 우리가 분석하고자 하는 것은 "범죄피해 신고 의지에 영향을 미치는 요인이 무엇인가?"의 답을 찾는 것이다. 먼저 빈도분석표를 만들어 보는데, 이때 변수명 REPORTED, V4241, INJURED를 활용해 보자. 이 변수들은 가해자 1인에 의한 범죄피해 경험을 담고 있고, 9번이라고 코딩된 변수는 2명 이상의 가해사건을 의미하는바, 본 분석에서 2명 이상의 사건은 결측값으로 제외시키도록 하자. 새롭게 코딩된 변수를 빈도분석을 이용해서 다시 한 번 확인해 보자.

2. 두 변수 간의 관계를 확인하기 위해 이번에는 REPORTED 변수와 STRANGER 변수 두 가지를 이용해 보자. 이번에는 두 변수를 활용해서 교차표를 만드는 것이 목적이다. 독립변수는 REPORTED로 놓고, 종속변수는 STRANGER로 놓은 다음, 각 셀의 빈도와 백분율 수치 표시가 제대로 나타나는지 확인해 보자.

3. 본 데이터에는 제대로 파악되지 않은 결측값들이 많다. "타당한 수치"라는 새로운 변수를 만들어 결측값을 고려한 새 변수를 만들어보자. V4241이라는 변수는 특히 피해자와 가해자의 관계를 묻고 있는데, 여기에는 "이전부터 알았던 사람이다," "낯선 사람이다," "모르겠다"라는 세 가지 유형이 포함되어 있다. 이 변수를 이번에는 "아는 사람"과 "모르는 사람" 두 가지로 구분하여 새롭게 코딩해 보자. 3이나 8로 코딩된 "모르겠다"라는 변수는 결측값으로 새 변수 속에서 다른 방식으로 코딩되어야 한다. 최종 교차분석 표에서 두 변수 간의 관계가 어떻게 나왔는지 그 결과를 해석해 보자.

4. 이번에는 동 데이터를 이용해서 범죄피해에 대한 경찰신고가 피해자의 상해 여부와 어떤 관계를 맺고 있는지 살펴보고자 한다. INJURED를 독립변수로 놓고, REPORTED를 종속변수로 놓고 분석을 실시해 보자. 각 셀의 적절한 퍼센트 수치가 어떻게 되는지 확인해 보자. 두 변수가 서로 어떤 관계에 있다고 해석할 수 있는지, 귀무가설 검증을 통해 설명해 보자.

CHAPTER

12 양적 데이터 분석

"이런, 말도 안 돼! 데이터 분석과 통계를 공부해야 하다니!" 여러분은 이 책에서 지금까지 논의한 것들은 어느 정도 완벽하게 이해하고 있을 것이다. 물론 읽자마자 바로 이해되지 않는 부분도 있었겠지만, 최소한 두 번 정도 읽으면 그 내용을 충분히 이해할 수 있을 것이다. 지금까지 여러분들은 측정도구를 개발하고, 데이터를 수집하여 범죄학 연구설계를 하는 것이 연구방법론의 전부라고 생각하며, 그 내용 파악에 대해 어느 정도 자신감을 갖게 되었을 것이다. 그러나 지금부터 여러분이 공부해야 하는 데이터 분석과 통계 부분은 여러분을 많이 두렵게 만들 것이다. 이 장에서는 여러분이 데이터를 수집하고

난 후, 그 자료를 분석해서 평가 결과를 해석해야 하는 작업에 대해 설명할 것이다. 이제부터 여러분들은 여러분들이 직접 찾아내고, 해석하고, 발표하기로 한 데이터들을 명확하게 표시하기 위해 방법론에서 반드시 알아야 할 양적 데이터 분석에 대해 살펴볼 것이다.

여러분은 아마도 이전 수업에서 배웠던 고통스런 통계의 기억 때문에 이 장의 학습을 많이 두려워할지도 모른다. 데이터 분석 및 통계 학습은 여러분을 끔찍한 수학의 영역으로 이끌 수도 있기 때문이다. 하지만 여러분은 전혀 두려워 할 필요가 없다. 이 장에서는 데이터 분석을 위한 최소한의 수학 지식만 활용할 것이다. 만약 여러분이 덧셈, 뺄셈, 곱셈, 나누기를 할 수 있고, 이 장의 각 문장을 신중하게 읽을 수만 있다면, 통계적 분석을 배우는데 아무런 문제가 없다. 사실상, 이 장의 궁극적 목적은 여러분이 데이터 분석을 단순한 수학적 기술 보다 조금 더 신중하고 논리적으로 인식하게 하는데 있다. 통계를 생각하는데 있어 한 가지 유용한 방법은 연구 데이터를 분석하고, 통계 지식을 연구의 의문점을 풀어줄 수 있는 체계적인 도구라고 생각해 보는 것이다. 지금 여러분의 통계분석 도구 상자는 비어있지만, 이 장을 공부함으로써 통계 도구 상자가 흥미로운 지식으로 채워지게 될 것이다. 또한, 우리는 범죄학에서 사용되는 통계적 방법이 경제학자, 심리학자, 정치학자, 사회학자들이 사용하는 통계적 방법과 상당히 같다고 인식하게 될 것이다. 다시 말하자면, 통계학적 방법은 다른 학문에서 사용되는 전략을 그대로 사용하며, 문제의 본질이 갖고 있는 특성과 문제해결을 위한 조건에 따라 그 전략이 다양하다고 말할 수 있다.

이 장에서는 사회과학 연구에서 보편적으로 활용되는 통계 지식과 데이터를 해석하는데 있어 반드시 고려되어야 할 핵심 요소들을 중점적으로 다룰 것이다. 만약 여러분이 이미 이런 통계 관련 학습을 마쳤다면, 기초사회통계를 공부하는 이 시간이 일종의 복습의 시간이라고 생각하기 바란다. 만약 그렇지 않은 사람들이라면 이것은 좋은 예습의 기회가 될 것이다.

통계 공부에서 가장 기초가 되는 두 개의 예비 섹션을 소개한다. 첫 번째는 연구과정에 있어 통계가 가지고 있는 역할에 대해 논의하는 것이다. 여기에서 다루는 내용은 보통 우리가 이미 알고 있는 통계에 대한 이야기이다. 두 번째 예비 섹션에서는 통계분석을 위한 자료수집 과정을 개략적으로 다룰 것이다. 나머지 부분에서는 단일변수 분포와 변수간의 상관성을 어떻게 이해해야 하는지에 대해 배울 것이다. 그리고 데이터 분석에 관한 윤리적 문제에 대해서도 함께 논의할 것이다. 이 부분에서는 통계를 비판적으로 평가하고 통계적 지식을 확장할 수 있는 새로운 기회를 찾는데 초점을 둘 것이다.

이 장에서 우리는 기술적 통계를 중점적으로 다룰 것이다. 어쩌면 형사정책과 범죄학의 다른 교과서에서 더 나은 통계적 방법에 대한 논의를 찾을 수 있을지도 모르겠다. 비록 많은 대학에서 사회과학 통계를 분리된 과정으로 제공하고 있지만, 이 장을 통해 다른 교과서에서 다루는 내용과 유사한 보편적인 통계 지식을 접하게 되길 바란다. 데이터분석은 연구방법론에서 반드시 필요한 부분이며, 데이터분석은 계획을 포함한 양적 연구제안서를 만들기 위해 연구자가 명확히 이해해고 있어야 할 주요 요소 중의 하나이다.

통계 소개하기 (INTRODUCING STATISTICS)

통계는 측정도구, 내적타당성, 일반화가능성 측면에서 유효한 연구결과를 도출해 내기 위한 중요한 분석 도구이다. 통계는 단순히 변수들의 측정 결과를 표시하기 위한 목적으로 쓰이기도 하고, 다항목척도법을 평가하거나 새로운 척도를 구축하기 위한 목적으로 쓰이기도 한다. 위와 같은 목적으로 쓰이는 통계에는 도수분포표(frequency distributions), 그래프, 중심경향측도 및 편차측도, 신뢰도 분석들이 이용된다. 다른 통계기법들은 내적타당성을 확보하기 위하여 사용된다. 이것은 변수와 통제변인과의 상관관계를 설명하거나 다른 변인과의 관계를 설명하는 데 도움을 줄 수 있다.

교차표(cross-tabulation)는 변인들 간의 연관도를 측정하기 위하여 사용되는 기법중의 하나로 이 장에서 상세히 다루어볼 것이다. 이러한 통계기법은 변인 간의 관계성이나 분포를 설명하기 위한 전략으로 이를 가리켜 기술통계(descriptive statics)라고 한다.

우리는 이미 샘플이나 모집단의 신뢰도 측정이 통계를 통해 가능함을 앞의 제5장에서 학습한 바 있다. 샘플을 통해 모집단을 추정하는 통계기법을 가리켜 추론통계(inferential statistics)라고 한다. 추론통계에는 신뢰구간이 있으며 우리는 이와 관련된 내용을 이미 제5장에서 살펴보았다. 따라서 추론통계 내용은 이 장에서 비교적 간략하게 살펴볼 것이다. 하지만 샘플 데이터의 가설을 검증하는데 있어서 추론통계의 중요성과 의미는 후반부에서 상세하게 다뤄 볼 것이다.

선행연구 속에 나타난 범죄이론이나 분석 결과는 우리가 통계를 어떻게 사용해야할지, 혹은 어떠한 분석기법을 채택해야 할지를 알려주는 중요한 지표로 작용한다. 우리는 연구 문제를 통해 최선의 정답을 도출하고자 통계학적 전략을 채택하게 된다. 통계기법이 너무 다양하고 이를 응용하는 방법이 매우 다양하기 때문에 숙련된 통계학자들에게도 일관적인 분석계획을 세우기란 매우 어려운 일이다. 따라서 통계방법을 선택하는데 있어 적절한 이론화 과정을 거치지 않거나, 선행연구를 제대로 살펴보지 않는다면 큰 실수를 하기 쉽다. 분석가들은 측정도구의 수준과 변수에 적절한 통계기법을 선택해야 한다고 충고한다. 제3장에서 살펴보았듯이, 특정 변수 값을 나타내는 숫자들은 다른 숫자로 대체할 수 없기 때문에 적용

불가한 통계기법들이 많이 존재할 수 있다. 어떤 통계는 변수가 명목척도로 측정되었을 때에만 적용 가능한 반면에, 다른 통계는 등간척도일 때에만 적용 가능한 것이다. 따라서 적절한 통계 전략을 만들기 위해서는 반드시 변수 자체의 특성을 잘 숙지하고 있어야 한다.

사례연구 : 청소년 비행의 원인

이 장에서는 하나의 통계 연습 사례로 청소년 비행의 원인에 대해 살펴볼 것이다. 캘리포니아 남부의 도심가 및 주변지역의 고등학교 학생들 1,200명을 대상으로 한 연구를 보면, 분석에 적합한 일부 데이터를 추출하여 사용하였다. 연구에 참가한 학생들은 모두 10학년이고 '여가시간에 무엇을 하십니까?', '부모님, 선생님, 친구들과의 관계는 어떻습니까?', '비행에 관하여 어떻게 생각하십니까?', '친구들이 비행행위를 합니까?', '비행행위를 저지른 적이 있습니까?'와 같은 문항에 답하도록 요구받았다. 원래의 연구 목적은 비행에 미치는 특정 요인을 검증하는 것이었다. 부모의 감시, 비행에 관한 학생의 도덕적 신념, 학습과 TV시청과 같은 일반적인 활동여부, 처벌 및 체포에 대한 두려움, 친구들의 범죄 연루, 비행행위에 대한 친구들의 언어적 지지와 같은 것들이 청소년 비행에 미치는 요인이라고 가정하였다. 이 가정들은 전반적인 범죄학이론에서 도출된 것이다. 억제이론에서 도출한 가정 중의 하나는 '비행으로 인하여 경찰에 체포되기 쉽다고 생각하는 청소년이 그렇지 않은 청소년에 비해 범행을 더 적게 저지를 것이다'이다. 이 가정은 Exhibit 12.1에서 볼 수 있으며, 각각의 변인들은 Exhibit 12.2에 나타나 있고, 이는 뒤에서 더 상세히 다룰 것이다.

EXHIBIT 12.1 처벌에 대한 두려움과 비행에 대한 인식

경찰에 체포된다는 두려움 ⟶ 비행

EXHIBIT 12.2 비행의 원인을 설명해 주는 변수들

변수	SPSS변수명	설명
성별	V1	응답자의 성별
나이	V2	응답자의 나이
TV	V21	응답자의 1주간 TV 시청시간

변수	SPSS변수명	설명
학업	V22	응답자의 1주간 학업시간
감독	V63	부모님은 당신이 어디를 갔는지, 또는 언제 집에 없는지에 대해 인지하고 계십니까?
친구들은 도둑질이 나쁘다고 생각한다.	V77	당신의 가장 친한 친구들은 도둑질이 얼마나 나쁘다고 생각합니까?
친구들은 음주는 나쁘다고 생각한다	V79	당신의 가장 친한 친구들은 미성년자 음주에 대해 얼마나 나쁘다고 생각합니까?
음주에 대한 처벌	V109	만약 당신이 미성년자 음주로 인해 경찰에 체포된다면, 어느 정도의 처벌이 적절하다고 생각하십니까?
반달리즘의 대가	V119	만약 당신이 체포된다면 당신의 친구들은 얼마나 상처받을 것이라고 생각하는가?
부모의 감독	PARSUPER	부모님은 집밖에서 당신이 언제 어디서 누구와 함께 있는지를 아는가에 대한 문항의 합. 높은 점수는 부모님의 감독이 높다는 걸 의미한다.
친구의견	FROPINON	친구들이 비행행위를 괜찮다고 생각하는지에 대한 문항의 합. 높은 점수는 비행행위를 지지한다는 것을 의미한다.
친구의 태도	FRBEHAVE	얼마나 많은 당신의 친구들이 비행행위를 하는가에 대한 문항의 합.
처벌의 확실성	CERTAIN	당신이 비행행위를 하였을 때 체포를 당할 가능성에 대한 문항의 합. 높은 점수는 체포에 대한 더 많은 두려움을 나타내는 것을 의미한다.
도덕성	MORAL	비행행위를 범하는데 있어 도덕적으로 얼마나 잘못되었다고 생각하는지에 대한 문항의 합. 높은 점수는 비행행위에 대한 도덕적 저항성이 높다는 것을 의미한다.
비행성	DELINQ1	과거 비행횟수의 합. 높은 점수는 더 많은 비행행위를 저지른 것을 의미한다.

분석을 위한 데이터 준비 (PREPARING DATA FOR ANALYSIS)

이 장에서 우리는 비행의 원인을 밝히기 위해 2차 데이터 분석(secondary data analysis)을 살펴볼 것이다. 제10장에서 이미 설명하였듯이, 2차 데이터의 활용은 우리가 데이터의 2차 사용자가 됨으로써 직접 데이터 수집, 설계를 하지 않는다는 특징을 갖는다. 많은 장점에도 불구하고 이런 식의 데이터 2차 활용은 심각한 단점을 가지고 있다. 만약 직접 연구설계를 하지 않는다면, 당신이 반드시 연구에 포함시키려고 했던 중요 변수를 넣지 못할 수도 있으며, 일부 변수들을 수집 단계에서부터 당신이 원하는 방법으로 측정하지 못하게 될 수 있다. 게다가, 그 샘플은 당신이 관심을 가지고 있는 집단을 대표하지 못할 수도 있으며, 연구가 갖고 있는 연구 문제 중 일부분만을 설명할 수도 있을 것이다. 예를 들어 자기통제에 대한 이론적 연구가 준비되기 이전에 이미 설문이 끝난 상태일 수 있어 원하는 변수들을 모두 얻을 수 없게 되는 것이다. 이것은 종속변수 유형에서도 문제를 야기하는데, 2차 데이터가 자기보고 비행을 포함할 뿐, 비행의 결과로 인한 체포였는지, 혹은 소년재판이 있었는지는 도저히 측정할 수 없어 추가적인 문제를 야기한다고 하겠다. 더욱이 특정 개인을 대상으로 한 설문에서는 청소년이 살고 있는 특정 지역사회의 범죄율이나 비공식적 사회통제와 같은 것들에 대해서는 전혀 알 수가 없어 심각한 문제가 야기될 수 있다. 그러므로 사우스캐롤라이나 주의 한 도시에서 수집된 이 샘플은 다른 도시의 청소년이나 다른 주의 청소년을 대표한다고 말할 수 없다.

그러나 많은 단점에도 불구하고, 데이터의 2차적 활용은 중요한 장점을 가지고 있다. 바로 2차 데이터는 언제든지 연구자가 원하면 쉽게 활용할 수 있다는 것이다. 또한, 2차 데이터는 다양한 목적으로 활용이 가능하다. 미시건 대학교에서 운영하는 Inter-University Consortium for Political and Social Research(ICPSR)에서 많은 양질의 데이터(우리가 활용하는 비행의 데이터와 같은)를 제공하고 있어 이것을 쉽게 활용할 수 있다. 2차 데이터에는 정부, 다른 개인 연구자, 혹은 연구기관에서 수집한 것들도 있다. 이 데이터는 컴퓨터의 디스크나 시디롬에 저장하여 다른 부수적 노력 없이 손쉽게 분석에 사용될 수 있다. 그러므로 연구자는 자신의 연구 문제에 맞는 데이터를 찾아내고, 이미 수집된 그 데이터를 활용하여 많은 시간과 자원을 절약할 수 있다.

만약 직접 연구의 설문과 실험을 구상하고 있다면, 양적 데이터가 반드시 준비되어야 하고 그 데이터들은 컴퓨터 분석 용도에 맞게 알맞게 정리되어 있어야 할 것이다. 제8장에서 배웠듯이, 설문지와 인터뷰 스케줄은 각각 고유의 번호를 가진 응답자를 대표할 수 있도록 사전에 잘 코딩되어 있어야 한다(Exhibit 12.3 참조). 이 방법은 응답자가 동그라미 한 응답

(혹은 그들만의 숫자로 표시) 내용을 컴퓨터 파일로 코딩할 수 있는 방법을 말한다. 대부분의 조사기관들은 데이터 입력을 관리하기 위해 특정 데이터 기초 관리프로그램을 사용한다. 이 프로그램은 즉시 자료를 입력하고, 응답이 유효한 변수로 사용될 수 있게 체크하고, 데이터 파일을 컴퓨터에 저장하는 기능을 담당한다. 모든 연구에서 데이터 프리코딩입력을 사용하는 것은 아니지만, 개인 연구자들은 반드시 자신의 데이터를 직접 입력하는 방법을 취하고 있다. 이 작업은 모든 사람에게 상당한 시간을 요구하는 힘든 작업이지만, 만약 우리가 데이터를 2차 활용 방식으로 이용한다면 그 힘든 작업을 건너 뛸 수 있을 것이다. 이미 코딩 작업이 끝나있고, 컴퓨터에서 즉시 사용이 가능하도록 사전에 정돈된 데이터를 얻을 수 있기 때문이다.

물론, 컴퓨터 파일에 저장되어 있는 모든 숫자가 통계적으로 완벽히 분석되는 것은 아니다. 데이터를 입력한 후, 데이터 클리닝(data cleaning)을 거쳐 데이터 자체의 오류를 반드시 체크해야 한다. 데이터 입력 단계에서 특정 프로그램을 사용하여 유효하지 않은 값을 찾아냈다면, 연구자가 해야 하는 데이터 클리닝 과정은 훨씬 더 수월하게 끝날 것이다. 만약 데이터를 텍스트파일에서 읽어 왔다면, 컴퓨터 프로그램은 반드시 어떤 변수에 어떤 특정 항목이 코딩되어 있는지 하나하나 직접 읽어내야 하고, 그 변수명의 의미를 함께 코딩해야 하며, 결측데이터를 나타내는 값을 직접 구분해내야 한다. 이러한 과정은 어떤 통계프로그램을 쓰느냐에 따라 달라지는 절차이다. SPSS(Statistical Package for the Social Sciences) 프로그램을 사용하여 이러한 절차를 실시할 것이다; 데이터 분석을 위한 파일은 이 교과서의 학습사이트에서 찾을 수 있다.(http://www.sagepub.com/prccj4e)

EXHIBIT 12.3 여성참가자들에게 주어진 스토킹 피해 국가 남녀 폭력방지 섹션

H : 스토킹 피해

H1. 당신은 낯선 사람, 지인, 친척, 심지어는 남편이나 동반자로부터 한번 이상의 괴롭힘을 당한 적이 있습니까? 요금독촉, 텔레마케팅, 혹은 판매사원은 제외됩니다. 해당하는 사항에 표기하시기 바랍니다.

01 미행을 당했습니까?
02 원치 않은 편지를 받아본 적 있습니까?
03 원치 않은 전화를 받아본 적 있습니까?
04 누군가가 당신의 집, 학교 또는 직장에 서성거린 적이 있습니까?
05 당신이 있는 곳에 누군가가 아무런 이유 없이 나타난 적이 있습니까?

06 원치 않은 물건들을 받으셨습니까?
07 누군가가 당신의 의지와 상관없이 당신과 대화를 하려고 했던 적이 있습니까?
08 당신이 아끼는 물건이 누군가에 의해 파손된 적이 있습니까?
09 잘 모른다 I 항목으로
10 응답하기 싫다 I 항목으로
11 해당 없다 I 항목으로

H2. 만약 H1에 01-08중 표기했다면 H3항목으로, 해당되지 않으면 I 항목으로

H3. 어떤 누군가로부터 이런 괴롭힘을 한번 이상 당한적이 있습니까?
1 그렇다
2 아니다 I 항목으로
3 잘모른다 I 항목으로
4 응답하기 싫다 I 항목으로

H4. 몇 명이 사람들이 당신에게 이런 행동을 한번 이상 하였습니까?
___명 [범위 1명-97명]
98 모른다 I 항목으로
99 응답하기 싫다 I 항목으로

H5. 어떤 사람 혹은 사람들이였습니까? 해당사항에 모두 표기하시기 바랍니다.
01 현 배우자
02 전 배우자
03 동거남
04 동거녀
05 친척
06 지인
07 낯선 사람
08 잘 모른다
09 응답하기 싫다

출처 : Tjaden and Thoennes, 2000.

일변수분포 표시하기 (DISPLAYING UNIVARIATE DISTRIBUTIONS)

데이터를 분석하기 위해 가장 먼저 해야 할 일은 관심이 있는 변수 변화를 직접 확인해 보는 것이다. 우리는 이것을 *일변수 빈도분포(univariate frequency distributions)*라고 부른다. 빈도분포표와 빈도분포 그래프가 변수를 설명하기 위해 가장 많이 사용되는 방법에 속한다. 이 두 가지 방법은 먼저 연구자들에게 변수 값의 목록을 보여주는데서 시작한다. 그래프는 수치를 직접 표시하는 방법보다 다소 이해하기 쉬운 전략이라고 할 수 있는데, 그래프에서는 보통 그림을 사용한다는 장점이 있다. 빈도분포표는 변수의 값이 정확히 보고되어 있는지에 초점이 있고, 특히 많은 분포를 압축시켜 나타낼 때 가장 바람직한 표시 방법이라고 하겠다. 어떠한 방법을 사용하는가와 상관없이 연구자에게 가장 중요한 것은 각 분포의 구성을 가능한 정확히 표시하는 것이다. 즉, 변수의 값이 어떻게 분포되어 있는가를 가장 정확하게 표시하는 것이 일변수분포의 핵심이라고 볼 수 있다. 분포의 구성에는 다음과 같은 세 가지 중요한 요소가 있다. 즉, 중심경향(central tendency), 변산도(variability), 왜도(skewness)라는 세 가지 요소가 그래프나 빈도분포표를 통해 표시된다.

중심경향 : 분포의 중심을 규정할 수 있는 단일한 값을 찾거나 분포의 중심을 나타내는 단일한 값을 구하는 것.

변산도 : 분포에서 점수가 퍼져있거나 밀집된 정도를 의미.

왜도 : 점수가 한곳에 집중되어 있고, 반대 방향으로 갈수록 점점 줄어드는 형태. 정적비대칭은 정의 방향으로 갈수록 점수가 줄어드는 것이고, 부적비대칭은 부의 방향으로 갈수록 점수가 줄어드는 분포를 가짐.

분포구성의 이러한 요소들은 몇 가지 방법으로 해석될 수 있으며, 이 방법들이 모든 변수를 설명하는데 항상 가장 적합한 것은 아니라고 하겠다. 사실상 이들 세 가지 요소는 그래프, 빈도분포표 혹은 기술통계 속에서 가끔 왜곡되어 표시되기도 한다.

특정 통계에서 가장 중요한 것은 변수 수준을 잘 파악하고 가장 적절한 측정 방법을 선택하는 것이다. 예를 들어 질적 변수(명목변수)에서는 비대칭성을 논하지 않아야 한다. 변수의 값이 낮은 수치에서 높은 값의 순서로 정렬될 수 없음에도 불구하고 무리하게 임의로 변수 값의 순서를 조작한다면, 단지 변수를 대칭에 가깝게 만들기 위해 재정렬한 것에 지나지 않기 때문에 진정한 분포의 대칭성을 논할 수 없다. 이런 집중경향치나 변산도 특징은 질적 변수에 적절하지 않다.

서열척도로 측정된 변수나 등간 혹은 비율척도로 측정된 변수의 차이점 역시도 통계분석을 선택할 때에 신중하게 고려되어야 한다. 그러나 사회학 연구자들의 경우 이러한 차이점에 대한 의견이 모두 같은 것은 아니다. 대다수의 많은 사회학자들이 서열척도를 약간 불완전한 등간척도로 간주하는 경향이 있다. 등간척도로 개발된 대부분의 통계를 서열척도로 활용할 수 있다고 보는 것이다. 반면, 다른 사회학자들은 종종 서열척도를 등간척도로 간주하는 것이 통계 분석을 왜곡시키는 것이라고 생각하기도 한다. 우리는 다음 섹션에서 이 문제들에 대해 다시 한 번 진지하게 논의할 것이다.

이하 이러한 세 가지 요소를 포함하고 있는 그래프와 빈도분포표에 대해 살펴볼 것이다. 중심경향치와 변산도을 측정하기 위해 반드시 이해해야 할 기술통계 분야는 그 이후 섹션에서 다룰 것이다. 왜도를 측정하는 기술통계 지식도 다뤄야 하지만, 다른 일반 통계 교과서에서도 왜도 문제는 많이 다루지 않으므로 여기서도 생략하기로 한다.

그래프(Graphs)

그림은 때때로 많은 양의 글보다 훨씬 더 큰 가치를 지니고 있다. 특히 통계 내에서 그래프는 다른 어떤 시각적 도구보다 읽기 쉬우며, 분포들의 구성을 아주 정확하게 보여주는 훌륭한 방법 중의 하나이다. 그림을 활용한 통계 그래프는 무엇보다도 변수의 전체 범위와 데이터의 변화를 효과적으로 보여주어 데이터를 탐색하는데 매우 유용하다고 하겠다. 가장 좋은 점은, 전문적으로 보이는 그래프를 개인컴퓨터에서 손쉽게 만들어 활용할 수 있는 소프트웨어가 많이 있다는 것이다. 다양한 형태의 그래프가 있지만, 가장 많이 쓰이고 있고 실제 가장 유용한 그래프로 알려진 것은 막대그래프, 히스토그램, 다각형그래프이다. 이들은 각각 수직 축(Y축)과 수평 축(X축)의 두 개의 축을 가지고 있다. 그래프에서 수직의 Y축은 빈도나 퍼센트 단위를 나타내는 반면, 수평의 X축은 변수의 값을 나타낸다. 변수의 측정 방법에 따라 다양한 그래프를 사용하여 연구자가 가지고 있는 데이터를 설명할 수 있다.

막대그래프(bart chart)는 색이 채워진 막대가 있고, 그 사이에 공간을 가진 영역이 있다. 이 방법은 특히, 각각의 범주 사이에 공간이 있기 때문에 명목변수나 다른 불연속 범주의 변수를 설명하기에 적합하다. 비행행위 데이터를 보면, 그 중 하나의 문항은 응답자가 집밖에 있을 때 부모님이 응답자가 언제 어디에 있는지 알고 있는가를 묻고 있다. 이 문항을 막대그래프로 나타내면 Exhibit 12.4와 같다. 이 막대그래프에서 우리는 응답에 대한 각각의 값과 전체 응답의 **퍼센트(percentage)**를 쉽게 확인할 수 있다. Exhibit 12.4의 막대그래프를 보면 아주 적은 수의 응답자(16명, 1.3%)만이 "부모님이 자신이 집 밖에 있을 때 언제 어디에 있는지 아는가"라는 질문에 대해 "절대 그렇지 않다"라고 응답하였음을 알 수 있다. 거의 과반수의 청소년들(562명, 44.3%)은 "대부분" 그들의 부모가 자신이 언제 어디에 있는지 알고 있다고 응답하였다. 또한, 우리는 "대부분"과 "항상"의 응답을 나타낸 막대가 상대적으로 매우 높은 것을 확인할 수 있고, 이는 대부분의 청소년들이 부모의 적절한 감독을 받고 있음을 보여주는 것이다. 즉, 가장 높은 응답을 나타낸 것이 "대부분"이고 가장 낮은 응답을 나타낸 것이 "절대 그렇지 않다"임을 확인할 수 있다. 이렇게 가장 많은 응답자가 "대부분"을 선택했기에 이를 가리켜 최빈값(mode) 혹은 최빈 응답이라고 볼 수 있다. 서열척도에서는 거의 최빈값이 집중경향치를 의미한다.(이와 관련하여 후에 더 설명할 것임)

이 사례에서는 "대부분"과 "항상"이라는 항목이 높은 응답 밀집도를 보이고 있다. 거의 80%의 문항이 이 두 개의 응답에 밀집되어 있어 이 분포의 변산도가 크지 않음을 알 수 있다. Exhibit 12.5를 보면, 비행 데이터의 또 다른 막대그래프를 확인할 수 있다. 이 그림은 응답자 친구들의 성년이 되기 전의 음주 태도를 나타낸다. 보다시피, Exhibit 12.4와는 다른 모양을 나타낸다. 빈도의 분포가 골고루 나타나고 있으며(막대의 높이가 많은 차이를 보이지 않음), 이것은 Exhibit 12.4에 비해 큰 변산도를 가지는 것을 나타낸다.

히스토그램(histogram)은 막대그래프와 비슷한 모양을 가지지만, 여기서의 막대는 간격을 가지지 않고 밀접해 있다. 연속적인 양적 변수를 가진 데이터를 설명할 때는 막대그래프가 아닌 히스토그램이 더 적절하다(제4장의 변수측정 수준 참조). Exhibit 12.6은 우리의 비행데이터를 히스토그램으로 나타내고 있다. 그래프에 사용된 변수는 응답자가 1주일동안 학업을 위해 사용하는 시간을 묻는 변수이다. 그래프를 보면, 빈도가 낮은 값에 응답이 밀집되어 있는 것을 확인할 수 있다. 다시 말하면, 많은 수의 청소년들이 일주일에 0-15시간 정도를 학업을 위해 사용하는 것을 알 수 있다. 그리고 그 보다 적은 수의 청소년들이 25, 30, 38 그리고 40시간을 학업을 위해 사용한다고 응답한 "돌출점(spike)"을 확인할 수 있다. 이 분포는 명백한 대칭성을 가지지 않고 있다. 대칭분포에서는 빈도의 덩어리나 돌출점이 같은 수로 좌측과 우측에 나타난다. Exhibit 12.6은 대부분의 응답이 좌측 끝(낮은 값)에 모여 있고, 우측으로 갈수록 분포가 점점 줄어들고 있다. 이러한 히스토그램의 끝부분을 꼬리라고 부른다. 대칭 분포에서는 좌측과 우측의 꼬리가 거의 같은 길이를 나타낸다. Exhibit 12.6을 보면 오른쪽 꼬리가 왼쪽꼬리보다 훨씬 긴 것을 확인할 수 있다. 분포의 꼬리가 고르지 않은 분포를 비대칭성, 즉 왜도라고 부른다. 왜도에는 정적 왜도와 부적 왜도가 있다. Exhibit 12.6과 같이 좌측의 값에 응답이 밀집되어 있고 우측에 좌측보다 길게 늘어진 꼬리가 있다면, 이러한 변수의 분포는 정적 왜도(positively skewed)에 속한다. 반면에 응답이 우측 값에 밀집되어 있고 좌측으로 꼬리가 길게 늘어져 있다면, 이러한 변수의 분포를 부적 왜도(negatively skewed)라고 볼 수 있다.

EXHIBIT 12.4 "부모님은 내가 어디 있는지 안다"에 대한 청소년들의 응답률 막대그래프

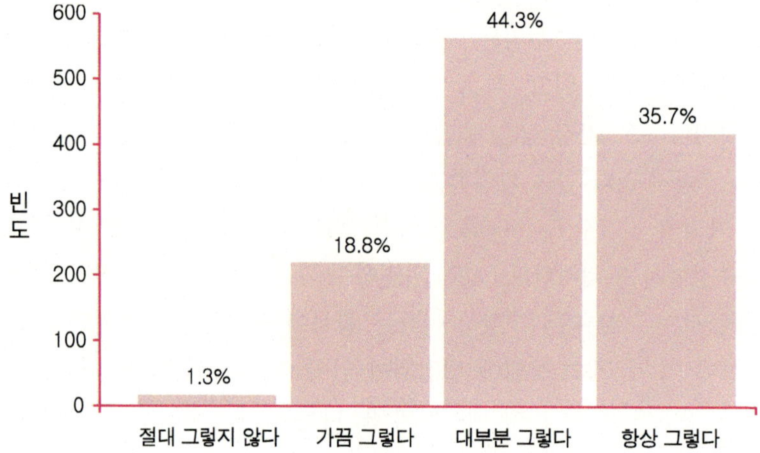

당신의 부모님은 당신이 집밖에 있을 때 언제 어디에 있는지 알고 있습니까?

EXHIBIT 12.5 미성년자 음주에 대한 청소년들의 응답률 막대그래프

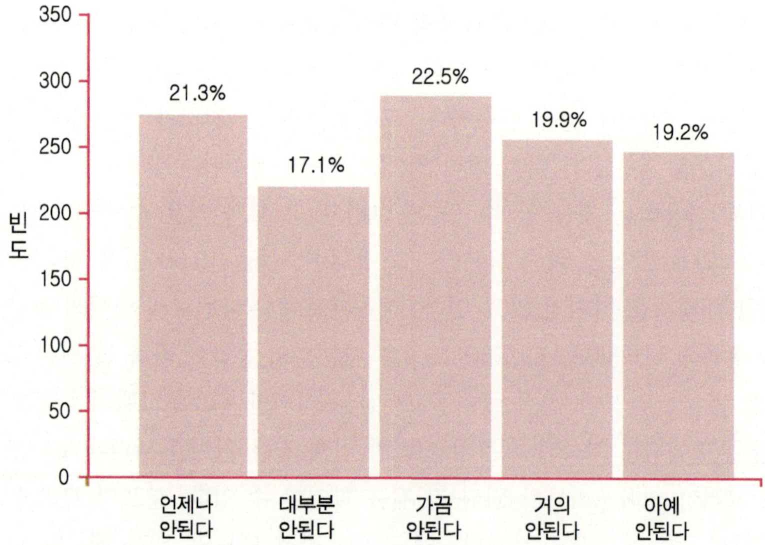

당신의 친구는 미성년자 음주에 대하여 어떻게 생각하는가?

다각형분포표(frequency polygon)는 각각 항목에 대한 값이나 퍼센트를 나타내는 점들을 서로 연결한 선으로 만들어진다. 다각형분포표는 양적연속변수의 분포를 반드시 설명해야할

EXHIBIT 12.6 히스토그램

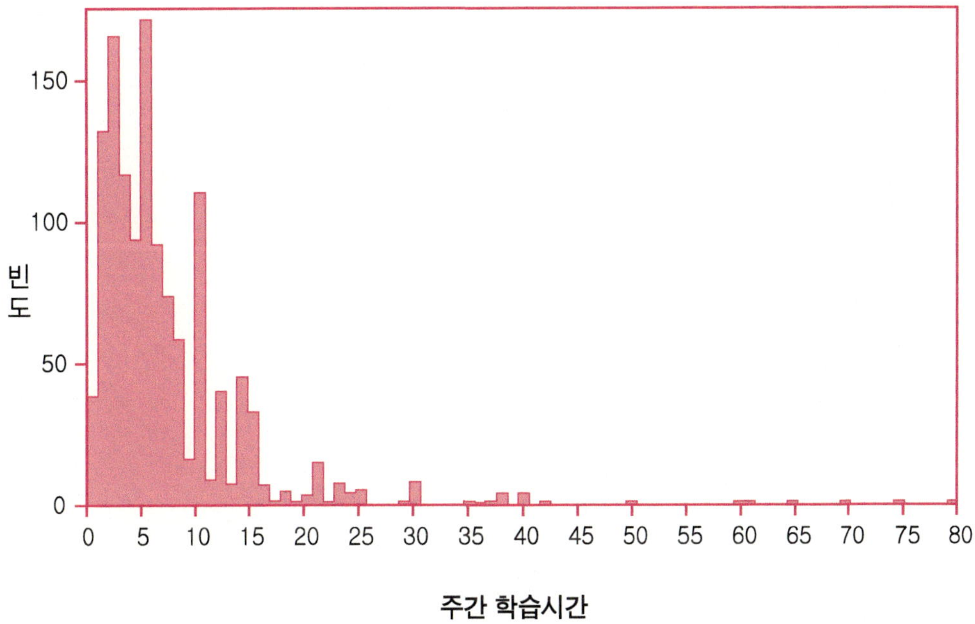

때 히스토그램을 대신하여 사용될 수 있다. 특히 변수의 범위가 넓을 때 유용하게 사용될 수 있다. Exhibit 12.7을 보면 Exhibit 12.6에 사용된 학업에 사용하는 시간의 변수를 다각형 그래프로 표시하였다. 보다시피 다각형그래프는 각각의 빈도를 나타내는 점과 이 점들을 연결한 선으로 구성되어 있다. 다각형그래프는 히스토그램과 같은 방식으로 데이터를 볼 수 있다. 낮은 값(학업시간이 낮음을 나타냄)에 데이터가 밀집되어 있고, 적은 수만이 일주일에 25시간 이상 학업을 한다고 나타난다. 좌측과 비교하여 우측의 꼬리가 길게 나타나기 때문에 이 분포가 정적비대칭분포임을 알 수 있다. 히스토그램이나 다각형그래프를 단순한 빈도보다 퍼센트로 나타내면 더 쉽게 이해할 수 있을 것이다.

만약 그래프가 잘못 사용된다면, 분포의 모양이 왜곡될 수 있다. 예를 들어 설명하자면, Exhibit 12.8의 두 그래프를 살펴볼 수 있다. 첫 번째 그래프는 1980년에서 1985년까지의 고등학교 3학년 학생들의 코카인 사용 비율을 참가자들의 일생을 기준으로 나타낸 퍼센트이다. 두 번째 그래프는 뉴스위크지에 실린 코카인 확산의 정도를 나타낸 것이다(Orcutt and Turner, 1993). 이 그래프를 보면 고등학교 3학년 학생들의 코카인 사용이 특정 기간 동안 급증했다고 느낄 수 있다. 하지만 두 그래프의 차이점은 그래프를 어떻게 그리는가에 차이가 있을 뿐이다. 두 번째 그래프를 보면, 퍼센트를 나타낸 수직 축이 0 대신 15에서 시작하고 있고, 퍼센트 1포인트 증가의 폭이 아주 큰 것을 확인할 수 있다. 게다가, 급격한 증가를

EXHIBIT 12.7 다각형분포표-폴리건

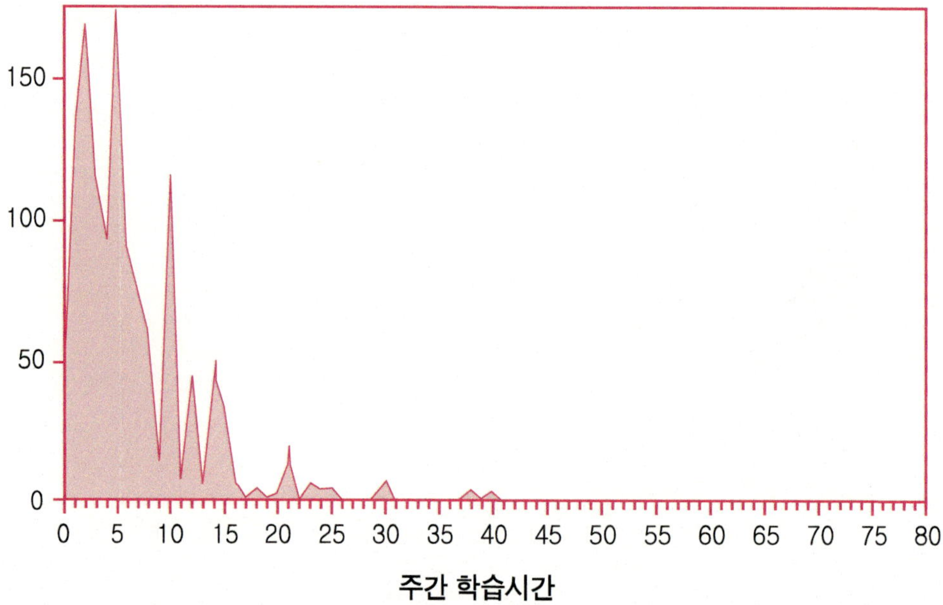

보이고 있는 1975년에서 1980년까지의 사용률은 아예 보고하지도 않고 있다. 따라서 1985년의 작은 증가가 위기인 것처럼 강조되어 보이고 있다.

이러한 문제들을 근거로 반드시 주의해야 할 몇 가지 사항들을 정리해 보고자 한다. 아래 내용은 여러분의 연구에서 주의사항들을 잘 피해 갈 수 있도록 도와줄 것이다.

- 수직축의 바닥이 어느 지점에서 잘렸는가에 따라 막대의 차이는 과장될 수 있고, 막대 전체의 높이가 나타나지 않을 수도 있다. 그러므로 그래프의 두 개 축을 모두 0점에서 시작해야한다. 성인의 연령을 나타내는 그래프라면, 축의 아랫부분을 생략하여 이러한 특징을 명확히 잘 표현해야 할 것이다.
- 막대 대신 그림을 사용한다면 빈도 자체가 높은 것으로 표현되어 문제를 야기할 수 있는 바, 막대그래프에서 막대의 폭은 항상 일정하게 표시해야 한다.
- 수직적으로 짧거나 긴 것은 모호하거나 두드러졌더라도 각 항목의 값이 차이를 나타낼 수 있다. 따라서 두 개의 축은 항상 거의 같은 길이로 그려져야 한다.
- 독자를 혼란스럽게 하거나, 분포의 정도를 모호하게 만드는 차트를 만들어서는 안 된다.(너무 장황한 다양한 표시, 선, 교치점 차트)

EXHIBIT 12.8 코카인 사용에 대한 두 가지 그래프

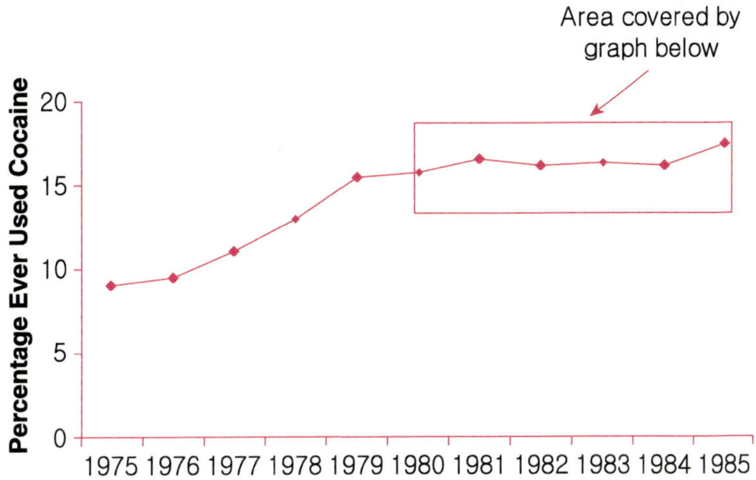

A. University of Michigan Institute for Social Research, Time Series for Lifetime Prevalence of Cocaine Use

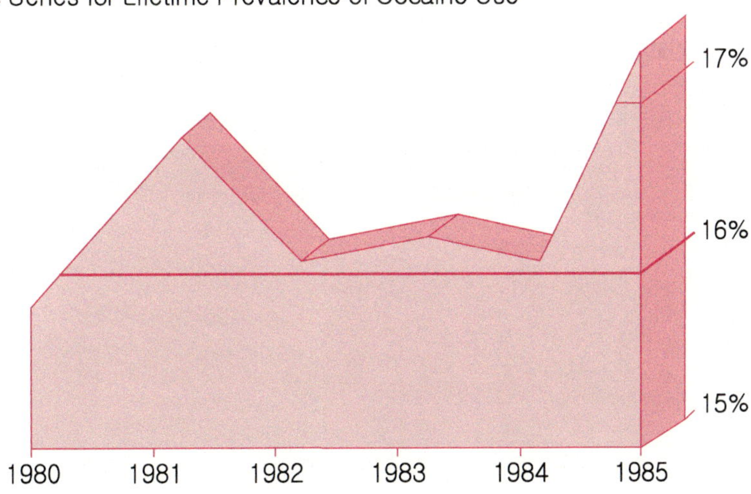

B. Final Stages of Construction

출처 : James D. Orcutt and J. Blake Turner, 1993. "Shocking Numbers and Graphic Accounts." Social Problems, Vol. 49, No. 2, pp. 190–206. 1993 by the Society for the Study of Social Problems. Reprinted by permission.

빈도분포표(Frequency Distributions)

빈도분포표는 변수의 값이나 그룹의 값을 숫자, 퍼센트, 혹은 두 가지 모두로 설명하는 것이다. 빈도분포표는 먼저 표의 제목으로 구분되고, 변수의 값을 나타내는 부분이 있고, 빈

도 또는 퍼센트를 표현하는 부분이 있다. 여기에서 이 둘이 전부 빈도분포표에 표시될 수도 있다. 그리고 각 결측값의 수와 빈도 항목에 대한 설명이 포함된다. 만약 빈도 대신 퍼센트로 나타냈다면, 전체 응답자의 수를 표에 제시해야 할 것이다(Exhibit 12.9 참조). 퍼센트는 상대적으로 빈도를 간단하게 나타내주는 기능을 한다. 퍼센트로 나타냈다면 전체의 합은 100이 되어야 한다.

비범주형 데이터(Ungrouped Data)

빈도분포표의 변수를 구성하는 것은 전혀 어려운 일이 아니다. Exhibit 12.9를 보면, 우리는 비행데이터에서 "음주에 대한 처벌"변수를 빈도분포표로 나타냈음을 알 수 있다 (Exhibit 12.2 참조). 이 변수는 청소년들을 상대로 다음과 같은 질문을 하여 얻은 응답이다. "만약 당신이 미성년자 음주로 인해 체포된다면, 어느 정도의 처벌이 적절하다고 생각합니까?" 이 문항에 대한 각각의 응답 분포를 Exhibit 12.9에서 확인할 수 있다.

EXHIBIT 12.9 **빈도분포표**

만약 미성년자 음주로 사법 처리 된다면 얼마나 문제가 되는가?

값	빈도(f)	퍼센트(%)
아무 문제없다	14	1.1
거의 문제없다	53	4.2
조금 문제가 된다	196	15.4
큰 문제가 된다	421	33.1
아주 큰 문제가 된다	588	46.2
합계	1,272	100.0

또 다른 예로 빈도와 퍼센트를 설명하자면, 25명의 청소년을 상대로 그들의 성별을 물어볼 수 있다. 이 25명의 청소년 그룹에서 13명은 남성이고 12명은 여성이었다. 빈도(빈도의 표시는 f로 한다)로 나타내면 남성은 13이고 여성은 12이다. 퍼센트로 나타내면 남성은 52%, 계산을 하자면 f/전체 케이스의 수×100(13/25×100=52%)이다. 여성 퍼센트는 12/25×100=48%이다.

Exhibit 12.9의 빈도분포표를 보면, 아주 적은 수의 청소년(1,272명 중 14명)만이 위 질문에 대해 "아무 문제없다"라고 응답한 것을 볼 수 있다. 또한 이 문항에 대해서 거의 대부분의 청소년들인 1,009명(전체의 79.3%)이 "큰 문제"이거나 "아주 큰 문제"라고 응답한 것을 확인 할 수 있다. Exhibit 12.9와 Exhibit 12.4를 비교하면, 숫자나 퍼센트가 나타내는 변수의 값이 서로 매우 유사한 것을 알 수 있다. 이런 경우 빈도분포표보다 그래프로 나타내는 것이 모양을 나타내기에 더 적절하다고 하겠다. 프레젠테이션의 목표가 변수 분포의 일반적인 전달일 경우이거나 혹은 프레젠테이션 청중이 통계학에 능숙하지 않은 경우라면, 그래프는 빈도분포표보다 더 긍정적인 효과를 가져다 줄 수 있다.

Exhibit 12.9는 서열척도 변수의 빈도분포를 나타낸 것이다. 이것은 불연속 변수의 작은 수를 나타낸다. Exhibit 12.10을 보면, 양적연속변수의 빈도분포를 확인할 수 있다. 이것은 우리의 비행 데이터에서 일부 문항을 가져온 것인데, 응답자가 학업에 사용하는 주간 시간을 그 변수로 활용한 것이다. 보다시피 이 변수들은 범죄학 연구에서 흔히 사용되는 연속변수이고, 말 그대로 연속되는 많은 값을 갖고 있다. 이러한 빈도분포표는 이해하기 어렵다. 왜냐하면 낮은 값 쪽에 많은 응답이 밀집되어 있고, 다른 응답에서는 다시 높은 값에 응답이 몰려 있기 때문이다. 더 심각한 문제는 표 안에 쉽게 이해하기엔 너무 많은 값이 표시되어 있다는 것이다. 서로 다른 값을 큰 수치로 묶어서 보여준다면 훨씬 더 좋을 것이다. 우리는 이러한 구성을 범주형 빈도 분포(grouped frequency distribution)라고 부른다.

범주형 데이터(Grouped Data)

Exhibit 12.10과 같은 빈도분포표와 많은 그래프들은 사실, 데이터가 수집된 이후의 범주화 과정을 요구하고 있다. 이러한 범주화에는 다음과 같은 두 가지 이유가 있다.

1. 15–20개 이상의 값이 있으며 쉽게 표로 이해하기에는 그 숫자 양이 너무 많다고 볼 수 있다.
2. 변수의 분포는 값이 서로 합쳐진다면 더 쉽고 명확하게 이해될 것이다.

Exhibit 12.10은 이러한 이유로 다시 검토되어야 한다. 이 분포는 그 구성이나 집중경향에 대해 이해하기가 무척 어렵다. 우리는 이제 이것을 더 보기 좋은 형태로 구간과 범위를 변화시킬 것이다. 예를 들어 5가지로 나누어져 있는 0, 1, 2, 3과 4시간의 학업시간을 범위를 정하여 0–4시간이라는 첫 번째 변수로 만든다. 그리고 각각의 값들을 계산하여 그 값의 합을 표시할 것이다.

EXHIBIT 12.10 지속적 양적 데이터의 빈도분표: 주간 학습시간

값	빈도(f)	퍼센트(%)
0	38	3.0
1	132	10.4
2	165	13.0
3	116	9.1
4	94	7.4
5	171	13.4
6	92	7.2
7	73	5.7
8	58	4.6
9	16	1.3
10	110	8.6
11	9	0.7
12	40	3.1
13	7	0.6
14	45	3.5
15	32	2.5
16	7	0.6
17	5	0.4
18	4	0.3
19	1	0.1
20	15	1.2
21	8	0.6
22	1	0.1
23	1	0.1
24	4	0.3
25	5	0.4
29	1	0.1
30	8	0.6
35	1	0.1
37	1	0.1
40	4	0.3
42	1	0.1
50	1	0.1
60	1	0.1
61	1	0.1
65	1	0.1
70	1	0.1
75	1	0.1
80	1	0.1
합계	1,272	100.0

일단 범주형 변수로 만들기로 결심하였다면, 우리는 분포가 왜곡되지 않게 확실히 해야 한다. 변수를 합칠 때 발생할 수 있는 문제점들을 피하기 위해 다음의 지침들을 확인해 보자.

- 범주는 논리적으로 타당해야 하고, 분포의 구성은 일관되게 보존되어야 한다.
- 범주는 상호배타적이고 완전해야 하며, 모든 항목은 하나의 범주로 분류될 수 있어야 한다.
- 첫 번째 구간에는 가장 낮은 값이 반드시 포함되어 있어야 하며, 마지막 구간에는 가장 높은 값이 반드시 포함되어 있어야 한다.
- 각각의 구간 폭은 변수의 값을 포함하며 일정하여야 한다.
- 계층의 수는 7-13개사이로 한다. 이러한 형식은 다음과 같다. 간격을 너무 적게 만들면 데이터가 몇 개의 범주에 밀집된다(데이터 분포의 정보에 대해 많은 부분을 놓칠 수 있다). 그리고 범주가 너무 많다면 데이터가 비범주형 빈도분포표와 다를 것이 없다.

청소년들의 학습시간을 Exhibit 12.10을 이용하여 범주형 빈도분포표로 만들어 보자. 다음의 순서에 따라 해보자:

step 1. 원하는 계층의 수를 결정한다. 이 결정은 임의적이나 계층의 수는 7-13의 사이가 좋다. 예를 들면 우리는 계층의 수를 10이라고 정하였다(당신의 빈도분포가 너무 한쪽으로 밀집되거나 너무 많은 계층을 가진다면 다른 수의 계층을 정하면 된다). 걱정할 필요는 없다. 계층의 수를 설정하고 데이터를 범주화 하는데 정해진 규칙은 없다. 빈도분포는 당신이 가진 데이터의 구성과 집중경향에 대한 정보를 전달하는데 그 목적이 있다는 것만 기억하면 된다.

step 2. 계층구간의 간격을 결정한다(계층구간의 간격 = wi). 계층구간의 간격은 구간에 들어갈 다른 값들을 말한다. 예를 들어 구간의 간격이 5라면, 0,1,2,3,4시간의 학습이라는 다섯 개의 다른 값이 구간에 들어가는 것이다. 이제 스텝 1에서 정한 계층의 수에 따라 계층구간의 간격을 만드는 간단한 방법을 보겠다. 데이터의 범위를 정하는 것은 분포의 가장 높은 값에서 가장 낮은 값을 빼는 방법이 있다. 학습시간에 대한 우리의 데이터에서, 범위는 80이다. 왜냐하면, 가장 높은 값이 80이고 가장 낮은 값은 0이기 때문에 범위는(80-0=80)80이다. 그리고 구간의 간격을 정하기 위해 데이터의 범위를 스텝 1에서 정한 계층의 수로 나눈다. 우리는 계층의 수를 10으로 정하였었고, 우리의 계층구간의 간격은 wi=80/10=8이 될 것이다. 만약 계층구간의 간격을 간단히 하고 싶거나, 계층구간의 간격이 8.2나 8.6과 같이 소수점으로 나온다면 반올림하거나 내림하면 된다.

step 3. **가장 낮은 값이 포함되도록 첫 번째 구간을 만든다.** 우리 데이터의 가장 낮은 값은 0(주간 학습시간이 0시간)이므로 우리의 첫 번째 구간은 0에서 시작한다. 우리의 첫 번째 구간은 0에서 시작되고, 구간간격은 8이다. 그럼 우리의 첫 번째 구간은 마지막 값은 7(0-7시간)이 되는 것인가? 아니면 8(0-8시간)이 되는 것인가? 범주형 빈도 분포를 만드는 한 가지 쉬운 방법은 다음과 같다: 우리의 첫 번째 시작 값(우리의 경우 0) 을 구간간격 값인 8과 더하는 것이다. 이 새로운 값이 다음 구간의 첫 번째 값이다. 알다시피, 첫 번째 구간의 시작값은 0이고, 두 번째 구간의 시작 값이 8이다. 첫 번째 구간의 마지막 값은 8보다 1작은 7이다. 그러므로 우리의 첫 번째 구간은 0-7이다. 우리의 구간간격은 8이기 때문에 8개의 다른 값을 포함하면 되는 것이다(0,1,2,3,4,5,6,7).

step 4. **첫 번째 구간의 결정은 다음 구간의 결정을 쉽게 한다.** 구간의 간격은 항상 같아야 하며 겹쳐서는 안된다(상호배타적). 변수 분포에서 마지막 값을 포함하기 위해 충분한 간격을 유지해야 한다. 우리 데이터에서 가장 높은 값은 주간 80시간의 학습이기에, 우리는 다음과 같이 범주형 빈도분포를 작성할 수 있다.

0-7
8-15
16-23
24-31
32-39
40-47
48-55
56-63
64-71
72-79
80-87

EXHIBIT 12.11 학습시간 자료를 활용한 범주형 구간별 빈도분포표

값	빈도(f)	퍼센트(%)
0-7	881	69.26
8-5	317	24.92
16-3	42	3.30
24-1	18	1.42
32-9	2	0.16
40-7	5	0.39
48-5	1	0.08
56-3	2	0.16
64-1	2	0.16
72-9	1	0.08
80-7	1	0.08
Total	1,272	100.00

출처 : Total may not equal 100.0% due to rounding error.

가장 높은 값인 80시간을 포함하기 위해서는 스텝 1에서 결정한 10개의 계층대신 11개의 계층이 있어야 한다. 하지만 문제없다. 계층구간은 임의적인 것이고 이것이 연구의 묘미이기 때문이다.

step 5. 각 구간의 빈도수와 그들의 퍼센트를 계산한다. 완성된 범주형 빈도분포는 Exhibit 12.11과 같다. 이 범주형 빈도분포표는 데이터 분포의 주요점을 전달한다. 데이터의 대부분이 낮은 학습시간에 밀집되어 있다. 사실, 청소년의 3분의 2가량이 주간 8시간 미만의 학습시간을 가진다. 나머지 구간에는 아주 적은 수만이 분포되어 있다. 다시 말하면, 이 분포는 학습시간이 우측으로는 길게 늘어진 꼬리를 가지는 정적비대칭분포이다. 이 분포는 일정한 간격을 가진 구간으로 만들어 졌으며, 하나의 케이스는 하나의 구간에 포함되었다. 만약 우리가 구간을 0-7, 7-14로 만들었다면 7시간의 학습시간을 갖는 청소년의 위치를 정할 때 첫 번째 구간에 넣을지, 두 번째 구간에 넣을지의 문제가 발생 했을 것이다. 이러한 문제에 빠지지 않기 위해 구간은 반드시 상호배타적이어야 한다.

일변수분포의 정리 (SUMMARIZING UNIVARIATE DISTRIBUTION)

요약통계는 분포의 특정한 면에 초점을 맞추어 분포간 비교를 용이하게 한다. 인구가 십만 명이 넘는 미국 도시들의 폭력범죄비율에 관한 보고서를 작성한다고 생각해 보자. 각 도시의 범죄빈도가 대략 200회 정도일 수도 있다. 빈도횟수를 표기하면 대부분의 사람들이 이해하기 어려워한다. 이때, 미국 대도시의 폭력범죄비율의 평균을 제시하는 것과 같은 요약통계를 이용할 수 있다. 사람들의 이해를 높이는 것이 중심경향측도라고 불리는 요약통계법들을 이용하는 목적이다. 또한, 데이터의 변산도나 이분산을 이용할 수 도 있다. 이는 수치가 중심경향에서 얼마나 떨어져 있고, 다른값과 얼마나 차이가 있는지를 보여준다. 이것이 편차(variation)나 분산(dispersion)과 같은 요약통계의 목적이다. 아래에서는 각 측도에 관하여 알아볼 것이다.

중심경향측도(Measures of Central Tendency)

중심경향에는 최빈값, 중간값, 평균이 있다. 각 측도는 데이터 분석 시 장단점이 있다. 중심경향측도 중 적합한 것을 찾으려면, 분석가는 반드시 측정 변수의 수준, 양적변수분포의 왜도, 통계의 목적을 고려하여야 한다. 더불어 분석가의 개인적 경험이나 선호가 결정에 영향을 미칠 수 있다.

최빈값(Mode)

최빈값은 분포에서 가장 빈번하게 나온 값을 의미한다. Exhibit 12.11는 학습시간의 빈도분포를 보여준다. 0-7시간이 가장 빈도가 높기 때문에, 이것이 분포도의 최빈값이 된다. 여기서 주의할 점은, 0-7시간이 최빈값이지 빈도를 나타내고 있는 881이 최빈값이 아니라는 점이다. 최빈값은 가장 높은 가능성이 있는 값으로 여겨지기도 한다. Exhibit 12.12를 살펴보자. 가령 당신이 도수분포도만 알고 있을 뿐 여기에 참가한 1,272명의 학생들에 대하여는 전혀 모르고 있다고 가정해보자. 1,272명의 학생 중 한 명만 무작위로 선발하여, 그 학생이 일주일에 몇 시간 정도 공부했을지 맞추어 보라고 한다면 당신은 무엇이라고 대답할 것인가? 1,272명의 학생중 881명이 0-7시간을 선택했으므로, 무작위로 선택된 학생이 0시간에서 7시간 학습하였을 것이라는 확률은 0.696(881 / 1,272)이 된다. 이 확률은 구간들 중 가장 높다. 이 구간은 분포도의 최빈값이기 때문에 가장 큰 확률을 갖는다. 만약 최빈값이 하나라면 이를 단봉분포(unimodal distribution)라고 한다.

간혹 2개 이상의 최빈값이 나오기도 하는데, 이는 동일하게 가장 높은 빈도를 나타내는 값이 2개가 나오기 때문이다. 이를 이봉분포(bimodal distribution)라고 한다. 3개의 최빈값을 나타내는 삼봉분포가 있기도 하고, 최빈값이 없는 경우도 있다. 앞쪽의 Exhibit 12.5를 살펴보면, 빈도가 다른 변수의 빈도보다 높은 것이 없다. 무작위로 선택된 사람이 특정한 값을 가질 확률을 계산해 보면 모두 똑같을 것이다. 따라서 모든 결과 값은 동일할 것이며 최빈값도 없다. 최빈값이 없다는 말은 매우 중요한 의미를 가진다. 중첩되는 사례가 하나도 없다는 것을 의미하기 때문이다. 최빈값을 대표값으로 이용하는데 가장 큰 단점은 최빈값이 분포에서 멀리 떨어져 있는 값으로 나타날 수도 있다는 점이다. 이는 케이스 해석 시에 잘못된 해석을 유도할 수도 있다.

하지만 최빈값이 적절하게 쓰이는 경우도 많이 있다. 첫 번째, 최빈값은 명목척도의 변수들의 중심경향을 설명할 수 있는 유일한 중심경향 측도이다. Exhibit 12.12는 형사재판에서 유죄선고를 받은 범죄자 1,000명의 범행 빈도분포이다. 이 분포표에서 알 수 있는 중심경향 값은 재산범죄이다. 가장 많은 범죄자들이 재산범죄로 인하여 유죄를 선고받았기 때문이다. '선고받은 범행의 종류'의 변수 중 가장 많은 것이 재산범죄이다. 두 번째, 최빈값은 분포표의 모양을 설명하는데 이용되기도 한다. '단봉'과 '이봉'은 "가장 많은 응답자는 30대 여성이다"와 같은 설명에 매우 자주 쓰이는 용어이다. 세 번째, 확률이 가장 높은 값을 결정해야 하는 경우에 최빈값이 적절한 측도로 사용된다.

중간값(Median)

중간값(median)은 순서대로 정렬된 분포표의 중간에 위치하는 값이다. 따라서 이 값은 분포표를 절반으로(50%)로 나누는 값이다. 명목척도는 변수를 순서대로 정렬할 수 없기 때문에, 중간값으로 명명척도의 중심경향을 나타내기에는 적절치 않다. 중간값을 구하는 방법은 다음과 같다. 첫 번째, 낮은 것에서부터 높은 것으로 변수를 다시 정리해 준다. 만약 척도가 홀수 개수로 존재한다면, 아래와 같은 간단한 계산을 사용함으로써 중간값을 산출할 수 있다.

$$\frac{N+1}{2}$$

EXHIBIT 12.12 인구 1,000명당 선고된 범죄의 도수분포표

범죄종류	빈도
폭력범죄	125
마약범죄	210
재산범죄	480
생활안전 범죄	100
기타	85
전체	1,000

N은 전체경우의 수이다. 짝수 개수인 경우에는 아래의 수식을 이용하여 2개의 위치를 구한 후, 이 2개 값의 평균을 찾아 중간값을 구할 수 있다.

$$1\text{번} = \frac{N}{2}$$

$$2\text{번} = \frac{N+2}{2}$$

1번과 2번의 중간점은 이 두 값을 2로 나누면 알 수 있다. 두 개의 수식은 중간값의 위치를 제시하지만, 이것이 중간값이 아님을 명심하여야 한다. 아래의 예를 살펴보자.

EXHIBIT 12.13 미국 일부 도시의 폭력범죄 비율

도시	인구 100,000명당 폭력범죄의 수
Atlanta	3,571
Boston	1,916
Cleveland	1,530
Dallas	1,589
Los Angeles	2,059
New Orleans	1,887
New York	1,861
Philadelphia	1,322
San Francisco	1,461

도시	인구 100,000명당 폭력범죄의 수
Atlanta	3,571
Boston	1,916
Cleveland	1,530
Dallas	1,589
Los Angeles	2,059
New Orleans	1,887
New York	1,861
Philadelphia	1,322

Exhibit 12.13에서 9개의 미국도시와 그 도시의 폭력범죄율이 나열되어 있다. 아래에서는 샌프란시스코를 제외한 8개 도시만을 나열하였다.

두 개 리스트의 중간값을 구해보자. 우선적으로 첫 번째 리스트를 폭력범죄의 순서대로 정렬하였다.

순위	범죄율
1	1,322
2	1,461
3	1,530
4	1,589
5	1,861
6	1,887
7	1,916
8	2,059
9	3,571

도수가 홀수개(9개)이기 때문에, 중간값의 위치는(9 + 1) /2 = 10 / 2 +5이다. 따라서 폭력범죄율의 중간값은 5번째 순서에 위치해있다. 위에서부터 시작하여 아래로 세든지 아래에서부터 위로 세든지간에 5번째에 위치한다. 5번째 위치하는 값은 인구100,000명당 1,861의 범죄율이며, 9개 도시의 폭력범죄율의 중간값이다. 이번에는 두 번째 리스트의 중간값을 구해보자. 우선적으로 8개 도수를 순서대로 정렬하였다.

순위	범죄율
1	1,322
2	1,530
3	1,589
4	1,861
5	1,887
6	1,916
7	2,059
8	3,571

이번에는 도수가 짝수개(8개)이기 때문에, 중간값은 1번(8/2 = 4)값과 2번([8 + 2] / 2 = 5)값의 중간점이다. 따라서 4번째 도수와 5번째 도수의 값의 중간점을 찾아야 한다. 4번째에 위치한 값은 1,861이고, 다섯 번째에 위치한 값은 1,887이다. 중간값은 두값을 더한 후 절반으로 나누어서 구할 수 있다. 따라서 폭력범죄율의 중간값은(1,861 + 1,887) / 2 = 1,874이다.

중간값은 50%에 해당하는 지점에 있는 값을 의미하기 때문에 빈도분포표에서는 누적비율이 50%가 되는 값을 찾는다. Exhibit 12.14를 통하여 이 방법을 설명하도록 하겠다.

이 데이터는 Exhibit 12.10과 같으며 청소년 비행 데이터 세트에 있는 청소년의 학습시간을 보여준다. 50번째 백분위수를 찾기 위하여 누적비율을 나타는 열을 하나 추가하였다. 누적비율은 아래에 있는 비율을 모두 더하여 구할 수 있다. 첫 번째 값인 3.0%는 그 전에 아무것도 없기 때문에 첫 번째 누적비율이 된다. 이 누적비율은 3%의 청소년이 일주일에 공부한 시간이 0시간이라는 것을 의미한다. 이어서 두 번째 값인 10.4%를 기존의 누적비율값에 더하여 두 번째 누적값인 13.4%를 구한다. 이는 일주일에 1시간 이하를 공부한 청소년이 13.4%라는 것을 의미한다. 이러한 과정을 누적비율이 50%가 될 때까지 계속한 결과, 일주일에 5시간 학습의 도수에서 56.3%의 누적비율을 구할 수 있다. 따라서 학습한 시간의 중간값은 일주일에 5시간이 된다. 응답자중 절반은 일주일에 5시간 이하로 공부하였고, 나머지 절반은 5시간 이상 학습에 시간을 투자하였다.

평균(Mean)

평균(mean)은 분포도에 있는 모든 값의 산술적 평균값이다. 전체 값을 모두 더한 후에 전체 경우의 수로 나누어 구할 수 있다. 따라서 분포표에 있는 모든 값들을 계산하여야 한다.

평균 = 전체경우의 값의 합(sum of value of all cases) / 전체 경우의 수

평균은 $\overline{X}$로 나타낸다. 대수적 표식(algebraic notation)으로 공식을 나타내면 아래와 같다.

$$\overline{X} = \frac{\sum_{1}^{N} X_i}{N}$$

x_i는 i번째 도수를 나타내며 i는 1부터 N까지 있다. N은 전체 경우의 수를 의미한다. 공식에 따르면 첫 번째부터 마지막 혹은 N번째 까지 모든 값의 합계를 구하고, 합계를 전체 경우의 수(N)로 나눈다.

EXHIBIT 12.14 연속변수의 도수분포표: 주당 학습시간

값	빈도	퍼센트(%)	누적비율
0	38	3.0	3.0
1	132	10.4	13.4
2	165	13.0	26.4
3	116	9.1	35.5
4	94	7.4	42.9
5	141	13.4	56.3(50번째 백분위수)
6	92	7.2	
7	73	5.7	
8	58	4.6	
9	16	1.3	
10	110	8.6	
11	9	0.7	
12	40	3.1	
13	7	0.6	
14	45	3.5	
15	32	2.5	
16	7	0.6	
17	5	0.4	
18	4	0.3	
19	1	0.1	
20	15	1.2	

값	빈도	퍼센트(%)	누적비율
21	8	0.6	
22	1	0.1	
23	1	0.1	
24	4	0.3	
25	5	0.4	
29	1	0.1	
30	8	0.6	
35	1	0.1	
37	1	0.1	
40	4	0.3	
42	1	0.1	
50	1	0.1	
60	1	0.1	
61	1	0.1	
65	1	0.1	
70	1	0.1	
75	1	0.1	
80	1	0.1	
총계	1,272	100.0	

우리는 Exhibit 12.13에 나와 있는 9개 미국도시의 폭력범죄율의 평균을 구했다.

$$\overline{X}=\frac{(3,571+2,916+1,530+1,589+2,059+1,887+1,861+1,332+1,461)}{9}=1,910.7$$

그 결과 9개 도시의 폭력범죄율은 인구 100,000명당 1,910.7로 나타났다. 평균을 계산할 때에는 도수를 순서별로 정렬할 필요가 없다. 평균은 어차피 모든 수를 계산해야하기 때문에 3,571을 첫 번째 더하든 중간에 더하든, 마지막에 더하든 상관이 없다.

평균을 계산하려면 경우의 값들을 더해야 하기 때문에, 경우의 값이 실제 양적으로 취급될 경우에만 계산이 가능하다. 따라서 등간척도이거나 비율척도인 경우에 평균계산이 가능하고, 서열척도인 경우에는 등간척도로 간주하여 계산할 수 있다. 만약 인종 혹은 민족을 변수로 하여 평균을 계산한다면 어불성설일 것이다. 2명의 백인, 한명의 흑인, 한명의 히스패닉으로 구성된 4명의 그룹을 생각하여 보자. 이 공식을 적용하여 풀려면,(백인 + 백인 + 흑인 + 히스패닉) / 4 = ? 로 구해야 하는가? 만약 백인을 1, 흑인을 2, 히스패닉을 3으로 가정한다고 하더라도 이 숫자를 통하여 얻은 평균은 무의미하다. 백인을 1로 정하고, 흑인을 2로 정한 것은 흑인이 백인보다 2배의 인종적 혹은 민족적인 성향을 가졌다는 의미가 아니기 때문이다. 만약 백인을 2, 흑인을 1이라고 정하면 아까와는 반대로 백인이 흑인보다 2배의 민족성 및 인종성을 가졌다는 의미인가? 말도 안 된다. 따라서, 중간값과 평균 모두 명목척도의 변수의 중심경향을 측정하기엔 부적절하다.

EXHIBIT 12.15 **마을의 범죄율**

마을	인구 1,000명당 폭력범죄의 수
Valley View	51.7
Glen Commons	63.1
Springdale	75.3
Green Acres	98.7
Oceanside	113.4
Meadowbrook	125.9
King's Crossing	135.3
Valley View	51.7
Glen Commons	63.1
Springdale	75.3
Green Acres	98.7
Oceanside	113.4
Meadowbrook	125.9
West Chester	697.5
Pleasantville	5.3
Glen Commons	63.1
Springdale	75.3
Green Acres	98.7
Oceanside	113.4
Meadowbrook	125.9
King's Crossing	135.3

중간값과 평균의 비교(Median or Mean?)

중간값과 평균은 둘 다 양적변수의 중심경향을 나타나는데 쓰인다. 하지만 모든 상황에 적용할 수 있는 것은 아니며, 어떤 상황에서 쓰일 수 있는지는 신중하게 결정되어야 한다.

우선적으로 고려해야하는 것은 측정도구의 수준, 분포의 형태, 요약통계의 목적이다. 상황에 따라서 중간값과 평균 둘 다 사용될 수도 있고, 둘 중에 아무것도 적합하지 않을 수도 있다. 하지만 대부분의 경우, 위의 3개 조건을 잘 살펴보면 어떠한 중심경향측도를 써야할지 명확하게 나타난다.

측정도구의 수준은 평균을 계산하는데 있어서 핵심적으로 고려해야하는 요소이다. 우리는 모든 경우의 값을 취합하여야 한다. 이때 모든 변수는 등간척도나 비율척도로 간주된다. 만약 '동의함'을 2로 정하고, '동의하지 않음'을 3으로 정한다고 해서, 실제적으로 '동의하지 않음'이 '동의함'보다 1만큼만 동의하지 않는 것은 아니다. 하지만 평균은 위의 가정이 사실이라고 가정한다. 중간값을 찾을 때에는 경우의 값들을 순서대로 정렬할 필요가 있다. 따라서 위의 평균계산 과정처럼 어떠한 가정을 가질 필요는 없다. 엄밀히 따지자면, 평균은 서열측도에는 부적절하다(명목척도에 평균을 적용하는 것이 완전히 부적절하다). 하지만 실제적으로 많은 사회과학연구자들이 위의 이유로 인하여 서열측도에 평균을 적용하여 사용한다.

중간값과 평균 중 하나를 요약통계로 선택 시 변수의 분포형태도 고려하여야 한다. 분포가 완벽하게 균형적인 경우(종모양인 경우)에 중간값이 정 가운데 위치하게 되며, 평균과 중간값은 동일하다. 하지만 평균과 중간값은 왜도와 극값의 유무에 영향을 받는다. 중간값은 도수만 고려할 뿐 변량은 고려하지 않는다. 따라서 극값의 유무는 중간값에 영향을 미치지 않는다. 반면에 평균은 모든 변량의 합을 구해야 하기 때문에, 극값이 존재하게 되면 극값이 존재하는 방향으로 평균이 낮아지거나 높아지게 된다. 평균값이 중간값보다 높으면, 분포도가 정방향으로 기울어져 있다. 이 경우에 값이 높은 쪽보다 낮은 쪽이 경우가 더 많다. 반대로 평균이 중간값보다 작을 때, 분포표는 역방향으로 기운다.

왜도가 중간값과 평균에 미치는 영향의 차이는 Exhibit 12.15에 나타나 있다. 우리는 첫 번째 리스트에서 가상의 도시에 존재하는 7개의 마을의 인구 1,000명당 범죄율을 나열하였다. 범죄율의 범위는 1,000명당 51.5에서 135.3까지이다. 평균을 계산하면 1,000명당 94.8을 보이고, 중간값은 1,000명당 94.7로 나타난다. 이는 중간값과 평균이 거의 비슷한, 균형적인 분포이다. 이와 같은 경우에는 평균과 중간값 둘 다 중심경향을 설명하는데 사용될 수 있다.

두 번째 리스트에서는 King's Crossing을 West Chester로 바꾸어서 범죄율도 인구 1,000명당 697.5로 상당히 높아졌다. 이는 매우 높은 수치이다. 그리고 나서 평균을 계산하였더니 인구 1,000명당 175.1로 이전보다 높게 나타났다. 하지만 중간값은 98.7로 동일하게 나타났다. 극값이 분포에 포함되면 평균은 중간값에 비하여 과장되게 나타난다. 상당히 높은 범죄율이 더해진 경우, 중간값은 중간경향을 정확하게 보여준 반면에 평균은 정확한 중간경향을 보여주지 못했다는 점에 주목할 필요가 있다.

마지막 세 번째의 리스트에서는 낮은 범죄율을 보이는 Valley View를 인구 천 명당 5.3의 상당히 낮은 범죄율을 보이는 Pleasantville로 교체하였다. 그러고 나서 평균을 계산한 결과 인구 천 명당 88.1로 처음 도출한 평균인 94.8보다 낮게 나왔다. 반면에 중간값은 98.7로 처음과 동일하였다. 이를 통하여 볼 때, 상당히 낮은 값이 분포도에 추가되면 평균은 중간값에 비하여 축소됨을 알 수 있다. 분포도가 부정적으로 기울어진 경우, 평균은 중간값 보다 작다. 상당히 낮은 범죄율이 추가된 경우에도, 중간값은 중간경향을 정확하게 보여준 반면에 평균은 정확한 중간경향을 보여주지 못했다.

위의 예시는 평균을 중간경향 측도로 사용할 경우에 발생할 수 있는 문제점을 보여준다. 만약에 데이터가 정적으로든 부적으로든 기울어져 있다면, 평균은 극값의 영향을 받아 중간값과 같은 정확한 값을 제시하지는 못할 것이다. 평균은 양적변수의 중간경향을 나타내는 가장 일반적인 측도이다. 그 이유는 크게 두 가지가 있다. 첫 번째로 평균은 모든 변량의 합을 다 반영하기 때문이고, 두 번째로 평균이 다른 심화통계의 근간으로서 응용되기 때문이다. 하지만, 평균이 많이 쓰이기 때문에 적절치 못한 경우에도 평균이 오용되기도 한다. 연구자는 이를 유념하며 사용해야 할 것이다.

편차의 측도(Measures of Variation)

지금까지 중심경향에 대하여 살펴보았다. 중심경향은 분포 형태의 일면을 보여주는 것이지만, 중심경향 측도는 다양한 이유로 매우 중요하다고 할 수 있다. 하지만 이는 전체의 일부를 보여주는 것뿐, 궁극적인 한계가 있다. 가령 마을 3개 범죄율의 평균과 중간값이 같다고 할지라도 그 도시들의 사회적 특성은 범죄 분포도의 형태에 따라서 차이가 있을 수 있다. Exhibit 12.16에서 이를 입증할 수 있다. Exhibit 12.16에서 세 마을의 범죄율을 계산하면 평균과 중간값은 모두 동일하다. 범죄율에 있어서 각각의 마을은 동일한 중심경향을 보이고 있는 것이다. 하지만 표에서 살펴볼 수 있듯이 세 도시에는 큰 차이점이 있다. A 마을은 매우 이질적인 범죄율을 보인다. 각각의 범죄율은 비슷하지도 않거니와 낮거나 높은 쪽으로 집중되어 있지도 않다. 오히려 범죄율은 매우 다양하다. B 마을은 범죄율이 매우 일정하다. 특출나게 높은 지역도 없고, 범죄율이 다른 동네의 범죄율보다 크게 다르지 않으며 평균인 1,000명당 62.4를 크게 벗어나지 않는다. C 마을은 극단적으로 낮은 범죄율과 극단적으로 높은 범죄율을 보이고 있다. 상위 4동네의 범죄율은 하위 4동네의 범죄율보다 훨씬 낮게 나타난다. 이 세 마을이 동일한 중간경향을 보이고 있음에도 불구하고, 범죄율의 양상은 매우 다르다는 것을 알 수 있다.

이러한 차이를 설명할 수 있는 것이 바로 편차의 측도이다. 가장 일반적인 편차의 측도는 범위, 사분위수 범위, 분산, 표준편차이다. 이중 표준편차가 가장 많이 쓰인다. 각 측도를 계산하기 위하여 변수는 반드시 등간이나 비율척도여야 한다. 질적변수에 통계측도가 쓰이는 경우는 거의 없기 때문에 이 장에서는 이에 관하여 다루지 않을 것이다.

EXHIBIT 12.16 마을의 동네 범죄발생율

A마을	B마을	C마을
19.5	58.1	8.9
28.2	59.7	15.4
35.7	60.1	18.3
41.9	62.7	21.9
632	63.2	63.2
75.8	63.9	103.5
92.0	64.2	104.2
95.7	64.5	110.7
109.4	65.5	105.3

범위(Range)

범위(range)는 매우 간단한 편차의 측도이다. 분포의 가장 높은 값에서 가장 낮은 값을 빼면 된다.

$$범위 = 가장\ 높은\ 값 - 가장\ 낮은\ 값$$

다루어질 값의 편차를 미리 알기 위하여, 범위를 미리 제시하는 것은 중요하다. 하지만 범위는 예외적으로 크거나 낮은 값(**가외치(outlier)**라고 불림)에 따라서 급격하게 바뀔 수 있기 때문에 분포의 변산도를 요약하기에는 적절하지 않다. Exhibit 12.16에서 제시한 3마을의 범위는 A마을: 89.9(109.4 – 19.5), B 마을: 6.9(65.0 – 58.7), C 마을: 106.4(115.3 – 8.9)과 같다.

사분위수 범위(Interquartile Range)

사분위수 범위(interquartile range)를 이용하면 특출나게 높거나 낮은 값으로 인하여 파생되는 문제점들을 피할 수 있다. 사분위수 범위는 제1사분위와 제3사분위 값의 차이이다. 분위(Quartiles)는 전체 경우의 상위 25%(제1사분위), 상위 50%(제2사분위), 상위 75%(제3사분위)를 구분하는 지점을 의미한다. 제2사분위는 중간값과 같다. 제1사분위와 제3사분위를 구하는 방법도 중간값을 구하는 방법과 동일하지만 각각 25%와 75%가 되는 지점을 찾아야 한다.

분산(Variance)

평균이 중심경향 측도 내에서 가장 많이 쓰인다면, 편차의 측도 중 좋은 방법은 결국 평균에서 얼마나 떨어져있는지를 알아보는 것일 것이다. 하지만 평균에서 떨어진 정도의 평균을 구할 수는 없다. 평균으로 부터의 거리를 구하려면 평균을 중심으로 한쪽은 −이고, 반대쪽은 +를 띈다. 또한, 양쪽은 완벽한 균형을 이루기 때문에 이를 더하면 전체는 0이 된다. 그렇기 때문에 평균값과의 차이를 제곱하여야 한다.

분산(variance)은 평균에서의 편차를 제곱한 값의 평균이다. 따라서 평균과의 차이를 반영한다. 분산을 계산하기 위한 공식은 아래와 같다.

$$\sigma^2 = \frac{\sum_{1}^{N}(X-\overline{X})^2}{N}$$

공식에 따르면, 평균에서 각각의 변수값을 뺀 후에, 그 차이를 제곱하고 제곱값을 전부 더한 다음, 전체경우의 수로 나누어준다. 그럼 Exhibit 12.16의 분산을 계산하여 보자.

X	$(X-\overline{X})$	$(X-\overline{X})^2$
19.5	(19.5 − 62.4) = −42.9	1,840.41
28.2	(28.2 − 62.4) = −34.2	1,169.64
35.7	(35.7 − 62.4) = −26.7	712.89
41.9	(41.9 − 62.4) = −20.5	420.25
63.2	(63.2 − 62.4) = −0.8	0.64
75.8	(75.8 − 62.4) = 13.4	179.56

X	$(X-\overline{X})$	$(X-\overline{X})^2$
92.0	(92.0 − 62.4) = 29.6	876.16
95.7	(95.7 − 62.4) = 33.3	1,108.89
109.4	(109.4 − 62.4) = 47.0	2,209.00
	$\sum(X-\overline{X})$	8,517.44

분산을 구하는 공식은 아래와 같다.

$$\sigma^2 = \frac{8,517.44}{9} = 946.38$$

결과적으로 분산은 946.38이다. 분산은 다른 통계기법에서도 많이 응용되지만, 분산보다는 표준편차와 연관하여 변산도를 측정하는 것이 더 일반적이다.

표준편차(Standard Deviation)

표준편차(standard deviation)는 분산에 루트를 씌운 값이다. 공식은 아래와 같다.

$$\sigma = \sqrt{\frac{\sum_{1}^{N}(X-\overline{X})^2}{N}}$$

앞에서 구한 분산을 통하여 표준편차를 구하면 아래와 같다.

$$\sigma = \sqrt{946.38} = 30.76$$

전체 데이터가 아닌 샘플 데이터에서 표준편차를 계산할 때에는 분모가 N이 아니라, N-1이어야 한다. 하지만 전체 경우의 수가 클 경우에 분모를 변경하는 것이 별 영향을 미치지 않는다.

표준편차가 편차의 측도에서 가장 많이 쓰이는 수학적인 이유가 있다. 특히, 샘플 통계의 신뢰구간을 계산하는 것은 정상분포곡선의 특성에 달려있다. 정상분포곡선에서 나타나는 구역은 평균과의 거리와 상관이 있으며, 표준편차를 의미한다. 만약 변수들이 정상적으로 분포되어 있으면 68%의 사건이 분포의 평균에서부터 표준편차 ±1사이에 있으며, 95%의 사건이 평균으로부터 표준편차±1.96사이에 존재한다. ±1.96밖에 있는 경우는 가외치라고 불린다. 이러한 성향으로 인하여 만약 표준편차가 정상분포곡선을 따른다면 분포에 대하여 상당히 많은 설명을 할 수 있다. 또한, 샘플 평균의 특정 범위 내에서 무작위로 선발된 그룹의 평균에 대하여 얼마나 신뢰할 수 있는지를 알려준다(제5장 참조).

교차분석 변수 (CROSS-TABULATING VARIABLES)

대부분의 데이터 분석은 시험가설에 대한 변수간의 관계에 초점을 맞추거나 단순히 관계를 설명하는데 그치고 있다. 이러한 각각의 목적에 있어서, 두 개 이상의 변수간의 관계를 검토해야 한다. 교차분석은 이를 수행하기 위한 가장 간단한 방법 중 하나이다. 교차분석은 각 범주의 변수와 다른 변수간의 분포를 나타내는데, 이를 이변량 분포라고 하기도 한다. 교차분석은 다른 변수들 간의 관계를 조사하는 동시에 통계학적으로 통제된 하나 또는 그 이상의 변수를 위한 간단한 도구를 제공한다. 이 장에서 어떻게 교차분석이 변수 간 허위 관계를 밝혀내는 것을 돕는지와 인과관계모델을 평가하는지에 대해 배울 것이다. 일반적으로 교차분석은 명목이나 서열과 같은 범주형 수준의 변수들을 다룰 때 사용된다.

비행데이터에 관한 교차분석의 몇 가지 예를 제공할 것이다. 첫 번째 예에서, 독립변수는 청소년의 성별이고(Exhibit 12.2의 V1 참조) 종속변수는 자기 보고식으로 조사된 청소년의 비행행동 참여이다(Exhibit 12.2의 DELINQ1 참조). 그러나 비행 변수를 교차분석에 이용하기 위해서는 먼저 이들 변수를 범주형 변수로 기록해야 한다.

자기 보고된 비행을 대략적으로 유사한 세 개의 범위(고비행-중비행-저비행)로 나눌 것이다. SPSS 통계프로그램을 이용하여, 아래와 같은 기록 명령에 의해 만들어진 DELINQ2라는 새로운 변수를 만들 것이다.

(0-2=1)
(3-13=2)
(14-118=3)

비행행동을 0-2로 응답한 사람은 1로 코딩되고, 저비행으로 분류된다. 비행행동을 3-13으로 응답한 사람은 2로 코딩되고, 중비행으로 분류된다. 비행행동을 14 이상으로 응답한 사람은 3으로 코딩되고, 고비행으로 분류된다. 만약 새로운 변수인 DELINQ2의 빈도분포를 살펴보면, 세 개가 대략적으로 유사한 집단을 알게 될 것이다.

많은 비행이론에서 남성이 여성보다 범죄자가 될 가능성이 높다고 예측하고 있기 때문에 성별과 비행행동간의 관계에 관심을 가진다. 청소년의 성별이 독립변수이고, 자기 보고식으로 조사된 비행행동의 정도가 종속변수이다.

Exhibit 12.17은 성별과 DELINQ2의 교차분석표를 나타낸다. 이 표에 대한 몇 가지 설명이 필요하다. 표의 가로 두 행을 구성하는 성별(남자와 여자)의 값이 두 개 있고, 세로 세 열을 구성하는 비행(저, 중, 고)의 값이 세 개가 있다. 교차분석은 일반적으로 표가 가진 행과 열의 수로 언급된다. Exhibit 12.17에 있는 표는 두 개의 행과 세 개의 열로 구성되어 있기 때문에 2×3(발음 2 곱하기 3)표라고 한다. 또한, 각 행과 열의 끝에 값들이 있는 것을 알 수 있다. 이러한 합계는 표의 *주변값(marginals)*이라고 불린다. 이러한 **주변분포(marginal distribution)**는 표의 각 행과 열의 도수의 합을 나타낸다. 예를 들어 자료에 680명의 여성과 592명의 남성이 있다고 하자. 행이 갖고 있는 주변값의 합은 자료에서 1,272명의 청소년 숫자의 총합과 같다. 450명의 청소년은 비행정도가 낮고, 348명의 청소년은 비행정도가 중간이고, 251명의 청소년은 비행정도가 높게 나타난다. 이러한 열의 주변값의 합 또한 자료에서 1,272명의 청소년 숫자의 총합과 같다.

이제 2×3 또는 6개의 데이터 항목이 표에 표시되어 있는 것을 알 수 있다(일단 퍼센트는 무시해 두자). 교차분석에서는 이러한 데이터 항목을 셀이라고 하고, 이는 성별과 비행이라는 두 변수의 결합 분포를 나타낸다. Exhibit 12.17에 있는 표는 세 가지 비행정도와 두 가지 성별의 결합 분포를 나타내는 6개의 셀을 가지고 있다.

EXHIBIT 12.17 **비행과 성별의 교차표**

		자기보고식으로 조사된 비행성			
		저비행	중비행	고비행	합
성별	여성	275 40.4%	182 26.8%	223 32.8%	680 100%
	남성	175 29.6%	166 28.0%	251 42.4%	592 100%
	합	450	348	474	1,272

다시 말해서, 여성이라는 값이 낮은 비행성을 나타내는 값과 만나는 위치를 알 수 있다. 이 셀에서 275라는 빈도수를 볼 수 있을 것이다. 이러한 빈도는 여성과 낮은 비행성간에 몇 번이나 결합이 일어났는지를 나타내고, 이는 275명의 여성이 낮은 비행성을 가짐을 나타낸다. 이 셀의 오른쪽 셀을 보면, 중간 정도의 비행성을 가지는 182명의 여성을 볼 수 있고, 다시 한 번 오른쪽으로 옮겨보면 높은 비행성을 가지는 223명의 여성을 볼 수 있다. 이 세 가지 숫자의 합은 여성의 총합인 680과 같다. 남성이 속하는 행은 남성과 비행성 정도의 결합 분포를 나타낸다.

우리가 알고자 하는 것은 성별과 비행 간에 연관이 있는지 여부이다. 다시 말해서, 남성이 여성보다 범죄자가 될 확률이 더 높은지 여부이다. 단순 빈도는 잘못된 정보를 제공할 수 있기 때문에, 퍼센트를 보면서 독립변수와 종속변수 간에 어떠한 관계가 있는지 결정해야 한다. 관계를 살펴본다는 것은 독립변수의 변화가 종속변수에 영향을 미치는를 알고자 한다는 것임을 명심해야 한다. 이것을 결정하기 위해서, 항상 교차분석표에서 각 독립변수 값의 퍼센트를 구해야 한다. 예를 들어 Exhibit 12.17에서 보면 성별이 우리의 독립변수이다. 각 성별 값의 퍼센트를 계산하여 행의 마지막에 퍼센트의 합이 100%가 되도록 한다. 그러므로 남성과 여성의 퍼센트 모두 행의 끝에는 그 합이 100%가 된다. 이제 종속변수의 특정 항목을 가지고 각 독립변수 값의 퍼센트가 그 종속변수의 항목에 속하는지 물을 수 있다. 다른 방식으로 말하자면, 독립변수의 퍼센트를 계산할 수 있고 이것을 종속변수의 퍼센트와 비교할 수 있다는 것이다. 같은 항목에 속하는 다른 수준의 독립변수 퍼센트와 다른 수준의 종속변수 퍼센트를 비교할 수 있다.

예를 들어 Exhibit 12.17을 보면 29.6%의 남자 청소년이 낮은 비행성을 가진 반면, 여자 청소년은 40.4%가 비행성이 낮은 것을 알 수 있다. 이러한 사실은 여자 청소년이 남자 청소년보다 비행성이 낮을 가능성이 크다는 것을 알려준다. 이제 고비행 항목을 보자. 32.8%의 여자 청소년이 비행성이 높고, 42.4%의 남자 청소년이 비행성이 높다는 것을 알 수 있다. 이러한 모든 사실을 통해서 여자 청소년은 비행성이 낮을 경향이 높고, 남자 청소년은 비행성이 높을 경향이 크다는 것을 알 수 있다. 따라서 성별과 비행성 사이에는 관련성이 존재한다. 또한 독립변수는 행에 있는 변수들이고, 종속변수는 열에 있는 변수들임을 알 수 있다. 그러나 항상 이런 식으로 정해질 필요는 없고, 독립변수가 열에 있는 변수가 될 수 도 있다. 한 가지 기억해야 할 중요한 법칙은 항상 독립변수에 해당하는 퍼센트를 구하고, 독립변수 내 주변값의 합을 분모로 사용) 이를 종속변수의 퍼센트와 비교해야 한다는 것이다.

Exhibit 12.18에서 Exhibit 12.17과 같은 데이터를 행과 열을 바꾸어 제시하였다. 이제 독립변수(성별)는 열의 변수가 되었고, 따라서 각 두 열의 아래로 퍼센트를 계산한다. 그리고 행의 변수와 교차해서 퍼센트를 비교한다. 예를 들어 여전히 남자 청소년의 29.6%가 낮은 비행성을 가진 반면, 40.4%의 여자 청소년이 낮은 비행성을 가진 것을 볼 수 있다. 그리고 42.4%의 남자 청소년이 높은 비행성을 가진 반면, 여자 청소년의 32.8% 만이 높은 비행성을 나타낸다고 하겠다.

연관성 설명(Describing Association)

교차분석표는 두 변수 간의 연관성을 4가지 측면에서 나타낸다.

- *존재*. 독립변수의 범주 사이에 퍼센트 분포가 전혀 다른가?
- *강화*. 독립변수의 범주 사이에 퍼센트 분포가 얼마나 다른가?
- *방향*. 양적 변수에 있어서, 독립변수 값이 감소하거나 증가함에 따라 종속변수 값이 증가하거나 감소하는 경향이 있는가?
- *유형*. 양적 변수에 있어서, 종속변수의 퍼센트 분포의 변화가 상당히 일반적(단순히 증가 또는 감소)인가, 또는 다양하게 변하는가?(아마도 감소하기보다는 증가하거나, 또는 급격히 증가하기보다는 점진적으로 증가하는 것)

EXHIBIT 12.18 **성별과 비행의 교차표**

		성별		
		여성	**남성**	**합**
자기보고식으로 조사된 비행성	**저비행**	275 40.4%	175 29.6%	450
	중비행	182 26.8%	166 28.0%	348
	고비행	223 32.8%	251 42.4%	474
	합	680 100%	592 100%	1,272

Exhibit 12.17에서 연관성이 존재하지만, 이를 미미한 연관성이라고 밖에 말할 수 없다. 비행성 변수의 끝에 있는 저비행과 고비행의 퍼센트 차이는 대략 10% 정도이다.

Exhibit 12.19에 있는 나른 교차분석의 예를 살펴보자. 이는 도덕적으로 문제가 있는 청소년이 비행을 어떻게 생각하는지(독립변수)와 자기 보고된 비행참여(종속변수) 사이의 관계를 보여주는 3×3의 표이다. 이 표는 도덕적 믿음과 비행성 간에 강한 관련이 있음을 보여준다. 도덕적 믿음이 약한 청소년의 5.6%가 비행성이 낮음을 알 수 있고, 이 수치는 중간 정도의 믿음을 가진 33.8%와 강한 도덕적 믿음을 가진 62.8%로 갈수록 더 높아진다. 높은 비행성 열을 보면, 낮은 도덕적 믿음을 가진 청소년의 2/3이상(72.1%)이 청소년들이 높은 비행성을 가지는 것을 알 수 있고, 중간정도의 믿음을 가진 29.4%의 청소년이 높은 비행성을 가지고 있으며, 강한 도덕적 믿음을 가진 16.9%의 청소년만이 높은 비행성을 가지고 있음을 알 수 있다. 따라서 높은 도덕적 믿음을 가지는 것이 비행 행동에 가담하는 것을 효과적으로 억제한다는 것을 명백히 알 수 있다. 이는 정확히 우리가 통제이론에서 말하는 것과 유사한 결과를 보여주는 것이다.

Exhibit 12.19는 독립변수와 종속변수의 부정적 관계를 보여주는 하나의 예이다. 독립변수가 증가(다시 말해, 도덕적 믿음이 약한 것에서 강한 것으로 증가)함에 따라, 비행 경향성이 감소(비행을 저지를 가능성이 감소)한다. 독립변수와 종속변수가 반대방향으로 움직이기 때문에 이는 부정적인 관계이다. 이 표에 나타나는 유형은 단조로운 패턴과 유사하다. 단조관계(monotonic relationship)에서, 하나의 케이스 값이 지속적으로 증가(또는 감소)함에 따라 다른 변수의 케이스 값도 증가(또는 감소)한다. 단조로움은 하나의 케이스 값이 증가(또는 감소)하면, 다른 변수의 케이스 값도 증가(또는 감소) 하는 경향을 가지거나, 적어도 방향을 바꾸지 않는다는 것으로 정의될 수 있다. 이는 도덕적 믿음과 비행성간의 관계를 설명해 준다. 비행은 도덕적 믿음이 낮을 때 발생하기 쉽고, 도덕적 믿음이 중간일 때는 덜 발생하며, 도덕적 믿음이 강할 때 최소한으로 발생한다.

EXHIBIT 12.19 **비행과 도덕성의 교차표**

		자기 보고식으로 조사된 비행성			
		저비행	중비행	고비행	합
도덕성	약함	20 5.6%	79 22.3%	256 72.1%	355 100%
	중간	170 33.8%	185 36.8%	148 29.4%	503 100%
	강함	260 62.8%	84 20.3%	70 16.9%	414 100%
	합	450	348	474	1,272

Exhibit 12.20에 또 다른 교차분석표를 제시하였다. 이 표는 "공부하는 시간"이라는 변수와 "처벌의 확실성"이라는 변수 사이의 관계를 보여준다(Exhibit 12.2 참조). 두 변수는 대략적으로 세 개의 동일한 집단으로 나눈 연속형 변수이다. 공부를 많이 하는 청소년일수록 공부를 적게 하는 청소년보다 처벌의 위험성에 대한 인식이 높다고 가설을 세웠고, 따라서 공부하는 시간이 독립변수이고 처벌의 확실성이 종속변수가 된다. 높은 확실성과 공부하는 시간의 단계를 비교하면, 그것들 사이에 큰 차이가 없음을 알 수 있다. 공부를 많이 하지 않는 학생들(0-3시간)의 39.2%가 높은 확실성을 가졌다. 공부를 4-6시간 하는 학생들의 35.6%가 높은 확실성이 높게 나타났고, 한 주에 7시간 이상 공부하는 사람들의 40.3%가 확실성이 높게 나타났다. 확실성이 낮은 단계에서도 비슷한 현상이 나타났다. 공부를 많이 하지 않는 사람들은 공부를 많이 하는 사람들보다 확실성이 낮게 나타날 가능성이 있거나 전혀 없다. 따라서 독립변수의 변화는 종속변수의 변화와 관련이 없다. 청소년이 공부하는 시간과 비행에 대한 처벌의 확실성에 대한 생각 사이에는 아무런 관련이 없는 것으로 볼 수 있다.

EXHIBIT 12.20 **도덕성과 비행의 교차표**

처벌의 확실성

		저	중	고	합
공부하는 시간	0–3시간	126 27.9%	148 32.8%	177 39.2%	451 100%
	4–6시간	117 32.8%	113 31.7%	127 35.6%	357 100%
	7시간이상	129 27.8%	148 31.9%	187 40.39%	464 100%
	합	372	409	491	1,272

논문이나 학술지 글을 읽을 때 사회과학자들이 단순히 교차분석표에 나타난 퍼센트의 차이에 기초하기 보다는, 더 많은 통계에 기초하여 연관성의 존재나 강화를 결론 맺는 것을 알 수 있을 것이다. **연관성 척도(measure of association)**는 연관성의 강화를 요약하는데 사용되는 기술통계학의 한 형태이다. 몇 가지 연관성 척도들이 있는데, 이 중 몇몇은 특정 단계

의 변수를 측정하는데 적합하다. 교차분석에서 사용되는 연관성 척도 중 일반적인 단계의 변수를 측정하는데 많이 사용되는 것이 감마(gamma)이다. 많은 연관성 척도에서 감마값은 변수들이 정확히 음의 방향으로 관련성을 가지는 -1에서 변수사이에 아무런 관련이 없다는 0 그리고 완벽히 양의 관계를 가진다는 +1까지 변화한다. 추정 통계는 샘플이 추출된 모집단에서 연관성이 존재할 경향이 있는지 없는지를 결정할 때 사용된다. 두 변수사이의 연관성이 연구자의 가설과 일치하더라도, 이러한 연관성은 우연의 일치이거나 무작위 변수 추출시(물론, 무작위 변수 추출이 아닐 경우 문제는 더 심각해진다)의 예상 밖의 변화 때문일 수 있다. 일반적으로 통계학에서는 연관성이 존재할 가능성이 우연에 의할 경우가 5% 미만이 아니면, 샘플이 추출된 모집단에 연관성이 존재한다고 결론내리는 것을 피한다. 다시 말해서, 통계학자들은 일반적으로 연관성이 우연에 의한 것이 아니라는 믿음에 적어도 95%의 확신이 없다면 두 변수 사이에 연관성이 없다고 결론 내린다.

이것은 제5장에서 배운 평균을 제한하는 95%의 확신 개념과 같은 논리이다. 우연에 의하지 않은 연관성에 대한 가능성을 측정하는 것은 다양한 추론 통계기법에 기초할 수 있는데, 카이스퀘어(chi-square)는 교차분석에서 가장 많이 사용하는 기법 중 하나이다. "$p < 0.05$ 와 같은 관례적으로 보고되는 가능성의 의미는 결국 "우연에 의해 두 변수 간의 관련성이 발생할 가능성이 5% 보다 작다"는 것으로 해석될 수 있다.

연관성이 이러한 기준을 통과하고 나면, 분석가가 이것이 우연에 의한 것이 아니라는 합리적인 확신(최소 95%의 확신)을 가질 수 있게 되고, 이것이 두 변수 간의 연관성이 통계적으로 유의미하다는 의미로 해석되는 것이다. 통계적 유의성(statistical significance)이란 연관성이 단순한 우연에 의한 것이 아니라, 분석가가 설정한 몇 가지 기준에 따라 발생한 것을 말한다. 유의확률이 5% 미만인 경우가 관례(모집단에서 연관성이 없는데 있다고 결론은 내리는 것을 피하는 것)이다.

그러나 통계적 유의성이 다는 아니다. 제5장에서 표본의 크기가 증가함에 따라 표본오차가 줄어들었던 것을 기억할 것이다. 이와 같은 이유로 연관성은 작은 표본에서보다 큰 표본에서 더 나타나기 어렵다. 비행성의 자료에서와 같이 1,000개 이상의 사례로 만든 표에서, 변수들 간의 연관성이 우연히 인정될 확률은 매우 낮다. 예를 들어 1,272개의 사례를 바탕으로 한 표에서 성별과 비행성 사이(Exhibit 12.18 참조)에 연관성이 있을 확률은 유의확률이 1/1000($p < .001$)보다 작았기 때문이다. 그 표에 있었던 연관성은 꽤 약했고, .20의 감마(gamma)로 표시되었다. 비록 약한 연관성이 큰 표본으로 인해 통계적으로 유의할지라도, 분석가들은 통계적으로 유의한 연관성이 존재한다고 단순히 추측하지 않도록 조심해야한다. 큰 표본에서는 연관성이 통계적으로 유의미할 수 있지만, 여전히 독립적으로 유의미하거나 중요하다고 하기에는 너무 약하다. 조심스럽게 연관성의 존재와 강화를 측정하는 것이 모든

문제의 핵심이다.

제3변수의 통제(Controlling for a Third Variables)

교차분석은 다른 변수가 통제되는 동안 두 변수 사이의 관계를 연구하는데 주로 사용된다. 이 장에서 제3의 변수를 통제하는데 초점을 맞출 것이며, 이 장의 끝에서는 더 많은 변수들을 통제하는 것에 대해서 이야기 할 것이다.

우리는 세 변수를 가진 교차분석의 세 가지 다른 사용방법을 검토 할 것이다. 매개변수를 식별하는 것, 허위관계를 검사하는 것, 관계에 대한 조건을 지정하는 것이 그 세 가지 사용방법이다. 세 변수를 가진 교차분석에서 이러한 각각의 사용은 인과관계(허위가 아니고 인과관계의 특정)의 기준을 평가하는 것과 관계에 요구되는 조건들에 대한 이해를 증진시킴으로써 우리의 발견에 타당성을 결정하는 것을 도와주고, 발견의 일반화 가능성을 나타내는 것을 돕는다. 세 가지 사용 방법 모두는 관계를 정교화하기 위하여 통제변수를 이변수 분석에 소개하는 과정인 **정교 분석기법(elaboration analysis)**의 하나이다(Rosenberg, 1968). 이 분석에서 감마와 카이스퀘어를 각 표를 위해 검토할 것이다.

매개변수(Intervening Variables)

우리는 이미 여성이 남성보다 범죄를 저지를 가능성이 낮다는 것을 발견했다(Exhibit 12.17 참조). 그러나 성별과 비행성 사이의 관계를 찾아내는 것은 시작에 불과하고, 이제는 왜 이러한 관계가 존재하는지를 조사하고자 한다. 여성이 남성보다 비행행동을 덜 저지르는 건 무슨 이유일까? 먼저 생물학적인 요인은 제외하고 비행에 있어서 성별의 차이를 가능케 하는 사회적 요인에 대해 조사해보자. 한 가지 가능성은 여성이 남성보다 더 엄밀히 감독되기 때문에, 여성은 범죄자가 될 기회를 적게 가지게 된다는 것이다. 다시 말해서, 여성은 더 엄격한 부모의 감독 하에 있고, 그들이 더 엄격한 감독 하에 있기 때문에 남성보다 비행행동을 덜 저지르게 된다는 것이다. 이러한 가능한 관계는 Exhibit 12.21에 나타나 있다. 이 관계에서 "부모의 감독"이라는 변수가 성별과 비행성 사이를 매개한다는 것을 알 수 있다. 이것은 왜 여성이 남성에 비해 비행의 위험이 낮은지를 설명해준다. 부모의 감독이 성별과 비행성 사이의 관계를 매개하는지와 이것이 이 관계를 설명하는지를 결정하기 위해서는, 부모의 감독 차이를 통제하는 동안 성별과 비행성 사이의 관계를 검토해야한다. 만약 부모의 감독이 성별과 비행성 관계를 매개한다면, 세 번째 변수를 통제하는 효과는 성별과 비행의 원래 효과를 없애거나 상당히 줄여 줄 것이다.

이러한 가능성을 검토하기 위해 우리는 먼저 부모의 감독 변수를 약한 감독과 강한 감독이라는 두 개의 대략적 범주로 기록한다. 그리고 성별–비행성 관계의 하위표(subtable)를 관찰한다. 부모의 감독이 약한 상태에서의 하위표와 부모의 감독이 강한 상태에서의 하위표를 관찰하는 것이다(Exhibit 12.22 참조). 프레젠테이션의 용이성을 위해서, 우리는 빈도수가 아닌 각 셀의 퍼센트만을 보고할 것이다. 부모 감독 변수가 통제되면, 성별과 비행성간에 아무런 관계가 없다는 것을 알 수 있다. 이는 만약 남성과 여성이 부모로부터 같은 양의 감독을 받았다면, 범죄자가 될 위험에 있어서 둘은 서로 다르지 않을 것을 의미한다. 예를 들어 부모의 감독이 약한 여성 사이에서는 46%가 높은 비행성을 가지고, 부모의 감독이 약한 남성 사이에서는 49.6%가 높은 비행성을 가진다. 이러한 상황 아래 남성과 여성이 높은 비행성을 가질 위험은 4% 미만 정도만 다르게 나타난다. 부모의 강한 감독을 받은 사람들 사이에서는 19.8%의 여성이 높은 비행성을 가지고, 23.6%의 남성이 높은 비행성을 가지고 있어 역시 4% 미만의 차이가 발생한다.

EXHIBIT 12.21 **매개변수의 예**

성별	→	부모의 감독	→	비행

EXHIBIT 12.22 **부모의 감독에 따른 비행과 성별의 교차표**

약한 부모의 감독

자기 보고식으로 조사된 비행성

성별		저비행	중비행	고비행	합
	여성	26.1%	27.9%	46.0%	337
	남성	23.2%	27.2%	49.6%	427
	합				764

x^2=1.220(p > .05), 감마=.067

강한 부모의 감독

자기 보고식으로 조사된 비행성

성별		저비행	중비행	고비행	합
	여성	54.4%	25.7%	19.8%	343
	남성	46.1%	30.3%	23.6%	165
	합				508

x^2=3.193(p > .05), 감마= .136

이러한 퍼센트 분석은 카이스퀘어 검정과 연관성 측정에서 나타난다. 부모 감독의 정도가 약하고 강한 상황에서 성별과 비행 간의 관계는 유의미하지 않다. 부모의 감독이 약할 때 감마는 .067이고, 부모의 감독이 강할 때 감마는 .136이다. 앞의 두 경우 모두 0(관련성 없음)과 매우 다른 감마값을 얻지 못했다. 모든 결과를 종합해보면, 부모의 감독이라는 변수는 성별과 비행성의 관계를 매개하는 것으로 결론 낼 수 있다. 따라서 여성이 남성보다 비행성이 낮은 중요한 이유는 여성이 남성에 비해 더욱 강한 부모의 감독 하에 있기 때문이고, 이러한 강한 부모의 감독은 비행의 위험성을 낮춰준다.

외재변수(Extraneous Variables)

이변량 관계에서 세 번째 변수를 소개하는 또 다른 이유는 독립변수와 종속변수의 변화를 일으키는 **외재변수(extraneous variables)**에 영향으로 원래 관계가 허위관계인지를 판단하지 위함이다. 따라서 독립변수와 종속변수가 특정관계를 갖는 유일한 이유는 두 가지 변수 모두 일반적 원인(또 다른 독립변수)에 영향을 받았기 때문이다.

Exhibit 12.23은 허위관계에 대해 보여준다. 이 경우 x와 y 사이에 관계가 존재하는 이유는 두 가지 모두 일반적 원인인 z에 의해 영향을 받았기 때문이다. 따라서 z를 통제하면 x-y 사이 관계는 없어질 것이다. 가능한 허위 변수를 배제하는 것은 독립변수와 종속변수의 관계가 인과적이라는 결론을 강화하는데 큰 도움을 주며, 특히 허위관계를 유발할 잠재성을 가진 모든 변수들이 통제될 때 이러한 도움이 극대화 된다.

만약 변수가 외재변수 역할을 하면, 이를 통제하는 것은 독립변수와 종속변수의 원래 관계를 사라지게 하거나 현저히 약화시킬 것이다. 이 또한 매개변수에 대한 실증 연구 방법이다. 그러므로 매개변수와 독립변수의 차이는 논리적인 것일 뿐 실증적인 것은 아니다. 두 경우

EXHIBIT 12.23 허위관계의 예

모두에서 세 번째 변수를 통제하는 것은 원래 관계를 약화시키거나 사라지게 만든다. 따라서 하나의 변수가 매개변수로 역할을 한다고 의심한다면, 독립변수와 종속변수 사이의 관계를 설명 하기 위해 특정 이론에 근거하여 말해야 한다.

외재 관계의 예로서, 우리는 처벌의 확실성에 대한 청소년의 인식과 자기 보고식으로 조사된 비행 참여의 연관성을 살펴 볼 것이다. 억제이론은 인지된 확실성과 비행성 사이의 음의 관계를 예측한다. 더욱이, 이것은 우리가 비행 자료에서 정확히 관찰했던 사실이다. 교차분석표를 제시하지는 않을 것이나, 인지된 확실성과 비행성 사이의 관계를 검토했을 때 낮은 확실성과 높은 비행성을 가진 청소년은 53.2%였고, 중간 정도의 확실성과 높은 비행성을 가진 청소년은 39.1%였고, 높은 처벌의 확실성과 높은 비행성을 가진 청소년은 단지 23.6%라는 것을 알게 되었다. 비행행동에 가담했을 때 그들이 체포될 것이라 믿는 청소년은 범죄자가 될 가능성이 적었다. 이 표에 대한 감마값은 -.382였고, 이는 인지된 확실성과 비행성 사이에 중간정도의 음의 관계가 있음을 알려주며, 이것은 억제이론이 설명하는 것과 같다.

그러나 일부는 이렇게 발견된 음의 관계가 원인이 아닌 허위일 수 있다고 반론을 제기할 수 있다. 이러한 관계 뒤에 존재하는 외재변수로 도덕적 믿음이 제시될 수 도 있다. 비행행동을 저지르는 것에 대해 강한 도덕적 억제를 가진 사람들은 도덕적으로 잘못된 행동에 대한 처벌은 확실하고 비행행동을 제지해야 한다고 생각 할 것이다. 그러므로 인지된 확실성과 비행성 사이에서 관찰된 음의 관계는 인지된 확실성에 대한 도덕적 믿음의 긍정적 효과와 비행에 대한 도덕적 믿음의 부정적 효과 때문인 것이다(Exhibit 12.24 참조). 만약 도덕적 믿음이 원인 변수라면, 이를 통제했을 때 인지된 확실성과 비행성 사이의 원래 관계는 없어지거나 상당히 약화될 것이다.

이러한 가능성을 보기 위해서는 인지된 확실성과 비행성 사이의 관계를 세 가지 수준의 도덕적 믿음(약함, 중간, 강함) 하에서 검토하여야 한다. Exhibit 12.25에 교차분석 결과가 제시되어 있다. 각 하위표에서 처벌에 대한 확실성의 인식과 비행성 간에 음의 관계와 중요한 연관성이 있다는 것을 알 수 있다. 그러나 3개의 하위표 중 2개(감마 -.271과 -.197)는 원래 표(감마 -.382)에서 보다 관계가 더 약하게 나타났다. 그러나 강한 도덕적 믿음 하에서 원래의 관계는 변하지 않았다. 이러한 정교한 분석을 통해 얻을 수 있는 결론은 "도덕적 믿음"이라는 변수가 강한 외재변수로 작용하지는 않는다는 것이다. 인식된 위험과 비행성 사이의 몇몇 관계가 도덕적 믿음과 이들 간의 결합 관계에 의한 것일지라도, 처벌에 대한 인지된 확실성이 비행행동의 원인으로 작용한다는 것을 무시할 수는 없다.

EXHIBIT 12.24 x와 y사이의 허위관계

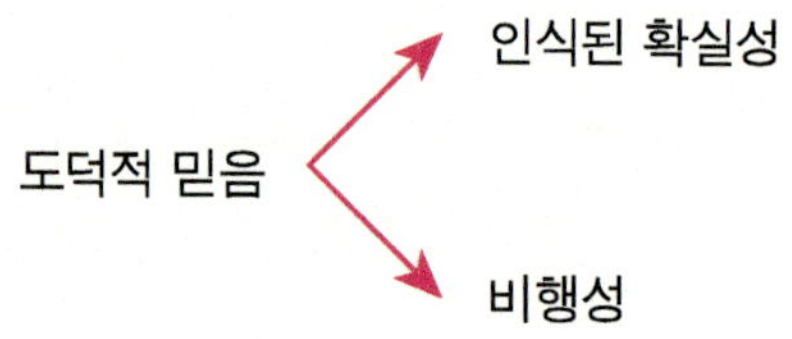

세분화(Specification)

이변량 관계의 평가를 위해 세 번째 변수를 투입할 때, 분석가는 이변량 관계가 일어나는 조건을 세분화할 수 있다. 세분화 혹은 구체화(specification)라 불리는 이 개념은 독립변수와 종속변수의 관계가 하나 또는 그 이상의 통제 변수(원래 관계가 어떤 상황이나 세 번째 변수의 상황 하에서 더 강해지거나 약해지는 때)로 인해 그 각 변수들 관계가 제 3의 변수 범주와 교차하여 변화할 때 일어나는 현상을 말한다.

범죄학의 사회학습이론은 비행성을 부추기는 동료집단에게 노출되는 청소년일수록 비행을 저지를 위험이 높다고 본다. 우리는 이러한 가설을 지지하는 설명을 비행 데이터에서 찾았다. 우리는 이러한 관계를 FROPINON이라는 2개의 동일한 그룹으로 나누어 검토하였다(Exhibit 12.2 참조). 첫 번째 그룹은 동료집단으로부터 약한 언어적 지지를 받았고, 두 번째 그룹은 강한 언어적 지지를 받았다. 동료집단으로부터 비행에 대한 약한 언어적 지지를 받았다고 응답한 청소년의 15%가 높은 비행성을 가졌다. 동료집단으로부터 비행에 대한 강한 언어적 지지를 받았다고 응답한 청소년의 약 58%가 높은 비행성을 가졌다. 이러한 관계에 대한 감마값은 .711이었고, 매우 강한 양의 관계를 나타냈다. 따라서 비행행동에 대한 언어적 지지(예: "훔쳐도 괜찮아")를 제공하는 친구를 가지는 것은 당신을 비행행동의 위험에 빠뜨린다고 볼 수 있다.

그러나 이러한 관계가 존재하는 것은 친구들의 언어적 지지가 그들의 행동에 의해 뒷받침될 때 완전히 가능하다. 친구들로부터 받은 언어적 지지는 만약 친구들이 범죄를 저지르지 않거나 아주 적게 범죄를 저지른다면 우리의 비행성에 영향을 미치지 못할 것이다. 이러한 경우 그들의 행동(이 경우에서는 무행동)이 그들이 말 보다 더 큰 역할을 하고, 그들의 언어적 지지는 우리에게 영향을 미치지 못한다. 그러나 그들이 비행을 저지른다면, 친구들의 언어적 지지에는 큰 힘이 실린다.

EXHIBIT 12.25 도덕적 믿음 범주 하에 인식된 위험성과 비행성의 교차표

약한 도덕적 믿음

		자기 보고식으로 조사된 비행성			
		낮음	중간	높음	합
인식된 확실성	낮음	3.8%	14.7%	81.4%	156
	중간	8.6%	27.3%	64.1%	128
	높음	4.2%	29.6%	66.8%	71
	합				355

x^2= 13.646(p < .001), 감마=−.271

중간 도덕적 믿음

		자기 보고식으로 조사된 비행성			
		낮음	중간	높음	합
인식된 확실성	낮음	22.0%	42.5%	35.4%	127
	중간	33.9%	35.6%	30.5%	174
	높음	41.1%	34.2%	24.8%	202
	합				503

x^2=13.646(p < .001), 감마=−.197

높은 도덕적 믿음

		자기 보고식으로 조사된 비행성			
		낮음	중간	높음	합
인식된 확실성	낮음	42.7%	28.1%	29.2%	89
	중간	58.9%	17.7%	23.4%	107
	높음	72.9%	18.3%	8.7%	218
	합				414

x^2=13.646(p < .001), 감마=−.393

우리는 이러한 가능성을 친구들의 비행에 대한 언어적 지지와 친구들의 행동(FRBEHAVE; Exhibit 12.2 참조)의 2가지 수준에서 청소년 자신의 비행성 사이와의 관계를 조사하기 위해 살펴보았다. 우리는 FRBEHAVE를 두 개의 대략적으로 동일한 그룹으로 나누었다. 첫 번째 그룹에서는, 다른 쪽(많은 비행 친구들)보다 자신들의 친구 중 비행성을 가진 친구가 적었다(적은 비행친구들). 친구들의 견해와 자신의 비행성 사이의 관계를 세분화하는 시도는 Exhibit 12.26에 잘 나타나있다. 약간 복잡해 보일 수 있다. 청소년 친구 중 적은 수가 비행행동을 저지를 때에도, 그들의 언어적 지지는 자기 보고식으로 조사된 비행성에 여전히 중요하고 긍정적인 효과를 미친다. 이 하위표의 감마값은 .416이고, 이 값은 중간 정도로 강하지만 원래 감마인 .771보다는 작다. 청소년의 많은 수의 친구가 일탈자이면 친구의 언어적 지지와 자기 보고식으로 조사된 비행성 사이의 양의 관계는 더 강해지고, 이때의 감마값은 .608이다. 친구들의 행동은 친구들의 견해와 비행성 사이의 관계를 약하게 세분화 한다. 따라서 비행에 관한 친구들의 말은 비록 그들이 항상 비행을 저지르지 않더라도 중요하다.

우리가 교차분석을 소개하는 목적은 변수간의 관계를 이해하는데, 상대적으로 쉬운 방법을 제공하기 위한 것이다. 대부분의 통계학적인 지식을 이해하기 위해서는 여기서 고려한 통계학적 기술과 이전에 논의한 추론 통계학, 연관성의 강화와 방향을 나타내는 기술 통계학을 배워야 한다. 사실, 연관성이 얼마나 강한지 정확히 기술하는 것은 매우 어려운 일이다. 두 변수 사이의 연관성을 확정짓기 위하여 당신은 회기분석과 상관분석이라 불리는 다양한 통계적 접근법도 추가로 배워야 한다. 회기분석과 상관분석에 기초한 통계는 사회과학에서 자주 사용되고, 교차분석에서 많은 장점을 제공한다. 그러나 당신은 회기분석과 상관분석을 기초한 통계를 다루는데 능숙해지기 위해서 사회과학 통계 과정을 추가로 공부할 필요가 있다.

EXHIBIT 12.26 친구들의 비행행동의 범주 하에 비행과 언어적 지지의 교차표

적은 비행 친구들

		자기 보고식으로 조사된 비행성			
		낮음	중간	높음	합
친구들의 언어적 지지	약함	67.3%	23.8%	8.9%	437
	강함	44.3%	34.3%	21.4%	140
	합				577

x^2=27.374(p > .001), 감마= .416

많은 비행 친구들

		자기 보고식으로 조사된 비행성			
		낮음	중간	높음	합
친구들의 언어적 지지	약함	30.5%	38.5%	31.0%	174
	강함	7.5%	24.8%	67.4%	521
	합				695

x^2=87.508(p > .001), 감마= .608

윤리적인 자료 분석 : 어떻게 하면 관계에 대해 거짓말 하지 않을까?

데이터 분석가가 실제 데이터의 변수들 간의 관계를 조사할 때, 사회과학연구는 매우 흥미로워진다. 진실의 순간이 도래한 것으로 보일 수도 있다. 가설들이 지지 되던지 안 되던지 간에. 사실 주의를 가지고 일을 진행해야 할 시기이고, 타인의 분석을 평가할 때는 더 주의해야 한다. 일단 큰 데이터 자료가 컴퓨터에 입력되면, 많은 수의 관계들을 쉽게 확인할 수 있다. 세 개 또는 그 이상의 변수 사시의 관계가 한 번에 검토되면, 가능성은 무한에 가까워져 보인다.

이러한 가능성의 범위는 데이터 분석의 커다란 위험을 나타낸다. 무언가 흥미로운 것이 나타날 때까지 자료를 검토하는 것은 매우 유혹적이다. 거부된 가설 자체는 자료에 어떤 일이 일어나고 있는지 강조함으로써 잊혀 진다. 기대치 않은 연관성을 위한 자료를 조사하는 것은 잘못된 것은 아니다. 문제는 변수들 간의 필연적인 관계들이 단지 우연한 관계의 연합에 기초하여 나타날 수 있다는 것이다. 만약 당신이 충분히 오랫동안 자료를 검색했다면, 실제 아무 의미 없는 것들을 찾아냈을 가능성도 있다.

가설 검증을 위한 연역적 분석과 자료의 유형을 조사하기 위한 귀납적 분석 사이의 합리적인 균형이 충돌된 것이다. 데이터 수집 전에 수립된 가설은 그들이 처음에 언급한대로 테스트 되어야한다. 더 탐색적인 전략을 포함한 이러한 가설에 대한 자세한 분석은 연구 보고서에 표시되어야 한다. 우연히 발견한 자료도 무시하지 말고 반드시 보고해야한다. 차후의 연구자가 우리가 수행한 연구에서 생성된 아이디어에 대한 연역적 분석을 시도할 수 있을 것이다.

그리고 인과 가설을 증명하는데 사용한 조사 자료의 한계에 대해 정직해질 필요가 있다. 인과 가설을 검증하는데 비실험적인 조사 자료를 사용한다면, 독립변수와 종속변수의 관계를 검토하고, 허위 관계를 유발할 가능성이 있는 다른 변수들을 통제해야 한다. 이것은 우리가 인식된 처벌의 확실성과 비행성의 관계를 도덕적 믿음이라는 변수를 통제하면서 살펴본 것과 같은 맥락이다(Exhibit 12.25 참조). 가설된 관계의 발견은 단순히 인과관계를 발생시키지 않거나 2개, 3개 그 이상의 변수들을 통제하지 않고 하나의 변수를 통제한다고 바뀌지 않는다. 우리가 통제해야한다고 생각지 못하거나, 조사에서 측정조차 되지 않은 변수들이 우리의 가설에서 독립변수와 종속변수 사이의 허위관계를 만들어낼 수 있다(Lieberson, 1985). 우리는 항상 이러한 가능성에 대해 생각해야 하고, 인과관계에 대한 결론을 내리는데 세심한 주의를 기울여야 한다.

결론 (CONCLUSION)

이 장에서는 어떻게 연구자들이 형사사법과 범죄학 분야에서 나타나는 현상을 설명하고, 그들 사이에 관계를 확인하며, 이러한 관계들의 원인을 탐색하고, 그리고 가설을 검증하는 것을 보여주었다. 통계는 사회에 대한 이해를 높이는 방법과 우리의 아이디어를 테스트하고 새로운 아이디어를 만들어내는 매우 유용한 방법을 제공해 준다.

불행히도 초보자들에게 통계를 사용하는 것은 논쟁의 끝내기로 보일 수 있다. 당신은 숫자와 싸울 수 없기 때문이다. 그러나 이제 통계에 대해 더 많이 이해하게 되었을 것이다. 자료를 생성하는데 사용되는 방법이 명확하지 않으면 숫자가 아무런 이유가 없을 것이고, 데이터의 유형을 계산에 넣을 때 숫자가 잘못 사용되면 그 결과를 호도할 수도 있다. 명확한 방법과 적절한 통계가 사용되었다고 가정하더라도 숫자가 그들을 대변하지 못하므로 여기에 중요한 단계가 하나 더 남아 있다. 그것은 결국 우리가 그들의 유용성을 결정짓는 숫자를 어떻게 해석하여 보고하느냐 하는 것이다. 이것은 우리가 다음 장에서 배우게 될 주제이기도 하다.

주요 용어

요약통계	분포	변산도
이분산	편차	변수
변수분포	분산	중심경향측도
최빈값	중간값	평균
예시	도수	변량
극값	정방향	역방향
편차의 측도	범위	사분위수 범위
가외치	분산	신뢰구간
정상분포곡선		

강조 사항

- 데이터 수집 도구들은 직접항목, 확인, 컴퓨터에 넣기 전에 선행되어야 한다. 2차 자료를 사용하는 것은 상당한 시간과 자원을 절약할 것이나 데이터 분석 가능성을 제한할 수 있다.
- 막대그래프, 히스토그램, 도수다각형은 분포 모양을 설명하는데 유용하다. 그래프를 사용할 때는 분포의 명확한 모양을 왜곡하지 않도록 주의해야 한다.
- 빈도 분포는 쉽게 확인되고 설명되는 형태의 변화를 나타낸다. 값들은 빈도분포에서 분포의 모양이 변하지 않는 방법으로 그룹화 되어야 한다. 몇 가지 가이드라인을 따르는 것은 문제 발생의 위험을 줄여 준다.
- 요약 통계는 집중화 경향과 분포의 가변성을 설명하는데 종종 사용된다. 최빈값, 평균, 중앙값의 적절성은 변수의 측정 수준, 분포의 모양, 그리고 요약의 목적에 따라 달라진다.
- 분산과 표준편차는 평균 주위의 변화를 요약한다. 사분위수는 그 범위에 있는 가외치의 영향 때문에 케이스에 의한 주기반복을 나타내는데 사용되는 것이 바람직하다. 일반적으로 분포의 왜도는 요약 통계보다는 말로 설명된다.
- 교차분석은 일반적으로 독립변수의 범주 안에서 퍼센트 되어 진다. 교차분석은 연관성의 존재, 강화, 방향, 그리고 패턴을 결정하는데 사용된다.
- 교차분석에서 허위관계나 매개 관계를 테스트하고 관계가 어떤 상황에서 형성되는지를 밝히기 위해 정교한 분석이 사용된다.
- 추론 통계학은 모집단 파라미터의 통계적 측정에 사용되는 신뢰도를 측정하기 위해서 샘플에

근거한 자료에 사용된다. 변수 사이의 연관성의 가능성을 측정 하는 것은 추론 통계에 근거한 기회에 기초해서 발생한다.

연습문제

1. 최소 100개의 이상의 체포된 자의 특징에 대한 FBI 통일범죄총계보고서에 있는 자료를 사용하여 빈도분석을 하여라. 당신은 인종, 나이, 범죄종류 등과 같은 변수의 구성과 분포를 위한 그룹의 구성, 그리고 빈도분석에서 가외치를 어떻게 처리할 것인지 등에 대해 결정해야 한다.
   a. 각 변수를 위해 어떠한 요약 통계를 사용할 것인지 결정하라. 각 분포의 특징이 요약 통계를 통해 얼마나 잘 표현되는가? 각 분포의 모양을 설명하라.
   b. 이 변수 중 2가지를 포함한 가설을 제시하고, 이 가설을 지지하기 위해 교차분석을 하라.
   c. 연관성의 4가지 측면에 관해 각 관계를 설명하고, 독립변수의 범주 안에서 각 표 안에 퍼센트를 써 넣어라. 어떠한 가설이 지지될 수 있을까?
2. 미디어 비판가가 되어라. 다음 주를 위해, 신문이나 잡지에서 범죄나 범죄피해에 관한 통계를 보라. 이 챕터에서 소개된 빈도분석과, 그래프, 그리고 요약통계를 얼마나 많이 찾을 수 있는가? 이러한 통계가 적절하고 정확하게 사용되었는가? 다른 통계가 더 적절하거나 유용하지는 않은가?
3. 아래 있는 빈도 분포는 일반 사회조사 2006년 자료를 기초로 SPSS패키지에 생성되어있는 "Trust in people"이다. 표는 변수의 축약된 범주와 그 반응의 선택을 포함하고 있고, 빈도와 세 가지 퍼센트 행이 있다. 첫 번째 퍼센트 행은 각 범주의 퍼센트를 보여주고, 다음 퍼센트 행은 정확한 응답을 한 응답자의 총 합을 기초로 하였다. 이것은 일반적으로 프레젠테이션을 위한 빈도 분석을 설계하는데 사용되는 명확한 퍼센트 행이다. 마지막 퍼센트 행은 축적된 퍼센트로 처음부터 끝까지 명확한 퍼센트를 모두 합한 것이다.

		Frequency	Percent
Valid	CAN TRUST	1279	28.4
	CANNOT TRUST	2458	54.5
	DEPENDS	192	4.3
	Total	3929	87.1
Missing	NAP	575	12.7
	NA	6	.1
	Total	581	12.9
Total		4510	100.0

연구제안서 작성

당신의 제안을 위한 선행연구를 추가하기 위해 일반 사회 조사 자료를 이용하라. 선행연구는 당신이 연구 제안을 했던 컨셉과 과정을 테스트하기 위한 기초적인 노력이다.

1. GSSCRJ2K 변수 리스트를 검토하고 당신의 연구주제와 관련이 있는 변수를 특정하라. 만약 가능하다면, 당신이 제안한 연구의 독립변수가 될 수 있는 하나의 변수와 종속변수가 될 수 있는 하나의 변수를 찾아보라.
2. 이러한 변수들의 빈도를 요구하라
3. (당신이 특정할 수 있는 것이면 무엇이든)독립변수나 종속변수의 교차분석을 요구하라. 필요하다면, 독립변수를 세 개 이하의 범주로 입력하라.
4. 당신이 발견한 것을 간단히 기록하고, 당신이 제안한 연구를 위한 그것들의 함축된 의미를 언급하라. 당신의 제안을 위해 이 실습에서 배운 것이 있는가?

학생 학습 사이트

The practice of research in criminology and criminal justice, fourth edition, 사이트는 http://www.sagepub.com/prccj4e이다. e-플래시카드와 셀프 테스트를 통해 이 장에서 배운 것을 더 잘 이해할 수 있도록 웹 사이트를 방문해보라.

웹 연습

1. 범죄와 관련된 통계를 위해 웹사이트를 찾아보아라. The Bureau of Justice Statistics 는 이를 시작하기에 좋은 곳이다. www.ojp.usdoj.gov/bjs. 이 장에서 배운 중요개념을 사용하여, 당신이 특정한 통계자료를 설명하라. 통계가 어떠한 현상을 설명하고 있는가? 어떠한 관계를 통계가 특정하고 있는가?
2. 신이 흥미를 가진 범죄학적 주제에 대한 정보를 웹 검색을 통해 확인해 보자. 당신이 찾은 정보 중 얼마나 많은 것이 주제를 이해하는데 통계를 도구로 사용하고 있는가? 어떻게 통계가 연구자로 하여금 그들의 아이디어를 테스트하고 새로운 아이디어를 생성하도록 하는가? 당신이 찾은 것을 짧게 기술하고, 당신이 찾은 웹사이트를 설명해 보라.

연구윤리 학습

1. 이 장에 있는 빈도분석과 그래프를 복습해 보자. 데이터 중 하나를 변경하여 당신이 통계지식을 활용해 거짓말을 하고 있다는 것을 설명해 보자.
2. Exhibit 12.19에 있는 성별과 비행성의 관계를 생각해보라. 이 관계에 근거해서 더 나은 이해를 위해 어떠한 세 번째 변수가 통제 되어야 한다고 생각하는가? 이러한 관계의 발견으로 인해 어떻게 형사 정책이 영향을 받을까?

SPSS 또는 엑셀연습

1. 살인범죄 피고의 설명과 그들의 선고를 HOMICIDE.POR.으로부터 만들어라. 각각의 특성을 3가지 통계기법(그래프, 빈도분포, 집중화경향)을 사용하여 살펴보도록 하자.
2. 변수의 분포를 설명하고, 어떤 것이 치우치거나 가외치인 것이 있나?
3. 피고의 나이와 선고의 길이의 범주를 무너뜨려라. 그래프와 빈도 분포를 사용하여 데이터 분포를 살펴보자.
4. 이 두 변수의 관계를 살펴보자. 어떤 변수가 독립변수이고 어떤 변수가 종속변수가 되는지 개별적으로 설명해 보자.
5. 당신이 최근에 생성한 데이터를 사용하여 교차분석을 하라. 독립변수의 범위에서 백분위수를 얻을 것을 기억하자.
6. 피고의 나이와 선고 길이 사이에서 허위 관계를 형성하는 두 변수를 제안해 보고 그 내용에 대해 설명해 보자.

CHAPTER

13 연구 결과의 보고

◉ 연구 보고서의 목적
- 과학적 지식의 진전
- 사회 정책 형성
- 사회적 행동 조직: 참여적 행동 연구

◉ 사례연구 : 수감자들을 위한 고등교육 추구
- 연구 대상자들과의 대화

◉ 연구보고서 작성 과정

◉ 연구 보고서의 종류
- 학생 과제물과 논문
  집단 프로젝트
  논문 심사위원회
- 저널논문
- 용역보고서
  자문 위원회

◉ 데이터 제시

◉ 윤리와 보고
- 대중과의 의사소통
- 표절

◉ 결론

연구의 목적은 단지 어떤 것을 발견하기 위한 것이 아니라 많은 청중들(다른 사회과학자, 정부 공무원, 선생, 일반 대중 등)과 발견한 것을 소통하기 위한 것이다. 연구의 특정 결과물이 무엇이든지 간에 연구보고서가 연구결과를 목표로 하는 청중들을 이해시킬 수 있고 그것으로부터 학습할 수 있다면 그 연구는 성공적이라 평가받을 수 있다. 목표로 하는 청중들이 연구결과로부터 배움을 얻지 못한다면 그 연구가 얼마나 많은 비용이 들었든지, 얼마나 연구의 디자인이 섬세하든지, 혹은 얼마나 그 연구에 많은 노력을 기울었는지에 상관없이 연구는 실패한 것이 된다.

이 결론은 명확하지만 아마도 불필요한 것일 수도 있다. 왜냐하면 모든 연구자는 연구결과를 다른 사람들이 읽을 수 있도록 최선을 다해 작성하기 때문이다. 그러나 실제 많은 연구 프로젝트가 적절한 연구보고서를 작성하는데 실패한다. 때때로 연구가 잘못 디자인되거나 만족할 만한 수준에서 수행되지 못하는 문제가 있다. 때때로 예상하지 못한 어려움으로 인해 실현가능한 프로젝트가 탈선되기도 한다. 그러나 빈번하게도 연구자는 연구보고서를 작성하는데 실패하는 경우가 많다. 그리고 불완전하거나 형편없이 쓰였거나, 혹은 오직 관심 있는 청중에게만 알리려는 보고서들이 많다. 완전한 실수는 없겠지만 그로인해 프로젝트의 진정한 잠재성은 달성되지 못할 것이다.

연구결과를 보고하는 단계는 새로운 연구의 필요성이 확인되는 시점이기도 하다. 소위말해서 “새로운 것을 시작하는 것처럼(the rubber hits the road)” 다른 사람들에게 우리의 연구가 의미 있도록 만들어야 하는 단계인 것이다. 우리의 연구가 누구를 대상으로 말하려는 것인가? 어떻게 우리가 연구결과를 그들에게 보여줄 것인가? 어떻게 연구 보고서가 사용될지 영향을 살펴보아야 할 것인가?

제13장의 주요한 목적은 보고서를 가치 있게 작성하는 것에 대하여 비교하고 대중과 연구에 관해 의사소통하는 방법을 알려주는 것이다. 또한 제13장은 글쓰기 과정에 대해 특히 관심을 가지며 질적 연구와 양적연구를 서술하는 과정에서 어떻게 다를 수 있는지에 대하여 지적하고자 한다. 그리고 표절문제에 특별한 관심과 함께 보고서 작성 과정에서 부각되는 특징적인 윤리적 이슈들을 다루면서 결론내리고자 한다.

연구 보고서의 목적 (RESEARCH REPORT GOALS)

연구보고서는 연구의 결과와 여러 관련된 요소들(연구목적, 연구 지원자의 목적, 연구 주제, 그리고 예상되는 독자)을 반영하면서 결과에 대한 해석을 나타내준다. 이런 다른 집단들의 목적을 이해하는 것은 연구자가 최종보고서를 작성하려할 때와 연구를 시작할 때 모두 도움을 준다. 연구제안서를 구상하거나 연구를 위한 적절한 환경을 만들기 위한 협상함에 있어서 특정 종류의 보고서를 작성하도록 하거나 최소한 최종 보고서에 특정 이슈를 포함하려는 노력이 있어야 한다. 연구가 진행됨에 따라, 연구 참여자, 연구 지원 기관, 공동연구자, 혹은 다른 관심을 가진 사람들로부터 받은 연구에 대한 피드백은 최종보고서에서 연구를 특정 이슈들에 집중하는 것이 중요하다는 것을 알려주기도 한다. 전통적으로 사회과학자들은 그들 자신들의 연구에 관심이 있는 사람들로부터 거리를 두려고 노력하였으며, 과학적 지식을 진보시키는데 필요한 일에 집중하고자 한다. 그러나 최근 몇몇 사회과학자들은 이런 관심 그룹을 연구나 연구보고서 작성 과정에 참여시키는 것을 추천하고 있다.

과학적 지식의 진전(Advance Scientific Knowledge)

대부분의 사회과학 연구 보고서들은 이 연구 분야에 몸담고 있는 다른 사회과학자들의 영향을 받고 있으므로, 보고서는 이 관심 집단 안에서 공유되고 있는 지향점이나 고려 점을 반영한다. 전통적인 과학적 접근은 다른 과학자들에게 보고서를 제공함으로써, 과학적 지식을 진보시키려는 연구목적을 지지한다. 이 접근방법에서 가치의 판단(Value Considerations)은 과학의 범위를 벗어난 것처럼 취급 된다: "경험적 과학은 그가 무엇을 해야 하는 것인지 아무에게도 알려줄 수 없지만, 그가 무엇을 할 수 있는지 그리고 특정 상황에서 그가 하고자 하는 것이 무엇인지를 말해준다"(Weber, 1949:54).

어떻게 우리 사회가 조직되었는지 혹은 어떻게 우리가 살아가고 있는지에 대한 타당한 지식을 발전시킨다는 사고는, 우리에게 어떻게 우리사회가 조직되어야 하고 어떻게 우리가 살아가야만 하는지에 대해 아무것도 말해주지 않는다. 결과적으로 경험적 사실의 결정론과 이들 사실들이 만족스러운지 혹은 불만족스러운지에 대한 평가는 엄격하게 분리돼야 한다(Weber, 1949). 사회과학자들은 연구문제를 선택하는 당연한 기초로서 가치 판단을 무시해서는 안 된다. 연구가 끝나고 연구보고서가 다 쓰인 후, 많은 과학자들은 정부 공무원들이나 혹은 사설 조직이 연구결과를 이행하기를 장려하므로 그 보고서가 수락될 수 있을지를 고려해 봐야한다. 그러나 연구 프로젝트를 진행하는 동안에는 가치판단을 유보하여야 한다.

사회 정책 형성(Shape Social Policy)

제11장 용역연구의 논의에서 강조하였듯이, 많은 사회 과학자들은 그들의 글을 통해 사회정책에 영향을 미치려 한다. 지금까지 여러분은 이 교재에서 제11장의 모든 평가연구들을 포함해 여러 가지 이런 예들을 접하였다. 이들 정책지향적인 사회과학 연구들은 지식증대의 엄격한 목적을 가진 연구들과 유사하다. 사실 이들 연구들은 첫 번째로는 지식에의 기여를 두 번째로는 사회정책에 대한 논쟁에의 기여로 판단되어야 한다. 엄격한 학술 보고서와 이들 연구 보고서를 구별하는 것은 정책적 함의에 대한 그들의 관심에 있다.

정책적 영향을 추구하는 다른 사회과학자들은 사실과 가치 사이의 엄격한 구분을 하는 전통적 과학을 명확하게 거부한다(Sjoberg & Nett, 1968). Bellah와 그의 동료들(Bellah et al., 1985)은 "공공 철학으로서 사회과학" 모델을 대신 제안하는데, 이것은 명확히 사회과학자들이 보다 알맞은 사회를 달성하는데 주의를 집중하는 것이다.

> 사회과학은 사람의 본능, 사회의 본능, 그리고 사람과 사회의 관계에 대한 가설을 만드는 것이다. 이것을 허용하건 말건 사회과학은 선한 사람과 선한 사회에 대한 가설

을 만들며, 이 개념들이 얼마나 우리 실제 사회에 상징되는 개념들과 차이가 있는지를 고려한다.

> 공공 철학으로서 사회과학은 사회과학과 인문학사이의 철재 장막을 뚫어냄으로써, 사회적 자기이해 혹은 자기 해석의 방법이 된다.... 과거와 현재를 탐색함으로써, "실존" 하는 것만큼이나 "가치"를 바라봄으로써, 사회과학은 명확하지 않은 것을 결합시킬 수 있고 어려운 질문을 물을 수 있게 한다.(p. 301)

이 관점은 연구 결과를 보고할 때 공공 정책적 함의에 관한 고려를 보다 명확하게 하도록 제안한다. 그러나 기억해야할 중요한 것은 우리 모두는 우리 자신들의 가치선호도에 따라서, 우리의 연구와 연구 결과에 대한 해석을 왜곡할 수 있다는 것이다. 우리가 원하는 것을 보고자하는 유혹은 거대하고, 그들이 이 유혹을 피하지 못한다면 연구보고서는 받아들여질 없다.

사회적 행동 조직 : 참여적 행동 연구 (Organize Social Action—Participatory Action Research)

같은 이유에서 가치 질문을 전통적으로 연구과정으로부터 분리시켰으며, 많은 사회 과학자들은 이를 연구에 적용하는 것이 비과학적인 고려라 치부한다. 윌리엄 화이트(William Foote Whyte)는 제9장에서 봤듯이 그의 저서 *Street Corner Society(1943)*에서 이 신념을 비판하고 대안적 연구와 리포팅 전략인 참여적 행동 연구를 제안한다. 화이트(1991:285)는 사회과학자들이 학술적 패턴을 버려야 하며, 사회적 현상을 보다 잘 이해할 수 있는 방법을 발전시키는 응용 연구에 참여해야 한다고 주장한다.

참여적 행동 연구(participatory action research, PAR)에서 연구자는 연구되는 환경의 구성원으로서, 적극적인 참여자가 되어 참여해야 한다. 조직 구성원과 연구자는 고유의 통찰력을 얻고 변화를 위해 모두 타당한 결론을 발전시키기를 원하는 것으로 가정된다. 그러나 화이트(1991)는 이들 목적들은 연구자가 적극적으로 그가 연구하는 사람들과 협력할 때 얻어질 수 있는 것이라 믿었다. PAR은 연구 과정들을 의논하고 계획하는 그룹을 통해 연구자들을 연구 환경의 참여자와 보다 가까이 접촉시킬 수 있으며 이후 연구 결과를 이행하는 단계로 진행된다. 스티븐 케미스와 로빈 맥타가트(Stephen Kemmis and Robin McTaggart)의 연구에서 PAR 연구의 주요사항을 "내성 주기 나선형"으로 다음과 같이 요약한다(2005:563-68).

- 변화 준비
- 행동, 과정 관찰, 변화 결과
- 이들 과정과 결과 반영
- 재계획
- 행동과 관찰 반복

연구 프로젝트의 마지막 단계에서 결과를 공식적으로 보고하는 것과 반대로 이들 주기들은 연구 보고를 연구과정의 현재진행 중인 부분으로 보고하게 한다.

사례 연구 : 수감자들을 위한 고등교육 추구

미국의 교도소 인구가 상당히 증가하는 동안, 교도소 내의 대학 교육 프로그램에 대한 접근은 완전히 제거됐다. 주요한 이유는 1990년대 "tough on crime"정책 때문인데 1995년에는 전국적으로 교도소 내의 350개 대학 교육 프로그램 중 8개만이 살아남았다(Torre & Fine, 2005). 이 상황을 개선하기 위해, 토르와 파인은 뉴욕 주의 중구금 여성교도소인 Bedford Hills의 교정시설에서 대학 프로그램을 실시하는 참여적 행동 연구에 참여하게 되었다. 프로그램 효과 연구를 수행하는데, 파인은 4명의 교도소 연구자들과 4명의 뉴욕시립대학교 대학원 연구자들과 함께 연구책임자였다. 이 참여적 연구팀은 여러 질문을 물었는데 a) 대학교육 프로그램에 있는 여성은 누구인가? b) 대학경험이 수감 학생들과 그들의 자녀들에게 미치는 영향은 무엇인가? c) 대학경험이 교도소 환경에 미치는 영향은 무엇인가? d) 대학경험이 대학을 넘어 재범에 미치는 영향은 무엇인가? e) 세금납부자들에게 이 프로그램이 부가하는 비용은 얼마인가? 연구자들은 재범률의 양적분석과 프로그램비용 그리고 참여자가 함께 한 심층 인터뷰를 이용해 삼자 간 연구방법을 사용했다. 1) 재범률에 대한 양적분석과 연구 참여자들에 대한 심층인터뷰; 수감자, 교수진, 자녀, 그리고 대학교장이 참여하는 포커스 그룹; 프로그램을 가르친 교수진 설문조사. 비록 무작위 실험연구설계를 사용한 것은 아니지만 토르와 파인은 그들의 동료들과 함께 대학 교육 프로그램에 참여한 참가자들을 그들이 석방된 후 추적조사 하였고, 프로그램에 참여하지 않은 여성 재소자가 참여 여성들에 비해 4배나 더 재수감될 확률이 높다는 사실을 발견했다.

대학생 재소자들의 인터뷰 대화에서 교육의 긍정적인 효과를 보여주었다. 한 대학생 재소자는 "당신들이 재소자들을 받아들였기 때문에 그들이 전혀 문제가 되지 않는다고 느낀 것이며, 그들을 그 환경에 놓은 것처럼 당신들도 학교에 있을 때 감옥으로부터 자유로워진다.

이것은 당신에게 마음을 열도록 하는 완전히 다른 경험이 된다(Torre and Fine, 2005:582)."재소자들에 대한 대학교육의 긍정적인 영향은 그들의 자녀들에게도 영향이 갔다. 프로그램에 대한 손익분석 결과는 대학교육에 참여한 재소자들의 재범률 감소를 통한 절약이 프로그램 시작에 들어간 비용에 비하여 더 많다는 것을 보여준다. 결과적으로, 사립재단의 적은 재정지원이었지만 참여적 행동 연구팀은 대학, 교도소, 교회, 지역사회 조직, 그리고 교도소 행정가들과 함께 베드포드 힐 교도소에 대학을 부활시킬 수 있었다. 연구자들은 "이 프로그램의 중요한 성공 요소는 지역사회 전반의 참여와 재소자들의 적극적인 참여, 그리고 교도행정의 지원"이었다고 결론내리고 있다(p. 591).

연구 대상자들과의 대화(Dialogue with Research Subjects)

구바와 링컨(Guba and Lincoln, 1989)은 연구설계에서 연구 참여자와 다른 사람들이 관련되며 연구보고를 한 발짝 더 나아갈 수 있게 한다는 생각을 전하고자 한다. 그들이 구성주의 패러다임(constructivist paradigm)이라 부르는 연구방법은 사회적 환경에서 어떻게 다른 이해당사자들이 그들의 이익을 구체화하는지를 탐구하는 것의 중요성을 강조하는 것이다. 이 접근방법은 우리 주변의 현실세계가 연구되고 보고된다는 가설을 부정한다. 대신에 구성주의의 패러다임 안에서 사회과학자들은 종종 평가된 프로그램의 연구초점을 어떻게 이해해야 되는지에 대한 의견조율과정에서 참여자들 간의 합의를 발전시키려 노력한다. 연구보고는 그 다음으로 사회적 프로그램의 다른 관점을 강조하고 어떻게 합의에 도달할 수 있는지를 설명한다.

구성주의 접근은 어떻게 그 사회의 복잡성과 주관성을 잘 표현할 수 있는지에 대한 유용한 방법을 제공한다. 다른 연구자들은 공공정책에 영향을 주려는 의도로 보고서를 작성하며, 종종 그들의 발견을 무시하기도 한다. 이러한 연구결과의 무시는 사회과학자들이 구성주의적 케이스 보고서로서 같은 사건 참여자들에 의해 부여되는 다른 의미를 더 주의 깊게 살핀다면 보다 줄어들 것이다. 또한, 이 접근 방법은 패턴(Patton, 1997; 제11장 참조)에 의해 개선되어 연구과정에서 모든 이해당사자들을 고려하고자 하는 활용기반 평가연구접근과 유사하다.

연구보고서 작성 과정(ON WRITING RESEARCH)

연구의 목적은 어떤 것을 그저 발견하기 위한 것이 아니라, 많은 청중들(다른 사회과학자, 정부 공무원, 선생, 일반 대중, 등)과 그 발견을 의사소통하기 위함이다. 연구의 결과가 무엇이든지 간에 연구에 관심이 있는 청중들이 연구결과를 이해하고자 하며, 그것으로부터 배우고자 한다면 그 연구는 성공적이라고 평가내릴 수 있다. 한편, 청중들이 연구의 결과에 대해 배움을 얻지 못한다면 그 연구가 얼마나 비용이 들었든지, 얼마나 섬세하게 설계됐든지 혹은 얼마나 연구자가 공을 들였는지에 상관없이 실패한 것으로 평가 될 수 있다.

성공적인 연구보고서는 훌륭한 글쓰기와 알맞은 출판물을 필요로 한다. 우선 연구 출판물의 타입을 살펴보기 전에 성공적인 글쓰기의 가이드라인을 재조명하고자 한다.

- 업무의 복잡성을 존중하고 완벽한 초안을 단번에 기대하지 않는다. 당신의 생각은 글쓰기과정에서 발전할 것이며, 재구성과 퇴고가 발생한다.
- 마감일, 재시작, 편집, 등을 위한 충분한 시간을 남겨두고, 쓰인 글의 많은 부분을 버릴 수 있다는 사실도 수용해야 한다.
- 자신의 편의대로 가능한 빨리 글쓰기를 한다. 교정할 때까지 철자, 문법, 등등을 걱정하지 마라.
- 자신이 쓴 글에 대한 반응을 신뢰할 만한 사람에게 물어라.
- 글쓰기를 계속하라. 보고서 작성에 집중하기 이전에 노트나 보고서의 일부를 구할 수도 있다.

글쓰기를 시작하기 전에 보고서의 개요를 그리는 것은 중요하다. 그러나 보고서의 구성이나 초안 작성이 확고해야 된다고 생각할 필요는 없다. 글을 작성하면서, 보고서를 어떻게 구성할지에 대한 새로운 아이디어를 얻게 된다. 초고를 리뷰하면서 자신의 글을 개선할 수 있는 많은 방법을 발견할 수 있다. 어떻게 하면 문장을 짧고 명확하게 할 수 있을지에 대하여 집중한다. 각각의 문단은 하나의 주제만을 다루어야 한다는 것을 명심한다. 좋은 글쓰기의 황금률은 '글쓰기는 수정이다'라는 것을 기억한다.

여러 가지 방법으로 보고서 작성의 짐을 덜어놓을 수 있다.

- 연구제안서나 연구노트를 작성한다.
- 워드프로그램을 사용하여 재편성과 편집기능을 이용한다.

• 최종결과물을 제출하기 전에 친구, 선생, 다른 연구자들로부터 비판을 수용한다.

우리는 종종 **역으로 개요를 정리하는 것(reverse outlining)**이 매우 유용하다는 점을 알 수 있다. 보고서 초안을 작성한 후, 실제 사용되는 섹션의 제목을 무시한 채로 단락과 단락에 기초하여 개요를 작성한다. 실제로 작성한 문서가 원래 계획한 개요와 맞아떨어지는지를 확인한다. 글의 구성이 얼마나 개선되었는가? 가장 중요한 것은 최종본을 제출하기에 앞서 충분한 시간을 남겨놓아 가능한 여러 번에 걸쳐 수정할 수 있게 하는 것이다. 완전 명료하게 이루어질 때까지 수정은 필수적이다.

연구 보고서의 종류 (RESEARCH REPORT TYPES)

모든 연구프로젝트들(대학생 보고서나 논문, 용역보고서, 학술논문)은 최종보고서에 영향을 미치는 독특한 특징들을 가진다. 예를 들면 학생보고서는 특정 교수나 혹은 논문 위원회를 위해 작성되며, 거의 경제적 원조나 엄격한 시간제한 없이 이루어진다. 용역보고서는 연구를 후원하거나 특정한 보고서 형태를 기대하는 기관이나 단체를 위해 작성된다. 학술논문은 학계에 제출하기 위해 작성되며 학계의 대표자(논문심사자)들에 의해 수락돼야만 출판될 수 있다.

이들 고유한 특성들은 연구 생산물의 구체적인 타입과 명확하게 매치되지 않을 수 있다. 예를 들면 학생들 간의 협업에 의해 이루어지는 학생 논문은 용역연구를 위한 연구설계에 알맞지 않을 수 있다. 학술논문은 정부기관을 위해 수행된 용역연구로부터 나올 수 있다. 또한 같은 주제의 학술논문으로 인해서 용역연구가 이루어 질 수도 있다. 사실상, 하나의 연구는 세 가지 종류의 연구보고서로 연결되는데 학생이 과제물이나 논문을 교수를 위해 작성하고 그 교수는 역시 학술논문과 용역보고서를 작성하는 것처럼 말이다.

학생 과제물과 논문(Student Papers and Theses)

학생 연구과제물이나 논문의 가장 구별되는 특징은 최종 생산물의 청중이 교수 혹은 교수들로 구성된 논문 위원회라는 것이다. 과제물 작성이나 학생논문 작성에 있어서는 연구진행사항에 대한 교수의 피드백과 최종결과물에 대한 교수의 기대를 파악하는 것은 매우 중요하다. 논문제안서에 대한 승인획득은 일반적으로 가장 첫 단계이며 최종 과제물 작성에 앞서 교수의 지도를 받는 마지막 단계로 파악해서는 안 된다. 하지만 지도받는 것을 너무 걱정하지는 말자. 교수는 연구프로젝트의 일부분을 요구할 것이고 그들의 학생들은 자신들이 직면하는 많은 이슈들을 거의 독자적으로 해결해 나가게 된다. 이 방법은 연구과정에서의 매우 유용한 통찰력을 제공해준다. 조언의 요청과 자신의 독자적인 의사결정은 조화가 필요하다.

대부분의 학생 연구 프로젝트는 학생 자신의 시간과 노력을 넘어설 정도의 많은 자원 없이도 끌어갈 수 있기 때문에 연구계획이 너무 야심차지 않는 것도 중요하다. 연구를 계획할 때 제출 마감일을 상기하며 거의 대부분의 연구자들이 프로젝트 수행에 요구되는 시간을 과소평가하는 경향을 보인다는 것을 기억해야 한다.

집단 프로젝트(Group Projects)

집단 프로젝트에서 여러 학생들과 자신의 자원을 공동출자하는 것은 더 많은 자료를 모으는 것을 가능하게 하지만, 다른 문제들을 야기할 수도 있다. 개개 학생들의 역할은 처음부터 명확해야 하며, 공식적인 협약처럼 연구제안서에 쓰여야 한다. 집단 구성원들은 최소한의 일을 하려고 경쟁하거나, 가장 인정받으려 하기 보다는 서로가 서로를 도우려 노력해야한다. 다른 집단 구성원들에 대한 불평은 집단 구성원 끼리 그 일을 해결하는 것이 가능하지 않을 때 교수에게 부탁해야 한다. 개개 집단 구성원들은 최종보고서에서 명확한 책임영역을 가져야 하고 한 명은 최종 편집자의 역할을 수행한다.

논문 심사위원회(The Thesis Committee)

논문 심사위원회의 심사를 위해 논문을 준비하는 학부 4학년생 혹은 석사나 박사레벨의 학생들은 논리정연한 최종보고서를 계획함에 있어서, 다수의 관점들과 심사위원회 구성원들의 의견들을 통합하면서 준비해야 한다. 논문 심사위원회의 위원장은 이 과정에서 주요한 지도자가 된다. 또한 논문 심사위원회의 교수진을 조심스럽게 선발하는 것도 중요하다. 가능한 한 심사위원회 구성원들은 연구프로젝트에서 중요하게 기여할 수 있는 상호보완적인 전문영역(아마도 한 명의 연구방법 전문가, 논문의 주요한 실질적 영역의 전문가, 그리고 파생적 영역의 전문가)을 가질 필요가 있다. 군사기관이나 다른 기관의 대표자가 심사위원회에 소속된다면 이들 기관에서 수집된 자료를 사용하는 이들에게는 큰 도움이 된다.

개별적으로 혹은 집합적으로 논문 심사위원회의 심사자들과 지속적으로 작업하는 것은 중요하다. 사실상, 연구계획이 모든 심사자들로부터 지지받을 수 있도록 프로젝트의 시작점에서 모든 심사위원회 구성원들과 집단만남을 가지는 것은 필수적으로 중요하다. 이것은 연구 진행과정에서 나중에 의사소통의 문제를 일으킬 수 있는 방해물을 피할 수 있게 해준다.

저널논문(Journal Articles)

동료심사(peer review) 과정은 저널논문의 준비를 가장 독특하게 만든다. 연구비 심사와 마찬가지로 논문 편집장은 제출된 논문을 두 명이나 세 명의 전문가, 동료학자에게 보내어 그 논문이 게재하기에 적당한지, 수정 후 재심사가 필요한지, 혹은 게재불가인지를 묻는다. 심사자들은 그들의 결정을 설명하고 필요한 수정을 지시하기 위한 일정분량의 심사평을 제공한다. 이 과정은 거의 대부분의 저널에서 익명으로 이루어지는데, 심사자는 논문작성자의 이름을 모르고 논문작성자는 심사자의 이름을 알지 못한다. 논문편집장이 비록 마지막 결정을 내리지만 편집장의 결정은 일반적으로 심사자들의 심사평에 기초한다.

동료심사 과정은 최종 보고서를 계획함에 있어서 반드시 예상해야 한다. 동료 심사자들은 손쉽지 않은 대상이다. 그들은 연구영역의 전문가들이거나 대표자들이며 일반적으로 그 연구영역에서 자신이 게재 한 논문이 있는 사람들이다. 논문 작성자는 기존 연구문헌에 정통하고 자신의 연구결과가 기존 문헌에 의미 있는 기여를 할 것이라는 것을 보여주는 것이 매우 중요하다. 대부분의 경우에 있어서 이 난관은 학생 보고서나 용역연구보고서 보다도 저널논문으로 게재되기를 더 어렵게 한다. 사실상 대부분의 대표적인 저널들은 게재불가 비율이 90%에 달한다. 물론 동료심사에서 어떤 행운이 존재할 수는 있다. 심사자들 중 어떤 심사자는 논문을 거절하고자 하는 반면, 다른 심사자들은 수락하고자 할 수 있기 때문이다. 하지만 일반적으로 익명의 동료심사 과정은 높은 수준의 보고서를 만드는데 그 이유는 논문들은 출간 전에 전문가의 제안이나 비판에 의해 수정되기 때문이다.

범죄학과 형사사법학 연구는 여러 영역들(범죄학, 법학, 심리학, 경제학 등)의 많은 저널들에서 출간되고 있다. 결과적으로 모든 범죄학 연구들이 따르는 하나의 논문작성 서식은 없다. 예를 들면 당신이 심리학과 관련된 저널에 논문을 제출하면 미국 심리학회의 출판 매뉴얼(Publication Manual of the American Psychological Association(2009))에서 인용하고 있는 서식에 따라야 한다. 특정 저널에 제출하기 위한 논문의 서식을 어떻게 결정할 것인지에 대한 가장 손쉬운 방법은 최근 저널 출간본을 살펴보고 자신의 논문을 그 서식에 맞추는 것이다. 저널들에 따라 매우 다양한 스타일에도 불구하고 저널논문 시작페이지에 주로 사용되는 전형적인 7가지 표준글쓰기를 Exhibit 13.1에서 살펴볼 수 있다.

EXHIBIT 13.1 저널 논문의 일반적인 글쓰기

1. *논문초록*: 논문초록은 연구논문의 연구문제, 샘플, 연구방법, 연구결과를 설명하는 간결하며 비평가적인 요약이다.

2. *논문소개*: 논문의 본문은 논문소개와 함께 시작되는데 논문소개는 기존 연구의 문제를 지적하고 연구전략을 설명하는 것이다. 이 부분을 작성하기에 앞서 작자는 다음의 질문을 고려해야 한다. 1) 이 연구의 포인트는 무엇인가? 2) 어떻게 가설들과 연구설계가 연구문제와 관련되는가? 3) 연구의 이론적 함의는 무엇이며 이 연구가 이전 연구들과 어떻게 연결되는가? 4) 검증되는 이론적 명제들은 무엇이며 어떻게 이들을 끌어내는가? 좋은 논문소개는 이 질문들을 독자들에게 기존 연구결과와 연구문제제기의 이유를 이해시키면서 연관논쟁과 자료를 요약하는 몇 개의 문단으로 대답하는 것이다.

3. *문헌검토*: 문헌검토는 기존 연구를 모두 검토하는 것이 아니라 자신의 연구와 관련된 이전 연구를 논의하는 것이다. 관련된 이전 연구들의 인용과 의미 확인은 연구자의 과학적 학술적인 책임이다. 이것은 누적되는 과학의 성장을 위해 필수적이다. 이 부분은 이전 연구와 현재 연구사이의 논리적 연속성을 증명해야한다. 문헌검토의 마지막에서 연구자는 연구 변수들을 개념적으로 정의하고 연구 가설들을 공식적으로 언급할 준비가 돼야 한다.

4. *연구방법*: 어떻게 연구가 실행되었는지에 대해 상세하게 기술한다. 이 같은 설명은 독자가 당신 연구방법의 적정성과 연구결과의 신뢰성 및 타당성을 평가할 수 있도록 한다. 이것은 또한 경험 많은 평가자들이 그들이 원한다면, 그 연구를 반복할 수 있는 기회를 제공하는 것이다. 이 부분에서 연구자는 연구샘플, 독립변수와 종속변수 그리고 연구데이터를 분석하기 위해 사용할 분석적 혹은 통계적 절차를 구분해서 설명하는 세부항목을 추가할 수 있다.

5. *연구결과*: 데이터를 통해 실행된 통계적 혹은 질적 분석의 결과들을 요약한다. 결과를 요약하는 표와 그래프를 포함할 수 있다. 만약 통계적 분석이 실행됐다면, 유의성 검증은 강조돼야 한다.

6. *논의*: 연구결과를 연구가설 및 이전 연구결과들과 비교하여 평가하고 해석하는 기회를 가진다. 여기서 연구자는 연구결과를 검토하고 해석하는데 자유로울 뿐만 아니라 추론을 이끌어낼 수 있다. 일반적으로 이 부분은 다음의 질문들을 대답해야 한다. 1) 내가 기존 문헌에 기여하는 것은 무엇인가? 2) 내 연구가 원래 연구문제를 해결하는데 얼마나 도움이 되었는가? 3) 내가 나의 연구로부터 이끌어 낼 수 있는 결론과 이론적 함의는 무엇인가? 4) 내 연구의 한계는 무엇인가? 5) 미래 연구를 위한 함의는 무엇인가?

7. *참고문헌*: 논문에 사용된 모든 인용은 참고문헌 목록에 나타나야 한다. 모든 참고문헌들은 형식에 맞게 인용돼야 한다.

용역보고서(Applied Reports)

저널논문과는 달리 용역보고서는 일반적으로 특정 정부기관, 회사 혹은 비영리단체에 의해 의뢰된 것이다. 용역연구자들이 직면하는 가장 중요한 문제는 제정지원을 한 기관의 기대에 부합하는 최종보고서를 만들어야한다는 요구이다. 이것을 우리는 고용된 전문가의 어려움 혹은 살인청부업자의 문제라 부른다. 물론 고용된 전문가의 어려움의 범위는 보통 재정지원을 하는 기관의 연구의도와 연구문제가 제기된 원천에 따라 달라진다. 이상적인 상황은 최종보고서에 대한 약간의 간섭이지만, 때때로 연구자가 제정지원을 한 기관이 좋아하지 않을 결론에 도달한다면 연구보고서는 억압되거나 왜곡될 수 있다.

매우 적은 재량을 가지는 환경에서 작성된 용역보고서는 다른 문제에 직면할 수 있다. 재정지원을 하는 기관으로부터 호의적인 반응을 얻었을 지라도, 연구결론은 무시될 수 있기 때문이다. 이 문제는 재정지원을 한 기관이 연구결과를 사용하기를 원하기 않기 때문이라기 보다는 연구결과를 그들이 어떻게 사용해야하는지 정말로 모르기 때문에 일어나는 문제이다. 이것은 단순히 재정지원을 하는 기관의 문제만이 아니다. 많은 연구자들은 연구결과가 기관의 정책이나 프로그램에 어떻게 적용될 수 있는지에 대해 어떤 의견도 제시하지 않고 단지 연구결과만을 제시하려고 준비하기 때문이다.

자문위원회(An Advisory Committee)

자문위원회는 화이트(1991)의 참여적 행동 연구나 구바와 링컨(1989)의 구성주의적 탐구의 전략을 채용함 없이, 용역연구자들이 최종보고서에서 양립할 수 없는 기대들의 문제와 연구결과를 사용하는 방법을 잘못 이해하는 것을 피할 수 있도록 도와준다. 자문위원회는 프로젝트 시작 전 연구결과에 지분이 있는 여러 기관을 대표할 수 있도록 구성돼야 한다. 연구자는 위원회를 어떻게 특정 결과를 수용해야 하는지에 대한 지혜의 원천으로 그리고 연구결과물을 기관과 조직이 어떻게 사용할 수 있는지에 대한 아이디어를 얻기 위한 반응집단으로 이용할 수 있다. 아마도 가장 중요한 것은 자문위원회는 연구자가 연구설계, 연구이행, 그리고 자료수집에서 해결해야하는 많은 문제들을 해결하는데 도움을 줄 수 있다. 왜냐하면 자문위원회는 모든 이해관계자로 구성되기 때문에 갈등이 자문그룹 구성원들 사이에서 일어나는 것을 피할 수 없다. 경험상, 갈등은 거의 변함없이 연구설계와 최종 생산물을 위해 보다 효과적인 전략으로 사용된다.

자문위원회는 특히 논쟁이 되는 이슈를 조사하기 위한 연구에 필수적이다. 예를 들면 '여러 사형수들이 그들의 범죄로 기소된 것이 잘못되었다'는 1999년에 수행된 연구 후에 일리노이 주의 주지사는 모든 사형선고를 유예했다. 그 연구의 다른 결과로는 사형처벌이 불공평하게 내려졌다는 것을 제시하였다. 소수인종과 가난한 범죄자가 백인이나 법적인 조언자를 고용할 수 있는 경제적 능력이 되는 사람들에 비하여 사형처벌을 비율적으로 더 많이 받는다는 것이다. 이 결과는 언론의 집중조명을 초래하였으며, 사형처벌에 대한 유예를 다른 주에서도 이끌어냈다. 결과적으로 다른 주에서도 사형처벌의 실행을 재검토하기 시작하였다. 메릴랜드 주가 그러한 주들 중 하나이다. 2001년에 메릴랜드 주 의회는 메릴랜드 대학의 레이먼드 패터노스터(Raymond Paternoster)에게 사형처벌의 실제에 대한 연구를 수행하도록 의뢰하였다(Paternoster et al., 2004). 그 연구의 주요 목적은 사형처벌이 피의자나 피해자의 인종에 영향을 받는지를 검증하는 것이다.

예상 할 수 있듯이 그 연구가 시작되었을 때 논쟁거리가 되었다. 모든 관심이 집중이 되는 것도 당연하였다. 패터노스터와 그의 동료들(2004)은 연구를 수행하기에 앞서 자문위원회를 구성하였다. 자문위원회는 중형범죄에 경험이 많은 검찰과 변호사 집단으로 구성되었다. 자문위원들은 패터노스터 교수에게 여러 가지 중요한 이슈들을 충고하였다. 그 이슈들은 그 연구가 커버해야 하는 기간년도, 정보를 찾을 수 있는 곳의 소스, 그리고 판결 결과와 관련되는 특정 중요 변인들에 대한 것이었다. 자문위원회는 연구에 실제적인 조언을 제공하였을 뿐만 아니라, 법조계의 폭넓은 의견을 취합할 수 있도록 함으로써 연구결과의 신뢰성을 더 높였다.

데이터 제시 (DATA DISPLAYS)

우리는 제12장에서 데이터를 분석하고 보고하는데 유용한 약간의 통계를 배웠지만 연구보고서를 보다 향상시킬 수 있는 통계적 결과를 나타내는 추가적인 방법이 있다. 결합적이고 함축적인 전시방법은 용역연구보고서나 정부 문서에서 가장 자주 사용되지만, 이 방법은 학생 보고서나 저널논문에서도 역시 보다 효과적으로 결과를 의사소통하는데 도움을 준다.

결합적 빈도 제시(combined frequency display)에서, 응답의 동일한 제목과 함께 같은 응답 카테고리에서 개념적으로 유사한 변수들의 분포는 함께 표시된다. 예를 들면 가장 외쪽 세로줄에 변수들과 가장 위쪽에 수치의 의미표시를 확인할 수 있다. Exhibit 13.2는 고등학교 3학년생들의 비행행동 질문에 대한 응답을 나타내는 다섯 가지 변수들을 퍼센트로 표시한 빈도분포를 보여주고 있는 결합적 제시이다. 자기보고식 비행행동의 기초적인 분포임에 비해 이 표로부터 당신은 여러 가지 정보를 추론할 수 있다. 당신은 코호트집단의 특정 비행행위에 대한 가담의 변화를 파악할 수 있고 1982년에서 1994년까지 이 행동이 증가 혹은 감소했는지를 역시 판단할 수 있다. 예를 들면 비록 대부분의 3학년들이 말싸움이나 혹은 부모님과의 다툼을 보고하였지만 낮은 비율의 학생들이 집단적으로 다른 학생 집단과 싸움(20%)을 하였고 경찰과의 사이에 문제(25%)가 있었다. 또한 13년간의 조사기간 동안 싸움행동의 비율이 많이 변화하지 않은 것을 볼 수 있다. 그러나 경찰과의 사이에 문제를 일으키는 청소년의 비율은 사실상 감소하였다.

함축적 빈도(compressed frequency displays)는 불필요한 퍼센트를 제거하고 중복적인 표시의 요구를 감소시킴으로써 교차표 자료와 요약적 통계를 보다 효율적으로 나타내는데 사용될 수 있다. Exhibit 13.3은 여러 가지 인구학적 특성에 따른 국가가 직면하고 있는 문제에 대한 태도를 설문조사한 결과를 강조하기위해 사용된 빈도분포를 보여준다. 여러 문제 영역에서 응답자는 조사자에게 그들이 국가가 "거의 같은지", "발전하고 있는지" 혹은 "입지가 좁아지는지"에 대한 생각을 응답하도록 요청받는다. 퍼센트는 국가의 입지가 좁아지고 있다고 응답한 응답자들을 나타낸 것이다.

결합적이며 함축된 통계적 결과 제시방법은 상대적으로 적은 공간에서 많은 양의 자료를 표시할 수 있다. 통계적 보고서에 대한 경험이 많은 독자들을 위해 이 같은 표시방법은 많은 중요 정보를 전달할 수 있다. 그러나 사용에 조심할 필요도 있다. 왜냐하면 통계적인 표시방법을 사용하지 않는 사람들은 일렬로 나열된 숫자에 의해 당황할 수 있을 것이다. 그래프는 역시 변수들 간의 관계를 요약하는데 효율적인 도구가 될 수 있다. Exhibit 13.4는 하렐, 카바나흐, 그리고 스리드하란(Harrell, Cavanagh, and Sridharan, 1999)에 의해 수행된 위기의 아이들(CAR) 프로그램에 대한 평가 보고서의 일부이다. 처치집단(CAR 참여)과 통제집단(CAR 비참여)을 평가하는 과정동안 약물을 사용한 청소년의 비율을 나타낸 것이다. 보이는 것처럼, CAR 프로그램에 참여하지 않은 청소년들에 비교하여 CAR 프로그램에 참여한 청소년들은 매번 측정할 때 마다 모두 약물사용이 적었다.

그래프를 사용하여 관계를 보여주는 다른 좋은 예는 미국범죄통계국의 폭력범죄 피해자들의 연령별 패턴에 대한 보고서이다(Perkins, 1997). Exhibit 13.5는 폭력 범죄율이 시간의 흐름에 따란 특정 연령집단에 의해 어떻게 변화하는지를 보여준다. 한편, 폭력범죄피해율은 고령층에서 시간의 흐름에 따라 상대적으로 안정적인 상태를 보여주고 있다. 19세 이하의 젊은 연령층은 1980년대 말에서 1990년대 초 동안의 피해율의 증가를 겪은 것으로 나타났다.

EXHIBIT 13.2 지난 12개월 동안 특정 비행행동에 참여한 고등학교 3학년 학생들의 빈도표

비행 행동	1987년도 학급 (3,179명)	1988년도 학급 (3,361명)	1989년도 학급 (3,350명)	1990년도 학급 (2,879명)	1991년도 학급 (2,627명)	1992년도 학급 (2,569명)	1993년도 학급 (2,690명)
말싸움이나 혹은 부모님과의 다툼?							
전혀없음	8.8	9.7	9.6	9.3	10.0	9.3	12.1
한번	8.5	8.2	8.7	8.8	8.9	8.7	9.4
두번	12.1	11.0	10.2	12.8	12.7	11.7	12.4
3-4번	23.1	23.7	23.6	23.2	24.7	24.7	20.2
5번 이상	47.5	47.5	47.9	45.9	43.6	45.5	45.9
집단적인 패싸움?							
전혀없음	80.4	80.5	79.7	81.4	79.6	78.7	77.8
한번	11.3	11.1	12.1	11.4	11.2	11.5	11.2
두 번	4.4	4.4	3.9	4.4	5.0	4.4	5.8
3-4번	2.6	2.4	2.4	1.9	2.5	3.2	2.9
5번이상	1.4	1.6	1.8	1.2	1.7	2.2	2.3
경찰관과 마찰을 겪음?							
전혀 없음	75.9	77.5	76.6	75.8	77.4	77.8	90.4
한 번	15.3	12.8	13.7	13.2	12.4	11.9	5.9
두 번	4.5	6.2	5.5	6.0	6.0	5.2	1.8
3-4번	2.8	2.4	2.6	3.4	2.7	3.0	1.2
5번이상	1.5	1.1	1.6	1.6	1.5	2.2	0.6

출처 : Johnston, Bachman, & O'Malley(1994); 미범죄통계국 보고서(NCJ-154591)

EXHIBIT 13.3 **인구학적 특성에 따른 국가의 오늘날에 영향을 미치는 문제들에 대한 태도**

질문 : 다음으로 국가의 현황에 영향을 미치는 문제들에 대하여 당신의 생각을 말해주시기 바랍니다. 첫째, 그 문제들이 "거의 동일", "국가를 발전시킴" "국가의 입지를 좁힘" 당신의 생각은?

"입지를 좁힌다"는 응답의 퍼센트

	범죄	가족붕괴	약물
성별			
남성	71	73	60
여성	82	77	71
인종			
백인	77	75	64
비백인	77	75	79
연령			
30세 미만	73	75	64
30–49세	79	73	63
50–64세	78	76	69
65세 이상	77	76	70
교육			
대학졸업	71	71	64
전문대졸업	84	79	67
고등학교졸업	80	77	66
고등학교 이하	69	72	66

출처 : 형사사법통계 자료집(1995), 미범죄통계국 보고서(NCJ–158900)

EXHIBIT 13.4 CRA 프로그램 처치 및 통제집단의 약물사용 퍼센트

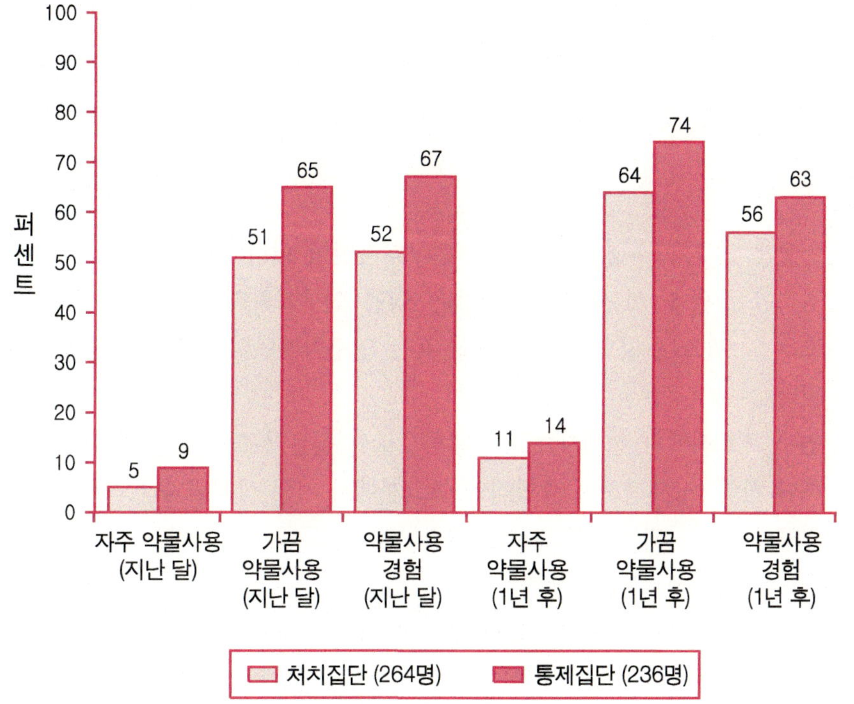

출처 : 하렐과 그의 동료들(1999), 미범죄통계국 보고서(NCJ-178914).

EXHIBIT 13.4 연령에 따른 폭력범죄율

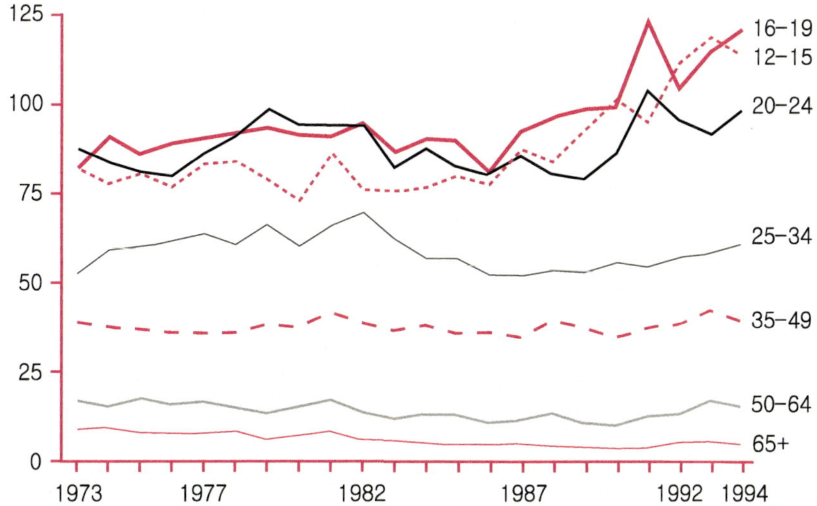

출처 : Perkins(1997), 미범죄통계국 보고서(NCJ-162031).

윤리와 보고 (Ethics and Reporting)

연구결과를 보고할 때 연구자의 윤리적 의무 중 가장 중요한 것은 정직함이다. 몇몇 가이드라인이 여기에 있다.

1. 어떻게 연구가 수행되었고 초기 연구디자인이 어디에서 변하게 되었는지에 대한 정직한 설명을 제공하라. 독자들은 어떤 연구계획과 새로운 아이디어의 변화를 모두 알 필요는 없으나, 연구가설 혹은 연구디자인의 주요한 변경은 알 필요성이 있다.
2. 연구 프로젝트의 전체자료를 보관함으로써 질문이 들어왔을 때 답변할 수 있도록 해야 한다. 상세정보는 종합적인 보고서에서 거의 삭제되지만 자료 분석 과정이나 발표에서 제기되는 연구절차에 대한 특정 질문들에 응답하는 것을 불가능하게 할 정도로 삭제해서는 안 된다.
3. 통계로 거짓말을 하거나 그래프로 명확히 설명하지 않는 것을 피한다.
4. 연구의 후원자를 확인시켜준다. 부분적으로, 이것은 다른 사람들이 이 스폰서십이 어떤 형태로건 연구결과에 선입견을 가져 왔는지를 고려할 수 있게 한다. 그리고 주요한 기여를 한 팀원에게 감사를 표한다.
5. 공동연구자를 위해 저자의 순서를 미리 논의하고 동의한 원칙을 반영하는 것을 확실히 한다. 공동저자의 요구와 근심에 세심하게 반응한다.

대중과의 의사소통(Communicating with the Public)

적절한 가이드라인을 따른다고 할지라도 민감한 이슈들은 연구 중에 논쟁이나 갈등을 피할 수 없다. 이것은 윤리적인 연구자들이 그들 연구에 대한 매스컴의 관심을 피함으로써 정치적 논쟁을 피해야 한다는 것을 의미하는 것인가? 많은 사회과학자들은 미디어가 사회적 지식의 실제적 적용을 소통할 수 있는 최고의 방법 중 하나를 제공하고 있다고 주장하며 우리가 이런 기회를 피할 때 "최고의 사회적 통찰 중 몇몇은 정책입안자에게 절대 도달하지 못할 수 있다. 왜냐하면 사회학자들이 좀처럼 그들의 생각을 옮길 수 있는 유용한 메커니즘의 강점을 잘 모르기 때문이다"(Wilson, 1998:435).

사회학자 윌리엄 윌슨(William Julius Wilson, 1998)은 언론을 통해 대중에 관심을 얻는 다음의 원칙을 주장한다.

1. 국가적 관심이 되는 이슈들에 집중하라. 이슈들은 공공의제로 우선되는 것.
2. 기술적인 언어를 피하고, 명확하게 제시되는 창의적이고 사려 깊은 논의를 발전시켜라.
3. 독자들이 어떻게 여러 가지 부분들이 관련되는지를 이해할 수 있도록 논의를 체계화하여 어떤 것에 대한 큰 그림을 제공해야 하는지를 추가해라.

윤리적인 연구 보고는 비효율적인 보고를 의미하는 것은 아니다. 연구자는 보고서에서 일관된 이야기를 할 필요가 있고, 아주 사소한 세부사항들 때문에 이야기의 선로를 잃어버리지 말아야 한다. 연구자는 모든 꼬인 문제를 보고하거나 연구문제의 개념화 혹은 연구의 수행의 단계로 돌아갈 필요는 없으나, 보고서가 개선의 여지 가능성을 인정하지 않으려는 것처럼 보이는지 의심해야한다. 사회과학은 하나의 연구보고서가 다른 보다 섬세한 연구프로젝트를 위한 기초를 놓음으로써, 가장 가치 있는 기여를 하는 지속적인 사업이다. 연구보고서에서 중요한 결과를 강조할 뿐만 아니라, 연구보고서의 사용자체도 미래 연구자들을 위해 가장 생산적인 방향이 무엇일수 있는지를 가르쳐 준다.

표절(Plagiarism)

표절에 대한 섹션은 연구방법론 책의 마지막을 우울하게 하는 것처럼 보이지만 이 주제를 피하는 것은 무책임한 것이다. 물론 과목의 강의계획서에 상세한 가이드라인 혹은 표절에 대한 대학의 정책과 이를 위반했을 때의 처벌을 구체화한 정책을 알고 있을 것이다. 따라서 단순히 그 같은 경고를 반복하지는 않을 것이다. 아마도 기말보고서를 판매하는 사업이 혐오스러울 정도로 널리 퍼져 있다는 것을 알고 있을 것이다. 2008년 6월 3일에 구글에서 기말보고서를 검색했을 때, 5,920,000개의 웹사이트가 검색됐다. 학술적인 비정직함이 널리 퍼져 있다는 것을 지속적으로 다시 얘기하고자 하는 것이 아니다. 대신에 표절의 개념과 사회연구의 진실성에 얼마나 큰 이슈로 그 문제가 연결되는지를 보여주려는 데에 이 섹션을 할애하려한다. 표절 문제의 범위와 이것이 연구에 영향을 미치는 방식을 이해할 때, 다른 연구에서 표절을 잡아내거나 자신의 연구에서 표절을 피할 수 있는 능력을 보다 잘 기를 수 있을 것이다.

제3장에서 배웠던 전문가의 진실성을 유지하는 것, 즉, 연구절차와 결과에서의 정직함과 개방성은 윤리적 연구를 실천하는 기본이다. 윤리적으로 출판물과 보고서를 작성했을 때 정

직함과 개방성을 확보하는 것은 표절, 즉 적절한 인증 없이 다른 이의 생각 혹은 다른 사람의 글, 혹은 학문적 평가를 위한 사람들의 글을 사용하는 것을 피한다는 의미한다(Hard, Conway, & Moran, 2006).

최근 증가하는 연구에서는 표절이 대학 캠퍼스에서 커지고 있는 문제라 지적한다. 스티븐스와 그의 동료들(Stephens et al., 2007)은 두 개의 대학에서 자발적으로 참여한 학생들을 대상으로 인터넷 설문조사를 실시하였고 참여 학생의 4분의 1이 지난 년도의 강좌에서 몇 문장을 표절하거나(24.7%) 혹은 전체 보고서 표절하였다는(3%) 사실을 알 수 있었다. 하드와 그의 동료들(Hard et al., 2007)은 어떤 한 대학에서 몇 학급을 선정하여 설문조사를 실시하였는데, 참여한 거의 모든 학생들에서 매우 높은 표절 비율을 찾아냈다. 60.6%의 학생들이 "문장, 문단, 표, 그래프, 혹은 자료를 직접적 혹은 약간 수정한 형태로 책, 논문 혹은 다른 학술자료에서 인용하거나 원작자나 소스의 적절한 인용 없이"(p. 1069) 복사하였다고 응답하였다. 그리고 39.4%의 학생들은 "인터넷 웹 사이트에서 정보를 복사하여 그들의 작품인 것처럼 제출(p. 1069)"하였다고 응답하였다.

표절문제는 그 자체로도 정말 나쁜 짓이겠지만, 단순히 기말 보고서를 구입하는 것으로 끝나는 것이 아니다(Broskoske, 2005). 표절은 또한 문헌검토에서 얻어진 자료 혹은 연구보고서의 검열에 대한 것이기도 하다. 그리고 이것은 단지 학생보고서에 국한된 것은 아니다. 이것은 정확한 정보를 얻기 위해 당신이 신뢰하길 바라는 보고서들을 출판한 유명한 학자나 사회과학자들에 대한 것이기도 하다. 여러 유명한 역사학자들은 그들이 사용한 유명한 책자로부터 문장들을 표절한 것으로 혐의를 받았다. 몇몇 학자들은 자신 연구조교들의 작품을 확인하지 않았거나 자료의 근거를 기록하지 않거나, 그들이 분석하였다던 자료를 재확인시킬 수 없음을 인정했다. 그 원인이 마감에 맞추려고 대강하였거나 의식적으로 사실을 날조하였던 간에 그 영향은 사회과학 연구의 신뢰성을 훼손시킨다.

이제 연구방법론에서 표절에 대한 사항을 거의 습득하였고, 어떻게 만연해 있는 표절문제를 감소시킬 수 있는가에 대해 생각해볼 차례이다. 물론 그 첫걸음은 자신의 연구나 보고서에서 의존하고 있는 자료의 소스를 기록하는 것에 대하여 주의 깊은 방식을 유지하는 것이지만 다른 사람들의 유혹을 어떻게 하면 최대한 감소시킬 수 있을 것인가에 대해서도 생각해 봐야 할 것이다. 결국, 다른 사람들이 하는 것에 대하여 사람들이 어떻게 믿는가는 그들 자신의 행동에 강하게 영향을 미칠 것이기 때문이다(Hard et al., 2006).

표절의 정의를 검토하고 어떤 분야의 전문가 집단에서 어떻게 집행하는가는 가장 중요한 첫 걸음일 것이다. 정의와 절차는 사회과학자들이 그 분야 전체에 걸쳐서 표준을 유지하는데 도움을 주는 종합적인 노력을 반영한다. 자각은 첫 걸음이다(American Sociological Association[ASA], 1999). 게다가 당신의 학교는 표절의 정의와 결과를 명문화하는 규칙을 가지고 있을 것이다.

연구자들은 윤리규정, 다른 적용 가능한 윤리규정, 그리고 사회과학자들의 창작물에 대한 이용방식에 익숙해야 할 의무를 가진다. 자각의 부재와 윤리적 표준에 대한 잘못된 이해가 비윤리적 행동에 대한 책임을 방어할 수 없다.

미국 범죄 사회학회에서도 사용하고 있는 미국 사회학회(ASA, 1999)의 윤리규정은 표절을 명확하게 금지하고 있다.

14. 표절

(a) 출판, 발표, 강의, 실습, 그리고 봉사를 함에 있어서 사회학자들은 다른 사람으로부터 데이터 혹은 글로 쓰인 자료를 가져오면서 명확하게 저자를 확인 및 표기하고, 그리고 인용해야 한다.

(b) 출판, 발표, 강의 실습, 그리고 봉사를 함에 있어서 사회과학자들은 다른 사람의 창작물이 글이나 말로 인용되지 않을지라도, 그에 대하여 확인과 인용을 제공해야한다. 또한 다른 사람의 창작물이 출판되었는지 또는 전자적으로 사용가능한지와 상관없이 자신의 작품인양 발표하면 안 된다.

표절의 문제나 유혹과 맞서 싸우는 다음 단계는 사회탐구라는 사회과학 연구의 목적에 계속해서 집중하는 것이다. 연구자들이 사회적 관계에 대하여 배우고자하는 열망, 어떻게 사람들이 사회를 이해하는지를 파악하고자 하는 열망, 그리고 왜 갈등이 야기되고 어떻게 이를 예방할 수 있는지를 발견하기를 열망을 가지고 동기화된다면 그들은 연구결과를 읽고 사용하려는 사람들처럼 연구방법의 진정성을 고심하게 될 것이다. 이 교재 전체에서 당신은 타당한 결과와 신뢰 할 수 있는 결론을 생산하기위해 연구과정과 실습을 어떻게 사용하는지 배우고 있다. 연구방법의 사용과 자료의 인용에서 정직하고 개방적으로 보고하는데 실패하는 것은 목표로의 방향이 틀어지게 한다.

학교에서의 부정행위에도 이는 똑같이 적용된다. 학생들이 다른 학생들보다 시험에서 에이스가 되고자 하거나 더 나은 점수를 받고자하는 열망에 의해 동기화 되었다면 목적 달성을 위해 보다 더 표절을 하거나 다른 불법적인 수단을 사용할 가능성이 높다. 교과목 내용에 대한 이해를 높이고 배움의 과정에 집중하는 방법을 갈구하는 학생일수록 자료를 표절하거나 시험에서 부정행위를 덜 하게 된다(Kohn, 2008). 또한 그들은 다른 사람들이 우리 세상을 이해하는 것을 돕는 성공적인 사회과학자가 될 수 있는 기초를 만든다.

결론 (CONCLUSION)

연구보고서를 평가하는데 있어서 당신 자신의 것이든지, 아니면 다른 사람에 의해 생산된 것이든지 간에 좋은 비평은 필수적이다. 모든 연구는 출판된 것일지라도 단점을 항상 갖는다. 자기 자신의 연구에서 한계 혹은 개선점이 요구되는 영역을 이해하고 있는 것은 단점이 아니라 강점을 의미하는 것이다. 이것은 단지 칼을 갈고 급소를 찌르는 것에 대한 질문이 아니다. 당신은 특정 연구결과의 장점과 단점을 헤아리고 언제나 단정적인 답을 제공하는 것은 아니지만, 어떤 연구가 특정 연구질문을 이해하는데 기여하는가를 평가할 수 있는 능력이 요구된다.

그러나 이것이 무엇인지 상관없다는 말은 아니다. 많은 연구들에서 세 가지 타당성(측정타당성, 인과적 타당성, 일반화) 중에서 하나 또는 그 이상이 부족한 경우가 많다. 그리고 때때로 특정적인 이슈들에 대해 이해시키기 보다는 혼란스럽게 한다. 일반적으로 저명한 논문저널들은 매우 높은 수준을 유지한다. 왜냐하면 논문심사과정에서 매우 우수한 비평이 존재하며, 최종심사결정을 내리는 명성 있는 편집장이 있기 때문이다. 한편, 어떤 일간지 신문들은 심사의 수준이 떨어지며 많은 유명 잡지, TV쇼 그리고 책자의 연구보고의 수준은 종종 지독하게도 형편없다. 한편, 당신이 연구보고서를 읽을 때 당신의 수준과 비평적인 시각을 높이려 지속하되 너무 높거나 혹은 비평적이어선 안 된다. 왜냐하면, 비록 어떤 연구가 명확한 답을 제공하지 못하였을지라도, 기존 문헌에 분명하게 공헌한 연구를 외면할 수 있기 때문이다. 그리고 높은 수준을 유지해야한다는 필요성에 의해 겁먹지 않아도 된다. 그렇지 않으면 당신은 자신의 연구를 수행할 수 있는 기회를 이용하는데 움츠려들게 된다.

20세기 주요 지식적 성취로써 사회과학 연구의 성장은 유아기에서 청소년기 아마도 젊은 성인기로 등급을 매길 수 있을 것이다. 범죄의 원인과 결과에 대한 견해는 개개인이 느끼는 정도에 더 이상 의존할 필요가 없고, 형사사법 정책들은 효과적인 체계적 증거에 의해 형성될 수 있다.

물론, 사회연구방법론은 이를 적절하게 사용하려는 사회과학자들의 관여가 존재할 때 유용한 것이다. 모든 지식이 그렇듯이 연구방법론은 그것을 적절하게 사용할 때 유용한 목적으로 사용할 수 있다. 사회과학 연구에 기초한 신념을 가져야 한다는 주장은 더 이상의 추가적인 설명이 필요 없다. 이 책에서 배운 것처럼, 우리는 우선적으로 어떤 연구방법을 사용해야하며, 어떻게 그 방법을 적용하며, 그리고 증거를 해석할 것인가를 배워야 한다. 사회를 탐구하기 위해서 우리는 연구방법의 교훈을 기억해야 할 것이다.

주요 용어

결합적 빈도 표시 | 함축적 빈도 표시 | 구성주의 패러다임
참여적 행동연구 | 동료심사

결합적 빈도 표시

함축적 빈도 표시

구성주의 패러다임

참여적 행동연구

동료심사

강조 사항

- 연구계획서 작성은 연구문제를 명확히 하고 기존문헌을 검토하며 그리고 요구되는 보고서에 대해 생각하는 시간이 되어야 한다.
- 연구대상자와 소비자의 관계는 주요 연구목적과 효과적인 보고서 준비를 달성하는 방식으로 발전시켜야 한다. 연구의 결정사항에서 연구대상자와 소비자의 참여를 최소화시키는 전통적인 과학적 접근방법은, 참여적 행동 연구와 구성주의적 패러다임을 지지하는 사람들에 의해 도전받고 있다.
- 서로 다른 종류의 보고서들은 전형적으로 다른 문제점을 제기한다. 학생 보고서의 작자는 부분적으로 그들 교수의 기대에 따라가야 한다. 학위과정의 저자들은 논문 심사위원회 구성원들의 요구를 수용해야하지만, 한편으로는 전형적인 논문심사위원회의 전문성은 큰 도움이 된다. 용역연구자들은 연구 스폰서의 기대에 제약을 받지만 자문위원회는 이들 문제들을 피하도록 도움을 준다. 저널논문은 다른 사회과학자들로 구성된 동료심사를 통과해야하며 종종 그 과정에서 많은 발전이 있다.
- 연구보고서는 연구문제에 대한 소개 글, 기존 문헌의 검토, 연구방법론 섹션, 적절한 데이터 제시와 함께 분석결과 섹션, 그리고 연구디자인의 단점을 인정하고 향후 연구를 위한 함의와 이론화를 지적하는 결론 부분을 포함해야 한다. 이 기본적인 보고서 형식은 특정 청중의 요구에 따라 수정될 수 있다.
- 모든 보고서는 여러 번에 걸쳐 교정되고, 최종적으로 발표되기에 앞서 다른 사람들로부터 비평을 받아야 한다.
- 보고서에서 데이터는 결합적이고 함축적인 통계결과의 제시를 통해 보다 효율적으로 보일 수 있다.
- 연구보고에서 중심적인 윤리적 고려는 정직성이다. 이 정직성은 어떻게 연구가 수행되었는지를 설명해야하고 프로젝트에 대한 전체 기록이 유지되고, 적절한 통계와 그래프가 사용되어야 하며 연구 스폰서를 확인시켜주고 공동연구자의 입장을 세심하게 반영하여 진실 되게 설명하는 것을 말한다.

- 표절은 학자적 윤리의 중대한 위반이다. 다른 저자의 창작물로부터 모든 직접적 인용과 의역된 자료가 반드시 적절하게 인용돼야 한다.

연습문제

1. 최근 발표된 범죄학 저널논문을 하나 선택하고 다음 질문들에 답하시오. 그 논문이 얼마나 효과적으로 연구설계와 결과를 잘 보여주고 있는가? 논문의 구성을 개선할 수 있겠는가? 연구결과의 해석에 대해 동의하지 않는 부분이 있는가?
2. 지역 형사사법기관의 공무원을 만나 인터뷰 일정을 잡아라. 그 공무원에게 용역연구보고서에 대한 경험, 사회과학 연구의 가치에 대한 의견, 그리고 현장 실무자에게 가장 좋은 보고서 작성기술에 대하여 물어보아라.
3. 네 편의 범죄학 저널논문의 연구 질과 글쓰기와 데이터 제시의 효과성을 평가해봐라. 어떻게 각각의 논문이 개선될 수 있을지에 대하여 논의해 봐라.
4. 우리사회를 이해함에 있어서 사회과학 연구방법의 기초가 얼마나 튼튼한가? 다른 사회적 맥락에 따른 연구결과의 변동성 그리고 인간의 주관성에 대한 이해의 어려움에 포커스를 맞추어서 찬반 토론을 해봐라.

연구제안서 작성

이제 연구제안서의 모든 요소를 함께 가져와야 할 시간이다.

1. 논리정연하게 이전 장에서 작성하였던 제안서의 내용을 정렬해라. 연구문제에 기초하여 가장 알맞은 연구방법을 선택해라(5장–10장).
2. 연구설계의 복합적인 요소를 추가하기 위해 연구문제에 대한 지식을 더 할 수 있는 다른 연구방법을 선택해 봐라.
3. 서론을 추가하여 전체 제안서를 다시 작성해라. 또한 연구의 경비내역과 연구의 한계점을 언급하는 부분을 추가해라.

학생 학습 사이트

이 교재의 웹 사이트는 http://www.sagepub.com/prccj4e 에서 찾을 수 있다. 웹 기반 학생 학습 사이트에 가서 각 장에 대한 이해를 높여라. e-flashcards(학습용카드), 모의 테스트, 기타 많은 자료들이 도움을 줄 것이다.

웹 연습

1. 미국과학재단의 법사회과학 프로그램의 웹사이트(www.nsf.gov/funding/pgm_summ.jsp?pims_id=5422)를 방문해라. 이 프로그램에서 찾아낸 연구제안서의 구성요소는 무엇인가? 미국과학재단의 재정지원을 받기위해 제출할 연구제안서 주제의 상세한 아웃라인을 작성해라.
2. 웹사이트를 이용하여 수행이 완료된 다섯가지 범죄학 연구 프로젝트를 찾아라. 간략하게 각각의 연구프로젝트에 대하여 설명해라. 각각의 연구프로젝트가 연구결과를 보고하는 접근방식이 어떻게 다른가? 당신 생각에 개개 연구프로젝트의 저자들이 누구를 위해 보고서를 작성한 것으로 보이는가? 예측된 청중에게 저자의 연구결과 보고 방식이 얼마나 도움이 된다고 생각하는가? 다섯 가지 샘플자료의 웹사이트 주소를 적어두는 것을 잊지 마라.

연구윤리 학습

1. 표절은 농담이 아니다. 당신 학교에서 과제물에 대한 표절의 규정은 무엇인가? 이상적인 표절정책은 무엇이라 생각하는가? 이 정책이 강의방식과 학습방식의 문화적 차이를 설명해야 하는가? 당신은 이 이상적 표절정책이 이행되어야 한다고 생각하는가? 왜 그런가? 아니라면 왜 아닌가? 당신의 경험에 기초해서, 대부분의 학생표절이 올바른 인용방식에 대한 오해의 결과인가 아니면 부정직함의 결과라 믿는가? 학교에서 표절을 저지르는 학생이 표절을 저지른 사회과학자 보다 덜 정직하다고 생각하는가?
2. 연구 자료와 재정과 관련된 의학적 자료의 원천공개는 의학저널에서 주요한 관심이 되었다. 범죄학이나 형사사법학 저널에 게재하는 연구자들도 역시 모든 재정자료를 원천 공개해야 하는가? 형사사법기관으로부터 지원된 모든 이전 연구비의 원천공개가 개개 게재되는 논문마다 요구되어야 하는가? 형사사법기관에 수고비를 받고 행한 이전 일이나 상담도 공개되어야 하는가? 이 규정을 정당화할 수 있도록 당신이 제안하는 글을 적어보시오.

SPSS 또는 엑셀연습

1. 청소년들에게 있어서 친구의 의견과 비행행위에 대한 지지가 비행에 미치는 영향은 어떠한가? YOUTH.POR 변수의 빈도분포가 당신이 이 질문에 대답하는데 도움을 줄 것이다.
   a. 비행행위에 대한 친구의 태도(FROPINION), 친구의 비행행위 가담(FRBEHAVE), 그리고 시점 11에서의 비행행위(DELINQ1)에 대한 빈도분포와 기술적 통계를 획득하시오.
   b. 중심치의 척도인 평균을 사용하여, 개개 변수들의 저점과 고점(평균이상 혹은 이하)을 측정하여 기록하시오.
   c. 결합된 빈도표 제시를 준비하기 위해 이들 분포의 퍼센티지를 사용하시오.
   d. 청소년들의 비행정도에 친구의 비행경향이 미치는 영향에 대해 배운 것이 무엇인지 논의하시오.
2. 부모관련 변수(PARNT2), 처벌의 확실성(CER TAIN), 그리고 도덕성(MORAL)을 사용하여 연습 1을 반복하시오.
3. 이 책 전체에 걸쳐 분석결과 제시작업을 포함하여 SPSS 연습을 수행하고 짧은 보고서를 작성해 보시오. 보고서에 간략한 서론과 문헌조사를 포함시키시오. 짧은 연구방법섹션에서 연구에 사용된 기초 연구방법을 검토하고 분석에 사용된 변수를 나열해보시오. 결론섹션에서 사형을 지지하는 추가적인 연구를 위한 제안을 포함하시오.

형사사법 연구방법론

찾아보기

【저자약력】

◉ 윤우석
계명대학교 법경대학 경찰행정학과 교수

◉ 류준혁
대구가톨릭대학교 법정대학 경찰행정학과 교수

◉ 박현호
용인대학교 경영행정대학 경찰행정학과 교수

◉ 이완희
가천대학교 법과대학 경찰안보학과 교수

◉ 이창배
울산대학교 사회과학대학 사회과학부 경찰학전공 교수

◉ 정진성
순천향대학교 사회과학대학 경찰행정학과 교수

◉ 조윤오
동국대학교 사회과학대학 경찰행정학과 교수

도서출판
그린

형사사법 연구방법론

인쇄일 ▶ 2013년 8월 26일
발행일 ▶ 2013년 9월 2일
역 자 ▶ 윤우석, 류준혁, 박현호, 이완희, 이창배, 정진성, 조윤오
발행처 ▶ 도서출판 **그린**
발행인 ▶ 윤 덕 우
출판등록 ▶ 제8-161호(1995. 5. 3.)
주소 ▶ 경기 파주시 가람로116번길 107 운정한강듀클래스 411호 (우) 10896
전화 ▶ 02)333-2574
Fax ▶ 02)333-2561
E-mail ▶ greenpress@greenpress.co.kr
Homepage ▶ http://www.greenpress.co.kr

Green Pub.

정가 31,000원

ISBN : 978-89-5727-199-5 (93310)